U0883752

CHINA FORESTRY STATISTICAL YEARBOOK

# 中国林业统计年鉴 2016

国家林业局 ◎ 编

中国林业出版社
CHINA FORESTRY PUBLISHING HOUSE

**图书在版编目(CIP)数据**

中国林业统计年鉴.2016 / 国家林业局编.—北京：中国林业出版社，2017.9
ISBN 978-7-5038-9241-7

Ⅰ.①中… Ⅱ.①国… Ⅲ.①林业经济-统计资料-中国-2016-年鉴
Ⅳ.①F326.2-66

中国版本图书馆 CIP 数据核字(2017)第 199731 号

**中国林业统计年鉴（2016）**

作者：国家林业局
地址：北京市东城区和平里东街 18 号
电话：010-83143580
E-mail：luckyhr@163.com
出版：中国林业出版社(100009 北京市西城区德内大街刘海胡同 7 号)
发行：新华书店北京发行所
印刷：北京中科印刷有限公司
版次：2017 年 9 月第 1 版
印次：2017 年 9 月第 1 次
开本：880mm×1230mm 1/16
印张：25.75
字数：1100 千字
定价：258.00 元

# 中国林业统计年鉴 2016


| | |
|---|---|
| **主　　编** | 张建龙 |
| **副主编** | 李春良 |
| **编　　委** | 闫　振　孙国吉　赵良平　郝燕湘　杨　超<br>刘　拓　王海忠　胡章翠　吴志民　郝育军<br>李世东　程　红　潘世学　孟宪林　金　旻<br>张　炜　周鸿升　潘迎珍　丁立新　李金华<br>王志高　刘国强 |
| **编写人员** | 刘建杰　于百川　赵宇翔　闫宏伟　安丽丹<br>邱　林　吴友苗　于滨丽　许　晶　程小玲<br>张　旗　王福田　赵　晨　滕轶龑　李海波<br>林　琳　胡明彤 |
| **省级统计人员** | 张　静　张　洁　闫香妥　张　阳　张　粱<br>胡　丹　杨喜林　王　宣　李晟昕　冯澄澄<br>潘江灵　徐景云　林志勇　刘　逸　王　琰<br>崔文杰　李清伟　王译锴　荚存宏　覃方川<br>倪德玉　谭孝珊　林　川　刘　攀　潘轶梅<br>罗　洋　范永禄　陈　瑱　马晓林　董燕彪<br>张　明　贾寿珍　国树轶　杨秋月　贾学良<br>李玉新　申飞鹤 |
| **英文翻译** | 余　跃 |

CHINA

# FORESTRY STATISTICAL YEARBOOK 2016


**Editor in Chief** Zhang Jianlong

**Associate Editors** Li Chunliang

**Members of Editorial Board** Yan Zhen Sun Guoji Zhao Liangping
Hao Yanxiang Yang Chao Liu Tuo
Wang Haizhong Hu Zhangcui
Wu Zhimin Hao Yujun Li Shidong
Cheng Hong Pan Shixue Meng Xianlin
Jin Min Zhang Wei Zhou Hongsheng
Pan Yingzhen Ding Lixin Li Jinhua
Wang Zhigao Liu Guoqiang

**Compiling Staff** Liu Jianjie Yu Baichuan
Zhao Yuxiang Yan Hongwei
An Lidan Qiu Lin Wu Youmiao Yu Binli
Xu Jing Cheng Xiaoling Zhang Qi
Wang Futian Zhao Chen Teng Yiyan
Li Haibo Lin Lin Hu Mingxing

**Provincial Statisticians** Zhang Jing Zhang Jie
Yan Xiangtuo Zhang Yang
Zhang Liang Hu Dan
Yang Xilin Wang Xuan Li Shengxin
Feng Chengcheng Pan Jiangling
Xu Jingyun Lin Zhiyong
Liu Yi Wang Yan Cui Wenjie
Li Qingwei Wang Yikai
Jia Cunhong Qin Fangchuan
Ni Deyu Tan Xiaoshan
Lin Chuan Liu Pan
Pan Yimei Luo Yang Fan Yonglu
Chen Zhen Ma Xiaolin
Dong Yanbiao Zhang Ming
Jia Shouzhen Guo Shuyi
Yang Qiuyue Jia Xueliang Li Yuxin
Shen Feihe

**English Translator** Yu Yue

# 说明

一、为了适应改革开放的需要，便于国内外各界了解中国林业建设与发展情况，我们编辑的《中国林业统计年鉴》从1987年开始公开出版，每年出版一册，供广大读者作为资料性的工具书使用。

二、本书系根据各省、自治区、直辖市林业管理部门和国家林业局直属单位上报的2016年林业统计年报和其他有关资料编辑而成。全书分为：森林和湿地资源、生态建设、产业发展、从业人员和劳动报酬、林业投资、林业教育6个部分及东北、内蒙古重点国有林区森工企业主要统计指标、林业工作站和乡村林场基本情况、森林主要灾害情况、全国分县造林情况、全国历年主要统计指标完成情况、2007~2016年主要林产品进出口情况、野生动植物进出口情况和世界主要国家林业情况8个附录。

三、本书中内蒙古集团、吉林集团、长白山集团、龙江集团和大兴安岭指内蒙古森工集团、吉林森工集团、长白山森工集团、龙江森工集团和大兴安岭林业集团公司。本书数据除特别标注外不包括香港特别行政区、澳门特别行政区以及台湾省。

四、“—”表示数据不足本表最小单位数、不详或无该项数据。

五、为了不断提高图书质量，竭诚欢迎广大读者提出改进意见。

编　者

2017年6月

# Preface

To meet requirements of reform and opening-up, *China Forestry Statistical Yearbook* has been annually published since 1987. The yearbook, as a reference tool, is used to help people from all walks of life at home and abroad to understand forestry construction and development in China.

*China Forestry Statistical Yearbook* 2016 is edited on the basis of some relevant information and the statistics submitted by the competent forestry departments of provinces, autonomous regions, municipalities directly under the Central Government and some institutions affiliated to the State Forestry Administration. The yearbook is composed of 6 components including forest and wetland resources, ecological development, development of forestry industry, employment, forestry investment and education. It also contains 8 appendices of major statistical data of forest industry enterprises in the key state-owned forest areas of the Northeast region and Inner Mongolia, forestry working stations and rural forest farms, major forest disasters, afforestation in counties, main forestry statistical indicators over years, import and export of primary forest products (2007 – 2016), import and export of wild fauna and flora and forestry in major countries of the world.

In the yearbook, Inner Mongolia Group, Jilin Group, Changbai Mountain Group, Longjiang Group and Daxinganling refer to Inner Mongolia Forest Industry Group, Jilin Forest Industry Group, Changbai Mountain Forest Industry Group, Longjiang Forest Industry Group and Daxinganling Forestry Group.

The yearbook (in case there are no specific notes) does not include the data of Hong Kong Special Administrative Region, Macao Special Administrative Region and Taiwan Province.

"—" indicates that the figure is not large enough to be measured with the smallest unit in the table or the data are not available.

In order to improve the quality of the yearbook, the suggestions and comments are warmly welcomed.

Editor

June, 2017

# 目录

# CONTENTS

## 一、森林和湿地资源

## Forest and Wetland Resources



## 二、生态建设

## Ecological Development

## 三、产业发展

## Forest Industrial Development

## 四、从业人员和劳动报酬

## Employment and Wages

## 五、林业投资

## Investment in Forestry

## 六、林业教育

## Forestry Education

## 附录一：东北、内蒙古重点国有林区森工企业主要统计指标

## Annex Ⅰ Main Statistical Indicators for Forest Industry Enterprises in the Key State-owned Forest Areas of the Northeast Region and Inner Mongolia

## 附录二：林业工作站和乡村林场基本情况

## Annex Ⅱ　Forestry Working Stations and Rural Forest Farms



## 附录三：森林主要灾害情况

## Annex Ⅲ　Major Forest Disasters

## 附录四：全国分县造林情况

## Annex Ⅳ National Afforestation by County



## 附录五：全国历年主要统计指标完成情况

## Annex Ⅴ Main Statistical Indicators in Calendar Years



## 附录六：2007～2016年主要林产品进出口情况

## Annex Ⅵ Import and Export of Major Forest Products Between 2007 and 2016



## 附录七：野生动植物进出口情况

## Annex Ⅶ Import and Export of Wild Fauna and Flora

## 附录八：世界主要国家林业情况

## Annex Ⅷ Forestry in Major Countries in the World

1

# 森林和湿地资源

# FOREST AND WETLAND RESOURCES

# 全国森林资源情况

单位:万公顷、万立方米

| 地区 | 森林覆盖率 | | 林地面积 | 活立木总蓄积 | 森林面积① | 森林蓄积 | 人工林 | | 天然林 | | 乔木林单位面积蓄积量(立方米/公顷) |
|---|---|---|---|---|---|---|---|---|---|---|---|
| | 森林覆盖率(%)① | 排序 | | | | | 面积 | 蓄积 | 面积 | 蓄积 | |
| **全国合计** | **21.63** | **—** | **31259.00** | **1643280.62** | **20768.73** | **1513729.72** | **6933.38** | **248324.85** | **12184.12** | **1229583.97** | **89.79** |
| 北京 | 35.84 | 16 | 101.35 | 1828.04 | 58.81 | 1425.33 | 37.15 | 785.65 | 21.58 | 639.68 | 33.22 |
| 天津 | 9.87 | 29 | 15.62 | 453.98 | 11.16 | 374.03 | 10.56 | 354.89 | 0.60 | 19.14 | 49.74 |
| 河北 | 23.41 | 19 | 718.08 | 13082.23 | 439.33 | 10774.95 | 220.90 | 5683.81 | 173.93 | 5091.14 | 34.65 |
| 山西 | 18.03 | 22 | 765.55 | 11039.38 | 282.41 | 9739.12 | 131.81 | 2665.79 | 129.54 | 7073.33 | 46.28 |
| 内蒙古 | 21.03 | 21 | 4398.89 | 148415.92 | 2487.90 | 134530.48 | 331.65 | 9798.18 | 1401.20 | 124732.30 | 78.53 |
| 辽宁 | 38.24 | 14 | 699.89 | 25972.07 | 557.31 | 25046.29 | 307.08 | 9487.54 | 210.13 | 15558.75 | 64.28 |
| 吉林 | 40.38 | 11 | 856.19 | 96534.93 | 763.87 | 92257.37 | 160.56 | 10397.42 | 602.47 | 81859.95 | 122.45 |
| 黑龙江 | 43.16 | 9 | 2207.40 | 177720.97 | 1962.13 | 164487.01 | 246.53 | 16423.73 | 1715.60 | 148063.28 | 84.37 |
| 上海 | 10.74 | 28 | 7.73 | 380.25 | 6.81 | 186.35 | 6.81 | 186.35 | — | — | 42.74 |
| 江苏 | 15.80 | 24 | 178.70 | 8461.42 | 162.10 | 6470.00 | 156.82 | 6320.85 | 5.28 | 149.15 | 51.69 |
| 浙江 | 59.07 | 3 | 660.74 | 24224.93 | 601.36 | 21679.75 | 258.53 | 6831.76 | 342.83 | 14847.99 | 52.87 |
| 安徽 | 27.53 | 18 | 443.18 | 21710.12 | 380.42 | 18074.85 | 225.07 | 9374.77 | 155.23 | 8700.08 | 61.97 |
| 福建 | 65.95 | 1 | 926.82 | 66674.62 | 801.27 | 60796.15 | 377.69 | 24853.23 | 423.58 | 35942.92 | 100.20 |
| 江西 | 60.01 | 2 | 1069.66 | 47032.40 | 1001.81 | 40840.62 | 338.60 | 11121.88 | 663.21 | 29718.74 | 51.70 |
| 山东 | 16.73 | 23 | 331.26 | 12360.74 | 254.60 | 8919.79 | 244.52 | 8709.27 | 10.08 | 210.52 | 55.25 |
| 河南 | 21.50 | 20 | 504.98 | 22880.68 | 359.07 | 17094.56 | 227.12 | 10465.76 | 131.95 | 6628.80 | 55.98 |
| 湖北 | 38.40 | 13 | 849.85 | 31324.69 | 713.86 | 28652.97 | 194.85 | 6007.07 | 454.05 | 22645.90 | 50.06 |
| 湖南 | 47.77 | 8 | 1252.78 | 37311.50 | 1011.94 | 33099.27 | 474.61 | 14094.46 | 476.17 | 19004.81 | 45.26 |
| 广东 | 51.26 | 6 | 1076.44 | 37774.59 | 906.13 | 35682.71 | 557.89 | 15467.69 | 325.72 | 20215.02 | 49.92 |
| 广西 | 56.51 | 4 | 1527.17 | 55816.60 | 1342.70 | 50936.80 | 634.52 | 22272.16 | 481.86 | 28664.64 | 56.34 |
| 海南 | 55.38 | 5 | 214.49 | 9774.49 | 187.77 | 8903.83 | 136.20 | 2313.16 | 51.57 | 6590.67 | 91.69 |
| 重庆 | 38.43 | 12 | 406.28 | 17437.31 | 316.44 | 14651.76 | 92.55 | 3591.72 | 153.80 | 11060.04 | 69.47 |
| 四川 | 35.22 | 17 | 2328.26 | 177576.04 | 1703.74 | 168000.04 | 449.26 | 15964.49 | 891.42 | 152035.55 | 141.92 |
| 贵州 | 37.09 | 15 | 861.22 | 34384.40 | 653.35 | 30076.43 | 237.30 | 11557.35 | 299.07 | 18519.08 | 62.83 |
| 云南 | 50.03 | 7 | 2501.04 | 187514.27 | 1914.19 | 169309.19 | 414.11 | 11020.33 | 1335.98 | 158288.86 | 110.88 |
| 西藏 | 11.98 | 25 | 1783.64 | 228812.16 | 1471.56 | 226207.05 | 4.88 | 156.75 | 844.25 | 226050.30 | 266.59 |
| 陕西 | 41.42 | 10 | 1228.47 | 42416.05 | 853.24 | 39592.52 | 236.97 | 2812.14 | 532.16 | 36780.38 | 61.93 |
| 甘肃 | 11.28 | 27 | 1042.65 | 24054.88 | 507.45 | 21453.97 | 102.97 | 2831.83 | 168.94 | 18622.14 | 86.79 |
| 青海 | 5.63 | 30 | 808.04 | 4884.43 | 406.39 | 4331.21 | 7.44 | 430.72 | 34.05 | 3900.49 | 114.43 |
| 宁夏 | 11.89 | 26 | 180.10 | 872.56 | 61.80 | 660.33 | 14.43 | 317.44 | 5.72 | 342.89 | 41.66 |
| 新疆 | 4.24 | 31 | 1099.71 | 38679.57 | 698.25 | 33654.09 | 94.00 | 6026.66 | 142.15 | 27627.43 | 187.81 |
| 香港② | 22.55 | — | 2.49 | — | 2.49 | — | — | — | — | — | — |
| 澳门③ | 30.00 | — | 0.09 | — | 0.09 | — | — | — | — | — | — |
| 台湾④ | 58.79 | — | 210.24 | 35874.40 | 210.24 | 35820.90 | — | — | — | — | — |

①全国森林覆盖率和森林面积中含国家特别规定的灌木林新增面积,各省(区、市)森林覆盖率和森林面积含国家特别规定的灌木林面积。

②香港特别行政区数据来源于《中国统计年鉴(2012)》。

③澳门特别行政区数据来源于《澳门统计年鉴(2011)》。

④台湾省数据来源于《第三次台湾森林资源及土地利用调查(1993 年)》。

# 全国湿地资源情况

单位:万公顷

| 地区 | 湿地总面积 | 按类型分 | | | | |
|---|---|---|---|---|---|---|
| | | 近海与海岸湿地 | 河流湿地 | 湖泊湿地 | 沼泽湿地 | 人工湿地 |
| **全国合计** | **5360.26** | **579.59** | **1055.21** | **859.38** | **2173.29** | **674.59** |
| 北　京 | 4.81 | — | 2.27 | 0.02 | 0.13 | 2.39 |
| 天　津 | 29.56 | 10.43 | 3.23 | 0.36 | 1.09 | 14.45 |
| 河　北 | 94.19 | 23.19 | 21.25 | 2.66 | 22.36 | 24.73 |
| 山　西 | 15.19 | — | 9.69 | 0.31 | 0.81 | 4.38 |
| 内蒙古 | 601.06 | — | 46.37 | 56.62 | 484.89 | 13.18 |
| 辽　宁 | 139.48 | 71.32 | 25.15 | 0.29 | 11.01 | 31.71 |
| 吉　林 | 99.76 | — | 22.35 | 11.20 | 52.74 | 13.47 |
| 黑龙江 | 514.33 | — | 73.35 | 35.60 | 386.43 | 18.95 |
| 上　海 | 46.46 | 38.66 | 0.73 | 0.58 | 0.93 | 5.56 |
| 江　苏 | 282.28 | 108.75 | 29.66 | 53.67 | 2.80 | 87.40 |
| 浙　江 | 111.01 | 69.25 | 14.12 | 0.89 | 0.07 | 26.68 |
| 安　徽 | 104.18 | — | 30.96 | 36.11 | 4.29 | 32.82 |
| 福　建 | 87.10 | 57.56 | 13.51 | 0.03 | 0.02 | 15.98 |
| 江　西 | 91.01 | — | 31.08 | 37.41 | 2.58 | 19.94 |
| 山　东 | 173.75 | 72.85 | 25.78 | 6.26 | 5.41 | 63.45 |
| 河　南 | 62.79 | — | 36.89 | 0.69 | 0.49 | 24.72 |
| 湖　北 | 144.50 | — | 45.04 | 27.69 | 3.69 | 68.08 |
| 湖　南 | 101.97 | — | 39.84 | 38.58 | 2.93 | 20.62 |
| 广　东 | 175.34 | 81.51 | 33.79 | 0.15 | 0.36 | 59.53 |
| 广　西 | 75.43 | 25.90 | 26.89 | 0.63 | 0.24 | 21.77 |
| 海　南 | 32.00 | 20.17 | 3.97 | 0.06 | — | 7.80 |
| 重　庆 | 20.72 | — | 8.73 | 0.03 | 0.01 | 11.95 |
| 四　川 | 174.78 | — | 45.23 | 3.74 | 117.59 | 8.22 |
| 贵　州 | 20.97 | — | 13.81 | 0.25 | 1.10 | 5.81 |
| 云　南 | 56.35 | — | 24.18 | 11.85 | 3.22 | 17.10 |
| 西　藏 | 652.90 | — | 143.45 | 303.52 | 205.43 | 0.50 |
| 陕　西 | 30.85 | — | 25.76 | 0.76 | 1.10 | 3.23 |
| 甘　肃 | 169.39 | — | 38.17 | 1.59 | 124.48 | 5.15 |
| 青　海 | 814.36 | — | 88.53 | 147.03 | 564.54 | 14.26 |
| 宁　夏 | 20.72 | — | 9.79 | 3.35 | 3.81 | 3.77 |
| 新　疆 | 394.82 | — | 121.64 | 77.45 | 168.74 | 26.99 |
| 香　港 | 4.47 | — | — | — | — | — |
| 澳　门 | 2.55 | — | — | — | — | — |
| 台　湾 | 11.18 | — | — | — | — | — |

注:湿地总面积按类型分不包括香港、澳门和台湾。

# 2

# 生态建设

## ECOLOGICAL DEVELOPMENT

# 全国营造林生产主要指标

| 指 标 名 称 | 单位 | 2016 年 |
| --- | --- | --- |
| **一、造林面积** | **公顷** | **7203509** |
| 1. 人工造林面积 | 公顷 | 3823656 |
| 其中:新造混交林面积 | 公顷 | 765451 |
| 其中:新造灌木林面积 | 公顷 | 293437 |
| 其中:新造竹林面积 | 公顷 | 31334 |
| 2. 飞播造林面积 | 公顷 | 162322 |
| (1)荒山飞播面积 | 公顷 | 156391 |
| (2)飞播营林面积 | 公顷 | 5931 |
| 3. 当年新封山(沙)育林面积 | 公顷 | 1953638 |
| (1)无林地和疏林地新封山育林面积 | 公顷 | 1399471 |
| (2)有林地和灌木林地新封山育林面积 | 公顷 | 554167 |
| 4. 退化林修复面积 | 公顷 | 991088 |
| 其中:纯林改造混交林面积 | 公顷 | 46291 |
| (1)低效林改造面积 | 公顷 | 718305 |
| (2)退化林防护林改造面积 | 公顷 | 272783 |
| 5. 人工更新面积 | 公顷 | 272805 |
| 其中:新造混交林面积 | 公顷 | 44782 |
| 其中:人工促进天然更新面积 | 公顷 | 46979 |
| **二、森林抚育面积** | **公顷** | **8500443** |
| **三、年末实有封山(沙)育林面积** | **公顷** | **25497053** |
| **四、四旁(零星)植树** | **万株** | **183094** |
| **五、林木种苗** | | — |
| 1. 林木种子采集量 | 吨 | 31822 |
| 2. 当年苗木产量 | 万株 | 7043827 |
| 3. 育苗面积 | 公顷 | 1407419 |
| 其中:国有育苗面积 | 公顷 | 70415 |

## 2016 年与 2015 年比较

| 2015 年 | 2016 年比<br>2015 年增减<br>（%） |
|---|---|
| **7681952** | **-6.23** |
| 4361827 | -12.34 |
| 1145826 | -33.20 |
| 327282 | -10.34 |
| 37204 | -15.78 |
| 128390 | 26.43 |
| 127724 | 22.44 |
| 666 | 790.54 |
| 2152877 | -9.25 |
| 1544074 | -9.37 |
| 608803 | -8.97 |
| 739281 | 34.06 |
| 29491 | 56.97 |
| 684752 | 4.90 |
| 54529 | 400.25 |
| 299577 | -8.94 |
| 54541 | -17.89 |
| 56825 | -17.33 |
| **7812621** | **8.80** |
| **27509897** | **-7.32** |
| **212374** | **-13.79** |
| — | — |
| 26441 | 20.35 |
| 6713418 | 4.92 |
| 1366950 | 2.96 |
| 81314 | -13.40 |

# 各地区营造林

| 地　区 | 造　林 | | | | | | | |
|---|---|---|---|---|---|---|---|---|
| | 总计 | 人工造林面积 | | | | 飞播造林面积 | | |
| | | 合　计 | 其中:新造混交林面积 | 其中:新造灌木林面积 | 其中:新造竹林面积 | 合　计 | 荒山飞播面积 | 飞播营林面积 |
| **全国合计** | **7203509** | **3823656** | **765451** | **293437** | **31334** | **162322** | **156391** | **5931** |
| 北　京 | 19064 | 10012 | 2577 | 533 | — | — | — | — |
| 天　津 | 9291 | 9291 | 333 | — | — | — | — | — |
| 河　北 | 583361 | 345625 | 52391 | 5100 | — | 33333 | 33333 | — |
| 山　西 | 266694 | 199696 | 96720 | 19120 | — | — | — | — |
| 内蒙古 | 618484 | 311052 | 49625 | 111984 | — | 74094 | 74094 | — |
| 内蒙古集团 | 21267 | 3246 | 1473 | 402 | — | — | — | — |
| 辽　宁 | 142438 | 55332 | 4901 | 155 | — | — | — | — |
| 吉　林 | 157905 | 88646 | 6046 | 2811 | — | — | — | — |
| 吉林集团 | 27660 | 5001 | 95 | — | — | — | — | — |
| 长白山集团 | 26935 | 1545 | 107 | 7 | — | — | — | — |
| 黑龙江 | 92999 | 41262 | 2479 | 6799 | — | — | — | — |
| 龙江集团 | 14975 | 3069 | 665 | — | — | — | — | — |
| 上　海 | 3941 | 3941 | 2199 | 11 | — | — | — | — |
| 江　苏 | 30625 | 27214 | 6441 | 6420 | 20 | — | — | — |
| 浙　江 | 55648 | 12837 | 4289 | 8 | 82 | — | — | — |
| 安　徽 | 128042 | 91380 | 13613 | 2234 | 1489 | — | — | — |
| 福　建 | 228675 | 10300 | 1461 | — | 46 | — | — | — |
| 江　西 | 289560 | 94933 | 26602 | 13356 | 127 | — | — | — |
| 山　东 | 146684 | 115179 | 16388 | 908 | — | — | — | — |
| 河　南 | 149002 | 97647 | 23917 | — | — | 13429 | 13429 | — |
| 湖　北 | 245705 | 171735 | 28081 | — | 1483 | — | — | — |
| 湖　南 | 503235 | 197453 | 93476 | 21089 | 1326 | — | — | — |
| 广　东 | 305404 | 100658 | 42498 | 666 | 107 | — | — | — |
| 广　西 | 193341 | 82410 | 4870 | 5162 | 73 | — | — | — |
| 海　南 | 14521 | 8325 | 460 | — | 1 | — | — | — |
| 重　庆 | 226333 | 100600 | 31394 | 4273 | 5893 | — | — | — |
| 四　川 | 568532 | 425550 | 39648 | 4474 | 10597 | 1600 | 1600 | — |
| 贵　州 | 478701 | 228138 | — | — | — | — | — | — |
| 云　南 | 496451 | 308415 | 18486 | 4894 | 10090 | — | — | — |
| 西　藏 | 55277 | 42864 | — | — | — | — | — | — |
| 陕　西 | 297642 | 184108 | 51609 | 6570 | — | 33602 | 33602 | — |
| 甘　肃 | 325580 | 260144 | 121917 | 21282 | — | — | — | — |
| 青　海 | 178414 | 16051 | 8540 | 7511 | — | — | — | — |
| 宁　夏 | 91531 | 58960 | 3037 | 30603 | — | — | — | — |
| 新　疆 | 263903 | 118105 | 11453 | 17474 | — | 6264 | 333 | 5931 |
| 新疆兵团 | 47540 | 26721 | 2972 | 2478 | — | — | — | — |
| 大兴安岭 | 36526 | 5793 | — | — | — | — | — | — |

# 生产情况(一)

单位:公顷

| 面积 | | | | | | |
|---|---|---|---|---|---|---|
| 当年新封山(沙)育林面积 | | | 退化林修复面积 | | | |
| 合计 | 无林地和疏林地新封山育林面积 | 有林地和灌木林地新封山育林面积 | 合计 | 其中:纯林改造混交林面积 | 低效林改造面积 | 退化防护林改造面积 |
| **1953638** | **1399471** | **554167** | **991088** | **46291** | **718305** | **272783** |
| 4000 | 247 | 3753 | 3999 | — | 3799 | 200 |
| — | — | — | — | — | — | — |
| 135107 | 134974 | 133 | 65653 | — | 676 | 64977 |
| 59998 | 59998 | — | 7000 | 1333 | — | 7000 |
| 136006 | 131340 | 4666 | 90382 | 7228 | 28006 | 62376 |
| — | — | — | 18021 | 2535 | 18021 | — |
| 55337 | 29628 | 25709 | 25069 | 739 | 10049 | 15020 |
| 2333 | 333 | 2000 | 53291 | 633 | 47528 | 5763 |
| — | — | — | 19154 | — | 19154 | — |
| — | — | — | 25270 | — | 23268 | 2002 |
| 36814 | 21666 | 15148 | 14923 | — | 13176 | 1747 |
| — | — | — | 11906 | — | 11906 | — |
| — | — | — | — | — | — | — |
| 333 | — | 333 | 299 | — | 267 | 32 |
| 4784 | 2960 | 1824 | 27398 | 2043 | 19410 | 7988 |
| 31747 | 2635 | 29112 | 3316 | 105 | 2628 | 688 |
| 141936 | — | 141936 | 19540 | 2685 | 11300 | 8240 |
| 78344 | 59148 | 19196 | 109669 | 21301 | 80123 | 29546 |
| — | — | — | 22282 | 374 | 10776 | 11506 |
| 22417 | 22417 | — | 15376 | — | 15376 | — |
| 66747 | 51799 | 14948 | 2763 | — | 2640 | 123 |
| 167464 | 139172 | 28292 | 124874 | 4307 | 117085 | 7789 |
| 97347 | 6804 | 90543 | 59791 | 2757 | 49296 | 10495 |
| 28135 | 14441 | 13694 | 8180 | — | 8180 | — |
| — | — | — | 133 | — | — | 133 |
| 62400 | 27308 | 35092 | 63333 | 1333 | 49733 | 13600 |
| 31519 | 27881 | 3638 | 106629 | — | 106629 | — |
| 250563 | 250563 | — | — | — | — | — |
| 97272 | 23068 | 74204 | 90667 | 1333 | 90667 | — |
| 12413 | — | 12413 | — | — | — | — |
| 63865 | 47183 | 16682 | 16067 | — | 13533 | 2534 |
| 57438 | 55985 | 1453 | 7998 | — | — | 7998 |
| 159734 | 154867 | 4867 | 2629 | — | — | 2629 |
| 22938 | 21605 | 1333 | 8298 | — | 924 | 7374 |
| 126647 | 113449 | 13198 | 10796 | 120 | 5771 | 5025 |
| 17332 | 13333 | 3999 | 2440 | 120 | 1029 | 1411 |
| — | — | — | 30733 | — | 30733 | — |

| 地区 | 造林面积 人工更新面积 合计 | 其中:新造混交林面积 | 其中:人工促进天然更新面积 | 森林抚育面积 | 年末实有封山(沙)育林面积 |
|---|---|---|---|---|---|
| **全国合计** | **272805** | **44782** | **46979** | **8500443** | **25497053** |
| 北京 | 1053 | 10 | 1031 | 79984 | 58998 |
| 天津 | — | — | — | 49464 | 26014 |
| 河北 | 3643 | 656 | 490 | 408379 | 937199 |
| 山西 | — | — | — | 61337 | 694279 |
| 内蒙古 | 6950 | 513 | 3231 | 620090 | 4033845 |
| 内蒙古集团 | — | — | — | 367426 | — |
| 辽宁 | 6700 | 1133 | 1619 | 93422 | 528508 |
| 吉林 | 13635 | 2205 | 2151 | 179085 | 578529 |
| 吉林集团 | 3505 | 440 | 109 | 51194 | 215647 |
| 长白山集团 | 120 | — | 23 | 73780 | 150127 |
| 黑龙江 | — | — | — | 648659 | 806160 |
| 龙江集团 | — | — | — | 518000 | 271634 |
| 上海 | — | — | — | 20589 | — |
| 江苏 | 2779 | 711 | — | 59334 | 4732 |
| 浙江 | 10629 | 2743 | 3231 | 126474 | 1279489 |
| 安徽 | 1599 | 392 | 553 | 621586 | 387628 |
| 福建 | 56899 | 11537 | 10826 | 293508 | 572720 |
| 江西 | 6614 | 1454 | 1609 | 394623 | 880911 |
| 山东 | 9223 | 543 | — | 318744 | 35129 |
| 河南 | 133 | — | — | 300385 | 403458 |
| 湖北 | 4460 | 2015 | — | 217301 | 1093017 |
| 湖南 | 13444 | 5966 | 1640 | 375396 | 1232773 |
| 广东 | 47608 | 11309 | 6287 | 715327 | 822894 |
| 广西 | 74616 | 2352 | 12769 | 831959 | 1590971 |
| 海南 | 6063 | 69 | — | 12090 | 53886 |
| 重庆 | — | — | — | 159767 | 356878 |
| 四川 | 3234 | 587 | 53 | 176043 | 488275 |
| 贵州 | — | — | — | 400000 | 633892 |
| 云南 | 97 | — | 97 | 164012 | 972534 |
| 西藏 | — | — | — | 24533 | 1340497 |
| 陕西 | — | — | — | 161750 | 853196 |
| 甘肃 | — | — | — | 98103 | 1636620 |
| 青海 | — | — | — | 24199 | 1362335 |
| 宁夏 | 1335 | — | 1335 | 42989 | 338595 |
| 新疆 | 2091 | 587 | 57 | 590711 | 1493091 |
| 新疆兵团 | 1047 | 333 | — | 198244 | 121429 |
| 大兴安岭 | — | — | — | 230600 | — |

# 生产情况(二)

单位:公顷

| 四旁(零星)植树(万株) | 林木种苗 | | | |
|---|---|---|---|---|
| | 林木种子采集量(吨) | 当年苗木产量(万株) | 育苗面积 | |
| | | | 合计 | 其中:国有育苗面积 |
| **183094** | **31822** | **7043827** | **1407419** | **70415** |
| 97 | — | 10281 | 14925 | 425 |
| 252 | — | 28052 | 13330 | 949 |
| 10430 | 3128 | 425476 | 85545 | 4562 |
| 10131 | 1038 | 737463 | 70858 | 4348 |
| 2202 | 1210 | 338090 | 46255 | 6510 |
| 31 | — | 8003 | 137 | 137 |
| 6018 | 1681 | 193729 | 27101 | 1978 |
| 926 | 491 | 256374 | 9978 | 1857 |
| — | 124 | 9782 | 98 | 98 |
| 4 | 28 | 6950 | 117 | 112 |
| 1136 | 241 | 154212 | 10800 | 3624 |
| 77 | 152 | 40280 | 1080 | 544 |
| 85 | — | 7428 | 10171 | 460 |
| 5585 | 5535 | 434956 | 184397 | 4286 |
| 2423 | 31 | 479744 | 138946 | 1271 |
| 11361 | 179 | 94276 | 85535 | 3413 |
| 3938 | 12 | 25355 | 774 | 131 |
| 6002 | 41 | 161230 | 113806 | 2086 |
| 17681 | 3628 | 766439 | 203347 | 5462 |
| 14012 | 851 | 270715 | 60697 | 2633 |
| 13309 | 266 | 208507 | 50453 | 1602 |
| 10590 | 421 | 109193 | 1399 | 667 |
| 7108 | 44 | 57131 | 13141 | 427 |
| 5051 | 197 | 123273 | 7561 | 733 |
| 151 | 62 | 20720 | 1092 | 73 |
| 4934 | 94 | 88596 | 25194 | 399 |
| 14021 | 2033 | 96621 | 40578 | 853 |
| 5608 | 556 | 130009 | 4273 | 226 |
| 9817 | 3516 | 79907 | 2371 | 267 |
| 57 | 2 | 3910 | 704 | 658 |
| 8279 | 1986 | 451102 | 43688 | 2162 |
| 7356 | 2055 | 644658 | 47471 | 6407 |
| 1354 | 117 | 119737 | 8350 | 535 |
| 694 | 797 | 249964 | 37454 | 2214 |
| 2485 | 1609 | 269137 | 47194 | 9176 |
| 614 | 20 | 11000 | 5942 | 4687 |
| — | 1 | 7544 | 31 | 21 |

# 林业重点生态

| 指　标 | 总计 | 天然林资源保护工程 | 退耕还林工程 | 京津风沙源治理工程 |
|---|---|---|---|---|
| **一、造林面积** | **2505524** | **487310** | **683270** | **229962** |
| 1. 人工造林 | 1466900 | 100678 | 682851 | 119146 |
| 2. 飞播造林 | 111960 | 76933 | — | 25694 |
| 3. 新封山育林 | 772947 | 199294 | 419 | 79789 |
| 4. 退化林修复 | 149828 | 110405 | — | 5333 |
| 5. 人工更新 | 3889 | — | — | — |
| **二、森林抚育面积** | **1961601** | **1821484** | **—** | **5820** |
| **三、全部林业投资完成额** | **6754068** | **3400322** | **2366719** | **152729** |
| 其中:中央投资 | 5709513 | 3152055 | 2025000 | 76209 |
| 地方投资 | 595412 | 182458 | 124296 | 65735 |

# 工程建设情况

单位:公顷、万元

| 三北及长江流域等重点防护林体系工程 | | | | | | | 野生动物植物保护及自然保护区建设工程 |
|---|---|---|---|---|---|---|---|
| 合计 | 三北防护林工程 | 长江流域防护林体系工程 | 沿海防护林体系工程 | 珠江流域防护林体系工程 | 太行山绿化工程 | 林业血防工程 | |
| **1104982** | **648497** | **217832** | **108702** | **57294** | **35947** | **36710** | **—** |
| 564225 | 294479 | 109063 | 64165 | 36261 | 23547 | 36710 | — |
| 9333 | 9333 | — | — | — | — | — | — |
| 493445 | 312273 | 106672 | 41683 | 20417 | 12400 | — | — |
| 34090 | 30472 | 1540 | 2078 | — | — | — | — |
| 3889 | 1940 | 557 | 776 | 616 | — | — | — |
| **134297** | **96033** | **9234** | **23155** | **4273** | **—** | **1602** | **—** |
| **678829** | **355827** | **96009** | **145345** | **38195** | **25946** | **17507** | **155469** |
| 366515 | 228256 | 59938 | 36738 | 17110 | 15190 | 9283 | 89734 |
| 166736 | 93848 | 24017 | 29537 | 2974 | 10756 | 5604 | 56187 |

# 各地区林业重点生态工程造林面积

单位:公顷

| 地区 | 全部造林面积 | 林业重点生态工程造林面积 | | | | | 其他造林面积 |
|---|---|---|---|---|---|---|---|
| | | 合计 | 天然林资源保护工程 | 退耕还林工程 | 京津风沙源治理工程 | 三北及长江流域等重点防护林体系工程 | |
| **全国合计** | **7203509** | **2505524** | **487310** | **683270** | **229962** | **1104982** | **4697985** |
| 北　京 | 19064 | 12798 | — | — | 7332 | 5466 | 6266 |
| 天　津 | 9291 | 4104 | — | — | 1436 | 2668 | 5187 |
| 河　北 | 583361 | 126473 | — | 20317 | 42069 | 64087 | 456888 |
| 山　西 | 266694 | 193892 | 37866 | 51229 | 35333 | 69464 | 72802 |
| 内蒙古 | 618484 | 360228 | 93352 | 47742 | 131602 | 87532 | 258256 |
| 内蒙古集团 | 21267 | 20029 | 20029 | — | — | — | 1238 |
| 辽　宁 | 142438 | 80705 | — | — | — | 80705 | 61733 |
| 吉　林 | 157905 | 56563 | 41652 | 400 | — | 14511 | 101342 |
| 吉林集团 | 27660 | 16373 | 16373 | — | — | — | 11287 |
| 长白山集团 | 26935 | 23834 | 23834 | — | — | — | 3101 |
| 黑龙江 | 92999 | 70544 | 14975 | — | — | 55569 | 22455 |
| 龙江集团 | 14975 | 14975 | 14975 | — | — | — | — |
| 上　海 | 3941 | — | — | — | — | — | 3941 |
| 江　苏 | 30625 | 5437 | — | — | — | 5437 | 25188 |
| 浙　江 | 55648 | 2807 | — | — | — | 2807 | 52841 |
| 安　徽 | 128042 | 66502 | — | 8952 | — | 57550 | 61540 |
| 福　建 | 228675 | 14116 | — | — | — | 14116 | 214559 |
| 江　西 | 289560 | 69410 | — | 1999 | — | 67411 | 220150 |
| 山　东 | 146684 | 39343 | — | — | — | 39343 | 107341 |
| 河　南 | 149002 | 27332 | 3332 | — | — | 24000 | 121670 |
| 湖　北 | 245705 | 91671 | 24634 | 36884 | — | 30153 | 154034 |
| 湖　南 | 503235 | 66781 | — | 17309 | — | 49472 | 436454 |
| 广　东 | 305404 | 56661 | — | — | — | 56661 | 248743 |
| 广　西 | 193341 | 44170 | — | 20900 | — | 23270 | 149171 |
| 海　南 | 14521 | 5714 | 133 | 193 | — | 5388 | 8807 |
| 重　庆 | 226333 | 87659 | 22001 | 65658 | — | — | 138674 |
| 四　川 | 568532 | 59337 | 29983 | 29354 | — | — | 509195 |
| 贵　州 | 478701 | 93993 | 6000 | 86660 | — | 1333 | 384708 |
| 云　南 | 496451 | 184009 | 53751 | 128027 | — | 2231 | 312442 |
| 西　藏 | 55277 | 19081 | 2200 | — | — | 16881 | 36196 |
| 陕　西 | 297642 | 174755 | 65732 | 46100 | 12190 | 50733 | 122887 |
| 甘　肃 | 325580 | 119723 | 7771 | 82219 | — | 29733 | 205857 |
| 青　海 | 178414 | 77461 | 28001 | — | — | 49460 | 100953 |
| 宁　夏 | 91531 | 53552 | 7016 | 13334 | — | 33202 | 37979 |
| 新　疆 | 263903 | 204177 | 12385 | 25993 | — | 165799 | 59726 |
| 新疆兵团 | 47540 | 39998 | — | 13006 | — | 26992 | 7542 |
| 大兴安岭 | 36526 | 36526 | 36526 | — | — | — | — |

# 天然林资源保护工程建设情况

| 指　　标 | 单位 | 总计 | 东北、内蒙古等重点国有林区 | 长江上游、黄河上中游地区 |
|---|---|---|---|---|
| **一、工程区木材产量** | **立方米** | **4619156** | **145719** | **4473437** |
| 其中:人工林木材产量 | 立方米 | 4015254 | 109371 | 3905883 |
| **二、造林面积** | **公顷** | **487310** | **128844** | **358466** |
| 1. 人工造林 | 公顷 | 100678 | 17672 | 83006 |
| 其中:灌木林面积 | 公顷 | 13790 | 33 | 13757 |
| 2. 飞播造林 | 公顷 | 76933 | 6264 | 70669 |
| 3. 当年新封山(沙)育林 | 公顷 | 199294 | 4968 | 194326 |
| (1)无林地和疏林地新封山育林面积 | 公顷 | 133069 | 1635 | 131434 |
| (2)有林地和灌木林地新封山育林面积 | 公顷 | 66225 | 3333 | 62892 |
| 4. 退化林修复面积 | 公顷 | 110405 | 99940 | 10465 |
| **三、森林抚育面积** | **公顷** | **1821484** | **1366617** | **454867** |
| **四、年末实有封山(沙)育林面积** | **公顷** | **5181677** | **778297** | **4403380** |
| **五、年末实有森林管护面积** | **公顷** | **114971673** | **38657072** | **76314601** |
| 1. 国有林 | 公顷 | 71008441 | 38657072 | 32351369 |
| 2. 集体和个人所有的国家级公益林 | 公顷 | 20628854 | — | 20628854 |
| 3. 集体和个人所有的地方公益林 | 公顷 | 23334378 | — | 23334378 |
| **六、工程区项目实施单位人员情况** | | | | |
| 1. 年末人数 | 人 | 765481 | 625788 | 139693 |
| 其中:混岗职工人数 | 人 | 92135 | 89613 | 2522 |
| (1)在岗职工 | 人 | 506486 | 378299 | 128187 |
| (2)其他从业人员 | 人 | 10511 | 624 | 9887 |
| (3)离开本单位保留劳动关系人员 | 人 | 248484 | 246865 | 1619 |
| 2. 在岗职工年平均人数 | 人 | 475813 | 351756 | 124057 |
| 3. 在岗职工年工资总额 | 万元 | 1852252 | 1250009 | 602243 |
| 4. 年末实有离退休人员 | 人 | 677930 | 546806 | 131124 |
| 5. 当年离退休人员生活费 | 万元 | 1917945 | 1519844 | 398101 |
| 6. 年末参加基本养老保险人数 | 人 | 712645 | 554800 | 157845 |
| 其中:在岗职工 | 人 | 494608 | 376185 | 118423 |
| 7. 年末参加基本医疗保险人数 | 人 | 829686 | 621519 | 208167 |
| 其中:在岗职工 | 人 | 501395 | 377730 | 123665 |
| **七、全部林业投资完成额** | **万元** | **3400322** | **1937878** | **1462444** |
| 其中:中央投资 | 万元 | 3152055 | 1917178 | 1234877 |
| 地方投资 | 万元 | 182458 | 16690 | 165768 |
| 1. 营造林 | 万元 | 671871 | 526307 | 145564 |
| 2. 森林管护 | 万元 | 916570 | 429842 | 486728 |
| 3. 生态效益补偿 | 万元 | 621656 | 56203 | 565453 |
| 4. 社会保险(养老、医疗、失业、工伤、生育) | 万元 | 563633 | 423801 | 139832 |
| 5. 政社性支出 | 万元 | 384939 | 346072 | 38867 |
| 6. 其他 | 万元 | 241653 | 155653 | 86000 |

# 各地区天然林资源

| 地区 | 工程区木材产量（立方米）合计 | 工程区木材产量（立方米）其中：人工林木材产量 | 造林面积（公顷）总计 | 人工造林 合计 | 人工造林 其中：灌木林面积 | 飞播造林 | 当年新封山（沙）育林 合计 | 当年新封山（沙）育林 无林地和疏林地新封山育林面积 | 当年新封山（沙）育林 有林地和灌木林地新封山育林面积 | 退化林修复面积 |
|---|---|---|---|---|---|---|---|---|---|---|
| **全国合计** | **4619156** | **4015254** | **487310** | **100678** | **13790** | **76933** | **199294** | **133069** | **66225** | **110405** |
| 北　京 | — | — | — | — | — | — | — | — | — | — |
| 天　津 | — | — | — | — | — | — | — | — | — | — |
| 河　北 | — | — | — | — | — | — | — | — | — | — |
| 山　西 | 58337 | 27209 | 37866 | 10666 | — | — | 27200 | 27200 | — | — |
| 内蒙古 | 57581 | 52052 | 93352 | 27769 | 8418 | 37067 | 9735 | 9402 | 333 | 18781 |
| 内蒙古集团 | 8794 | 3265 | 20029 | 2008 | — | — | — | — | — | 18021 |
| 辽　宁 | — | — | — | — | — | — | — | — | — | — |
| 吉　林 | 72746 | 48285 | 41652 | 2598 | — | — | — | — | — | 39054 |
| 吉林集团 | 31258 | 26041 | 16373 | 874 | — | — | — | — | — | 15499 |
| 长白山集团 | 41488 | 22244 | 23834 | 1224 | — | — | — | — | — | 22610 |
| 黑龙江 | 64179 | 57821 | 14975 | 3069 | — | — | — | — | — | 11906 |
| 龙江集团 | 64179 | 57821 | 14975 | 3069 | — | — | — | — | — | 11906 |
| 上　海 | — | — | — | — | — | — | — | — | — | — |
| 江　苏 | — | — | — | — | — | — | — | — | — | — |
| 浙　江 | — | — | — | — | — | — | — | — | — | — |
| 安　徽 | — | — | — | — | — | — | — | — | — | — |
| 福　建 | — | — | — | — | — | — | — | — | — | — |
| 江　西 | — | — | — | — | — | — | — | — | — | — |
| 山　东 | — | — | — | — | — | — | — | — | — | — |
| 河　南 | 195880 | 187987 | 3332 | 3332 | — | — | — | — | — | — |
| 湖　北 | 660000 | 260000 | 24634 | 2698 | — | — | 21936 | 15900 | 6036 | — |
| 湖　南 | — | — | — | — | — | — | — | — | — | — |
| 广　东 | — | — | — | — | — | — | — | — | — | — |
| 广　西 | — | — | — | — | — | — | — | — | — | — |
| 海　南 | — | — | 133 | — | — | — | — | — | — | 133 |
| 重　庆 | 171948 | 149277 | 22001 | 1334 | — | — | 20667 | 6479 | 14188 | — |
| 四　川 | 1929278 | 1899495 | 29983 | 4657 | — | — | 25326 | 25326 | — | — |
| 贵　州 | 1031300 | 1010200 | 6000 | 2667 | — | — | 3333 | 3333 | — | — |
| 云　南 | 307762 | 306293 | 53751 | 13089 | 1574 | — | 32864 | 6710 | 26154 | 7798 |
| 西　藏 | — | — | 2200 | 267 | — | — | 1933 | — | 1933 | — |
| 陕　西 | 64425 | 13903 | 65732 | 9201 | 300 | 33602 | 20929 | 10014 | 10915 | 2000 |
| 甘　肃 | 5720 | 2732 | 7771 | 5106 | — | — | 2665 | 2665 | — | — |
| 青　海 | — | — | 28001 | 2667 | — | — | 25334 | 22001 | 3333 | — |
| 宁　夏 | — | — | 7016 | 4612 | 3465 | — | 2404 | 2404 | — | — |
| 新　疆 | — | — | 12385 | 1153 | 33 | 6264 | 4968 | 1635 | 3333 | — |
| 新疆兵团 | — | — | — | — | — | — | — | — | — | — |
| 大兴安岭 | — | — | 36526 | 5793 | — | — | — | — | — | 30733 |

# 保护工程建设情况(一)

| 森林抚育面积(公顷) | 年末实有封山(沙)育林面积(公顷) | 年末实有森林管护面积(公顷) | | | | 工程区项目实施单位人员情况 | | | | |
|---|---|---|---|---|---|---|---|---|---|---|
| | | | | | | 年末人数(人) | | | | |
| | | 合计 | 国有林 | 集体和个人所有的国家级公益林 | 集体和个人所有的地方公益林 | 合计 | 其中:混岗职工人数 | 在岗职工 | 其他从业人员 | 离开本单位保留劳动关系人员 |
| **1821484** | **5181677** | **114971673** | **71008441** | **20628854** | **23334378** | **765481** | **92135** | **506486** | **10511** | **248484** |
| — | — | — | — | — | — | — | — | — | — | — |
| — | — | — | — | — | — | — | — | — | — | — |
| — | — | — | — | — | — | — | — | — | — | — |
| 48133 | 243494 | 5163348 | 1635808 | 766446 | 2761094 | 10399 | — | 10255 | 134 | 10 |
| 496627 | 889553 | 20561946 | 13525829 | 2000893 | 5035224 | 160561 | 60816 | 61006 | 73 | 99482 |
| 367426 | — | 9685580 | 9685580 | — | — | 146162 | 60607 | 46728 | — | 99434 |
| — | — | — | — | — | — | — | — | — | — | — |
| 126724 | 368138 | 3962546 | 3962546 | — | — | 95733 | 2611 | 50029 | 41 | 45663 |
| 51194 | 215647 | 1344448 | 1344448 | — | — | 42148 | 157 | 19009 | — | 23139 |
| 72846 | 150127 | 2335449 | 2335449 | — | — | 49776 | 1666 | 27513 | — | 22263 |
| 518000 | 271634 | 9381301 | 9381301 | — | — | 314245 | 22612 | 214662 | 213 | 99370 |
| 518000 | 271634 | 9381301 | 9381301 | — | — | 314245 | 22612 | 214662 | 213 | 99370 |
| — | — | — | — | — | — | — | — | — | — | — |
| — | — | — | — | — | — | — | — | — | — | — |
| — | — | — | — | — | — | — | — | — | — | — |
| — | — | — | — | — | — | — | — | — | — | — |
| — | — | — | — | — | — | — | — | — | — | — |
| — | — | — | — | — | — | — | — | — | — | — |
| — | — | — | — | — | — | — | — | — | — | — |
| — | 1933 | 1689959 | 195367 | 563985 | 930607 | 3498 | — | 3496 | — | 2 |
| 23734 | 245041 | 3323317 | 798652 | 1507023 | 1017642 | 9456 | 136 | 9422 | 34 | — |
| — | — | — | — | — | — | — | — | — | — | — |
| — | — | — | — | — | — | — | — | — | — | — |
| — | — | — | — | — | — | — | — | — | — | — |
| — | 42224 | 374701 | 374701 | — | — | 2122 | — | 1883 | 195 | 44 |
| 13667 | 83708 | 3011829 | 388486 | 1110494 | 1512849 | 3272 | — | 3272 | — | — |
| 75663 | 210009 | 17699390 | 12168333 | 4832005 | 699052 | 30671 | — | 27049 | 2696 | 926 |
| — | 31933 | 4606667 | 318667 | 2443333 | 1844667 | 5999 | — | 5543 | 200 | 256 |
| 81534 | 641759 | 10179032 | 4330366 | 3372666 | 2476000 | 11441 | — | 10825 | 616 | — |
| — | 1933 | 1276667 | 1276667 | — | — | 115 | 114 | 1 | 114 | — |
| 112869 | 489834 | 11655870 | 3536174 | 2862133 | 5257563 | 21513 | 2131 | 20992 | 168 | 353 |
| 74468 | 1056524 | 4732518 | 3315363 | 960141 | 457014 | 22938 | — | 22843 | 48 | 47 |
| 16866 | 409559 | 3678170 | 2816971 | 83868 | 777331 | 7800 | — | 1928 | 5872 | — |
| 7266 | 125411 | 1196068 | 504866 | 125867 | 565335 | 6273 | — | 6270 | — | 3 |
| 42000 | 68990 | 4379545 | 4379545 | — | — | 3334 | 90 | 3220 | 107 | 7 |
| — | — | 100000 | 100000 | — | — | 155 | — | 155 | — | — |
| 183933 | — | 8098799 | 8098799 | — | — | 56111 | 3625 | 53790 | — | 2321 |

| 地　区 | 工程区项目实施单位人员情况 | | | | | | | |
|---|---|---|---|---|---|---|---|---|
| | 在岗职工年平均人数(人) | 在岗职工年工资总额(万元) | 年末实有离退休人员(人) | 当年离退休人员生活费(万元) | 年末参加基本养老保险人数(人) | | 年末参加基本医疗保险人数(人) | |
| | | | | | 合计 | 其中:在岗职工 | 合计 | 其中:在岗职工 |
| **全国合计** | **475813** | **1852252** | **677930** | **1917945** | **712645** | **494608** | **829686** | **501395** |
| 北　京 | — | — | — | — | — | — | — | — |
| 天　津 | — | — | — | — | — | — | — | — |
| 河　北 | — | — | — | — | — | — | — | — |
| 山　西 | 10318 | 51000 | 5085 | 18707 | 13093 | 9275 | 13751 | 9516 |
| 内蒙古 | 59978 | 275924 | 98899 | 317184 | 99625 | 60118 | 101682 | 60624 |
| 内蒙古集团 | 45761 | 203863 | 89760 | 285067 | 85555 | 46728 | 85555 | 46728 |
| 辽　宁 | — | — | — | — | — | — | — | — |
| 吉　林 | 46091 | 168081 | 76989 | 160036 | 88794 | 49897 | 94023 | 49975 |
| 吉林集团 | 18067 | 65481 | 35064 | 77615 | 42148 | 19009 | 42148 | 19009 |
| 长白山集团 | 24461 | 88425 | 38800 | 74825 | 42974 | 27435 | 45212 | 27435 |
| 黑龙江 | 193038 | 607475 | 302070 | 849008 | 314482 | 214662 | 370374 | 214662 |
| 龙江集团 | 193038 | 607475 | 302070 | 849008 | 314482 | 214662 | 370374 | 214662 |
| 上　海 | — | — | — | — | — | — | — | — |
| 江　苏 | — | — | — | — | — | — | — | — |
| 浙　江 | — | — | — | — | — | — | — | — |
| 安　徽 | — | — | — | — | — | — | — | — |
| 福　建 | — | — | — | — | — | — | — | — |
| 江　西 | — | — | — | — | — | — | — | — |
| 山　东 | — | — | — | — | — | — | — | — |
| 河　南 | 3496 | 11463 | 1765 | 4316 | 4481 | 2811 | 4481 | 2955 |
| 湖　北 | 9621 | 42772 | 5258 | 13874 | 9456 | 9422 | 9456 | 9422 |
| 湖　南 | — | — | — | — | — | — | — | — |
| 广　东 | — | — | — | — | — | — | — | — |
| 广　西 | — | — | — | — | — | — | — | — |
| 海　南 | 1890 | 7717 | 3193 | 7822 | 2062 | 1714 | 1844 | 1699 |
| 重　庆 | 3289 | 18938 | 3448 | 12307 | 3973 | 2920 | 4824 | 3159 |
| 四　川 | 27049 | 140490 | 66064 | 188908 | 49964 | 27049 | 81563 | 27049 |
| 贵　州 | 5634 | 28564 | 6167 | 26583 | 5250 | 5103 | 8415 | 7966 |
| 云　南 | 9373 | 45455 | 12565 | 28346 | 10208 | 10208 | 13759 | 10208 |
| 西　藏 | 1 | 1 | 11 | — | 1 | 1 | 1 | 1 |
| 陕　西 | 20095 | 93167 | 10192 | 33599 | 19740 | 16512 | 25378 | 17123 |
| 甘　肃 | 20807 | 95151 | 11482 | 43188 | 27585 | 21921 | 31719 | 22385 |
| 青　海 | 1928 | 13856 | 795 | 3339 | 1928 | 1928 | 1928 | 1928 |
| 宁　夏 | 6268 | 30359 | 4796 | 12965 | 6145 | 5896 | 6434 | 6044 |
| 新　疆 | 3309 | 19770 | 2990 | 12031 | 3672 | 3280 | 6088 | 3136 |
| 新疆兵团 | 155 | 512 | 129 | 459 | 291 | 155 | 291 | 155 |
| 大兴安岭 | 53628 | 202069 | 66161 | 185732 | 52186 | 51891 | 53966 | 53543 |

# 保护工程建设情况（二）

| 全部林业投资完成额（万元） | | | | | | | | |
|---|---|---|---|---|---|---|---|---|
| 合计 | 其中：中央投资 | 地方投资 | 营造林 | 森林管护 | 生态效益补偿 | 社会保险（养老、医疗、失业、工伤、生育） | 政社性支出 | 其他 |
| **3400322** | **3152055** | **182458** | **671871** | **916570** | **621656** | **563633** | **384939** | **241653** |
| — | — | — | — | — | — | — | — | — |
| — | — | — | — | — | — | — | — | — |
| — | — | — | — | — | — | — | — | — |
| 92287 | 76314 | 11941 | 23379 | 29645 | 26754 | 8070 | 1461 | 2978 |
| 521231 | 484982 | 10071 | 114501 | 172357 | 47634 | 62361 | 5552 | 118826 |
| 312333 | 312333 | — | 75492 | 106040 | — | 44394 | — | 86407 |
| — | — | — | — | — | — | — | — | — |
| 332538 | 327118 | 3608 | 95226 | 47603 | 49801 | 73041 | 15367 | 51500 |
| 126977 | 125846 | 971 | 77062 | 16097 | — | 28435 | 4618 | 765 |
| 186053 | 182482 | 1919 | 17400 | 26851 | 49801 | 40356 | 9625 | 42020 |
| 853898 | 853898 | — | 288576 | 108136 | — | 229599 | 227587 | — |
| 853898 | 853898 | — | 288576 | 108136 | — | 229599 | 227587 | — |
| — | — | — | — | — | — | — | — | — |
| — | — | — | — | — | — | — | — | — |
| — | — | — | — | — | — | — | — | — |
| — | — | — | — | — | — | — | — | — |
| — | — | — | — | — | — | — | — | — |
| — | — | — | — | — | — | — | — | — |
| — | — | — | — | — | — | — | — | — |
| 12062 | 12062 | — | 4092 | 5606 | — | 1725 | 639 | — |
| 69131 | 62308 | 6823 | 2593 | 13554 | 34070 | 6043 | 1739 | 11132 |
| — | — | — | — | — | — | — | — | — |
| — | — | — | — | — | — | — | — | — |
| — | — | — | — | — | — | — | — | — |
| 19968 | 6640 | 11186 | 170 | 13303 | 220 | 2383 | 123 | 3769 |
| 74019 | 50335 | 23684 | 5498 | 14027 | 48024 | 4077 | 743 | 1650 |
| 362415 | 337346 | 25069 | 21137 | 134159 | 136162 | 53632 | 10325 | 7000 |
| 78067 | 63878 | 14189 | 1424 | 9594 | 59761 | 4524 | 1088 | 1676 |
| 192090 | 144974 | 30845 | 16546 | 58504 | 94340 | 12291 | 1183 | 9226 |
| 17623 | 17574 | 39 | 300 | 17274 | — | 19 | 20 | 10 |
| 222414 | 192403 | 16000 | 27970 | 65475 | 90752 | 11643 | 9633 | 16941 |
| 114697 | 102943 | 10470 | 8035 | 51357 | 22796 | 20944 | 7136 | 4429 |
| 67261 | 54302 | 12959 | 6290 | 49198 | 1887 | 868 | 3479 | 5539 |
| 21744 | 18053 | 3678 | 2860 | 8005 | 3353 | 7364 | 125 | 37 |
| 48233 | 46281 | 1896 | 4405 | 25101 | 6102 | 5450 | 235 | 6940 |
| 625 | 625 | — | — | 450 | — | 175 | — | — |
| 300644 | 300644 | — | 48869 | 93672 | — | 59599 | 98504 | — |

# 东北、内蒙古等重点国有林区

| 地　　区 | 工程区木材产量（立方米） | | 造林面积（公顷） | | | | | | | |
|---|---|---|---|---|---|---|---|---|---|---|
| | 合计 | 其中：人工林木材产量 | 总计 | 人工造林 | | 飞播造林 | 当年新封山（沙）育林 | | | 退化林修复面积 |
| | | | | 合计 | 其中：灌木林面积 | | 合计 | 无林地和疏林地新封山育林面积 | 有林地和灌木林地新封山育林面积 | |
| **全国合计** | **145719** | **109371** | **128844** | **17672** | **33** | **6264** | **4968** | **1635** | **3333** | **99940** |
| 北　京 | — | — | — | — | — | — | — | — | — | — |
| 天　津 | — | — | — | — | — | — | — | — | — | — |
| 河　北 | — | — | — | — | — | — | — | — | — | — |
| 山　西 | — | — | — | — | — | — | — | — | — | — |
| 内蒙古 | 8794 | 3265 | 23173 | 5059 | — | — | — | — | — | 18114 |
| 内蒙古集团 | 8794 | 3265 | 20029 | 2008 | — | — | — | — | — | 18021 |
| 辽　宁 | — | — | — | — | — | — | — | — | — | — |
| 吉　林 | 72746 | 48285 | 41652 | 2598 | — | — | — | — | — | 39054 |
| 吉林集团 | 31258 | 26041 | 16373 | 874 | — | — | — | — | — | 15499 |
| 长白山集团 | 41488 | 22244 | 23834 | 1224 | — | — | — | — | — | 22610 |
| 黑龙江 | 64179 | 57821 | 14975 | 3069 | — | — | — | — | — | 11906 |
| 龙江集团 | 64179 | 57821 | 14975 | 3069 | — | — | — | — | — | 11906 |
| 上　海 | — | — | — | — | — | — | — | — | — | — |
| 江　苏 | — | — | — | — | — | — | — | — | — | — |
| 浙　江 | — | — | — | — | — | — | — | — | — | — |
| 安　徽 | — | — | — | — | — | — | — | — | — | — |
| 福　建 | — | — | — | — | — | — | — | — | — | — |
| 江　西 | — | — | — | — | — | — | — | — | — | — |
| 山　东 | — | — | — | — | — | — | — | — | — | — |
| 河　南 | — | — | — | — | — | — | — | — | — | — |
| 湖　北 | — | — | — | — | — | — | — | — | — | — |
| 湖　南 | — | — | — | — | — | — | — | — | — | — |
| 广　东 | — | — | — | — | — | — | — | — | — | — |
| 广　西 | — | — | — | — | — | — | — | — | — | — |
| 海　南 | — | — | 133 | — | — | — | — | — | — | 133 |
| 重　庆 | — | — | — | — | — | — | — | — | — | — |
| 四　川 | — | — | — | — | — | — | — | — | — | — |
| 贵　州 | — | — | — | — | — | — | — | — | — | — |
| 云　南 | — | — | — | — | — | — | — | — | — | — |
| 西　藏 | — | — | — | — | — | — | — | — | — | — |
| 陕　西 | — | — | — | — | — | — | — | — | — | — |
| 甘　肃 | — | — | — | — | — | — | — | — | — | — |
| 青　海 | — | — | — | — | — | — | — | — | — | — |
| 宁　夏 | — | — | — | — | — | — | — | — | — | — |
| 新　疆 | — | — | 12385 | 1153 | 33 | 6264 | 4968 | 1635 | 3333 | — |
| 新疆兵团 | — | — | — | — | — | — | — | — | — | — |
| 大兴安岭 | — | — | 36526 | 5793 | — | — | — | — | — | 30733 |

# 天然林资源保护工程建设情况(一)

| 森林抚育面积(公顷) | 年末实有封山(沙)育林面积(公顷) | 年末实有森林管护面积(公顷) | | | | 工程区项目实施单位人员情况 | | | | |
|---|---|---|---|---|---|---|---|---|---|---|
| | | | | | | 年末人数(人) | | | | |
| | | 合计 | 国有林 | 集体和个人所有的国家级公益林 | 集体和个人所有的地方公益林 | 合计 | 其中:混岗职工人数 | 在岗职工 | 其他从业人员 | 离开本单位保留劳动关系人员 |
| **1366617** | **778297** | **38657072** | **38657072** | **—** | **—** | **625788** | **89613** | **378299** | **624** | **246865** |
| — | — | — | — | — | — | — | — | — | — | — |
| — | — | — | — | — | — | — | — | — | — | — |
| — | — | — | — | — | — | — | — | — | — | — |
| — | — | — | — | — | — | — | — | — | — | — |
| 495960 | 27311 | 12460180 | 12460180 | — | — | 154243 | 60675 | 54715 | 68 | 99460 |
| 367426 | — | 9685580 | 9685580 | — | — | 146162 | 60607 | 46728 | — | 99434 |
| — | — | — | — | — | — | — | — | — | — | — |
| 126724 | 368138 | 3962546 | 3962546 | — | — | 95733 | 2611 | 50029 | 41 | 45663 |
| 51194 | 215647 | 1344448 | 1344448 | — | — | 42148 | 157 | 19009 | — | 23139 |
| 72846 | 150127 | 2335449 | 2335449 | — | — | 49776 | 1666 | 27513 | — | 22263 |
| 518000 | 271634 | 9381301 | 9381301 | — | — | 314245 | 22612 | 214662 | 213 | 99370 |
| 518000 | 271634 | 9381301 | 9381301 | — | — | 314245 | 22612 | 214662 | 213 | 99370 |
| — | — | — | — | — | — | — | — | — | — | — |
| — | — | — | — | — | — | — | — | — | — | — |
| — | — | — | — | — | — | — | — | — | — | — |
| — | — | — | — | — | — | — | — | — | — | — |
| — | — | — | — | — | — | — | — | — | — | — |
| — | — | — | — | — | — | — | — | — | — | — |
| — | — | — | — | — | — | — | — | — | — | — |
| — | — | — | — | — | — | — | — | — | — | — |
| — | — | — | — | — | — | — | — | — | — | — |
| — | — | — | — | — | — | — | — | — | — | — |
| — | — | — | — | — | — | — | — | — | — | — |
| — | — | — | — | — | — | — | — | — | — | — |
| — | 42224 | 374701 | 374701 | — | — | 2122 | — | 1883 | 195 | 44 |
| — | — | — | — | — | — | — | — | — | — | — |
| — | — | — | — | — | — | — | — | — | — | — |
| — | — | — | — | — | — | — | — | — | — | — |
| — | — | — | — | — | — | — | — | — | — | — |
| — | — | — | — | — | — | — | — | — | — | — |
| — | — | — | — | — | — | — | — | — | — | — |
| — | — | — | — | — | — | — | — | — | — | — |
| — | — | — | — | — | — | — | — | — | — | — |
| — | — | — | — | — | — | — | — | — | — | — |
| 42000 | 68990 | 4379545 | 4379545 | — | — | 3334 | 90 | 3220 | 107 | 7 |
| — | — | 100000 | 100000 | — | — | 155 | — | 155 | — | — |
| 183933 | — | 8098799 | 8098799 | — | — | 56111 | 3625 | 53790 | — | 2321 |

| 地区 | 工程区项目实施单位人员情况 | | | | | | | |
|---|---|---|---|---|---|---|---|---|
| | 在岗职工年平均人数(人) | 在岗职工年工资总额(万元) | 年末实有离退休人员(人) | 当年离退休人员生活费(万元) | 年末参加基本养老保险人数(人) | | 年末参加基本医疗保险人数(人) | |
| | | | | | 合计 | 其中:在岗职工 | 合计 | 其中:在岗职工 |
| **全国合计** | **351756** | **1250009** | **546806** | **1519844** | **554800** | **376185** | **621519** | **377730** |
| 北 京 | — | — | — | — | — | — | — | — |
| 天 津 | — | — | — | — | — | — | — | — |
| 河 北 | — | — | — | — | — | — | — | — |
| 山 西 | — | — | — | — | — | — | — | — |
| 内蒙古 | 53800 | 244897 | 95403 | 305215 | 93604 | 54741 | 95224 | 54715 |
| 内蒙古集团 | 45761 | 203863 | 89760 | 285067 | 85555 | 46728 | 85555 | 46728 |
| 辽 宁 | — | — | — | — | — | — | — | — |
| 吉 林 | 46091 | 168081 | 76989 | 160036 | 88794 | 49897 | 94023 | 49975 |
| 吉林集团 | 18067 | 65481 | 35064 | 77615 | 42148 | 19009 | 42148 | 19009 |
| 长白山集团 | 24461 | 88425 | 38800 | 74825 | 42974 | 27435 | 45212 | 27435 |
| 黑龙江 | 193038 | 607475 | 302070 | 849008 | 314482 | 214662 | 370374 | 214662 |
| 龙江集团 | 193038 | 607475 | 302070 | 849008 | 314482 | 214662 | 370374 | 214662 |
| 上 海 | — | — | — | — | — | — | — | — |
| 江 苏 | — | — | — | — | — | — | — | — |
| 浙 江 | — | — | — | — | — | — | — | — |
| 安 徽 | — | — | — | — | — | — | — | — |
| 福 建 | — | — | — | — | — | — | — | — |
| 江 西 | — | — | — | — | — | — | — | — |
| 山 东 | — | — | — | — | — | — | — | — |
| 河 南 | — | — | — | — | — | — | — | — |
| 湖 北 | — | — | — | — | — | — | — | — |
| 湖 南 | — | — | — | — | — | — | — | — |
| 广 东 | — | — | — | — | — | — | — | — |
| 广 西 | — | — | — | — | — | — | — | — |
| 海 南 | 1890 | 7717 | 3193 | 7822 | 2062 | 1714 | 1844 | 1699 |
| 重 庆 | — | — | — | — | — | — | — | — |
| 四 川 | — | — | — | — | — | — | — | — |
| 贵 州 | — | — | — | — | — | — | — | — |
| 云 南 | — | — | — | — | — | — | — | — |
| 西 藏 | — | — | — | — | — | — | — | — |
| 陕 西 | — | — | — | — | — | — | — | — |
| 甘 肃 | — | — | — | — | — | — | — | — |
| 青 海 | — | — | — | — | — | — | — | — |
| 宁 夏 | — | — | — | — | — | — | — | — |
| 新 疆 | 3309 | 19770 | 2990 | 12031 | 3672 | 3280 | 6088 | 3136 |
| 新疆兵团 | 155 | 512 | 129 | 459 | 291 | 155 | 291 | 155 |
| 大兴安岭 | 53628 | 202069 | 66161 | 185732 | 52186 | 51891 | 53966 | 53543 |

# 天然林资源保护工程建设情况（二）

| 全部林业投资完成额（万元） | | | | | | | | |
|---|---|---|---|---|---|---|---|---|
| 合计 | 其中：中央投资 | 地方投资 | 营造林 | 森林管护 | 生态效益补偿 | 社会保险（养老、医疗、失业、工伤、生育） | 政社性支出 | 其他 |
| **1937878** | **1917178** | **16690** | **526307** | **429842** | **56203** | **423801** | **346072** | **155653** |
| — | — | — | — | — | — | — | — | — |
| — | — | — | — | — | — | — | — | — |
| — | — | — | — | — | — | — | — | — |
| — | — | — | — | — | — | — | — | — |
| 382597 | 382597 | — | 89061 | 142027 | 80 | 53729 | 4256 | 93444 |
| 312333 | 312333 | — | 75492 | 106040 | — | 44394 | — | 86407 |
| — | — | — | — | — | — | — | — | — |
| 332538 | 327118 | 3608 | 95226 | 47603 | 49801 | 73041 | 15367 | 51500 |
| 126977 | 125846 | 971 | 77062 | 16097 | — | 28435 | 4618 | 765 |
| 186053 | 182482 | 1919 | 17400 | 26851 | 49801 | 40356 | 9625 | 42020 |
| 853898 | 853898 | — | 288576 | 108136 | — | 229599 | 227587 | — |
| 853898 | 853898 | — | 288576 | 108136 | — | 229599 | 227587 | — |
| — | — | — | — | — | — | — | — | — |
| — | — | — | — | — | — | — | — | — |
| — | — | — | — | — | — | — | — | — |
| — | — | — | — | — | — | — | — | — |
| — | — | — | — | — | — | — | — | — |
| — | — | — | — | — | — | — | — | — |
| — | — | — | — | — | — | — | — | — |
| — | — | — | — | — | — | — | — | — |
| — | — | — | — | — | — | — | — | — |
| — | — | — | — | — | — | — | — | — |
| — | — | — | — | — | — | — | — | — |
| — | — | — | — | — | — | — | — | — |
| 19968 | 6640 | 11186 | 170 | 13303 | 220 | 2383 | 123 | 3769 |
| — | — | — | — | — | — | — | — | — |
| — | — | — | — | — | — | — | — | — |
| — | — | — | — | — | — | — | — | — |
| — | — | — | — | — | — | — | — | — |
| — | — | — | — | — | — | — | — | — |
| — | — | — | — | — | — | — | — | — |
| — | — | — | — | — | — | — | — | — |
| — | — | — | — | — | — | — | — | — |
| — | — | — | — | — | — | — | — | — |
| 48233 | 46281 | 1896 | 4405 | 25101 | 6102 | 5450 | 235 | 6940 |
| 625 | 625 | — | — | 450 | — | 175 | — | — |
| 300644 | 300644 | — | 48869 | 93672 | — | 59599 | 98504 | — |

# 长江上游、黄河上中游地区

| 地　区 | 工程区木材产量（立方米） |  | 造林面积(公顷) |  |  |  |  |  |  |  |
|---|---|---|---|---|---|---|---|---|---|---|
|  |  |  |  | 人工造林 |  |  | 当年新封山(沙)育林 |  |  |  |
|  | 合计 | 其中：人工林木材产量 | 总计 | 合计 | 其中：灌木林面积 | 飞播造林 | 合计 | 无林地和疏林地新封山育林面积 | 有林地和灌木林地新封山育林面积 | 退化林修复面积 |
| **全国合计** | **4473437** | **3905883** | **358466** | **83006** | **13757** | **70669** | **194326** | **131434** | **62892** | **10465** |
| 北　京 | — | — | — | — | — | — | — | — | — | — |
| 天　津 | — | — | — | — | — | — | — | — | — | — |
| 河　北 | — | — | — | — | — | — | — | — | — | — |
| 山　西 | 58337 | 27209 | 37866 | 10666 | — | — | 27200 | 27200 | — | — |
| 内蒙古 | 48787 | 48787 | 70179 | 22710 | 8418 | 37067 | 9735 | 9402 | 333 | 667 |
| 　内蒙古集团 | — | — | — | — | — | — | — | — | — | — |
| 辽　宁 | — | — | — | — | — | — | — | — | — | — |
| 吉　林 | — | — | — | — | — | — | — | — | — | — |
| 　吉林集团 | — | — | — | — | — | — | — | — | — | — |
| 　长白山集团 | — | — | — | — | — | — | — | — | — | — |
| 黑龙江 | — | — | — | — | — | — | — | — | — | — |
| 　龙江集团 | — | — | — | — | — | — | — | — | — | — |
| 上　海 | — | — | — | — | — | — | — | — | — | — |
| 江　苏 | — | — | — | — | — | — | — | — | — | — |
| 浙　江 | — | — | — | — | — | — | — | — | — | — |
| 安　徽 | — | — | — | — | — | — | — | — | — | — |
| 福　建 | — | — | — | — | — | — | — | — | — | — |
| 江　西 | — | — | — | — | — | — | — | — | — | — |
| 山　东 | — | — | — | — | — | — | — | — | — | — |
| 河　南 | 195880 | 187987 | 3332 | 3332 | — | — | — | — | — | — |
| 湖　北 | 660000 | 260000 | 24634 | 2698 | — | — | 21936 | 15900 | 6036 | — |
| 湖　南 | — | — | — | — | — | — | — | — | — | — |
| 广　东 | — | — | — | — | — | — | — | — | — | — |
| 广　西 | — | — | — | — | — | — | — | — | — | — |
| 海　南 | — | — | — | — | — | — | — | — | — | — |
| 重　庆 | 171948 | 149277 | 22001 | 1334 | — | — | 20667 | 6479 | 14188 | — |
| 四　川 | 1929278 | 1899495 | 29983 | 4657 | — | — | 25326 | 25326 | — | — |
| 贵　州 | 1031300 | 1010200 | 6000 | 2667 | — | — | 3333 | 3333 | — | — |
| 云　南 | 307762 | 306293 | 53751 | 13089 | 1574 | — | 32864 | 6710 | 26154 | 7798 |
| 西　藏 | — | — | 2200 | 267 | — | — | 1933 | — | 1933 | — |
| 陕　西 | 64425 | 13903 | 65732 | 9201 | 300 | 33602 | 20929 | 10014 | 10915 | 2000 |
| 甘　肃 | 5720 | 2732 | 7771 | 5106 | — | — | 2665 | 2665 | — | — |
| 青　海 | — | — | 28001 | 2667 | — | — | 25334 | 22001 | 3333 | — |
| 宁　夏 | — | — | 7016 | 4612 | 3465 | — | 2404 | 2404 | — | — |
| 新　疆 | — | — | — | — | — | — | — | — | — | — |
| 　新疆兵团 | — | — | — | — | — | — | — | — | — | — |
| 大兴安岭 | — | — | — | — | — | — | — | — | — | — |

# 天然林资源保护工程建设情况(一)

| 森林抚育面积(公顷) | 年末实有封山(沙)育林面积(公顷) | 年末实有森林管护面积(公顷) | | | | 工程区项目实施单位人员情况 | | | | |
|---|---|---|---|---|---|---|---|---|---|---|
| | | | | | | 年末人数(人) | | | | |
| | | 合计 | 国有林 | 集体和个人所有的国家级公益林 | 集体和个人所有的地方公益林 | 合计 | 其中:混岗职工人数 | 在岗职工 | 其他从业人员 | 离开本单位保留劳动关系人员 |
| **454867** | **4403380** | **76314601** | **32351369** | **20628854** | **23334378** | **139693** | **2522** | **128187** | **9887** | **1619** |
| — | — | — | — | — | — | — | — | — | — | — |
| — | — | — | — | — | — | — | — | — | — | — |
| — | — | — | — | — | — | — | — | — | — | — |
| 48133 | 243494 | 5163348 | 1635808 | 766446 | 2761094 | 10399 | — | 10255 | 134 | 10 |
| 667 | 862242 | 8101766 | 1065649 | 2000893 | 5035224 | 6318 | 141 | 6291 | 5 | 22 |
| — | — | — | — | — | — | — | — | — | — | — |
| — | — | — | — | — | — | — | — | — | — | — |
| — | — | — | — | — | — | — | — | — | — | — |
| — | — | — | — | — | — | — | — | — | — | — |
| — | — | — | — | — | — | — | — | — | — | — |
| — | — | — | — | — | — | — | — | — | — | — |
| — | — | — | — | — | — | — | — | — | — | — |
| — | — | — | — | — | — | — | — | — | — | — |
| — | — | — | — | — | — | — | — | — | — | — |
| — | — | — | — | — | — | — | — | — | — | — |
| — | — | — | — | — | — | — | — | — | — | — |
| — | — | — | — | — | — | — | — | — | — | — |
| — | — | — | — | — | — | — | — | — | — | — |
| — | — | — | — | — | — | — | — | — | — | — |
| — | 1933 | 1689959 | 195367 | 563985 | 930607 | 3498 | — | 3496 | — | 2 |
| 23734 | 245041 | 3323317 | 798652 | 1507023 | 1017642 | 9456 | 136 | 9422 | 34 | — |
| — | — | — | — | — | — | — | — | — | — | — |
| — | — | — | — | — | — | — | — | — | — | — |
| — | — | — | — | — | — | — | — | — | — | — |
| — | — | — | — | — | — | — | — | — | — | — |
| 13667 | 83708 | 3011829 | 388486 | 1110494 | 1512849 | 3272 | — | 3272 | — | — |
| 75663 | 210009 | 17699390 | 12168333 | 4832005 | 699052 | 30671 | — | 27049 | 2696 | 926 |
| — | 31933 | 4606667 | 318667 | 2443333 | 1844667 | 5999 | — | 5543 | 200 | 256 |
| 81534 | 641759 | 10179032 | 4330366 | 3372666 | 2476000 | 11441 | — | 10825 | 616 | — |
| — | 1933 | 1276667 | 1276667 | — | — | 115 | 114 | 1 | 114 | — |
| 112869 | 489834 | 11655870 | 3536174 | 2862133 | 5257563 | 21513 | 2131 | 20992 | 168 | 353 |
| 74468 | 1056524 | 4732518 | 3315363 | 960141 | 457014 | 22938 | — | 22843 | 48 | 47 |
| 16866 | 409559 | 3678170 | 2816971 | 83868 | 777331 | 7800 | — | 1928 | 5872 | — |
| 7266 | 125411 | 1196068 | 504866 | 125867 | 565335 | 6273 | — | 6270 | — | 3 |
| — | — | — | — | — | — | — | — | — | — | — |
| — | — | — | — | — | — | — | — | — | — | — |
| — | — | — | — | — | — | — | — | — | — | — |

# 长江上游、黄河上中游地区

| 地　　区 | 工程区项目实施单位人员情况 | | | | | | | |
|---|---|---|---|---|---|---|---|---|
| | 在岗职工年平均人数(人) | 在岗职工年工资总额(万元) | 年末实有离退休人员(人) | 当年离退休人员生活费(万元) | 年末参加基本养老保险人数(人) | | 年末参加基本医疗保险人数(人) | |
| | | | | | 合计 | 其中:在岗职工 | 合计 | 其中:在岗职工 |
| **全国合计** | **124057** | **602243** | **131124** | **398101** | **157845** | **118423** | **208167** | **123665** |
| 北　京 | — | — | — | — | — | — | — | — |
| 天　津 | — | — | — | — | — | — | — | — |
| 河　北 | — | — | — | — | — | — | — | — |
| 山　西 | 10318 | 51000 | 5085 | 18707 | 13093 | 9275 | 13751 | 9516 |
| 内蒙古 | 6178 | 31027 | 3496 | 11969 | 6021 | 5377 | 6458 | 5909 |
| 内蒙古集团 | — | — | — | — | — | — | — | — |
| 辽　宁 | — | — | — | — | — | — | — | — |
| 吉　林 | — | — | — | — | — | — | — | — |
| 吉林集团 | — | — | — | — | — | — | — | — |
| 长白山集团 | — | — | — | — | — | — | — | — |
| 黑龙江 | — | — | — | — | — | — | — | — |
| 龙江集团 | — | — | — | — | — | — | — | — |
| 上　海 | — | — | — | — | — | — | — | — |
| 江　苏 | — | — | — | — | — | — | — | — |
| 浙　江 | — | — | — | — | — | — | — | — |
| 安　徽 | — | — | — | — | — | — | — | — |
| 福　建 | — | — | — | — | — | — | — | — |
| 江　西 | — | — | — | — | — | — | — | — |
| 山　东 | — | — | — | — | — | — | — | — |
| 河　南 | 3496 | 11463 | 1765 | 4316 | 4481 | 2811 | 4481 | 2955 |
| 湖　北 | 9621 | 42772 | 5258 | 13874 | 9456 | 9422 | 9456 | 9422 |
| 湖　南 | — | — | — | — | — | — | — | — |
| 广　东 | — | — | — | — | — | — | — | — |
| 广　西 | — | — | — | — | — | — | — | — |
| 海　南 | — | — | — | — | — | — | — | — |
| 重　庆 | 3289 | 18938 | 3448 | 12307 | 3973 | 2920 | 4824 | 3159 |
| 四　川 | 27049 | 140490 | 66064 | 188908 | 49964 | 27049 | 81563 | 27049 |
| 贵　州 | 5634 | 28564 | 6167 | 26583 | 5250 | 5103 | 8415 | 7966 |
| 云　南 | 9373 | 45455 | 12565 | 28346 | 10208 | 10208 | 13759 | 10208 |
| 西　藏 | 1 | 1 | 11 | — | 1 | 1 | 1 | 1 |
| 陕　西 | 20095 | 93167 | 10192 | 33599 | 19740 | 16512 | 25378 | 17123 |
| 甘　肃 | 20807 | 95151 | 11482 | 43188 | 27585 | 21921 | 31719 | 22385 |
| 青　海 | 1928 | 13856 | 795 | 3339 | 1928 | 1928 | 1928 | 1928 |
| 宁　夏 | 6268 | 30359 | 4796 | 12965 | 6145 | 5896 | 6434 | 6044 |
| 新　疆 | — | — | — | — | — | — | — | — |
| 新疆兵团 | — | — | — | — | — | — | — | — |
| 大兴安岭 | — | — | — | — | — | — | — | — |

# 天然林资源保护工程建设情况(二)

| 全部林业投资完成额(万元) | | | | | | | | |
|---|---|---|---|---|---|---|---|---|
| 合计 | 其中:中央投资 | 地方投资 | 营造林 | 森林管护 | 生态效益补偿 | 社会保险(养老、医疗、失业、工伤、生育) | 政社性支出 | 其他 |
| **1462444** | **1234877** | **165768** | **145564** | **486728** | **565453** | **139832** | **38867** | **86000** |
| — | — | — | — | — | — | — | — | — |
| — | — | — | — | — | — | — | — | — |
| — | — | — | — | — | — | — | — | — |
| 92287 | 76314 | 11941 | 23379 | 29645 | 26754 | 8070 | 1461 | 2978 |
| 138634 | 102385 | 10071 | 25440 | 30330 | 47554 | 8632 | 1296 | 25382 |
| — | — | — | — | — | — | — | — | — |
| — | — | — | — | — | — | — | — | — |
| — | — | — | — | — | — | — | — | — |
| — | — | — | — | — | — | — | — | — |
| — | — | — | — | — | — | — | — | — |
| — | — | — | — | — | — | — | — | — |
| — | — | — | — | — | — | — | — | — |
| — | — | — | — | — | — | — | — | — |
| — | — | — | — | — | — | — | — | — |
| — | — | — | — | — | — | — | — | — |
| — | — | — | — | — | — | — | — | — |
| — | — | — | — | — | — | — | — | — |
| — | — | — | — | — | — | — | — | — |
| — | — | — | — | — | — | — | — | — |
| 12062 | 12062 | — | 4092 | 5606 | — | 1725 | 639 | — |
| 69131 | 62308 | 6823 | 2593 | 13554 | 34070 | 6043 | 1739 | 11132 |
| — | — | — | — | — | — | — | — | — |
| — | — | — | — | — | — | — | — | — |
| — | — | — | — | — | — | — | — | — |
| — | — | — | — | — | — | — | — | — |
| 74019 | 50335 | 23684 | 5498 | 14027 | 48024 | 4077 | 743 | 1650 |
| 362415 | 337346 | 25069 | 21137 | 134159 | 136162 | 53632 | 10325 | 7000 |
| 78067 | 63878 | 14189 | 1424 | 9594 | 59761 | 4524 | 1088 | 1676 |
| 192090 | 144974 | 30845 | 16546 | 58504 | 94340 | 12291 | 1183 | 9226 |
| 17623 | 17574 | 39 | 300 | 17274 | — | 19 | 20 | 10 |
| 222414 | 192403 | 16000 | 27970 | 65475 | 90752 | 11643 | 9633 | 16941 |
| 114697 | 102943 | 10470 | 8035 | 51357 | 22796 | 20944 | 7136 | 4429 |
| 67261 | 54302 | 12959 | 6290 | 49198 | 1887 | 868 | 3479 | 5539 |
| 21744 | 18053 | 3678 | 2860 | 8005 | 3353 | 7364 | 125 | 37 |
| — | — | — | — | — | — | — | — | — |
| — | — | — | — | — | — | — | — | — |
| — | — | — | — | — | — | — | — | — |

# 退耕还林工程建设情况

| 指　　标 | 单位 | 本年实际 |
| --- | --- | --- |
| **一、营造林情况** | | |
| 1. 退耕地造林 | 公顷 | 558501 |
| 其中：25°以上坡耕地退耕面积 | 公顷 | 417587 |
| 15°～25°水源地耕地退耕面积 | 公顷 | 42096 |
| 严重沙化耕地退耕面积 | 公顷 | 66922 |
| 退耕地造林按林种主导功能分 | 公顷 | |
| (1)用材林 | 公顷 | 53609 |
| (2)经济林 | 公顷 | 314163 |
| (3)防护林 | 公顷 | 189003 |
| (4)薪炭林 | 公顷 | 1511 |
| (5)特种用途林 | 公顷 | 215 |
| 2. 荒山荒地造林 | 公顷 | 124350 |
| 3. 当年新封山(沙)育林面积 | 公顷 | 419 |
| (1)无林地和疏林地新封山育林面积 | 公顷 | 419 |
| (2)有林地和灌木林地新封山育林面积 | 公顷 | — |
| **二、年末实有封山(沙)育林面积** | **公顷** | **1430796** |
| **三、全部林业投资完成额** | **万元** | **2366719** |
| 其中：中央投资 | 万元 | 2025000 |
| 地方投资 | 万元 | 124296 |
| 1. 种苗费 | 万元 | 350254 |
| 2. 完善政策补助资金 | 万元 | 1077143 |
| 3. 巩固退耕还林成果专项资金 | 万元 | 124474 |
| 4. 新一轮退耕还林补助资金 | 万元 | 711816 |
| 5. 其他 | 万元 | 103032 |

# 各地区退耕还林工程建设情况(一)

| 地　区 | 营造林情况(公顷) | | | | | | | | |
|---|---|---|---|---|---|---|---|---|---|
| | 退耕地造林 | | | | 退耕地造林按林种主导功能分 | | | | |
| | 合　计 | 其中：25°以上坡耕地退耕面积 | 其中：15°～25°水源地耕地退耕面积 | 其中：严重沙化耕地退耕面积 | 用材林 | 经济林 | 防护林 | 薪炭林 | 特种用途林 |
| **全国合计** | **558501** | **417587** | **42096** | **66922** | **53609** | **314163** | **189003** | **1511** | **215** |
| 北　京 | — | — | — | — | — | — | — | — | — |
| 天　津 | — | — | — | — | — | — | — | — | — |
| 河　北 | 3333 | 74 | — | 2926 | 693 | 76 | 2564 | — | — |
| 山　西 | — | — | — | — | — | — | — | — | — |
| 内蒙古 | 36609 | — | 748 | 30706 | 29 | 2404 | 34176 | — | — |
| 内蒙古集团 | — | — | — | — | — | — | — | — | — |
| 辽　宁 | — | — | — | — | — | — | — | — | — |
| 吉　林 | 400 | — | — | 300 | — | — | 400 | — | — |
| 吉林集团 | — | — | — | — | — | — | — | — | — |
| 长白山集团 | — | — | — | — | — | — | — | — | — |
| 黑龙江 | — | — | — | — | — | — | — | — | — |
| 龙江集团 | — | — | — | — | — | — | — | — | — |
| 上　海 | — | — | — | — | — | — | — | — | — |
| 江　苏 | — | — | — | — | — | — | — | — | — |
| 浙　江 | — | — | — | — | — | — | — | — | — |
| 安　徽 | 8952 | — | 232 | — | 5312 | 3465 | — | — | 175 |
| 福　建 | — | — | — | — | — | — | — | — | — |
| 江　西 | 1999 | 1999 | — | — | 961 | 667 | 371 | — | — |
| 山　东 | — | — | — | — | — | — | — | — | — |
| 河　南 | — | — | — | — | — | — | — | — | — |
| 湖　北 | 34666 | 29863 | 4801 | — | 8071 | 14930 | 11665 | — | — |
| 湖　南 | 10143 | 9677 | 240 | — | 2493 | 3645 | 3975 | — | 30 |
| 广　东 | — | — | — | — | — | — | — | — | — |
| 广　西 | 20900 | 18147 | 1397 | — | 4103 | 15470 | 1317 | — | 10 |
| 海　南 | — | — | — | — | — | — | — | — | — |
| 重　庆 | 65658 | 49243 | 16415 | — | 6726 | 45417 | 12488 | 1027 | — |
| 四　川 | 28821 | 19185 | 9636 | — | 7317 | 17981 | 3523 | — | — |
| 贵　州 | 86660 | 86660 | — | — | — | 62656 | 24004 | — | — |
| 云　南 | 97515 | 81184 | 993 | — | 16276 | 71018 | 9841 | 380 | — |
| 西　藏 | — | — | — | — | — | — | — | — | — |
| 陕　西 | 44139 | 39373 | 4433 | — | 1538 | 27490 | 15111 | — | — |
| 甘　肃 | 79999 | 79999 | — | — | — | 27596 | 52403 | — | — |
| 青　海 | — | — | — | — | — | — | — | — | — |
| 宁　夏 | 13334 | 1716 | 3001 | 8617 | — | 667 | 12667 | — | — |
| 新　疆 | 25373 | 467 | 200 | 24373 | 90 | 20681 | 4498 | 104 | — |
| 新疆兵团 | 13006 | — | — | 13006 | — | 12173 | 833 | — | — |
| 大兴安岭 | — | — | — | — | — | — | — | — | — |

# 各地区退耕还林

| 地　区 | 营造林情况（公顷） | | | | 年末实有封山（沙）育林面积（公顷） |
|---|---|---|---|---|---|
| | 荒山荒地造林 | 当年新封山（沙）育林面积 | | | |
| | | 合　计 | 无林地和疏林地新封山育林面积 | 有林地和灌木林地新封山育林面积 | |
| **全国合计** | **124350** | **419** | **419** | **—** | **1430796** |
| 北　京 | — | — | — | — | — |
| 天　津 | — | — | — | — | — |
| 河　北 | 16984 | — | — | — | 107552 |
| 山　西 | 51229 | — | — | — | 51450 |
| 内蒙古 | 11133 | — | — | — | 139237 |
| 内蒙古集团 | — | — | — | — | — |
| 辽　宁 | — | — | — | — | 47299 |
| 吉　林 | — | — | — | — | 10667 |
| 吉林集团 | — | — | — | — | — |
| 长白山集团 | — | — | — | — | — |
| 黑龙江 | — | — | — | — | 151477 |
| 龙江集团 | — | — | — | — | — |
| 上　海 | — | — | — | — | — |
| 江　苏 | — | — | — | — | — |
| 浙　江 | — | — | — | — | — |
| 安　徽 | — | — | — | — | 25714 |
| 福　建 | — | — | — | — | — |
| 江　西 | — | — | — | — | 16879 |
| 山　东 | — | — | — | — | — |
| 河　南 | — | — | — | — | 3667 |
| 湖　北 | 2218 | — | — | — | 35409 |
| 湖　南 | 6747 | 419 | 419 | — | 30323 |
| 广　东 | — | — | — | — | — |
| 广　西 | — | — | — | — | 178790 |
| 海　南 | 193 | — | — | — | — |
| 重　庆 | — | — | — | — | 9199 |
| 四　川 | 533 | — | — | — | 61527 |
| 贵　州 | — | — | — | — | — |
| 云　南 | 30512 | — | — | — | 54819 |
| 西　藏 | — | — | — | — | — |
| 陕　西 | 1961 | — | — | — | 72944 |
| 甘　肃 | 2220 | — | — | — | 166614 |
| 青　海 | — | — | — | — | 109666 |
| 宁　夏 | — | — | — | — | 4465 |
| 新　疆 | 620 | — | — | — | 153098 |
| 新疆兵团 | — | — | — | — | — |
| 大兴安岭 | — | — | — | — | — |

# 工程建设情况(二)

| 全部林业投资完成额(万元) | | | | | | | |
|---|---|---|---|---|---|---|---|
| 合计 | 其中：中央投资 | 其中：地方投资 | 种苗费 | 完善政策补助资金 | 巩固退耕还林成果专项资金 | 新一轮退耕还林补助资金 | 其他 |
| **2366719** | **2025000** | **124296** | **350254** | **1077143** | **124474** | **711816** | **103032** |
| 649 | 467 | 60 | — | 187 | 242 | 220 | — |
| 440 | 440 | — | — | 440 | — | — | — |
| 58859 | 34941 | 1247 | — | 48651 | 8819 | 1240 | 149 |
| 91508 | 79578 | 9668 | 2000 | 54884 | 31624 | 3000 | — |
| 139376 | 130721 | 94 | 11882 | 102235 | 5118 | 14986 | 5155 |
| — | — | — | — | — | — | — | — |
| 29935 | 23667 | 5146 | — | 29673 | 262 | — | — |
| 28376 | 20182 | 519 | — | 24749 | 824 | 2577 | 226 |
| — | — | — | — | — | — | — | — |
| — | — | — | — | — | — | — | — |
| 26518 | 22878 | — | 450 | 25057 | 592 | 419 | — |
| — | — | — | — | — | — | — | — |
| — | — | — | — | — | — | — | — |
| — | — | — | — | — | — | — | — |
| — | — | — | — | — | — | — | — |
| 78787 | 35139 | 10708 | 5176 | 43047 | 9946 | 1428 | 19190 |
| — | — | — | — | — | — | — | — |
| 23071 | 17749 | 950 | 1000 | 17945 | 1972 | 1309 | 845 |
| — | — | — | — | — | — | — | — |
| 36363 | 36363 | — | — | 36363 | — | — | — |
| 87396 | 76458 | 2710 | 13563 | 35120 | 8497 | 27201 | 3015 |
| 132305 | 97042 | 18137 | 6632 | 68991 | 24493 | 13301 | 16886 |
| — | — | — | — | — | — | — | — |
| 57909 | 45594 | 1196 | 4505 | 25976 | 1662 | 24925 | 841 |
| 3743 | 3640 | 103 | — | 3277 | 466 | — | — |
| 153960 | 129679 | 4126 | 23240 | 65204 | 969 | 59528 | 5019 |
| 196130 | 180927 | 15203 | 15000 | 136630 | — | 44500 | — |
| 381920 | 381920 | — | 143220 | — | — | 238700 | — |
| 217178 | 157206 | 18920 | 34145 | 69720 | 23001 | 76372 | 13940 |
| 3478 | 3478 | — | — | 3478 | — | — | — |
| 158107 | 123827 | 1925 | 18154 | 104967 | 2396 | 30019 | 2571 |
| 256047 | 255812 | 235 | 57015 | 81889 | 18 | 116930 | 195 |
| 33127 | 31827 | — | 3837 | 20881 | 1046 | 7363 | — |
| 62562 | 62280 | 281 | 4500 | 40191 | — | 17500 | 371 |
| 108975 | 73185 | 33068 | 5935 | 37588 | 2525 | 28298 | 34629 |
| 62523 | 29509 | 31830 | 1425 | 13611 | — | 14647 | 32840 |
| — | — | — | — | — | — | — | — |

# 京津风沙源治理工程建设情况

| 指　标 | 单位 | 全国合计 | 北京 | 天津 | 河北 | 山西 | 内蒙古 | 陕西 |
|---|---|---|---|---|---|---|---|---|
| **一、治理情况** | | | | | | | | |
| (一)造林面积 | 公顷 | 229962 | 7332 | 1436 | 42069 | 35333 | 131602 | 12190 |
| 1. 人工造林 | 公顷 | 119146 | 3333 | 1436 | 28068 | 27334 | 53521 | 5454 |
| 其中:灌木林面积 | 公顷 | 30989 | 533 | — | — | 1999 | 28457 | — |
| 2. 飞播造林 | 公顷 | 25694 | — | — | — | — | 25694 | — |
| 3. 当年新封山(沙)育林 | 公顷 | 79789 | — | — | 14001 | 7999 | 51720 | 6069 |
| (1)无林地和疏林地新封山育林面积 | 公顷 | 77721 | — | — | 14001 | 7999 | 51720 | 4001 |
| (2)有林地和灌木林地新封山育林面积 | 公顷 | 2068 | — | — | — | — | — | 2068 |
| 4. 退化林修复面积 | 公顷 | 5333 | 3999 | — | — | — | 667 | 667 |
| (二)森林抚育面积 | 公顷 | 5820 | — | 5820 | — | — | — | — |
| (三)年末实有封山(沙)育林面积 | 公顷 | 2661047 | 50065 | 26014 | 512788 | 150313 | 1909139 | 12728 |
| (四)工程固沙面积 | 公顷 | 12300 | — | — | 266 | 1200 | 10501 | 333 |
| (五)草地治理面积 | 公顷 | 34841 | — | — | 9667 | 5340 | 19834 | — |
| (六)暖棚建设面积 | 平方米 | 893003 | — | — | 272000 | 440000 | 181003 | — |
| (七)饲料机械台数 | 台 | | — | — | — | — | — | — |
| (八)小流域治理 | 公顷 | 54560 | — | — | 23800 | 21000 | 9760 | — |
| (九)水利设施 | 处 | 2931 | — | — | 902 | 1229 | 800 | — |
| (十)易地搬迁人数 | 人 | 936 | — | — | 436 | 500 | — | — |
| (十一)易地搬迁户数 | 户 | 371 | — | — | 200 | 171 | — | — |
| **二、全部投资完成额** | **万元** | **192210** | **37716** | **1545** | **39831** | **47300** | **58511** | **7307** |
| 其中:林业投资完成额 | 万元 | 152729 | 37403 | 1545 | 25714 | 25861 | 55940 | 6266 |
| 其中:中央投资 | 万元 | 76209 | 3422 | 1088 | 16896 | 18827 | 32732 | 3244 |
| 地方投资 | 万元 | 65735 | 33981 | 457 | 3623 | 7034 | 20195 | 445 |
| 1. 营造林 | 万元 | 148439 | 36976 | 1545 | 24774 | 24120 | 54970 | 6054 |
| 2. 科技费用 | 万元 | 12 | — | — | — | — | — | 12 |
| 3. 其他 | 万元 | 4278 | 427 | — | 940 | 1741 | 970 | 200 |

# 三北及长江流域等重点防护林体系工程建设情况

单位：公顷、万元

| 指　　标 | 三北及长江流域等重点防护林体系工程 | | | | | |
|---|---|---|---|---|---|---|
| | 合　计 | 三北防护林工程 | 长江流域防护林体系工程 | 沿海防护林体系工程 | 珠江流域防护林体系工程 | 太行山绿化工程 | 林业血防工程 |
| **一、造林面积** | **1104982** | **648497** | **217832** | **108702** | **57294** | **35947** | **36710** |
| 1. 人工造林 | 564225 | 294479 | 109063 | 64165 | 36261 | 23547 | 36710 |
| 其中：灌木林面积 | 56835 | 53615 | 1420 | 651 | 357 | — | 792 |
| 2. 飞播造林 | 9333 | 9333 | — | — | — | — | — |
| 3. 当年新封山（沙）育林 | 493445 | 312273 | 106672 | 41683 | 20417 | 12400 | — |
| （1）无林地和疏林地新封山育林 | 359298 | 273006 | 59537 | 7390 | 10718 | 8647 | — |
| （2）有林地和灌木林地新封山育林 | 134147 | 39267 | 47135 | 34293 | 9699 | 3753 | — |
| 4. 退化林修复 | 34090 | 30472 | 1540 | 2078 | — | — | — |
| （1）低效林改造 | 3244 | 454 | 1540 | 1250 | — | — | — |
| （2）退化林防护林改造 | 30846 | 30018 | — | 828 | — | — | — |
| 5. 人工更新 | 3889 | 1940 | 557 | 776 | 616 | — | — |
| **二、森林抚育面积** | **134297** | **96033** | **9234** | **23155** | **4273** | **—** | **1602** |
| **三、年末实有封山（沙）育林面积** | **4186653** | **2977468** | **612721** | **209548** | **233673** | **153243** | **—** |
| **四、全部林业投资完成额** | **678829** | **355827** | **96009** | **145345** | **38195** | **25946** | **17507** |
| 其中：中央投资 | 366515 | 228256 | 59938 | 36738 | 17110 | 15190 | 9283 |
| 地方投资 | 166736 | 93848 | 24017 | 29537 | 2974 | 10756 | 5604 |
| 1. 营造林 | 595361 | 309342 | 75874 | 141588 | 30604 | 24286 | 13667 |
| 2. 种苗 | 41898 | 23457 | 8352 | 1660 | 4763 | 1660 | 2006 |
| 3. 森林防火 | 7132 | 2508 | 4077 | 98 | 373 | — | 76 |
| 4. 病虫害防治 | 7909 | 5361 | 1760 | 261 | 248 | — | 279 |
| 5. 科技费用 | 1233 | 621 | 348 | 20 | 130 | — | 114 |
| 6. 其他 | 25296 | 14538 | 5598 | 1718 | 2077 | — | 1365 |
| **五、群众投工投劳（折合资金）** | **125752** | **62657** | **23771** | **3879** | **27791** | **3700** | **3954** |

# 各地区三北及长江流域等重点

| 地　区 | 造　林 | | | |
| --- | --- | --- | --- | --- |
| | 总计 | 人工造林 | | 飞播造林 |
| | | 合　计 | 其中:灌木林面积 | |
| **全国合计** | **1104982** | **564225** | **56835** | **9333** |
| 北　京 | 5466 | 1466 | — | — |
| 天　津 | 2668 | 2668 | — | — |
| 河　北 | 64087 | 45173 | — | — |
| 山　西 | 69464 | 44665 | — | — |
| 内蒙古 | 87532 | 50667 | 24737 | 9333 |
| 内蒙古集团 | — | — | — | — |
| 辽　宁 | 80705 | 35999 | — | — |
| 吉　林 | 14511 | 14178 | 20 | — |
| 吉林集团 | — | — | — | — |
| 长白山集团 | — | — | — | — |
| 黑龙江 | 55569 | 26380 | 5333 | — |
| 龙江集团 | — | — | — | — |
| 上　海 | — | — | — | — |
| 江　苏 | 5437 | 4570 | 360 | — |
| 浙　江 | 2807 | 2125 | — | — |
| 安　徽 | 57550 | 25345 | 73 | — |
| 福　建 | 14116 | 1980 | — | — |
| 江　西 | 67411 | 34007 | 62 | — |
| 山　东 | 39343 | 38431 | 328 | — |
| 河　南 | 24000 | 15999 | — | — |
| 湖　北 | 30153 | 21554 | — | — |
| 湖　南 | 49472 | 30606 | 2129 | — |
| 广　东 | 56661 | 20999 | — | — |
| 广　西 | 23270 | 22987 | 268 | — |
| 海　南 | 5388 | 5388 | — | — |
| 重　庆 | — | — | — | — |
| 四　川 | — | — | — | — |
| 贵　州 | 1333 | 1333 | — | — |
| 云　南 | 2231 | 2231 | — | — |
| 西　藏 | 16881 | 6401 | — | — |
| 陕　西 | 50733 | 12533 | — | — |
| 甘　肃 | 29733 | 11934 | 426 | — |
| 青　海 | 49460 | 10231 | 4591 | — |
| 宁　夏 | 33202 | 16000 | 8620 | — |
| 新　疆 | 165799 | 58375 | 9888 | — |
| 新疆兵团 | 26992 | 9660 | 1641 | — |
| 大兴安岭 | — | — | — | — |

# 防护林体系工程建设情况(一)

单位:公顷、万元

| 面积 | | | | | | |
|---|---|---|---|---|---|---|
| 当年新封山(沙)育林 | | | 退化林修复面积 | | | 人工更新 |
| 合计 | 无林地和疏林地新封山育林 | 有林地和灌木林地新封山育林 | 合计 | 低效林改造面积 | 退化防护林改造面积 | |
| **493445** | **359298** | **134147** | **34090** | **3244** | **30846** | **3889** |
| 4000 | 247 | 3753 | — | — | — | — |
| — | — | — | — | — | — | — |
| 18334 | 18201 | 133 | 580 | — | 580 | — |
| 24799 | 24799 | — | — | — | — | — |
| 19266 | 19266 | — | 8266 | — | 8266 | — |
| — | — | — | — | — | — | — |
| 35337 | 15115 | 20222 | 9036 | — | 9036 | 333 |
| 333 | 333 | — | — | — | — | — |
| — | — | — | — | — | — | — |
| — | — | — | — | — | — | — |
| 27502 | 16700 | 10802 | 1687 | — | 1687 | — |
| — | — | — | — | — | — | — |
| — | — | — | — | — | — | — |
| 333 | — | 333 | 13 | 13 | — | 521 |
| 667 | 667 | — | 15 | — | 15 | — |
| 31332 | 2635 | 28697 | 873 | 873 | — | — |
| 10899 | — | 10899 | 1237 | 1237 | — | — |
| 33404 | 29422 | 3982 | — | — | — | — |
| — | — | — | 133 | — | 133 | 779 |
| 8001 | 8001 | — | — | — | — | — |
| 8599 | 8599 | — | — | — | — | — |
| 18199 | 18103 | 96 | 667 | 667 | — | — |
| 35196 | 1632 | 33564 | 100 | — | 100 | 366 |
| — | — | — | — | — | — | 283 |
| — | — | — | — | — | — | — |
| — | — | — | — | — | — | — |
| — | — | — | — | — | — | — |
| — | — | — | — | — | — | — |
| — | — | — | — | — | — | — |
| 10480 | — | 10480 | — | — | — | — |
| 35666 | 32333 | 3333 | 2534 | — | 2534 | — |
| 17799 | 16346 | 1453 | — | — | — | — |
| 36600 | 35066 | 1534 | 2629 | — | 2629 | — |
| 12667 | 11800 | 867 | 3200 | — | 3200 | 1335 |
| 104032 | 100033 | 3999 | 3120 | 454 | 2666 | 272 |
| 17332 | 13333 | 3999 | — | — | — | — |
| — | — | — | — | — | — | — |

# 各地区三北及长江流域等重点

| 地　区 | 森林抚育面积 | 年末实有封山(沙)育林面积 | 合计 | 其中：中央投资 |
|---|---|---|---|---|
| **全国合计** | **134297** | **4186653** | **678829** | **366515** |
| 北　京 | — | 8933 | 20728 | 1120 |
| 天　津 | 7667 | — | 25364 | 2000 |
| 河　北 | — | 112755 | 28996 | 22076 |
| 山　西 | — | 186936 | 38549 | 22894 |
| 内蒙古 | 800 | 614742 | 37919 | 36555 |
| 内蒙古集团 | — | — | — | — |
| 辽　宁 | — | 241827 | 38792 | 35371 |
| 吉　林 | — | 19530 | 10130 | 10060 |
| 吉林集团 | — | — | — | — |
| 长白山集团 | — | — | — | — |
| 黑龙江 | 33994 | 294793 | 35975 | 25633 |
| 龙江集团 | — | — | — | — |
| 上　海 | — | — | — | — |
| 江　苏 | — | 333 | 78002 | 1841 |
| 浙　江 | — | 87348 | 3213 | 989 |
| 安　徽 | 3935 | 113696 | 27520 | 13754 |
| 福　建 | 4804 | 150018 | 2178 | 1219 |
| 江　西 | — | 182115 | 23331 | 12916 |
| 山　东 | 133 | — | 27107 | 17653 |
| 河　南 | — | 91943 | 13200 | 11690 |
| 湖　北 | — | 57811 | 11784 | 7811 |
| 湖　南 | 3733 | 60045 | 26821 | 12500 |
| 广　东 | 24992 | 152742 | 21026 | 14216 |
| 广　西 | — | 74927 | 25799 | 10125 |
| 海　南 | — | — | 2023 | 712 |
| 重　庆 | — | — | — | — |
| 四　川 | — | — | — | — |
| 贵　州 | — | — | 1000 | 1000 |
| 云　南 | — | 7800 | 989 | 647 |
| 西　藏 | — | 10480 | 7001 | 6801 |
| 陕　西 | 3867 | 193785 | 16303 | 13850 |
| 甘　肃 | — | 252572 | 13526 | 13526 |
| 青　海 | — | 395451 | 7500 | 7500 |
| 宁　夏 | 7199 | 80573 | 10000 | 10000 |
| 新　疆 | 43173 | 795498 | 124053 | 52056 |
| 新疆兵团 | — | 36378 | 70757 | 8040 |
| 大兴安岭 | — | — | — | — |

# 防护林体系工程建设情况(二)

单位:公顷、万元

| 全部林业投资完成额 | | | | | | | 群众投工投劳（折合资金） |
|---|---|---|---|---|---|---|---|
| 其中：地方投资 | 营造林 | 种苗 | 森林防火 | 病虫害防治 | 科技费用 | 其他 | |
| **166736** | **595361** | **41898** | **7132** | **7909** | **1233** | **25296** | **125752** |
| 19608 | 20728 | — | — | — | — | — | — |
| 23364 | 25364 | — | — | — | — | — | — |
| 4954 | 25056 | 2601 | 98 | 128 | 38 | 1075 | 4745 |
| 13660 | 38549 | — | — | — | — | — | 300 |
| 828 | 34035 | 3707 | — | — | — | 177 | 1500 |
| — | — | — | — | — | — | — | — |
| 3341 | 36320 | 2317 | — | 5 | — | 150 | 3350 |
| — | 9980 | 150 | — | — | — | — | — |
| — | — | — | — | — | — | — | — |
| — | — | — | — | — | — | — | — |
| 2403 | 28619 | 2008 | 1420 | 145 | — | 3783 | 5482 |
| — | — | — | — | — | — | — | — |
| — | — | — | — | — | — | — | — |
| 673 | 77343 | 380 | — | 113 | 11 | 155 | 86 |
| 1276 | 3170 | 30 | 9 | — | — | 4 | — |
| 10299 | 23069 | 2222 | 126 | 161 | 43 | 1899 | 6101 |
| 346 | 2159 | 4 | 5 | 10 | — | — | 107 |
| 6259 | 19624 | 1552 | 401 | 578 | 168 | 1008 | 9787 |
| 8800 | 23932 | 1758 | 51 | 655 | 41 | 670 | 2708 |
| — | 11250 | 870 | — | — | — | 1080 | 25 |
| 2103 | 7350 | 2651 | 300 | 248 | 155 | 1080 | 2894 |
| 7300 | 20606 | 3302 | 562 | 568 | 109 | 1674 | 16810 |
| 6244 | 20184 | 211 | 85 | 6 | — | 540 | 473 |
| 1378 | 21633 | 2395 | 201 | 96 | 85 | 1389 | 18248 |
| 1310 | 2023 | — | — | — | — | — | — |
| — | — | — | — | — | — | — | — |
| — | — | — | — | — | — | — | — |
| — | — | 1000 | — | — | — | — | — |
| 38 | 732 | 145 | 6 | — | — | 106 | — |
| 200 | 4000 | 23 | 2878 | 100 | — | — | — |
| 493 | 15117 | 301 | 50 | 205 | 232 | 398 | 881 |
| — | 12902 | 100 | 5 | 18 | 1 | 500 | 72 |
| — | 5550 | 1950 | — | — | — | — | — |
| — | 10000 | — | — | — | — | — | — |
| 51859 | 96066 | 12221 | 935 | 4873 | 350 | 9608 | 52183 |
| 43622 | 55625 | 7282 | 286 | 1577 | 202 | 5785 | 5770 |
| — | — | — | — | — | — | — | — |

# 各地区三北防护林

| 地　区 | 造　林 | | | |
|---|---|---|---|---|
| | 总计 | 人工造林 | | 飞播造林 |
| | | 合　计 | 其中:灌木林面积 | |
| **全国合计** | **648497** | **294479** | **53615** | **9333** |
| 北　京 | 133 | 133 | — | — |
| 天　津 | 1334 | 1334 | — | — |
| 河　北 | 37650 | 27382 | — | — |
| 山　西 | 63465 | 38666 | — | — |
| 内蒙古 | 87532 | 50667 | 24737 | 9333 |
| 内蒙古集团 | — | — | — | — |
| 辽　宁 | 64041 | 28001 | — | — |
| 吉　林 | 14511 | 14178 | 20 | — |
| 吉林集团 | — | — | — | — |
| 长白山集团 | — | — | — | — |
| 黑龙江 | 55569 | 26380 | 5333 | — |
| 龙江集团 | — | — | — | — |
| 上　海 | — | — | — | — |
| 江　苏 | — | — | — | — |
| 浙　江 | — | — | — | — |
| 安　徽 | — | — | — | — |
| 福　建 | — | — | — | — |
| 江　西 | — | — | — | — |
| 山　东 | — | — | — | — |
| 河　南 | — | — | — | — |
| 湖　北 | — | — | — | — |
| 湖　南 | — | — | — | — |
| 广　东 | — | — | — | — |
| 广　西 | — | — | — | — |
| 海　南 | — | — | — | — |
| 重　庆 | — | — | — | — |
| 四　川 | — | — | — | — |
| 贵　州 | — | — | — | — |
| 云　南 | — | — | — | — |
| 西　藏 | — | — | — | — |
| 陕　西 | 46068 | 11198 | — | — |
| 甘　肃 | 29733 | 11934 | 426 | — |
| 青　海 | 49460 | 10231 | 4591 | — |
| 宁　夏 | 33202 | 16000 | 8620 | — |
| 新　疆 | 165799 | 58375 | 9888 | — |
| 新疆兵团 | 26992 | 9660 | 1641 | — |
| 大兴安岭 | — | — | — | — |

# 工程建设情况(一)

单位:公顷、万元

| 面积 | | | | | | |
|---|---|---|---|---|---|---|
| 当年新封山(沙)育林 | | | 退化林修复面积 | | | 人工更新 |
| 合计 | 无林地和疏林地新封山育林 | 有林地和灌木林地新封山育林 | 合计 | 低效林改造面积 | 退化防护林改造面积 | |
| **312273** | **273006** | **39267** | **30472** | **454** | **30018** | **1940** |
| — | — | — | — | — | — | — |
| — | — | — | — | — | — | — |
| 10268 | 10135 | 133 | — | — | — | — |
| 24799 | 24799 | — | — | — | — | — |
| 19266 | 19266 | — | 8266 | — | 8266 | — |
| — | — | — | — | — | — | — |
| 26671 | 8992 | 17679 | 9036 | — | 9036 | 333 |
| 333 | 333 | — | — | — | — | — |
| — | — | — | — | — | — | — |
| — | — | — | — | — | — | — |
| 27502 | 16700 | 10802 | 1687 | — | 1687 | — |
| — | — | — | — | — | — | — |
| — | — | — | — | — | — | — |
| — | — | — | — | — | — | — |
| — | — | — | — | — | — | — |
| — | — | — | — | — | — | — |
| — | — | — | — | — | — | — |
| — | — | — | — | — | — | — |
| — | — | — | — | — | — | — |
| — | — | — | — | — | — | — |
| — | — | — | — | — | — | — |
| — | — | — | — | — | — | — |
| — | — | — | — | — | — | — |
| — | — | — | — | — | — | — |
| — | — | — | — | — | — | — |
| — | — | — | — | — | — | — |
| — | — | — | — | — | — | — |
| — | — | — | — | — | — | — |
| — | — | — | — | — | — | — |
| — | — | — | — | — | — | — |
| 32336 | 29536 | 2800 | 2534 | — | 2534 | — |
| 17799 | 16346 | 1453 | — | — | — | — |
| 36600 | 35066 | 1534 | 2629 | — | 2629 | — |
| 12667 | 11800 | 867 | 3200 | — | 3200 | 1335 |
| 104032 | 100033 | 3999 | 3120 | 454 | 2666 | 272 |
| 17332 | 13333 | 3999 | — | — | — | — |
| — | — | — | — | — | — | — |

# 各地区三北防护林

| 地　　区 | 森林抚育面积 | 年末实有封山(沙)育林面积 | 合计 | 其中：中央投资 |
|---|---|---|---|---|
| **全国合计** | **96033** | **2977468** | **355827** | **228256** |
| 北　京 | — | — | 12308 | 100 |
| 天　津 | 7000 | — | 10568 | 1000 |
| 河　北 | — | 57871 | 14281 | 11291 |
| 山　西 | — | 113378 | 33863 | 19874 |
| 内蒙古 | 800 | 614742 | 37919 | 36555 |
| 内蒙古集团 | — | — | — | — |
| 辽　宁 | — | 171272 | 30851 | 28001 |
| 吉　林 | — | 19530 | 10130 | 10060 |
| 吉林集团 | — | — | — | — |
| 长白山集团 | — | — | — | — |
| 黑龙江 | 33994 | 294793 | 35975 | 25633 |
| 龙江集团 | — | — | — | — |
| 上　海 | — | — | — | — |
| 江　苏 | — | — | — | — |
| 浙　江 | — | — | — | — |
| 安　徽 | — | — | — | — |
| 福　建 | — | — | — | — |
| 江　西 | — | — | — | — |
| 山　东 | — | — | — | — |
| 河　南 | — | — | — | — |
| 湖　北 | — | — | — | — |
| 湖　南 | — | — | — | — |
| 广　东 | — | — | — | — |
| 广　西 | — | — | — | — |
| 海　南 | — | — | — | — |
| 重　庆 | — | — | — | — |
| 四　川 | — | — | — | — |
| 贵　州 | — | — | — | — |
| 云　南 | — | — | — | — |
| 西　藏 | — | — | — | — |
| 陕　西 | 3867 | 181788 | 14853 | 12660 |
| 甘　肃 | — | 252572 | 13526 | 13526 |
| 青　海 | — | 395451 | 7500 | 7500 |
| 宁　夏 | 7199 | 80573 | 10000 | 10000 |
| 新　疆 | 43173 | 795498 | 124053 | 52056 |
| 新疆兵团 | — | 36378 | 70757 | 8040 |
| 大兴安岭 | — | — | — | — |

# 工程建设情况(二)

单位:公顷、万元

| 全部林业投资完成额 | | | | | | | |
|---|---|---|---|---|---|---|---|
| 其中:地方投资 | 营造林 | 种苗 | 森林防火 | 病虫害防治 | 科技费用 | 其他 | 群众投工投劳(折合资金) |
| **93848** | **309342** | **23457** | **2508** | **5361** | **621** | **14538** | **62657** |
| 12208 | 12308 | — | — | — | — | — | — |
| 9568 | 10568 | — | — | — | — | — | — |
| 1792 | 13009 | 941 | 98 | 120 | 38 | 75 | 1295 |
| 11994 | 33863 | — | — | — | — | — | — |
| 828 | 34035 | 3707 | — | — | — | 177 | 1500 |
| — | — | — | — | — | — | — | — |
| 2783 | 28692 | 2159 | — | — | — | — | 1504 |
| — | 9980 | 150 | — | — | — | — | — |
| — | — | — | — | — | — | — | — |
| — | — | — | — | — | — | — | — |
| 2403 | 28619 | 2008 | 1420 | 145 | — | 3783 | 5482 |
| — | — | — | — | — | — | — | — |
| — | — | — | — | — | — | — | — |
| — | — | — | — | — | — | — | — |
| — | — | — | — | — | — | — | — |
| — | — | — | — | — | — | — | — |
| — | — | — | — | — | — | — | — |
| — | — | — | — | — | — | — | — |
| — | — | — | — | — | — | — | — |
| — | — | — | — | — | — | — | — |
| — | — | — | — | — | — | — | — |
| — | — | — | — | — | — | — | — |
| — | — | — | — | — | — | — | — |
| — | — | — | — | — | — | — | — |
| — | — | — | — | — | — | — | — |
| — | — | — | — | — | — | — | — |
| — | — | — | — | — | — | — | — |
| — | — | — | — | — | — | — | — |
| — | — | — | — | — | — | — | — |
| — | — | — | — | — | — | — | — |
| 413 | 13750 | 221 | 50 | 205 | 232 | 395 | 621 |
| — | 12902 | 100 | 5 | 18 | 1 | 500 | 72 |
| — | 5550 | 1950 | — | — | — | — | — |
| — | 10000 | — | — | — | — | — | — |
| 51859 | 96066 | 12221 | 935 | 4873 | 350 | 9608 | 52183 |
| 43622 | 55625 | 7282 | 286 | 1577 | 202 | 5785 | 5770 |
| — | — | — | — | — | — | — | — |

# 各地区长江流域防护林

| 地　　区 | 造　　林 | | | |
|---|---|---|---|---|
| | 总计 | 人工造林 | | 飞播造林 |
| | | 合　计 | 其中:灌木林面积 | |
| **全国合计** | **217832** | **109063** | **1420** | **—** |
| 北　京 | — | — | — | — |
| 天　津 | — | — | — | — |
| 河　北 | — | — | — | — |
| 山　西 | — | — | — | — |
| 内蒙古 | — | — | — | — |
| 内蒙古集团 | — | — | — | — |
| 辽　宁 | — | — | — | — |
| 吉　林 | — | — | — | — |
| 吉林集团 | — | — | — | — |
| 长白山集团 | — | — | — | — |
| 黑龙江 | — | — | — | — |
| 龙江集团 | — | — | — | — |
| 上　海 | — | — | — | — |
| 江　苏 | 891 | 558 | 37 | — |
| 浙　江 | 1865 | 1465 | — | — |
| 安　徽 | 51540 | 19335 | 55 | — |
| 福　建 | 3664 | 650 | — | — |
| 江　西 | 49276 | 20672 | — | — |
| 山　东 | 23955 | 23398 | — | — |
| 河　南 | 13998 | 7331 | — | — |
| 湖　北 | 21268 | 12669 | — | — |
| 湖　南 | 29829 | 15249 | 1328 | — |
| 广　东 | — | — | — | — |
| 广　西 | — | — | — | — |
| 海　南 | — | — | — | — |
| 重　庆 | — | — | — | — |
| 四　川 | — | — | — | — |
| 贵　州 | — | — | — | — |
| 云　南 | — | — | — | — |
| 西　藏 | 16881 | 6401 | — | — |
| 陕　西 | 4665 | 1335 | — | — |
| 甘　肃 | — | — | — | — |
| 青　海 | — | — | — | — |
| 宁　夏 | — | — | — | — |
| 新　疆 | — | — | — | — |
| 新疆兵团 | — | — | — | — |
| 大兴安岭 | — | — | — | — |

# 体系工程建设情况(一)

单位:公顷、万元

| 面积 | | | | | | |
|---|---|---|---|---|---|---|
| 当年新封山(沙)育林 | | | 退化林修复面积 | | | 人工更新 |
| 合计 | 无林地和疏林地新封山育林 | 有林地和灌木林地新封山育林 | 合计 | 低效林改造面积 | 退化防护林改造面积 | |
| **106672** | **59537** | **47135** | **1540** | **1540** | **—** | **557** |
| — | — | — | — | — | — | — |
| — | — | — | — | — | — | — |
| — | — | — | — | — | — | — |
| — | — | — | — | — | — | — |
| — | — | — | — | — | — | — |
| — | — | — | — | — | — | — |
| — | — | — | — | — | — | — |
| — | — | — | — | — | — | — |
| — | — | — | — | — | — | — |
| — | — | — | — | — | — | — |
| — | — | — | — | — | — | — |
| — | — | — | — | — | — | — |
| — | — | — | — | — | — | — |
| 333 | — | 333 | — | — | — | — |
| 400 | 400 | — | — | — | — | — |
| 31332 | 2635 | 28697 | 873 | 873 | — | — |
| 3014 | — | 3014 | — | — | — | — |
| 28604 | 24622 | 3982 | — | — | — | — |
| — | — | — | — | — | — | 557 |
| 6667 | 6667 | — | — | — | — | — |
| 8599 | 8599 | — | — | — | — | — |
| 13913 | 13817 | 96 | 667 | 667 | — | — |
| — | — | — | — | — | — | — |
| — | — | — | — | — | — | — |
| — | — | — | — | — | — | — |
| — | — | — | — | — | — | — |
| — | — | — | — | — | — | — |
| — | — | — | — | — | — | — |
| — | — | — | — | — | — | — |
| 10480 | — | 10480 | — | — | — | — |
| 3330 | 2797 | 533 | — | — | — | — |
| — | — | — | — | — | — | — |
| — | — | — | — | — | — | — |
| — | — | — | — | — | — | — |
| — | — | — | — | — | — | — |
| — | — | — | — | — | — | — |
| — | — | — | — | — | — | — |

# 各地区长江流域防护林

| 地区 | 森林抚育面积 | 年末实有封山(沙)育林面积 | 合计 | 其中:中央投资 |
| --- | --- | --- | --- | --- |
| **全国合计** | **9234** | **612721** | **96009** | **59938** |
| 北京 | — | — | — | — |
| 天津 | — | — | — | — |
| 河北 | — | — | — | — |
| 山西 | — | — | — | — |
| 内蒙古 | — | — | — | — |
| 内蒙古集团 | — | — | — | — |
| 辽宁 | — | — | — | — |
| 吉林 | — | — | — | — |
| 吉林集团 | — | — | — | — |
| 长白山集团 | — | — | — | — |
| 黑龙江 | — | — | — | — |
| 龙江集团 | — | — | — | — |
| 上海 | — | — | — | — |
| 江苏 | — | 333 | 262 | 201 |
| 浙江 | — | 63102 | 1036 | 689 |
| 安徽 | 3333 | 113696 | 23870 | 11624 |
| 福建 | 3168 | 115265 | 1484 | 718 |
| 江西 | — | 143089 | 19304 | 10312 |
| 山东 | — | — | 14556 | 10469 |
| 河南 | — | 60008 | 6500 | 4990 |
| 湖北 | — | 57811 | 6800 | 5277 |
| 湖南 | 2733 | 36940 | 13746 | 7667 |
| 广东 | — | — | — | — |
| 广西 | — | — | — | — |
| 海南 | — | — | — | — |
| 重庆 | — | — | — | — |
| 四川 | — | — | — | — |
| 贵州 | — | — | — | — |
| 云南 | — | — | — | — |
| 西藏 | — | 10480 | 7001 | 6801 |
| 陕西 | — | 11997 | 1450 | 1190 |
| 甘肃 | — | — | — | — |
| 青海 | — | — | — | — |
| 宁夏 | — | — | — | — |
| 新疆 | — | — | — | — |
| 新疆兵团 | — | — | — | — |
| 大兴安岭 | — | — | — | — |

# 体系工程建设情况（二）

单位：公顷、万元

| 全部林业投资完成额 | | | | | | | |
|---|---|---|---|---|---|---|---|
| 其中：地方投资 | 营造林 | 种苗 | 森林防火 | 病虫害防治 | 科技费用 | 其他 | 群众投工投劳（折合资金） |
| **24017** | **75874** | **8352** | **4077** | **1760** | **348** | **5598** | **23771** |
| — | — | — | — | — | — | — | — |
| — | — | — | — | — | — | — | — |
| — | — | — | — | — | — | — | — |
| — | — | — | — | — | — | — | — |
| — | — | — | — | — | — | — | — |
| — | — | — | — | — | — | — | — |
| | | | | | | | |
| — | — | — | — | — | — | — | — |
| — | — | — | — | — | — | — | — |
| — | — | — | — | — | — | — | — |
| — | — | — | — | — | — | — | — |
| — | — | — | — | — | — | — | — |
| — | — | — | — | — | — | — | — |
| | | | | | | | |
| — | — | — | — | — | — | — | — |
| 60 | 143 | 80 | — | 11 | 11 | 17 | 26 |
| 340 | 997 | 30 | 9 | — | — | — | — |
| 8979 | 19719 | 2072 | 101 | 136 | 43 | 1799 | 3811 |
| 153 | 1480 | 4 | — | — | — | — | 107 |
| 5681 | 16663 | 800 | 324 | 533 | 153 | 831 | 5899 |
| 3757 | 12713 | 813 | 21 | 525 | 21 | 463 | 1758 |
| | | | | | | | |
| — | 4550 | 870 | — | — | — | 1080 | 25 |
| 900 | 4296 | 1427 | 255 | 131 | 43 | 648 | 1530 |
| 3867 | 9946 | 2153 | 489 | 324 | 77 | 757 | 10355 |
| — | — | — | — | — | — | — | — |
| — | — | — | — | — | — | — | — |
| — | — | — | — | — | — | — | — |
| | | | | | | | |
| — | — | — | — | — | — | — | — |
| — | — | — | — | — | — | — | — |
| — | — | — | — | — | — | — | — |
| — | — | — | — | — | — | — | — |
| 200 | 4000 | 23 | 2878 | 100 | — | — | — |
| | | | | | | | |
| 80 | 1367 | 80 | — | — | — | 3 | 260 |
| — | — | — | — | — | — | — | — |
| — | — | — | — | — | — | — | — |
| — | — | — | — | — | — | — | — |
| — | — | — | — | — | — | — | — |
| — | — | — | — | — | — | — | — |
| | | | | | | | |
| — | — | — | — | — | — | — | — |

# 各地区沿海防护林

| 地　区 | 造　林 | | | |
|---|---|---|---|---|
| | 总计 | 人工造林 | | 飞播造林 |
| | | 合　计 | 其中:灌木林面积 | |
| **全国合计** | **108702** | **64165** | **651** | **—** |
| 北　京 | — | — | — | — |
| 天　津 | 1334 | 1334 | — | — |
| 河　北 | 11824 | 10244 | — | — |
| 山　西 | — | — | — | — |
| 内蒙古 | — | — | — | — |
| 内蒙古集团 | — | — | — | — |
| 辽　宁 | 16664 | 7998 | — | — |
| 吉　林 | — | — | — | — |
| 吉林集团 | — | — | — | — |
| 长白山集团 | — | — | — | — |
| 黑龙江 | — | — | — | — |
| 龙江集团 | — | — | — | — |
| 上　海 | — | — | — | — |
| 江　苏 | 4546 | 4012 | 323 | — |
| 浙　江 | 942 | 660 | — | — |
| 安　徽 | — | — | — | — |
| 福　建 | 10452 | 1330 | — | — |
| 江　西 | — | — | — | — |
| 山　东 | 15388 | 15033 | 328 | — |
| 河　南 | — | — | — | — |
| 湖　北 | — | — | — | — |
| 湖　南 | — | — | — | — |
| 广　东 | 40697 | 16699 | — | — |
| 广　西 | 1467 | 1467 | — | — |
| 海　南 | 5388 | 5388 | — | — |
| 重　庆 | — | — | — | — |
| 四　川 | — | — | — | — |
| 贵　州 | — | — | — | — |
| 云　南 | — | — | — | — |
| 西　藏 | — | — | — | — |
| 陕　西 | — | — | — | — |
| 甘　肃 | — | — | — | — |
| 青　海 | — | — | — | — |
| 宁　夏 | — | — | — | — |
| 新　疆 | — | — | — | — |
| 新疆兵团 | — | — | — | — |
| 大兴安岭 | — | — | — | — |

# 体系工程建设情况(一)

单位:公顷、万元

| 面积 | | | | | | |
|---|---|---|---|---|---|---|
| 当年新封山(沙)育林 | | | 退化林修复面积 | | | 人工更新 |
| 合计 | 无林地和疏林地新封山育林 | 有林地和灌木林地新封山育林 | 合计 | 低效林改造面积 | 退化防护林改造面积 | |
| **41683** | **7390** | **34293** | **2078** | **1250** | **828** | **776** |
| — | — | — | — | — | — | — |
| — | — | — | — | — | — | — |
| 1000 | 1000 | — | 580 | — | 580 | — |
| — | — | — | — | — | — | — |
| — | — | — | — | — | — | — |
| — | — | — | — | — | — | — |
| 8666 | 6123 | 2543 | — | — | — | — |
| — | — | — | — | — | — | — |
| — | — | — | — | — | — | — |
| — | — | — | — | — | — | — |
| — | — | — | — | — | — | — |
| — | — | — | — | — | — | — |
| — | — | — | — | — | — | — |
| — | — | — | 13 | 13 | — | 521 |
| 267 | 267 | — | 15 | — | 15 | — |
| — | — | — | — | — | — | — |
| 7885 | — | 7885 | 1237 | 1237 | — | — |
| — | — | — | — | — | — | — |
| — | — | — | 133 | — | 133 | 222 |
| — | — | — | — | — | — | — |
| — | — | — | — | — | — | — |
| — | — | — | — | — | — | — |
| 23865 | — | 23865 | 100 | — | 100 | 33 |
| — | — | — | — | — | — | — |
| — | — | — | — | — | — | — |
| — | — | — | — | — | — | — |
| — | — | — | — | — | — | — |
| — | — | — | — | — | — | — |
| — | — | — | — | — | — | — |
| — | — | — | — | — | — | — |
| — | — | — | — | — | — | — |
| — | — | — | — | — | — | — |
| — | — | — | — | — | — | — |
| — | — | — | — | — | — | — |
| — | — | — | — | — | — | — |
| — | — | — | — | — | — | — |
| — | — | — | — | — | — | — |

# 各地区沿海防护林

| 地　区 | 森林抚育面积 | 年末实有封山(沙)育林面积 | | |
|---|---|---|---|---|
| | | | 合计 | 其中：中央投资 |
| **全国合计** | **23155** | **209548** | **145345** | **36738** |
| 北　京 | — | — | — | — |
| 天　津 | 667 | — | 14796 | 1000 |
| 河　北 | — | 16067 | 8575 | 6335 |
| 山　西 | — | — | — | — |
| 内蒙古 | — | — | — | — |
| 内蒙古集团 | — | — | — | — |
| 辽　宁 | — | 70555 | 7941 | 7370 |
| 吉　林 | — | — | — | — |
| 吉林集团 | — | — | — | — |
| 长白山集团 | — | — | — | — |
| 黑龙江 | — | — | — | — |
| 龙江集团 | — | — | — | — |
| 上　海 | — | — | — | — |
| 江　苏 | — | — | 77740 | 1640 |
| 浙　江 | — | 24246 | 2177 | 300 |
| 安　徽 | — | — | — | — |
| 福　建 | 1636 | 34753 | 694 | 501 |
| 江　西 | — | — | — | — |
| 山　东 | 133 | — | 12551 | 7184 |
| 河　南 | — | — | — | — |
| 湖　北 | — | — | — | — |
| 湖　南 | — | — | — | — |
| 广　东 | 20719 | 63927 | 17578 | 11396 |
| 广　西 | — | — | 1270 | 300 |
| 海　南 | — | — | 2023 | 712 |
| 重　庆 | — | — | — | — |
| 四　川 | — | — | — | — |
| 贵　州 | — | — | — | — |
| 云　南 | — | — | — | — |
| 西　藏 | — | — | — | — |
| 陕　西 | — | — | — | — |
| 甘　肃 | — | — | — | — |
| 青　海 | — | — | — | — |
| 宁　夏 | — | — | — | — |
| 新　疆 | — | — | — | — |
| 新疆兵团 | — | — | — | — |
| 大兴安岭 | — | — | — | — |

# 体系工程建设情况(二)

单位:公顷、万元

| 全部林业投资完成额 | | | | | | | 群众投工投劳（折合资金） |
|---|---|---|---|---|---|---|---|
| 其中：地方投资 | 营造林 | 种苗 | 森林防火 | 病虫害防治 | 科技费用 | 其他 | |
| **29537** | **141588** | **1660** | **98** | **261** | **20** | **1718** | **3879** |
| — | — | — | — | — | — | — | — |
| 3796 | 14796 | — | — | — | — | — | — |
| 1472 | 7567 | — | — | 8 | — | 1000 | 50 |
| — | — | — | — | — | — | — | — |
| — | — | — | — | — | — | — | — |
| — | — | — | — | — | — | — | — |
| 558 | 7628 | 158 | — | 5 | — | 150 | 1846 |
| — | — | — | — | — | — | — | — |
| — | — | — | — | — | — | — | — |
| — | — | — | — | — | — | — | — |
| — | — | — | — | — | — | — | — |
| — | — | — | — | — | — | — | — |
| — | — | — | — | — | — | — | — |
| 613 | 77200 | 300 | — | 102 | — | 138 | 60 |
| 936 | 2173 | — | — | — | — | 4 | — |
| — | — | — | — | — | — | — | — |
| 193 | 679 | — | 5 | 10 | — | — | — |
| — | — | — | — | — | — | — | — |
| 5043 | 11219 | 945 | 30 | 130 | 20 | 207 | 950 |
| — | — | — | — | — | — | — | — |
| — | — | — | — | — | — | — | — |
| — | — | — | — | — | — | — | — |
| 5616 | 17148 | 187 | 63 | 6 | — | 174 | 473 |
| — | 1155 | 70 | — | — | — | 45 | 500 |
| 1310 | 2023 | — | — | — | — | — | — |
| — | — | — | — | — | — | — | — |
| — | — | — | — | — | — | — | — |
| — | — | — | — | — | — | — | — |
| — | — | — | — | — | — | — | — |
| — | — | — | — | — | — | — | — |
| — | — | — | — | — | — | — | — |
| — | — | — | — | — | — | — | — |
| — | — | — | — | — | — | — | — |
| — | — | — | — | — | — | — | — |
| — | — | — | — | — | — | — | — |
| — | — | — | — | — | — | — | — |
| — | — | — | — | — | — | — | — |

# 各地区珠江流域防护林

| 地　区 | 造　林 | | | |
|---|---|---|---|---|
| | 总计 | 人工造林 | | 飞播造林 |
| | | 合　计 | 其中:灌木林面积 | |
| **全国合计** | **57294** | **36261** | **357** | — |
| 北　京 | — | — | — | — |
| 天　津 | — | — | — | — |
| 河　北 | — | — | — | — |
| 山　西 | — | — | — | — |
| 内蒙古 | — | — | — | — |
| 内蒙古集团 | — | — | — | — |
| 辽　宁 | — | — | — | — |
| 吉　林 | — | — | — | — |
| 吉林集团 | — | — | — | — |
| 长白山集团 | — | — | — | — |
| 黑龙江 | — | — | — | — |
| 龙江集团 | — | — | — | — |
| 上　海 | — | — | — | — |
| 江　苏 | — | — | — | — |
| 浙　江 | — | — | — | — |
| 安　徽 | — | — | — | — |
| 福　建 | — | — | — | — |
| 江　西 | 8133 | 3333 | — | — |
| 山　东 | — | — | — | — |
| 河　南 | — | — | — | — |
| 湖　北 | — | — | — | — |
| 湖　南 | 8396 | 4110 | 89 | — |
| 广　东 | 15964 | 4300 | — | — |
| 广　西 | 21803 | 21520 | 268 | — |
| 海　南 | — | — | — | — |
| 重　庆 | — | — | — | — |
| 四　川 | — | — | — | — |
| 贵　州 | 1333 | 1333 | — | — |
| 云　南 | 1665 | 1665 | — | — |
| 西　藏 | — | — | — | — |
| 陕　西 | — | — | — | — |
| 甘　肃 | — | — | — | — |
| 青　海 | — | — | — | — |
| 宁　夏 | — | — | — | — |
| 新　疆 | — | — | — | — |
| 新疆兵团 | — | — | — | — |
| 大兴安岭 | — | — | — | — |

# 体系工程建设情况(一)

单位:公顷、万元

| 面积 | | | | | | |
|---|---|---|---|---|---|---|
| 当年新封山(沙)育林 | | | 退化林修复面积 | | | 人工更新 |
| 合计 | 无林地和疏林地新封山育林 | 有林地和灌木林地新封山育林 | 合计 | 低效林改造面积 | 退化防护林改造面积 | |
| **20417** | **10718** | **9699** | **—** | **—** | **—** | **616** |
| — | — | — | — | — | — | — |
| — | — | — | — | — | — | — |
| — | — | — | — | — | — | — |
| — | — | — | — | — | — | — |
| — | — | — | — | — | — | — |
| — | — | — | — | — | — | — |
| — | — | — | — | — | — | — |
| — | — | — | — | — | — | — |
| — | — | — | — | — | — | — |
| — | — | — | — | — | — | — |
| — | — | — | — | — | — | — |
| — | — | — | — | — | — | — |
| — | — | — | — | — | — | — |
| — | — | — | — | — | — | — |
| — | — | — | — | — | — | — |
| — | — | — | — | — | — | — |
| — | — | — | — | — | — | — |
| 4800 | 4800 | — | — | — | — | — |
| — | — | — | — | — | — | — |
| — | — | — | — | — | — | — |
| — | — | — | — | — | — | — |
| 4286 | 4286 | — | — | — | — | — |
| 11331 | 1632 | 9699 | — | — | — | 333 |
| — | — | — | — | — | — | 283 |
| — | — | — | — | — | — | — |
| — | — | — | — | — | — | — |
| — | — | — | — | — | — | — |
| — | — | — | — | — | — | — |
| — | — | — | — | — | — | — |
| — | — | — | — | — | — | — |
| — | — | — | — | — | — | — |
| — | — | — | — | — | — | — |
| — | — | — | — | — | — | — |
| — | — | — | — | — | — | — |
| — | — | — | — | — | — | — |
| — | — | — | — | — | — | — |
| — | — | — | — | — | — | — |

# 各地区珠江流域防护林

| 地　区 | 森林抚育面积 | 年末实有封山(沙)育林面积 | | |
| --- | --- | --- | --- | --- |
| | | | 合计 | 其中：中央投资 |
| **全国合计** | **4273** | **233673** | **38195** | **17110** |
| 北　京 | — | — | — | — |
| 天　津 | — | — | — | — |
| 河　北 | — | — | — | — |
| 山　西 | — | — | — | — |
| 内蒙古 | — | — | — | — |
| 内蒙古集团 | — | — | — | — |
| 辽　宁 | — | — | — | — |
| 吉　林 | — | — | — | — |
| 吉林集团 | — | — | — | — |
| 长白山集团 | — | — | — | — |
| 黑龙江 | — | — | — | — |
| 龙江集团 | — | — | — | — |
| 上　海 | — | — | — | — |
| 江　苏 | — | — | — | — |
| 浙　江 | — | — | — | — |
| 安　徽 | — | — | — | — |
| 福　建 | — | — | — | — |
| 江　西 | — | 39026 | 1919 | 1242 |
| 山　东 | — | — | — | — |
| 河　南 | — | — | — | — |
| 湖　北 | — | — | — | — |
| 湖　南 | — | 23105 | 6504 | 1770 |
| 广　东 | 4273 | 88815 | 3448 | 2820 |
| 广　西 | — | 74927 | 24529 | 9825 |
| 海　南 | — | — | — | — |
| 重　庆 | — | — | — | — |
| 四　川 | — | — | — | — |
| 贵　州 | — | — | 1000 | 1000 |
| 云　南 | — | 7800 | 795 | 453 |
| 西　藏 | — | — | — | — |
| 陕　西 | — | — | — | — |
| 甘　肃 | — | — | — | — |
| 青　海 | — | — | — | — |
| 宁　夏 | — | — | — | — |
| 新　疆 | — | — | — | — |
| 新疆兵团 | — | — | — | — |
| 大兴安岭 | — | — | — | — |

# 体系工程建设情况（二）

单位：公顷、万元

| 全部林业投资完成额 | | | | | | | 群众投工投劳（折合资金） |
|---|---|---|---|---|---|---|---|
| 其中：地方投资 | 营造林 | 种苗 | 森林防火 | 病虫害防治 | 科技费用 | 其他 | |
| **2974** | **30604** | **4763** | **373** | **248** | **130** | **2077** | **27791** |
| — | — | — | — | — | — | — | — |
| — | — | — | — | — | — | — | — |
| — | — | — | — | — | — | — | — |
| — | — | — | — | — | — | — | — |
| — | — | — | — | — | — | — | — |
| — | — | — | — | — | — | — | — |
| | | | | | | | |
| — | — | — | — | — | — | — | — |
| — | — | — | — | — | — | — | — |
| — | — | — | — | — | — | — | — |
| — | — | — | — | — | — | — | — |
| — | — | — | — | — | — | — | — |
| — | — | — | — | — | — | — | — |
| | | | | | | | |
| — | — | — | — | — | — | — | — |
| — | — | — | — | — | — | — | — |
| — | — | — | — | — | — | — | — |
| — | — | — | — | — | — | — | — |
| — | — | — | — | — | — | — | — |
| 235 | 1013 | 616 | 75 | 45 | 15 | 155 | 3588 |
| — | — | — | — | — | — | — | — |
| | | | | | | | |
| — | — | — | — | — | — | — | — |
| — | — | — | — | — | — | — | — |
| 695 | 5539 | 653 | 69 | 107 | 30 | 106 | 6455 |
| 628 | 3036 | 24 | 22 | — | — | 366 | — |
| 1378 | 20478 | 2325 | 201 | 96 | 85 | 1344 | 17748 |
| — | — | — | — | — | — | — | — |
| | | | | | | | |
| — | — | — | — | — | — | — | — |
| — | — | — | — | — | — | — | — |
| — | — | 1000 | — | — | — | — | — |
| 38 | 538 | 145 | 6 | — | — | 106 | — |
| — | — | — | — | — | — | — | — |
| | | | | | | | |
| — | — | — | — | — | — | — | — |
| — | — | — | — | — | — | — | — |
| — | — | — | — | — | — | — | — |
| — | — | — | — | — | — | — | — |
| — | — | — | — | — | — | — | — |
| — | — | — | — | — | — | — | — |
| | | | | | | | |
| — | — | — | — | — | — | — | — |

# 各地区太行山绿化

| 地区 | 造林 | | | |
| --- | --- | --- | --- | --- |
| | 总计 | 人工造林 | | 飞播造林 |
| | | 合计 | 其中:灌木林面积 | |
| **全国合计** | **35947** | **23547** | **—** | **—** |
| 北京 | 5333 | 1333 | — | — |
| 天津 | — | — | — | — |
| 河北 | 14613 | 7547 | — | — |
| 山西 | 5999 | 5999 | — | — |
| 内蒙古 | — | — | — | — |
| 内蒙古集团 | — | — | — | — |
| 辽宁 | — | — | — | — |
| 吉林 | — | — | — | — |
| 吉林集团 | — | — | — | — |
| 长白山集团 | — | — | — | — |
| 黑龙江 | — | — | — | — |
| 龙江集团 | — | — | — | — |
| 上海 | — | — | — | — |
| 江苏 | — | — | — | — |
| 浙江 | — | — | — | — |
| 安徽 | — | — | — | — |
| 福建 | — | — | — | — |
| 江西 | — | — | — | — |
| 山东 | — | — | — | — |
| 河南 | 10002 | 8668 | — | — |
| 湖北 | — | — | — | — |
| 湖南 | — | — | — | — |
| 广东 | — | — | — | — |
| 广西 | — | — | — | — |
| 海南 | — | — | — | — |
| 重庆 | — | — | — | — |
| 四川 | — | — | — | — |
| 贵州 | — | — | — | — |
| 云南 | — | — | — | — |
| 西藏 | — | — | — | — |
| 陕西 | — | — | — | — |
| 甘肃 | — | — | — | — |
| 青海 | — | — | — | — |
| 宁夏 | — | — | — | — |
| 新疆 | — | — | — | — |
| 新疆兵团 | — | — | — | — |
| 大兴安岭 | — | — | — | — |

# 工程建设情况(一)

单位:公顷、万元

| 面积 | | | | | | |
|---|---|---|---|---|---|---|
| 当年新封山(沙)育林 | | | 退化林修复面积 | | | 人工更新 |
| 合计 | 无林地和疏林地新封山育林 | 有林地和灌木林地新封山育林 | 合计 | 低效林改造面积 | 退化防护林改造面积 | |
| **12400** | **8647** | **3753** | **—** | **—** | **—** | **—** |
| 4000 | 247 | 3753 | — | — | — | — |
| — | — | — | — | — | — | — |
| 7066 | 7066 | — | — | — | — | — |
| — | — | — | — | — | — | — |
| — | — | — | — | — | — | — |
| — | — | — | — | — | — | — |
| — | — | — | — | — | — | — |
| — | — | — | — | — | — | — |
| — | — | — | — | — | — | — |
| — | — | — | — | — | — | — |
| — | — | — | — | — | — | — |
| — | — | — | — | — | — | — |
| — | — | — | — | — | — | — |
| — | — | — | — | — | — | — |
| — | — | — | — | — | — | — |
| — | — | — | — | — | — | — |
| — | — | — | — | — | — | — |
| — | — | — | — | — | — | — |
| — | — | — | — | — | — | — |
| 1334 | 1334 | — | — | — | — | — |
| — | — | — | — | — | — | — |
| — | — | — | — | — | — | — |
| — | — | — | — | — | — | — |
| — | — | — | — | — | — | — |
| — | — | — | — | — | — | — |
| — | — | — | — | — | — | — |
| — | — | — | — | — | — | — |
| — | — | — | — | — | — | — |
| — | — | — | — | — | — | — |
| — | — | — | — | — | — | — |
| — | — | — | — | — | — | — |
| — | — | — | — | — | — | — |
| — | — | — | — | — | — | — |
| — | — | — | — | — | — | — |
| — | — | — | — | — | — | — |
| — | — | — | — | — | — | — |
| — | — | — | — | — | — | — |

# 各地区太行山绿化

| 地　区 | 森林抚育面积 | 年末实有封山(沙)育林面积 | | |
|---|---|---|---|---|
| | | | 合计 | 其中：中央投资 |
| **全国合计** | **—** | **153243** | **25946** | **15190** |
| 北　京 | — | 8933 | 8420 | 1020 |
| 天　津 | — | — | — | — |
| 河　北 | — | 38817 | 6140 | 4450 |
| 山　西 | — | 73558 | 4686 | 3020 |
| 内蒙古 | — | — | — | — |
| 内蒙古集团 | — | — | — | — |
| 辽　宁 | — | — | — | — |
| 吉　林 | — | — | — | — |
| 吉林集团 | — | — | — | — |
| 长白山集团 | — | — | — | — |
| 黑龙江 | — | — | — | — |
| 龙江集团 | — | — | — | — |
| 上　海 | — | — | — | — |
| 江　苏 | — | — | — | — |
| 浙　江 | — | — | — | — |
| 安　徽 | — | — | — | — |
| 福　建 | — | — | — | — |
| 江　西 | — | — | — | — |
| 山　东 | — | — | — | — |
| 河　南 | — | 31935 | 6700 | 6700 |
| 湖　北 | — | — | — | — |
| 湖　南 | — | — | — | — |
| 广　东 | — | — | — | — |
| 广　西 | — | — | — | — |
| 海　南 | — | — | — | — |
| 重　庆 | — | — | — | — |
| 四　川 | — | — | — | — |
| 贵　州 | — | — | — | — |
| 云　南 | — | — | — | — |
| 西　藏 | — | — | — | — |
| 陕　西 | — | — | — | — |
| 甘　肃 | — | — | — | — |
| 青　海 | — | — | — | — |
| 宁　夏 | — | — | — | — |
| 新　疆 | — | — | — | — |
| 新疆兵团 | — | — | — | — |
| 大兴安岭 | — | — | — | — |

# 工程建设情况(二)

单位:公顷、万元

| 全部林业投资完成额 | | | | | | | 群众投工投劳（折合资金） |
|---|---|---|---|---|---|---|---|
| 其中：地方投资 | 营造林 | 种苗 | 森林防火 | 病虫害防治 | 科技费用 | 其他 | |
| **10756** | **24286** | **1660** | **—** | **—** | **—** | **—** | **3700** |
| | | | | | | | |
| 7400 | 8420 | — | — | — | — | — | — |
| — | — | — | — | — | — | — | — |
| 1690 | 4480 | 1660 | — | — | — | — | 3400 |
| 1666 | 4686 | — | — | — | — | — | 300 |
| — | — | — | — | — | — | — | — |
| — | — | — | — | — | — | — | — |
| | | | | | | | |
| — | — | — | — | — | — | — | — |
| — | — | — | — | — | — | — | — |
| — | — | — | — | — | — | — | — |
| — | — | — | — | — | — | — | — |
| — | — | — | — | — | — | — | — |
| — | — | — | — | — | — | — | — |
| | | | | | | | |
| — | — | — | — | — | — | — | — |
| — | — | — | — | — | — | — | — |
| — | — | — | — | — | — | — | — |
| — | — | — | — | — | — | — | — |
| — | — | — | — | — | — | — | — |
| — | — | — | — | — | — | — | — |
| — | — | — | — | — | — | — | — |
| | | | | | | | |
| — | 6700 | — | — | — | — | — | — |
| — | — | — | — | — | — | — | — |
| — | — | — | — | — | — | — | — |
| — | — | — | — | — | — | — | — |
| — | — | — | — | — | — | — | — |
| — | — | — | — | — | — | — | — |
| | | | | | | | |
| — | — | — | — | — | — | — | — |
| — | — | — | — | — | — | — | — |
| — | — | — | — | — | — | — | — |
| — | — | — | — | — | — | — | — |
| — | — | — | — | — | — | — | — |
| | | | | | | | |
| — | — | — | — | — | — | — | — |
| — | — | — | — | — | — | — | — |
| — | — | — | — | — | — | — | — |
| — | — | — | — | — | — | — | — |
| — | — | — | — | — | — | — | — |
| — | — | — | — | — | — | — | — |
| | | | | | | | |
| — | — | — | — | — | — | — | — |

# 各地区林业血防

| 地　　区 | 造　　林 | | | |
| --- | --- | --- | --- | --- |
| | 总计 | 人工造林 | | 飞播造林 |
| | | 合　计 | 其中:灌木林面积 | |
| **全国合计** | **36710** | **36710** | **792** | **—** |
| 北　京 | — | — | — | — |
| 天　津 | — | — | — | — |
| 河　北 | — | — | — | — |
| 山　西 | — | — | — | — |
| 内蒙古 | — | — | — | — |
| 内蒙古集团 | — | — | — | — |
| 辽　宁 | — | — | — | — |
| 吉　林 | — | — | — | — |
| 吉林集团 | — | — | — | — |
| 长白山集团 | — | — | — | — |
| 黑龙江 | — | — | — | — |
| 龙江集团 | — | — | — | — |
| 上　海 | — | — | — | — |
| 江　苏 | — | — | — | — |
| 浙　江 | — | — | — | — |
| 安　徽 | 6010 | 6010 | 18 | — |
| 福　建 | — | — | — | — |
| 江　西 | 10002 | 10002 | 62 | — |
| 山　东 | — | — | — | — |
| 河　南 | — | — | — | — |
| 湖　北 | 8885 | 8885 | — | — |
| 湖　南 | 11247 | 11247 | 712 | — |
| 广　东 | — | — | — | — |
| 广　西 | — | — | — | — |
| 海　南 | — | — | — | — |
| 重　庆 | — | — | — | — |
| 四　川 | — | — | — | — |
| 贵　州 | — | — | — | — |
| 云　南 | 566 | 566 | — | — |
| 西　藏 | — | — | — | — |
| 陕　西 | — | — | — | — |
| 甘　肃 | — | — | — | — |
| 青　海 | — | — | — | — |
| 宁　夏 | — | — | — | — |
| 新　疆 | — | — | — | — |
| 新疆兵团 | — | — | — | — |
| 大兴安岭 | — | — | — | — |

# 工程建设情况（一）

单位：公顷、万元

| 面积 | | | | | | |
|---|---|---|---|---|---|---|
| 当年新封山（沙）育林 | | | 退化林修复面积 | | | 人工更新 |
| 合计 | 无林地和疏林地新封山育林 | 有林地和灌木林地新封山育林 | 合计 | 低效林改造面积 | 退化防护林改造面积 | |
| — | — | — | — | — | — | — |
| — | — | — | — | — | — | — |
| — | — | — | — | — | — | — |
| — | — | — | — | — | — | — |
| — | — | — | — | — | — | — |
| — | — | — | — | — | — | — |
| — | — | — | — | — | — | — |
| — | — | — | — | — | — | — |
| — | — | — | — | — | — | — |
| — | — | — | — | — | — | — |
| — | — | — | — | — | — | — |
| — | — | — | — | — | — | — |
| — | — | — | — | — | — | — |
| — | — | — | — | — | — | — |
| — | — | — | — | — | — | — |
| — | — | — | — | — | — | — |
| — | — | — | — | — | — | — |
| — | — | — | — | — | — | — |
| — | — | — | — | — | — | — |
| — | — | — | — | — | — | — |
| — | — | — | — | — | — | — |
| — | — | — | — | — | — | — |
| — | — | — | — | — | — | — |
| — | — | — | — | — | — | — |
| — | — | — | — | — | — | — |
| — | — | — | — | — | — | — |
| — | — | — | — | — | — | — |
| — | — | — | — | — | — | — |
| — | — | — | — | — | — | — |
| — | — | — | — | — | — | — |
| — | — | — | — | — | — | — |
| — | — | — | — | — | — | — |
| — | — | — | — | — | — | — |
| — | — | — | — | — | — | — |
| — | — | — | — | — | — | — |
| — | — | — | — | — | — | — |
| — | — | — | — | — | — | — |
| — | — | — | — | — | — | — |

# 各地区林业血防

| 地　　区 | 森林抚育面积 | 年末实有封山(沙)育林面积 | 合计 | 其中：中央投资 |
|---|---|---|---|---|
| **全国合计** | **1602** | **—** | **17507** | **9283** |
| 北　京 | — | — | — | — |
| 天　津 | — | — | — | — |
| 河　北 | — | — | — | — |
| 山　西 | — | — | — | — |
| 内蒙古 | — | — | — | — |
| 　内蒙古集团 | — | — | — | — |
| 辽　宁 | — | — | — | — |
| 吉　林 | — | — | — | — |
| 　吉林集团 | — | — | — | — |
| 　长白山集团 | — | — | — | — |
| 黑龙江 | — | — | — | — |
| 　龙江集团 | — | — | — | — |
| 上　海 | — | — | — | — |
| 江　苏 | — | — | — | — |
| 浙　江 | — | — | — | — |
| 安　徽 | 602 | — | 3650 | 2130 |
| 福　建 | — | — | — | — |
| 江　西 | — | — | 2108 | 1362 |
| 山　东 | — | — | — | — |
| 河　南 | — | — | — | — |
| 湖　北 | — | — | 4984 | 2534 |
| 湖　南 | 1000 | — | 6571 | 3063 |
| 广　东 | — | — | — | — |
| 广　西 | — | — | — | — |
| 海　南 | — | — | — | — |
| 重　庆 | — | — | — | — |
| 四　川 | — | — | — | — |
| 贵　州 | — | — | — | — |
| 云　南 | — | — | 194 | 194 |
| 西　藏 | — | — | — | — |
| 陕　西 | — | — | — | — |
| 甘　肃 | — | — | — | — |
| 青　海 | — | — | — | — |
| 宁　夏 | — | — | — | — |
| 新　疆 | — | — | — | — |
| 　新疆兵团 | — | — | — | — |
| 大兴安岭 | — | — | — | — |

# 工程建设情况(二)

单位:公顷、万元

| 全部林业投资完成额 | | | | | | | 群众投工投劳（折合资金） |
|---|---|---|---|---|---|---|---|
| 其中：地方投资 | 营造林 | 种苗 | 森林防火 | 病虫害防治 | 科技费用 | 其他 | |
| **5604** | **13667** | **2006** | **76** | **279** | **114** | **1365** | **3954** |
| — | — | — | — | — | — | — | — |
| — | — | — | — | — | — | — | — |
| — | — | — | — | — | — | — | — |
| — | — | — | — | — | — | — | — |
| — | — | — | — | — | — | — | — |
| — | — | — | — | — | — | — | — |
| — | — | — | — | — | — | — | — |
| — | — | — | — | — | — | — | — |
| — | — | — | — | — | — | — | — |
| — | — | — | — | — | — | — | — |
| — | — | — | — | — | — | — | — |
| — | — | — | — | — | — | — | — |
| — | — | — | — | — | — | — | — |
| — | — | — | — | — | — | — | — |
| — | — | — | — | — | — | — | — |
| 1320 | 3350 | 150 | 25 | 25 | — | 100 | 2290 |
| — | — | — | — | — | — | — | — |
| 343 | 1948 | 136 | 2 | — | — | 22 | 300 |
| — | — | — | — | — | — | — | — |
| — | — | — | — | — | — | — | — |
| 1203 | 3054 | 1224 | 45 | 117 | 112 | 432 | 1364 |
| 2738 | 5121 | 496 | 4 | 137 | 2 | 811 | — |
| — | — | — | — | — | — | — | — |
| — | — | — | — | — | — | — | — |
| — | — | — | — | — | — | — | — |
| — | — | — | — | — | — | — | — |
| — | — | — | — | — | — | — | — |
| — | — | — | — | — | — | — | — |
| — | 194 | — | — | — | — | — | — |
| — | — | — | — | — | — | — | — |
| — | — | — | — | — | — | — | — |
| — | — | — | — | — | — | — | — |
| — | — | — | — | — | — | — | — |
| — | — | — | — | — | — | — | — |
| — | — | — | — | — | — | — | — |
| — | — | — | — | — | — | — | — |
| — | — | — | — | — | — | — | — |

# 林业系统野生动植物保护及自然保护区工程建设情况

| 指　　标 | 单位 | 本年实际 |
|---|---|---|
| **一、年末实有自然保护区个数** | **个** | **2301** |
| 其中：国家级 | 个 | 359 |
| **二、年末实有自然保护区面积** | **百公顷** | **1255300** |
| 其中：国家级 | 百公顷 | 814525 |
| **三、国际重要湿地个数** | **个** | **49** |
| 国际重要湿地面积 | 百公顷 | 41124 |
| **四、野生植物就地保护小区个数** | **个** | **1505** |
| 野生植物就地保护小区面积 | 百公顷 | 31057 |
| **五、野生植物种源培育基地** | **个** | **1185** |
| **六、野生动物种源繁育基地(不含观赏展演单位)** | **个** | **8158** |
| 1. 公益性野生动物救护繁育基地 | 个 | 200 |
| 2. 商业性野生动物驯养繁殖单位 | 个 | 7958 |
| **七、野生动物观赏展演单位** | **个** | **481** |
| 1. 动物园 | 个 | 204 |
| 2. 野生动物园 | 个 | 37 |
| 3. 马戏团等展演单位 | 个 | 240 |
| **八、野生动植物保护管理站** | **个** | **2777** |
| **九、鸟类环志中心(站)个数** | **个** | **134** |
| **十、野生动物疫源疫病监测站个数** | **个** | **1704** |
| **十一、野生动植物科研及监测机构个数** | **个** | **728** |
| 在野生动植物科研及监测机构中各类专业技术人员 | 人 | 3212 |
| **十二、从事野生动植物及自然保护区建设的职工人数** | **人** | **52216** |
| 其中：各类专业技术人员 | 人 | 17147 |
| **十三、野生动植物及自然保护区建设投资完成额** | **万元** | **155469** |
| 其中：中央投资 | 万元 | 89734 |
| 　　　地方投资 | 万元 | 56187 |

# 各地区林业系统野生动植物保护及自然保护区工程建设情况(一)

单位:个、百公顷、人、万元

| 地 区 | 年末实有自然保护区个数 | | 年末实有自然保护区面积 | | 国际重要湿地 | | 野生植物就地保护小区 | |
|---|---|---|---|---|---|---|---|---|
| | 合 计 | 其中:国家级 | 合 计 | 其中:国家级 | 个数 | 面积 | 个数 | 面积 |
| **全国合计** | **2301** | **359** | **1255300** | **814525** | **49** | **41124** | **1505** | **31057** |
| 北 京 | 16 | 2 | 1302 | 280 | — | — | — | — |
| 天 津 | 5 | 1 | 529 | 10 | — | — | — | — |
| 河 北 | 32 | 9 | 6038 | 2123 | — | — | 2 | 126 |
| 山 西 | 45 | 7 | 10929 | 1168 | — | — | 44 | 10796 |
| 内蒙古 | 150 | 24 | 95011 | 31930 | 2 | 7477 | 8 | 203 |
| 内蒙古集团 | 8 | 3 | 12302 | 2885 | — | — | — | — |
| 辽 宁 | 75 | 13 | 12053 | 2122 | 2 | 1397 | 38 | 894 |
| 吉 林 | 43 | 15 | 25260 | 10245 | 2 | 2495 | 1 | 12 |
| 吉林集团 | 1 | — | 136 | — | — | — | 1 | 12 |
| 长白山集团 | 8 | 3 | 4344 | 2177 | — | — | — | — |
| 黑龙江 | 123 | 31 | 44011 | 19959 | 7 | 7146 | 10 | 308 |
| 龙江集团 | 24 | 12 | 12221 | 7026 | 1 | 315 | — | — |
| 上 海 | 1 | 1 | 242 | 242 | 2 | 364 | — | — |
| 江 苏 | 23 | 1 | 2930 | 27 | 2 | 5310 | 6 | 16 |
| 浙 江 | 22 | 7 | 1126 | 786 | 1 | 3 | 95 | 500 |
| 安 徽 | 98 | 6 | 4155 | 1033 | 1 | 333 | 27 | 138 |
| 福 建 | 89 | 15 | 5294 | 2164 | 1 | 24 | 6 | 0 |
| 江 西 | 186 | 15 | 10364 | 2441 | 1 | 224 | 685 | 300 |
| 山 东 | 65 | 4 | 8087 | 1751 | 1 | 960 | — | — |
| 河 南 | 25 | 11 | 5087 | 3467 | — | — | — | — |
| 湖 北 | 58 | 14 | 9156 | 4307 | 3 | 643 | 172 | 1224 |
| 湖 南 | 191 | 22 | 13744 | 6209 | 3 | 3930 | 142 | 1943 |
| 广 东 | 290 | 8 | 13034 | 1627 | 4 | 679 | 16 | 225 |
| 广 西 | 63 | 19 | 12834 | 3354 | 2 | 70 | 79 | 1176 |
| 海 南 | 32 | 7 | 2385 | 1371 | 1 | 54 | — | — |
| 重 庆 | 53 | 6 | 7671 | 2464 | — | — | 23 | 239 |
| 四 川 | 123 | 23 | 73529 | 26138 | 1 | 1666 | 92 | 8274 |
| 贵 州 | 104 | 8 | 9122 | 2445 | — | — | 8 | 719 |
| 云 南 | 130 | 17 | 26186 | 13903 | 4 | 136 | 14 | 1 |
| 西 藏 | 61 | 9 | 410060 | 371035 | 2 | 1173 | — | — |
| 陕 西 | 52 | 19 | 11038 | 5844 | — | — | 2 | 229 |
| 甘 肃 | 48 | 15 | 76306 | 59376 | 2 | 2886 | 1 | 5 |
| 青 海 | 10 | 7 | 216474 | 207338 | 3 | 1844 | — | — |
| 宁 夏 | 10 | 6 | 4985 | 4291 | — | — | 26 | 1935 |
| 新 疆 | 46 | 11 | 114430 | 16501 | — | — | 8 | 1792 |
| 新疆兵团 | 5 | — | 532 | — | — | — | — | — |
| 大兴安岭 | 32 | 6 | 21929 | 8577 | 1 | 2295 | — | — |

注:国际重要湿地包括香港特别行政区1处。

# 各地区林业系统野生动植物保护

| 地区 | 野生植物种源培育基地 | 野生动物种源繁育基地（不含观赏展演单位） | | | 野生动物观赏展演单位 | | | |
|---|---|---|---|---|---|---|---|---|
| | | 合计 | 公益性野生动物救护繁育基地 | 商业性野生动物驯养繁殖单位 | 合计 | 动物园 | 野生动物园 | 马戏团等展演单位 |
| **全国合计** | **1185** | **8158** | **200** | **7958** | **481** | **204** | **37** | **240** |
| 北　京 | — | 273 | 6 | 267 | 13 | 1 | 2 | 10 |
| 天　津 | — | 8 | — | 8 | — | — | — | — |
| 河　北 | 1 | 5 | 1 | 4 | 2 | 1 | 1 | — |
| 山　西 | — | 162 | 4 | 158 | 9 | 9 | — | — |
| 内蒙古 | 1 | 190 | 4 | 186 | 2 | — | 2 | — |
| 内蒙古集团 | 1 | 168 | 2 | 166 | — | — | — | — |
| 辽　宁 | 56 | 97 | 10 | 87 | 10 | 9 | 1 | — |
| 吉　林 | 16 | 63 | 7 | 56 | 8 | 6 | 2 | — |
| 吉林集团 | — | — | — | — | — | — | — | — |
| 长白山集团 | 4 | — | — | — | — | — | — | — |
| 黑龙江 | — | 4 | 2 | 2 | — | — | — | — |
| 龙江集团 | — | — | — | — | — | — | — | — |
| 上　海 | — | 4 | 2 | 2 | 2 | 1 | 1 | — |
| 江　苏 | 6 | 109 | 1 | 108 | 11 | 7 | 3 | 1 |
| 浙　江 | 16 | 824 | 20 | 804 | 14 | 7 | 2 | 5 |
| 安　徽 | 87 | 296 | 1 | 295 | 173 | 22 | 1 | 150 |
| 福　建 | 208 | 140 | 10 | 130 | 21 | 18 | 1 | 2 |
| 江　西 | 100 | 573 | 6 | 567 | 10 | 8 | 1 | 1 |
| 山　东 | 26 | 290 | 5 | 285 | 43 | 41 | 2 | — |
| 河　南 | 4 | 98 | 9 | 89 | 62 | 7 | — | 55 |
| 湖　北 | 15 | 231 | 16 | 215 | 17 | 15 | 2 | — |
| 湖　南 | 537 | 1266 | 34 | 1232 | 14 | 5 | 2 | 7 |
| 广　东 | 11 | 80 | 5 | 75 | 12 | 7 | 2 | 3 |
| 广　西 | 16 | 592 | 4 | 588 | 5 | 5 | — | — |
| 海　南 | 2 | 252 | — | 252 | 2 | 1 | 1 | — |
| 重　庆 | 3 | 295 | 1 | 294 | 4 | 1 | 2 | 1 |
| 四　川 | 8 | 593 | 14 | 579 | 10 | 7 | 3 | — |
| 贵　州 | 2 | 36 | 1 | 35 | 5 | 4 | 1 | — |
| 云　南 | 35 | 1450 | 13 | 1437 | 13 | 9 | 1 | 3 |
| 西　藏 | — | — | — | — | 1 | 1 | — | — |
| 陕　西 | 16 | 54 | 3 | 51 | 4 | 2 | 2 | — |
| 甘　肃 | 19 | 87 | 5 | 82 | 5 | 5 | — | — |
| 青　海 | — | 32 | 1 | 31 | 2 | 1 | 1 | — |
| 宁　夏 | — | 13 | 6 | 7 | 3 | 1 | — | 2 |
| 新　疆 | — | 41 | 9 | 32 | 4 | 3 | 1 | — |
| 新疆兵团 | — | 1 | 1 | — | — | — | — | — |
| 大兴安岭 | — | — | — | — | — | — | — | — |

# 及自然保护区工程建设情况(二)

单位:个、百公顷、人、万元

| 野生动植物保护管理站 | 鸟类环志中心(站)个数 | 野生动物疫源疫病监测站个数 | 野生动植物科研及监测机构个数 | 在野生动植物科研及监测机构中各类专业技术人员 | 从事野生动植物及自然保护区建设的职工人数 | | 野生动植物及自然保护区建设投资完成额 | | |
|---|---|---|---|---|---|---|---|---|---|
| | | | | | 个数 | 其中:各类专业技术人员 | 合计 | 其中:中央投资 | 其中:地方投资 |
| **2777** | **134** | **1704** | **728** | **3212** | **52216** | **17147** | **155469** | **89734** | **56187** |
| 6 | 3 | 89 | 4 | 200 | 534 | 157 | 979 | 245 | 734 |
| 7 | — | 5 | 1 | 24 | 191 | 122 | 1986 | 1700 | 286 |
| 17 | 1 | 34 | 5 | 43 | 990 | 340 | 1885 | 1616 | 269 |
| 24 | 1 | 21 | 5 | 17 | 1144 | 305 | 4380 | 2914 | 1460 |
| 88 | 4 | 19 | 20 | 153 | 1954 | 593 | 6646 | 5970 | 676 |
| — | 1 | 6 | 6 | 86 | 738 | 281 | 2508 | 2044 | 464 |
| 178 | 3 | 107 | 37 | 112 | 1321 | 405 | 3767 | 2900 | 867 |
| 112 | 2 | 10 | 36 | 194 | 2214 | 481 | 2802 | 2733 | 69 |
| — | — | — | — | — | 45 | 5 | 37 | — | 37 |
| 20 | 1 | 1 | 11 | 47 | 259 | 137 | 838 | 838 | — |
| 137 | 13 | 46 | 17 | 164 | 1711 | 622 | 13283 | 11483 | 1800 |
| 74 | 7 | 20 | 1 | 70 | 722 | 244 | 2450 | 2050 | 400 |
| 15 | 2 | 43 | 1 | 5 | 242 | 128 | 4030 | 35 | 3995 |
| 8 | 1 | 61 | 10 | 28 | 1163 | 196 | 3545 | — | — |
| 75 | 1 | 24 | 11 | 102 | 1152 | 463 | 2439 | 241 | 1417 |
| 82 | — | 52 | 22 | 29 | 943 | 339 | 2735 | 2072 | 640 |
| 45 | — | 40 | 3 | 35 | 1629 | 480 | 4318 | 3148 | 1170 |
| 69 | 4 | 45 | 31 | 137 | 2332 | 827 | 5844 | 2560 | 2034 |
| 17 | 2 | 33 | — | — | 4406 | 1187 | 400 | 400 | — |
| 45 | 2 | 47 | 13 | 103 | 2561 | 630 | 1005 | 804 | 201 |
| 156 | 9 | 71 | 73 | 216 | 2473 | 786 | 8787 | 3349 | 5361 |
| 275 | 14 | 162 | 120 | 498 | 5897 | 1422 | 14628 | 8670 | 4578 |
| 104 | — | 70 | 35 | 119 | 1126 | 445 | 8188 | 1305 | 6607 |
| 42 | 7 | 41 | 10 | 95 | 2041 | 611 | 10773 | 2045 | 7118 |
| 10 | — | 14 | 5 | 63 | 661 | 93 | 5483 | 1408 | 3954 |
| 137 | 2 | 57 | 78 | 88 | 1611 | 523 | 2209 | 1890 | 319 |
| 450 | 28 | 244 | 18 | 240 | 2455 | 678 | 14735 | 11835 | 2900 |
| 143 | — | 14 | 4 | 51 | 2253 | 2156 | 2483 | 1480 | 1003 |
| 191 | 7 | 78 | 51 | 251 | 2235 | 983 | 10029 | 3976 | 5659 |
| 1 | — | — | — | — | 17 | 3 | 7166 | 7105 | 26 |
| 95 | 4 | 54 | 7 | 26 | 1228 | 535 | 3157 | 2352 | 795 |
| 37 | — | 64 | 9 | 59 | 2428 | 714 | 1227 | 1014 | 193 |
| 5 | — | 29 | — | — | 544 | 60 | — | — | — |
| 31 | 5 | 17 | 7 | 40 | 1417 | 382 | 1600 | 1600 | — |
| 163 | 14 | 94 | 94 | 106 | 1084 | 352 | 4670 | 2594 | 2056 |
| 3 | — | 3 | 1 | 5 | 14 | 5 | 120 | 70 | 30 |
| 12 | 5 | 19 | 1 | 14 | 259 | 129 | 290 | 290 | — |

| 地　区 | 数量(个) | | | | | | | |
|---|---|---|---|---|---|---|---|---|
| | 合计 | 森林生态 | 湿地生态 | 荒漠生态 | 野生植物 | 野生动物 | 草原与草甸 | 自然遗迹 |
| **全国合计** | **2301** | **1413** | **480** | **34** | **116** | **241** | **4** | **13** |
| 北　京 | 16 | 11 | 3 | — | — | 2 | — | — |
| 天　津 | 5 | 2 | 3 | — | — | — | — | — |
| 河　北 | 32 | 20 | 9 | — | 1 | 2 | — | — |
| 山　西 | 45 | 21 | 2 | — | 3 | 19 | — | — |
| 内蒙古 | 150 | 84 | 34 | 17 | 5 | 7 | 1 | 2 |
| 辽　宁 | 75 | 54 | 17 | — | — | 4 | — | — |
| 吉　林 | 43 | 19 | 14 | — | 6 | 4 | — | — |
| 黑龙江 | 155 | 45 | 76 | — | 10 | 20 | 3 | 1 |
| 上　海 | 1 | — | — | — | — | 1 | — | — |
| 江　苏 | 23 | 5 | 15 | — | 1 | 2 | — | — |
| 浙　江 | 22 | 12 | 3 | — | 2 | 5 | — | — |
| 安　徽 | 98 | 79 | 17 | — | — | 2 | — | — |
| 福　建 | 89 | 66 | 8 | — | 6 | 9 | — | — |
| 江　西 | 186 | 141 | 15 | — | 13 | 13 | — | 4 |
| 山　东 | 65 | 38 | 18 | — | 3 | 6 | — | — |
| 河　南 | 25 | 12 | 10 | — | — | 3 | — | — |
| 湖　北 | 58 | 33 | 17 | — | 5 | 2 | — | 1 |
| 湖　南 | 191 | 110 | 73 | — | 5 | 3 | — | — |
| 广　东 | 290 | 237 | 26 | — | 13 | 14 | — | — |
| 广　西 | 63 | 47 | 1 | — | 4 | 11 | — | — |
| 海　南 | 32 | 17 | 8 | — | 1 | 6 | — | — |
| 重　庆 | 53 | 24 | 12 | — | 8 | 9 | — | — |
| 四　川 | 123 | 65 | 30 | 1 | 7 | 20 | — | — |
| 贵　州 | 104 | 92 | 1 | — | 7 | 4 | — | — |
| 云　南 | 130 | 95 | 13 | — | 8 | 9 | — | 5 |
| 西　藏 | 61 | 18 | 14 | 2 | 2 | 25 | — | — |
| 陕　西 | 52 | 22 | 8 | 1 | 3 | 18 | — | — |
| 甘　肃 | 48 | 27 | 6 | 5 | — | 10 | — | — |
| 青　海 | 10 | 3 | 2 | 2 | — | 3 | — | — |
| 宁　夏 | 10 | 5 | 3 | 2 | — | — | — | — |
| 新　疆 | 46 | 9 | 22 | 4 | 3 | 8 | — | — |

# 自然保护区分类情况

| 面积(万公顷) | | | | | | | |
|---|---|---|---|---|---|---|---|
| 合计 | 森林生态 | 湿地生态 | 荒漠生态 | 野生植物 | 野生动物 | 草原与草甸 | 自然遗迹 |
| **12553.00** | **3399.30** | **3608.80** | **3483.03** | **161.23** | **1874.30** | **9.78** | **16.55** |
| 13.02 | 9.48 | 1.00 | — | — | 2.54 | — | — |
| 5.29 | 0.15 | 5.14 | — | — | — | — | — |
| 60.38 | 39.63 | 14.46 | — | 1.50 | 4.80 | — | — |
| 109.29 | 35.13 | 9.98 | — | 5.83 | 58.35 | — | — |
| 950.11 | 340.15 | 242.70 | 319.30 | 14.32 | 13.53 | 6.16 | 13.94 |
| 120.53 | 66.35 | 51.40 | — | — | 2.78 | — | — |
| 252.60 | 161.24 | 55.17 | — | 15.72 | 20.47 | — | — |
| 659.40 | 136.13 | 452.45 | — | 18.61 | 48.56 | 3.62 | 0.03 |
| 2.42 | — | — | — | — | 2.42 | — | — |
| 29.30 | 0.52 | 27.77 | — | 0.01 | 1.00 | — | — |
| 11.26 | 8.91 | 0.68 | — | 0.96 | 0.70 | — | — |
| 41.55 | 15.25 | 24.15 | — | — | 2.16 | — | — |
| 52.94 | 32.53 | 6.51 | — | 2.38 | 11.51 | — | — |
| 103.64 | 65.46 | 18.58 | — | 4.24 | 14.90 | — | 0.47 |
| 80.87 | 24.16 | 48.63 | — | 1.82 | 6.27 | — | — |
| 50.87 | 17.18 | 22.30 | — | — | 11.40 | — | — |
| 91.56 | 51.15 | 25.43 | — | 11.76 | 2.20 | — | 1.01 |
| 137.44 | 89.15 | 44.34 | — | 0.81 | 3.13 | — | — |
| 130.34 | 96.57 | 21.69 | — | 3.38 | 8.70 | — | — |
| 128.34 | 109.30 | 0.28 | — | 4.31 | 14.45 | — | — |
| 23.85 | 18.76 | 1.44 | — | 0.17 | 3.48 | — | — |
| 76.71 | 38.37 | 7.27 | — | 14.85 | 16.22 | — | — |
| 735.29 | 345.00 | 276.33 | 2.37 | 31.88 | 79.72 | — | — |
| 91.22 | 78.43 | 0.96 | — | 3.57 | 8.26 | — | — |
| 261.86 | 204.96 | 10.31 | — | 7.73 | 37.76 | — | 1.10 |
| 4100.60 | 689.93 | 72.02 | 2984.10 | 0.07 | 354.48 | — | — |
| 110.38 | 48.68 | 11.77 | 0.67 | 4.76 | 44.51 | — | — |
| 763.06 | 303.05 | 119.93 | 68.83 | — | 271.26 | — | — |
| 2164.74 | 91.96 | 1534.50 | 37.76 | — | 500.52 | — | — |
| 49.85 | 31.51 | 2.85 | 15.49 | — | — | — | — |
| 1144.30 | 250.25 | 498.79 | 54.51 | 12.53 | 328.22 | — | — |

# 各地区林业系统自然保护区分级情况

| 地区 | 数量(个) | | | | | 面积(万公顷) | | | | | 占土地面积比例(%) | 占土地面积比例排名 |
|---|---|---|---|---|---|---|---|---|---|---|---|---|
| | 合计 | 国家级 | 省级 | 市级 | 县级 | 合计 | 国家级 | 省级 | 市级 | 县级 | | |
| **全国合计** | **2301** | **359** | **706** | **327** | **909** | **12553.00** | **8145.25** | **3113.03** | **560.40** | **734.32** | **13.08** | **—** |
| 北京 | 16 | 2 | 7 | 7 | — | 13.02 | 2.80 | 6.15 | 4.07 | — | 7.75 | 11 |
| 天津 | 5 | 1 | 3 | 1 | — | 5.29 | 0.10 | 4.58 | 0.60 | — | 4.68 | 24 |
| 河北 | 32 | 9 | 21 | 1 | 1 | 60.38 | 21.23 | 38.27 | 0.84 | 0.05 | 3.23 | 27 |
| 山西 | 45 | 7 | 38 | — | — | 109.29 | 11.68 | 97.61 | — | — | 7.01 | 13 |
| 内蒙古 | 150 | 24 | 50 | 15 | 61 | 950.11 | 319.30 | 558.14 | 9.12 | 63.55 | 8.03 | 8 |
| 辽宁 | 75 | 13 | 22 | 21 | 19 | 120.53 | 21.22 | 31.50 | 51.95 | 15.86 | 8.14 | 10 |
| 吉林 | 43 | 15 | 21 | 2 | 5 | 252.60 | 102.45 | 148.74 | 0.89 | 0.53 | 13.48 | 6 |
| 黑龙江 | 155 | 37 | 69 | 24 | 25 | 659.40 | 285.35 | 210.43 | 135.88 | 27.74 | 14.50 | 5 |
| 上海 | 1 | 1 | — | — | — | 2.42 | 2.42 | — | — | — | 3.81 | 26 |
| 江苏 | 23 | 1 | 5 | 5 | 12 | 29.30 | 0.27 | 5.44 | 10.30 | 13.30 | 2.86 | 30 |
| 浙江 | 22 | 7 | 9 | — | 6 | 11.26 | 7.86 | 2.56 | — | 0.84 | 1.11 | 31 |
| 安徽 | 98 | 6 | 27 | 2 | 63 | 41.55 | 10.33 | 24.14 | 1.21 | 5.87 | 2.98 | 29 |
| 福建 | 89 | 15 | 21 | 8 | 45 | 52.94 | 21.64 | 8.33 | 15.02 | 7.95 | 4.36 | 25 |
| 江西 | 186 | 15 | 32 | 3 | 136 | 103.64 | 24.41 | 29.46 | 3.58 | 46.19 | 6.21 | 17 |
| 山东 | 65 | 4 | 27 | 25 | 9 | 80.87 | 17.51 | 35.67 | 25.29 | 2.40 | 5.15 | 22 |
| 河南 | 25 | 11 | 14 | — | — | 50.87 | 34.67 | 16.20 | — | — | 3.05 | 28 |
| 湖北 | 58 | 14 | 20 | 19 | 5 | 91.56 | 43.06 | 31.40 | 12.10 | 5.00 | 4.93 | 23 |
| 湖南 | 191 | 22 | 27 | — | 142 | 137.44 | 62.09 | 28.39 | — | 46.96 | 6.49 | 16 |
| 广东 | 290 | 8 | 50 | 87 | 145 | 130.34 | 16.27 | 36.87 | 43.82 | 33.37 | 7.26 | 12 |
| 广西 | 63 | 19 | 37 | 2 | 5 | 128.34 | 33.54 | 80.33 | 6.76 | 7.71 | 5.44 | 19 |
| 海南 | 32 | 7 | 17 | 6 | 2 | 23.85 | 13.71 | 9.08 | 0.23 | 0.83 | 6.81 | 14 |
| 重庆 | 53 | 6 | 9 | 6 | 32 | 76.71 | 24.64 | 13.03 | 7.16 | 31.88 | 9.31 | 7 |
| 四川 | 123 | 23 | 51 | 17 | 32 | 735.29 | 261.38 | 235.94 | 68.89 | 169.08 | 15.19 | 4 |
| 贵州 | 104 | 8 | 3 | 11 | 82 | 91.22 | 24.45 | 4.81 | 19.50 | 42.46 | 5.18 | 21 |
| 云南 | 130 | 17 | 35 | 47 | 31 | 261.86 | 139.03 | 63.01 | 43.42 | 16.39 | 6.65 | 15 |
| 西藏 | 61 | 9 | 9 | 11 | 32 | 4100.60 | 3710.35 | 245.96 | 62.73 | 81.56 | 33.61 | 1 |
| 陕西 | 52 | 19 | 26 | 4 | 3 | 110.38 | 58.44 | 46.03 | 3.69 | 2.22 | 5.36 | 20 |
| 甘肃 | 48 | 15 | 32 | — | 1 | 763.06 | 593.76 | 168.63 | — | 0.67 | 16.79 | 3 |
| 青海 | 10 | 7 | 3 | — | — | 2164.74 | 2073.38 | 91.36 | — | — | 29.97 | 2 |
| 宁夏 | 10 | 6 | 4 | — | — | 49.85 | 42.91 | 6.948218 | — | — | 9.62 | 9 |
| 新疆 | 46 | 11 | 17 | 3 | 15 | 1144.30 | 165.01 | 834.04 | 33.33 | 111.93 | 6.89 | 18 |

# 3

# 产业发展

FOREST INDUSTRIAL DEVELOPMENT

# 林业产业总产值(一)

(按现行价格计算) 单位:万元

| 指　　标 | 总产值 |
|---|---|
| **总　计** | **648860444** |
| **一、第一产业** | **216194380** |
| (一)涉林产业合计 | 204892275 |
| 其中:湿地产业 | 969849 |
| 1. 林木育种和育苗 | 18912199 |
| (1)林木育种 | 1543082 |
| (2)林木育苗 | 17369117 |
| 2. 营造林 | 18264833 |
| 3. 木材和竹材采运 | 10642109 |
| (1)木材采运 | 7655048 |
| (2)竹材采运 | 2987061 |
| 4. 经济林产品的种植与采集 | 128754426 |
| (1)水果种植 | 64531535 |
| (2)坚果、含油果和香料作物种植 | 21868847 |
| (3)茶及其他饮料作物的种植 | 11770578 |
| (4)森林药材种植 | 9139368 |
| (5)森林食品种植 | 10826584 |
| (6)林产品采集 | 10617514 |
| 5. 花卉及其他观赏植物种植 | 22816192 |
| 6. 陆生野生动物繁育与利用 | 5502516 |
| (二)林业系统非林产业 | 11302105 |
| **二、第二产业** | **320806675** |
| (一)涉林产业合计 | 312720737 |
| 其中:湿地产业 | 2339454 |
| 1. 木材加工和木、竹、藤、棕、苇制品制造 | 120387014 |
| (1)木材加工 | 23661174 |
| (2)人造板制造 | 64840185 |

# 林业产业总产值(二)

(按现行价格计算)　　　　单位:万元

| 指　　标 | 总产值 |
|---|---|
| (3)木制品制造 | 23774262 |
| (4)竹、藤、棕、苇制品制造 | 8111393 |
| 2. 木、竹、藤家具制造 | 57566863 |
| 3. 木、竹、苇浆造纸和纸制品 | 58185504 |
| (1)木、竹、苇浆制造 | 7009391 |
| (2)造纸 | 30363022 |
| (3)纸制品制造 | 20813091 |
| 4. 林产化学产品制造 | 6863743 |
| 5. 木质工艺品和木质文教体育用品制造 | 6318875 |
| 6. 非木质林产品加工制造业 | 52730219 |
| (1)木本油料、果蔬、茶饮料等加工制造 | 39483407 |
| (2)野生动物食品与毛皮革等加工制造 | 2868840 |
| (3)森林药材加工制造 | 10377972 |
| 7. 其他 | 10668519 |
| (二)林业系统非林产业 | 8085938 |
| **三、第三产业** | **111859389** |
| (一)涉林产业合计 | 102919775 |
| 其中:湿地产业 | 1897129 |
| 1. 林业生产服务 | 4273030 |
| 2. 林业旅游与休闲服务 | 83102474 |
| 3. 林业生态服务 | 7236808 |
| 4. 林业专业技术服务 | 2222185 |
| 5. 林业公共管理及其他组织服务 | 6085278 |
| (二)林业系统非林产业 | 8939614 |
| 补充资料:竹产业产值 | 21092599 |
| 油茶产业产值 | 7561940 |
| 林下经济产值 | 60207579 |

# 各地区林业

（按现行

| 地区 | 总计 | 第一 | | | | | |
|---|---|---|---|---|---|---|---|
| | | | 涉林 | | | | |
| | | | | | 林木育种和育苗 | | |
| | | 合计 | 合计 | 其中：湿地产业 | 小计 | 林木育种 | 林木育苗 |
| **全国合计** | **648860444** | **216194380** | **204892275** | **969849** | **18912199** | **1543082** | **17369117** |
| 北京 | 1465447 | 921256 | 921256 | — | 48636 | 638 | 47998 |
| 天津 | 307129 | 285147 | 285147 | — | 4742 | — | 4742 |
| 河北 | 15235131 | 7541310 | 7513986 | 300 | 464145 | 30686 | 433459 |
| 山西 | 4990855 | 3854356 | 3844139 | — | 793532 | 16500 | 777032 |
| 内蒙古 | 4660967 | 2080674 | 1899352 | 2130 | 361693 | 6559 | 355134 |
| 内蒙古集团 | 644045 | 228764 | 223448 | — | 3059 | 20 | 3039 |
| 辽宁 | 11712434 | 6752639 | 6661684 | 295 | 316565 | 84886 | 231679 |
| 吉林 | 15658828 | 4057312 | 3739214 | 370 | 263745 | 23532 | 240213 |
| 吉林集团 | 1201932 | 246646 | 235849 | — | 5849 | 524 | 5325 |
| 长白山集团 | 691756 | 205337 | 185393 | — | 4195 | 101 | 4094 |
| 黑龙江 | 15010987 | 5743355 | 4067855 | 912 | 214681 | 28815 | 185866 |
| 龙江集团 | 5337101 | 1993696 | 891325 | — | 18355 | 7472 | 10883 |
| 上海 | 4401414 | 406479 | 406479 | — | 45489 | — | 45489 |
| 江苏 | 42564193 | 10358823 | 10046292 | 85716 | 1589244 | 227896 | 1361348 |
| 浙江 | 41663309 | 8839072 | 8826267 | 4193 | 1788772 | 534 | 1788238 |
| 安徽 | 31923833 | 9339393 | 9064938 | 131425 | 1037546 | 105042 | 932504 |
| 福建 | 46106717 | 8162505 | 8105804 | 35169 | 116225 | 5432 | 110793 |
| 江西 | 35048245 | 10616244 | 9959890 | 30039 | 1061958 | 204880 | 857078 |
| 山东 | 67263543 | 24215489 | 23287295 | 112672 | 5304370 | 25394 | 5278976 |
| 河南 | 18082141 | 8748700 | 8350524 | 1000 | 621306 | 117196 | 504110 |
| 湖北 | 29991415 | 9799583 | 9155959 | 47982 | 626783 | 74570 | 552213 |
| 湖南 | 37363158 | 12224174 | 11155508 | 360893 | 1072330 | 298496 | 773834 |
| 广东 | 76957847 | 8831061 | 8701943 | 31468 | 101797 | 11483 | 90314 |
| 广西 | 47769623 | 16858822 | 14061556 | 6021 | 341197 | 40072 | 301125 |
| 海南 | 5366248 | 2801228 | 2801074 | — | 14594 | 289 | 14305 |
| 重庆 | 8216196 | 3906435 | 3792909 | 14184 | 345094 | 70881 | 274213 |
| 四川 | 30603257 | 11479296 | 10475903 | 65148 | 382034 | 47171 | 334863 |
| 贵州 | 10000809 | 3964666 | 3828935 | 35376 | 329167 | 69739 | 259428 |
| 云南 | 17055075 | 10892579 | 10673250 | — | 224472 | 9567 | 214905 |
| 西藏 | 292252 | 261258 | 261258 | — | 45232 | — | 45232 |
| 陕西 | 10970939 | 8561249 | 8529667 | 1800 | 620984 | 26675 | 594309 |
| 甘肃 | 4632523 | 3950840 | 3848278 | — | 187797 | 11233 | 176564 |
| 青海 | 484457 | 476823 | 476823 | 2356 | 44447 | 126 | 44321 |
| 宁夏 | 1705557 | 906572 | 906572 | 400 | 88191 | 570 | 87621 |
| 新疆 | 10534914 | 8982813 | 8968872 | — | 450508 | 4220 | 446288 |
| 新疆兵团 | 3962472 | 3904042 | 3895444 | — | 64546 | 3000 | 61546 |
| 大兴安岭 | 821001 | 374227 | 273646 | — | 4923 | — | 4923 |

# 产业总产值(一)

价格计算)　　　　　　　　　　　　　　　　　　　　　　单位:万元

| 产　业 | | | | | | | |
|---|---|---|---|---|---|---|---|
| 产　业 | | | | | | | |
| 营造林 | 木材和竹材采运 | | | 经济林产品的种植与采集 | | | |
| | 小计 | 木材采运 | 竹材采运 | 小计 | 水果种植 | 坚果、含油果和香料作物种植 | 茶及其他饮料作物的种植 |
| **18264833** | **10642109** | **7655048** | **2987061** | **128754426** | **64531535** | **21868847** | **11770578** |
| 266580 | 7577 | 7577 | — | 448878 | 387317 | 61446 | — |
| 88262 | 11904 | 11904 | — | 153272 | 149696 | 3576 | — |
| 747033 | 71469 | 71469 | — | 5585952 | 4010477 | 1277224 | 300 |
| 783688 | 8967 | 8967 | — | 2211403 | 1408932 | 694954 | 18 |
| 911831 | 37036 | 37036 | — | 502499 | 248572 | 62650 | 11589 |
| 178197 | 505 | 505 | — | 15064 | 150 | — | — |
| 203700 | 109441 | 109441 | — | 4661268 | 2509106 | 681780 | 116000 |
| 254164 | 149120 | 149120 | — | 2416643 | 322513 | 158248 | 8530 |
| 92075 | 4826 | 4826 | — | 111104 | 493 | 7092 | — |
| 46548 | 11842 | 11842 | — | 92094 | 245 | 19012 | — |
| 251134 | 70849 | 70849 | — | 3235456 | 155699 | 67864 | 3343 |
| 144703 | 3706 | 3706 | — | 712008 | 1499 | 648 | — |
| 57279 | 4270 | 2933 | 1337 | 276199 | 273372 | — | 17 |
| 1650410 | 381106 | 363171 | 17935 | 4107590 | 2877188 | 106273 | 315035 |
| 310805 | 404218 | 127633 | 276585 | 5582848 | 2271354 | 308213 | 1257958 |
| 1436697 | 785027 | 562120 | 222907 | 4696275 | 1540423 | 489080 | 1440342 |
| 311613 | 1478849 | 740243 | 738606 | 4856185 | 2018362 | 177344 | 1252614 |
| 804769 | 705489 | 425760 | 279729 | 5383785 | 2386469 | 415768 | 680909 |
| 738078 | 311893 | 311893 | — | 12943733 | 10273942 | 1951190 | 527134 |
| 600891 | 258902 | 253718 | 5184 | 4721780 | 2381842 | 726837 | 606750 |
| 772521 | 237622 | 171700 | 65922 | 6111004 | 2501855 | 515564 | 1157789 |
| 1560302 | 639999 | 406273 | 233726 | 5772343 | 2363086 | 1335088 | 748738 |
| 402936 | 813773 | 564187 | 249586 | 5190287 | 3526842 | 192199 | 284507 |
| 1307716 | 2493489 | 2085828 | 407661 | 8325356 | 5161533 | 683510 | 490707 |
| 168659 | 94869 | 90308 | 4561 | 2227148 | 1068965 | 721508 | 3815 |
| 518858 | 105266 | 58600 | 46666 | 2341784 | 1493986 | 281191 | 178964 |
| 717542 | 591859 | 295378 | 296481 | 6899171 | 2831493 | 1724024 | 701640 |
| 745927 | 220107 | 190274 | 29833 | 2236382 | 762293 | 243176 | 650101 |
| 545119 | 567853 | 459583 | 108270 | 8541504 | 1927396 | 1975243 | 840912 |
| 140088 | 22004 | 21716 | 288 | 53934 | 17312 | 27067 | 625 |
| 639182 | 35096 | 33388 | 1708 | 7001858 | 4176305 | 1643000 | 461748 |
| 344092 | 5570 | 5494 | 76 | 3283723 | 2202408 | 760193 | 16233 |
| 55309 | 874 | 874 | — | 374082 | 1949 | 2617 | 1860 |
| 143236 | 79 | 79 | — | 656795 | 222673 | 21634 | 12400 |
| 636817 | 17532 | 17532 | — | 7854853 | 3058175 | 4556148 | — |
| 342837 | 4762 | 4762 | — | 3476945 | 1659384 | 1698470 | — |
| 149595 | — | — | — | 100436 | — | 4238 | — |

# 各地区林业

（按现行

| 地区 | 第一产业 | | | | | |
|---|---|---|---|---|---|---|
| | 涉林产业 | | | | | 林业系统非林产业 |
| | 经济林产品的种植与采集 | | | 花卉及其他观赏植物种植 | 陆生野生动物繁育与利用 | |
| | 森林药材种植 | 森林食品种植 | 林产品采集 | | | |
| **全国合计** | **9139368** | **10826584** | **10617514** | **22816192** | **5502516** | **11302105** |
| 北京 | — | 100 | 15 | 137122 | 12463 | — |
| 天津 | — | — | — | 26967 | — | — |
| 河北 | 127127 | 76820 | 94004 | 427118 | 218269 | 27324 |
| 山西 | 74573 | 31640 | 1286 | 35218 | 11331 | 10217 |
| 内蒙古 | 67192 | 51414 | 61082 | 18387 | 67906 | 181322 |
| 内蒙古集团 | 240 | 2667 | 12007 | — | 26623 | 5316 |
| 辽宁 | 556339 | 602981 | 195062 | 487053 | 883657 | 90955 |
| 吉林 | 1370694 | 472604 | 84054 | 138452 | 517090 | 318098 |
| 吉林集团 | 68744 | 22562 | 12213 | 239 | 21756 | 10797 |
| 长白山集团 | 5144 | 56390 | 11303 | 80 | 30634 | 19944 |
| 黑龙江 | 247347 | 2475540 | 285663 | 42544 | 253191 | 1675500 |
| 龙江集团 | 89768 | 478689 | 141404 | 30 | 12523 | 1102371 |
| 上海 | — | 1786 | 1024 | 23242 | — | — |
| 江苏 | 248068 | 117133 | 443893 | 2254995 | 62947 | 312531 |
| 浙江 | 352854 | 1280142 | 112327 | 536052 | 203572 | 12805 |
| 安徽 | 385104 | 487279 | 354047 | 949953 | 159440 | 274455 |
| 福建 | 164522 | 597273 | 646070 | 1250394 | 92538 | 56701 |
| 江西 | 215635 | 246782 | 1438222 | 1902889 | 101000 | 656354 |
| 山东 | 35183 | 127272 | 29012 | 2960619 | 1028602 | 928194 |
| 河南 | 366205 | 365731 | 274415 | 1879901 | 267744 | 398176 |
| 湖北 | 401142 | 1245123 | 289531 | 1260143 | 147886 | 643624 |
| 湖南 | 551073 | 303552 | 470806 | 1862305 | 248229 | 1068666 |
| 广东 | 204845 | 268262 | 713632 | 2166601 | 26549 | 129118 |
| 广西 | 453664 | 384272 | 1151670 | 1053192 | 540606 | 2797266 |
| 海南 | 13674 | 3952 | 415234 | 252840 | 42964 | 154 |
| 重庆 | 130745 | 148254 | 108644 | 445644 | 36263 | 113526 |
| 四川 | 357486 | 748000 | 536528 | 1553897 | 331400 | 1003393 |
| 贵州 | 315250 | 71119 | 194443 | 255792 | 41560 | 135731 |
| 云南 | 961440 | 425520 | 2410993 | 682924 | 111378 | 219329 |
| 西藏 | 5330 | 3600 | — | — | — | — |
| 陕西 | 248832 | 225316 | 246657 | 161890 | 70657 | 31582 |
| 甘肃 | 276814 | 12558 | 15517 | 23734 | 3362 | 102562 |
| 青海 | 367096 | 60 | 500 | 11 | 2100 | — |
| 宁夏 | 387425 | 788 | 11875 | 17901 | 370 | — |
| 新疆 | 240307 | 90 | 133 | 8271 | 891 | 13941 |
| 新疆兵团 | 118868 | 90 | 133 | 6344 | 10 | 8598 |
| 大兴安岭 | 13402 | 51621 | 31175 | 141 | 18551 | 100581 |

# 产业总产值(二)

价格计算)　　　　　　　　　　　　　　　　　　　　　　　　　　　　　　　　单位:万元

| 第二产业 | | | | | | | |
|---|---|---|---|---|---|---|---|
| 合计 | 涉林产业 | | | | | | |
| | 合计 | 其中:湿地产业 | 木材加工和木、竹、藤、棕、苇制品制造 | | | | |
| | | | 小计 | 木材加工 | 人造板制造 | 木制品制造 | 竹、藤、棕、苇制品制造 |
| **320806675** | **312720737** | **2339454** | **120387014** | **23661174** | **64840185** | **23774262** | **8111393** |
| 920 | 850 | — | — | — | — | — | — |
| 3642 | 3642 | — | 42 | 42 | — | — | — |
| 6771662 | 6770723 | — | 3369039 | 188660 | 2979273 | 197470 | 3636 |
| 728917 | 722467 | 14010 | 107564 | 39587 | 57787 | 10190 | — |
| 1522694 | 1388789 | — | 1255910 | 1055682 | 187730 | 12227 | 271 |
| 125588 | 260 | — | — | — | — | — | — |
| 3166944 | 3125481 | — | 1650020 | 418330 | 396213 | 820776 | 14701 |
| 9433987 | 8689824 | 56386 | 2666813 | 679240 | 988676 | 993487 | 5410 |
| 529553 | 400704 | 4252 | 320862 | 6627 | 193135 | 121100 | — |
| 163690 | 52738 | — | 47595 | 2955 | 14166 | 30474 | — |
| 6286533 | 4568182 | 1600 | 2626160 | 1097653 | 830992 | 695781 | 1734 |
| 1472148 | 370756 | — | 198359 | 40110 | 31260 | 126989 | — |
| 3786623 | 3786623 | — | 613059 | 36050 | 107200 | 466121 | 3688 |
| 27250615 | 25915929 | 1303695 | 16634909 | 2763119 | 11920277 | 1550974 | 400539 |
| 24552327 | 24546439 | — | 6947319 | 545695 | 1419555 | 3798918 | 1183151 |
| 15656453 | 15288737 | 94910 | 9602767 | 1340672 | 5856463 | 1403481 | 1002151 |
| 35680647 | 35528686 | 41600 | 11309212 | 1576371 | 3153697 | 3847585 | 2731559 |
| 16516215 | 15892272 | 65147 | 4461066 | 597988 | 1326491 | 2156811 | 379776 |
| 38376282 | 37905702 | 29987 | 20975468 | 4400104 | 15592780 | 836103 | 146481 |
| 7021754 | 6996893 | — | 3253645 | 633045 | 2266805 | 300418 | 53377 |
| 11332822 | 11018321 | 23020 | 3434019 | 343042 | 1760254 | 1087025 | 243698 |
| 13659329 | 12846801 | 490789 | 4151952 | 892997 | 1216566 | 1118209 | 924180 |
| 50227583 | 50211417 | 2937 | 7930432 | 1095455 | 4528211 | 1933710 | 373056 |
| 25725672 | 24972535 | 8890 | 13524822 | 4230420 | 7524960 | 1538091 | 231351 |
| 2311310 | 2310403 | — | 255636 | 170736 | 65266 | 13769 | 5865 |
| 2466398 | 2399070 | 3929 | 696722 | 236409 | 236756 | 142947 | 80610 |
| 9543161 | 9323531 | 123898 | 2750220 | 613122 | 1465236 | 448527 | 223335 |
| 1444037 | 1395979 | 44328 | 565821 | 196010 | 175349 | 125525 | 68937 |
| 4480632 | 4359008 | 34200 | 1187163 | 424290 | 531146 | 212616 | 19111 |
| 3194 | 3194 | — | 3194 | 3194 | — | — | — |
| 1293247 | 1250771 | — | 367900 | 69507 | 229343 | 54980 | 14070 |
| 206104 | 193517 | — | 12797 | 4635 | 7056 | 400 | 706 |
| — | — | — | — | — | — | — | — |
| 383816 | 383816 | 128 | 1750 | 1750 | — | — | — |
| 859522 | 856470 | — | 23586 | 6805 | 16047 | 734 | — |
| 18886 | 18886 | — | 2576 | 2576 | — | — | — |
| 113633 | 64665 | — | 8007 | 564 | 56 | 7387 | — |

# 各地区林业

（按现行

| 地　区 | 第　二 | | | | | |
|---|---|---|---|---|---|---|
| | 涉　林 | | | | | |
| | 木、竹、藤家具制造 | 木、竹、苇浆造纸和纸制品 | | | | 林产化学产品制造 |
| | | 小计 | 木、竹、苇浆制造 | 造纸 | 纸制品制造 | |
| **全国合计** | **57566863** | **58185504** | **7009391** | **30363022** | **20813091** | **6863743** |
| 北　京 | — | — | — | — | — | — |
| 天　津 | 3600 | — | — | — | — | — |
| 河　北 | 574519 | 34823 | 2576 | 27777 | 4470 | 40290 |
| 山　西 | 30389 | 610 | — | 600 | 10 | 180 |
| 内蒙古 | 24439 | — | — | — | — | — |
| 内蒙古集团 | — | — | — | — | — | — |
| 辽　宁 | 505292 | 34127 | 31077 | 1900 | 1150 | 2944 |
| 吉　林 | 531259 | 568659 | 105320 | 162699 | 300640 | 9536 |
| 吉林集团 | 14794 | — | — | — | — | 5754 |
| 长白山集团 | 2700 | — | — | — | — | — |
| 黑龙江 | 566212 | 351631 | 5082 | 325883 | 20666 | 2285 |
| 龙江集团 | 64011 | 4887 | 387 | 4380 | 120 | — |
| 上　海 | 1374781 | 1435121 | 399562 | 1035559 | — | 40315 |
| 江　苏 | 1680154 | 4150605 | 270707 | 2225214 | 1654684 | 411688 |
| 浙　江 | 4063227 | 8794642 | 480686 | 4952405 | 3361551 | 160376 |
| 安　徽 | 1441964 | 526993 | 140147 | 248018 | 138828 | 142244 |
| 福　建 | 6788820 | 7611550 | 1517796 | 3502446 | 2591308 | 1070587 |
| 江　西 | 8622328 | 410887 | 10560 | 283949 | 116378 | 689827 |
| 山　东 | 3213645 | 4836528 | 1260583 | 3215646 | 360299 | 106793 |
| 河　南 | 1038078 | 870682 | 556910 | 178171 | 135601 | 17667 |
| 湖　北 | 1588588 | 1789127 | 196096 | 1324831 | 268200 | 47450 |
| 湖　南 | 1601851 | 2525017 | 226451 | 1833066 | 465500 | 246013 |
| 广　东 | 17364512 | 17962309 | 701497 | 7154469 | 10106343 | 934482 |
| 广　西 | 1558367 | 2905253 | 327106 | 1487087 | 1091060 | 2361012 |
| 海　南 | 41034 | 1609736 | 300 | 1609436 | — | 726 |
| 重　庆 | 641198 | 466098 | 283366 | 174733 | 7999 | 12048 |
| 四　川 | 3589631 | 1036199 | 449915 | 470254 | 116030 | 70923 |
| 贵　州 | 146617 | 93459 | 42925 | 28347 | 22187 | 39776 |
| 云　南 | 486217 | 141778 | 729 | 119144 | 21905 | 449114 |
| 西　藏 | — | — | — | — | — | — |
| 陕　西 | 79507 | 27490 | — | 1388 | 26102 | — |
| 甘　肃 | 7634 | — | — | — | — | 2645 |
| 青　海 | — | — | — | — | — | — |
| 宁　夏 | — | 110 | — | — | 110 | — |
| 新　疆 | 3000 | 2070 | — | — | 2070 | — |
| 新疆兵团 | — | — | — | — | — | — |
| 大兴安岭 | — | — | — | — | — | 4822 |

# 产业总产值(三)

价格计算)　　单位:万元

| 产　业 | | | | | | | |
|---|---|---|---|---|---|---|---|
| 产　业 | | | | | | | 林业系统非林产业 |
| 木质工艺品和木质文教体育用品制造 | 非木质林产品加工制造业 | | | | | 其他 | |
| | 小计 | 木本油料、果蔬、茶饮料等加工制造 | 野生动物食品与毛皮革等加工制造 | 森林药材加工制造 | | | |
| **6318875** | **52730219** | **39483407** | **2868840** | **10377972** | | **10668519** | **8085938** |
| — | 850 | — | 850 | — | | — | 70 |
| — | — | — | — | — | | — | — |
| 12893 | 2617519 | 1813829 | 46032 | 757658 | | 121640 | 939 |
| 506 | 573056 | 555043 | 1205 | 16808 | | 10162 | 6450 |
| 95 | 85180 | 69061 | 15999 | 120 | | 23165 | 133905 |
| — | — | — | — | — | | 260 | 125328 |
| 37952 | 782730 | 330194 | 136703 | 315833 | | 112416 | 41463 |
| 61550 | 4741516 | 900880 | 121017 | 3719619 | | 110491 | 744163 |
| 931 | 51998 | 49549 | 91 | 2358 | | 6365 | 128849 |
| 103 | 158 | 158 | — | — | | 2182 | 110952 |
| 76495 | 622728 | 450899 | 69112 | 102717 | | 322671 | 1718351 |
| 4801 | 38736 | 8244 | — | 30492 | | 59962 | 1101392 |
| 12788 | 310559 | 168897 | 46509 | 95153 | | — | — |
| 249752 | 2450935 | 810322 | 804988 | 835625 | | 337886 | 1334686 |
| 2048125 | 2336192 | 1776600 | 227222 | 332370 | | 196558 | 5888 |
| 532935 | 2563780 | 2163076 | 35608 | 365096 | | 478054 | 367716 |
| 1387015 | 5846322 | 5713249 | 51959 | 81114 | | 1515180 | 151961 |
| 241796 | 1246098 | 1222901 | 4000 | 19197 | | 220270 | 623943 |
| 485309 | 7963542 | 7797655 | 17975 | 147912 | | 324417 | 470580 |
| 105118 | 1436671 | 929190 | 12617 | 494864 | | 275032 | 24861 |
| 93665 | 3066652 | 2283266 | 336997 | 446389 | | 998820 | 314501 |
| 205341 | 3146330 | 2680496 | 137460 | 328374 | | 970297 | 812528 |
| 262562 | 4650893 | 3287319 | 490765 | 872809 | | 1106227 | 16166 |
| 244824 | 2068936 | 991475 | 245602 | 831859 | | 2309321 | 753137 |
| 85984 | 316539 | 316539 | — | — | | 748 | 907 |
| 78193 | 265664 | 193830 | 4371 | 67463 | | 239147 | 67328 |
| 55160 | 1313461 | 1149721 | 34167 | 129573 | | 507937 | 219630 |
| 18851 | 407941 | 358231 | 2961 | 46749 | | 123514 | 48058 |
| 19847 | 1931688 | 1800511 | 1336 | 129841 | | 143201 | 121624 |
| — | — | — | — | — | | — | — |
| 1985 | 635532 | 521445 | 13060 | 101027 | | 138357 | 42476 |
| 134 | 169237 | 162855 | — | 6382 | | 1070 | 12587 |
| — | — | — | — | — | | — | — |
| — | 381120 | 265978 | 10011 | 105131 | | 836 | — |
| — | 747112 | 718903 | 30 | 28179 | | 80702 | 3052 |
| — | 16030 | 16000 | 30 | — | | 280 | — |
| — | 51436 | 51042 | 284 | 110 | | 400 | 48968 |

# 各地区林业

（按现行

| 地　区 | 第　三 | | | | | |
|---|---|---|---|---|---|---|
| | 合计 | 涉　林 | | | | |
| | | 合计 | 其中：湿地产业 | 林业生产服务 | 林业旅游与休闲服务 | 林业生态服务 |
| **全国合计** | **111859389** | **102919775** | **1897129** | **4273030** | **83102474** | **7236808** |
| 北　京 | 543271 | 530401 | 2900 | 7743 | 407686 | 48851 |
| 天　津 | 18340 | 18340 | — | — | 18340 | — |
| 河　北 | 922159 | 859192 | 3277 | 72013 | 638242 | 44195 |
| 山　西 | 407582 | 380417 | 4966 | 33262 | 104008 | 131574 |
| 内蒙古 | 1057599 | 763600 | 6778 | 69456 | 521136 | 39765 |
| 内蒙古集团 | 289693 | 13711 | — | — | 4180 | — |
| 辽　宁 | 1792851 | 1673024 | 10173 | 50220 | 1381911 | 137158 |
| 吉　林 | 2167529 | 1516100 | 9193 | 60961 | 1249150 | 47486 |
| 吉林集团 | 425733 | 70317 | — | 15289 | 32067 | 1088 |
| 长白山集团 | 322729 | 74941 | 103 | 15745 | 17921 | 7354 |
| 黑龙江 | 2981099 | 1556216 | 23031 | 57461 | 1189591 | 87777 |
| 龙江集团 | 1871257 | 635201 | 107 | 16916 | 579643 | 107 |
| 上　海 | 208312 | 208312 | — | — | 121945 | 81587 |
| 江　苏 | 4954755 | 4846886 | 367511 | 415012 | 3107966 | 518774 |
| 浙　江 | 8271910 | 8176416 | 22224 | 70631 | 7163133 | 250357 |
| 安　徽 | 6927987 | 6748447 | 55210 | 229897 | 4949875 | 887817 |
| 福　建 | 2263565 | 2257674 | 9049 | 58260 | 1968019 | 107805 |
| 江　西 | 7915786 | 7615282 | 9640 | 220526 | 6324819 | 718961 |
| 山　东 | 4671772 | 4456071 | 340332 | 287683 | 3104228 | 580147 |
| 河　南 | 2311687 | 2278704 | 9350 | 47110 | 1659154 | 418391 |
| 湖　北 | 8859010 | 8214225 | 154842 | 845597 | 5492996 | 843192 |
| 湖　南 | 11479655 | 10639992 | 519819 | 599608 | 7964790 | 1027286 |
| 广　东 | 17899203 | 17220706 | — | 77978 | 16259173 | 275171 |
| 广　西 | 5185129 | 3748574 | 174009 | 428842 | 2902996 | 134448 |
| 海　南 | 253710 | 251707 | 6384 | 3835 | 209063 | 16646 |
| 重　庆 | 1843363 | 1776811 | 36870 | 34326 | 1512716 | 91984 |
| 四　川 | 9580800 | 8685781 | 35557 | 130243 | 8265958 | 156512 |
| 贵　州 | 4592106 | 4285372 | 85239 | 127239 | 3778058 | 264938 |
| 云　南 | 1681864 | 1386969 | 6748 | 174161 | 805866 | 120257 |
| 西　藏 | 27800 | 27800 | — | — | 27800 | — |
| 陕　西 | 1116443 | 1045338 | 156 | 33429 | 747166 | 170361 |
| 甘　肃 | 475579 | 417495 | 1701 | 33530 | 191025 | 16274 |
| 青　海 | 7634 | 7634 | — | — | 7634 | — |
| 宁　夏 | 415169 | 409869 | 1156 | 68562 | 340528 | 520 |
| 新　疆 | 692579 | 685917 | — | 19074 | 534361 | 15221 |
| 新疆兵团 | 39544 | 39544 | — | — | 39529 | — |
| 大兴安岭 | 333141 | 230503 | 1014 | 16371 | 153141 | 3353 |

# 产业总产值(四)

价格计算)　　　　　　　　　　　　　　　　单位:万元

| 产　业 | | | 补充资料 | | |
|---|---|---|---|---|---|
| 产　业 | | | | | |
| 林业专业技术服务 | 林业公共管理及其他组织服务 | 林业系统非林产业 | 竹产业产值 | 油茶产业产值 | 林下经济产值 |
| **2222185** | **6085278** | **8939614** | **21092599** | **7561940** | **60207579** |
| 3647 | 62474 | 12870 | — | — | 12996 |
| — | — | — | — | — | 1650 |
| 26078 | 78664 | 62967 | — | — | 332501 |
| 5429 | 106144 | 27165 | — | — | 18289 |
| 24763 | 108480 | 293999 | — | — | 498465 |
| 6334 | 3197 | 275982 | — | — | 46977 |
| 51203 | 52532 | 119827 | — | — | 700353 |
| 22028 | 136475 | 651429 | — | — | 2316969 |
| 2633 | 19240 | 355416 | — | — | 78739 |
| 807 | 33114 | 247788 | — | — | 137064 |
| 40988 | 180399 | 1424883 | — | — | 4587792 |
| 17380 | 21155 | 1236056 | — | — | 3245293 |
| — | 4780 | — | — | — | 279 |
| 209523 | 595611 | 107869 | 8083 | 70 | 455332 |
| 98422 | 593873 | 95494 | 4695684 | 304812 | 13222837 |
| 167741 | 513117 | 179540 | 1772853 | 239801 | 2391030 |
| 23721 | 99869 | 5891 | 5486070 | 278907 | 4599555 |
| 78897 | 272079 | 300504 | 3451688 | 2321298 | 1935485 |
| 286297 | 197716 | 215701 | — | — | 2737658 |
| 47944 | 106105 | 32983 | 6068 | 52304 | 2172808 |
| 239486 | 792954 | 644785 | 460466 | 1043840 | 2109625 |
| 453139 | 595169 | 839663 | 2330815 | 2588625 | 2825603 |
| 3760 | 604624 | 678497 | 148542 | 109235 | 502506 |
| 97766 | 184522 | 1436555 | 341287 | 409566 | 7984483 |
| 2567 | 19596 | 2003 | 2058 | 43808 | 309028 |
| 40792 | 96993 | 66552 | 142936 | 20297 | 684314 |
| 86888 | 46180 | 895019 | 1980853 | 26890 | 6215124 |
| 33029 | 82108 | 306734 | 191546 | 84766 | 862376 |
| 97861 | 188824 | 294895 | 72404 | 26135 | 1464070 |
| — | — | — | — | — | — |
| 17676 | 76706 | 71105 | 1200 | 11586 | 642128 |
| 28167 | 148499 | 58084 | 46 | — | 363793 |
| — | — | — | — | — | 280 |
| 244 | 15 | 5300 | — | — | 8853 |
| 32155 | 85106 | 6662 | — | — | 40089 |
| — | 15 | — | — | — | 3157 |
| 1974 | 55664 | 102638 | — | — | 211308 |

# 全国主要林产工业产品产量2016年与2015年比较

| 主要指标 | 单位 | 2016年 | 2015年 | 2016年比2015年增减(%) |
|---|---|---|---|---|
| 木材产量 | 万立方米 | 7775.87 | 7218.21 | 7.73 |
| 1.原木 | 万立方米 | 7125.45 | 6546.35 | 8.85 |
| 2.薪材 | 万立方米 | 650.41 | 671.86 | -3.19 |
| 竹材产量 | 万根 | 250630.00 | 235466.04 | 6.44 |
| 锯材产量 | 万立方米 | 7716.14 | 7430.38 | 3.85 |
| 人造板产量 | 万立方米 | 30042.22 | 28679.52 | 4.75 |
| 1.胶合板 | 万立方米 | 17755.62 | 16546.25 | 7.31 |
| 2.纤维板 | 万立方米 | 6651.22 | 6618.53 | 0.49 |
| 3.刨花板 | 万立方米 | 2650.10 | 2030.19 | 30.53 |
| 4.其他人造板 | 万立方米 | 2985.29 | 3484.56 | -14.33 |
| 木竹地板产量 | 万平方米 | 83798.66 | 77355.85 | 8.33 |
| 松香类产品产量 | 吨 | 1838691 | 1742521 | 5.52 |
| 栲胶类产品产量 | 吨 | 4969 | 7584 | -34.48 |
| 紫胶类产品产量 | 吨 | 4965 | 3344 | 48.47 |

# 全国主要木材、竹材产品产量

| 产品名称 | 单　位 | 全部产量 |
|---|---|---|
| **木材及竹材采伐产品** | | |
| **一、商品材** | **万立方米** | **7775.87** |
| 其中：热带木材 | 万立方米 | 1430.09 |
| 针叶木材 | 万立方米 | 1285.38 |
| 1. 原木 | 万立方米 | 7125.45 |
| 2. 薪材 | 万立方米 | 650.42 |
| 按来源分： | | |
| 1. 天然林 | 万立方米 | 170.71 |
| 2. 人工林 | 万立方米 | 7605.16 |
| 按用途分： | | |
| 1. 直接用原木 | 万立方米 | 1389.28 |
| 2. 加工用材 | 万立方米 | 4610.75 |
| 3. 造纸用材 | 万立方米 | 1214.74 |
| 4. 其他 | 万立方米 | 561.10 |
| 按生产单位分： | | |
| 1. 系统内国有企业单位生产的木材 | 万立方米 | 240.19 |
| 2. 系统内国有林场、事业单位生产的木材 | 万立方米 | 1006.39 |
| 3. 系统外企、事业单位采伐自营林地的木材 | 万立方米 | 412.22 |
| 4. 乡(镇)集体企业及单位生产的木材 | 万立方米 | 593.10 |
| 5. 村及村以下各级组织和农民个人生产的木材 | 万立方米 | 5523.97 |
| **二、非商品材** | **万立方米** | **2357.82** |
| 1. 农民自用材采伐量 | 万立方米 | 557.40 |
| 2. 农民烧材采伐量 | 万立方米 | 1800.42 |
| **三、竹材** | | |
| (一)大径竹① | 万根 | 250630.00 |
| 其中：村及村以下各级组织和农民个人生产的大径竹 | 万根 | 144471.45 |
| 1. 毛竹 | 万根 | 145769.22 |
| 2. 其他 | 万根 | 104860.78 |
| (二)小杂竹 | 万吨 | 1738.62 |

①大径竹一般指直径在5厘米以上，以根为计量单位的竹材。

# 各地区主要木材、

| 地区 | 木材及竹材 | | | | | | | | | |
|---|---|---|---|---|---|---|---|---|---|---|
| | 商品 | | | | | | | | | |
| | 合计 | 其中 | | 原木 | 薪材 | 按来源分 | | 按用途分 | | |
| | | 热带木材 | 针叶木材 | | | 天然林 | 人工林 | 直接用原木 | 加工用材 | 造纸用材 |
| **全国合计** | **7775.87** | **1430.09** | **1285.38** | **7125.45** | **650.42** | **170.71** | **7605.16** | **1389.28** | **4610.75** | **1214.74** |
| 北京 | 15.38 | — | 0.12 | 14.55 | 0.83 | 0.04 | 15.35 | 13.66 | — | — |
| 天津 | 18.00 | — | — | 18.00 | — | — | 18.00 | — | — | — |
| 河北 | 82.30 | — | 6.17 | 68.77 | 13.53 | 6.36 | 75.94 | 13.37 | 52.09 | 0.02 |
| 山西 | 21.48 | — | 1.65 | 16.13 | 5.35 | 3.62 | 17.85 | 12.23 | 2.63 | 0.03 |
| 内蒙古 | 81.71 | — | 1.78 | 77.80 | 3.90 | 0.60 | 81.10 | 19.52 | 55.54 | 0.08 |
| 内蒙古集团 | 0.88 | — | 0.13 | 0.80 | 0.08 | 0.55 | 0.33 | 0.16 | 0.14 | 0.08 |
| 辽宁 | 187.01 | — | 61.13 | 174.01 | 12.99 | 6.29 | 180.71 | 1.64 | 162.03 | 0.70 |
| 吉林 | 185.27 | — | 28.40 | 181.07 | 4.20 | 14.59 | 170.68 | 88.46 | 94.24 | — |
| 吉林集团 | 6.63 | — | — | 5.75 | 0.88 | 0.52 | 6.11 | 1.50 | 4.72 | — |
| 长白山集团 | 4.15 | — | 3.14 | 4.15 | — | 1.92 | 2.22 | 0.27 | 2.50 | — |
| 黑龙江 | 116.39 | — | 25.97 | 106.29 | 10.09 | 7.77 | 108.61 | 72.04 | 35.82 | 0.08 |
| 龙江集团 | 6.50 | — | 0.38 | 5.68 | 0.82 | 0.45 | 6.05 | 2.73 | 1.88 | — |
| 上海 | — | — | — | — | — | — | — | — | — | — |
| 江苏 | 156.08 | — | 5.57 | 146.49 | 9.59 | 0.01 | 156.07 | 53.38 | 86.64 | 3.71 |
| 浙江 | 108.18 | — | 50.26 | 104.77 | 3.41 | 12.29 | 95.89 | 45.27 | 59.48 | 0.37 |
| 安徽 | 447.27 | — | 90.57 | 391.32 | 55.95 | 10.81 | 436.46 | 170.33 | 252.68 | 8.93 |
| 福建 | 575.83 | — | 221.48 | 525.43 | 50.40 | 18.39 | 557.44 | 14.43 | 393.52 | 133.69 |
| 江西 | 228.01 | — | 159.38 | 215.52 | 12.49 | 7.42 | 220.59 | 31.94 | 165.75 | 10.48 |
| 山东 | 356.14 | — | 2.17 | 307.66 | 48.49 | — | 356.14 | 85.04 | 235.66 | 14.85 |
| 河南 | 274.00 | — | 0.05 | 247.82 | 26.18 | 0.11 | 273.88 | 2.11 | 249.84 | 2.43 |
| 湖北 | 193.11 | — | 14.42 | 165.69 | 27.42 | 9.46 | 183.65 | 7.96 | 177.40 | 4.82 |
| 湖南 | 273.75 | — | 55.99 | 254.90 | 18.84 | 13.08 | 260.67 | 100.16 | 130.41 | 22.67 |
| 广东 | 756.01 | 140.90 | 68.70 | 693.43 | 62.58 | 2.55 | 753.47 | 168.65 | 272.14 | 274.10 |
| 广西 | 2686.55 | 1062.77 | 312.38 | 2487.30 | 199.25 | 1.55 | 2685.00 | 115.46 | 1743.64 | 646.86 |
| 海南 | 150.12 | 146.75 | 1.43 | 142.09 | 8.03 | 0.11 | 150.01 | 8.11 | 100.95 | 20.28 |
| 重庆 | 55.23 | — | 8.39 | 43.39 | 11.85 | 5.27 | 49.96 | 13.35 | 17.80 | 11.43 |
| 四川 | 201.61 | — | 24.53 | 180.97 | 20.64 | 2.27 | 199.34 | 104.42 | 86.57 | 4.06 |
| 贵州 | 165.18 | — | 88.27 | 158.35 | 6.82 | 6.77 | 158.40 | 52.76 | 100.17 | 9.78 |
| 云南 | 391.58 | 79.68 | 56.48 | 356.02 | 35.56 | 34.97 | 356.61 | 157.15 | 126.93 | 45.37 |
| 西藏 | — | — | — | — | — | — | — | — | — | — |
| 陕西 | 11.74 | — | — | 11.16 | 0.58 | 5.06 | 6.68 | 8.86 | 2.08 | — |
| 甘肃 | 1.67 | — | 0.12 | 1.10 | 0.57 | 0.30 | 1.37 | 0.91 | 0.04 | — |
| 青海 | — | — | — | — | — | — | — | — | — | — |
| 宁夏 | — | — | — | — | — | — | — | — | — | — |
| 新疆 | 36.30 | — | — | 35.44 | 0.87 | 1.01 | 35.29 | 28.05 | 6.72 | — |
| 新疆兵团 | 11.30 | — | — | 11.30 | — | — | 11.30 | 9.76 | 1.13 | — |
| 大兴安岭 | — | — | — | — | — | — | — | — | — | — |

# 竹材产品产量(一)

单位:万立方米、万根

| 采伐产品 | | | | | | | | |
|---|---|---|---|---|---|---|---|---|
| 材 | | | | | | 非商品材 | | |
| | 按生产单位分 | | | | | | | |
| 其他 | 系统内国有企业单位生产的木材 | 系统内国有林场、事业单位生产的木材 | 系统外企、事业单位采伐自营林地的木材 | 乡(镇)集体企业及单位生产的木材 | 村及村以下各级组织和农民个人生产的木材 | 合计 | 农民自用材采伐量 | 农民烧材采伐量 |
| **561.10** | **240.19** | **1006.39** | **412.22** | **593.10** | **5523.97** | **2357.82** | **557.40** | **1800.42** |
| 1.72 | — | 1.81 | 0.28 | 0.38 | 12.91 | 14.02 | 13.97 | 0.06 |
| 18.00 | — | — | — | — | 18.00 | — | — | — |
| 16.81 | — | 23.31 | 0.02 | 4.36 | 54.61 | 17.20 | 2.79 | 14.41 |
| 6.58 | 0.08 | 7.33 | — | 3.23 | 10.83 | 2.25 | 1.19 | 1.06 |
| 6.57 | 1.19 | 8.13 | 1.45 | 4.61 | 66.33 | 2.46 | 2.46 | — |
| 0.50 | 0.88 | — | — | — | — | — | — | — |
| 22.64 | 5.33 | 48.00 | 7.17 | 26.99 | 99.51 | 11.39 | 3.27 | 8.13 |
| 2.57 | 18.42 | 51.98 | 7.77 | 24.39 | 82.70 | 1.25 | 1.25 | — |
| 0.41 | 3.13 | — | 3.50 | — | — | — | — | — |
| 1.37 | 4.15 | — | — | — | — | — | — | — |
| 8.45 | 13.87 | 43.88 | 0.47 | 10.40 | 47.77 | 5.73 | 5.73 | — |
| 1.89 | 6.50 | — | — | — | — | — | — | — |
| — | — | — | — | — | — | — | — | — |
| 12.35 | 4.54 | 8.02 | 8.13 | 23.38 | 112.01 | 22.28 | 21.10 | 1.17 |
| 3.05 | 0.45 | 11.43 | 0.04 | 13.88 | 82.37 | 17.38 | 5.33 | 12.05 |
| 15.34 | 1.82 | 19.57 | 5.57 | 27.34 | 392.96 | 112.20 | 48.80 | 63.40 |
| 34.19 | 42.01 | 90.34 | 9.90 | 74.09 | 359.49 | 931.57 | 44.10 | 887.47 |
| 19.83 | 22.39 | 64.07 | 15.75 | 28.52 | 97.27 | 83.91 | 30.91 | 52.99 |
| 20.59 | 1.56 | 6.33 | 0.48 | 23.84 | 323.94 | 15.53 | 9.39 | 6.15 |
| 19.61 | — | 6.59 | 2.14 | 14.41 | 250.86 | 60.98 | 34.87 | 26.12 |
| 2.93 | 0.95 | 10.32 | 7.17 | 17.00 | 157.66 | 89.79 | 44.35 | 45.43 |
| 20.51 | 13.56 | 36.96 | 20.69 | 38.46 | 164.07 | 84.48 | 33.61 | 50.86 |
| 41.11 | 6.23 | 64.36 | 93.41 | 56.59 | 535.42 | 9.33 | 0.51 | 8.82 |
| 180.59 | 40.31 | 415.59 | 146.87 | 126.61 | 1957.18 | 268.25 | 94.82 | 173.43 |
| 20.77 | 21.40 | 14.05 | 25.81 | 10.46 | 78.40 | 3.62 | 1.95 | 1.67 |
| 12.66 | 0.08 | 7.11 | 5.97 | 8.96 | 33.12 | 14.73 | 9.48 | 5.26 |
| 6.57 | 0.03 | 15.25 | 1.62 | 6.83 | 177.89 | 29.89 | 18.28 | 11.60 |
| 2.47 | 5.49 | 4.32 | 5.94 | 17.03 | 132.41 | 13.69 | 4.40 | 9.29 |
| 62.13 | 28.00 | 45.69 | 45.18 | 26.90 | 245.82 | 479.47 | 86.46 | 393.01 |
| — | — | — | — | — | — | 18.22 | 7.69 | 10.53 |
| 0.79 | 0.08 | 1.08 | — | 1.48 | 9.09 | 37.20 | 20.62 | 16.58 |
| 0.72 | — | 0.59 | 0.13 | 0.67 | 0.28 | 2.65 | 2.65 | — |
| — | — | — | — | — | — | 1.25 | 1.25 | — |
| — | — | — | — | — | — | 0.20 | 0.20 | — |
| 1.53 | 12.40 | 0.29 | 0.26 | 2.28 | 21.09 | 6.92 | 5.98 | 0.94 |
| 0.41 | 11.30 | — | — | — | — | — | — | — |
| — | — | — | — | — | — | — | — | — |

# 各地区主要木材、竹材产品产量(二)

单位:万立方米、万根

| 地区 | 木材及竹材采伐产品 | | | | |
|---|---|---|---|---|---|
| | 竹　材 | | | | |
| | 大径竹(万根) | | | | 小杂竹(万吨) |
| | 合计 | 其中:村及村以下各级组织和农民个人生产的大径竹 | 毛竹 | 其他 | |
| **全国合计** | **250630.00** | **144471.45** | **145769.22** | **104860.78** | **1738.62** |
| 北　京 | — | — | — | — | — |
| 天　津 | — | — | — | — | — |
| 河　北 | — | — | — | — | — |
| 山　西 | — | — | — | — | — |
| 内蒙古 | — | — | — | — | — |
| 内蒙古集团 | — | — | — | — | — |
| 辽　宁 | — | — | — | — | — |
| 吉　林 | — | — | — | — | — |
| 吉林集团 | — | — | — | — | — |
| 长白山集团 | — | — | — | — | — |
| 黑龙江 | — | — | — | — | — |
| 龙江集团 | — | — | — | — | — |
| 上　海 | — | — | — | — | 0.00 |
| 江　苏 | 356.33 | 173.54 | 220.88 | 135.44 | 33.35 |
| 浙　江 | 21184.90 | 9084.62 | 20439.05 | 745.84 | 54.91 |
| 安　徽 | 16029.32 | 7288.48 | 12968.45 | 3060.87 | 122.95 |
| 福　建 | 74677.00 | 72565.00 | 48653.00 | 26024.00 | 231.21 |
| 江　西 | 18436.12 | 3896.42 | 16406.90 | 2029.22 | 139.48 |
| 山　东 | — | — | — | — | — |
| 河　南 | 153.50 | 128.50 | 153.50 | — | 7.99 |
| 湖　北 | 3827.69 | 2535.52 | 2645.21 | 1182.49 | 10.72 |
| 湖　南 | 14089.79 | 3279.18 | 13580.45 | 509.34 | 14.32 |
| 广　东 | 16931.14 | 6304.48 | 5197.16 | 11733.98 | 201.56 |
| 广　西 | 50600.73 | 29668.73 | 13361.37 | 37239.36 | 68.37 |
| 海　南 | 785.30 | 0.65 | 5.23 | 780.07 | 0.20 |
| 重　庆 | 9235.60 | 160.75 | 1463.90 | 7771.69 | 62.13 |
| 四　川 | 8410.30 | 6481.58 | 1409.56 | 7000.74 | 362.17 |
| 贵　州 | 3835.66 | 588.11 | 3431.65 | 404.01 | 126.66 |
| 云　南 | 11567.08 | 2250.89 | 5373.41 | 6193.67 | 301.42 |
| 西　藏 | — | — | — | — | 0.02 |
| 陕　西 | 509.55 | 65.00 | 459.51 | 50.05 | 0.97 |
| 甘　肃 | — | — | — | — | 0.20 |
| 青　海 | — | — | — | — | — |
| 宁　夏 | — | — | — | — | — |
| 新　疆 | — | — | — | — | — |
| 新疆兵团 | — | — | — | — | — |
| 大兴安岭 | — | — | — | — | — |

# 全国主要经济林产品生产情况

单位:吨

| 指　　标 | 产　量 |
| --- | --- |
| **各类经济林产品总量** | **180240074** |
| **一、水果** | **152087283** |
| 1. 苹果 | 42880392 |
| 2. 柑橘 | 31730327 |
| 3. 梨 | 18639024 |
| 4. 葡萄 | 14044204 |
| 5. 桃 | 14072329 |
| 6. 杏 | 2625972 |
| 7. 荔枝 | 2499704 |
| 8. 龙眼 | 1773700 |
| 9. 猕猴桃 | 1782525 |
| 10. 其他水果 | 22039106 |
| **二、干果** | **10916921** |
| 1. 板栗 | 2289212 |
| 2. 枣(干重) | 6249339 |
| 3. 柿子(干重) | 1147479 |
| 4. 仁用杏(大扁杏等甜杏仁) | 114589 |
| 5. 榛子 | 129824 |
| 6. 松子 | 123872 |
| 7. 其他干果 | 862606 |
| **三、林产饮料产品(干重)** | **2282052** |
| 1. 毛茶 | 2030584 |
| 2. 其他林产饮料产品 | 251468 |
| **四、林产调料产品(干重)** | **738676** |
| 1. 花椒 | 399250 |
| 2. 八角 | 170866 |
| 3. 桂皮 | 93006 |
| 4. 其他林产调料产品 | 75554 |
| **五、森林食品** | **3542437** |
| 1. 竹笋干 | 770705 |
| 2. 食用菌(干重) | 1958496 |
| 3. 山野菜(干重) | 400348 |
| 4. 其他森林食品(干重) | 412888 |
| **六、森林药材** | **2798218** |
| 1. 银杏(白果) | 148423 |
| 2. 山杏仁(苦杏仁) | 136781 |
| 3. 杜仲 | 206615 |
| 4. 黄柏 | 56181 |
| 5. 厚朴 | 219396 |
| 6. 山茱萸 | 45796 |
| 7. 枸杞 | 360873 |
| 8. 沙棘 | 182572 |
| 9. 五味子 | 37240 |
| 10. 其他森林药材 | 1404341 |
| **七、木本油料** | **5998545** |
| 1. 油茶籽 | 2164440 |
| 2. 核桃 | 3645170 |
| 3. 油橄榄 | 38767 |
| 4. 油用牡丹籽 | 23184 |
| 5. 其他木本油料 | 126984 |
| **八、林产工业原料** | **1875942** |
| 1. 生漆 | 21934 |
| 2. 油桐籽 | 408518 |
| 3. 乌桕籽 | 26204 |
| 4. 五倍子 | 21647 |
| 5. 棕片 | 60782 |
| 6. 松脂 | 1328877 |
| 7. 紫胶(原胶) | 7980 |

# 各地区主要经济林

| 地区 | 各类经济林产品总量 | 水果产品 | | | | | | | | |
|---|---|---|---|---|---|---|---|---|---|---|
| | | 合计 | 苹果 | 柑橘 | 梨 | 葡萄 | 桃 | 杏 | 荔枝 | 龙眼 |
| **全国合计** | **180240074** | **152087283** | **42880392** | **31730327** | **18639024** | **14044204** | **14072329** | **2625972** | **2499704** | **1773700** |
| 北京 | 794857 | 709783 | 92953 | — | 117325 | 35468 | 389636 | 23829 | — | — |
| 天津 | 304774 | 302058 | 55049 | — | 40503 | 73326 | 63455 | 2663 | — | — |
| 河北 | 14637154 | 13209855 | 3662841 | — | 4992313 | 1700421 | 2020728 | 309835 | — | — |
| 山西 | 7209002 | 5358864 | 3451474 | — | 922943 | 265141 | 492312 | 151627 | — | — |
| 内蒙古 | 732552 | 633820 | 167406 | — | 88326 | 95493 | 5297 | 39537 | — | — |
| 内蒙古集团 | 5729 | 519 | — | — | — | — | — | — | — | — |
| 辽宁 | 7109086 | 6227142 | 2893320 | — | 1763041 | 651675 | 495985 | 87589 | — | — |
| 吉林 | 1017322 | 701363 | 218160 | — | 145880 | 210949 | 1561 | 5561 | — | — |
| 吉林集团 | 10876 | 86 | — | — | — | — | — | — | — | — |
| 长白山集团 | 20509 | 293 | — | — | 257 | 15 | — | — | — | — |
| 黑龙江 | 783223 | 268058 | 126961 | — | 34366 | 62729 | 9 | 435 | — | — |
| 龙江集团 | 165050 | 3495 | — | — | 1158 | 845 | — | — | — | — |
| 上海 | 273372 | 273182 | 18 | 110392 | 30200 | 83338 | 42775 | 34 | — | — |
| 江苏 | 3116932 | 2931854 | 578847 | 34411 | 761750 | 699679 | 677697 | 8604 | — | — |
| 浙江 | 4340519 | 3781386 | — | 1374929 | 432748 | 768302 | 369400 | — | — | — |
| 安徽 | 3849968 | 3333731 | 398374 | 32975 | 1199620 | 552366 | 861784 | 23822 | — | — |
| 福建 | 7766802 | 6190619 | 29511 | 2939765 | 240197 | 176622 | 281196 | 225 | 452539 | 239628 |
| 江西 | 4638208 | 3907817 | 773 | 3372882 | 178146 | 92278 | 68257 | — | — | — |
| 山东 | 20492152 | 19219090 | 10484042 | — | 1423357 | 1510307 | 3897973 | 307678 | — | — |
| 河南 | 7567360 | 6431775 | 3035909 | 113258 | 1222158 | 625559 | 903902 | 134820 | — | — |
| 湖北 | 8974459 | 7362685 | 16982 | 5181326 | 557191 | 387047 | 1079614 | 6061 | — | — |
| 湖南 | 7155692 | 5489853 | — | 4250752 | 259838 | 354493 | 159229 | 1855 | — | — |
| 广东 | 10191442 | 9466713 | — | 2664495 | 85482 | 5191 | 56123 | — | 1195771 | 801646 |
| 广西 | 13598334 | 11890190 | — | 4904433 | 335716 | 507665 | 293709 | — | 664794 | 595602 |
| 海南 | 2018589 | 1934434 | — | 31899 | — | — | 1697 | — | 149682 | 50504 |
| 重庆 | 3530467 | 3222030 | 7091 | 2154403 | 324141 | 146467 | 121123 | 11457 | 190 | 18669 |
| 四川 | 7211132 | 6024209 | 607437 | 3167103 | 633607 | 366477 | 419665 | 19807 | 15816 | 54275 |
| 贵州 | 2426849 | 1738835 | 58395 | 402428 | 366079 | 261160 | 300129 | 2713 | 931 | 718 |
| 云南 | 7228922 | 4818636 | 337198 | 631611 | 455828 | 829314 | 225271 | 2297 | 19981 | 12658 |
| 西藏 | 13060 | 7103 | 3948 | 354 | 1701 | 35 | 880 | 6 | — | — |
| 陕西 | 12568709 | 10657149 | 7529089 | 362911 | 363782 | 408658 | 417342 | 153804 | — | — |
| 甘肃 | 9034161 | 8388669 | 7163357 | — | 381999 | 391474 | 230885 | 125755 | — | — |
| 青海 | 93326 | 5659 | 2585 | — | 2070 | — | 14 | 706 | — | — |
| 宁夏 | 1094162 | 842206 | 592529 | — | 25286 | 154989 | 10361 | 50269 | — | — |
| 新疆 | 10451762 | 6758515 | 1366143 | — | 1253431 | 2627581 | 184320 | 1154983 | — | — |
| 新疆兵团 | 3105061 | 1901785 | 553285 | — | 459601 | 753435 | 67991 | 49233 | — | — |
| 大兴安岭 | 15725 | — | — | — | — | — | — | — | — | — |

# 产品生产情况(一)

单位:吨

| | | 干果产品 | | | | | | | |
|---|---|---|---|---|---|---|---|---|---|
| 猕猴桃 | 其他水果 | 合　计 | 板栗 | 枣<br>（干重） | 柿子<br>（干重） | 仁用杏<br>（大扁杏<br>等甜杏仁） | 榛子 | 松子 | 其他干果 |
| **1782525** | **22039106** | **10916921** | **2289212** | **6249339** | **1147479** | **114589** | **129824** | **123872** | **862606** |
| — | 50572 | 72083 | 27179 | 11260 | 25880 | 5699 | — | — | 2065 |
| — | 67062 | 1385 | 1385 | — | — | — | — | — | — |
| 1570 | 522147 | 1148139 | 351423 | 555344 | 194535 | 33265 | 9767 | — | 3805 |
| 40 | 75327 | 1554412 | 11822 | 1176016 | 90891 | 24885 | — | 407 | 250391 |
| — | 237761 | 50766 | — | 976 | — | 12714 | 22034 | 2704 | 12338 |
| — | 519 | 2744 | — | — | — | — | 40 | 2704 | — |
| 23 | 335509 | 507361 | 157470 | 197892 | — | 15976 | 82290 | 30987 | 22746 |
| — | 119252 | 52045 | 853 | — | — | 91 | 6499 | 37177 | 7425 |
| — | 86 | 1876 | — | — | — | — | 58 | 1195 | 623 |
| — | 21 | 7306 | — | — | — | — | — | 7298 | 8 |
| — | 43558 | 24914 | — | — | — | — | 7982 | 16105 | 827 |
| — | 1492 | 8744 | — | — | — | — | 1513 | 6476 | 755 |
| 1137 | 5288 | — | — | — | — | — | — | — | — |
| 9371 | 161495 | 69667 | 21388 | 9229 | 36054 | 698 | — | — | 2298 |
| 51195 | 784812 | 87076 | 69574 | 1223 | 9954 | — | — | — | 6325 |
| 20784 | 244006 | 132953 | 93617 | 12832 | 23015 | 200 | — | — | 3289 |
| 18094 | 1812842 | 171406 | 118604 | 9 | 52331 | — | — | — | 462 |
| 32374 | 163107 | 31857 | 25017 | 842 | 1733 | — | — | — | 4265 |
| 8842 | 1586891 | 828720 | 302854 | 273378 | 114183 | 121 | 55 | — | 138129 |
| 66517 | 329652 | 395115 | 117826 | 124086 | 146309 | 1840 | — | — | 5054 |
| 37482 | 96982 | 474311 | 415107 | 19667 | 32079 | 147 | — | — | 7311 |
| 77279 | 386407 | 136062 | 98801 | 22841 | 11461 | — | — | — | 2959 |
| 4476 | 4653529 | 64203 | 22556 | 2121 | 33212 | — | — | — | 6314 |
| 8183 | 4580088 | 252403 | 105287 | 12272 | 124369 | — | — | — | 10475 |
| — | 1700652 | 18657 | — | — | — | — | — | — | 18657 |
| 36388 | 402101 | 29547 | 16987 | 3918 | 2643 | — | — | 1742 | 4257 |
| 223541 | 516481 | 70572 | 42142 | 14230 | 5071 | 55 | — | 6741 | 2333 |
| 69103 | 277179 | 85032 | 54015 | 2581 | 5392 | 231 | — | 1767 | 21046 |
| 8938 | 2295540 | 363918 | 144994 | 1799 | 30933 | — | 769 | 19963 | 165460 |
| — | 179 | 21 | — | — | — | 21 | — | — | — |
| 1107049 | 314514 | 1098793 | 86579 | 793360 | 198651 | 15879 | — | 3748 | 576 |
| 139 | 95060 | 202298 | 3732 | 164942 | 8783 | 1828 | — | 1360 | 21653 |
| — | 284 | — | — | — | — | — | — | — | — |
| — | 8772 | 136812 | — | 133531 | — | 10 | — | — | 3271 |
| — | 172057 | 2854794 | — | 2714990 | — | 929 | — | — | 138875 |
| — | 18240 | 1126176 | — | 1124944 | — | 517 | — | — | 715 |
| — | — | 1599 | — | — | — | — | 428 | 1171 | — |

| 地　区 | 林产饮料产品（干重） | | | 林产调料产品（干重） | | | | |
|---|---|---|---|---|---|---|---|---|
| | 合　计 | 毛茶 | 其他林产饮料产品 | 合　计 | 花椒 | 八角 | 桂皮 | 其他林产调料产品 |
| 全国合计 | **2282052** | **2030584** | **251468** | **738676** | **399250** | **170866** | **93006** | **75554** |
| 北　京 | — | — | — | — | — | — | — | — |
| 天　津 | — | — | — | — | — | — | — | — |
| 河　北 | 5 | 5 | — | 10284 | 10284 | — | — | — |
| 山　西 | — | — | — | 14975 | 14357 | — | — | 618 |
| 内蒙古 | 5000 | — | 5000 | — | — | — | — | — |
| 内蒙古集团 | — | — | — | — | — | — | — | — |
| 辽　宁 | 7500 | — | 7500 | — | — | — | — | — |
| 吉　林 | — | — | — | — | — | — | — | — |
| 吉林集团 | — | — | — | — | — | — | — | — |
| 长白山集团 | — | — | — | — | — | — | — | — |
| 黑龙江 | 1000 | — | 1000 | — | — | — | — | — |
| 龙江集团 | — | — | — | — | — | — | — | — |
| 上　海 | 3 | 3 | — | — | — | — | — | — |
| 江　苏 | 13167 | 13167 | — | 125 | 125 | — | — | — |
| 浙　江 | 164397 | 160598 | 3799 | — | — | — | — | — |
| 安　徽 | 111305 | 107444 | 3861 | 859 | 305 | — | 202 | 352 |
| 福　建 | 387307 | 387052 | 255 | 440 | — | — | — | 440 |
| 江　西 | 61914 | 53224 | 8690 | 1113 | 26 | 26 | 17 | 1044 |
| 山　东 | 94461 | 23768 | 70693 | 57989 | 46261 | — | — | 11728 |
| 河　南 | 19911 | 19071 | 840 | 25014 | 24979 | — | — | 35 |
| 湖　北 | 265556 | 263448 | 2108 | 2455 | 1907 | 42 | 8 | 498 |
| 湖　南 | 98082 | 95926 | 2156 | 1497 | 1095 | 83 | 104 | 215 |
| 广　东 | 105194 | 91540 | 13654 | 55456 | 36 | 5207 | 49850 | 363 |
| 广　西 | 62551 | 60334 | 2217 | 194265 | 2 | 148570 | 41054 | 4639 |
| 海　南 | 726 | 265 | 461 | 30972 | 1905 | — | — | 29067 |
| 重　庆 | 17596 | 16642 | 954 | 55014 | 53617 | 367 | 325 | 705 |
| 四　川 | 135080 | 134051 | 1029 | 68165 | 65348 | 155 | 15 | 2647 |
| 贵　州 | 203957 | 202233 | 1724 | 8609 | 7097 | 506 | 450 | 556 |
| 云　南 | 452168 | 336806 | 115362 | 89949 | 50582 | 15900 | 965 | 22502 |
| 西　藏 | — | — | — | 36 | 36 | — | — | — |
| 陕　西 | 70256 | 63641 | 6615 | 64317 | 64146 | 10 | 16 | 145 |
| 甘　肃 | 1366 | 1366 | — | 56961 | 56961 | — | — | — |
| 青　海 | — | — | — | 105 | 105 | — | — | — |
| 宁　夏 | 3550 | — | 3550 | 76 | 76 | — | — | — |
| 新　疆 | — | — | — | — | — | — | — | — |
| 新疆兵团 | — | — | — | — | — | — | — | — |
| 大兴安岭 | — | — | — | — | — | — | — | — |

# 产品生产情况(二)

单位:吨

| 森林食品 | | | | | 森林药材 | | | | | | | | |
|---|---|---|---|---|---|---|---|---|---|---|---|---|---|
| 合　计 | 竹笋干 | 食用菌（干重） | 山野菜（干重） | 其他森林食品（干重） | 合　计 | 银杏（白果） | 山杏仁（苦杏仁） | 杜仲 | 黄柏 | 厚朴 | 山茱萸 | 枸杞 | 沙棘 |
| **3542437** | **770705** | **1958496** | **400348** | **412888** | **2798218** | **148423** | **136781** | **206615** | **56181** | **219396** | **45796** | **360873** | **182572** |
| 400 | — | 400 | — | — | — | — | — | — | — | — | — | — | — |
| — | — | — | — | — | — | — | — | — | — | — | — | — | — |
| 9862 | — | 4928 | 3830 | 1104 | 72164 | — | 33036 | 75 | — | — | — | 12112 | 2522 |
| 31292 | — | 15716 | 180 | 15396 | 42038 | — | 2204 | 354 | — | — | 1401 | — | 704 |
| 14933 | — | 10305 | 3656 | 972 | 27834 | — | 360 | — | — | — | — | 17197 | 198 |
| 1909 | — | 418 | 1491 | — | 557 | — | — | — | — | — | — | — | — |
| 249965 | — | 112092 | 76829 | 61044 | 90346 | 302 | 75670 | — | — | — | — | 2693 | 12 |
| 151357 | — | 78801 | 61689 | 10867 | 88090 | — | — | — | — | — | — | 210 | 4300 |
| 4858 | — | 3143 | 1597 | 118 | 3358 | — | — | — | — | — | — | — | — |
| 11504 | — | 9970 | 1365 | 169 | 1085 | — | — | — | — | — | — | — | — |
| 437481 | — | 373313 | 53508 | 10660 | 50106 | — | 310 | — | — | — | — | 7 | 660 |
| 124436 | — | 72814 | 43467 | 8155 | 27437 | — | — | — | — | — | — | — | — |
| 187 | 187 | — | — | — | — | — | — | — | — | — | — | — | — |
| 43374 | 852 | 40160 | 2162 | 200 | 57417 | 48584 | — | 212 | — | — | 1 | 2 | — |
| 216482 | 159305 | 54473 | 2563 | 141 | 18116 | 2019 | — | 545 | — | 1919 | 4721 | — | — |
| 109027 | 31872 | 56488 | 7864 | 12803 | 31237 | 1894 | — | 1903 | 189 | 602 | 387 | 96 | — |
| 633242 | 185054 | 394217 | 51281 | 2690 | 79893 | 1957 | — | — | — | 3555 | 204 | — | — |
| 98698 | 43547 | 43300 | 9355 | 2496 | 34499 | 246 | — | 6822 | 125 | 3901 | 47 | — | — |
| 86074 | — | 37705 | 2088 | 46281 | 16704 | 9837 | 71 | 31 | — | — | — | 72 | — |
| 239433 | 1112 | 201728 | 25757 | 10836 | 192886 | 2034 | 140 | 17746 | — | — | 31824 | 1904 | — |
| 305509 | 22880 | 184200 | 21379 | 77050 | 235352 | 32563 | 7 | 19716 | 25730 | 14161 | 551 | 1759 | — |
| 169618 | 41643 | 33680 | 18489 | 75806 | 277287 | 2398 | 154 | 104851 | 5027 | 136638 | 44 | 3 | — |
| 74050 | 45118 | 27962 | 265 | 705 | 36103 | 819 | — | — | — | 282 | — | — | — |
| 71753 | 35475 | 32099 | 2195 | 1984 | 188472 | 11056 | — | 2941 | — | 3959 | — | 68 | — |
| 16308 | 348 | — | — | 15960 | 4372 | — | — | — | — | — | — | — | — |
| 48329 | 31494 | 12657 | 2206 | 1972 | 111420 | 2766 | — | 10303 | 7334 | 6504 | 108 | 402 | 20 |
| 265581 | 135266 | 83518 | 15347 | 31450 | 144310 | 16663 | — | 18395 | 12372 | 36929 | 118 | 85 | — |
| 60114 | 17691 | 16464 | 9997 | 15962 | 56844 | 6701 | 1193 | 8714 | 4564 | 2396 | 376 | 109 | — |
| 120839 | 12151 | 88537 | 13284 | 6867 | 257268 | 194 | — | 190 | 102 | 69 | — | — | — |
| 77 | — | 77 | — | — | 533 | — | — | — | — | — | — | — | — |
| 70240 | 6700 | 47365 | 12477 | 3698 | 260184 | 8241 | 23436 | 13599 | 668 | 8375 | 5953 | 171 | 143163 |
| 5926 | 10 | 3372 | 2224 | 320 | 130299 | 149 | — | 218 | 70 | 106 | 61 | 71269 | 10601 |
| — | — | — | — | — | 86954 | — | — | — | — | — | — | 81699 | 4800 |
| — | — | — | — | — | 111160 | — | 200 | — | — | — | — | 110960 | — |
| 7 | — | 7 | — | — | 94483 | — | — | — | — | — | — | 60055 | 15592 |
| 7 | — | 7 | — | — | 26209 | — | — | — | — | — | — | 22012 | 2433 |
| 12279 | — | 4932 | 1723 | 5624 | 1847 | — | — | — | — | — | — | — | — |

| 地区 | 五味子 | 其他森林药材 | 木本油料 合计 | 油茶籽 | 核桃 | 油橄榄 | 油用牡丹籽 | 其他木本油料 |
|---|---|---|---|---|---|---|---|---|
| **全国合计** | **37240** | **1404341** | **5998545** | **2164440** | **3645170** | **38767** | **23184** | **126984** |
| 北京 | — | — | 12591 | — | 12591 | — | — | — |
| 天津 | — | — | 1331 | — | 1331 | — | — | — |
| 河北 | — | 24419 | 186845 | — | 185625 | — | 120 | 1100 |
| 山西 | — | 37375 | 207421 | — | 207328 | — | 23 | 70 |
| 内蒙古 | 1 | 10078 | 199 | — | — | — | — | 199 |
| 内蒙古集团 | — | 557 | — | — | — | — | — | — |
| 辽宁 | 2790 | 8879 | 26772 | — | 2822 | — | — | 23950 |
| 吉林 | 18565 | 65015 | 24467 | — | 24467 | — | — | — |
| 吉林集团 | 149 | 3209 | 698 | — | 698 | — | — | — |
| 长白山集团 | 385 | 700 | 321 | — | 321 | — | — | — |
| 黑龙江 | 9773 | 39356 | 1664 | — | 1664 | — | — | — |
| 龙江集团 | 6946 | 20491 | 938 | — | 938 | — | — | — |
| 上海 | — | — | — | — | — | — | — | — |
| 江苏 | 1 | 8617 | 1328 | 263 | 989 | — | 76 | — |
| 浙江 | — | 8912 | 72056 | 51421 | 20635 | — | — | — |
| 安徽 | 16 | 26150 | 110664 | 81735 | 21117 | — | 7623 | 189 |
| 福建 | 45 | 74132 | 143210 | 137922 | — | — | — | 5288 |
| 江西 | — | 23358 | 366173 | 366135 | 28 | — | — | 10 |
| 山东 | — | 6693 | 189114 | — | 179901 | — | 8424 | 789 |
| 河南 | 1360 | 137878 | 168031 | 29213 | 134318 | — | 2210 | 2290 |
| 湖北 | 259 | 140606 | 242839 | 142498 | 98075 | — | 1641 | 625 |
| 湖南 | 24 | 28148 | 892604 | 874642 | 16773 | 7 | 45 | 1137 |
| 广东 | — | 35002 | 151431 | 146833 | — | — | — | 4598 |
| 广西 | — | 170448 | 223086 | 196853 | 2240 | — | — | 23993 |
| 海南 | — | 4372 | 3455 | 3385 | — | — | — | 70 |
| 重庆 | 50 | 83933 | 36445 | 8779 | 22476 | 1037 | 783 | 3370 |
| 四川 | 33 | 59715 | 484835 | 17254 | 451486 | 9598 | 31 | 6466 |
| 贵州 | 661 | 32130 | 167961 | 73980 | 93154 | — | — | 827 |
| 云南 | 521 | 256192 | 977610 | 18058 | 945330 | 1657 | — | 12565 |
| 西藏 | — | 533 | 5290 | — | 5290 | — | — | — |
| 陕西 | 3072 | 53506 | 307842 | 15469 | 265820 | 30 | 2203 | 24320 |
| 甘肃 | 35 | 47790 | 248352 | — | 207018 | 26438 | 5 | 14891 |
| 青海 | — | 455 | 608 | — | 608 | — | — | — |
| 宁夏 | — | — | 358 | — | 358 | — | — | — |
| 新疆 | — | 18836 | 743963 | — | 743726 | — | — | 237 |
| 新疆兵团 | — | 1764 | 50884 | — | 50880 | — | — | 4 |
| 大兴安岭 | 34 | 1813 | — | — | — | — | — | — |

# 产品生产情况(三)

单位:吨

| 林产工业原料 | | | | | | | |
|---|---|---|---|---|---|---|---|
| 合　计 | 生漆 | 油桐籽 | 乌桕籽 | 五倍子 | 棕片 | 松脂 | 紫胶（原胶） |
| **1875942** | **21934** | **408518** | **26204** | **21647** | **60782** | **1328877** | **7980** |
| — | — | — | — | — | — | — | — |
| — | — | — | — | — | — | — | — |
| — | — | — | — | — | — | — | — |
| — | — | — | — | — | — | — | — |
| — | — | — | — | — | — | — | — |
| — | — | — | — | — | — | — | — |
| — | — | — | — | — | — | — | — |
| — | — | — | — | — | — | — | — |
| — | — | — | — | — | — | — | — |
| — | — | — | — | — | — | — | — |
| — | — | — | — | — | — | — | — |
| — | — | — | — | — | — | — | — |
| — | — | — | — | — | — | — | — |
| — | — | — | — | — | — | — | — |
| 1006 | 20 | 161 | — | — | 516 | 309 | — |
| 20192 | 161 | 1977 | 95 | 60 | 4057 | 13842 | — |
| 160685 | 133 | 26312 | 424 | 387 | 18354 | 110309 | 4766 |
| 136137 | 813 | 22299 | 210 | 86 | 2337 | 110392 | — |
| — | — | — | — | — | — | — | — |
| 95195 | 2092 | 81155 | 7869 | 4072 | — | 7 | — |
| 85752 | 3568 | 22066 | 11607 | 2830 | 2444 | 43237 | — |
| 90689 | 1060 | 35287 | 796 | 920 | 6060 | 46566 | — |
| 238292 | 55 | 6904 | 956 | — | 3541 | 225805 | 1031 |
| 715614 | 47 | 82068 | 75 | 133 | 2320 | 630873 | 98 |
| 9665 | — | — | — | — | — | 9665 | — |
| 10086 | 2246 | 5024 | 500 | 1866 | 430 | 20 | — |
| 18380 | 431 | 14490 | 1217 | 477 | 1395 | 370 | — |
| 105497 | 7649 | 66031 | 2194 | 6122 | 5462 | 17904 | 135 |
| 148534 | 385 | 17144 | — | 116 | 10277 | 118662 | 1950 |
| — | — | — | — | — | — | — | — |
| 39928 | 3239 | 27549 | 261 | 4388 | 3575 | 916 | — |
| 290 | 35 | 51 | — | 190 | 14 | — | — |
| — | — | — | — | — | — | — | — |
| — | — | — | — | — | — | — | — |
| — | — | — | — | — | — | — | — |
| — | — | — | — | — | — | — | — |
| — | — | — | — | — | — | — | — |

# 全国油茶与花卉产业发展情况

| 指　　标 | 单位 | 产量 |
| --- | --- | --- |
| **一、油茶产业发展情况** | | |
| 1. 年末实有油茶林面积 | 公顷 | 4009209 |
| 当年新造面积 | 公顷 | 160248 |
| 当年低改面积 | 公顷 | 143232 |
| 2. 定点苗圃个数 | 个 | 616 |
| 定点苗圃面积 | 公顷 | 9901 |
| 3. 苗木产量 | 万株 | 119098 |
| 其中：一年生苗木产量 | 万株 | 62552 |
| 二年留床苗木产量 | 万株 | 34631 |
| 4. 油茶籽产量 | 万吨 | 216 |
| 5. 油茶企业 | 个 | 2229 |
| **二、花卉产业发展情况** | | |
| 1. 年末实有花卉种植面积 | 公顷 | 1328037 |
| 2. 切花切叶产量 | 万支 | 1927547 |
| 3. 盆栽植物产量 | 万盆 | 468908 |
| 4. 观赏苗木产量 | 万株 | 1124221 |
| 5. 草坪产量 | 万平方米 | 49748 |
| 6. 花卉市场 | 个 | 4092 |
| 7. 花卉企业 | 个 | 55250 |
| 其中：大中型企业 | 个 | 8971 |
| 8. 花农 | 万户 | 146.20 |
| 9. 花卉从业人员 | 万人 | 554.98 |
| 其中：专业技术人员 | 万人 | 32.36 |
| 10. 控温温室面积 | 万平方米 | 6072 |
| 11. 日光温室面积 | 万平方米 | 19571 |

# 各地区油茶与花卉产业发展情况（一）

| 地区 | 油茶产业发展情况 | | | | | | | | | | 花卉产业发展情况 |
|---|---|---|---|---|---|---|---|---|---|---|---|
| | 年末实有油茶林面积（公顷） | | | 定点苗圃 | | 苗木产量（万株） | | | 油茶籽产量（万吨） | 油茶企业（个） | 年末实有花卉种植面积（公顷） |
| | 合计 | 当年新造面积 | 当年低改面积 | 个数（个） | 面积（公顷） | 合计 | 其中：一年生苗木产量 | 其中：二年留床苗木产量 | | | |
| **全国合计** | **4009209** | **160248** | **143232** | **616** | **9901** | **119098** | **62552** | **34631** | **216** | **2229** | **1328037** |
| 北京 | — | — | — | — | — | — | — | — | — | — | 5102 |
| 天津 | — | — | — | — | — | — | — | — | — | — | 275 |
| 河北 | — | — | — | — | — | — | — | — | — | — | 46123 |
| 山西 | — | — | — | — | — | — | — | — | — | — | 898 |
| 内蒙古 | — | — | — | — | — | — | — | — | — | — | 238 |
| 内蒙古集团 | — | — | — | — | — | — | — | — | — | — | — |
| 辽宁 | — | — | — | — | — | — | — | — | — | — | 24060 |
| 吉林 | — | — | — | — | — | — | — | — | — | — | 3759 |
| 吉林集团 | — | — | — | — | — | — | — | — | — | — | — |
| 长白山集团 | — | — | — | — | — | — | — | — | — | — | — |
| 黑龙江 | — | — | — | — | — | — | — | — | — | — | 1856 |
| 龙江集团 | — | — | — | — | — | — | — | — | — | — | — |
| 上海 | — | — | — | — | — | — | — | — | — | — | 699 |
| 江苏 | 200 | — | — | — | — | 4786 | 3026 | 352 | — | — | 299043 |
| 浙江 | 174415 | 3934 | 7309 | 15 | 84 | 17024 | 4778 | 6801 | 5 | 267 | 102885 |
| 安徽 | 127076 | 6549 | 1486 | 44 | 375 | 6237 | 3193 | 2359 | 8 | 128 | 34989 |
| 福建 | 158628 | 4772 | 8372 | 11 | 372 | 6209 | 3412 | 788 | 14 | 141 | 64251 |
| 江西 | 907597 | 34698 | 28652 | 69 | 5915 | 12105 | 6496 | 5480 | 37 | 305 | 57081 |
| 山东 | — | — | — | — | — | — | — | — | — | — | 167723 |
| 河南 | 46196 | 2769 | 732 | 10 | 54 | 1210 | 1070 | 140 | 3 | 16 | 128100 |
| 湖北 | 254269 | 25510 | 7778 | 110 | 1398 | 8300 | 5553 | 2382 | 14 | 172 | 89848 |
| 湖南 | 1294309 | 40611 | 71598 | 74 | 364 | 20953 | 13681 | 6284 | 87 | 759 | 60706 |
| 广东 | 185660 | 4686 | 100 | 24 | 307 | 3496 | 1924 | 936 | 15 | 122 | 82949 |
| 广西 | 333464 | 7845 | 8145 | 55 | 405 | 13831 | 3332 | 1879 | 20 | 104 | 24064 |
| 海南 | 2813 | 544 | — | 58 | 116 | 1036 | 368 | 666 | — | 14 | 8882 |
| 重庆 | 39394 | 7160 | 200 | 3 | 38 | 3668 | 2177 | 931 | 1 | 114 | 22739 |
| 四川 | 27758 | 3947 | 403 | 6 | 15 | 4944 | 3414 | 1296 | 2 | 19 | 47006 |
| 贵州 | 192313 | 7893 | 7817 | 54 | 157 | 6965 | 4446 | 1879 | 7 | 35 | 22064 |
| 云南 | 238517 | 8048 | 640 | 34 | 71 | 7753 | 5328 | 2261 | 2 | 25 | 23134 |
| 西藏 | — | — | — | — | — | — | — | — | — | — | — |
| 陕西 | 26600 | 1282 | — | 49 | 230 | 582 | 354 | 198 | 2 | 8 | 5325 |
| 甘肃 | — | — | — | — | — | — | — | — | — | — | 2897 |
| 青海 | — | — | — | — | — | — | — | — | — | — | 40 |
| 宁夏 | — | — | — | — | — | — | — | — | — | — | 844 |
| 新疆 | — | — | — | — | — | — | — | — | — | — | 454 |
| 新疆兵团 | — | — | — | — | — | — | — | — | — | — | 115 |
| 大兴安岭 | — | — | — | — | — | — | — | — | — | — | 3 |

# 各地区油茶与花卉产业发展情况（二）

| 地　区 | 花卉产业发展情况 | | | | | | | | | | | |
|---|---|---|---|---|---|---|---|---|---|---|---|---|
| | 切花切叶产量（万支） | 盆栽植物产量（万盆） | 观赏苗木产量（万株） | 草坪产量（万平方米） | 花卉市场（个） | 花卉企业（个） | | 花农（万户） | 花卉从业人员（万人） | | 控温温室面积（万平方米） | 日光温室面积（万平方米） |
| | | | | | | 合计 | 其中：大中型企业 | | 合计 | 其中：专业技术人员 | | |
| **全国合计** | **1927547** | **468908** | **1124221** | **49748** | **4092** | **55250** | **8971** | **146.20** | **554.98** | **32.36** | **6072** | **19571** |
| 北　京 | 3832 | 15669 | 1723 | 576 | 35 | 205 | 93 | 0.17 | 0.99 | 0.10 | 109 | 321 |
| 天　津 | 218 | 2047 | 334 | 52 | 21 | 15 | 5 | 0.17 | 0.52 | 0.04 | 78 | 74 |
| 河　北 | 15203 | 8080 | 123173 | 433 | 294 | 1011 | 70 | 4.15 | 11.96 | 0.98 | 66 | 555 |
| 山　西 | 550 | 1401 | 646 | 125 | 126 | 173 | 21 | 0.13 | 0.70 | 0.18 | 21 | 1519 |
| 内蒙古 | 3006 | 1461 | 1578 | 8 | 101 | 49 | 2 | 0.04 | 0.50 | 0.03 | 6 | 73 |
| 内蒙古集团 | — | — | — | — | — | — | — | — | — | — | — | — |
| 辽　宁 | 138915 | 10281 | 5925 | 79 | 54 | 215 | 64 | 3.02 | 4.05 | 0.20 | 183 | 2506 |
| 吉　林 | 4310 | 3312 | 838 | 108 | 31 | 112 | 7 | 0.28 | 1.10 | 0.09 | 21 | 16 |
| 吉林集团 | — | — | — | — | — | — | — | — | — | — | — | — |
| 长白山集团 | — | — | — | — | — | — | — | — | — | — | — | — |
| 黑龙江 | 228 | 402 | 923 | 28 | 17 | 84 | 19 | 0.17 | 1.05 | 0.08 | 21 | 9 |
| 龙江集团 | — | — | 20 | — | — | — | — | — | — | — | — | — |
| 上　海 | 22456 | 6019 | 52 | 1595 | 13 | 140 | 57 | 0.07 | 0.36 | 0.06 | 35 | 118 |
| 江　苏 | 131106 | 20348 | 394099 | 20633 | 230 | 7017 | 1072 | 14.57 | 73.13 | 4.55 | 723 | 968 |
| 浙　江 | 67558 | 37490 | 174287 | 3408 | 121 | 11165 | 2481 | 15.05 | 67.72 | 4.47 | 525 | 957 |
| 安　徽 | 7710 | 5951 | 26045 | 4328 | 354 | 1772 | 227 | 5.02 | 16.24 | 1.15 | 80 | 261 |
| 福　建 | 167469 | 104028 | 25198 | 2096 | 171 | 3090 | 856 | 7.34 | 26.60 | 1.51 | 233 | 4785 |
| 江　西 | 17788 | 8466 | 30256 | 997 | 180 | 1420 | 119 | 2.84 | 9.45 | 1.12 | 25 | 42 |
| 山　东 | 156226 | 126541 | 116336 | 162 | 404 | 3983 | 940 | 19.88 | 67.51 | 3.74 | 3038 | 1521 |
| 河　南 | 65500 | 12267 | 51886 | 256 | 217 | 3438 | 638 | 11.12 | 61.98 | 1.98 | 152 | 326 |
| 湖　北 | 14449 | 16763 | 41548 | 768 | 257 | 1565 | 222 | 7.03 | 23.15 | 1.67 | 102 | 230 |
| 湖　南 | 5352 | 3273 | 23532 | 2815 | 302 | 2250 | 237 | 6.62 | 19.71 | 1.43 | 61 | 122 |
| 广　东 | 227755 | 26725 | 14211 | 3077 | 103 | 9041 | 864 | 5.90 | 15.62 | 0.99 | 147 | 1036 |
| 广　西 | 24196 | 7109 | 16842 | 4965 | 62 | 1186 | 112 | 10.21 | 83.85 | 1.12 | 57 | 70 |
| 海　南 | 93615 | 3453 | 1760 | 404 | 23 | 712 | 164 | 0.83 | 5.20 | 0.26 | 45 | 326 |
| 重　庆 | 20116 | 2684 | 7216 | 1095 | 118 | 1804 | 167 | 3.73 | 15.83 | 0.87 | 18 | 19 |
| 四　川 | 48770 | 27867 | 21171 | 1148 | 347 | 2537 | 308 | 18.93 | 27.99 | 4.00 | 19 | 637 |
| 贵　州 | 9806 | 2893 | 6284 | 383 | 110 | 563 | 64 | 0.59 | 1.65 | 0.10 | 21 | 33 |
| 云　南 | 666048 | 6757 | 19176 | 108 | 147 | 779 | 57 | 6.43 | 12.62 | 1.13 | 92 | 2490 |
| 西　藏 | — | — | — | — | — | — | — | — | — | — | — | — |
| 陕　西 | 706 | 1856 | 12288 | 61 | 106 | 535 | 25 | 0.59 | 2.74 | 0.26 | 42 | 70 |
| 甘　肃 | 9589 | 1885 | 2128 | 22 | 92 | 235 | 49 | 1.12 | 1.92 | 0.15 | 124 | 152 |
| 青　海 | 50 | 312 | 1 | — | 12 | 61 | 10 | 0.02 | 0.10 | 0.03 | 1 | 1 |
| 宁　夏 | 4976 | 952 | 3771 | 15 | 12 | 39 | 14 | 0.11 | 0.31 | 0.03 | 3 | 130 |
| 新　疆 | 14 | 2616 | 951 | 3 | 32 | 54 | 7 | 0.12 | 0.44 | 0.05 | 26 | 202 |
| 新疆兵团 | 1 | 1686 | 154 | — | 3 | 3 | 1 | 0.02 | 0.07 | 0.01 | 13 | 187 |
| 大兴安岭 | 29 | — | 42 | — | — | — | — | — | 0.01 | — | 1 | 1 |

# 全国主要林产工业产品产量

| 产　品　名　称 | 单位 | 产量 |
|---|---|---|
| 木竹加工制品 | | |
| **一、锯材** | **万立方米** | **7716.14** |
| 1.普通锯材 | 万立方米 | 7384.66 |
| 2.特种锯材 | 万立方米 | 174.59 |
| 3.枕木及其他锯材 | 万立方米 | 156.89 |
| **二、木片、木粒加工产品** | **万实积立方米** | **4576.12** |
| **三、人造板** | **万立方米** | **30042.22** |
| (一)胶合板 | 万立方米 | 17755.61 |
| 1.木胶合板 | 万立方米 | 16381.78 |
| 2.竹胶合板 | 万立方米 | 640.24 |
| 3.其他胶合板 | 万立方米 | 733.59 |
| (二)纤维板 | 万立方米 | 6651.22 |
| 1.木质纤维板 | 万立方米 | 6443.97 |
| (1)硬质纤维板 | 万立方米 | 517.62 |
| (2)中密度纤维板 | 万立方米 | 5904.38 |
| (3)软质纤维板 | 万立方米 | 21.97 |
| 2.非木质纤维板 | 万立方米 | 207.25 |
| (三)刨花板 | 万立方米 | 2650.10 |
| 1.木质刨花板 | 万立方米 | 2572.10 |
| 其中:定向刨花板(OSB) | 万立方米 | 91.00 |
| 2.非木质刨花板 | 万立方米 | 78.00 |
| (四)其他人造板 | 万立方米 | 2985.29 |
| 其中:细木工板 | 万立方米 | 1667.04 |
| **四、其他加工材** | **万立方米** | **1023.09** |
| 其中:改性木材 | 万立方米 | 146.83 |
| 指接材 | 万立方米 | 452.99 |
| **五、木竹地板** | **万平方米** | **83798.66** |
| 1.实木地板 | 万平方米 | 14808.23 |
| 2.实木复合木地板 | 万平方米 | 24968.97 |
| 3.浸渍纸层压木质地板(强化木地板) | 万平方米 | 31621.50 |
| 4.竹地板(含竹木复合地板) | 万平方米 | 11585.94 |
| 5.其他木地板(含软木地板、集成材地板等) | 万平方米 | 814.02 |
| 林产化学产品 | | |
| **一、松香类产品** | **吨** | **1838691** |
| 1.松香 | 吨 | 1490777 |
| 2.松香深加工产品 | 吨 | 347914 |
| **二、松节油类产品** | **吨** | **273765** |
| 1.松节油 | 吨 | 224698 |
| 2.松节油深加工产品 | 吨 | 49067 |
| **三、樟脑** | **吨** | **14271** |
| 其中:合成樟脑 | 吨 | 13773 |
| **四、冰片** | **吨** | **6901** |
| 其中:合成冰片 | 吨 | 6830 |
| **五、栲胶类产品** | **吨** | **4969** |
| 1.栲胶 | 吨 | 4169 |
| 2.栲胶深加工产品 | 吨 | 800 |
| **六、紫胶类产品** | **吨** | **4965** |
| 1.紫胶 | 吨 | 4282 |
| 2.紫胶深加工产品 | 吨 | 683 |
| **七、木竹热解产品** | **吨** | **1766646** |
| **八、木质生物质成型燃料** | **吨** | **810261** |

# 各地区主要林产工业

| 地区 | 木竹 | | | | | | | | |
|---|---|---|---|---|---|---|---|---|---|
| | 锯材 | | | | 木片、木粒加工产品（万实积立方米） | | | | |
| | | | | | | 总计 | 胶合板 | | |
| | 合计 | 普通锯材 | 特种锯材 | 枕木及其他锯材 | | | 合计 | 木胶合板 | 竹胶合板 |
| **全国合计** | **7716.14** | **7384.66** | **174.59** | **156.89** | **4576.12** | **30042.22** | **17755.61** | **16381.78** | **640.24** |
| 北　京 | — | — | — | — | — | — | — | — | — |
| 天　津 | — | — | — | — | — | 11.17 | 1.25 | 1.25 | — |
| 河　北 | 152.82 | 152.75 | — | 0.07 | 15.36 | 1715.06 | 811.62 | 810.87 | — |
| 山　西 | 13.02 | 12.99 | — | 0.03 | 20.96 | 46.41 | 8.11 | 1.38 | — |
| 内蒙古 | 1028.46 | 1028.27 | — | 0.19 | 6.47 | 42.38 | 26.76 | 26.76 | — |
| 内蒙古集团 | — | — | — | — | — | — | — | — | — |
| 辽　宁 | 292.69 | 284.29 | 5.91 | 2.49 | 113.88 | 283.16 | 131.62 | 123.05 | — |
| 吉　林 | 147.59 | 144.07 | 2.73 | 0.78 | 52.92 | 371.22 | 177.66 | 96.21 | — |
| 吉林集团 | 0.22 | 0.22 | — | — | 0.47 | 145.18 | 0.18 | 0.18 | — |
| 长白山集团 | 1.16 | 1.09 | 0.08 | — | 0.09 | 1.27 | 0.81 | 0.81 | — |
| 黑龙江 | 629.85 | 626.19 | 3.15 | 0.51 | 57.02 | 457.39 | 304.90 | 303.04 | — |
| 龙江集团 | 12.16 | 12.16 | — | — | 1.25 | 9.61 | 3.28 | 3.28 | — |
| 上　海 | — | — | — | — | — | 1.67 | 1.67 | 1.67 | — |
| 江　苏 | 285.89 | 285.35 | 0.40 | 0.14 | 166.07 | 5609.77 | 3896.40 | 3863.55 | 1.34 |
| 浙　江 | 330.61 | 299.57 | 28.37 | 2.67 | 35.60 | 567.53 | 195.60 | 95.25 | 98.10 |
| 安　徽 | 453.23 | 440.95 | 2.75 | 9.53 | 172.34 | 2296.38 | 1634.24 | 1551.01 | 57.43 |
| 福　建 | 242.71 | 229.13 | 13.58 | — | 101.18 | 981.15 | 565.93 | 336.54 | 226.89 |
| 江　西 | 227.93 | 209.28 | 4.00 | 14.66 | 131.84 | 498.95 | 206.98 | 84.54 | 94.02 |
| 山　东 | 1339.55 | 1253.57 | 83.63 | 2.34 | 2167.36 | 7480.69 | 5157.40 | 4885.95 | — |
| 河　南 | 255.40 | 254.74 | 0.05 | 0.61 | 275.27 | 1793.19 | 842.27 | 743.73 | — |
| 湖　北 | 225.47 | 222.32 | 3.13 | 0.02 | 87.09 | 736.60 | 217.07 | 201.06 | 5.19 |
| 湖　南 | 413.27 | 396.69 | 8.41 | 8.17 | 99.29 | 566.29 | 306.79 | 193.72 | 86.70 |
| 广　东 | 188.69 | 188.06 | 0.48 | 0.15 | 216.64 | 1389.18 | 668.53 | 653.15 | 3.31 |
| 广　西 | 896.17 | 789.82 | 11.23 | 95.13 | 671.50 | 3668.32 | 2137.69 | 2043.39 | 5.54 |
| 海　南 | 67.43 | 67.36 | — | 0.08 | 41.58 | 29.71 | 17.69 | 17.69 | — |
| 重　庆 | 41.91 | 38.71 | — | 3.19 | 27.94 | 126.05 | 39.67 | 33.12 | 5.76 |
| 四　川 | 179.79 | 170.55 | 0.78 | 8.47 | 52.11 | 877.03 | 211.05 | 140.12 | 47.06 |
| 贵　州 | 93.70 | 80.19 | 6.01 | 7.51 | 17.34 | 102.17 | 52.43 | 41.71 | 6.55 |
| 云　南 | 191.40 | 191.40 | — | — | 35.81 | 311.90 | 124.97 | 116.05 | 2.36 |
| 西　藏 | 2.22 | 2.22 | — | — | — | — | — | — | — |
| 陕　西 | 7.83 | 7.67 | — | 0.16 | 6.71 | 59.69 | 10.09 | 9.70 | — |
| 甘　肃 | 0.88 | 0.88 | — | — | 0.12 | 5.28 | 0.83 | 0.83 | — |
| 青　海 | — | — | — | — | — | — | — | — | — |
| 宁　夏 | — | — | — | — | — | 1.05 | — | — | — |
| 新　疆 | 7.48 | 7.48 | — | — | 1.46 | 12.82 | 6.41 | 6.41 | — |
| 新疆兵团 | 0.51 | 0.51 | — | — | 0.44 | — | — | — | — |
| 大兴安岭 | 0.14 | 0.14 | — | — | 2.27 | 0.02 | — | — | — |

# 产品产量(一)

单位:万立方米

| 加工制品 | | | | | | | | | | |
|---|---|---|---|---|---|---|---|---|---|---|
| | 人造板 | | | | | | | | | |
| | 纤维板 | | | | | | 刨花板 | | | |
| | | 木质纤维板 | | | | 非木质纤维板 | | 木质刨花板 | | 非木质刨花板 |
| 其他胶合板 | 合计 | 小计 | 硬质纤维板 | 中密度纤维板 | 软质纤维板 | | 合计 | 小计 | 其中:定向刨花板(OSB) | |
| **733.59** | **6651.22** | **6443.97** | **517.62** | **5904.38** | **21.97** | **207.25** | **2650.10** | **2572.10** | **91.00** | **78.00** |
| — | — | — | — | — | — | — | — | — | — | — |
| — | 9.92 | 9.92 | — | 9.92 | — | — | — | — | — | — |
| 0.75 | 534.04 | 534.04 | 5.21 | 528.65 | 0.19 | — | 308.23 | 301.70 | — | 6.52 |
| 6.73 | 17.54 | 17.54 | — | 17.54 | — | — | 5.45 | 5.45 | — | — |
| — | 1.64 | 1.64 | 0.01 | 1.63 | — | — | 0.15 | 0.15 | — | — |
| — | — | — | — | — | — | — | — | — | — | — |
| 8.57 | 61.25 | 61.25 | 9.56 | 51.00 | 0.70 | — | 25.02 | 25.02 | — | — |
| 81.45 | 102.75 | 102.75 | — | 102.75 | — | — | 38.59 | 38.59 | — | — |
| — | 102.35 | 102.35 | — | 102.35 | — | — | 36.95 | 36.95 | — | — |
| — | 0.40 | 0.40 | — | 0.40 | — | — | — | — | — | — |
| 1.86 | 86.82 | 86.82 | 1.38 | 85.44 | — | — | 46.71 | 46.71 | — | — |
| — | 0.29 | 0.29 | 0.29 | — | — | — | 3.11 | 3.11 | — | — |
| — | — | — | — | — | — | — | — | — | — | — |
| 31.51 | 768.23 | 768.23 | 34.40 | 732.27 | 1.56 | — | 678.14 | 677.98 | 0.08 | 0.16 |
| 2.25 | 96.05 | 95.94 | 2.08 | 93.66 | 0.20 | 0.10 | 9.46 | 9.20 | 3.82 | 0.26 |
| 25.80 | 347.10 | 347.10 | 46.55 | 300.55 | — | — | 152.64 | 152.41 | — | 0.23 |
| 2.49 | 189.49 | 189.49 | 0.95 | 188.53 | — | — | 36.26 | 36.26 | — | — |
| 28.42 | 131.08 | 130.48 | 42.43 | 87.50 | 0.55 | 0.60 | 42.45 | 40.13 | 0.38 | 2.32 |
| 271.45 | 1410.14 | 1223.46 | 261.58 | 951.41 | 10.47 | 186.68 | 528.86 | 525.16 | 8.51 | 3.70 |
| 98.54 | 380.34 | 380.34 | 11.32 | 361.77 | 7.25 | — | 130.85 | 130.85 | 23.40 | — |
| 10.82 | 397.11 | 383.95 | 23.73 | 360.16 | 0.06 | 13.16 | 79.58 | 77.73 | 52.34 | 1.85 |
| 26.37 | 56.28 | 56.28 | — | 56.28 | — | — | 29.21 | 29.21 | — | — |
| 12.06 | 501.01 | 501.01 | 32.24 | 468.77 | — | — | 205.42 | 172.99 | — | 32.43 |
| 88.76 | 838.61 | 838.61 | 15.00 | 823.61 | — | — | 187.40 | 187.40 | 1.57 | — |
| — | 3.00 | 3.00 | — | 3.00 | — | — | 9.01 | 9.01 | — | — |
| 0.78 | 49.36 | 47.79 | 0.52 | 47.28 | — | 1.57 | 28.38 | 22.38 | — | 6.00 |
| 23.87 | 488.30 | 483.17 | 28.67 | 453.50 | 1.00 | 5.13 | 63.71 | 39.38 | 0.10 | 24.33 |
| 4.17 | 7.66 | 7.66 | — | 7.66 | — | — | 8.23 | 8.23 | 0.80 | — |
| 6.57 | 114.54 | 114.54 | 0.67 | 113.87 | — | — | 35.50 | 35.50 | — | — |
| — | — | — | — | — | — | — | — | — | — | — |
| 0.39 | 48.29 | 48.29 | 1.32 | 46.97 | — | — | 0.86 | 0.66 | — | 0.20 |
| — | 4.44 | 4.44 | — | 4.44 | — | — | — | — | — | — |
| — | — | — | — | — | — | — | — | — | — | — |
| — | — | — | — | — | — | — | — | — | — | — |
| — | 6.20 | 6.20 | — | 6.20 | — | — | — | — | — | — |
| — | — | — | — | — | — | — | — | — | — | — |
| — | — | — | — | — | — | — | — | — | — | — |

# 各地区主要林产工业

| 地区 | 人造板 | | 其他加工材 | | | 木竹 | |
|---|---|---|---|---|---|---|---|
| | 其他人造板 | | | | | | |
| | 合计 | 其中:细木工板 | 合计 | 改性木材 | 指接材 | 合计 | 实木地板 |
| **全国合计** | **2985.29** | **1667.04** | **1023.09** | **146.83** | **452.99** | **83798.66** | **14808.23** |
| 北　京 | — | — | — | — | — | — | — |
| 天　津 | — | — | — | — | — | 111.59 | — |
| 河　北 | 61.17 | 48.40 | 16.09 | 9.64 | — | 70.09 | 70.09 |
| 山　西 | 15.32 | 2.64 | 0.27 | 0.27 | — | 0.13 | — |
| 内蒙古 | 13.84 | 13.39 | — | — | — | 6.80 | 1.80 |
| 内蒙古集团 | — | — | — | — | — | — | — |
| 辽　宁 | 65.26 | 2.41 | 14.05 | — | 13.75 | 2766.62 | 867.38 |
| 吉　林 | 52.22 | 48.22 | 3.48 | 0.03 | 3.03 | 3622.32 | 326.44 |
| 吉林集团 | 5.70 | 5.70 | — | — | — | 415.51 | — |
| 长白山集团 | 0.05 | 0.05 | — | — | — | 186.95 | 5.92 |
| 黑龙江 | 18.96 | 16.42 | 4.65 | 0.10 | 4.47 | 2109.98 | 1945.66 |
| 龙江集团 | 2.94 | 2.88 | 1.06 | — | 1.06 | 28.87 | 8.78 |
| 上　海 | — | — | — | — | — | 598.74 | 569.33 |
| 江　苏 | 267.01 | 81.59 | 2.70 | 2.20 | — | 31798.75 | 2480.89 |
| 浙　江 | 266.43 | 266.43 | 102.36 | — | 89.22 | 11206.51 | 4102.61 |
| 安　徽 | 162.41 | 98.86 | 19.11 | 0.63 | 5.07 | 7919.97 | 617.93 |
| 福　建 | 189.48 | 159.44 | 132.89 | 0.89 | 131.65 | 3178.71 | 433.44 |
| 江　西 | 118.44 | 93.47 | 88.26 | 20.88 | 57.86 | 7282.86 | 217.65 |
| 山　东 | 384.29 | 200.16 | 242.66 | 40.71 | 49.46 | 4124.36 | 400.95 |
| 河　南 | 439.74 | 131.41 | 0.04 | — | — | 1289.83 | 1192.46 |
| 湖　北 | 42.84 | 42.82 | 14.97 | 4.01 | 3.45 | 3242.59 | 46.87 |
| 湖　南 | 174.01 | 138.78 | 22.36 | 0.89 | 20.87 | 1538.64 | 413.73 |
| 广　东 | 14.21 | 9.81 | 3.40 | — | 0.70 | 1119.85 | 534.82 |
| 广　西 | 504.62 | 259.65 | 299.81 | 49.64 | 40.06 | 577.45 | 79.90 |
| 海　南 | — | — | 17.00 | 13.00 | 4.00 | 16.56 | 3.00 |
| 重　庆 | 8.65 | 0.12 | 5.64 | 2.24 | 3.40 | 7.13 | 4.79 |
| 四　川 | 113.97 | 21.72 | 19.50 | — | 13.97 | 866.03 | 411.89 |
| 贵　州 | 33.84 | 18.24 | 4.99 | 1.50 | 3.39 | 113.56 | 50.37 |
| 云　南 | 36.90 | 11.53 | 8.87 | 0.18 | 8.64 | 229.27 | 36.11 |
| 西　藏 | — | — | — | — | — | — | — |
| 陕　西 | 0.44 | 0.34 | — | — | — | 0.31 | 0.11 |
| 甘　肃 | — | — | — | — | — | — | — |
| 青　海 | — | — | — | — | — | — | — |
| 宁　夏 | 1.05 | 1.05 | — | — | — | — | — |
| 新　疆 | 0.21 | 0.14 | — | — | — | — | — |
| 新疆兵团 | — | — | — | — | — | — | — |
| 大兴安岭 | 0.02 | 0.02 | — | — | — | — | — |

# 产品产量(二)

单位:万立方米、吨

| 加工制品 | | | | 林产化学产品 | | | | | |
|---|---|---|---|---|---|---|---|---|---|
| 木竹地板(万平方米) | | | | 松香类产品 | | | 松节油类产品 | | |
| 实木复合木地板 | 浸渍纸层压木质地板(强化木地板) | 竹地板(含竹木复合地板) | 其他木地板(含软木地板、集成材地板等) | 合计 | 松香 | 松香深加工产品 | 合计 | 松节油 | 松节油深加工产品 |
| **24968.97** | **31621.50** | **11585.94** | **814.02** | **1838691** | **1490777** | **347914** | **273765** | **224698** | **49067** |
| — | — | — | — | — | — | — | — | — | — |
| 111.59 | — | — | — | — | — | — | — | — | — |
| — | — | — | — | — | — | — | — | — | — |
| — | — | — | 0.13 | — | — | — | — | — | — |
| 5.00 | — | — | — | — | — | — | — | — | — |
| — | — | — | — | — | — | — | — | — | — |
| 1185.03 | 712.00 | — | 2.20 | — | — | — | — | — | — |
| 3174.34 | 120.10 | — | 1.44 | — | — | — | — | — | — |
| 415.51 | — | — | — | — | — | — | — | — | — |
| 131.03 | 50.00 | — | — | — | — | — | — | — | — |
| 99.97 | 6.20 | — | 58.15 | — | — | — | — | — | — |
| — | 6.20 | — | 13.89 | — | — | — | — | — | — |
| — | 22.40 | 7.01 | — | — | — | — | — | — | — |
| 6903.28 | 21646.21 | 768.37 | — | 9600 | 9600 | — | — | — | — |
| 6069.43 | 8.55 | 975.91 | 50.00 | 21200 | 3700 | 17500 | 5500 | — | 5500 |
| 1349.70 | 4840.61 | 920.28 | 191.45 | 7685 | 7685 | — | 1898 | 1898 | — |
| 210.91 | — | 2534.16 | 0.20 | 138216 | 109818 | 28398 | 13677 | 11609 | 2068 |
| 542.88 | 591.54 | 5880.39 | 50.40 | 127063 | 111900 | 15163 | 56965 | 25020 | 31945 |
| 3412.56 | 243.69 | 2.11 | 65.05 | — | — | — | — | — | — |
| 61.62 | 35.75 | — | — | — | — | — | — | — | — |
| 636.92 | 2485.73 | 27.69 | 45.39 | 29310 | 29310 | — | 1392 | 1392 | — |
| 210.33 | 504.89 | 387.56 | 22.14 | 38540 | 23070 | 15470 | 6124 | 3824 | 2300 |
| 329.36 | — | 4.37 | 251.30 | 203380 | 152429 | 50951 | 30607 | 28986 | 1621 |
| 437.54 | — | — | 60.00 | 1044141 | 869764 | 174377 | 125995 | 120435 | 5560 |
| 10.00 | — | 3.56 | — | 591 | 591 | — | 134 | 134 | — |
| 0.30 | — | 2.04 | — | 1077 | 1077 | — | — | — | — |
| 126.97 | 303.71 | 10.10 | 13.36 | 300 | 300 | — | 25 | 25 | — |
| 0.05 | — | 62.19 | 0.94 | 13895 | 11509 | 2386 | 1253 | 1253 | — |
| 91.16 | 100.12 | — | 1.88 | 203493 | 159824 | 43669 | 30195 | 30122 | 73 |
| — | — | — | — | — | — | — | — | — | — |
| — | — | 0.20 | — | 200 | 200 | — | — | — | — |
| — | — | — | — | — | — | — | — | — | — |
| — | — | — | — | — | — | — | — | — | — |
| — | — | — | — | — | — | — | — | — | — |
| — | — | — | — | — | — | — | — | — | — |
| — | — | — | — | — | — | — | — | — | — |
| — | — | — | — | — | — | — | — | — | — |

# 各地区主要林产工业产品产量(三)

单位:万立方米、吨

| 地　区 | 林产化学产品 | | | | | | | | | | 木竹热解产品 | 木质生物质成型燃料 |
|---|---|---|---|---|---|---|---|---|---|---|---|---|
| | 樟脑 | | 冰片 | | 栲胶类产品 | | | 紫胶类产品 | | | | |
| | 合 计 | 其中:合成樟脑 | 合 计 | 其中:合成冰片 | 合 计 | 栲胶 | 栲胶深加工产品 | 合 计 | 紫胶 | 紫胶深加工产品 | | |
| **全国合计** | **14271** | **13773** | **6901** | **6830** | **4969** | **4169** | **800** | **4965** | **4282** | **683** | **1766646** | **810261** |
| 北　京 | — | — | — | — | — | — | — | — | — | — | — | — |
| 天　津 | — | — | — | — | — | — | — | — | — | — | — | — |
| 河　北 | — | — | — | — | 990 | 990 | — | — | — | — | 46136 | 14000 |
| 山　西 | — | — | — | — | — | — | — | — | — | — | 1250 | — |
| 内蒙古 | — | — | — | — | — | — | — | — | — | — | — | 80000 |
| 内蒙古集团 | — | — | — | — | — | — | — | — | — | — | — | — |
| 辽　宁 | — | — | — | — | — | — | — | — | — | — | 3200 | — |
| 吉　林 | — | — | — | — | — | — | — | — | — | — | 8166 | 1139 |
| 吉林集团 | — | — | — | — | — | — | — | — | — | — | — | — |
| 长白山集团 | — | — | — | — | — | — | — | — | — | — | — | 929 |
| 黑龙江 | — | — | — | — | — | — | — | — | — | — | 1790 | — |
| 龙江集团 | — | — | — | — | — | — | — | — | — | — | — | — |
| 上　海 | — | — | — | — | — | — | — | — | — | — | — | — |
| 江　苏 | — | — | — | — | — | — | — | — | — | — | 8000 | — |
| 浙　江 | — | — | — | — | — | — | — | — | — | — | 160013 | 204130 |
| 安　徽 | — | — | — | — | — | — | — | — | — | — | 89333 | 264213 |
| 福　建 | 13010 | 13010 | — | — | — | — | — | 27 | 27 | — | 427169 | — |
| 江　西 | 477 | 13 | 51 | 30 | — | — | — | — | — | — | 162728 | 18600 |
| 山　东 | — | — | — | — | — | — | — | — | — | — | 21121 | — |
| 河　南 | — | — | — | — | 1000 | 1000 | — | — | — | — | 15200 | — |
| 湖　北 | — | — | — | — | — | — | — | — | — | — | 300 | 73912 |
| 湖　南 | 104 | 70 | 6100 | 6100 | — | — | — | 23 | 23 | — | 158227 | 96658 |
| 广　东 | — | — | — | — | — | — | — | 186 | 186 | — | 13404 | 86 |
| 广　西 | — | — | — | — | 2123 | 2123 | — | 3255 | 3255 | — | 61769 | 19984 |
| 海　南 | — | — | — | — | — | — | — | — | — | — | 216 | — |
| 重　庆 | — | — | — | — | — | — | — | — | — | — | 6034 | — |
| 四　川 | 680 | 680 | — | — | — | — | — | — | — | — | 13500 | — |
| 贵　州 | — | — | 50 | — | 800 | — | 800 | — | — | — | 489480 | 36135 |
| 云　南 | — | — | 700 | 700 | 56 | 56 | — | 1474 | 791 | 683 | 69217 | — |
| 西　藏 | — | — | — | — | — | — | — | — | — | — | — | — |
| 陕　西 | — | — | — | — | — | — | — | — | — | — | — | — |
| 甘　肃 | — | — | — | — | — | — | — | — | — | — | — | — |
| 青　海 | — | — | — | — | — | — | — | — | — | — | — | — |
| 宁　夏 | — | — | — | — | — | — | — | — | — | — | — | — |
| 新　疆 | — | — | — | — | — | — | — | — | — | — | — | — |
| 新疆兵团 | — | — | — | — | — | — | — | — | — | — | — | — |
| 大兴安岭 | — | — | — | — | — | — | — | — | — | — | 10393 | 1404 |

# 全国主要林产品销售实际平均价格

| 指　标 | 单　位 | 本年实际 | | |
|---|---|---|---|---|
| | | 产品销售实际平均价格 | 产品销售收入 | 产品销售量 |
| 一、木材 | 元/立方米 | 777 | 57411266313 | 73896272 |
| 二、竹材 | 元/根 | 10 | 17695196979 | 1805463515 |
| 三、锯材 | 元/立方米 | 1454 | 86412430053 | 59447826 |
| 四、木片 | 元/实积立方米 | 927 | 28651402669 | 30891373 |
| 五、木地板 | 元/平方米 | 166 | 93241852545 | 563329392 |
| 六、胶合板 | 元/立方米 | 2070 | 247045945324 | 119358197 |
| 七、硬质纤维板 | 元/立方米 | 1750 | 4768380877 | 2724165 |
| 八、中密度纤维板 | 元/立方米 | 1622 | 74928031399 | 46204354 |
| 九、刨花板 | 元/立方米 | 1551 | 17152198252 | 11060762 |
| 十、松香 | 元/吨 | 11763 | 15627165977 | 1328542 |
| 十一、栲胶 | 元/吨 | 12039 | 72931290 | 6058 |
| 十二、紫胶 | 元/吨 | 16923 | 130694365 | 7723 |

# 各地区主要林产品

| 地区 | 木材 | | | 竹材 | | | 锯材 | | |
|---|---|---|---|---|---|---|---|---|---|
| | 产品销售实际平均价格 | 产品销售收入 | 产品销售量 | 产品销售实际平均价格 | 产品销售收入 | 产品销售量 | 产品销售实际平均价格 | 产品销售收入 | 产品销售量 |
| **全国合计** | **777** | **57411266313** | **73896272** | **10** | **17695196979** | **1805463515** | **1454** | **86412430053** | **59447826** |
| 北京 | 550 | 30305000 | 55100 | — | — | — | — | — | — |
| 天津 | 626 | 109749600 | 175349 | — | — | — | — | — | — |
| 河北 | 655 | 406093930 | 620014 | — | — | — | 734 | 1093533368 | 1489209 |
| 山西 | 422 | 65167473 | 154334 | — | — | — | 658 | 82819950 | 125871 |
| 内蒙古 | 520 | 492880164 | 948164 | — | — | — | 1023 | 10505881408 | 10267579 |
| 内蒙古集团 | 616 | 170593983 | 276897 | — | — | — | — | — | — |
| 辽宁 | 525 | 781246149 | 1489144 | — | — | — | 1122 | 1927881882 | 1717795 |
| 吉林 | 670 | 1153731253 | 1721203 | — | — | — | 2235 | 3981727722 | 1781577 |
| 吉林集团 | 1172 | 105387203 | 89918 | — | — | — | 3783 | 11039850 | 2918 |
| 长白山集团 | 557 | 10991455 | 19716 | — | — | — | 2278 | 17448214 | 7660 |
| 黑龙江 | 596 | 604584398 | 1014036 | — | — | — | 2256 | 12305559181 | 5454346 |
| 龙江集团 | 597 | 37331900 | 62519 | — | — | — | 2808 | 293805113 | 104631 |
| 上海 | — | — | — | — | — | — | — | — | — |
| 江苏 | 630 | 742789907 | 1178194 | 10 | 8391565 | 848558 | 1487 | 2016161184 | 1355822 |
| 浙江 | 906 | 956020069 | 1055281 | 11 | 2250354941 | 206037540 | 1523 | 5019637815 | 3296345 |
| 安徽 | 1302 | 4077547434 | 3132943 | 14 | 2145826541 | 152051547 | 1459 | 4368084606 | 2994089 |
| 福建 | 644 | 1834234528 | 2847487 | 13 | 3992502758 | 319338025 | 1403 | 1147476260 | 817968 |
| 江西 | 1030 | 2769772550 | 2688114 | 15 | 2239509679 | 153889574 | 1744 | 3614102840 | 2072297 |
| 山东 | 1356 | 2937726235 | 2166642 | — | — | — | 1449 | 13799677826 | 9521143 |
| 河南 | 663 | 2142587493 | 3233724 | 11 | 14874000 | 1305000 | 912 | 1387846123 | 1522196 |
| 湖北 | 635 | 802848220 | 1263504 | 16 | 166584895 | 10483728 | 939 | 410204251 | 436773 |
| 湖南 | 1115 | 3081152083 | 2763651 | 14 | 987488210 | 68614831 | 1777 | 4827914284 | 2716310 |
| 广东 | 688 | 4145481585 | 6024053 | 9 | 760204298 | 86214455 | 1216 | 1926616454 | 1583887 |
| 广西 | 734 | 22689915276 | 30896994 | 6 | 2235037985 | 387183223 | 1367 | 10520108294 | 7696609 |
| 海南 | 661 | 1176853420 | 1779903 | 6 | 54006503 | 9265771 | 3625 | 1422275250 | 392378 |
| 重庆 | 832 | 396466777 | 476265 | 7 | 204775321 | 29554752 | 1404 | 294483930 | 209775 |
| 四川 | 830 | 1804086266 | 2172864 | 8 | 1429675884 | 171647557 | 1369 | 2112352660 | 1543397 |
| 贵州 | 978 | 1602745368 | 1639365 | 10 | 148331907 | 14399456 | 1225 | 1024050350 | 836234 |
| 云南 | 610 | 2345955591 | 3845700 | 5 | 1050282202 | 192879498 | 1665 | 2522264365 | 1514970 |
| 西藏 | — | — | — | — | — | — | — | — | — |
| 陕西 | 442 | 91750323 | 207642 | 4 | 7350290 | 1750000 | 1531 | 68531550 | 44763 |
| 甘肃 | 461 | 8647686 | 18752 | — | — | — | 842 | 4290000 | 5098 |
| 青海 | — | — | — | — | — | — | — | — | — |
| 宁夏 | — | — | — | — | — | — | — | — | — |
| 新疆 | 491 | 160927535 | 327850 | — | — | — | 533 | 25588500 | 48007 |
| 新疆兵团 | 467 | 33221010 | 71159 | — | — | — | 222 | 20000 | 90 |
| 大兴安岭 | — | — | — | — | — | — | 992 | 3360000 | 3388 |

# 销售实际平均价格(一)

单位:元/(立方米、根、实积立方米、平方米、吨),元,立方米,根,实积立方米,平方米,吨

| 木片 | | | 木地板 | | | 胶合板 | | |
|---|---|---|---|---|---|---|---|---|
| 产品销售实际平均价格 | 产品销售收入 | 产品销售量 | 产品销售实际平均价格 | 产品销售收入 | 产品销售量 | 产品销售实际平均价格 | 产品销售收入 | 产品销售量 |
| **927** | **28651402669** | **30891373** | **166** | **93241852545** | **563329392** | **2070** | **247045945324** | **119358197** |
| — | — | — | — | — | — | — | — | — |
| — | — | — | — | — | — | — | — | — |
| 585 | 86410630 | 147688 | — | — | — | 1836 | 15093001300 | 8218763 |
| 1083 | 127670200 | 117876 | — | — | — | 1619 | 128030000 | 79083 |
| 725 | 9570221 | 13204 | 254 | 17300000 | 68000 | 1230 | 486092000 | 395043 |
| — | — | — | — | — | — | — | — | — |
| 424 | 363118750 | 856408 | 115 | 2700182800 | 23403280 | 1260 | 1000058000 | 793700 |
| 622 | 192640000 | 309869 | 172 | 5163014828 | 30065031 | 4107 | 6004330556 | 1462126 |
| 2185 | 9650000 | 4416 | 154 | 651010000 | 4225583 | 5282 | 11140000 | 2109 |
| — | — | — | 129 | 242169348 | 1872754 | 6867 | 51157196 | 7450 |
| 693 | 308966900 | 446037 | 356 | 1544600926 | 4337083 | 1540 | 4569686181 | 2967865 |
| — | — | — | 94 | 18277500 | 193724 | 2834 | 65791415 | 23213 |
| — | — | — | — | — | — | — | — | — |
| 902 | 2037874656 | 2260222 | 165 | 48494489468 | 293042745 | 2788 | 45910601880 | 16468276 |
| 1298 | 329828385 | 254162 | 191 | 19720763481 | 103435157 | 3221 | 6277328822 | 1948829 |
| 1360 | 1876626620 | 1379964 | 141 | 3421796420 | 24283444 | 2403 | 21847195872 | 9093334 |
| 1192 | 308555900 | 258795 | 266 | 689098692 | 2594118 | 2045 | 5180974578 | 2533136 |
| 1358 | 1736919000 | 1279490 | 257 | 1996727551 | 7781649 | 2141 | 4208162866 | 1965462 |
| 907 | 6699713925 | 7387135 | 136 | 5355734300 | 39424219 | 1824 | 60929510016 | 33399836 |
| 884 | 1352681642 | 1530661 | 117 | 164679440 | 1410054 | 1166 | 9570474249 | 8205977 |
| 228 | 71017980 | 310858 | 83 | 1352921250 | 16325647 | 2315 | 3043326684 | 1314699 |
| 1397 | 313324851 | 224213 | 225 | 761771660 | 3391619 | 3189 | 8139375783 | 2551999 |
| 292 | 557731588 | 1907057 | 139 | 52820000 | 379180 | 2006 | 2135470510 | 1064766 |
| 1024 | 11138382854 | 10875586 | 95 | 425046302 | 4489654 | 1926 | 44259348319 | 22982391 |
| 804 | 94554967 | 117605 | 500 | 50000000 | 100000 | 1501 | 218463400 | 145566 |
| 957 | 61017500 | 63785 | 326 | 14365500 | 44000 | 1588 | 314125472 | 197837 |
| 1008 | 523639740 | 519289 | 110 | 590953280 | 5378145 | 2414 | 4793156321 | 1985457 |
| 799 | 113664550 | 142305 | 394 | 415462787 | 1055648 | 1457 | 585122356 | 401650 |
| 554 | 222542070 | 402002 | 134 | 309538400 | 2303872 | 2056 | 2175943994 | 1058355 |
| — | — | — | — | — | — | — | — | — |
| 2197 | 103859740 | 47284 | 354 | 136100 | 385 | 2127 | 84460165 | 39702 |
| — | — | — | — | — | — | 2081 | 17340000 | 8332 |
| — | — | — | — | — | — | — | — | — |
| — | — | — | — | — | — | — | — | — |
| 900 | 15200000 | 16889 | 40 | 109360 | 2734 | 971 | 73566000 | 75772 |
| — | — | — | — | — | — | — | — | — |
| 256 | 5890000 | 22989 | 25 | 340000 | 13728 | 3320 | 800000 | 241 |

# 各地区主要林产品

| 地区 | 硬质纤维板 | | | 中密度纤维板 | | | 刨花板 | | |
|---|---|---|---|---|---|---|---|---|---|
| | 产品销售实际平均价格 | 产品销售收入 | 产品销售量 | 产品销售实际平均价格 | 产品销售收入 | 产品销售量 | 产品销售实际平均价格 | 产品销售收入 | 产品销售量 |
| **全国合计** | **1750** | **4768380877** | **2724165** | **1622** | **74928031399** | **46204354** | **1551** | **17152198252** | **11060762** |
| 北京 | — | — | — | — | — | — | — | — | — |
| 天津 | — | — | — | — | — | — | — | — | — |
| 河北 | 1152 | 59980000 | 52052 | 1567 | 8257603000 | 5269800 | — | — | — |
| 山西 | — | — | — | 1422 | 249387300 | 175425 | 744 | 39770000 | 53461 |
| 内蒙古 | 1545 | 170000 | 110 | 1180 | 19230000 | 16300 | 1000 | 1500000 | 1500 |
| 内蒙古集团 | — | — | — | — | — | — | — | — | — |
| 辽宁 | — | — | — | 1216 | 235942000 | 193960 | 1371 | 418800000 | 305500 |
| 吉林 | — | — | — | 1504 | 1972608324 | 1311859 | 1438 | 567213625 | 394402 |
| 吉林集团 | — | — | — | 1508 | 1963677927 | 1302374 | 1423 | 540212625 | 379570 |
| 长白山集团 | — | — | — | 942 | 8930397 | 9485 | — | — | — |
| 黑龙江 | 908 | 120744100 | 132918 | 1715 | 1465282732 | 854406 | 1529 | 347755684 | 227493 |
| 龙江集团 | 3800 | 7410000 | 1950 | — | — | — | 1084 | 33720000 | 31100 |
| 上海 | — | — | — | — | — | — | — | — | — |
| 江苏 | 2013 | 475355000 | 236200 | 1846 | 9862789600 | 5343479 | 1287 | 2328531000 | 1808650 |
| 浙江 | 1548 | 32207500 | 20805 | 1145 | 1073505555 | 937258 | 1293 | 116260312 | 89881 |
| 安徽 | 2005 | 803620000 | 400890 | 2032 | 4163522470 | 2048859 | 1328 | 541152125 | 407403 |
| 福建 | 1150 | 144900000 | 126000 | 1190 | 1171374000 | 984528 | 723 | 121631600 | 168135 |
| 江西 | 1713 | 654240000 | 381885 | 1081 | 806327788 | 745571 | 1532 | 561664240 | 366575 |
| 山东 | 1840 | 675002801 | 366925 | 1524 | 6189816930 | 4062601 | 1896 | 1912539800 | 1008629 |
| 河南 | 803 | 38454000 | 47895 | 1359 | 4435481400 | 3262757 | 1257 | 793656630 | 631374 |
| 湖北 | 1727 | 107045076 | 61996 | 1758 | 4658805000 | 2650457 | 2364 | 1261021576 | 533436 |
| 湖南 | 1514 | 110834000 | 73210 | 1657 | 498712946 | 301010 | 2574 | 1098422187 | 426682 |
| 广东 | 2096 | 760601400 | 362834 | 1860 | 8136810794 | 4375120 | 1732 | 3132132530 | 1808119 |
| 广西 | 1831 | 613500000 | 335000 | 1722 | 12977058931 | 7535183 | 1418 | 3018281008 | 2127870 |
| 海南 | — | — | — | — | — | — | 715 | 17981600 | 25146 |
| 重庆 | 1100 | 46607000 | 42370 | 1502 | 704012397 | 468775 | 2214 | 144550000 | 65300 |
| 四川 | 1504 | 121920000 | 81075 | 1592 | 5596640599 | 3514682 | 1630 | 374552100 | 229765 |
| 贵州 | — | — | — | 1197 | 75462554 | 63056 | 1176 | 66532235 | 56559 |
| 云南 | — | — | — | 1439 | 1435743712 | 997914 | 884 | 286740000 | 324298 |
| 西藏 | — | — | — | — | — | — | — | — | — |
| 陕西 | — | — | — | 823 | 810213367 | 984910 | 2586 | 1510000 | 584 |
| 甘肃 | — | — | — | 1080 | 48000000 | 44444 | — | — | — |
| 青海 | — | — | — | — | — | — | — | — | — |
| 宁夏 | — | — | — | — | — | — | — | — | — |
| 新疆 | 1600 | 3200000 | 2000 | 1350 | 83700000 | 62000 | — | — | — |
| 新疆兵团 | — | — | — | — | — | — | — | — | — |
| 大兴安岭 | — | — | — | — | — | — | — | — | — |

# 销售实际平均价格(二)

单位:元/(立方米、根、实积立方米、平方米、吨),元,立方米,根,实积立方米,平方米,吨

| 松香 | | | 栲胶 | | | 紫胶 | | |
|---|---|---|---|---|---|---|---|---|
| 产品销售实际平均价格 | 产品销售收入 | 产品销售量 | 产品销售实际平均价格 | 产品销售收入 | 产品销售量 | 产品销售实际平均价格 | 产品销售收入 | 产品销售量 |
| **11763** | **15627165977** | **1328542** | **12039** | **72931290** | **6058** | **16923** | **130694365** | **7723** |
| — | — | — | — | — | — | — | — | — |
| — | — | — | — | — | — | — | — | — |
| — | — | — | 18990 | 18800000 | 990 | — | — | — |
| — | — | — | — | — | — | — | — | — |
| — | — | — | — | — | — | — | — | — |
| — | — | — | — | — | — | — | — | — |
| — | — | — | — | — | — | — | — | — |
| — | — | — | — | — | — | — | — | — |
| — | — | — | — | — | — | — | — | — |
| — | — | — | — | — | — | — | — | — |
| — | — | — | — | — | — | — | — | — |
| — | — | — | — | — | — | — | — | — |
| — | — | — | — | — | — | — | — | — |
| 15000 | 60000000 | 4000 | — | — | — | — | — | — |
| 11012 | 46250000 | 4200 | — | — | — | — | — | — |
| 14657 | 75307250 | 5138 | — | — | — | — | — | — |
| 12122 | 1275589107 | 105226 | — | — | — | 6500 | 175500 | 27 |
| 11945 | 1325204917 | 110946 | — | — | — | — | — | — |
| — | — | — | — | — | — | — | — | — |
| — | — | — | 15000 | 15000000 | 1000 | — | — | — |
| 8930 | 1379037280 | 154424 | — | — | — | — | — | — |
| 9613 | 163274140 | 16984 | — | — | — | — | — | — |
| 12675 | 500065647 | 39454 | — | — | — | 13989 | 5050000 | 361 |
| 12236 | 9088195495 | 742715 | 9619 | 39131290 | 4068 | — | — | — |
| 10998 | 6500000 | 591 | — | — | — | — | — | — |
| — | — | — | — | — | — | — | — | — |
| 10500 | 3150000 | 300 | — | — | — | — | — | — |
| 12251 | 189468754 | 15465 | — | — | — | 16841 | 1498865 | 89 |
| 11742 | 1513523387 | 128899 | — | — | — | 17109 | 123970000 | 7246 |
| — | — | — | — | — | — | — | — | — |
| 8000 | 1600000 | 200 | — | — | — | — | — | — |
| — | — | — | — | — | — | — | — | — |
| — | — | — | — | — | — | — | — | — |
| — | — | — | — | — | — | — | — | — |
| — | — | — | — | — | — | — | — | — |
| — | — | — | — | — | — | — | — | — |
| — | — | — | — | — | — | — | — | — |

# 各地区林业旅游与休闲产业发展情况

| 地　　区 | 旅游人次(人次) | 旅游收入(万元) | 人均花费(元) | 直接带动的其他产业产值(万元) |
|---|---|---|---|---|
| **全国合计** | **2609331032** | **83102474** | **318** | **99537280** |
| 北　京 | 216715783 | 407686 | 19 | 254872 |
| 天　津 | 2926265 | 18340 | 63 | 9415 |
| 河　北 | 37536892 | 638242 | 170 | 456994 |
| 山　西 | 15837073 | 104008 | 66 | 159405 |
| 内蒙古 | 14861670 | 521136 | 351 | 338689 |
| 内蒙古集团 | 201056 | 4180 | 208 | 2363 |
| 辽　宁 | 50460244 | 1381911 | 274 | 1288938 |
| 吉　林 | 23585686 | 1249150 | 530 | 324980 |
| 吉林集团 | 231320 | 32067 | 1386 | 32461 |
| 长白山集团 | 343155 | 17921 | 522 | 36930 |
| 黑龙江 | 24801687 | 1189591 | 480 | 410332 |
| 龙江集团 | 11082912 | 579643 | 523 | 208239 |
| 上　海 | 12891845 | 121945 | 95 | 121945 |
| 江　苏 | 126849826 | 3107966 | 245 | 2258225 |
| 浙　江 | 332760814 | 7163133 | 215 | 6398648 |
| 安　徽 | 110225308 | 4949875 | 449 | 7158945 |
| 福　建 | 46985681 | 1968019 | 419 | 4708224 |
| 江　西 | 91628859 | 6324819 | 690 | 11211889 |
| 山　东 | 123542556 | 3104228 | 251 | 5292932 |
| 河　南 | 114635340 | 1659154 | 145 | 1195743 |
| 湖　北 | 137007332 | 5492996 | 401 | 10946343 |
| 湖　南 | 146163306 | 7964790 | 545 | 5416432 |
| 广　东 | 267304227 | 16259173 | 608 | 2178460 |
| 广　西 | 86389954 | 2902996 | 336 | 2853521 |
| 海　南 | 12537189 | 209063 | 167 | 570653 |
| 重　庆 | 49842989 | 1512716 | 303 | 690742 |
| 四　川 | 303482589 | 8265958 | 272 | 8689830 |
| 贵　州 | 136289243 | 3778058 | 277 | 23689934 |
| 云　南 | 40450251 | 805866 | 199 | 428018 |
| 西　藏 | 303000 | 27800 | 917 | 15000 |
| 陕　西 | 42289987 | 747166 | 177 | 809805 |
| 甘　肃 | 14419488 | 191025 | 132 | 49430 |
| 青　海 | 825953 | 7634 | 92 | 7634 |
| 宁　夏 | 12895312 | 340528 | 264 | 794931 |
| 新　疆 | 11390173 | 534361 | 469 | 696688 |
| 新疆兵团 | 2011173 | 39529 | 197 | 189260 |
| 大兴安岭 | 1494510 | 153141 | 1025 | 109683 |

# 各地区森林公园建设与经营情况主要指标(一)

| 地区 | 森林公园总数(处) | 森林公园总面积(公顷) | 国家森林公园数量(处) | 国家森林公园面积(公顷) | 省级森林公园数量(处) | 省级森林公园面积(公顷) | 县级森林公园数量(处) | 县级森林公园面积(公顷) |
|---|---|---|---|---|---|---|---|---|
| **全国合计** | **3392** | **18866757** | **828** | **13200939** | **1457** | **4298747** | **1107** | **1367072** |
| 北　京 | 31 | 96260 | 15 | 68438 | 16 | 27822 | — | — |
| 天　津 | 1 | 2126 | 1 | 2126 | — | — | — | — |
| 河　北 | 101 | 512967 | 26 | 293674 | 75 | 219293 | — | — |
| 山　西 | 132 | 567684 | 19 | 389133 | 56 | 136744 | 57 | 41807 |
| 内蒙古 | 55 | 1194081 | 33 | 982591 | 21 | 206120 | 1 | 5370 |
| 内蒙古集团 | 9 | 422118 | 9 | 422118 | — | — | — | — |
| 辽　宁 | 71 | 230955 | 29 | 140007 | 42 | 90948 | — | — |
| 吉　林 | 60 | 2500410 | 35 | 2040211 | 25 | 460200 | — | — |
| 吉林集团 | 8 | 89773 | 8 | 89773 | — | — | — | — |
| 黑龙江 | 104 | 2158868 | 58 | 1959898 | 46 | 198970 | — | — |
| 龙江集团 | 41 | 1610897 | 24 | 1511066 | 17 | 99832 | — | — |
| 上　海 | 5 | 2252 | 4 | 1952 | 1 | 300 | — | — |
| 江　苏 | 107 | 180580 | 20 | 51781 | 46 | 41010 | 41 | 87790 |
| 浙　江 | 241 | 450744 | 39 | 222603 | 80 | 143049 | 122 | 85092 |
| 安　徽 | 80 | 164253 | 31 | 108791 | 49 | 55463 | — | — |
| 福　建 | 177 | 235963 | 29 | 124776 | 127 | 87932 | 21 | 23256 |
| 江　西 | 179 | 518652 | 46 | 378349 | 120 | 112500 | 13 | 27803 |
| 山　东 | 244 | 412850 | 48 | 209689 | 66 | 89149 | 130 | 114012 |
| 河　南 | 171 | 391616 | 31 | 134027 | 83 | 161779 | 57 | 95810 |
| 湖　北 | 94 | 420075 | 37 | 311372 | 57 | 108702 | — | — |
| 湖　南 | 128 | 496712 | 58 | 320805 | 57 | 151445 | 13 | 24462 |
| 广　东 | 672 | 1144399 | 24 | 206171 | 79 | 117291 | 569 | 820937 |
| 广　西 | 66 | 269343 | 20 | 214030 | 36 | 53624 | 10 | 1689 |
| 海　南 | 28 | 168454 | 9 | 119102 | 17 | 47659 | 2 | 1693 |
| 重　庆 | 97 | 194375 | 26 | 136303 | 61 | 56518 | 10 | 1554 |
| 四　川 | 127 | 1200551 | 38 | 1070834 | 57 | 112418 | 32 | 17299 |
| 贵　州 | 89 | 289300 | 25 | 165589 | 44 | 107801 | 20 | 15910 |
| 云　南 | 42 | 151371 | 27 | 117564 | 15 | 33807 | — | — |
| 西　藏 | 9 | 1186760 | 9 | 1186760 | — | — | — | — |
| 陕　西 | 90 | 347041 | 35 | 185392 | 53 | 160651 | 2 | 999 |
| 甘　肃 | 92 | 990353 | 22 | 471751 | 70 | 518601 | — | — |
| 青　海 | 22 | 539025 | 7 | 293297 | 15 | 245729 | — | — |
| 宁　夏 | 11 | 37629 | 4 | 28587 | 7 | 9042 | — | — |
| 新　疆 | 64 | 1681135 | 21 | 1135366 | 36 | 544180 | 7 | 1589 |
| 大兴安岭 | 2 | 129972 | 2 | 129972 | — | — | — | — |

注:国家级森林公园数据包括白山市国家级森林旅游区。

# 各地区森林公园建设与

| 地　区 | 森林公园旅游收入情况 | | | | | |
| --- | --- | --- | --- | --- | --- | --- |
| | 收入总额 | 其中旅游收入（万元） | | | | |
| | | 合计 | 门票收入 | 食宿收入 | 娱乐收入 | 其他收入 |
| **全国合计** | **9844377** | **7816031** | **1517318** | **3331266** | **737088** | **2230359** |
| 北　京 | 34773 | 34773 | 6672 | 22452 | 2904 | 2746 |
| 天　津 | 2600 | 2600 | 1567 | — | — | 1033 |
| 河　北 | 133763 | 132889 | 71675 | 39155 | 7998 | 14062 |
| 山　西 | 105009 | 105009 | 27130 | 44592 | 2875 | 30412 |
| 内蒙古 | 23456 | 23416 | 13792 | 2413 | 1670 | 5541 |
| 内蒙古集团 | 12392 | 12392 | 7268 | 513 | 391 | 4221 |
| 辽　宁 | 118514 | 118514 | 29892 | 44233 | 23796 | 20593 |
| 吉　林 | 1324787 | 309160 | 17982 | 195511 | 51630 | 44037 |
| 吉林集团 | 2928 | 2928 | 176 | 2453 | 241 | 58 |
| 黑龙江 | 248842 | 248842 | 22803 | 108506 | 50370 | 67163 |
| 龙江集团 | 184563 | 184563 | 15828 | 71209 | 32725 | 64801 |
| 上　海 | 8918 | 8918 | 5685 | 670 | 2249 | 314 |
| 江　苏 | 477647 | 366983 | 89909 | 31002 | 8753 | 237319 |
| 浙　江 | 2272219 | 2170879 | 157021 | 1122494 | 85017 | 806348 |
| 安　徽 | 89888 | 80511 | 25466 | 34741 | 6338 | 13966 |
| 福　建 | 141988 | 94307 | 16391 | 41451 | 12312 | 24153 |
| 江　西 | 1116367 | 1069241 | 184903 | 589558 | 154353 | 140427 |
| 山　东 | 258461 | 238478 | 110700 | 63704 | 15145 | 48929 |
| 河　南 | 120209 | 120209 | 58225 | 36300 | 14235 | 11449 |
| 湖　北 | 487422 | 194202 | 23622 | 94455 | 46343 | 29783 |
| 湖　南 | 632002 | 371484 | 198284 | 90584 | 19085 | 63530 |
| 广　东 | 304819 | 301516 | 51925 | 154322 | 26605 | 68664 |
| 广　西 | 268528 | 225727 | 31408 | 84357 | 9275 | 100687 |
| 海　南 | 36926 | 36926 | 23781 | 9981 | 132 | 3032 |
| 重　庆 | 312274 | 312274 | 73494 | 156890 | 37829 | 44062 |
| 四　川 | 509844 | 507968 | 73407 | 223596 | 92618 | 118348 |
| 贵　州 | 612618 | 541775 | 89746 | 97491 | 52223 | 302315 |
| 云　南 | 29941 | 26868 | 13657 | 3369 | 1558 | 8284 |
| 西　藏 | 16348 | 16348 | 5601 | 10743 | — | 5 |
| 陕　西 | 85322 | 85322 | 60238 | 10781 | 8153 | 6150 |
| 甘　肃 | 12831 | 12831 | 5290 | 4300 | 1055 | 2187 |
| 青　海 | 11517 | 11517 | 3323 | 2524 | 957 | 4713 |
| 宁　夏 | 5026 | 5026 | 1896 | 808 | 635 | 1688 |
| 新　疆 | 39772 | 39772 | 21790 | 9000 | 783 | 8200 |
| 大兴安岭 | 1747 | 1747 | 48 | 1285 | 192 | 222 |

# 经营情况主要指标(二)

| 旅游接待人数(万人次) | | 本年度投入资金(万元) | | | | 本年度生态建设情况 | | |
|---|---|---|---|---|---|---|---|---|
| 旅游总人数 | 海外旅游者 | 合　计 | 国家投资 | 自筹资金 | 招商引资 | 生态建设投资(万元) | 植树造林(公顷) | 改造林相(公顷) |
| **91682** | **1498** | **5379463** | **918574** | **2183397** | **2277492** | **570381** | **89517** | **155166** |
| 1010 | 5 | 24070 | 14550 | 9520 | — | 4780 | 202 | 3982 |
| 34 | 5 | 1300 | 650 | 650 | — | 200 | 20 | — |
| 1594 | 20 | 612922 | 15647 | 245725 | 351550 | 23982 | 4729 | 8333 |
| 2585 | 21 | 14855 | 9005 | 5050 | 800 | 3131 | 895 | 663 |
| 597 | 5 | 70410 | 24031 | 39979 | 6400 | 19032 | 5327 | 1937 |
| 124 | — | 14465 | 10433 | 2532 | 1500 | 4645 | 2789 | — |
| 2392 | 47 | 85094 | 3700 | 58694 | 22700 | 12511 | 2640 | 860 |
| 1477 | 23 | 697483 | 6561 | 25866 | 665056 | 4836 | 4794 | 1173 |
| 33 | — | 876 | 393 | 483 | — | 359 | 76 | — |
| 1350 | 17 | 154536 | 28674 | 119612 | 6249 | 8279 | 2913 | 24002 |
| 562 | 4 | 103436 | 5829 | 94534 | 3073 | 5432 | 1941 | 22380 |
| 586 | 3 | 13551 | 12090 | 1461 | — | 3638 | 8 | 37 |
| 5957 | 101 | 418558 | 47230 | 285248 | 86080 | 62146 | 8010 | 5007 |
| 6423 | 77 | 125748 | 61839 | 34329 | 29580 | 22978 | 1900 | 5121 |
| 2282 | 19 | 91818 | 22273 | 45642 | 23903 | 6863 | 883 | 2571 |
| 2421 | 200 | 65597 | 16180 | 46808 | 2609 | 12921 | 2777 | 3607 |
| 7771 | 66 | 263465 | 49872 | 126955 | 86638 | 28655 | 5052 | 13410 |
| 4632 | 102 | 251103 | 31465 | 148254 | 71384 | 64536 | 5345 | 15766 |
| 3159 | 44 | 193742 | 18043 | 111162 | 64537 | 52285 | 3990 | 12986 |
| 2807 | 23 | 156291 | 47272 | 42723 | 66296 | 30178 | 5523 | 9268 |
| 4478 | 221 | 369636 | 93802 | 124407 | 151427 | 38972 | 4303 | 4443 |
| 19810 | 297 | 392684 | 76524 | 162591 | 153569 | 67677 | 7982 | 9696 |
| 961 | 27 | 48676 | 11744 | 33217 | 3715 | 8526 | 701 | 642 |
| 234 | 5 | 14244 | 469 | 13175 | 600 | 620 | 729 | 115 |
| 5578 | 42 | 236354 | 24696 | 74382 | 137276 | 20120 | 3660 | 3878 |
| 3287 | 13 | 208028 | 94785 | 75172 | 38070 | 33594 | 3398 | 6273 |
| 4580 | 59 | 447292 | 82908 | 231976 | 132407 | 9446 | 3567 | 1991 |
| 1044 | 10 | 51159 | 5176 | 19642 | 26341 | 3589 | 546 | 3456 |
| 50 | — | 2715 | 1939 | 777 | — | 259 | 16 | 100 |
| 1811 | 35 | 246250 | 71072 | 66645 | 108533 | 9999 | 2159 | 6399 |
| 965 | 6 | 39265 | 9683 | 9860 | 19722 | 2796 | 4457 | 1191 |
| 340 | — | 14985 | 5820 | 650 | 8515 | 1480 | 2106 | 6465 |
| 212 | — | 14330 | 950 | 13380 | — | 2925 | 420 | 255 |
| 1237 | 3 | 51629 | 29825 | 8367 | 13436 | 9346 | 467 | 1430 |
| 16 | — | 1675 | 100 | 1477 | 98 | 81 | — | 107 |

# 各地区森林公园建设与经营情况主要指标(三)

| 地　区 | 从业人员现状(人) | | 基础设施现状 | | | | 社会旅游从业人员(人) |
|---|---|---|---|---|---|---|---|
| | 职工总数 | 导游人数 | 车船总数(台/艘) | 游步道总数(千米) | 床位总数(张) | 餐位总数(个) | |
| **全国合计** | **180223** | **16584** | **33965** | **90664** | **1029369** | **1970974** | **909344** |
| 北　京 | 1110 | 204 | 280 | 924 | 3580 | 16834 | 13300 |
| 天　津 | 135 | 16 | 48 | 20 | 340 | 680 | 3000 |
| 河　北 | 6108 | 621 | 1036 | 2704 | 122986 | 128430 | 88829 |
| 山　西 | 3724 | 489 | 683 | 1801 | 59122 | 70416 | 22434 |
| 内蒙古 | 2432 | 268 | 778 | 3109 | 24020 | 54519 | 20477 |
| 内蒙古集团 | 782 | 59 | 324 | 894 | 17941 | 40419 | 14045 |
| 辽　宁 | 3474 | 334 | 1277 | 2161 | 40565 | 67015 | 16311 |
| 吉　林 | 7176 | 687 | 3116 | 3787 | 33810 | 45798 | 26494 |
| 吉林集团 | 490 | 32 | 495 | 491 | 2255 | 6855 | 480 |
| 黑龙江 | 7537 | 818 | 3339 | 5066 | 72574 | 112947 | 25202 |
| 龙江集团 | 5115 | 580 | 2179 | 2953 | 53700 | 79891 | 19856 |
| 上　海 | 537 | 53 | 191 | 153 | 482 | 3756 | 680 |
| 江　苏 | 11239 | 683 | 1345 | 2656 | 34202 | 49840 | 18206 |
| 浙　江 | 18725 | 1535 | 4269 | 3558 | 104713 | 282872 | 72984 |
| 安　徽 | 4983 | 317 | 443 | 1789 | 9507 | 26672 | 27923 |
| 福　建 | 6790 | 718 | 664 | 3347 | 8204 | 27738 | 18993 |
| 江　西 | 7330 | 844 | 1378 | 9562 | 49841 | 123585 | 39896 |
| 山　东 | 15020 | 1605 | 2393 | 7403 | 52508 | 133298 | 175134 |
| 河　南 | 8130 | 1041 | 1885 | 3023 | 55343 | 101695 | 50069 |
| 湖　北 | 9664 | 1020 | 919 | 3427 | 60515 | 102554 | 40869 |
| 湖　南 | 13344 | 908 | 1630 | 4649 | 51964 | 106116 | 48569 |
| 广　东 | 15985 | 891 | 2332 | 6979 | 39600 | 137997 | 48967 |
| 广　西 | 2984 | 261 | 615 | 1083 | 11895 | 19970 | 8512 |
| 海　南 | 2332 | 122 | 150 | 306 | 1638 | 4480 | 2527 |
| 重　庆 | 5597 | 722 | 1051 | 3663 | 47547 | 95626 | 23035 |
| 四　川 | 5993 | 626 | 888 | 7742 | 69294 | 111876 | 35703 |
| 贵　州 | 7064 | 493 | 1213 | 2560 | 13861 | 41499 | 15803 |
| 云　南 | 2124 | 176 | 339 | 982 | 3781 | 12804 | 4650 |
| 西　藏 | 258 | 89 | 94 | 167 | 3345 | 942 | 758 |
| 陕　西 | 4053 | 504 | 598 | 2011 | 20977 | 35533 | 41077 |
| 甘　肃 | 3658 | 234 | 252 | 2232 | 8800 | 20514 | 7006 |
| 青　海 | 497 | 39 | 174 | 646 | 8178 | 12380 | 2964 |
| 宁　夏 | 502 | 47 | 81 | 398 | 504 | 1750 | 540 |
| 新　疆 | 1520 | 208 | 486 | 2317 | 15197 | 19798 | 8112 |
| 大兴安岭 | 198 | 11 | 18 | 440 | 476 | 1040 | 320 |

4

# 从业人员和劳动报酬

EMPLOYMENT AND WAGES

# 林业系统从业人员和劳动报酬主要指标2016年与2015年比较

| 主要指标 | 单位 | 2016年 | 2015年 | 2016年比2015年增减% |
|---|---|---|---|---|
| **一、单位个数** | 个 | **42314** | **42723** | **-0.96** |
| **二、年末人数** | 人 | **1471245** | **1484819** | **-0.91** |
| 1.从业人员 | 人 | 1180888 | 1204304 | -1.94 |
| ①在岗职工 | 人 | 1103914 | 1157572 | -4.64 |
| ②其他从业人员 | 人 | 76974 | 46732 | 64.71 |
| 2.离开本单位仍保留劳动关系人员 | 人 | 290357 | 280515 | 3.51 |
| **三、年末实有离退休人员** | 人 | **1051641** | **1039220** | **1.20** |
| **四、在岗职工年平均工资** | 元 | **46714** | **41645** | **12.17** |

# 林业系统按行业分全部单位个数、从业人员和劳动报酬情况(一)

| 指　标 | 单位个数（个） | 年末人数(人) | | | |
|---|---|---|---|---|---|
| | | 总计 | 单位从业人员 | | |
| | | | 合计 | 在岗职工 | |
| | | | | 小计 | 其中：女性 |
| **总　计** | **42314** | **1471245** | **1180888** | **1103914** | **308729** |
| 一、企业 | 2299 | 730518 | 477358 | 461568 | 133911 |
| 二、事业 | 34880 | 634625 | 597802 | 545226 | 154951 |
| 三、机关 | 5135 | 106102 | 105728 | 97120 | 19867 |
| **按行业分：** | | | | | |
| 一、农林牧渔业 | 19031 | 1076360 | 814983 | 765183 | 214420 |
| 1. 林木育种育苗 | 2367 | 42043 | 40008 | 37620 | 11692 |
| 2. 营造林 | 9875 | 683221 | 515781 | 478159 | 133683 |
| 3. 木竹采运 | 861 | 277482 | 190217 | 185739 | 50271 |
| 4. 经济林产品种植与采集 | 286 | 5203 | 5015 | 4731 | 1675 |
| 5. 花卉及其他观赏植物种植 | 272 | 2691 | 2647 | 2643 | 810 |
| 6. 陆生野生动物繁育与利用 | 164 | 1475 | 1325 | 1218 | 349 |
| 7. 其他 | 5206 | 64245 | 59990 | 55073 | 15940 |
| 二、制造业 | 424 | 41877 | 33489 | 30747 | 11093 |
| 1. 木材加工及木、竹、藤、棕、苇制品业 | 262 | 29049 | 21447 | 19182 | 7127 |
| 2. 木、竹、藤家具制造业 | 42 | 4037 | 3934 | 3695 | 1298 |
| 3. 木、竹、苇浆造纸业 | 3 | 121 | 113 | 113 | 39 |
| 4. 林产化学产品制造 | 16 | 835 | 835 | 813 | 335 |
| 5. 其他 | 101 | 7835 | 7160 | 6944 | 2294 |
| 三、服务业 | 22489 | 318476 | 314566 | 290695 | 75572 |
| 1. 林业生产服务 | 4355 | 43511 | 42751 | 40634 | 10703 |
| 2. 野生动植物保护和自然保护区管理 | 1445 | 27513 | 27249 | 24364 | 7044 |
| 3. 林业工程技术与规划管理 | 1114 | 17241 | 17087 | 16418 | 5078 |
| 4. 林业科技交流和推广服务 | 2655 | 34367 | 34188 | 32384 | 10177 |
| 5. 林业公共管理和社会组织 | 11062 | 165249 | 163958 | 151752 | 34022 |
| ①林业行政管理、公安及监督检查机构 | 9984 | 152192 | 151061 | 139571 | 29956 |
| ②林业专业性、行业性团体 | 1078 | 13057 | 12897 | 12181 | 4066 |
| 6. 其他 | 1858 | 30595 | 29333 | 25143 | 8548 |
| 四、其他行业 | 370 | 34532 | 17850 | 17289 | 7644 |

# 林业系统按行业分全部单位个数、

| 指　　标 | 年末人数(人) | | | |
|---|---|---|---|---|
| | 单位从业人员 | | | 离开本单位仍保留劳动关系人员 |
| | 在岗职工 | | 其他从业人员 | |
| | 其中：非全日制 | 其中：专业技术人员 | | |
| **总　计** | **59833** | **317939** | **76974** | **290357** |
| 一、企业 | 14743 | 115550 | 15790 | 253160 |
| 二、事业 | 39624 | 190823 | 52576 | 36823 |
| 三、机关 | 5466 | 11566 | 8608 | 374 |
| **按行业分：** | | | | |
| 一、农林牧渔业 | 39546 | 208447 | 49800 | 261377 |
| 1. 林木育种育苗 | 3850 | 12167 | 2388 | 2035 |
| 2. 营造林 | 27905 | 125315 | 37622 | 167440 |
| 3. 木竹采运 | 2875 | 49289 | 4478 | 87265 |
| 4. 经济林产品种植与采集 | 117 | 1474 | 284 | 188 |
| 5. 花卉及其他观赏植物种植 | 83 | 821 | 4 | 44 |
| 6. 陆生野生动物繁育与利用 | 83 | 560 | 107 | 150 |
| 7. 其他 | 4633 | 18821 | 4917 | 4255 |
| 二、制造业 | 2069 | 5455 | 2742 | 8388 |
| 1. 木材加工及木、竹、藤、棕、苇制品业 | 1754 | 3338 | 2265 | 7602 |
| 2. 木、竹、藤家具制造业 | 21 | 358 | 239 | 103 |
| 3. 木、竹、苇浆造纸业 | — | 9 | — | 8 |
| 4. 林产化学产品制造 | 105 | 175 | 22 | — |
| 5. 其他 | 189 | 1575 | 216 | 675 |
| 三、服务业 | 17971 | 95873 | 23871 | 3910 |
| 1. 林业生产服务 | 2960 | 15028 | 2117 | 760 |
| 2. 野生动植物保护和自然保护区管理 | 1936 | 7925 | 2885 | 264 |
| 3. 林业工程技术与规划管理 | 762 | 10456 | 669 | 154 |
| 4. 林业科技交流和推广服务 | 1767 | 17752 | 1804 | 179 |
| 5. 林业公共管理和社会组织 | 9284 | 35681 | 12206 | 1291 |
| ①林业行政管理、公安及监督检查机构 | 8771 | 29645 | 11490 | 1131 |
| ②林业专业性、行业性团体 | 513 | 6036 | 716 | 160 |
| 6. 其他 | 1262 | 9031 | 4190 | 1262 |
| 四、其他行业 | 247 | 8164 | 561 | 16682 |

# 从业人员和劳动报酬情况(二)

| 年末实有离退休人员(人) | 在岗职工年平均人数(人) | 在岗职工年工资总额(千元) | 离退休人员年生活费(千元) | 在岗职工年平均工资(元) |
|---|---|---|---|---|
| **1051641** | **1086163** | **50738695** | **32460777** | **46714** |
| 666907 | 437590 | 15108680 | 17621210 | 34527 |
| 331010 | 550132 | 28371854 | 12222195 | 51573 |
| 53724 | 98441 | 7258161 | 2617372 | 73731 |
| | | | | |
| 858023 | 738590 | 29282734 | 24888750 | 39647 |
| 25176 | 37004 | 1674689 | 866029 | 45257 |
| 530069 | 468051 | 18822614 | 16114923 | 40215 |
| 261242 | 169086 | 5467946 | 6581347 | 32338 |
| 2846 | 4842 | 201293 | 139967 | 41572 |
| 569 | 2585 | 87842 | 23342 | 33981 |
| 403 | 1195 | 56047 | 13087 | 46901 |
| 37718 | 55827 | 2972304 | 1150054 | 53241 |
| 32220 | 34634 | 1205163 | 683907 | 34797 |
| 19078 | 22913 | 764498 | 365412 | 33365 |
| 457 | 3597 | 161632 | 15753 | 44935 |
| 1210 | 113 | 3813 | 32164 | 33742 |
| 224 | 791 | 26483 | 3673 | 33481 |
| 11251 | 7220 | 248737 | 266904 | 34451 |
| 137822 | 295738 | 19246752 | 6045594 | 65080 |
| 16809 | 40987 | 2274454 | 625823 | 55492 |
| 9912 | 24486 | 1562527 | 343822 | 63813 |
| 7202 | 16175 | 1408682 | 374106 | 87090 |
| 15276 | 32142 | 2057649 | 681981 | 64017 |
| 76029 | 154395 | 10392226 | 3534460 | 67309 |
| 70203 | 141936 | 9629505 | 3290902 | 67844 |
| 5826 | 12459 | 762720 | 243559 | 61218 |
| 12594 | 27553 | 1551214 | 485402 | 56299 |
| 23576 | 17201 | 1004046 | 842526 | 58371 |

# 各地区林业系统

| 地　　区 | 总　计 | 按性质分 | | | | |
| --- | --- | --- | --- | --- | --- | --- |
| | | 企　业 | 事　业 | 机　关 | 合　计 | 林木育种育苗 |
| **全国合计** | **42314** | **2299** | **34880** | **5135** | **19031** | **2367** |
| 北　京 | 304 | 1 | 279 | 24 | 161 | 16 |
| 天　津 | 70 | — | 63 | 7 | 56 | 16 |
| 河　北 | 1429 | 33 | 1195 | 201 | 917 | 168 |
| 山　西 | 2133 | 21 | 1977 | 135 | 1063 | 180 |
| 内蒙古 | 1560 | 43 | 1224 | 293 | 674 | 96 |
| 内蒙古集团 | 47 | 23 | 24 | — | 19 | — |
| 辽　宁 | 1395 | 92 | 1168 | 135 | 657 | 54 |
| 吉　林 | 1427 | 284 | 1000 | 143 | 426 | 49 |
| 吉林集团 | 63 | 63 | — | — | 18 | — |
| 长白山集团 | 19 | 14 | 4 | 1 | 11 | — |
| 黑龙江 | 1849 | 158 | 1535 | 156 | 729 | 80 |
| 龙江集团 | 166 | 95 | 57 | 14 | 49 | — |
| 上　海 | 32 | — | 31 | 1 | 5 | 1 |
| 江　苏 | 873 | 226 | 610 | 37 | 542 | 112 |
| 浙　江 | 1001 | 14 | 862 | 125 | 278 | 52 |
| 安　徽 | 1473 | 40 | 1202 | 231 | 678 | 82 |
| 福　建 | 1910 | 224 | 1461 | 225 | 871 | 94 |
| 江　西 | 2084 | 123 | 1757 | 204 | 516 | 57 |
| 山　东 | 2029 | 22 | 1826 | 181 | 780 | 212 |
| 河　南 | 1170 | 26 | 915 | 229 | 572 | 129 |
| 湖　北 | 1965 | 98 | 1697 | 170 | 528 | 89 |
| 湖　南 | 2469 | 77 | 2141 | 251 | 989 | 161 |
| 广　东 | 1722 | 38 | 1424 | 260 | 578 | 48 |
| 广　西 | 2281 | 189 | 1816 | 276 | 1156 | 64 |
| 海　南 | 183 | 28 | 109 | 46 | 50 | 9 |
| 重　庆 | 902 | 10 | 817 | 75 | 97 | 24 |
| 四　川 | 3235 | 184 | 2721 | 330 | 2066 | 120 |
| 贵　州 | 1978 | 103 | 1678 | 197 | 1267 | 64 |
| 云　南 | 1711 | 126 | 1300 | 285 | 906 | 58 |
| 西　藏 | 114 | 2 | 29 | 83 | 11 | 3 |
| 陕　西 | 1612 | 63 | 1293 | 256 | 594 | 123 |
| 甘　肃 | 1489 | 5 | 1273 | 211 | 928 | 100 |
| 青　海 | 342 | — | 237 | 105 | 132 | 18 |
| 宁　夏 | 282 | 8 | 238 | 36 | 199 | 17 |
| 新　疆 | 1135 | 35 | 893 | 207 | 593 | 71 |
| 新疆兵团 | — | — | — | — | — | — |
| 局直属单位 | 155 | 26 | 109 | 20 | 12 | — |
| 大兴安岭 | 68 | 21 | 28 | 19 | 12 | — |

# 单位个数(一)

单位:个

| 按行业分 | | | | | | | |
|---|---|---|---|---|---|---|---|
| 农林牧渔业 | | | | | | | |
| 营造林 | 木竹采运 | 经济林产品种植与采集 | 花卉及其他观赏植物种植 | 陆生野生动物繁育与利用 | 其他 | 合计 | 木材加工及木、竹、藤、棕、苇制品业 |
| **9875** | **861** | **286** | **272** | **164** | **5206** | **424** | **262** |
| 30 | — | 2 | 2 | — | 111 | — | — |
| 23 | — | 4 | — | 1 | 12 | — | — |
| 267 | 21 | 30 | 3 | 3 | 425 | 20 | 4 |
| 609 | — | — | — | — | 274 | 3 | — |
| 324 | 2 | 2 | 2 | 1 | 247 | 1 | — |
| 19 | — | — | — | — | — | — | — |
| 377 | 40 | 24 | 32 | 16 | 114 | 48 | 35 |
| 330 | 18 | 1 | 3 | 1 | 24 | 31 | 20 |
| 2 | 7 | 1 | — | — | 8 | 25 | 17 |
| 2 | 9 | — | — | — | — | 3 | 3 |
| 438 | 54 | 1 | — | 3 | 153 | 24 | 12 |
| 16 | 31 | — | — | — | 2 | 18 | 11 |
| 2 | — | — | — | — | 2 | — | — |
| 323 | 7 | 35 | 8 | 2 | 55 | — | — |
| 97 | 7 | 2 | — | 1 | 119 | — | — |
| 461 | 67 | — | 3 | 3 | 62 | 15 | 11 |
| 307 | 178 | 7 | 10 | 7 | 268 | 11 | 7 |
| 209 | 67 | 2 | 4 | 11 | 166 | 10 | 1 |
| 485 | 27 | 16 | 6 | 6 | 28 | — | — |
| 197 | 41 | 19 | 18 | 25 | 143 | 4 | 3 |
| 320 | 35 | 21 | 4 | 9 | 50 | 17 | 14 |
| 510 | 69 | 8 | 7 | 38 | 196 | 12 | 23 |
| 276 | 29 | 13 | 1 | 2 | 209 | 15 | 7 |
| 648 | 47 | 20 | 65 | 5 | 307 | 71 | 68 |
| 20 | — | 2 | 1 | 1 | 17 | 1 | 1 |
| 63 | 1 | 1 | — | — | 8 | 4 | 4 |
| 768 | 50 | 5 | 4 | 6 | 1113 | 60 | 35 |
| 906 | 40 | 9 | 81 | 2 | 165 | 1 | — |
| 449 | 37 | 7 | 1 | 5 | 349 | 17 | 6 |
| 7 | 1 | — | — | — | — | — | — |
| 318 | 14 | 8 | 14 | 6 | 111 | 20 | 9 |
| 489 | 4 | 17 | — | 3 | 315 | 3 | 1 |
| 104 | — | — | 1 | 1 | 8 | — | — |
| 134 | — | 7 | — | — | 41 | — | — |
| 374 | 5 | 23 | 2 | 6 | 112 | 2 | — |
| — | — | — | — | — | — | — | — |
| 10 | — | — | — | — | 2 | 4 | 1 |
| 10 | — | — | — | — | 2 | 4 | 1 |

# 各地区林业系统

| 地区 | 制造业 | | | | 按行 | |
|---|---|---|---|---|---|---|
| | 木、竹、藤家具制造业 | 木、竹、苇浆造纸业 | 林产化学产品制造 | 其他 | 合计 | 林业生产服务 |
| **全国合计** | **42** | **3** | **16** | **101** | **22489** | **4355** |
| 北京 | — | — | — | — | 110 | 13 |
| 天津 | — | — | — | — | 14 | 3 |
| 河北 | 1 | — | — | 15 | 489 | 69 |
| 山西 | — | — | — | 3 | 1067 | 231 |
| 内蒙古 | 1 | — | — | — | 862 | 237 |
| 内蒙古集团 | — | — | — | — | 7 | — |
| 辽宁 | 12 | — | — | 1 | 689 | 28 |
| 吉林 | 3 | — | 3 | 5 | 949 | 244 |
| 吉林集团 | 3 | — | 1 | 4 | 2 | — |
| 长白山集团 | — | — | — | — | 5 | 1 |
| 黑龙江 | — | 2 | 1 | 9 | 1053 | 153 |
| 龙江集团 | — | 2 | — | 5 | 72 | 5 |
| 上海 | — | — | — | — | 16 | 3 |
| 江苏 | — | — | — | — | 316 | 14 |
| 浙江 | — | — | — | — | 715 | 419 |
| 安徽 | 1 | — | 1 | 2 | 774 | 125 |
| 福建 | — | — | 3 | 1 | 1021 | 270 |
| 江西 | 2 | — | 1 | 6 | 1548 | 294 |
| 山东 | — | — | — | — | 1249 | 188 |
| 河南 | — | — | — | 1 | 584 | 74 |
| 湖北 | — | — | 1 | 2 | 1420 | 118 |
| 湖南 | 4 | 1 | 1 | 13 | 1417 | 136 |
| 广东 | — | — | — | 8 | 1114 | 111 |
| 广西 | — | — | 1 | 2 | 1016 | 286 |
| 海南 | — | — | — | — | 132 | 18 |
| 重庆 | — | — | — | — | 800 | 517 |
| 四川 | 11 | — | 2 | 12 | 1092 | 251 |
| 贵州 | — | — | 1 | — | 705 | 154 |
| 云南 | — | — | 1 | 10 | 754 | 62 |
| 西藏 | — | — | — | — | 103 | — |
| 陕西 | 7 | — | — | 4 | 992 | 75 |
| 甘肃 | — | — | — | 2 | 550 | 79 |
| 青海 | — | — | — | — | 210 | 26 |
| 宁夏 | — | — | — | — | 81 | 21 |
| 新疆 | — | — | — | 2 | 529 | 132 |
| 新疆兵团 | — | — | — | — | — | — |
| 局直属单位 | — | — | — | 3 | 118 | 4 |
| 大兴安岭 | — | — | — | 3 | 31 | 4 |

# 单位个数(二)

单位:个

| 业分 | | | | | | | | |
|---|---|---|---|---|---|---|---|---|
| 服务业 | | | | | | | | 其他行业 |
| 野生动植物保护和自然保护区管理 | 林业工程技术与规划管理 | 林业科技交流和推广服务 | 林业公共管理和社会组织 | | | 其他 | | |
| | | | 小计 | 林业行政管理、公安及监督检查机构 | 林业专业性、行业性团体 | | | |
| **1445** | **1114** | **2655** | **11062** | **9984** | **1078** | **1858** | | **370** |
| 7 | 8 | 1 | 49 | 43 | 6 | 32 | | 33 |
| 3 | — | 1 | 7 | 7 | — | — | | — |
| 12 | 8 | 124 | 252 | 249 | 3 | 24 | | 3 |
| 46 | 84 | 55 | 571 | 562 | 9 | 80 | | — |
| 40 | 38 | 22 | 497 | 483 | 14 | 28 | | 23 |
| 4 | 1 | — | — | — | — | 2 | | 21 |
| 44 | 35 | 61 | 455 | 397 | 58 | 66 | | 1 |
| 11 | 19 | 33 | 633 | 625 | 8 | 9 | | 21 |
| — | — | — | — | — | — | 2 | | 18 |
| — | 1 | 1 | 2 | 2 | — | — | | — |
| 40 | 13 | 34 | 722 | 700 | 22 | 91 | | 43 |
| — | 3 | 6 | 26 | 14 | 12 | 32 | | 27 |
| 2 | 4 | 6 | 1 | 1 | — | — | | 11 |
| 2 | 18 | 212 | 70 | 62 | 8 | — | | 15 |
| 44 | 6 | 92 | 142 | 134 | 8 | 12 | | 8 |
| 41 | 54 | 213 | 299 | 282 | 17 | 42 | | 6 |
| 38 | 66 | 55 | 528 | 369 | 159 | 64 | | 7 |
| 60 | 64 | 94 | 737 | 590 | 147 | 299 | | 10 |
| 90 | 113 | 396 | 332 | 317 | 15 | 130 | | — |
| 44 | 25 | 85 | 318 | 311 | 7 | 38 | | 10 |
| 81 | 122 | 122 | 925 | 925 | — | 52 | | — |
| 92 | 70 | 188 | 772 | 672 | 100 | 139 | | 21 |
| 101 | 15 | 82 | 434 | 351 | 83 | 371 | | 15 |
| 52 | 15 | 62 | 510 | 378 | 132 | 91 | | 38 |
| 20 | — | 6 | 77 | 77 | — | 11 | | — |
| 13 | 38 | 13 | 212 | 203 | 9 | 7 | | 1 |
| 70 | 45 | 135 | 545 | 504 | 41 | 46 | | 17 |
| 38 | 93 | 64 | 335 | 270 | 65 | 21 | | 5 |
| 82 | 33 | 113 | 419 | 356 | 63 | 45 | | 34 |
| — | 20 | — | 83 | 83 | — | — | | — |
| 267 | 53 | 157 | 382 | 360 | 22 | 58 | | 6 |
| 42 | 25 | 81 | 258 | 233 | 25 | 65 | | 8 |
| 2 | 5 | 66 | 107 | 107 | — | 4 | | — |
| 5 | 2 | 15 | 37 | 37 | — | 1 | | 2 |
| 48 | 17 | 43 | 286 | 232 | 54 | 3 | | 11 |
| — | — | — | — | — | — | — | | — |
| 8 | 6 | 24 | 67 | 64 | 3 | 9 | | 21 |
| 5 | — | 2 | 19 | 19 | — | 1 | | 21 |

# 各地区林业系统

| 地区 | 总计 | 按性质分 | | | | |
|---|---|---|---|---|---|---|
| | | 企业 | 事业 | 机关 | 合计 | 林木育种育苗 |
| **全国合计** | **1471245** | **730518** | **634625** | **106102** | **1076360** | **42043** |
| 北京 | 9763 | 53 | 8599 | 1111 | 5461 | 552 |
| 天津 | 755 | — | 654 | 101 | 472 | 128 |
| 河北 | 22821 | 2012 | 17514 | 3295 | 15506 | 3025 |
| 山西 | 24124 | 548 | 21693 | 1883 | 13284 | 1721 |
| 内蒙古 | 192765 | 131810 | 54524 | 6431 | 158134 | 2433 |
| 内蒙古集团 | 146162 | 129981 | 16181 | — | 129656 | — |
| 辽宁 | 28807 | 6899 | 19920 | 1988 | 14438 | 560 |
| 吉林 | 160783 | 128973 | 27506 | 4304 | 130894 | 1051 |
| 吉林集团 | 51967 | 51967 | — | — | 36713 | — |
| 长白山集团 | 50363 | 49776 | 122 | 465 | 48150 | — |
| 黑龙江 | 371212 | 308731 | 57872 | 4609 | 343026 | 857 |
| 龙江集团 | 314245 | 304630 | 7979 | 1636 | 296910 | — |
| 上海 | 1375 | — | 1207 | 168 | 126 | 24 |
| 江苏 | 19138 | 11926 | 6894 | 318 | 16964 | 4533 |
| 浙江 | 10528 | 546 | 8018 | 1964 | 3563 | 984 |
| 安徽 | 23139 | 2073 | 18730 | 2336 | 13673 | 2333 |
| 福建 | 23098 | 6221 | 13192 | 3685 | 12324 | 309 |
| 江西 | 50758 | 10494 | 34741 | 5523 | 30594 | 1430 |
| 山东 | 20985 | 988 | 17651 | 2346 | 11391 | 2397 |
| 河南 | 28697 | 746 | 23639 | 4312 | 16216 | 2683 |
| 湖北 | 29418 | 3357 | 22305 | 3756 | 12419 | 1335 |
| 湖南 | 55068 | 7027 | 40572 | 7469 | 26909 | 2658 |
| 广东 | 29601 | 2396 | 20814 | 6391 | 14297 | 613 |
| 广西 | 44946 | 5567 | 34954 | 4425 | 29810 | 785 |
| 海南 | 9806 | 2798 | 4240 | 2768 | 4141 | 330 |
| 重庆 | 7107 | 293 | 5523 | 1291 | 2480 | 191 |
| 四川 | 45681 | 18404 | 20991 | 6286 | 30820 | 1349 |
| 贵州 | 22901 | 3457 | 16869 | 2575 | 15564 | 564 |
| 云南 | 39652 | 9972 | 18328 | 11352 | 20722 | 1722 |
| 西藏 | 3737 | 996 | 1144 | 1597 | 1937 | 116 |
| 陕西 | 37359 | 6175 | 27412 | 3772 | 22091 | 2796 |
| 甘肃 | 39430 | 1013 | 34139 | 4278 | 25934 | 1030 |
| 青海 | 20986 | — | 19804 | 1182 | 17122 | 728 |
| 宁夏 | 10278 | 585 | 9165 | 528 | 6835 | 470 |
| 新疆 | 21099 | 4304 | 14012 | 2783 | 12944 | 2336 |
| 新疆兵团 | — | — | — | — | — | — |
| 局直属单位 | 65428 | 52154 | 11999 | 1275 | 46269 | — |
| 大兴安岭 | 56111 | 51445 | 3638 | 1028 | 46269 | — |

# 单位年末人数(一)

单位:人

| 按行业分 | | | | | | | |
|---|---|---|---|---|---|---|---|
| 农林牧渔业 | | | | | | | |
| 营造林 | 木竹采运 | 经济林产品种植与采集 | 花卉及其他观赏植物种植 | 陆生野生动物繁育与利用 | 其他 | 合　计 | 木材加工及木、竹、藤、棕、苇制品业 |
| **683221** | **277482** | **5203** | **2691** | **1475** | **64245** | **41877** | **29049** |
| 793 | — | 90 | 38 | — | 3988 | — | — |
| 134 | — | 52 | — | 23 | 135 | — | — |
| 6349 | 166 | 320 | 20 | 14 | 5612 | 197 | 41 |
| 9001 | — | — | — | — | 2562 | 11 | — |
| 152705 | 29 | 23 | 9 | 2 | 2933 | 50 | — |
| 129656 | — | — | — | — | — | — | — |
| 8272 | 3500 | 128 | 622 | 90 | 1266 | 5882 | 3791 |
| 52841 | 75738 | 164 | 7 | 5 | 1088 | 15151 | 11788 |
| 5278 | 30837 | 164 | — | — | 434 | 13434 | 10162 |
| 4039 | 44111 | — | — | — | — | 1626 | 1626 |
| 173742 | 166440 | 7 | — | 12 | 1968 | 3866 | 2625 |
| 131762 | 165088 | — | — | — | 60 | 3504 | 2365 |
| 54 | — | — | — | — | 48 | — | — |
| 9513 | 204 | 638 | 109 | 22 | 1945 | — | — |
| 2033 | 126 | 25 | — | 12 | 383 | — | — |
| 9096 | 1012 | — | 121 | 65 | 1046 | 744 | 620 |
| 5716 | 4262 | 58 | 67 | 50 | 1862 | 671 | 416 |
| 18944 | 4937 | 37 | 77 | 261 | 4908 | 267 | 2 |
| 8265 | 195 | 139 | 66 | 55 | 274 | — | — |
| 9401 | 929 | 241 | 364 | 179 | 2419 | 158 | 123 |
| 9983 | 416 | 83 | 75 | 55 | 472 | 1197 | 1027 |
| 15557 | 4101 | 186 | 100 | 231 | 4076 | 3071 | 2401 |
| 9390 | 916 | 101 | 3 | 10 | 3264 | 191 | 98 |
| 24123 | 1537 | 117 | 334 | 20 | 2894 | 3019 | 2666 |
| 2019 | — | 270 | 15 | 53 | 1454 | 1 | 1 |
| 2143 | 12 | 10 | — | — | 124 | 64 | 64 |
| 21262 | 2741 | 161 | 55 | 44 | 5208 | 769 | 375 |
| 10257 | 1876 | 101 | 324 | 14 | 2428 | 7 | — |
| 10334 | 4179 | 37 | 14 | 15 | 4421 | 278 | 143 |
| 1711 | 110 | — | — | — | — | — | — |
| 12612 | 4034 | 133 | 238 | 102 | 2176 | 1604 | 1358 |
| 21910 | 14 | 259 | — | 90 | 2631 | 921 | 916 |
| 16195 | — | — | 19 | 28 | 152 | — | — |
| 4555 | — | 833 | — | — | 977 | — | — |
| 8503 | 8 | 990 | 14 | 23 | 1070 | 5 | — |
| — | — | — | — | — | — | — | — |
| 45808 | — | — | — | — | 461 | 3753 | 594 |
| 45808 | — | — | — | — | 461 | 3753 | 594 |

# 各地区林业系统

| 地区 | 按行 | | | | | |
|---|---|---|---|---|---|---|
| | 制造业 | | | | | |
| | 木、竹、藤家具制造业 | 木、竹、苇浆造纸业 | 林产化学产品制造 | 其他 | 合计 | 林业生产服务 |
| **全国合计** | **4037** | **121** | **835** | **7835** | **318476** | **43511** |
| 北京 | — | — | — | — | 4195 | 240 |
| 天津 | — | — | — | — | 283 | 27 |
| 河北 | 90 | — | — | 66 | 7073 | 854 |
| 山西 | — | — | — | 11 | 10829 | 2428 |
| 内蒙古 | 50 | — | — | — | 18850 | 6808 |
| 内蒙古集团 | — | — | — | — | 803 | — |
| 辽宁 | 2085 | — | — | 6 | 8430 | 185 |
| 吉林 | 832 | — | 139 | 2392 | 12753 | 2191 |
| 吉林集团 | 832 | — | 88 | 2352 | 52 | — |
| 长白山集团 | — | — | — | — | 587 | 11 |
| 黑龙江 | — | 46 | 89 | 1106 | 17793 | 2305 |
| 龙江集团 | — | 46 | — | 1093 | 7698 | 67 |
| 上海 | — | — | — | — | 686 | 80 |
| 江苏 | — | — | — | — | 1984 | 61 |
| 浙江 | — | — | — | — | 6746 | 2711 |
| 安徽 | 78 | — | 28 | 18 | 8155 | 619 |
| 福建 | — | — | 253 | 2 | 10075 | 1921 |
| 江西 | 111 | — | 1 | 153 | 19348 | 3526 |
| 山东 | — | — | — | — | 9594 | 938 |
| 河南 | — | — | — | 35 | 12068 | 915 |
| 湖北 | — | — | 7 | 163 | 15802 | 1319 |
| 湖南 | 498 | 75 | 20 | 77 | 24205 | 1377 |
| 广东 | — | — | — | 93 | 14746 | 1218 |
| 广西 | — | — | 246 | 107 | 11649 | 3069 |
| 海南 | — | — | — | — | 5664 | 101 |
| 重庆 | — | — | — | — | 4486 | 1971 |
| 四川 | 94 | — | 20 | 280 | 13618 | 1811 |
| 贵州 | — | — | 7 | — | 7250 | 1035 |
| 云南 | — | — | 25 | 110 | 18214 | 603 |
| 西藏 | — | — | — | — | 1800 | — |
| 陕西 | 199 | — | — | 47 | 12664 | 1436 |
| 甘肃 | — | — | — | 5 | 12439 | 1189 |
| 青海 | — | — | — | — | 3864 | 339 |
| 宁夏 | — | — | — | — | 3294 | 211 |
| 新疆 | — | — | — | 5 | 7874 | 1314 |
| 新疆兵团 | — | — | — | — | — | — |
| 局直属单位 | — | — | — | 3159 | 12045 | 709 |
| 大兴安岭 | — | — | — | 3159 | 2728 | 709 |

# 单位年末人数(二)

单位:人

| 业　　分 | | | | | | | |
|---|---|---|---|---|---|---|---|
| 服　　务　　业 | | | | | | | 其他行业 |
| 野生动植物保护和自然保护区管理 | 林业工程技术与规划管理 | 林业科技交流和推广服务 | 林业公共管理和社会组织 | | | 其　他 | |
| | | | 小　计 | 林业行政管理、公安及监督检查机构 | 林业专业性、行业性团体 | | |
| **27513** | **17241** | **34367** | **165249** | **152192** | **13057** | **30595** | **34532** |
| 158 | 374 | 84 | 2066 | 1831 | 235 | 1273 | 107 |
| 116 | — | 39 | 101 | 101 | — | — | — |
| 704 | 238 | 1010 | 4048 | 3995 | 53 | 219 | 45 |
| 733 | 652 | 533 | 5062 | 5014 | 48 | 1421 | — |
| 985 | 971 | 574 | 8329 | 7922 | 407 | 1183 | 15731 |
| 371 | 374 | — | — | — | — | 58 | 15703 |
| 468 | 497 | 623 | 5409 | 4966 | 443 | 1248 | 57 |
| 320 | 1102 | 521 | 8433 | 8399 | 34 | 186 | 1985 |
| — | — | — | — | — | — | 52 | 1768 |
| — | 52 | 36 | 488 | 488 | — | — | — |
| 811 | 1170 | 1152 | 9835 | 7169 | 2666 | 2520 | 6527 |
| — | 807 | 942 | 4279 | 1636 | 2643 | 1603 | 6133 |
| 38 | 69 | 331 | 168 | 168 | — | — | 563 |
| 8 | 54 | 973 | 888 | 725 | 163 | — | 190 |
| 599 | 109 | 943 | 2154 | 2081 | 73 | 230 | 219 |
| 402 | 381 | 1398 | 3141 | 2951 | 190 | 2214 | 567 |
| 477 | 691 | 327 | 6252 | 5099 | 1153 | 407 | 28 |
| 509 | 689 | 825 | 10013 | 8436 | 1577 | 3786 | 549 |
| 877 | 1089 | 2080 | 3602 | 3545 | 57 | 1008 | — |
| 1809 | 293 | 1690 | 5844 | 5769 | 75 | 1517 | 255 |
| 1113 | 1061 | 1546 | 9446 | 9446 | — | 1317 | — |
| 3744 | 1154 | 1715 | 15019 | 14084 | 935 | 1196 | 883 |
| 1156 | 276 | 1278 | 7809 | 7152 | 657 | 3009 | 367 |
| 1221 | 132 | 522 | 6047 | 5268 | 779 | 658 | 468 |
| 1283 | — | 300 | 3874 | 3874 | — | 106 | — |
| 256 | 129 | 106 | 1794 | 1742 | 52 | 230 | 77 |
| 1384 | 986 | 1251 | 7423 | 7301 | 122 | 763 | 474 |
| 337 | 1071 | 343 | 4239 | 3650 | 589 | 225 | 80 |
| 2026 | 372 | 1275 | 13109 | 12617 | 492 | 829 | 438 |
| — | 203 | — | 1597 | 1597 | — | — | — |
| 1401 | 863 | 3010 | 5072 | 4640 | 432 | 882 | 1000 |
| 1895 | 676 | 1873 | 4874 | 4600 | 274 | 1932 | 136 |
| 48 | 91 | 1629 | 1300 | 1300 | — | 457 | — |
| 784 | 47 | 1630 | 586 | 586 | — | 36 | 149 |
| 735 | 148 | 564 | 5062 | 3588 | 1474 | 51 | 276 |
| — | — | — | — | — | — | — | — |
| 1116 | 1653 | 4222 | 2653 | 2576 | 77 | 1692 | 3361 |
| 526 | — | 186 | 1028 | 1028 | — | 279 | 3361 |

# 各地区林业系统单位

| 地　区 | 总　计 | 按性质分 | | | | |
|---|---|---|---|---|---|---|
| | | 企　业 | 事　业 | 机　关 | 合　计 | 林木育种育苗 |
| **全国合计** | **1180888** | **477358** | **597802** | **105728** | **814983** | **40008** |
| 北　京 | 9715 | 53 | 8551 | 1111 | 5413 | 509 |
| 天　津 | 755 | — | 654 | 101 | 472 | 128 |
| 河　北 | 22400 | 1847 | 17289 | 3264 | 15193 | 2944 |
| 山　西 | 24004 | 456 | 21670 | 1878 | 13264 | 1716 |
| 内蒙古 | 93171 | 46283 | 40467 | 6421 | 72498 | 2383 |
| 内蒙古集团 | 46728 | 44454 | 2274 | — | 44129 | — |
| 辽　宁 | 27890 | 6803 | 19099 | 1988 | 13600 | 548 |
| 吉　林 | 108555 | 77552 | 26858 | 4145 | 83161 | 973 |
| 吉林集团 | 28819 | 28819 | — | — | 17523 | — |
| 长白山集团 | 27983 | 27513 | 107 | 363 | 26143 | — |
| 黑龙江 | 264055 | 207784 | 51707 | 4564 | 239528 | 785 |
| 龙江集团 | 214875 | 205394 | 7846 | 1635 | 200152 | — |
| 上　海 | 1368 | — | 1200 | 168 | 126 | 24 |
| 江　苏 | 18460 | 11257 | 6885 | 318 | 16464 | 4286 |
| 浙　江 | 10319 | 511 | 7844 | 1964 | 3409 | 884 |
| 安　徽 | 22050 | 1598 | 18117 | 2335 | 13047 | 2215 |
| 福　建 | 22008 | 5559 | 12764 | 3685 | 11341 | 278 |
| 江　西 | 42447 | 6444 | 30492 | 5511 | 23224 | 1083 |
| 山　东 | 20924 | 954 | 17624 | 2346 | 11332 | 2353 |
| 河　南 | 28433 | 746 | 23382 | 4305 | 16105 | 2670 |
| 湖　北 | 27617 | 2920 | 20950 | 3747 | 11119 | 1183 |
| 湖　南 | 47604 | 4396 | 35794 | 7414 | 20573 | 2148 |
| 广　东 | 28809 | 2301 | 20128 | 6380 | 13616 | 612 |
| 广　西 | 42042 | 4288 | 33333 | 4421 | 27426 | 753 |
| 海　南 | 9579 | 2612 | 4199 | 2768 | 3922 | 281 |
| 重　庆 | 7087 | 280 | 5516 | 1291 | 2480 | 191 |
| 四　川 | 44689 | 17528 | 20879 | 6282 | 30000 | 1349 |
| 贵　州 | 22512 | 3083 | 16854 | 2575 | 15194 | 558 |
| 云　南 | 39433 | 9803 | 18284 | 11346 | 20539 | 1721 |
| 西　藏 | 3737 | 996 | 1144 | 1597 | 1937 | 116 |
| 陕　西 | 36515 | 5636 | 27115 | 3764 | 21633 | 2759 |
| 甘　肃 | 39329 | 1005 | 34051 | 4273 | 25881 | 1030 |
| 青　海 | 20984 | — | 19804 | 1180 | 17122 | 728 |
| 宁　夏 | 10274 | 585 | 9161 | 528 | 6835 | 470 |
| 新　疆 | 21073 | 4290 | 14000 | 2783 | 12921 | 2330 |
| 新疆兵团 | — | — | — | — | — | — |
| 局直属单位 | 63050 | 49788 | 11987 | 1275 | 45608 | — |
| 大兴安岭 | 53790 | 49124 | 3638 | 1028 | 45608 | — |

# 从业人员年末人数(一)

单位:人

| 按行业分 | | | | | | | |
|---|---|---|---|---|---|---|---|
| 农林牧渔业 | | | | | | | |
| 营造林 | 木竹采运 | 经济林产品种植与采集 | 花卉及其他观赏植物种植 | 陆生野生动物繁育与利用 | 其他 | 合计 | 木材加工及木、竹、藤、棕、苇制品业 |
| **515781** | **190217** | **5015** | **2647** | **1325** | **59990** | **33489** | **21447** |
| 793 | — | 90 | 38 | — | 3983 | — | — |
| 134 | — | 52 | — | 23 | 135 | — | — |
| 6255 | 166 | 306 | 20 | 14 | 5488 | 194 | 41 |
| 8993 | — | — | — | — | 2555 | 11 | — |
| 67138 | 23 | 23 | 9 | 2 | 2920 | 50 | — |
| 44129 | — | — | — | — | — | — | — |
| 8238 | 2708 | 128 | 622 | 90 | 1266 | 5831 | 3740 |
| 43249 | 37795 | 164 | 7 | 5 | 968 | 10992 | 7642 |
| 3590 | 13335 | 164 | — | — | 434 | 9531 | 6272 |
| 2439 | 23704 | — | — | — | — | 1370 | 1370 |
| 113500 | 123421 | 7 | — | 11 | 1804 | 1655 | 797 |
| 77954 | 122140 | — | — | — | 58 | 1561 | 797 |
| 54 | — | — | — | — | 48 | — | — |
| 9299 | 204 | 638 | 109 | 22 | 1906 | — | — |
| 1979 | 126 | 25 | — | 12 | 383 | — | — |
| 8618 | 1006 | — | 121 | 65 | 1022 | 654 | 544 |
| 5388 | 3718 | 54 | 63 | 47 | 1793 | 669 | 414 |
| 15469 | 3868 | 37 | 77 | 146 | 2544 | 129 | 2 |
| 8250 | 195 | 139 | 66 | 55 | 274 | — | — |
| 9304 | 929 | 241 | 364 | 179 | 2418 | 157 | 122 |
| 8891 | 385 | 83 | 50 | 55 | 472 | 1049 | 879 |
| 12476 | 2043 | 71 | 100 | 215 | 3520 | 2509 | 1868 |
| 8939 | 800 | 98 | 1 | 10 | 3156 | 127 | 90 |
| 22948 | 787 | 117 | 334 | 20 | 2467 | 2726 | 2392 |
| 1902 | — | 224 | 15 | 49 | 1451 | 1 | 1 |
| 2143 | 12 | 10 | — | — | 124 | 51 | 51 |
| 20739 | 2464 | 157 | 42 | 44 | 5205 | 746 | 365 |
| 10241 | 1531 | 101 | 324 | 14 | 2425 | 7 | — |
| 10213 | 4143 | 37 | 14 | 15 | 4396 | 256 | 121 |
| 1711 | 110 | — | — | — | — | — | — |
| 12523 | 3761 | 133 | 238 | 98 | 2121 | 1326 | 1080 |
| 21878 | 14 | 259 | — | 83 | 2617 | 921 | 916 |
| 16195 | — | — | 19 | 28 | 152 | — | — |
| 4555 | — | 833 | — | — | 977 | — | — |
| 8488 | 8 | 988 | 14 | 23 | 1070 | 5 | — |
| — | — | — | — | — | — | — | — |
| 45278 | — | — | — | — | 330 | 3423 | 382 |
| 45278 | — | — | — | — | 330 | 3423 | 382 |

# 各地区林业系统单位

| 地区 | 按行 | | | | | |
|---|---|---|---|---|---|---|
| | 制造业 | | | | | |
| | 木、竹、藤家具制造业 | 木、竹、苇浆造纸业 | 林产化学产品制造 | 其他 | 合计 | 林业生产服务 |
| **全国合计** | **3934** | **113** | **835** | **7160** | **314566** | **42751** |
| 北京 | — | — | — | — | 4195 | 240 |
| 天津 | — | — | — | — | 283 | 27 |
| 河北 | 90 | — | — | 63 | 7000 | 822 |
| 山西 | — | — | — | 11 | 10729 | 2421 |
| 内蒙古 | 50 | — | — | — | 18799 | 6802 |
| 内蒙古集团 | — | — | — | — | 803 | — |
| 辽宁 | 2085 | — | — | 6 | 8402 | 185 |
| 吉林 | 832 | — | 139 | 2379 | 12437 | 2181 |
| 吉林集团 | 832 | — | 88 | 2339 | 17 | — |
| 长白山集团 | — | — | — | — | 470 | 11 |
| 黑龙江 | — | 38 | 89 | 731 | 17103 | 2162 |
| 龙江集团 | — | 38 | — | 726 | 7450 | 67 |
| 上海 | — | — | — | — | 686 | 80 |
| 江苏 | — | — | — | — | 1806 | 61 |
| 浙江 | — | — | — | — | 6719 | 2689 |
| 安徽 | 78 | — | 28 | 4 | 8128 | 619 |
| 福建 | — | — | 253 | 2 | 9971 | 1853 |
| 江西 | 8 | — | 1 | 118 | 18563 | 3307 |
| 山东 | — | — | — | — | 9592 | 938 |
| 河南 | — | — | — | 35 | 11917 | 913 |
| 湖北 | — | — | 7 | 163 | 15449 | 1279 |
| 湖南 | 498 | 75 | 20 | 48 | 23651 | 1276 |
| 广东 | — | — | — | 37 | 14699 | 1199 |
| 广西 | — | — | 246 | 88 | 11533 | 3041 |
| 海南 | — | — | — | — | 5656 | 101 |
| 重庆 | — | — | — | — | 4479 | 1964 |
| 四川 | 94 | — | 20 | 267 | 13571 | 1790 |
| 贵州 | — | — | 7 | — | 7231 | 1023 |
| 云南 | — | — | 25 | 110 | 18200 | 603 |
| 西藏 | — | — | — | — | 1800 | — |
| 陕西 | 199 | — | — | 47 | 12557 | 1430 |
| 甘肃 | — | — | — | 5 | 12399 | 1172 |
| 青海 | — | — | — | — | 3862 | 339 |
| 宁夏 | — | — | — | — | 3290 | 211 |
| 新疆 | — | — | — | 5 | 7871 | 1314 |
| 新疆兵团 | — | — | — | — | — | — |
| 局直属单位 | — | — | — | 3041 | 11988 | 709 |
| 大兴安岭 | — | — | — | 3041 | 2728 | 709 |

# 从业人员年末人数(二)

单位:人

| 业　分 | | | | | | | |
|---|---|---|---|---|---|---|---|
| 服　务　业 | | | | | | | 其他行业 |
| 野生动植物保护和自然保护区管理 | 林业工程技术与规划管理 | 林业科技交流和推广服务 | 林业公共管理和社会组织 | | | 其　他 | |
| | | | 小　计 | 林业行政管理、公安及监督检查机构 | 林业专业性、行业性团体 | | |
| **27249** | **17087** | **34188** | **163958** | **151061** | **12897** | **29333** | **17850** |
| 158 | 374 | 84 | 2066 | 1831 | 235 | 1273 | 107 |
| 116 | — | 39 | 101 | 101 | — | — | — |
| 704 | 236 | 1010 | 4009 | 3956 | 53 | 219 | 13 |
| 732 | 652 | 533 | 5057 | 5009 | 48 | 1334 | — |
| 984 | 969 | 574 | 8317 | 7910 | 407 | 1153 | 1824 |
| 371 | 374 | — | — | — | — | 58 | 1796 |
| 468 | 497 | 622 | 5382 | 4941 | 441 | 1248 | 57 |
| 320 | 1086 | 515 | 8206 | 8172 | 34 | 129 | 1965 |
| — | — | — | — | — | — | 17 | 1748 |
| — | 43 | 30 | 386 | 386 | — | — | — |
| 811 | 1145 | 1147 | 9684 | 7104 | 2580 | 2154 | 5769 |
| — | 782 | 937 | 4192 | 1635 | 2557 | 1472 | 5712 |
| 38 | 69 | 331 | 168 | 168 | — | — | 556 |
| 8 | 54 | 965 | 718 | 555 | 163 | — | 190 |
| 594 | 109 | 943 | 2154 | 2081 | 73 | 230 | 191 |
| 400 | 381 | 1397 | 3139 | 2949 | 190 | 2192 | 221 |
| 477 | 677 | 323 | 6246 | 5098 | 1148 | 395 | 27 |
| 508 | 679 | 823 | 9969 | 8407 | 1562 | 3277 | 531 |
| 877 | 1089 | 2078 | 3602 | 3545 | 57 | 1008 | — |
| 1751 | 286 | 1684 | 5766 | 5691 | 75 | 1517 | 254 |
| 1113 | 1061 | 1486 | 9277 | 9277 | — | 1233 | — |
| 3633 | 1141 | 1656 | 14765 | 13830 | 935 | 1180 | 871 |
| 1156 | 276 | 1271 | 7788 | 7133 | 655 | 3009 | 367 |
| 1207 | 132 | 519 | 5996 | 5264 | 732 | 638 | 357 |
| 1279 | — | 296 | 3874 | 3874 | — | 106 | — |
| 256 | 129 | 106 | 1794 | 1742 | 52 | 230 | 77 |
| 1384 | 985 | 1251 | 7414 | 7294 | 120 | 747 | 372 |
| 337 | 1064 | 343 | 4239 | 3650 | 589 | 225 | 80 |
| 2025 | 372 | 1273 | 13102 | 12610 | 492 | 825 | 438 |
| — | 203 | — | 1597 | 1597 | — | — | — |
| 1337 | 863 | 3002 | 5064 | 4632 | 432 | 861 | 999 |
| 1893 | 676 | 1872 | 4869 | 4595 | 274 | 1917 | 128 |
| 48 | 91 | 1629 | 1298 | 1298 | — | 457 | — |
| 784 | 47 | 1630 | 585 | 585 | — | 33 | 149 |
| 735 | 148 | 564 | 5059 | 3586 | 1473 | 51 | 276 |
| — | — | — | — | — | — | — | — |
| 1116 | 1596 | 4222 | 2653 | 2576 | 77 | 1692 | 2031 |
| 526 | — | 186 | 1028 | 1028 | — | 279 | 2031 |

# 各地区林业系统单位

| 地区 | 总计 | 按性质分 | | | | |
|---|---|---|---|---|---|---|
| | | 企业 | 事业 | 机关 | 合计 | 林木育种育苗 |
| **全国合计** | **1103914** | **461568** | **545226** | **97120** | **765183** | **37620** |
| 北京 | 8673 | 53 | 7523 | 1097 | 4557 | 490 |
| 天津 | 747 | — | 646 | 101 | 472 | 128 |
| 河北 | 21909 | 1584 | 17082 | 3243 | 14727 | 2900 |
| 山西 | 23480 | 454 | 21148 | 1878 | 12951 | 1690 |
| 内蒙古 | 92478 | 46283 | 39822 | 6373 | 72163 | 2353 |
| 内蒙古集团 | 46728 | 44454 | 2274 | — | 44129 | — |
| 辽宁 | 27064 | 6796 | 18499 | 1769 | 13357 | 546 |
| 吉林 | 102783 | 75673 | 23415 | 3695 | 79176 | 948 |
| 吉林集团 | 27768 | 27768 | — | — | 17481 | — |
| 长白山集团 | 27983 | 27513 | 107 | 363 | 26143 | — |
| 黑龙江 | 263836 | 207738 | 51573 | 4525 | 239527 | 785 |
| 龙江集团 | 214662 | 205349 | 7714 | 1599 | 200152 | — |
| 上海 | 1285 | — | 1117 | 168 | 125 | 24 |
| 江苏 | 14318 | 7203 | 6798 | 317 | 12375 | 3397 |
| 浙江 | 9963 | 434 | 7655 | 1874 | 3297 | 850 |
| 安徽 | 19465 | 1421 | 15731 | 2313 | 12712 | 2137 |
| 福建 | 19810 | 4881 | 11555 | 3374 | 10016 | 269 |
| 江西 | 34953 | 4665 | 24959 | 5329 | 17818 | 879 |
| 山东 | 20360 | 952 | 17122 | 2286 | 10951 | 2270 |
| 河南 | 27708 | 673 | 22786 | 4249 | 15692 | 2647 |
| 湖北 | 26247 | 2680 | 19908 | 3659 | 10465 | 1161 |
| 湖南 | 45992 | 3859 | 35029 | 7104 | 19889 | 2055 |
| 广东 | 26265 | 2131 | 17997 | 6137 | 12033 | 600 |
| 广西 | 37605 | 3913 | 29680 | 4012 | 25038 | 704 |
| 海南 | 5428 | 2158 | 2244 | 1026 | 2714 | 276 |
| 重庆 | 6927 | 270 | 5375 | 1282 | 2429 | 175 |
| 四川 | 40869 | 14951 | 19839 | 6079 | 26756 | 1213 |
| 贵州 | 17660 | 2602 | 12546 | 2512 | 10989 | 538 |
| 云南 | 32855 | 8490 | 16396 | 7969 | 18189 | 1713 |
| 西藏 | 2270 | 696 | 379 | 1195 | 917 | 116 |
| 陕西 | 36032 | 5463 | 26807 | 3762 | 21422 | 2743 |
| 甘肃 | 37433 | 993 | 32329 | 4111 | 25070 | 1029 |
| 青海 | 8014 | — | 6842 | 1172 | 4920 | 207 |
| 宁夏 | 8646 | 570 | 7555 | 521 | 6228 | 457 |
| 新疆 | 20515 | 4213 | 13589 | 2713 | 12600 | 2320 |
| 新疆兵团 | — | — | — | — | — | — |
| 局直属单位 | 62324 | 49769 | 11280 | 1275 | 45608 | — |
| 大兴安岭 | 53790 | 49124 | 3638 | 1028 | 45608 | — |

# 在岗职工年末人数(一)

单位:人

| 按行业分 | | | | | | | |
| --- | --- | --- | --- | --- | --- | --- | --- |
| 农林牧渔业 | | | | | | | |
| 营造林 | 木竹采运 | 经济林产品种植与采集 | 花卉及其他观赏植物种植 | 陆生野生动物繁育与利用 | 其他 | 合计 | 木材加工及木、竹、藤、棕、苇制品业 |
| **478159** | **185739** | **4731** | **2643** | **1218** | **55073** | **30747** | **19182** |
| 736 | — | 90 | 38 | — | 3203 | — | — |
| 134 | — | 52 | — | 23 | 135 | — | — |
| 5938 | 164 | 304 | 20 | 14 | 5387 | 194 | 41 |
| 8706 | — | — | — | — | 2555 | 11 | — |
| 66838 | 23 | 23 | 9 | 2 | 2915 | 50 | — |
| 44129 | — | — | — | — | — | — | — |
| 7999 | 2708 | 128 | 620 | 90 | 1266 | 5831 | 3740 |
| 39335 | 37754 | 164 | 7 | 5 | 963 | 10165 | 7093 |
| 3553 | 13335 | 164 | — | — | 429 | 8704 | 5723 |
| 2439 | 23704 | — | — | — | — | 1370 | 1370 |
| 113499 | 123421 | 7 | — | 11 | 1804 | 1613 | 755 |
| 77954 | 122140 | — | — | — | 58 | 1519 | 755 |
| 54 | — | — | — | — | 47 | — | — |
| 6099 | 204 | 638 | 109 | 22 | 1906 | — | — |
| 1910 | 123 | 25 | — | 11 | 378 | — | — |
| 8502 | 938 | — | 121 | 11 | 1003 | 492 | 458 |
| 4795 | 3216 | 54 | 63 | 47 | 1572 | 652 | 414 |
| 12020 | 2468 | 37 | 77 | 136 | 2201 | 89 | 2 |
| 7954 | 195 | 139 | 66 | 55 | 272 | — | — |
| 9000 | 923 | 218 | 362 | 176 | 2366 | 135 | 100 |
| 8361 | 364 | 83 | 50 | 55 | 391 | 860 | 717 |
| 12085 | 1984 | 71 | 100 | 198 | 3396 | 2181 | 1540 |
| 7753 | 624 | 78 | 1 | 10 | 2967 | 122 | 90 |
| 20956 | 688 | 117 | 334 | 20 | 2219 | 1846 | 1529 |
| 1554 | — | 69 | 15 | 49 | 751 | 1 | 1 |
| 2143 | 12 | 10 | — | — | 89 | 43 | 43 |
| 19068 | 1800 | 95 | 42 | 42 | 4496 | 644 | 280 |
| 7298 | 1172 | 101 | 324 | 14 | 1542 | 7 | — |
| 8938 | 3204 | 37 | 14 | 15 | 4268 | 254 | 119 |
| 691 | 110 | — | — | — | — | — | — |
| 12468 | 3622 | 133 | 238 | 98 | 2120 | 1208 | 962 |
| 21377 | 14 | 250 | — | 63 | 2337 | 921 | 916 |
| 4514 | — | — | 19 | 28 | 152 | — | — |
| 3966 | — | 828 | — | — | 977 | — | — |
| 8190 | 8 | 980 | 14 | 23 | 1065 | 5 | — |
| — | — | — | — | — | — | — | — |
| 45278 | — | — | — | — | 330 | 3423 | 382 |
| 45278 | — | — | — | — | 330 | 3423 | 382 |

# 各地区林业系统单位

| 地　区 | 按　　行 | | | | | |
|---|---|---|---|---|---|---|
| | 制　造　业 | | | | | |
| | 木、竹、藤家具制造业 | 木、竹、苇浆造纸业 | 林产化学产品制造 | 其　他 | 合　计 | 林业生产服务 |
| **全国合计** | **3695** | **113** | **813** | **6944** | **290695** | **40634** |
| 北　京 | — | — | — | — | 4037 | 235 |
| 天　津 | — | — | — | — | 275 | 26 |
| 河　北 | 90 | — | — | 63 | 6975 | 822 |
| 山　西 | — | — | — | 11 | 10518 | 2265 |
| 内蒙古 | 50 | — | — | — | 18441 | 6664 |
| 内蒙古集团 | — | — | — | — | 803 | — |
| 辽　宁 | 2085 | — | — | 6 | 7819 | 185 |
| 吉　林 | 669 | — | 139 | 2264 | 11667 | 2143 |
| 吉林集团 | 669 | — | 88 | 2224 | 17 | — |
| 长白山集团 | — | — | — | — | 470 | 11 |
| 黑龙江 | — | 38 | 89 | 731 | 17014 | 2162 |
| 龙江集团 | — | 38 | — | 726 | 7366 | 67 |
| 上　海 | — | — | — | — | 633 | 80 |
| 江　苏 | — | — | — | — | 1753 | 61 |
| 浙　江 | — | — | — | — | 6549 | 2660 |
| 安　徽 | 2 | — | 28 | 4 | 6040 | 603 |
| 福　建 | — | — | 237 | 1 | 9115 | 1591 |
| 江　西 | 8 | — | 1 | 78 | 16566 | 2980 |
| 山　东 | — | — | — | — | 9409 | 919 |
| 河　南 | — | — | — | 35 | 11636 | 890 |
| 湖　北 | — | — | 1 | 142 | 14922 | 1158 |
| 湖　南 | 498 | 75 | 20 | 48 | 23051 | 1251 |
| 广　东 | — | — | — | 32 | 13743 | 1185 |
| 广　西 | — | — | 246 | 71 | 10392 | 2752 |
| 海　南 | — | — | — | — | 2713 | 79 |
| 重　庆 | — | — | — | — | 4378 | 1884 |
| 四　川 | 94 | — | 20 | 250 | 13150 | 1790 |
| 贵　州 | — | — | 7 | — | 6584 | 999 |
| 云　南 | — | — | 25 | 110 | 13974 | 603 |
| 西　藏 | — | — | — | — | 1353 | — |
| 陕　西 | 199 | — | — | 47 | 12415 | 1416 |
| 甘　肃 | — | — | — | 5 | 11314 | 793 |
| 青　海 | — | — | — | — | 3094 | 204 |
| 宁　夏 | — | — | — | — | 2269 | 211 |
| 新　疆 | — | — | — | 5 | 7634 | 1314 |
| 新疆兵团 | — | — | — | — | — | — |
| 局直属单位 | — | — | — | 3041 | 11262 | 709 |
| 大兴安岭 | — | — | — | 3041 | 2728 | 709 |

# 在岗职工年末人数(二)

单位:人

| 业 分 | | | | | | | |
|---|---|---|---|---|---|---|---|
| 服 务 业 | | | | | | | 其他行业 |
| 野生动植物保护和自然保护区管理 | 林业工程技术与规划管理 | 林业科技交流和推广服务 | 林业公共管理和社会组织 | | | 其 他 | |
| | | | 小 计 | 林业行政管理、公安及监督检查机构 | 林业专业性、行业性团体 | | |
| **24364** | **16418** | **32384** | **151752** | **139571** | **12181** | **25143** | **17289** |
| 158 | 269 | 84 | 2024 | 1789 | 235 | 1267 | 79 |
| 109 | — | 39 | 101 | 101 | — | — | — |
| 704 | 236 | 1006 | 3988 | 3935 | 53 | 219 | 13 |
| 732 | 652 | 530 | 5044 | 4996 | 48 | 1295 | — |
| 848 | 945 | 571 | 8260 | 7862 | 398 | 1153 | 1824 |
| 371 | 374 | — | — | — | — | 58 | 1796 |
| 467 | 496 | 620 | 4807 | 4473 | 334 | 1244 | 57 |
| 312 | 1051 | 515 | 7523 | 7489 | 34 | 123 | 1775 |
| — | — | — | — | — | — | 17 | 1566 |
| — | 43 | 30 | 386 | 386 | — | — | — |
| 811 | 1145 | 1124 | 9623 | 7065 | 2558 | 2149 | 5682 |
| — | 782 | 914 | 4134 | 1599 | 2535 | 1469 | 5625 |
| 38 | 69 | 278 | 168 | 168 | — | — | 527 |
| 8 | 54 | 936 | 694 | 537 | 157 | — | 190 |
| 582 | 94 | 934 | 2056 | 1984 | 72 | 223 | 117 |
| 376 | 380 | 1384 | 3117 | 2927 | 190 | 180 | 221 |
| 417 | 659 | 288 | 5771 | 4723 | 1048 | 389 | 27 |
| 488 | 672 | 770 | 8974 | 7694 | 1280 | 2682 | 480 |
| 872 | 1088 | 2060 | 3492 | 3435 | 57 | 978 | — |
| 1737 | 285 | 1672 | 5647 | 5572 | 75 | 1405 | 245 |
| 1071 | 1048 | 1461 | 9035 | 9035 | — | 1149 | — |
| 3500 | 1140 | 1640 | 14397 | 13462 | 935 | 1123 | 871 |
| 883 | 252 | 1187 | 7471 | 6837 | 634 | 2765 | 367 |
| 960 | 129 | 509 | 5487 | 4786 | 701 | 555 | 329 |
| 716 | — | 272 | 1570 | 1570 | — | 76 | — |
| 256 | 129 | 106 | 1775 | 1723 | 52 | 228 | 77 |
| 1254 | 975 | 1210 | 7186 | 7091 | 95 | 735 | 319 |
| 288 | 758 | 343 | 3973 | 3439 | 534 | 223 | 80 |
| 1723 | 365 | 1098 | 9366 | 8880 | 486 | 819 | 438 |
| — | 158 | — | 1195 | 1195 | — | — | — |
| 1242 | 861 | 3002 | 5062 | 4630 | 432 | 832 | 987 |
| 1469 | 676 | 1818 | 4679 | 4417 | 262 | 1879 | 128 |
| 48 | 91 | 1531 | 1172 | 1172 | — | 48 | — |
| 784 | 47 | 616 | 578 | 578 | — | 33 | 149 |
| 604 | 148 | 564 | 4953 | 3510 | 1443 | 51 | 276 |
| — | — | — | — | — | — | — | — |
| 907 | 1546 | 4216 | 2564 | 2496 | 68 | 1320 | 2031 |
| 526 | — | 186 | 1028 | 1028 | — | 279 | 2031 |

# 各地区林业系统单位

| 地区 | 总计 | 按性质分 | | | | |
|---|---|---|---|---|---|---|
| | | 企业 | 事业 | 机关 | 合计 | 林木育种育苗 |
| **全国合计** | **76974** | **15790** | **52576** | **8608** | **49800** | **2388** |
| 北　京 | 1042 | — | 1028 | 14 | 856 | 19 |
| 天　津 | 8 | — | 8 | — | — | — |
| 河　北 | 491 | 263 | 207 | 21 | 466 | 44 |
| 山　西 | 524 | 2 | 522 | — | 313 | 26 |
| 内蒙古 | 693 | — | 645 | 48 | 335 | 30 |
| 内蒙古集团 | — | — | — | — | — | — |
| 辽　宁 | 826 | 7 | 600 | 219 | 243 | 2 |
| 吉　林 | 5772 | 1879 | 3443 | 450 | 3985 | 25 |
| 吉林集团 | 1051 | 1051 | — | — | 42 | — |
| 长白山集团 | — | — | — | — | — | — |
| 黑龙江 | 219 | 46 | 134 | 39 | 1 | — |
| 龙江集团 | 213 | 45 | 132 | 36 | — | — |
| 上　海 | 83 | — | 83 | — | 1 | — |
| 江　苏 | 4142 | 4054 | 87 | 1 | 4089 | 889 |
| 浙　江 | 356 | 77 | 189 | 90 | 112 | 34 |
| 安　徽 | 2585 | 177 | 2386 | 22 | 335 | 78 |
| 福　建 | 2198 | 678 | 1209 | 311 | 1325 | 9 |
| 江　西 | 7494 | 1779 | 5533 | 182 | 5406 | 204 |
| 山　东 | 564 | 2 | 502 | 60 | 381 | 83 |
| 河　南 | 725 | 73 | 596 | 56 | 413 | 23 |
| 湖　北 | 1370 | 240 | 1042 | 88 | 654 | 22 |
| 湖　南 | 1612 | 537 | 765 | 310 | 684 | 93 |
| 广　东 | 2544 | 170 | 2131 | 243 | 1583 | 12 |
| 广　西 | 4437 | 375 | 3653 | 409 | 2388 | 49 |
| 海　南 | 4151 | 454 | 1955 | 1742 | 1208 | 5 |
| 重　庆 | 160 | 10 | 141 | 9 | 51 | 16 |
| 四　川 | 3820 | 2577 | 1040 | 203 | 3244 | 136 |
| 贵　州 | 4852 | 481 | 4308 | 63 | 4205 | 20 |
| 云　南 | 6578 | 1313 | 1888 | 3377 | 2350 | 8 |
| 西　藏 | 1467 | 300 | 765 | 402 | 1020 | — |
| 陕　西 | 483 | 173 | 308 | 2 | 211 | 16 |
| 甘　肃 | 1896 | 12 | 1722 | 162 | 811 | 1 |
| 青　海 | 12970 | — | 12962 | 8 | 12202 | 521 |
| 宁　夏 | 1628 | 15 | 1606 | 7 | 607 | 13 |
| 新　疆 | 558 | 77 | 411 | 70 | 321 | 10 |
| 新疆兵团 | — | — | — | — | — | — |
| 局直属单位 | 726 | 19 | 707 | — | — | — |
| 大兴安岭 | — | — | — | — | — | — |

# 其他从业人员年末人数(一)

单位:人

| 按行业分 | | | | | | | |
|---|---|---|---|---|---|---|---|
| 农林牧渔业 | | | | | | | |
| 营造林 | 木竹采运 | 经济林产品种植与采集 | 花卉及其他观赏植物种植 | 陆生野生动物繁育与利用 | 其他 | 合计 | 木材加工及木、竹、藤、棕、苇制品业 |
| **37622** | **4478** | **284** | **4** | **107** | **4917** | **2742** | **2265** |
| 57 | — | — | — | — | 780 | — | — |
| — | — | — | — | — | — | — | — |
| 317 | 2 | 2 | — | — | 101 | — | — |
| 287 | — | — | — | — | — | — | — |
| 300 | — | — | — | — | 5 | — | — |
| — | — | — | — | — | — | — | — |
| 239 | — | — | 2 | — | — | — | — |
| 3914 | 41 | — | — | — | 5 | 827 | 549 |
| 37 | — | — | — | — | 5 | 827 | 549 |
| — | — | — | — | — | — | — | — |
| 1 | — | — | — | — | — | 42 | 42 |
| — | — | — | — | — | — | 42 | 42 |
| — | — | — | — | — | 1 | — | — |
| 3200 | — | — | — | — | — | — | — |
| 69 | 3 | — | — | 1 | 5 | — | — |
| 116 | 68 | — | — | 54 | 19 | 162 | 86 |
| 593 | 502 | — | — | — | 221 | 17 | — |
| 3449 | 1400 | — | — | 10 | 343 | 40 | — |
| 296 | — | — | — | — | 2 | — | — |
| 304 | 6 | 23 | 2 | 3 | 52 | 22 | 22 |
| 530 | 21 | — | — | — | 81 | 189 | 162 |
| 391 | 59 | | — | 17 | 124 | 328 | 328 |
| 1186 | 176 | 20 | — | — | 189 | 5 | — |
| 1992 | 99 | — | — | — | 248 | 880 | 863 |
| 348 | — | 155 | — | — | 700 | — | — |
| — | — | — | — | — | 35 | 8 | 8 |
| 1671 | 664 | 62 | — | 2 | 709 | 102 | 85 |
| 2943 | 359 | — | — | — | 883 | — | — |
| 1275 | 939 | — | — | — | 128 | 2 | 2 |
| 1020 | — | — | — | — | — | — | — |
| 55 | 139 | — | — | — | 1 | 118 | 118 |
| 501 | — | 9 | — | 20 | 280 | — | — |
| 11681 | — | — | — | — | — | — | — |
| 589 | — | 5 | — | — | — | — | — |
| 298 | — | 8 | — | — | 5 | — | — |
| — | — | — | — | — | — | — | — |
| — | — | — | — | — | — | — | — |
| — | — | — | — | — | — | — | — |

# 各地区林业系统单位

| 地区 | 制造业 | | | | 按行 | |
|---|---|---|---|---|---|---|
| | 木、竹、藤家具制造业 | 木、竹、苇浆造纸业 | 林产化学产品制造 | 其他 | 合计 | 林业生产服务 |
| **全国合计** | **239** | **—** | **22** | **216** | **23871** | **2117** |
| 北京 | — | — | — | — | 158 | 5 |
| 天津 | — | — | — | — | 8 | 1 |
| 河北 | — | — | — | — | 25 | — |
| 山西 | — | — | — | — | 211 | 156 |
| 内蒙古 | — | — | — | — | 358 | 138 |
| 内蒙古集团 | — | — | — | — | — | — |
| 辽宁 | — | — | — | — | 583 | — |
| 吉林 | 163 | — | — | 115 | 770 | 38 |
| 吉林集团 | 163 | — | — | 115 | — | — |
| 长白山集团 | — | — | — | — | — | — |
| 黑龙江 | — | — | — | — | 89 | — |
| 龙江集团 | — | — | — | — | 84 | — |
| 上海 | — | — | — | — | 53 | — |
| 江苏 | — | — | — | — | 53 | — |
| 浙江 | — | — | — | — | 170 | 29 |
| 安徽 | 76 | — | — | — | 2088 | 16 |
| 福建 | — | — | 16 | 1 | 856 | 262 |
| 江西 | — | — | — | 40 | 1997 | 327 |
| 山东 | — | — | — | — | 183 | 19 |
| 河南 | — | — | — | — | 281 | 23 |
| 湖北 | — | — | 6 | 21 | 527 | 121 |
| 湖南 | — | — | — | — | 600 | 25 |
| 广东 | — | — | — | 5 | 956 | 14 |
| 广西 | — | — | — | 17 | 1141 | 289 |
| 海南 | — | — | — | — | 2943 | 22 |
| 重庆 | — | — | — | — | 101 | 80 |
| 四川 | — | — | — | 17 | 421 | — |
| 贵州 | — | — | — | — | 647 | 24 |
| 云南 | — | — | — | — | 4226 | — |
| 西藏 | — | — | — | — | 447 | — |
| 陕西 | — | — | — | — | 142 | 14 |
| 甘肃 | — | — | — | — | 1085 | 379 |
| 青海 | — | — | — | — | 768 | 135 |
| 宁夏 | — | — | — | — | 1021 | — |
| 新疆 | — | — | — | — | 237 | — |
| 新疆兵团 | — | — | — | — | — | — |
| 局直属单位 | — | — | — | — | 726 | — |
| 大兴安岭 | — | — | — | — | — | — |

# 其他从业人员年末人数(二)

单位:人

| 业分 | | | | | | | |
|---|---|---|---|---|---|---|---|
| 服务业 | | | | | | | 其他行业 |
| 野生动植物保护和自然保护区管理 | 林业工程技术与规划管理 | 林业科技交流和推广服务 | 林业公共管理和社会组织 | | | 其他 | |
| | | | 小计 | 林业行政管理、公安及监督检查机构 | 林业专业性、行业性团体 | | |
| **2885** | **669** | **1804** | **12206** | **11490** | **716** | **4190** | **561** |
| — | 105 | — | 42 | 42 | — | 6 | 28 |
| 7 | — | — | — | — | — | — | — |
| — | — | 4 | 21 | 21 | — | — | — |
| — | — | 3 | 13 | 13 | — | 39 | — |
| 136 | 24 | 3 | 57 | 48 | 9 | — | — |
| — | — | — | — | — | — | — | — |
| 1 | 1 | 2 | 575 | 468 | 107 | 4 | — |
| 8 | 35 | — | 683 | 683 | — | 6 | 190 |
| — | — | — | — | — | — | — | 182 |
| — | — | — | — | — | — | — | — |
| — | — | 23 | 61 | 39 | 22 | 5 | 87 |
| — | — | 23 | 58 | 36 | 22 | 3 | 87 |
| — | — | 53 | — | — | — | — | 29 |
| — | — | 29 | 24 | 18 | 6 | — | — |
| 12 | 15 | 9 | 98 | 97 | 1 | 7 | 74 |
| 24 | 1 | 13 | 22 | 22 | — | 2012 | — |
| 60 | 18 | 35 | 475 | 375 | 100 | 6 | — |
| 20 | 7 | 53 | 995 | 713 | 282 | 595 | 51 |
| 5 | 1 | 18 | 110 | 110 | — | 30 | — |
| 14 | 1 | 12 | 119 | 119 | — | 112 | 9 |
| 42 | 13 | 25 | 242 | 242 | — | 84 | — |
| 133 | 1 | 16 | 368 | 368 | — | 57 | |
| 273 | 24 | 84 | 317 | 296 | 21 | 244 | — |
| 247 | 3 | 10 | 509 | 478 | 31 | 83 | 28 |
| 563 | — | 24 | 2304 | 2304 | — | 30 | — |
| — | — | — | 19 | 19 | — | 2 | — |
| 130 | 10 | 41 | 228 | 203 | 25 | 12 | 53 |
| 49 | 306 | — | 266 | 211 | 55 | 2 | — |
| 302 | 7 | 175 | 3736 | 3730 | 6 | 6 | — |
| — | 45 | — | 402 | 402 | — | — | — |
| 95 | 2 | — | 2 | 2 | — | 29 | 12 |
| 424 | — | 54 | 190 | 178 | 12 | 38 | — |
| — | — | 98 | 126 | 126 | — | 409 | — |
| — | — | 1014 | 7 | 7 | — | — | — |
| 131 | — | — | 106 | 76 | 30 | — | — |
| — | — | — | — | — | — | — | — |
| 209 | 50 | 6 | 89 | 80 | 9 | 372 | — |
| — | — | — | — | — | — | — | — |

# 各地区林业系统单位离开本单位

| 地区 | 总计 | 按性质分 | | | | |
| --- | --- | --- | --- | --- | --- | --- |
| | | 企业 | 事业 | 机关 | 合计 | 林木育种育苗 |
| **全国合计** | **290357** | **253160** | **36823** | **374** | **261377** | **2035** |
| 北京 | 48 | — | 48 | — | 48 | 43 |
| 天津 | — | — | — | — | — | — |
| 河北 | 421 | 165 | 225 | 31 | 313 | 81 |
| 山西 | 120 | 92 | 23 | 5 | 20 | 5 |
| 内蒙古 | 99594 | 85527 | 14057 | 10 | 85636 | 50 |
| 内蒙古集团 | 99434 | 85527 | 13907 | — | 85527 | — |
| 辽宁 | 917 | 96 | 821 | — | 838 | 12 |
| 吉林 | 52228 | 51421 | 648 | 159 | 47733 | 78 |
| 吉林集团 | 23148 | 23148 | — | — | 19190 | — |
| 长白山集团 | 22380 | 22263 | 15 | 102 | 22007 | — |
| 黑龙江 | 107157 | 100947 | 6165 | 45 | 103498 | 72 |
| 龙江集团 | 99370 | 99236 | 133 | 1 | 96758 | — |
| 上海 | 7 | — | 7 | — | — | — |
| 江苏 | 678 | 669 | 9 | — | 500 | 247 |
| 浙江 | 209 | 35 | 174 | — | 154 | 100 |
| 安徽 | 1089 | 475 | 613 | 1 | 626 | 118 |
| 福建 | 1090 | 662 | 428 | — | 983 | 31 |
| 江西 | 8311 | 4050 | 4249 | 12 | 7370 | 347 |
| 山东 | 61 | 34 | 27 | — | 59 | 44 |
| 河南 | 264 | — | 257 | 7 | 111 | 13 |
| 湖北 | 1801 | 437 | 1355 | 9 | 1300 | 152 |
| 湖南 | 7464 | 2631 | 4778 | 55 | 6336 | 510 |
| 广东 | 792 | 95 | 686 | 11 | 681 | 1 |
| 广西 | 2904 | 1279 | 1621 | 4 | 2384 | 32 |
| 海南 | 227 | 186 | 41 | — | 219 | 49 |
| 重庆 | 20 | 13 | 7 | — | — | — |
| 四川 | 992 | 876 | 112 | 4 | 820 | — |
| 贵州 | 389 | 374 | 15 | — | 370 | 6 |
| 云南 | 219 | 169 | 44 | 6 | 183 | 1 |
| 西藏 | — | — | — | — | — | — |
| 陕西 | 844 | 539 | 297 | 8 | 458 | 37 |
| 甘肃 | 101 | 8 | 88 | 5 | 53 | — |
| 青海 | 2 | — | — | 2 | — | — |
| 宁夏 | 4 | — | 4 | — | — | — |
| 新疆 | 26 | 14 | 12 | — | 23 | 6 |
| 新疆兵团 | — | — | — | — | — | — |
| 局直属单位 | 2378 | 2366 | 12 | — | 661 | — |
| 大兴安岭 | 2321 | 2321 | — | — | 661 | — |

# 仍保留劳动关系人员年末人数(一)

单位:人

| 按行业分 | | | | | | | |
|---|---|---|---|---|---|---|---|
| 农林牧渔业 | | | | | | | |
| 营造林 | 木竹采运 | 经济林产品种植与采集 | 花卉及其他观赏植物种植 | 陆生野生动物繁育与利用 | 其他 | 合 计 | 木材加工及木、竹、藤、棕、苇制品业 |
| **167440** | **87265** | **188** | **44** | **150** | **4255** | **8388** | **7602** |
| — | — | — | — | — | 5 | — | — |
| — | — | — | — | — | — | — | — |
| 94 | — | 14 | — | — | 124 | 3 | — |
| 8 | — | — | — | — | 7 | — | — |
| 85567 | 6 | — | — | — | 13 | — | — |
| 85527 | — | — | — | — | — | — | — |
| 34 | 792 | — | — | — | — | 51 | 51 |
| 9592 | 37943 | — | — | — | 120 | 4159 | 4146 |
| 1688 | 17502 | — | — | — | — | 3903 | 3890 |
| 1600 | 20407 | — | — | — | — | 256 | 256 |
| 60242 | 43019 | — | — | 1 | 164 | 2211 | 1828 |
| 53808 | 42948 | — | — | — | 2 | 1943 | 1568 |
| — | — | — | — | — | — | — | — |
| 214 | — | — | — | — | 39 | — | — |
| 54 | — | — | — | — | — | — | — |
| 478 | 6 | — | — | — | 24 | 90 | 76 |
| 328 | 544 | 4 | 4 | 3 | 69 | 2 | 2 |
| 3475 | 1069 | — | — | 115 | 2364 | 138 | — |
| 15 | — | — | — | — | — | — | — |
| 97 | — | — | — | — | 1 | 1 | 1 |
| 1092 | 31 | — | 25 | — | — | 148 | 148 |
| 3081 | 2058 | 115 | | 16 | 556 | 562 | 533 |
| 451 | 116 | 3 | 2 | — | 108 | 64 | 8 |
| 1175 | 750 | — | — | — | 427 | 293 | 274 |
| 117 | — | 46 | — | 4 | 3 | — | — |
| — | — | — | — | — | — | 13 | 13 |
| 523 | 277 | 4 | 13 | — | 3 | 23 | 10 |
| 16 | 345 | — | — | — | 3 | — | — |
| 121 | 36 | — | — | — | 25 | 22 | 22 |
| — | — | — | — | — | — | — | — |
| 89 | 273 | — | — | 4 | 55 | 278 | 278 |
| 32 | — | — | — | 7 | 14 | — | — |
| — | — | — | — | — | — | — | — |
| — | — | — | — | — | — | — | — |
| 15 | — | 2 | — | — | — | — | — |
| — | — | — | — | — | — | — | — |
| 530 | — | — | — | — | 131 | 330 | 212 |
| 530 | — | — | — | — | 131 | 330 | 212 |

# 各地区林业系统单位离开本单位

| 地　　区 | | | | | 按　　行 | |
|---|---|---|---|---|---|---|
| | 制　　造　　业 | | | | | |
| | 木、竹、藤家具制造业 | 木、竹、苇浆造纸业 | 林产化学产品制造 | 其　他 | 合　计 | 林业生产服务 |
| **全国合计** | **103** | **8** | **—** | **675** | **3910** | **760** |
| 北　京 | — | — | — | — | — | — |
| 天　津 | — | — | — | — | — | — |
| 河　北 | — | — | — | 3 | 73 | 32 |
| 山　西 | — | — | — | — | 100 | 7 |
| 内蒙古 | — | — | — | — | 51 | 6 |
| 内蒙古集团 | — | — | — | — | — | — |
| 辽　宁 | — | — | — | — | 28 | — |
| 吉　林 | — | — | — | 13 | 316 | 10 |
| 吉林集团 | — | — | — | 13 | 35 | — |
| 长白山集团 | — | — | — | — | 117 | — |
| 黑龙江 | — | 8 | — | 375 | 690 | 143 |
| 龙江集团 | — | 8 | — | 367 | 248 | — |
| 上　海 | — | — | — | — | — | — |
| 江　苏 | — | — | — | — | 178 | — |
| 浙　江 | — | — | — | — | 27 | 22 |
| 安　徽 | — | — | — | 14 | 27 | — |
| 福　建 | — | — | — | — | 104 | 68 |
| 江　西 | 103 | — | — | 35 | 785 | 219 |
| 山　东 | — | — | — | — | 2 | — |
| 河　南 | — | — | — | — | 151 | 2 |
| 湖　北 | — | — | — | — | 353 | 40 |
| 湖　南 | — | — | — | 29 | 554 | 101 |
| 广　东 | — | — | — | 56 | 47 | 19 |
| 广　西 | — | — | — | 19 | 116 | 28 |
| 海　南 | — | — | — | — | 8 | — |
| 重　庆 | — | — | — | — | 7 | 7 |
| 四　川 | — | — | — | 13 | 47 | 21 |
| 贵　州 | — | — | — | — | 19 | 12 |
| 云　南 | — | — | — | — | 14 | — |
| 西　藏 | — | — | — | — | — | — |
| 陕　西 | — | — | — | — | 107 | 6 |
| 甘　肃 | — | — | — | — | 40 | 17 |
| 青　海 | — | — | — | — | 2 | — |
| 宁　夏 | — | — | — | — | 4 | — |
| 新　疆 | — | — | — | — | 3 | — |
| 新疆兵团 | — | — | — | — | — | — |
| 局直属单位 | — | — | — | 118 | 57 | — |
| 大兴安岭 | — | — | — | 118 | — | — |

# 仍保留劳动关系人员年末人数(二)

单位:人

| 业分 | | | | | | | |
|---|---|---|---|---|---|---|---|
| 服务业 | | | | | | | 其他行业 |
| 野生动植物保护和自然保护区管理 | 林业工程技术与规划管理 | 林业科技交流和推广服务 | 林业公共管理和社会组织 | | | 其他 | |
| | | | 小计 | 林业行政管理、公安及监督检查机构 | 林业专业性、行业性团体 | | |
| **264** | **154** | **179** | **1291** | **1131** | **160** | **1262** | **16682** |
| — | — | — | — | — | — | — | — |
| — | — | — | — | — | — | — | — |
| — | 2 | — | 39 | 39 | — | — | 32 |
| 1 | — | — | 5 | 5 | — | 87 | — |
| 1 | 2 | — | 12 | 12 | — | 30 | 13907 |
| — | — | — | — | — | — | — | 13907 |
| | | | | | | | |
| — | — | 1 | 27 | 25 | 2 | — | — |
| — | 16 | 6 | 227 | 227 | — | 57 | 20 |
| — | — | — | — | — | — | 35 | 20 |
| — | 9 | 6 | 102 | 102 | — | — | — |
| — | 25 | 5 | 151 | 65 | 86 | 366 | 758 |
| — | 25 | 5 | 87 | 1 | 86 | 131 | 421 |
| | | | | | | | |
| — | — | — | — | — | — | — | 7 |
| — | — | 8 | 170 | 170 | — | — | — |
| 5 | — | — | — | — | — | — | 28 |
| 2 | — | 1 | 2 | 2 | — | 22 | 346 |
| — | 14 | 4 | 6 | 1 | 5 | 12 | 1 |
| 1 | 10 | 2 | 44 | 29 | 15 | 509 | 18 |
| — | — | 2 | — | — | — | — | — |
| | | | | | | | |
| 58 | 7 | 6 | 78 | 78 | — | — | 1 |
| — | — | 60 | 169 | 169 | — | 84 | — |
| 111 | 13 | 59 | 254 | 254 | — | 16 | 12 |
| — | — | 7 | 21 | 19 | 2 | — | — |
| 14 | — | 3 | 51 | 4 | 47 | 20 | 111 |
| 4 | — | 4 | — | — | — | — | — |
| | | | | | | | |
| — | — | — | — | — | — | — | — |
| — | 1 | — | 9 | 7 | 2 | 16 | 102 |
| — | 7 | — | — | — | — | — | — |
| 1 | — | 2 | 7 | 7 | — | 4 | — |
| — | — | — | — | — | — | — | — |
| | | | | | | | |
| 64 | — | 8 | 8 | 8 | — | 21 | 1 |
| 2 | — | 1 | 5 | 5 | — | 15 | 8 |
| — | — | — | 2 | 2 | — | — | — |
| — | — | — | 1 | 1 | — | 3 | — |
| — | — | — | 3 | 2 | 1 | — | — |
| — | — | — | — | — | — | — | — |
| | | | | | | | |
| — | 57 | — | — | — | — | — | 1330 |
| — | — | — | — | — | — | — | 1330 |

# 各地区林业系统单位

| 地　区 | 总　计 | 按性质分 | | | | |
|---|---|---|---|---|---|---|
| | | 企　业 | 事　业 | 机　关 | 合　计 | 林木育种育苗 |
| **全国合计** | **1051641** | **666907** | **331010** | **53724** | **858023** | **25176** |
| 北　京 | 6461 | 84 | 5661 | 716 | 3383 | 558 |
| 天　津 | 402 | — | 315 | 87 | 262 | 42 |
| 河　北 | 11451 | 1240 | 8390 | 1821 | 8193 | 1546 |
| 山　西 | 10326 | 166 | 8957 | 1203 | 6516 | 874 |
| 内蒙古 | 113288 | 78956 | 32198 | 2134 | 94465 | 1347 |
| 内蒙古集团 | 89760 | 78604 | 11156 | — | 78488 | — |
| 辽　宁 | 13471 | 505 | 11595 | 1371 | 9436 | 389 |
| 吉　林 | 104382 | 89129 | 12913 | 2340 | 94282 | 858 |
| 吉林集团 | 36539 | 36539 | — | — | 32017 | — |
| 长白山集团 | 39181 | 38800 | 47 | 334 | 38462 | — |
| 黑龙江 | 335212 | 296704 | 33440 | 5068 | 300562 | 546 |
| 龙江集团 | 302070 | 295095 | 4949 | 2026 | 273383 | — |
| 上　海 | 1515 | — | 1223 | 292 | 48 | — |
| 江　苏 | 8040 | 5097 | 2873 | 70 | 7132 | 2438 |
| 浙　江 | 9083 | 813 | 7251 | 1019 | 4691 | 1683 |
| 安　徽 | 12548 | 1256 | 9958 | 1334 | 9232 | 1298 |
| 福　建 | 22954 | 13038 | 7620 | 2296 | 16624 | 194 |
| 江　西 | 36502 | 10439 | 23052 | 3011 | 27554 | 1164 |
| 山　东 | 9975 | 612 | 8119 | 1244 | 6470 | 1325 |
| 河　南 | 9245 | 373 | 7155 | 1717 | 5178 | 967 |
| 湖　北 | 14804 | 2839 | 9894 | 2071 | 8304 | 885 |
| 湖　南 | 32350 | 6021 | 21669 | 4660 | 18440 | 1416 |
| 广　东 | 29508 | 4286 | 21162 | 4060 | 20986 | 777 |
| 广　西 | 31673 | 3990 | 25778 | 1905 | 24859 | 757 |
| 海　南 | 5554 | 4044 | 1299 | 211 | 4592 | 220 |
| 重　庆 | 5135 | 141 | 3857 | 1137 | 2902 | 151 |
| 四　川 | 73400 | 57821 | 11670 | 3909 | 65685 | 1127 |
| 贵　州 | 10891 | 2334 | 6914 | 1643 | 6973 | 459 |
| 云　南 | 21971 | 12268 | 6571 | 3132 | 16123 | 928 |
| 西　藏 | 11 | — | 11 | — | 11 | — |
| 陕　西 | 15532 | 5578 | 8377 | 1577 | 10109 | 898 |
| 甘　肃 | 16502 | 292 | 14774 | 1436 | 12024 | 322 |
| 青　海 | 1054 | — | 903 | 151 | 800 | 134 |
| 宁　夏 | 5900 | 549 | 5085 | 266 | 4914 | 682 |
| 新　疆 | 10527 | 3894 | 5384 | 1249 | 7178 | 1191 |
| 新疆兵团 | — | — | — | — | — | — |
| 局直属单位 | 71974 | 64438 | 6942 | 594 | 60095 | — |
| 大兴安岭 | 66161 | 64011 | 1556 | 594 | 60095 | — |

# 实有离退休人员年末人数(一)

单位:人

| 按行业分 | | | | | | | |
|---|---|---|---|---|---|---|---|
| 农林牧渔业 | | | | | | | |
| 营造林 | 木竹采运 | 经济林产品种植与采集 | 花卉及其他观赏植物种植 | 陆生野生动物繁育与利用 | 其他 | 合计 | 木材加工及木、竹、藤、棕、苇制品业 |
| **530069** | **261242** | **2846** | **569** | **403** | **37718** | **32220** | **19078** |
| 473 | — | 22 | 54 | — | 2276 | — | — |
| 70 | — | 65 | — | 1 | 84 | — | — |
| 3971 | 40 | 128 | 13 | 4 | 2491 | 2 | 1 |
| 5006 | — | — | — | — | 636 | 40 | — |
| 91686 | 21 | 21 | 1 | — | 1389 | 29 | — |
| 78488 | — | — | — | — | — | — | — |
| 5022 | 2957 | 152 | 4 | 14 | 898 | 53 | 48 |
| 30352 | 62426 | — | — | 3 | 643 | 4757 | 3701 |
| 6040 | 25975 | — | — | — | 2 | 4419 | 3363 |
| 2678 | 35784 | — | — | — | — | 338 | 338 |
| 137691 | 161432 | 7 | — | — | 886 | 16048 | 8118 |
| 112824 | 160548 | — | — | — | 11 | 15970 | 8118 |
| 16 | — | — | — | — | 32 | — | — |
| 3992 | 25 | 347 | 2 | — | 328 | — | — |
| 2891 | 33 | 2 | — | 5 | 77 | — | — |
| 6433 | 750 | — | 211 | 17 | 523 | 349 | 279 |
| 5958 | 8820 | 15 | 28 | 14 | 1595 | 1444 | 1309 |
| 16113 | 6242 | 29 | 7 | 117 | 3882 | 219 | 61 |
| 4912 | 30 | 83 | 7 | 19 | 94 | — | — |
| 3428 | 104 | 18 | 70 | 20 | 571 | 31 | 31 |
| 6656 | 104 | 10 | 6 | — | 643 | 819 | 684 |
| 10836 | 3486 | 55 | 39 | 38 | 2370 | 2647 | 2285 |
| 15708 | 1161 | 76 | 1 | 3 | 3260 | 183 | 115 |
| 21286 | 1283 | 8 | 50 | 8 | 1467 | 1175 | 930 |
| 3507 | — | 158 | — | 56 | 651 | 9 | 9 |
| 2576 | 39 | 1 | — | — | 135 | 93 | 93 |
| 59409 | 2803 | 32 | 55 | 10 | 2249 | 588 | 144 |
| 4177 | 1425 | 14 | 12 | 5 | 881 | — | — |
| 7058 | 3871 | 7 | 5 | — | 4254 | 156 | 128 |
| 11 | — | — | — | — | — | — | — |
| 4380 | 4185 | 41 | 4 | 21 | 580 | 926 | 907 |
| 10972 | — | 45 | — | 19 | 666 | 177 | 174 |
| 633 | — | — | — | 27 | 6 | — | — |
| 2564 | — | 901 | — | — | 767 | — | — |
| 4982 | 5 | 609 | — | 2 | 389 | — | — |
| — | — | — | — | — | — | — | — |
| 57300 | — | — | — | — | 2795 | 2475 | 61 |
| 57300 | — | — | — | — | 2795 | 2475 | 61 |

# 各地区林业系统单位

| 地　区 | 制　造　业 | | | | 按　行 | |
|---|---|---|---|---|---|---|
| | 木、竹、藤家具制造业 | 木、竹、苇浆造纸业 | 林产化学产品制造 | 其　他 | 合　计 | 林业生产服务 |
| **全国合计** | **457** | **1210** | **224** | **11251** | **137822** | **16809** |
| 北　京 | — | — | — | — | 3077 | 83 |
| 天　津 | — | — | — | — | 140 | 3 |
| 河　北 | — | — | — | 1 | 3229 | 127 |
| 山　西 | — | — | — | 40 | 3770 | 358 |
| 内蒙古 | 29 | — | — | — | 7674 | 3653 |
| 内蒙古集团 | — | — | — | — | 168 | — |
| 辽　宁 | — | — | — | 5 | 3980 | 92 |
| 吉　林 | 25 | — | — | 1031 | 5202 | 873 |
| 吉林集团 | 25 | — | — | 1031 | 50 | — |
| 长白山集团 | — | — | — | — | 381 | 3 |
| 黑龙江 | — | 1158 | — | 6772 | 12390 | 568 |
| 龙江集团 | — | 1158 | — | 6694 | 6513 | 34 |
| 上　海 | — | — | — | — | 658 | 94 |
| 江　苏 | — | — | — | — | 894 | 6 |
| 浙　江 | — | — | — | — | 4288 | 1229 |
| 安　徽 | 27 | — | — | 43 | 2624 | 185 |
| 福　建 | — | — | 93 | 42 | 4861 | 880 |
| 江　西 | 87 | — | 26 | 45 | 8616 | 1945 |
| 山　东 | — | — | — | — | 3505 | 286 |
| 河　南 | — | — | — | — | 3991 | 152 |
| 湖　北 | — | — | — | 135 | 5681 | 384 |
| 湖　南 | 258 | 52 | — | 52 | 10859 | 659 |
| 广　东 | — | — | — | 68 | 8200 | 547 |
| 广　西 | — | — | 77 | 168 | 5165 | 1604 |
| 海　南 | — | — | — | — | 953 | 13 |
| 重　庆 | — | — | — | — | 2055 | 464 |
| 四　川 | 31 | — | 28 | 385 | 6795 | 675 |
| 贵　州 | — | — | — | — | 3881 | 541 |
| 云　南 | — | — | — | 28 | 5565 | 134 |
| 西　藏 | — | — | — | — | — | — |
| 陕　西 | — | — | — | 19 | 4326 | 399 |
| 甘　肃 | — | — | — | 3 | 4255 | 192 |
| 青　海 | — | — | — | — | 254 | 27 |
| 宁　夏 | — | — | — | — | 951 | 66 |
| 新　疆 | — | — | — | — | 3285 | 522 |
| 新疆兵团 | — | — | — | — | — | — |
| 局直属单位 | — | — | — | 2414 | 6698 | 48 |
| 大兴安岭 | — | — | — | 2414 | 885 | 48 |

# 实有离退休人员年末人数(二)

单位:人

| 业分 | | | | | | | |
|---|---|---|---|---|---|---|---|
| 服务业 | | | | | | | 其他行业 |
| 野生动植物保护和自然保护区管理 | 林业工程技术与规划管理 | 林业科技交流和推广服务 | 林业公共管理和社会组织 | | | 其他 | |
| | | | 小计 | 林业行政管理、公安及监督检查机构 | 林业专业性、行业性团体 | | |
| **9912** | **7202** | **15276** | **76029** | **70203** | **5826** | **12594** | **23576** |
| 118 | 290 | 22 | 1608 | 1448 | 160 | 956 | 1 |
| 31 | — | 18 | 88 | 88 | — | — | — |
| 469 | 94 | 310 | 2135 | 2129 | 6 | 94 | 27 |
| 160 | 268 | 258 | 2172 | 2160 | 12 | 554 | — |
| 180 | 396 | 523 | 2677 | 2519 | 158 | 245 | 11120 |
| — | 150 | — | — | — | — | 18 | 11104 |
| 255 | 262 | 466 | 2621 | 2505 | 116 | 284 | 2 |
| 108 | 598 | 197 | 3339 | 3320 | 19 | 87 | 141 |
| — | — | — | — | — | — | 50 | 53 |
| — | 5 | 32 | 341 | 341 | — | — | — |
| 142 | 845 | 887 | 7814 | 6071 | 1743 | 2134 | 6212 |
| — | 718 | 770 | 3741 | 2026 | 1715 | 1250 | 6204 |
| 9 | 24 | 239 | 292 | 292 | — | — | 809 |
| — | 2 | 227 | 659 | 473 | 186 | — | 14 |
| 838 | 59 | 870 | 1058 | 1048 | 10 | 234 | 104 |
| 141 | 110 | 546 | 1521 | 1481 | 40 | 121 | 343 |
| 25 | 183 | 373 | 3197 | 2761 | 436 | 203 | 25 |
| 135 | 199 | 315 | 5362 | 4920 | 442 | 660 | 113 |
| 240 | 395 | 605 | 1641 | 1627 | 14 | 338 | — |
| 893 | 61 | 398 | 1979 | 1949 | 30 | 508 | 45 |
| 301 | 287 | 591 | 3506 | 3506 | — | 612 | — |
| 1846 | 366 | 574 | 6703 | 6284 | 419 | 711 | 404 |
| 257 | 218 | 1043 | 4962 | 4374 | 588 | 1173 | 139 |
| 359 | 30 | 304 | 2543 | 2295 | 248 | 325 | 474 |
| 449 | — | 160 | 328 | 328 | — | 3 | — |
| 221 | 38 | 38 | 1267 | 1249 | 18 | 27 | 85 |
| 558 | 672 | 412 | 4197 | 4193 | 4 | 281 | 332 |
| 94 | 333 | 74 | 2649 | 2431 | 218 | 190 | 37 |
| 392 | 99 | 326 | 3735 | 3561 | 174 | 879 | 127 |
| — | — | — | — | — | — | — | — |
| 402 | 200 | 1237 | 1832 | 1758 | 74 | 256 | 171 |
| 443 | 234 | 696 | 1560 | 1491 | 69 | 1130 | 46 |
| — | 23 | 53 | 151 | 151 | — | — | — |
| 434 | 21 | 59 | 330 | 330 | — | 41 | 35 |
| 122 | 18 | 165 | 2449 | 1853 | 596 | 9 | 64 |
| — | — | — | — | — | — | — | — |
| 290 | 877 | 3290 | 1654 | 1608 | 46 | 539 | 2706 |
| 25 | — | 170 | 594 | 594 | — | 48 | 2706 |

# 各地区林业系统单位

| 地区 | 总计 | 按性质分 | | | | |
|---|---|---|---|---|---|---|
| | | 企业 | 事业 | 机关 | 合计 | 林木育种育苗 |
| **全国合计** | **46714** | **34527** | **51573** | **73731** | **39647** | **45257** |
| 北京 | 108388 | 107831 | 104020 | 139030 | 107642 | 103826 |
| 天津 | 85767 | — | 81973 | 109731 | 75879 | 60800 |
| 河北 | 50741 | 32646 | 50865 | 58599 | 48675 | 47326 |
| 山西 | 48437 | 39631 | 47186 | 64822 | 44522 | 41671 |
| 内蒙古 | 48635 | 43256 | 49962 | 78376 | 44641 | 51880 |
| 内蒙古集团 | 44550 | 43734 | 60207 | — | 43673 | — |
| 辽宁 | 42092 | 43555 | 39096 | 65917 | 35476 | 39508 |
| 吉林 | 35639 | 34022 | 35955 | 67161 | 31328 | 31488 |
| 吉林集团 | 38883 | 38883 | — | — | 37242 | — |
| 长白山集团 | 37160 | 36152 | 88966 | 93470 | 36561 | — |
| 黑龙江 | 32726 | 29542 | 41241 | 66661 | 30261 | 36003 |
| 龙江集团 | 31469 | 29583 | 66497 | 77109 | 29480 | — |
| 上海 | 118983 | — | 115271 | 143577 | 102372 | 103601 |
| 江苏 | 65061 | 36883 | 84940 | 63733 | 66253 | 35970 |
| 浙江 | 94820 | 68169 | 90785 | 116842 | 83965 | 81536 |
| 安徽 | 41002 | 32529 | 38518 | 64826 | 38614 | 29640 |
| 福建 | 60058 | 40062 | 63521 | 78501 | 55919 | 52283 |
| 江西 | 47796 | 36522 | 46355 | 65739 | 39293 | 43071 |
| 山东 | 54895 | 46897 | 52829 | 73628 | 48652 | 46402 |
| 河南 | 33511 | 30365 | 31878 | 42869 | 30337 | 25439 |
| 湖北 | 45279 | 34922 | 44089 | 59568 | 34999 | 39100 |
| 湖南 | 46204 | 34960 | 45962 | 53501 | 41998 | 40286 |
| 广东 | 65862 | 32646 | 59894 | 94500 | 52266 | 47589 |
| 广西 | 46735 | 22156 | 47436 | 67426 | 43501 | 44602 |
| 海南 | 52426 | 38011 | 46814 | 98735 | 38307 | 36084 |
| 重庆 | 68756 | 40155 | 66920 | 83043 | 67851 | 63625 |
| 四川 | 59272 | 49152 | 61230 | 77659 | 53759 | 52395 |
| 贵州 | 39715 | 19485 | 41409 | 54677 | 33717 | 35443 |
| 云南 | 64408 | 40392 | 65083 | 88797 | 53273 | 46628 |
| 西藏 | 82449 | 60454 | 72566 | 93251 | 63324 | 71134 |
| 陕西 | 50612 | 38236 | 51608 | 62496 | 45364 | 51585 |
| 甘肃 | 59641 | 32086 | 58283 | 76638 | 50698 | 51248 |
| 青海 | 50728 | — | 42956 | 96079 | 37417 | 84873 |
| 宁夏 | 53148 | 40797 | 51920 | 84629 | 50124 | 61016 |
| 新疆 | 58683 | 44892 | 59068 | 77893 | 51031 | 57754 |
| 新疆兵团 | — | — | — | — | — | — |
| 局直属单位 | 51716 | 37897 | 107162 | 89669 | 35757 | — |
| 大兴安岭 | 37680 | 35391 | 59134 | 71285 | 35757 | — |

# 在岗职工年平均工资（一）

单位:元

| 按行业分 | | | | | | | |
|---|---|---|---|---|---|---|---|
| 农林牧渔业 | | | | | | | |
| 营造林 | 木竹采运 | 经济林产品种植与采集 | 花卉及其他观赏植物种植 | 陆生野生动物繁育与利用 | 其他 | 合　计 | 木材加工及木、竹、藤、棕、苇制品业 |
| **40215** | **32338** | **41572** | **33981** | **46901** | **53241** | **34797** | **33365** |
| | | | | | | | |
| 106324 | — | 144489 | 98991 | — | 107594 | — | — |
| 74882 | — | 82106 | — | 99841 | 84683 | — | — |
| 51020 | 37652 | 43718 | 45296 | 42879 | 47453 | 20231 | 12978 |
| 47087 | — | — | — | — | 37340 | 51732 | — |
| 44003 | 79613 | 73241 | 90922 | — | 52551 | 33147 | — |
| 43673 | — | — | — | — | — | — | — |
| | | | | | | | |
| 39325 | 28653 | 31642 | 39474 | 48607 | 20617 | 44527 | 44557 |
| 26173 | 37092 | 32683 | 28571 | 73780 | 34481 | 34900 | 32412 |
| 32702 | 38528 | 32683 | — | — | 39060 | 35399 | 32836 |
| 40239 | 36147 | — | — | — | — | 29377 | 29377 |
| 31034 | 29313 | 53115 | — | 52525 | 40353 | 30009 | 36162 |
| 29975 | 29149 | — | — | — | 52915 | 30038 | 36162 |
| | | | | | | | |
| 118129 | — | — | — | — | 84310 | — | — |
| 95777 | 41176 | 28352 | 34560 | — | 43535 | — | — |
| 79689 | 64481 | 47137 | — | 68000 | 120321 | — | — |
| 40465 | 36991 | — | 34710 | 17398 | 44305 | 24686 | 23855 |
| 60696 | 40584 | 38226 | 34543 | 30240 | 79243 | 35823 | 30962 |
| 39298 | 35976 | 60741 | 52451 | 58074 | 39883 | 42977 | 38400 |
| 48980 | 49966 | 60334 | 47598 | 44474 | 52545 | — | — |
| | | | | | | | |
| 29702 | 30273 | 39199 | 34510 | 31175 | 37055 | 15418 | 20266 |
| 34138 | 31540 | 39417 | 36457 | 36870 | 43799 | 31540 | 30794 |
| 42654 | 38103 | 31009 | 47192 | 48494 | 42906 | 34231 | 31885 |
| 50535 | 49123 | 65989 | 36000 | 83210 | 57920 | 18409 | 15021 |
| 43614 | 40574 | 42469 | 12455 | 30100 | 47720 | 26774 | 27271 |
| 44756 | — | 15964 | 18200 | 12201 | 31129 | 2400 | 2400 |
| | | | | | | | |
| 68352 | 37842 | 39650 | — | — | 70915 | 43285 | 43285 |
| 52356 | 50263 | 37973 | 55700 | 62585 | 61623 | 36706 | 39531 |
| 38059 | 24147 | 43987 | 21873 | 41748 | 27688 | 22667 | — |
| 51882 | 44391 | 68944 | 54816 | 60537 | 65238 | 49441 | 23758 |
| 67541 | 27789 | — | — | — | — | — | — |
| | | | | | | | |
| 44168 | 42093 | 54149 | 30222 | 45004 | 53131 | 29680 | 27351 |
| 50124 | 43772 | 53832 | — | 60600 | 54653 | 31821 | 31751 |
| 34601 | — | — | 73243 | 76879 | 45624 | — | — |
| 50870 | — | 43432 | — | — | 47646 | — | — |
| 50165 | 77128 | 32667 | 56150 | 69552 | 59538 | 40000 | — |
| — | — | — | — | — | — | — | — |
| | | | | | | | |
| 35458 | — | — | — | — | 75940 | 30305 | 29195 |
| 35458 | — | — | — | — | 75940 | 30305 | 29195 |

# 各地区林业系统单位

| 地区 | | | | | 按行 | |
|---|---|---|---|---|---|---|
| | 制造业 | | | | | |
| | 木、竹、藤家具制造业 | 木、竹、苇浆造纸业 | 林产化学产品制造 | 其他 | 合计 | 林业生产服务 |
| **全国合计** | **44935** | **33742** | **33481** | **34451** | **65080** | **55492** |
| 北京 | — | — | — | — | 109237 | 98994 |
| 天津 | — | — | — | — | 103247 | 77131 |
| 河北 | — | — | — | 25187 | 55700 | 42274 |
| 山西 | — | — | — | 51732 | 53340 | 37112 |
| 内蒙古 | 33147 | — | — | — | 63066 | 53371 |
| 内蒙古集团 | — | — | — | — | 59799 | — |
| 辽宁 | 44429 | — | — | 61976 | 51371 | 44697 |
| 吉林 | 56340 | — | 39090 | 40713 | 56146 | 47534 |
| 吉林集团 | 56340 | — | 35313 | 40558 | 82499 | — |
| 长白山集团 | — | — | — | — | 92450 | 87294 |
| 黑龙江 | — | 20010 | 29706 | 24816 | 60387 | 36236 |
| 龙江集团 | — | 20010 | — | 24803 | 69590 | 66102 |
| 上海 | — | — | — | — | 127434 | 118744 |
| 江苏 | — | — | — | — | 58039 | 58370 |
| 浙江 | — | — | — | — | 100478 | 94053 |
| 安徽 | 19800 | — | 34471 | 58310 | 46134 | 63445 |
| 福建 | — | — | 45619 | 39000 | 66289 | 56917 |
| 江西 | 30000 | — | 42980 | 44179 | 58221 | 52466 |
| 山东 | — | — | — | — | 62565 | 64492 |
| 河南 | — | — | — | 6000 | 37947 | 36997 |
| 湖北 | — | — | 48000 | 35166 | 53230 | 43991 |
| 湖南 | 40700 | 40700 | 34000 | 32736 | 50058 | 49294 |
| 广东 | — | — | — | 26649 | 78668 | 50729 |
| 广西 | — | — | 24194 | 24473 | 58354 | 54503 |
| 海南 | — | — | — | — | 67133 | 46914 |
| 重庆 | — | — | — | — | 69129 | 62850 |
| 四川 | 32070 | — | 26421 | 35431 | 71838 | 74095 |
| 贵州 | — | — | 22667 | — | 51773 | 47695 |
| 云南 | — | — | 8000 | 83141 | 79489 | 67057 |
| 西藏 | — | — | — | — | 90540 | — |
| 陕西 | 35921 | — | — | 34009 | 61607 | 59066 |
| 甘肃 | — | — | — | 45523 | 80114 | 41383 |
| 青海 | — | — | — | — | 71881 | 91326 |
| 宁夏 | — | — | — | — | 60677 | 77352 |
| 新疆 | — | — | — | 40000 | 70550 | 67106 |
| 新疆兵团 | — | — | — | — | — | — |
| 局直属单位 | — | — | — | 30429 | 117515 | 34288 |
| 大兴安岭 | — | — | — | 30429 | 53074 | 34288 |

# 在岗职工年平均工资(二)

单位:元

| 业 分 | | | | | | | |
|---|---|---|---|---|---|---|---|
| 服 务 业 | | | | | | | 其他行业 |
| 野生动植物保护和自然保护区管理 | 林业工程技术与规划管理 | 林业科技交流和推广服务 | 林业公共管理和社会组织 | | | 其 他 | |
| | | | 小 计 | 林业行政管理、公安及监督检查机构 | 林业专业性、行业性团体 | | |
| **63813** | **87090** | **64017** | **67309** | **67844** | **61218** | **56299** | **58371** |
| 107054 | 98459 | 103792 | 122521 | 125967 | 95889 | 93204 | 108376 |
| 102366 | — | 106795 | 109731 | 109731 | — | — | — |
| 74087 | 75701 | 42342 | 56692 | 57045 | 30743 | 67780 | — |
| 55696 | 60508 | 58217 | 56288 | 56188 | 66785 | 63097 | — |
| 63587 | 73164 | 71233 | 74482 | 76052 | 43257 | 24456 | 58850 |
| 50765 | 68313 | — | — | — | — | 62627 | 58890 |
| 54008 | 57459 | 56239 | 49700 | 50465 | 41408 | 53545 | 22000 |
| 58641 | 63533 | 57702 | 57432 | 57526 | 35000 | 41422 | 76966 |
| — | — | — | — | — | — | 82499 | 80776 |
| — | 96318 | 76888 | 93416 | 93416 | — | — | — |
| 48532 | 66251 | 62432 | 65772 | 63221 | 72678 | 60818 | 44566 |
| — | 65702 | 62894 | 74508 | 77109 | 72894 | 62040 | 44475 |
| 116442 | 123665 | 122571 | 143577 | 143577 | — | — | 112681 |
| 33250 | 20400 | 52745 | 64778 | 62924 | 70915 | — | 62644 |
| 91158 | 119480 | 103781 | 114452 | 115608 | 65563 | 45320 | 85106 |
| 43194 | 54628 | 57058 | 64399 | 64561 | 62084 | 9379 | 36653 |
| 55422 | 55985 | 62975 | 72385 | 76124 | 55922 | 48941 | 43266 |
| 61303 | 75222 | 51216 | 60474 | 62151 | 51097 | 53642 | 44617 |
| 65673 | 46488 | 60280 | 67746 | 68407 | 25495 | 59303 | — |
| 31448 | 31251 | 33402 | 40190 | 40326 | 30289 | 44377 | 31806 |
| 51344 | 68896 | 51398 | 50170 | 50170 | — | 77594 | — |
| 51942 | 59220 | 47820 | 49196 | 49164 | 49738 | 50222 | 67231 |
| 87271 | 122814 | 76105 | 90117 | 91672 | 75252 | 53788 | 75270 |
| 41877 | 47180 | 52773 | 65035 | 66495 | 54493 | 48294 | 41577 |
| 43472 | — | 69907 | 79456 | 79456 | — | 58378 | — |
| 65294 | 68430 | 63753 | 80004 | 79620 | 92821 | 43786 | 97377 |
| 57152 | 73222 | 63599 | 75047 | 75565 | 37297 | 70498 | 63072 |
| 36158 | 48806 | 47933 | 57443 | 59630 | 43333 | 4711 | 25566 |
| 72990 | 73365 | 67725 | 85441 | 86070 | 73781 | 53124 | 50413 |
| — | 74662 | — | 93251 | 93251 | — | — | — |
| 47996 | 55612 | 67925 | 63985 | 65062 | 52978 | 50820 | 48544 |
| 159897 | 62587 | 67266 | 74486 | 75599 | 52988 | 62294 | 45178 |
| 73113 | 89249 | 48393 | 97884 | 97884 | — | 69323 | — |
| 56598 | 59661 | 41043 | 81756 | 81756 | — | 50989 | 64086 |
| 64542 | 59304 | 65734 | 72817 | 74822 | 67940 | 90189 | 78310 |
| — | — | — | — | — | — | — | — |
| 57013 | 295359 | 90318 | 100962 | 99716 | 148263 | 115345 | 73039 |
| 44659 | — | 74158 | 71285 | 71285 | — | 34373 | 73039 |

# 林业系统按行业分

| 国民经济行业 | 轻　伤<br>（人次） |
|---|---|
| **总　　计** | **419** |
| **一、农林牧渔业** | **365** |
| 1. 营造林 | 208 |
| 2. 木竹采运 | 93 |
| 3. 陆生野生动物繁育与利用 | 14 |
| 4. 其他 | 50 |
| **二、采矿业** | **—** |
| **三、制造业** | **20** |
| 1. 木材加工及木、竹、藤、棕、苇制品业 | 17 |
| 2. 木、竹、藤家具制造业 | 2 |
| 3. 木、竹、苇浆造纸业 | — |
| 4. 林产化学产品制造 | — |
| 5. 其他 | 1 |
| **四、建筑业** | **—** |
| **五、服务业** | **25** |
| 其中：林业有害生物防治 | — |
| 森林防火 | 8 |
| **六、其他行业** | **9** |

# 职工伤亡事故情况

| 重　伤<br>（人次） | 死　亡<br>（人） |
| --- | --- |
| **41** | **44** |
| **34** | **35** |
| 26 | 18 |
| 1 | 7 |
| — | — |
| 7 | 10 |
| **—** | **—** |
| **—** | **—** |
| — | — |
| — | — |
| — | — |
| — | — |
| — | — |
| **—** | **—** |
| **5** | **9** |
| — | 1 |
| 2 | 2 |
| **2** | **—** |

# 各地区林业系统按行业分

| 地　区 | 总计 | 农、林、牧、渔业 | | | | | 采矿业 | |
|---|---|---|---|---|---|---|---|---|
| | | 合计 | 营造林 | 木材采运 | 陆生野生动物繁育与利用 | 其他 | | 合计 |
| **全国合计** | **419** | **365** | **208** | **93** | **14** | **50** | **—** | **20** |
| 北　京 | 6 | 2 | 2 | — | — | — | — | — |
| 天　津 | — | — | — | — | — | — | — | — |
| 河　北 | 1 | — | — | — | — | — | — | — |
| 山　西 | — | — | — | — | — | — | — | — |
| 内蒙古 | 83 | 83 | 83 | — | — | — | — | — |
| 内蒙古集团 | 82 | 82 | 82 | — | — | — | — | — |
| 辽　宁 | — | — | — | — | — | — | — | — |
| 吉　林 | 20 | 8 | 4 | 4 | — | — | — | 12 |
| 吉林集团 | 14 | 2 | 1 | 1 | — | — | — | 12 |
| 长白山集团 | 3 | 3 | — | 3 | — | — | — | — |
| 黑龙江 | 160 | 147 | 44 | 68 | — | 35 | — | 3 |
| 龙江集团 | 159 | 146 | 43 | 68 | — | 35 | — | 3 |
| 上　海 | — | — | — | — | — | — | — | — |
| 江　苏 | — | — | — | — | — | — | — | — |
| 浙　江 | — | — | — | — | — | — | — | — |
| 安　徽 | — | — | — | — | — | — | — | — |
| 福　建 | — | — | — | — | — | — | — | — |
| 江　西 | 7 | 7 | 7 | — | — | — | — | — |
| 山　东 | 1 | — | — | — | — | — | — | — |
| 河　南 | — | — | — | — | — | — | — | — |
| 湖　北 | 6 | 4 | 4 | — | — | — | — | — |
| 湖　南 | 39 | 24 | 8 | 5 | 2 | 9 | — | 5 |
| 广　东 | 8 | 8 | 6 | — | — | 2 | — | — |
| 广　西 | 4 | 4 | 4 | — | — | — | — | — |
| 海　南 | 5 | 5 | 3 | — | — | 2 | — | — |
| 重　庆 | — | — | — | — | — | — | — | — |
| 四　川 | 7 | 7 | 4 | 3 | — | — | — | — |
| 贵　州 | 3 | 1 | — | — | — | 1 | — | — |
| 云　南 | 26 | 25 | 5 | 8 | 11 | 1 | — | — |
| 西　藏 | — | — | — | — | — | — | — | — |
| 陕　西 | 6 | 5 | — | 5 | — | — | — | — |
| 甘　肃 | 8 | 6 | 5 | — | 1 | — | — | — |
| 青　海 | — | — | — | — | — | — | — | — |
| 宁　夏 | 3 | 3 | 3 | — | — | — | — | — |
| 新　疆 | — | — | — | — | — | — | — | — |
| 新疆兵团 | — | — | — | — | — | — | — | — |
| 大兴安岭 | 26 | 26 | 26 | — | — | — | — | — |

# 职工轻伤事故情况

单位:人次

| 制造业 | | | | | 建筑业 | 服务业 | | | 其他行业 |
|---|---|---|---|---|---|---|---|---|---|
| 木材加工及木、竹、藤、棕、苇制品业 | 木、竹、藤家具制造业 | 木、竹、苇浆造纸业 | 林产化学产品制造 | 其他 | | 合计 | 其中:林业有害生物防治 | 森林防火 | |
| **17** | **2** | **—** | **—** | **1** | **—** | **25** | **—** | **8** | **9** |
| — | — | — | — | — | — | 4 | — | — | — |
| — | — | — | — | — | — | — | — | — | — |
| — | — | — | — | — | — | 1 | — | — | — |
| — | — | — | — | — | — | — | — | — | — |
| — | — | — | — | — | — | — | — | — | — |
| — | — | — | — | — | — | — | — | — | — |
| — | — | — | — | — | — | — | — | — | — |
| 10 | 2 | — | — | — | — | — | — | — | — |
| 10 | 2 | — | — | — | — | — | — | — | — |
| — | — | — | — | — | — | — | — | — | — |
| 2 | — | — | — | 1 | — | 3 | — | — | 7 |
| 2 | — | — | — | 1 | — | 3 | — | — | 7 |
| — | — | — | — | — | — | — | — | — | — |
| — | — | — | — | — | — | — | — | — | — |
| — | — | — | — | — | — | — | — | — | — |
| — | — | — | — | — | — | — | — | — | — |
| — | — | — | — | — | — | — | — | — | — |
| — | — | — | — | — | — | — | — | — | — |
| — | — | — | — | — | — | 1 | — | 1 | — |
| — | — | — | — | — | — | — | — | — | — |
| — | — | — | — | — | — | 2 | — | 2 | — |
| 5 | — | — | — | — | — | 10 | — | 2 | — |
| — | — | — | — | — | — | — | — | — | — |
| — | — | — | — | — | — | — | — | — | — |
| — | — | — | — | — | — | — | — | — | — |
| — | — | — | — | — | — | — | — | — | — |
| — | — | — | — | — | — | — | — | — | — |
| — | — | — | — | — | — | 2 | — | 2 | — |
| — | — | — | — | — | — | — | — | — | 1 |
| — | — | — | — | — | — | — | — | — | — |
| — | — | — | — | — | — | 1 | — | 1 | — |
| — | — | — | — | — | — | 1 | — | — | 1 |
| — | — | — | — | — | — | — | — | — | — |
| — | — | — | — | — | — | — | — | — | — |
| — | — | — | — | — | — | — | — | — | — |
| — | — | — | — | — | — | — | — | — | — |
| — | — | — | — | — | — | — | — | — | — |

# 各地区林业系统按行业分

| 地区 | 总计 | 农、林、牧、渔业 | | | | | 采矿业 | |
|---|---|---|---|---|---|---|---|---|
| | | 合计 | 营造林 | 木材采运 | 陆生野生动物繁育与利用 | 其他 | | 合计 |
| **全国合计** | **41** | **34** | **26** | **1** | **—** | **7** | **—** | **—** |
| 北 京 | — | — | — | — | — | — | — | — |
| 天 津 | — | — | — | — | — | — | — | — |
| 河 北 | — | — | — | — | — | — | — | — |
| 山 西 | — | — | — | — | — | — | — | — |
| 内蒙古 | — | — | — | — | — | — | — | — |
| 内蒙古集团 | — | — | — | — | — | — | — | — |
| 辽 宁 | — | — | — | — | — | — | — | — |
| 吉 林 | — | — | — | — | — | — | — | — |
| 吉林集团 | — | — | — | — | — | — | — | — |
| 长白山集团 | — | — | — | — | — | — | — | — |
| 黑龙江 | 4 | 4 | 1 | — | — | 3 | — | — |
| 龙江集团 | 4 | 4 | 1 | — | — | 3 | — | — |
| 上 海 | — | — | — | — | — | — | — | — |
| 江 苏 | — | — | — | — | — | — | — | — |
| 浙 江 | — | — | — | — | — | — | — | — |
| 安 徽 | 2 | 2 | 2 | — | — | — | — | — |
| 福 建 | — | — | — | — | — | — | — | — |
| 江 西 | — | — | — | — | — | — | — | — |
| 山 东 | 1 | — | — | — | — | — | — | — |
| 河 南 | — | — | — | — | — | — | — | — |
| 湖 北 | — | — | — | — | — | — | — | — |
| 湖 南 | 1 | 1 | 1 | — | — | — | — | — |
| 广 东 | 1 | 1 | — | — | — | 1 | — | — |
| 广 西 | 1 | 1 | 1 | — | — | — | — | — |
| 海 南 | 5 | 5 | 2 | — | — | 3 | — | — |
| 重 庆 | — | — | — | — | — | — | — | — |
| 四 川 | — | — | — | — | — | — | — | — |
| 贵 州 | 2 | — | — | — | — | — | — | — |
| 云 南 | 1 | 1 | 1 | — | — | — | — | — |
| 西 藏 | — | — | — | — | — | — | — | — |
| 陕 西 | 2 | 1 | — | 1 | — | — | — | — |
| 甘 肃 | 10 | 7 | 7 | — | — | — | — | — |
| 青 海 | — | — | — | — | — | — | — | — |
| 宁 夏 | 5 | 5 | 5 | — | — | — | — | — |
| 新 疆 | 2 | 2 | 2 | — | — | — | — | — |
| 新疆兵团 | — | — | — | — | — | — | — | — |
| 大兴安岭 | 4 | 4 | 4 | — | — | — | — | — |

## 职工重伤事故情况

单位:人次

| 制造业 | | | | | 建筑业 | 服务业 | | | 其他行业 |
| --- | --- | --- | --- | --- | --- | --- | --- | --- | --- |
| 木材加工及木、竹、藤、棕、苇制品业 | 木、竹、藤家具制造业 | 木、竹、苇浆造纸业 | 林产化学产品制造 | 其他 | | 合计 | 其中:林业有害生物防治 | 森林防火 | |
| **—** | **—** | **—** | **—** | **—** | **—** | **5** | **—** | **2** | **2** |
| — | — | — | — | — | — | — | — | — | — |
| — | — | — | — | — | — | — | — | — | — |
| — | — | — | — | — | — | — | — | — | — |
| — | — | — | — | — | — | — | — | — | — |
| — | — | — | — | — | — | — | — | — | — |
| — | — | — | — | — | — | — | — | — | — |
| — | — | — | — | — | — | — | — | — | — |
| — | — | — | — | — | — | — | — | — | — |
| — | — | — | — | — | — | — | — | — | — |
| — | — | — | — | — | — | — | — | — | — |
| — | — | — | — | — | — | — | — | — | — |
| — | — | — | — | — | — | — | — | — | — |
| — | — | — | — | — | — | — | — | — | — |
| — | — | — | — | — | — | — | — | — | — |
| — | — | — | — | — | — | — | — | — | — |
| — | — | — | — | — | — | — | — | — | — |
| — | — | — | — | — | — | — | — | — | — |
| — | — | — | — | — | — | — | — | — | — |
| — | — | — | — | — | — | 1 | — | 1 | — |
| — | — | — | — | — | — | — | — | — | — |
| — | — | — | — | — | — | — | — | — | — |
| — | — | — | — | — | — | — | — | — | — |
| — | — | — | — | — | — | — | — | — | — |
| — | — | — | — | — | — | — | — | — | — |
| — | — | — | — | — | — | — | — | — | — |
| — | — | — | — | — | — | — | — | — | — |
| — | — | — | — | — | — | — | — | — | — |
| — | — | — | — | — | — | — | — | — | 2 |
| — | — | — | — | — | — | — | — | — | — |
| — | — | — | — | — | — | — | — | — | — |
| — | — | — | — | — | — | 1 | — | 1 | — |
| — | — | — | — | — | — | 3 | — | — | — |
| — | — | — | — | — | — | — | — | — | — |
| — | — | — | — | — | — | — | — | — | — |
| — | — | — | — | — | — | — | — | — | — |
| — | — | — | — | — | — | — | — | — | — |
| — | — | — | — | — | — | — | — | — | — |

# 各地区林业系统按行业分

| 地区 | 总计 | 农、林、牧、渔业 | | | | | 采矿业 | |
|---|---|---|---|---|---|---|---|---|
| | | 合计 | 营造林 | 木材采运 | 陆生野生动物繁育与利用 | 其他 | | 合计 |
| **全国合计** | **44** | **35** | **18** | **7** | **—** | **10** | **—** | **—** |
| 北　京 | 1 | 1 | — | — | — | 1 | — | — |
| 天　津 | — | — | — | — | — | — | — | — |
| 河　北 | 1 | — | — | — | — | — | — | — |
| 山　西 | — | — | — | — | — | — | — | — |
| 内蒙古 | 1 | 1 | 1 | — | — | — | — | — |
| 内蒙古集团 | — | — | — | — | — | — | — | — |
| 辽　宁 | — | — | — | — | — | — | — | — |
| 吉　林 | — | — | — | — | — | — | — | — |
| 吉林集团 | — | — | — | — | — | — | — | — |
| 长白山集团 | — | — | — | — | — | — | — | — |
| 黑龙江 | 6 | 6 | 1 | 5 | — | — | — | — |
| 龙江集团 | 6 | 6 | 1 | 5 | — | — | — | — |
| 上　海 | — | — | — | — | — | — | — | — |
| 江　苏 | — | — | — | — | — | — | — | — |
| 浙　江 | — | — | — | — | — | — | — | — |
| 安　徽 | 1 | 1 | 1 | — | — | — | — | — |
| 福　建 | — | — | — | — | — | — | — | — |
| 江　西 | 5 | 5 | 3 | — | — | 2 | — | — |
| 山　东 | 2 | — | — | — | — | — | — | — |
| 河　南 | — | — | — | — | — | — | — | — |
| 湖　北 | — | — | — | — | — | — | — | — |
| 湖　南 | 5 | 4 | 2 | — | — | 2 | — | — |
| 广　东 | — | — | — | — | — | — | — | — |
| 广　西 | 1 | 1 | — | 1 | — | — | — | — |
| 海　南 | — | — | — | — | — | — | — | — |
| 重　庆 | 1 | 1 | — | — | — | 1 | — | — |
| 四　川 | 1 | 1 | 1 | — | — | — | — | — |
| 贵　州 | 1 | 1 | — | — | — | 1 | — | — |
| 云　南 | 5 | 4 | — | 1 | — | 3 | — | — |
| 西　藏 | — | — | — | — | — | — | — | — |
| 陕　西 | — | — | — | — | — | — | — | — |
| 甘　肃 | 10 | 6 | 6 | — | — | — | — | — |
| 青　海 | — | — | — | — | — | — | — | — |
| 宁　夏 | 1 | 1 | 1 | — | — | — | — | — |
| 新　疆 | 1 | 1 | 1 | — | — | — | — | — |
| 新疆兵团 | — | — | — | — | — | — | — | — |
| 大兴安岭 | 1 | 1 | 1 | — | — | — | — | — |

## 职工死亡事故情况

单位:人

| 制造业 | | | | | 建筑业 | 服务业 | | | 其他行业 |
|---|---|---|---|---|---|---|---|---|---|
| 木材加工及木、竹、藤、棕、苇制品业 | 木、竹、藤家具制造业 | 木、竹、苇浆造纸业 | 林产化学产品制造 | 其他 | | 合计 | 其中:林业有害生物防治 | 森林防火 | |
| **—** | **—** | **—** | **—** | **—** | **—** | **9** | **1** | **2** | **—** |
| | | | | | | | | | |
| — | — | — | — | — | — | — | — | — | — |
| — | — | — | — | — | — | — | — | — | — |
| — | — | — | — | — | — | 1 | — | — | — |
| — | — | — | — | — | — | — | — | — | — |
| — | — | — | — | — | — | — | — | — | — |
| — | — | — | — | — | — | — | — | — | — |
| | | | | | | | | | |
| — | — | — | — | — | — | — | — | — | — |
| — | — | — | — | — | — | — | — | — | — |
| — | — | — | — | — | — | — | — | — | — |
| — | — | — | — | — | — | — | — | — | — |
| — | — | — | — | — | — | — | — | — | — |
| — | — | — | — | — | — | — | — | — | — |
| | | | | | | | | | |
| — | — | — | — | — | — | — | — | — | — |
| — | — | — | — | — | — | — | — | — | — |
| — | — | — | — | — | — | — | — | — | — |
| — | — | — | — | — | — | — | — | — | — |
| — | — | — | — | — | — | — | — | — | — |
| — | — | — | — | — | — | — | — | — | — |
| — | — | — | — | — | — | 2 | — | 2 | — |
| | | | | | | | | | |
| — | — | — | — | — | — | — | — | — | — |
| — | — | — | — | — | — | — | — | — | — |
| — | — | — | — | — | — | 1 | — | — | — |
| — | — | — | — | — | — | — | — | — | — |
| — | — | — | — | — | — | — | — | — | — |
| — | — | — | — | — | — | — | — | — | — |
| | | | | | | | | | |
| — | — | — | — | — | — | — | — | — | — |
| — | — | — | — | — | — | — | — | — | — |
| — | — | — | — | — | — | — | — | — | — |
| — | — | — | — | — | — | 1 | 1 | — | — |
| — | — | — | — | — | — | — | — | — | — |
| | | | | | | | | | |
| — | — | — | — | — | — | — | — | — | — |
| — | — | — | — | — | — | 4 | — | — | — |
| — | — | — | — | — | — | — | — | — | — |
| — | — | — | — | — | — | — | — | — | — |
| — | — | — | — | — | — | — | — | — | — |
| — | — | — | — | — | — | — | — | — | — |
| | | | | | | | | | |
| — | — | — | — | — | — | — | — | — | — |

# 国家林业局机关及直属单位

| 指标 | 单位个数（个） | 年末人数（人） | | | | |
|---|---|---|---|---|---|---|
| | | | 单位从业人员 | | | |
| | | | | 在岗职工 | | |
| | | 总计 | 合计 | 小计 | 其中：女性 | 其中：非全日制 |
| **总计** | **155** | **65456** | **63050** | **62324** | **21937** | **356** |
| 国家林业局机关 | 1 | 247 | 247 | 247 | 61 | — |
| 国家林业局信息中心 | 1 | 27 | 27 | 27 | 14 | — |
| 国家林业局国有林场和林木种苗工作总站 | 1 | 36 | 36 | 36 | 11 | — |
| 国家林业局林业工作站管理总站 | 1 | 23 | 23 | 23 | 7 | — |
| 国家林业局林业基金管理总站 | 1 | 34 | 34 | 34 | 19 | — |
| 国家林业局宣传中心 | 1 | 20 | 20 | 20 | 5 | — |
| 国家林业局濒危物种进出口管理中心 | 1 | 30 | 30 | 30 | 13 | — |
| 国家林业局天然林保护工程管理中心 | 1 | 24 | 24 | 24 | 6 | — |
| 国家林业局西北华北东北防护林建设局 | 1 | 82 | 82 | 72 | 20 | — |
| 国家林业局退耕还林（草）工程管理办公室 | 1 | 28 | 28 | 28 | 8 | — |
| 国家林业局防治荒漠化管理中心 | 1 | 18 | 18 | 16 | 7 | |
| 国家林业局世界银行贷款项目管理中心 | 1 | 29 | 29 | 29 | 15 | — |
| 国家林业局科技发展中心 | 1 | 19 | 19 | 19 | 7 | — |
| 国家林业局森林资源监督管理办公室 | 1 | 19 | 19 | 19 | 2 | — |
| 国家林业局亚太森林网络管理中心 | 1 | 23 | 23 | 23 | 14 | — |
| 国家林业局湿地保护管理中心 | 1 | 14 | 14 | 14 | 6 | 1 |
| 国家林业局经济发展研究中心 | 1 | 62 | 62 | 62 | 33 | — |
| 国家林业局人才开发交流中心 | 1 | 24 | 24 | 22 | 10 | 5 |
| 国家林业局对外合作项目中心 | 1 | 24 | 24 | 24 | 12 | — |
| 国家林业局森林防火预警监测信息中心 | 1 | 28 | 28 | 28 | 8 | |
| 中国林业科学研究院 | 20 | 3931 | 3931 | 3931 | 1121 | 240 |
| 国家林业局调查规划设计院 | 1 | 338 | 335 | 305 | 118 | — |
| 国家林业局林产工业规划设计院 | 1 | 425 | 380 | 380 | 220 | 9 |
| 国家林业局管理干部学院 | 1 | 259 | 259 | 158 | 84 | — |
| 中国绿色时报社 | 1 | 102 | 102 | 97 | 64 | — |
| 中国林业出版社 | 1 | 115 | 115 | 115 | 63 | — |
| 国家林业局国际竹藤中心 | 2 | 105 | 105 | 99 | 35 | — |
| 中国林学会 | 1 | 70 | 42 | 33 | 18 | — |
| 中国野生动物保护协会 | 1 | 19 | 19 | 19 | 8 | — |
| 中国绿化基金会 | 1 | 16 | 16 | 16 | 10 | — |
| 国家林业局机关服务中心 | 1 | 137 | 137 | 132 | 60 | — |
| 国家林业局离退休干部局 | 1 | 72 | 72 | 45 | 16 | 31 |
| 国家林业局招待所 | 1 | 39 | 39 | 39 | — | 6 |
| 国家林业局幼儿园 | 1 | 80 | 80 | 80 | 75 | — |
| 驻内蒙古自治区森林资源监督专员办事处 | 1 | 26 | 26 | 26 | 8 | 9 |
| 驻长春森林资源监督专员办事处 | 1 | 25 | 25 | 24 | 6 | 9 |
| 驻黑龙江省森林资源监督专员办事处 | 1 | 28 | 28 | 28 | 6 | — |
| 驻大兴安岭森林资源监督专员办事处 | 1 | 18 | 18 | 18 | 2 | — |
| 驻福州森林资源监督专员办事处 | 1 | 18 | 18 | 15 | 5 | — |
| 驻云南省森林资源监督专员办事处 | 1 | 14 | 14 | 13 | 3 | 3 |
| 驻成都森林资源监督专员办事处 | 1 | 21 | 21 | 21 | 6 | — |
| 驻西安森林资源监督专员办事处 | 1 | 23 | 23 | 20 | 7 | — |
| 驻武汉森林资源监督专员办事处 | 1 | 16 | 16 | 16 | 3 | 4 |
| 驻贵阳森林资源监督专员办事处 | 1 | 14 | 14 | 12 | 2 | — |
| 驻广州森林资源监督专员办事处 | 1 | 25 | 25 | 23 | 7 | — |
| 驻合肥森林资源监督专员办事处 | 1 | 14 | 14 | 14 | 8 | — |
| 驻乌鲁木齐森林资源监督专员办事处 | 1 | 11 | 11 | 11 | 3 | — |
| 驻上海森林资源监督专员办事处 | 1 | 19 | 19 | 15 | 6 | — |
| 驻北京森林资源监督专员办事处 | 1 | 16 | 16 | 16 | 5 | — |
| 国家林业局森林病虫害防治总站 | 1 | 102 | 102 | 102 | 35 | — |
| 国家林业局北方航空护林总站 | 1 | 134 | 134 | 132 | 32 | — |
| 国家林业局南方航空护林总站 | 7 | 141 | 141 | 120 | 32 | — |
| 南京森林警察学院 | 1 | 653 | 653 | 406 | 317 | — |
| 国家林业局华东林业调查规划设计院 | 1 | 174 | 165 | 165 | 29 | — |
| 国家林业局中南林业调查规划设计院 | 1 | 204 | 204 | 184 | 33 | — |
| 国家林业局西北林业调查规划设计院 | 1 | 206 | 206 | 206 | 58 | — |
| 国家林业局昆明勘察设计院 | 1 | 306 | 306 | 306 | 78 | — |
| 陕西佛坪国家级自然保护区管理局 | 1 | 88 | 88 | 73 | 18 | — |
| 甘肃白水江国家级自然保护区管理局 | 1 | 125 | 125 | 113 | 28 | 39 |
| 国家林业局卧龙自然保护区管理局 | 1 | 377 | 377 | 195 | 79 | — |
| 国家林业局北戴河培训中心 | 1 | 28 | 28 | 14 | 3 | — |
| 大兴安岭林业集团公司 | 68 | 56111 | 53790 | 53790 | 18948 | — |

# 从业人员和劳动报酬情况

| 其中：专业技术人员 | 其他从业人员 | 离开本单位仍保留劳动关系人员 | 年末实有离退休人员（人） | 在岗职工年平均人数（人） | 在岗职工年工资总额（元） | 离退休人员年生活费（元） | 在岗职工年平均工资（元） |
|---|---|---|---|---|---|---|---|
| **18310** | **726** | **2378** | **71974** | **62398** | **3226964437** | **2250764438** | **51716** |
| — | — | — | — | 237 | 40279000 | — | 169954 |
| 8 | — | — | 1 | 28 | 2729881 | 85869 | 97496 |
| — | — | — | 20 | 36 | 5029665 | 1809755 | 139713 |
| — | — | — | 14 | 23 | 3040998 | 1241709 | 132217 |
| 2 | — | — | 6 | 34 | 4263933 | 503179 | 125410 |
| 2 | — | — | 9 | 20 | 2892660 | 754516 | 144633 |
| — | — | — | 5 | 30 | 4518006 | 459230 | 150600 |
| — | — | — | 5 | 24 | 3706055 | 410838 | 154419 |
| — | 10 | — | 63 | 72 | 8923000 | 4484893 | 123931 |
| — | — | — | 4 | 28 | 2903992 | 404355 | 103714 |
|  | 2 |  | 4 | 17 | 2250721 | 334009 | 132395 |
| 6 | — | — | 7 | 29 | 3021315 | 710904 | 104183 |
| — | — | — | 5 | 19 | 2892098 | 302728 | 152216 |
| — | — | — | 1 | 19 | 2453635 | 111912 | 129139 |
| 1 | — | — | — | 23 | 2299000 | — | 99957 |
| 8 | — | — | — | 14 | 2054000 | — | 146714 |
| 54 | — | — | 31 | 62 | 6433988 | 1895987 | 103774 |
| 4 | 2 | — | 3 | 25 | 4159000 | 166122 | 166360 |
| — | — | — | 3 | 24 | 2396000 | 286495 | 99833 |
| 2 |  |  | 1 | 28 | 2794015 | 88538 | 99786 |
| 2136 | — | — | 3111 | 3939 | 356634000 | 189423483 | 90539 |
| 275 | 30 | 3 | 146 | 307 | 79342227 | 11561882 | 258444 |
| 242 | — | 45 | 292 | 380 | 108404880 | 19569860 | 285276 |
| 94 | 101 | — | 97 | 159 | 23661416 | 8109289 | 148814 |
| 34 | 5 | — | 27 | 97 | 19798000 | 2652260 | 204103 |
| 64 | — | — | 81 | 108 | 13637000 | 5145000 | 126269 |
| 56 | 6 | — | 9 | 99 | 11141356 | 646717 | 112539 |
| 31 | 9 | — | 28 | 32 | 5308493 | 1892038 | 165890 |
| 2 | — | — | 14 | 19 | 2738107 | 1150557 | 144111 |
| 5 | — | — | 4 | 15 | 1738762 | 339132 | 115917 |
| 6 | 5 | — | 50 | 132 | 14483000 | 3137188 | 109720 |
| 4 | 27 | — | 555 | 43 | 4960366 | 52805810 | 115357 |
| — | — | — | 13 | 39 | 3943960 | 826318 | 101127 |
| 13 | — | — | 6 | 79 | 7349208 | 348463 | 93028 |
| 19 | — | — | 12 | 26 | 2215546 | 1314517 | 85213 |
| 1 | 1 | — | 10 | 25 | 1924675 | 628855 | 76987 |
| — | — | — | 18 | 28 | 1732721 | 1787267 | 61883 |
| 15 | — | — | 9 | 18 | 1994604 | 1026765 | 110811 |
| 5 | 3 | — | 4 | 15 | 2374221 | 360174 | 158281 |
| 10 | 1 | — | 3 | 13 | 1755586 | 192252 | 135045 |
| — | — | — | 2 | 21 | 1918872 | 140305 | 91375 |
| — | 3 | — | 1 | 20 | 1747110 | 75500 | 87356 |
| — | — | — | 1 | 16 | 1656231 | 113184 | 103514 |
| 7 | 2 | — | — | 11 | 1256000 | — | 114182 |
| — | 2 | — | 2 | 23 | 3931002 | 243239 | 170913 |
| — | — | — | 1 | 14 | 1319304 | 95012 | 94236 |
| — | — | — | — | 12 | 1316108 | — | 109676 |
| — | 4 | — | 4 | 16 | 3087000 | 384000 | 192938 |
| 11 | — | — | 2 | 16 | 1810000 | 120000 | 113125 |
| 69 | — | — | 68 | 102 | 7671753 | 4169687 | 75213 |
| 58 | 2 | — | 67 | 135 | 11902000 | 5180070 | 88163 |
| 14 | 21 | — | 73 | 123 | 12294000 | 4291855 | 99951 |
| 266 | 247 | — | 203 | 645 | 85484000 | 18200566 | 132533 |
| 117 | — | 9 | 70 | 163 | 53350000 | 5731313 | 327301 |
| 170 | 20 | — | 86 | 182 | 46389539 | 5028976 | 254888 |
| 171 | — | — | 97 | 207 | 85159000 | 5936492 | 411396 |
| 256 | — | — | 186 | 302 | 82503000 | 12162942 | 273189 |
| 32 | 15 | — | 34 | 74 | 6074130 | 2060000 | 82083 |
| 41 | 12 | — | 64 | 113 | 7543143 | 2981986 | 66753 |
| 116 | 182 | — | 167 | 195 | 14499000 | 9560446 | 74354 |
| 2 | 14 | — | 14 | 15 | 1184154 | — | 78944 |
| 13881 | — | 2321 | 66161 | 53628 | 2020690000 | 1857320000 | 37680 |

# 5

# 林业投资

## INVESTMENT IN FORESTRY

| 指　　标 | 本　　年 | |
|---|---|---|
| | 总　计 | 中央财政资金 |
| **自年初累计完成投资** | **45095738** | **10610778** |
| 1. 生态建设与保护 | 21100041 | 9004987 |
| (1)营造林 | 13595579 | 5175348 |
| (2)湿地保护与恢复 | 577416 | 187431 |
| (3)野生动植物保护及自然保护区 | 238299 | 102489 |
| (4)防沙治沙 | 190825 | 135615 |
| (5)生态保护补偿 | 3031664 | 1879939 |
| (6)其他 | 3466258 | 1524165 |
| 2. 林业支撑与保障 | 4033827 | 1159045 |
| (1)林木种苗 | 904181 | 60690 |
| (2)森林防火与森林公安 | 577829 | 194206 |
| (3)林业有害生物防治 | 252350 | 47294 |
| (4)科技教育 | 84664 | 37478 |
| (5)林业信息化 | 24261 | 6161 |
| (6)棚户区(危旧房)改造 | 335156 | 163670 |
| (7)林区公益性基础设施建设 | 528371 | 166198 |
| (8)其他 | 1327015 | 483348 |
| 3. 林业产业发展 | 17419315 | 210841 |
| (1)工业原料林 | 1272925 | 17753 |
| (2)特色经济林(不含木本粮油) | 1207662 | 25175 |
| (3)木本粮油 | 700057 | 53571 |
| (4)花卉 | 1069274 | 1850 |
| (5)林下经济 | 2357353 | 32785 |
| (6)木竹制品加工制造 | 3173620 | 7948 |
| (7)木竹家具制造 | 1621578 | 552 |
| (8)木竹浆造纸 | 951188 | — |
| (9)非木质林产品加工制造 | 718736 | 1094 |
| (10)林业旅游休闲康养 | 2115093 | 25426 |
| (11)其他 | 2231829 | 44687 |
| 4. 其他 | 2542555 | 235905 |

## 完成情况

单位:万元

| 实　　际 | | | | |
|---|---|---|---|---|
| 地方财政资金 | 国内贷款 | 利用外资 | 自筹资金 | 其他社会资金 |
| **10906530** | **3483177** | **164998** | **15414100** | **4516155** |
| 6749814 | 946688 | 39844 | 3135636 | 1223072 |
| 4045938 | 922792 | 33065 | 2551833 | 866603 |
| 260212 | 12000 | 2003 | 90864 | 24906 |
| 87225 | 700 | — | 40153 | 7732 |
| 46378 | 133 | — | 7881 | 818 |
| 1073405 | 61 | 1040 | 69563 | 7656 |
| 1236656 | 11002 | 3736 | 375342 | 315357 |
| 1029720 | 419479 | — | 1054688 | 370895 |
| 101652 | 56558 | — | 407366 | 277915 |
| 327287 | 1112 | — | 46184 | 9040 |
| 124581 | 263 | — | 64900 | 15312 |
| 37296 | — | — | 3444 | 6446 |
| 9753 | 758 | — | 4909 | 2680 |
| 35023 | 12675 | — | 95673 | 28115 |
| 101821 | 7517 | — | 233311 | 19524 |
| 292307 | 340596 | — | 198901 | 11863 |
| 820346 | 2117010 | 125154 | 11223776 | 2922188 |
| 59883 | 201023 | 8978 | 875607 | 109681 |
| 109901 | 138078 | 4561 | 803661 | 126286 |
| 92930 | 69728 | 700 | 253583 | 229545 |
| 110163 | 60502 | 10330 | 649922 | 236507 |
| 67120 | 77356 | 843 | 1737287 | 441962 |
| 36529 | 782667 | 3140 | 1994013 | 349323 |
| 18010 | 27250 | — | 1157134 | 418632 |
| 6102 | 161848 | — | 699073 | 84165 |
| 1133 | 281379 | 105 | 368469 | 66556 |
| 197932 | 43685 | 21165 | 1198786 | 628099 |
| 120643 | 273494 | 75332 | 1486241 | 231432 |
| 2306650 | — | — | — | — |

# 各地区林业投资

自年初累计

| 地区 | 总计 | 其中：中央投资 | 其中：地方投资 | 生态建设 | | | |
|---|---|---|---|---|---|---|---|
| | | | | 合计 | 营造林 | 湿地恢复与保护 | 野生动植物保护及自然保护区 |
| **全国合计** | **45095738** | **10610778** | **10906530** | **21100041** | **13595579** | **577416** | **238299** |
| 北　京 | 1755104 | 25521 | 1658995 | 1485940 | 842414 | 7954 | 6387 |
| 天　津 | 123328 | 6692 | 116636 | 111181 | 108639 | 1771 | 215 |
| 河　北 | 1131022 | 290659 | 413822 | 829170 | 694559 | 10027 | 747 |
| 山　西 | 1231851 | 260486 | 411374 | 1000419 | 692727 | 9615 | 2045 |
| 内蒙古 | 1627553 | 1102495 | 413401 | 1214327 | 666558 | 61375 | 4001 |
| 内蒙古集团 | 460766 | 362242 | 35234 | 328823 | 312333 | 740 | 399 |
| 辽　宁 | 421582 | 180737 | 205553 | 285106 | 174430 | 4400 | 2527 |
| 吉　林 | 818957 | 664732 | 97519 | 594675 | 452914 | 2753 | 4717 |
| 吉林集团 | 162616 | 139970 | 8656 | 134192 | 133695 | — | 45 |
| 长白山集团 | 284076 | 231985 | 10625 | 193062 | 139456 | 558 | 1859 |
| 黑龙江 | 1385455 | 1234269 | 80380 | 1093950 | 984686 | 11679 | 10021 |
| 龙江集团 | 982042 | 919706 | 400 | 856348 | 853898 | — | 2450 |
| 上　海 | 232668 | 1150 | 231518 | 224446 | 80082 | 23935 | 4546 |
| 江　苏 | 1049407 | 12512 | 670907 | 704947 | 613023 | 45507 | 5389 |
| 浙　江 | 824296 | 36636 | 576526 | 479300 | 246477 | 8708 | 7269 |
| 安　徽 | 1018263 | 131718 | 321570 | 622318 | 514046 | 18602 | 10283 |
| 福　建 | 2448630 | 119347 | 212860 | 814684 | 647279 | 1700 | 1250 |
| 江　西 | 1163236 | 239194 | 323133 | 610801 | 426321 | 11009 | 6629 |
| 山　东 | 3170368 | 84803 | 509933 | 764059 | 592031 | 75037 | 13664 |
| 河　南 | 1204485 | 143194 | 562889 | 801059 | 604235 | 5850 | 1989 |
| 湖　北 | 1669467 | 301444 | 218431 | 506729 | 356668 | 25555 | 1845 |
| 湖　南 | 2672818 | 391391 | 539119 | 849216 | 551455 | 27043 | 15346 |
| 广　东 | 790191 | 96927 | 611423 | 502344 | 208188 | 3867 | 13935 |
| 广　西 | 10146123 | 304933 | 424228 | 1732217 | 1215694 | 73080 | 21809 |
| 海　南 | 145151 | 33127 | 106568 | 91226 | 36069 | 7209 | 5836 |
| 重　庆 | 557574 | 264968 | 184550 | 321919 | 201632 | 8919 | 4056 |
| 四　川 | 2680872 | 827227 | 313479 | 972380 | 281445 | 25606 | 19106 |
| 贵　州 | 620938 | 512207 | 108731 | 581658 | 448270 | 5704 | 2483 |
| 云　南 | 1077250 | 570022 | 443877 | 707370 | 385238 | 21690 | 14364 |
| 西　藏 | 365069 | 282323 | 82746 | 314372 | 109028 | 10760 | 22934 |
| 陕　西 | 1330824 | 471392 | 374838 | 907845 | 457616 | 10243 | 3666 |
| 甘　肃 | 993682 | 560359 | 267326 | 564417 | 447163 | 6895 | 6441 |
| 青　海 | 330888 | 233108 | 59065 | 239443 | 9700 | 2300 | 13433 |
| 宁　夏 | 309983 | 157619 | 92865 | 167338 | 63566 | 9044 | 2600 |
| 新　疆 | 1132655 | 410870 | 272268 | 625116 | 425404 | 8960 | 4651 |
| 新疆兵团 | 487351 | 53425 | 2490 | 196202 | 160803 | 130 | 15 |
| 局直属单位 | 666048 | 658716 | — | 380069 | 58022 | 30619 | 4115 |
| 大兴安岭 | 336650 | 329318 | — | 308401 | 55869 | 144 | 613 |

## 完成情况(一)

单位:万元

| 完成投资与保护 | | | 林业支撑与保障 | | | | | |
|---|---|---|---|---|---|---|---|---|
| 防沙治沙 | 生态保护补偿 | 其他 | 合计 | 林木种苗 | 森林防火与森林公安 | 林业有害生物防治 | 科技教育 | 林业信息化 |
| **190825** | **3031664** | **3466258** | **4033827** | **904181** | **577829** | **252350** | **84664** | **24261** |
| 21516 | 87456 | 520213 | 117773 | 10571 | 31669 | 6082 | 766 | 1221 |
| — | 458 | 98 | 3299 | — | 1378 | 1921 | — | — |
| 489 | 54506 | 68842 | 84663 | 12203 | 24275 | 5993 | 2319 | — |
| 14194 | 73073 | 208765 | 62721 | 26890 | 21248 | 2690 | 983 | 36 |
| 14595 | 310062 | 157736 | 257416 | 4455 | 24317 | 1814 | 1677 | 214 |
| — | — | 15351 | 129530 | 181 | 9033 | 316 | 105 | 118 |
| 365 | 64495 | 38889 | 58782 | 3030 | 12105 | 2639 | 1582 | 30 |
| 649 | 46476 | 87166 | 155953 | 3149 | 20184 | 2199 | 889 | 677 |
| — | — | 452 | 18752 | 759 | 2052 | 255 | 100 | — |
| — | 12093 | 39096 | 80381 | 463 | 3524 | 200 | 452 | — |
| 330 | 41806 | 45428 | 168063 | 3281 | 21277 | 1672 | 1731 | 104 |
| — | — | — | 76563 | — | 5692 | — | — | — |
| — | 88503 | 27380 | 2273 | 723 | — | 1070 | — | 200 |
| 406 | 26230 | 14392 | 70728 | 37066 | 9171 | 15954 | 5470 | 383 |
| 500 | 168333 | 48013 | 109891 | 29969 | 19751 | 12442 | 10173 | 2528 |
| 70 | 52167 | 27150 | 86826 | 45567 | 11112 | 10578 | 1323 | 429 |
| — | 129557 | 34898 | 367129 | 7533 | 6616 | 2698 | 2625 | 25 |
| — | 99402 | 67440 | 124847 | 65994 | 27164 | 5831 | 2382 | 130 |
| 1129 | 35766 | 46432 | 456629 | 329415 | 56992 | 37979 | 2263 | 1261 |
| 242 | 54743 | 134000 | 46690 | 12693 | 9710 | 3712 | 4884 | — |
| 418 | 67994 | 54249 | 87013 | 20895 | 11292 | 5728 | 1305 | 351 |
| 6863 | 173185 | 75324 | 174363 | 56689 | 25553 | 10455 | 5317 | 2697 |
| 1680 | 199503 | 75171 | 128069 | 12625 | 40235 | 8381 | 1926 | 1388 |
| 1378 | 194649 | 225607 | 602659 | 141885 | 28784 | 41092 | 5947 | 3708 |
| 240 | 29798 | 12074 | 34865 | 2920 | 20155 | 1714 | 424 | 777 |
| — | 59159 | 48153 | 60530 | 3014 | 7013 | 17172 | 676 | 136 |
| 65780 | 151422 | 429021 | 120930 | 13864 | 22917 | 8542 | 2139 | 2157 |
| — | 85051 | 40150 | 10159 | 250 | 8041 | 1740 | 100 | 28 |
| 542 | 193397 | 92139 | 150734 | 12154 | 63227 | 2799 | 5139 | 939 |
| 15089 | 138348 | 18213 | 50697 | 2330 | 5487 | 1200 | — | — |
| 5203 | 100158 | 330959 | 73310 | 13094 | 4994 | 2734 | 2319 | 151 |
| 7759 | 59226 | 36933 | 69038 | 3363 | 5946 | 1887 | 2299 | 179 |
| 2000 | 168230 | 43780 | 16710 | — | 3941 | 1525 | 1713 | — |
| 1060 | 16447 | 74621 | 35233 | 1693 | 1015 | 706 | 1550 | — |
| 25573 | 62064 | 98464 | 98989 | 26736 | 10053 | 14279 | 5912 | 73 |
| 5893 | 9009 | 20352 | 29734 | 22431 | 297 | 6055 | 203 | 62 |
| 2755 | — | 284558 | 146845 | 130 | 22207 | 17122 | 8831 | 4439 |
| — | — | 251775 | 28249 | 130 | 4069 | 507 | — | — |

## 各地区林业投资

| 地区 | 林业支撑与保障 | | | 林业 | | | |
|---|---|---|---|---|---|---|---|
| | 棚户区(危旧房)改造 | 林区公益性基础设施建设 | 其他 | 合计 | 工业原料林 | 特色经济林(不含木本油料) | 木本油料 |
| **全国合计** | **335156** | **528371** | **1327015** | **17419315** | **1272925** | **1207662** | **700057** |
| 北京 | — | 1750 | 65714 | 30847 | — | 6496 | — |
| 天津 | — | — | — | — | — | — | — |
| 河北 | 6959 | 25948 | 6966 | 153834 | — | 16827 | 17684 |
| 山西 | 565 | 3614 | 6695 | 75683 | — | 27386 | 1810 |
| 内蒙古 | 66269 | 53342 | 105328 | 3536 | — | 195 | — |
| 内蒙古集团 | 65819 | 47818 | 6140 | 2413 | — | — | — |
| 辽宁 | 190 | 17807 | 21399 | 24831 | — | 4733 | — |
| 吉林 | 53900 | 15745 | 59210 | 25091 | 1435 | 970 | — |
| 吉林集团 | 5178 | 7897 | 2511 | 9672 | 1435 | 20 | — |
| 长白山集团 | 48449 | 7345 | 19948 | 10633 | — | — | — |
| 黑龙江 | 57014 | 15548 | 67436 | 57291 | — | 179 | — |
| 龙江集团 | 55984 | 14887 | — | 49131 | — | — | — |
| 上海 | — | — | 280 | 142 | — | 142 | — |
| 江苏 | 10 | 493 | 2181 | 268879 | 36685 | 24357 | 4418 |
| 浙江 | 320 | 22173 | 12535 | 118458 | 764 | 7961 | 19704 |
| 安徽 | 189 | 5763 | 11865 | 256477 | 7894 | 13543 | 17013 |
| 福建 | — | 1342 | 346290 | 1243574 | 119987 | 150 | 8869 |
| 江西 | 8522 | 4135 | 10689 | 265175 | 23450 | 21080 | 101615 |
| 山东 | 289 | 21345 | 7085 | 1885854 | 4612 | 303144 | 18129 |
| 河南 | — | — | 15691 | 331676 | — | 13066 | 25659 |
| 湖北 | 7038 | 10903 | 29501 | 997272 | 3176 | 20854 | 50108 |
| 湖南 | 8667 | 23268 | 41717 | 1414261 | 76316 | 87343 | 172150 |
| 广东 | 736 | 8153 | 54625 | 41066 | 4517 | 1640 | 7691 |
| 广西 | 46031 | 191914 | 143298 | 7713937 | 915217 | 144820 | 78507 |
| 海南 | 530 | 553 | 7792 | 2655 | — | — | — |
| 重庆 | 2894 | 11389 | 18236 | 115054 | 580 | 2526 | 8040 |
| 四川 | 10068 | 22814 | 38429 | 1503719 | 57663 | 103292 | 87320 |
| 贵州 | — | — | — | 5458 | 256 | 836 | 568 |
| 云南 | 7607 | 11935 | 46934 | 84388 | 19813 | 10010 | 10160 |
| 西藏 | 2359 | 2593 | 36728 | — | — | — | — |
| 陕西 | 30322 | 5660 | 14036 | 242340 | — | 44487 | 27888 |
| 甘肃 | 2739 | 6676 | 45949 | 152807 | 560 | 62517 | 33993 |
| 青海 | — | 10 | 9521 | 49382 | — | 5955 | — |
| 宁夏 | 168 | 26661 | 3440 | 67934 | — | 64311 | — |
| 新疆 | 9221 | 11242 | 21473 | 287298 | — | 218842 | 8731 |
| 新疆兵团 | — | 133 | 553 | 260055 | — | 213055 | 8434 |
| 局直属单位 | 12549 | 5595 | 75972 | 396 | — | — | — |
| 大兴安岭 | 12549 | 5595 | 5399 | — | — | — | — |

自年初累计

# 完成情况(二)

单位:万元

| 完成投资 | | | | | | | | |
|---|---|---|---|---|---|---|---|---|
| 产业发展 | | | | | | | | 其他 |
| 花卉 | 林下经济 | 木竹制品加工制造 | 木竹家具制造 | 木竹浆造纸 | 非木质林产品加工制造 | 林业旅游休闲康养 | 其他 | |
| **1069274** | **2357353** | **3173620** | **1621578** | **951188** | **718736** | **2115093** | **2231829** | **2542555** |
| 2993 | 2424 | — | — | — | — | 4040 | 14894 | 120544 |
| — | — | — | — | — | — | — | — | 8848 |
| 7000 | 10652 | 33256 | 23139 | — | 38094 | 463 | 6719 | 63355 |
| 30 | 490 | — | 10 | — | — | 24174 | 21783 | 93028 |
| 46 | 158 | — | 40 | — | — | 2386 | 711 | 152274 |
| — | — | — | — | — | — | 2352 | 61 | — |
| 2180 | 372 | — | 11050 | — | — | 6420 | 76 | 52863 |
| 40 | 2754 | 3281 | — | — | 50 | 1821 | 14740 | 43238 |
| — | — | 2788 | — | — | — | 69 | 5360 | — |
| — | 592 | 493 | — | — | — | 1652 | 7896 | — |
| 2000 | 9815 | 943 | 298 | — | — | 40671 | 3385 | 66151 |
| — | 9456 | — | — | — | — | 39575 | 100 | — |
| — | — | — | — | — | — | — | — | 5807 |
| 41303 | 28950 | 40644 | 21605 | 5051 | 101 | 61364 | 4401 | 4853 |
| 10685 | 14357 | 7765 | 8800 | 5450 | 138 | 30551 | 12283 | 116647 |
| 22525 | 28686 | 22890 | 38150 | 2210 | 1700 | 84283 | 17583 | 52642 |
| 19925 | 17315 | 619824 | 5065 | — | 249724 | 21410 | 181305 | 23243 |
| 4103 | 37031 | 35755 | 2350 | 220 | 8359 | 5563 | 25649 | 162413 |
| 176826 | 426323 | 154757 | 506605 | 51427 | 49017 | 184724 | 10290 | 63826 |
| 124124 | 73123 | 743 | 530 | — | — | — | 94431 | 25060 |
| 67354 | 37899 | 71507 | 42218 | 450400 | 58814 | 164222 | 30720 | 78453 |
| 117796 | 258811 | 65080 | 48663 | 31785 | 26701 | 467204 | 62412 | 234978 |
| 1698 | 3106 | 50 | — | — | — | 4480 | 17884 | 118712 |
| 314979 | 1127259 | 1939070 | 668119 | 289489 | 186394 | 541610 | 1508473 | 97310 |
| 482 | 182 | — | — | — | — | 80 | 1911 | 16405 |
| 1407 | 2027 | — | 4000 | — | 10 | 90934 | 5530 | 60071 |
| 146898 | 178921 | 176248 | 240881 | 104560 | 79718 | 253202 | 75016 | 83843 |
| — | 800 | 1800 | — | — | — | 398 | 800 | 23663 |
| 2050 | 8039 | — | — | 10596 | — | 5710 | 18010 | 134758 |
| — | — | — | — | — | — | — | — | — |
| 1375 | 49904 | — | 55 | — | 9416 | 85679 | 23536 | 107329 |
| — | 26184 | — | — | — | — | 2089 | 27464 | 207420 |
| — | 1040 | — | — | — | — | — | 42387 | 25353 |
| 200 | 13 | — | — | — | — | 3210 | 200 | 39478 |
| 1255 | 10718 | 7 | — | — | 10500 | 28405 | 8840 | 121252 |
| 1195 | 10201 | 7 | — | — | 10500 | 16656 | 7 | 1360 |
| — | — | — | — | — | — | — | 396 | 138738 |
| — | — | — | — | — | — | — | — | — |

# 林业固定资产投资完成情况

单位:万元

| 指　　标 | 总计 |
|---|---|
| **一、本年计划投资** | **10525877** |
| **二、自年初累计完成投资** | **13891963** |
| 其中:国家投资 | 2168480 |
| 按构成分 | |
| 1. 建筑工程 | 3889204 |
| 2. 安装工程 | 650595 |
| 3. 设备工器具购置 | 1819930 |
| 4. 其他 | 7532234 |
| 按性质分 | |
| 1. 新建 | 7499971 |
| 2. 扩建 | 3398976 |
| 3. 改建和技术改造 | 2270857 |
| 4. 单纯建造生活设施 | 73617 |
| 5. 迁建 | 52282 |
| 6. 恢复 | 143407 |
| 7. 单纯购置 | 452853 |
| **三、本年新增固定资产** | **6750491** |
| **四、房屋建筑面积及竣工价值** | |
| 本年房屋施工面积(平方米) | 2814446 |
| 其中:住宅 | 2043103 |
| 本年房屋竣工面积(平方米) | 2294591 |
| 其中:住宅 | 1717639 |
| 本年房屋竣工价值 | 383092 |
| 其中:住宅 | 291537 |
| **五、本年实际到位资金合计** | **14489396** |
| 1. 上年末结余资金 | 255195 |
| 2. 本年实际到位资金小计 | 14234201 |
| (1)国家预算资金 | 3935619 |
| ①中央资金 | 2115540 |
| ②地方资金 | 1820079 |
| (2)国内贷款 | 572025 |
| (3)债券 | — |
| (4)利用外资 | 67922 |
| (5)自筹资金 | 8409750 |
| (6)其他资金 | 1248885 |
| **六、本年各项应付款合计** | **1322183** |
| 其中:工程款 | 582423 |

注:本表统计范围为按照项目管理的、且计划总投资在500万元以上的城镇林业固定资产投资项目和农村非农户林业固定资产投资项目。

# 各地区林业固定资产投资完成情况(一)

单位:万元

| 地　　区 | 本年计划投资 | 自年初累计完成投资 | | | | | |
|---|---|---|---|---|---|---|---|
| | | 总计 | 其中:国家投资 | 按构成分 | | | |
| | | | | 建筑工程 | 安装工程 | 设备工器具购置 | 其他 |
| **全国合计** | **10525877** | **13891963** | **2168480** | **3889204** | **650595** | **1819930** | **7532234** |
| 北　京 | 282727 | 770583 | 46974 | 587283 | 941 | 6699 | 175660 |
| 天　津 | — | — | — | — | — | — | — |
| 河　北 | 8275 | 8684 | 439 | 1746 | 4470 | 286 | 2182 |
| 山　西 | 19972 | 19972 | 19972 | 4354 | — | 1859 | 13759 |
| 内蒙古 | 102241 | 105339 | 86849 | 66043 | 341 | 10404 | 28551 |
| 内蒙古集团 | 91439 | 91439 | 77224 | 62159 | 341 | 7065 | 21874 |
| 辽　宁 | 57372 | 59695 | 41152 | — | — | 1061 | 58634 |
| 吉　林 | 78470 | 94749 | 67777 | 60927 | 8109 | 1124 | 24589 |
| 吉林集团 | 8038 | 9128 | 4817 | 8459 | — | 669 | — |
| 长白山集团 | 45185 | 62958 | 42464 | 51720 | 7614 | 125 | 3499 |
| 黑龙江 | 830299 | 826354 | 761671 | 70800 | 5159 | 2827 | 747568 |
| 龙江集团 | 815853 | 813871 | 756855 | 68015 | 5159 | 1058 | 739639 |
| 上　海 | 1999 | 71580 | — | — | — | 1999 | 69581 |
| 江　苏 | 45156 | 217322 | 780 | 24885 | 62 | 4394 | 187981 |
| 浙　江 | 16080 | 13295 | 1250 | 3593 | — | — | 9702 |
| 安　徽 | 230937 | 284464 | 50642 | 79855 | 6498 | 6475 | 191636 |
| 福　建 | 12567 | 14648 | 3470 | 4994 | 1245 | 1378 | 7031 |
| 江　西 | 31596 | 50143 | 25081 | 10340 | 160 | 2272 | 37371 |
| 山　东 | 41309 | 57641 | 7854 | 17870 | 11049 | 8187 | 20535 |
| 河　南 | — | — | — | — | — | — | — |
| 湖　北 | 601121 | 469020 | 44637 | 167953 | 31380 | 187710 | 81977 |
| 湖　南 | 289992 | 417248 | 78767 | 78521 | 14063 | 40585 | 284079 |
| 广　东 | 11611 | 10869 | 3952 | 1252 | 2073 | 831 | 6713 |
| 广　西 | 6904382 | 9310060 | 332744 | 2553333 | 534135 | 1478726 | 4743866 |
| 海　南 | 16971 | 5787 | 4624 | 983 | — | 240 | 4564 |
| 重　庆 | 6838 | 6503 | 6488 | 2298 | — | 230 | 3975 |
| 四　川 | 128232 | 128232 | 61408 | 29013 | 9584 | 9389 | 80246 |
| 贵　州 | 2351 | 2351 | 1425 | 1282 | 860 | — | 209 |
| 云　南 | 128416 | 147410 | 72925 | 12094 | 883 | 17556 | 116877 |
| 西　藏 | 73029 | 66958 | 49683 | 24142 | 16699 | 15687 | 10430 |
| 陕　西 | 200870 | 279483 | 93769 | 21516 | 945 | 1743 | 255279 |
| 甘　肃 | 231475 | 206291 | 125737 | 14045 | 1636 | 5219 | 185391 |
| 青　海 | 45665 | 42448 | 32695 | 5792 | — | 20 | 36636 |
| 宁　夏 | 2032 | 3192 | 209 | 2404 | 254 | 325 | 209 |
| 新　疆 | 67514 | 111483 | 71984 | 4739 | — | 505 | 106239 |
| 新疆兵团 | — | — | — | — | — | — | — |
| 局直属单位 | 56378 | 90159 | 73522 | 37147 | 49 | 12199 | 40764 |
| 大兴安岭 | 31121 | 44766 | 28566 | 22615 | 45 | 5126 | 16980 |

# 各地区林业固定资产

| 地区 | 自年初累计完成投资 | | | | | | |
|---|---|---|---|---|---|---|---|
| | 按性质分 | | | | | | |
| | 新建 | 扩建 | 改建和技术改造 | 单纯建造生活设施 | 迁建 | 恢复 | 单纯购置 |
| **全国合计** | **7499971** | **3398976** | **2270857** | **73617** | **52282** | **143407** | **452853** |
| 北　京 | 310249 | 317277 | 136833 | — | — | — | 6224 |
| 天　津 | — | — | — | — | — | — | — |
| 河　北 | 8253 | 431 | — | — | — | — | — |
| 山　西 | 5173 | 6982 | 2912 | 272 | — | 500 | 4133 |
| 内蒙古 | 61897 | 23773 | 6457 | 2729 | — | — | 10483 |
| 内蒙古集团 | 49972 | 23167 | 6303 | 2729 | — | — | 9268 |
| 辽　宁 | 58716 | — | 30 | — | — | — | 949 |
| 吉　林 | 76049 | 4532 | 8953 | 4330 | — | — | 885 |
| 吉林集团 | 1659 | 387 | 2083 | 4330 | — | — | 669 |
| 长白山集团 | 52786 | 4145 | 6027 | — | — | — | — |
| 黑龙江 | 120185 | 672326 | 6801 | 6579 | — | 19581 | 882 |
| 龙江集团 | 109969 | 672326 | 5386 | 6579 | — | 19581 | 30 |
| 上　海 | 69577 | — | — | — | — | — | 2003 |
| 江　苏 | 208505 | 2181 | 2180 | — | 424 | 4010 | 22 |
| 浙　江 | 12795 | — | — | — | — | — | 500 |
| 安　徽 | 258307 | 7400 | 9594 | 1836 | — | 3320 | 4007 |
| 福　建 | 8641 | — | 5654 | 90 | — | — | 263 |
| 江　西 | 34822 | 8210 | 4613 | 222 | — | — | 2276 |
| 山　东 | 41996 | 5699 | 7335 | — | — | 306 | 2305 |
| 河　南 | — | — | — | — | — | — | — |
| 湖　北 | 445399 | 11750 | 10747 | 1106 | — | — | 18 |
| 湖　南 | 324136 | 61325 | 28969 | 180 | — | 800 | 1838 |
| 广　东 | 6550 | 2979 | 477 | — | — | — | 863 |
| 广　西 | 4538958 | 2210511 | 2008604 | 52414 | 47867 | 70631 | 381075 |
| 海　南 | 5652 | — | — | — | — | — | 135 |
| 重　庆 | 5658 | — | — | — | — | — | 845 |
| 四　川 | 98125 | 18880 | 5620 | — | 3991 | — | 1616 |
| 贵　州 | 1732 | — | 619 | — | — | — | — |
| 云　南 | 117649 | 12120 | 13141 | — | — | — | 4500 |
| 西　藏 | 41447 | 7927 | — | 1897 | — | — | 15687 |
| 陕　西 | 272322 | 4598 | 601 | 1962 | — | — | — |
| 甘　肃 | 198108 | 3079 | 94 | — | — | 3377 | 1633 |
| 青　海 | 40928 | — | — | — | — | — | 1520 |
| 宁　夏 | 2418 | 195 | 254 | — | — | — | 325 |
| 新　疆 | 94139 | 14817 | 1834 | — | — | 693 | — |
| 新疆兵团 | — | — | — | — | — | — | — |
| 局直属单位 | 31585 | 1984 | 8535 | — | — | 40189 | 7866 |
| 大兴安岭 | 19528 | 383 | 4568 | — | — | 15792 | 4495 |

# 投资完成情况(二)

单位:万元

| 本年新增固定资产 | 房屋建筑面积及竣工价值 | | | | | |
| --- | --- | --- | --- | --- | --- | --- |
| | 本年房屋施工面积(平方米) | | 本年房屋竣工面积(平方米) | | 本年房屋竣工价值 | |
| | 合计 | 其中:住宅 | 合计 | 其中:住宅 | 合计 | 其中:住宅 |
| **6750491** | **2814446** | **2043103** | **2294591** | **1717639** | **383092** | **291537** |
| 178245 | — | — | — | — | — | — |
| — | — | — | — | — | — | — |
| 178 | — | — | — | — | — | — |
| 9256 | 1546 | 160 | 1066 | — | 114 | — |
| 95388 | 308008 | 269351 | 295021 | 254824 | 41827 | 39050 |
| 91439 | 305426 | 269351 | 290824 | 254824 | 41112 | 39050 |
| 36260 | — | — | — | — | — | — |
| 45839 | 408772 | 406440 | 345081 | 337377 | 51459 | 49266 |
| 4402 | 47071 | 47071 | 28999 | 28999 | 12892 | 12892 |
| 40727 | 359369 | 359369 | 313750 | 308378 | 38312 | 36374 |
| 445454 | 629715 | 619042 | 501487 | 438245 | 36987 | 34586 |
| 443877 | 629715 | 619042 | 501487 | 438245 | 36987 | 34586 |
| 40923 | — | — | — | — | — | — |
| 5182 | 220 | — | 220 | — | 50 | — |
| 4533 | — | — | 5000 | — | 1880 | — |
| 185025 | 4870 | — | 4870 | — | 650 | — |
| 6663 | 10348 | 10348 | 100325 | 100325 | 31265 | 31265 |
| 8759 | 111744 | 108785 | 84118 | 84118 | 10886 | 10386 |
| 15105 | 81725 | 325 | 81725 | 325 | 6632 | 82 |
| — | — | — | — | — | — | — |
| 292378 | 40158 | 24918 | 24667 | 19335 | 7089 | 5300 |
| 99117 | 24779 | 5660 | 13964 | 6800 | 4084 | 1740 |
| 2371 | 1986 | 550 | 1436 | 400 | 303 | 76 |
| 4694318 | 666820 | 214410 | 511428 | 348614 | 142780 | 108411 |
| 1284 | — | — | — | — | — | — |
| 5623 | — | — | — | — | — | — |
| 156826 | 230939 | 190939 | 132500 | — | 22972 | — |
| 1527 | — | — | — | — | — | — |
| 106752 | 16049 | 1950 | 21332 | 2662 | 4829 | 550 |
| 9253 | 125122 | 116229 | 125122 | 116229 | 10009 | 9288 |
| 127911 | 42684 | 41300 | 3684 | 2300 | 818 | 620 |
| 120728 | 27247 | 17692 | 12600 | 6085 | 3286 | 917 |
| 12994 | 294 | — | 1496 | — | 397 | — |
| 884 | 2600 | — | 2600 | — | 435 | — |
| 25020 | 2927 | — | 2927 | — | 300 | — |
| — | — | — | — | — | — | — |
| 16695 | 75893 | 15004 | 21922 | — | 4040 | — |
| 11832 | 15223 | — | 15223 | — | 1812 | — |

# 各地区林业固定资产

| 地　区 | 总计 | 上年末结余资金 | 本年实际到位 | | | | |
|---|---|---|---|---|---|---|---|
| | | | 本年实际 | | | | |
| | | | 合计 | 国家预算资金 | | | |
| | | | | 小计 | 中央资金 | 地方资金 | |
| **全国合计** | **14489396** | **255195** | **14234201** | **3935619** | **2115540** | **1820079** | |
| 北　京 | 893878 | 21588 | 872290 | 837709 | 6587 | 831122 | |
| 天　津 | — | — | — | — | — | — | |
| 河　北 | 9298 | 1023 | 8275 | 1336 | 683 | 653 | |
| 山　西 | 19972 | — | 19972 | 19972 | 15285 | 4687 | |
| 内蒙古 | 108518 | 2826 | 105692 | 60934 | 49036 | 11898 | |
| 内蒙古集团 | 91439 | — | 91439 | 46717 | 35086 | 11631 | |
| 辽　宁 | 69848 | 891 | 68957 | 65631 | 47187 | 18444 | |
| 吉　林 | 118216 | 34579 | 83637 | 61885 | 56095 | 5790 | |
| 吉林集团 | 11847 | 5466 | 6381 | 6352 | 6352 | — | |
| 长白山集团 | 74755 | 27536 | 47219 | 25546 | 24383 | 1163 | |
| 黑龙江 | 841504 | 48 | 841456 | 777073 | 774495 | 2578 | |
| 龙江集团 | 817795 | — | 817795 | 757820 | 757820 | — | |
| 上　海 | 71580 | — | 71580 | 71580 | — | 71580 | |
| 江　苏 | 199355 | 2042 | 197313 | 63718 | 1173 | 62545 | |
| 浙　江 | 14666 | — | 14666 | 6673 | 3623 | 3050 | |
| 安　徽 | 232482 | — | 232482 | 100251 | 30187 | 70064 | |
| 福　建 | 20993 | 433 | 20560 | 15037 | 5872 | 9165 | |
| 江　西 | 49066 | — | 49066 | 43170 | 37248 | 5922 | |
| 山　东 | 79051 | — | 79051 | 14615 | 5800 | 8815 | |
| 河　南 | — | — | — | — | — | — | |
| 湖　北 | 622180 | — | 622180 | 89669 | 43559 | 46110 | |
| 湖　南 | 379842 | 1989 | 377853 | 177642 | 79220 | 98422 | |
| 广　东 | 19940 | 1006 | 18934 | 18741 | 5805 | 12936 | |
| 广　西 | 9475620 | 83277 | 9392343 | 580023 | 233484 | 346539 | |
| 海　南 | 25418 | 11760 | 13658 | 12802 | 4809 | 7993 | |
| 重　庆 | 17645 | 1839 | 15806 | 13215 | 8354 | 4861 | |
| 四　川 | 140652 | 2161 | 138491 | 99447 | 65320 | 34127 | |
| 贵　州 | 2351 | — | 2351 | 2351 | 1425 | 926 | |
| 云　南 | 182202 | 16606 | 165596 | 138717 | 97580 | 41137 | |
| 西　藏 | 68841 | 10568 | 58273 | 58273 | 56390 | 1883 | |
| 陕　西 | 287681 | — | 287681 | 170621 | 109056 | 61565 | |
| 甘　肃 | 230879 | 11 | 230868 | 200385 | 178216 | 22169 | |
| 青　海 | 49139 | 1318 | 47821 | 47821 | 32362 | 15459 | |
| 宁　夏 | 12400 | 593 | 11807 | 10807 | 9629 | 1178 | |
| 新　疆 | 144347 | 16838 | 127509 | 124198 | 105737 | 18461 | |
| 新疆兵团 | — | — | — | — | — | — | |
| 局直属单位 | 101832 | 43799 | 58033 | 51323 | 51323 | — | |
| 大兴安岭 | 45455 | 14334 | 31121 | 24471 | 24471 | — | |

# 投资完成情况(三)

单位:万元

| 资金 | | | | | 本年各项应付款 | |
|---|---|---|---|---|---|---|
| 到位资金 | | | | | | |
| 国内贷款 | 债券 | 利用外资 | 自筹资金 | 其他资金来源 | 合计 | 其中:工程款 |
| **572025** | **—** | **67922** | **8409750** | **1248885** | **1322183** | **582423** |
| — | — | 171 | 6728 | 27682 | 101327 | 79367 |
| — | — | — | — | — | — | — |
| — | — | — | 6939 | — | 21 | 21 |
| — | — | — | — | — | 175 | — |
| — | — | — | 41359 | 3399 | — | — |
| — | — | — | 41323 | 3399 | — | — |
| — | — | — | 2760 | 566 | 3855 | 2575 |
| — | — | — | 12524 | 9228 | 11846 | 1257 |
| — | — | — | 29 | — | 11212 | 640 |
| — | — | — | 12445 | 9228 | 140 | 140 |
| — | — | — | 52291 | 12092 | 134838 | — |
| — | — | — | 52127 | 7848 | 134425 | — |
| — | — | — | — | — | — | — |
| — | — | — | 115840 | 17755 | 4452 | 200 |
| — | — | — | 1403 | 6590 | 8420 | 4330 |
| 586 | — | 110 | 95147 | 36388 | 60160 | 17854 |
| — | — | — | 5523 | — | 2446 | 2313 |
| 2310 | — | — | 3086 | 500 | 14409 | 10447 |
| — | — | — | 52971 | 11465 | 19057 | 14979 |
| — | — | — | — | — | — | — |
| 107550 | — | — | 420873 | 4088 | 15502 | 15082 |
| — | — | 2227 | 142807 | 55177 | 31576 | 666 |
| — | — | — | 193 | — | 831 | 426 |
| 448043 | — | 64235 | 7301343 | 998699 | 769764 | 319417 |
| — | — | — | 800 | 56 | — | — |
| — | — | — | — | 2591 | 408 | — |
| — | — | — | 22694 | 16350 | — | — |
| — | — | — | — | — | — | — |
| 1036 | — | — | 15638 | 10205 | 6136 | 5662 |
| — | — | — | — | — | 68841 | 68841 |
| — | — | 1179 | 92398 | 23483 | 21300 | 7170 |
| 11500 | — | — | 7633 | 11350 | 29566 | 25871 |
| — | — | — | — | — | 4381 | 2880 |
| 1000 | — | — | — | — | 5334 | 57 |
| — | — | — | 2090 | 1221 | 3523 | 2723 |
| — | — | — | — | — | — | — |
| — | — | — | 6710 | — | 4015 | 285 |
| — | — | — | 6650 | — | — | — |

# 林业利用外资基本情况

单位:万美元

| 指　　标 | 项目个数（个） | 实际利用外资金额 | | | | 协议利用外资金额 | | | |
|---|---|---|---|---|---|---|---|---|---|
| | | 合计 | 国外借款 | 外商投资 | 无偿援助 | 合计 | 国外借款 | 外商投资 | 无偿援助 |
| **总　　计** | **133** | **24376** | **5522** | **17770** | **1084** | **13083** | **5832** | **6453** | **798** |
| 一、营造林 | 96 | 7436 | 4889 | 1631 | 916 | 7646 | 5689 | 1164 | 793 |
| 1. 公益林 | 58 | 3888 | 2975 | 11 | 902 | 2439 | 1805 | 11 | 623 |
| 2. 工业原料林 | 20 | 2246 | 1042 | 1204 | — | 319 | 319 | — | — |
| 3. 特色经济林 | 18 | 1302 | 872 | 416 | 14 | 4888 | 3565 | 1153 | 170 |
| 二、木竹材加工 | 2 | 455 | — | 455 | — | 15 | — | 15 | — |
| 其中:木家具制造 | — | — | — | — | — | — | — | — | — |
| 人造板制造 | — | — | — | — | — | — | — | — | — |
| 木制品制造 | 1 | — | — | — | — | 15 | — | 15 | — |
| 三、林纸一体化 | 1 | 7572 | — | 7572 | — | — | — | — | — |
| 四、林产化工 | 1 | 122 | — | 122 | — | — | — | — | — |
| 五、非木质林产品加工 | 2 | 15 | — | 15 | — | 92 | — | 92 | — |
| 六、花卉、种苗 | 15 | 1637 | — | 1637 | — | 1265 | — | 1265 | — |
| 七、科学研究 | 2 | 155 | 8 | — | 147 | — | — | — | — |
| 八、其他 | 14 | 6984 | 625 | 6338 | 21 | 4065 | 143 | 3917 | 5 |

# 各地区林业利用外资项目个数

单位:个

| 地区 | 总计 | 营造林 | | | | 木竹材加工 | | | | 林纸一体化 | 林产化工 | 非木质林产品加工 | 花卉、种苗 | 科学研究 | 其他 |
|---|---|---|---|---|---|---|---|---|---|---|---|---|---|---|---|
| | | 合计 | 公益林 | 工业原料林 | 特色经济林 | 合计 | 其中 | | | | | | | | |
| | | | | | | | 木家具制造 | 人造板制造 | 木制品制造 | | | | | | |
| **全国合计** | **133** | **96** | **58** | **20** | **18** | **2** | **—** | **—** | **1** | **1** | **1** | **2** | **15** | **2** | **14** |
| 北　京 | 1 | — | — | — | — | — | — | — | — | — | — | — | — | — | 1 |
| 天　津 | — | — | — | — | — | — | — | — | — | — | — | — | — | — | — |
| 河　北 | 4 | 3 | 1 | — | 2 | — | — | — | — | — | — | — | — | — | 1 |
| 山　西 | — | — | — | — | — | — | — | — | — | — | — | — | — | — | — |
| 内蒙古 | — | — | — | — | — | — | — | — | — | — | — | — | — | — | — |
| 内蒙古集团 | — | — | — | — | — | — | — | — | — | — | — | — | — | — | — |
| 辽　宁 | 11 | 11 | 11 | — | — | — | — | — | — | — | — | — | — | — | — |
| 吉　林 | — | — | — | — | — | — | — | — | — | — | — | — | — | — | — |
| 吉林集团 | — | — | — | — | — | — | — | — | — | — | — | — | — | — | — |
| 长白山集团 | — | — | — | — | — | — | — | — | — | — | — | — | — | — | — |
| 黑龙江 | — | — | — | — | — | — | — | — | — | — | — | — | — | — | — |
| 龙江集团 | — | — | — | — | — | — | — | — | — | — | — | — | — | — | — |
| 上　海 | — | — | — | — | — | — | — | — | — | — | — | — | — | — | — |
| 江　苏 | — | — | — | — | — | — | — | — | — | — | — | — | — | — | — |
| 浙　江 | — | — | — | — | — | — | — | — | — | — | — | — | — | — | — |
| 安　徽 | 8 | 7 | 2 | 4 | 1 | — | — | — | — | — | — | — | — | — | 1 |
| 福　建 | 22 | 1 | — | — | 1 | 1 | — | — | 1 | — | — | 2 | 15 | — | 3 |
| 江　西 | 12 | 12 | 2 | 8 | 2 | — | — | — | — | — | — | — | — | — | — |
| 山　东 | 4 | 3 | 3 | — | — | — | — | — | — | — | — | — | — | 1 | — |
| 河　南 | — | — | — | — | — | — | — | — | — | — | — | — | — | — | — |
| 湖　北 | — | — | — | — | — | — | — | — | — | — | — | — | — | — | — |
| 湖　南 | 26 | 23 | 15 | 6 | 2 | — | — | — | — | — | — | — | — | — | 3 |
| 广　东 | 1 | 1 | — | 1 | — | — | — | — | — | — | — | — | — | — | — |
| 广　西 | 6 | 2 | — | 1 | 1 | 1 | — | — | — | 1 | 1 | — | — | — | 1 |
| 海　南 | — | — | — | — | — | — | — | — | — | — | — | — | — | — | — |
| 重　庆 | — | — | — | — | — | — | — | — | — | — | — | — | — | — | — |
| 四　川 | 9 | 8 | 8 | — | — | — | — | — | — | — | — | — | — | 1 | — |
| 贵　州 | — | — | — | — | — | — | — | — | — | — | — | — | — | — | — |
| 云　南 | 2 | — | — | — | — | — | — | — | — | — | — | — | — | — | 2 |
| 西　藏 | — | — | — | — | — | — | — | — | — | — | — | — | — | — | — |
| 陕　西 | 8 | 6 | 1 | — | 5 | — | — | — | — | — | — | — | — | — | 2 |
| 甘　肃 | 14 | 14 | 13 | — | 1 | — | — | — | — | — | — | — | — | — | — |
| 青　海 | 2 | 2 | 2 | — | — | — | — | — | — | — | — | — | — | — | — |
| 宁　夏 | — | — | — | — | — | — | — | — | — | — | — | — | — | — | — |
| 新　疆 | 3 | 3 | — | — | 3 | — | — | — | — | — | — | — | — | — | — |
| 新疆兵团 | — | — | — | — | — | — | — | — | — | — | — | — | — | — | — |
| 大兴安岭 | — | — | — | — | — | — | — | — | — | — | — | — | — | — | — |

# 各地区林业实际利用外资情况

单位:万美元

| 地区 | 总计 | 营造林 | | | | 木竹材加工 | | | | 林纸一体化 | 林产化工 | 非木质林产品加工 | 花卉、种苗 | 科学研究 | 其他 |
|---|---|---|---|---|---|---|---|---|---|---|---|---|---|---|---|
| | | 合计 | 公益林 | 工业原料林 | 特色经济林 | 合计 | 其中：木家具制造 | 人造板制造 | 木制品制造 | | | | | | |
| **全国合计** | **24376** | **7436** | **3888** | **2246** | **1302** | **455** | **—** | **—** | **—** | **7572** | **122** | **15** | **1637** | **155** | **6984** |
| 北　京 | 24 | — | — | — | — | — | — | — | — | — | — | — | — | — | 24 |
| 天　津 | — | — | — | — | — | — | — | — | — | — | — | — | — | — | — |
| 河　北 | 191 | 183 | 24 | — | 159 | — | — | — | — | — | — | — | — | — | 8 |
| 山　西 | — | — | — | — | — | — | — | — | — | — | — | — | — | — | — |
| 内蒙古 | — | — | — | — | — | — | — | — | — | — | — | — | — | — | — |
| 内蒙古集团 | — | — | — | — | — | — | — | — | — | — | — | — | — | — | — |
| 辽　宁 | 1474 | 1474 | 1474 | — | — | — | — | — | — | — | — | — | — | — | — |
| 吉　林 | — | — | — | — | — | — | — | — | — | — | — | — | — | — | — |
| 吉林集团 | — | — | — | — | — | — | — | — | — | — | — | — | — | — | — |
| 长白山集团 | — | — | — | — | — | — | — | — | — | — | — | — | — | — | — |
| 黑龙江 | — | — | — | — | — | — | — | — | — | — | — | — | — | — | — |
| 龙江集团 | — | — | — | — | — | — | — | — | — | — | — | — | — | — | — |
| 上　海 | — | — | — | — | — | — | — | — | — | — | — | — | — | — | — |
| 江　苏 | — | — | — | — | — | — | — | — | — | — | — | — | — | — | — |
| 浙　江 | — | — | — | — | — | — | — | — | — | — | — | — | — | — | — |
| 安　徽 | 344 | 44 | 26 | 15 | 3 | — | — | — | — | — | — | — | — | — | 300 |
| 福　建 | 7752 | 100 | — | — | 100 | — | — | — | — | — | — | 15 | 1637 | — | 6000 |
| 江　西 | 655 | 655 | 22 | 560 | 73 | — | — | — | — | — | — | — | — | — | — |
| 山　东 | 375 | 367 | 367 | — | — | — | — | — | — | — | — | — | — | 8 | — |
| 河　南 | — | — | — | — | — | — | — | — | — | — | — | — | — | — | — |
| 湖　北 | — | — | — | — | — | — | — | — | — | — | — | — | — | — | — |
| 湖　南 | 1660 | 1465 | 830 | 467 | 168 | — | — | — | — | — | — | — | — | — | 195 |
| 广　东 | 531 | 531 | — | 531 | — | — | — | — | — | — | — | — | — | — | — |
| 广　西 | 9363 | 876 | — | 673 | 203 | 455 | — | — | — | 7572 | 122 | — | — | — | 338 |
| 海　南 | — | — | — | — | — | — | — | — | — | — | — | — | — | — | — |
| 重　庆 | — | — | — | — | — | — | — | — | — | — | — | — | — | — | — |
| 四　川 | 741 | 594 | 594 | — | — | — | — | — | — | — | — | — | — | 147 | — |
| 贵　州 | — | — | — | — | — | — | — | — | — | — | — | — | — | — | — |
| 云　南 | 5 | — | — | — | — | — | — | — | — | — | — | — | — | — | 5 |
| 西　藏 | — | — | — | — | — | — | — | — | — | — | — | — | — | — | — |
| 陕　西 | 285 | 171 | 37 | — | 134 | — | — | — | — | — | — | — | — | — | 114 |
| 甘　肃 | 474 | 474 | 150 | — | 324 | — | — | — | — | — | — | — | — | — | — |
| 青　海 | 364 | 364 | 364 | — | — | — | — | — | — | — | — | — | — | — | — |
| 宁　夏 | — | — | — | — | — | — | — | — | — | — | — | — | — | — | — |
| 新　疆 | 138 | 138 | — | — | 138 | — | — | — | — | — | — | — | — | — | — |
| 新疆兵团 | — | — | — | — | — | — | — | — | — | — | — | — | — | — | — |
| 大兴安岭 | — | — | — | — | — | — | — | — | — | — | — | — | — | — | — |

# 各地区林业协议利用外资情况

单位:万美元

| 地区 | 总计 | 营造林 | | | | 木竹材加工 | | | | 林纸一体化 | 林产化工 | 非木质林产品加工 | 花卉、种苗 | 科学研究 | 其他 |
|---|---|---|---|---|---|---|---|---|---|---|---|---|---|---|---|
| | | 合计 | 公益林 | 工业原料林 | 特色经济林 | 合计 | 其中：木家具制造 | 其中：人造板制造 | 其中：木制品制造 | | | | | | |
| **全国合计** | **13083** | **7646** | **2439** | **319** | **4888** | **15** | **—** | **—** | **15** | **—** | **—** | **92** | **1265** | **—** | **4065** |
| 北　京 | — | — | — | — | — | — | — | — | — | — | — | — | — | — | — |
| 天　津 | — | — | — | — | — | — | — | — | — | — | — | — | — | — | — |
| 河　北 | 36 | 36 | 36 | — | — | — | — | — | — | — | — | — | — | — | — |
| 山　西 | — | — | — | — | — | — | — | — | — | — | — | — | — | — | — |
| 内蒙古 | — | — | — | — | — | — | — | — | — | — | — | — | — | — | — |
| 内蒙古集团 | — | — | — | — | — | — | — | — | — | — | — | — | — | — | — |
| 辽　宁 | 463 | 463 | 463 | — | — | — | — | — | — | — | — | — | — | — | — |
| 吉　林 | — | — | — | — | — | — | — | — | — | — | — | — | — | — | — |
| 吉林集团 | — | — | — | — | — | — | — | — | — | — | — | — | — | — | — |
| 长白山集团 | — | — | — | — | — | — | — | — | — | — | — | — | — | — | — |
| 黑龙江 | — | — | — | — | — | — | — | — | — | — | — | — | — | — | — |
| 龙江集团 | — | — | — | — | — | — | — | — | — | — | — | — | — | — | — |
| 上　海 | — | — | — | — | — | — | — | — | — | — | — | — | — | — | — |
| 江　苏 | — | — | — | — | — | — | — | — | — | — | — | — | — | — | — |
| 浙　江 | — | — | — | — | — | — | — | — | — | — | — | — | — | — | — |
| 安　徽 | 202 | 202 | 200 | 2 | — | — | — | — | — | — | — | — | — | — | — |
| 福　建 | 5289 | — | — | — | — | 15 | — | — | 15 | — | — | 92 | 1265 | — | 3917 |
| 江　西 | 1230 | 1230 | — | 77 | 1153 | — | — | — | — | — | — | — | — | — | — |
| 山　东 | 14 | 14 | 14 | — | — | — | — | — | — | — | — | — | — | — | — |
| 河　南 | — | — | — | — | — | — | — | — | — | — | — | — | — | — | — |
| 湖　北 | — | — | — | — | — | — | — | — | — | — | — | — | — | — | — |
| 湖　南 | 1586 | 1443 | 1106 | 240 | 97 | — | — | — | — | — | — | — | — | — | 143 |
| 广　东 | — | — | — | — | — | — | — | — | — | — | — | — | — | — | — |
| 广　西 | — | — | — | — | — | — | — | — | — | — | — | — | — | — | — |
| 海　南 | — | — | — | — | — | — | — | — | — | — | — | — | — | — | — |
| 重　庆 | — | — | — | — | — | — | — | — | — | — | — | — | — | — | — |
| 四　川 | 300 | 300 | 300 | — | — | — | — | — | — | — | — | — | — | — | — |
| 贵　州 | — | — | — | — | — | — | — | — | — | — | — | — | — | — | — |
| 云　南 | 5 | — | — | — | — | — | — | — | — | — | — | — | — | — | 5 |
| 西　藏 | — | — | — | — | — | — | — | — | — | — | — | — | — | — | — |
| 陕　西 | 134 | 134 | — | — | 134 | — | — | — | — | — | — | — | — | — | — |
| 甘　肃 | 3824 | 3824 | 320 | — | 3504 | — | — | — | — | — | — | — | — | — | — |
| 青　海 | — | — | — | — | — | — | — | — | — | — | — | — | — | — | — |
| 宁　夏 | — | — | — | — | — | — | — | — | — | — | — | — | — | — | — |
| 新　疆 | — | — | — | — | — | — | — | — | — | — | — | — | — | — | — |
| 新疆兵团 | — | — | — | — | — | — | — | — | — | — | — | — | — | — | — |
| 大兴安岭 | — | — | — | — | — | — | — | — | — | — | — | — | — | — | — |

# 国家林业局机关及直属单位

| 地　区 | 自　年　初 | | | | | |
|---|---|---|---|---|---|---|
| | 总计 | 生态建设与保护 | | | | |
| | | 合计 | 营造林 | 湿地恢复与保护 | 野生动植物保护及自然保护区 | 防沙治沙 |
| **总　计** | **666048** | **380069** | **58022** | **30619** | **4115** | **2755** |
| 国家林业局机关 | 73403 | 302 | — | — | 302 | — |
| 国家林业局信息中心 | 3451 | — | — | — | — | — |
| 国家林业局国有林场和林木种苗工作总站 | 852 | — | — | — | — | — |
| 国家林业局林业工作站管理总站 | 604 | — | — | — | — | — |
| 国家林业局林业基金管理总站 | 842 | — | — | — | — | — |
| 国家林业局宣传中心 | 292 | — | — | — | — | — |
| 国家林业局濒危物种进出口管理中心 | 1427 | — | — | — | — | — |
| 国家林业局天然林保护工程管理中心 | 1205 | — | — | — | — | — |
| 国家林业局西北华北东北防护林建设局 | 2957 | — | — | — | — | — |
| 国家林业局退耕还林(草)工程管理办公室 | 951 | 407 | — | — | — | — |
| 国家林业局防治荒漠化管理中心 | 2976 | 2586 | — | — | — | 2586 |
| 国家林业局世界银行贷款项目管理中心 | 959 | — | — | — | — | — |
| 国家林业局科技发展中心 | 2714 | — | — | — | — | — |
| 国家林业局森林资源监督管理办公室 | 334 | — | — | — | — | — |
| 国家林业局亚太森林网络管理中心 | 4113 | 3777 | — | — | — | — |
| 国家林业局湿地保护管理中心 | 30259 | 30000 | — | 30000 | — | — |
| 国家林业局经济发展研究中心 | 525 | — | — | — | — | — |
| 国家林业局人才开发交流中心 | 1595 | — | — | — | — | — |
| 国家林业局对外合作项目中心 | 304 | — | — | — | — | — |
| 国家林业局森林防火预警监测信息中心 | 1565 | 13 | | | | 13 |
| 中国林业科学研究院 | 38019 | 1010 | — | 189 | — | — |
| 国家林业局调查规划设计院 | 4029 | — | — | — | — | — |
| 国家林业局林产工业规划设计院 | 15203 | — | — | — | — | — |
| 国家林业局管理干部学院 | 3479 | — | — | — | — | — |
| 中国绿色时报社 | 3768 | — | — | — | — | — |
| 中国林业出版社 | 8569 | — | — | — | — | — |
| 国家林业局国际竹藤中心 | 10780 | — | — | — | — | — |
| 中国林学会 | 2239 | — | — | — | — | — |
| 中国野生动物保护协会 | 115 | — | — | — | — | — |
| 中国绿化基金会 | 5056 | 4543 | 2103 | 286 | 1105 | 156 |

# 林业投资完成情况(一)

单位:万元

| 累计完成投资 | | | | | | | | | |
|---|---|---|---|---|---|---|---|---|---|
| | 林业支撑与保障 | | | | | | | 林业产业发展 | 财政事业费 |
| 其他 | 合计 | 林木种苗 | 森林防火与森林公安 | 林业有害生物防治 | 科技教育 | 林业信息化 | 其他 | | |
| **284558** | **146844** | **130** | **22207** | **17122** | **8831** | **4439** | **94115** | **396** | **138738** |
| — | 66356 | — | 6735 | 16036 | — | 488 | 43097 | — | 6745 |
| — | 3149 | — | — | — | — | 2910 | 239 | — | 302 |
| — | — | — | — | — | — | — | — | — | 852 |
| — | — | — | — | — | — | — | — | — | 604 |
| — | — | — | — | — | — | — | — | — | 842 |
| — | — | — | — | — | — | — | — | — | 292 |
| — | — | — | — | — | — | — | — | — | 1427 |
| — | 675 | — | — | — | 100 | 100 | 475 | — | 530 |
| — | 1187 | — | — | — | — | 118 | 1069 | — | 1770 |
| 407 | — | — | — | — | — | — | — | — | 544 |
| — | — | — | — | — | — | — | — | — | 390 |
| — | 959 | — | — | — | — | — | 959 | — | — |
| — | 2315 | — | — | — | 2315 | — | — | — | 399 |
| — | — | — | — | — | — | — | — | — | 334 |
| 3777 | — | — | — | — | — | — | — | — | 336 |
| — | — | — | — | — | — | — | — | — | 259 |
| — | — | — | — | — | — | — | — | — | 525 |
| — | 1595 | — | — | — | — | 110 | 1485 | — | — |
| — | 45 | — | — | — | — | 30 | 15 | — | 259 |
| | 1182 | | 1180 | | | 2 | | | 370 |
| 821 | 8500 | — | 163 | — | — | 456 | 7881 | 396 | 28113 |
| — | 369 | — | — | — | — | — | 369 | — | 3660 |
| — | 615 | — | — | — | — | — | 615 | — | 14588 |
| — | — | — | — | — | — | — | — | — | 3479 |
| — | 2245 | — | — | — | — | — | 2245 | — | 1523 |
| — | 2779 | — | — | — | — | — | 2779 | — | 5790 |
| — | 9006 | — | — | — | 6416 | 80 | 2510 | — | 1774 |
| — | 1321 | — | — | — | — | — | 1321 | — | 917 |
| — | — | — | — | — | — | — | — | — | 115 |
| 893 | 454 | — | — | — | — | — | 454 | — | 59 |

# 国家林业局机关及直属单位

| 地　　区 | 自　年　初 | | | | | |
| --- | --- | --- | --- | --- | --- | --- |
| | 总计 | 生态建设与保护 | | | | |
| | | 合计 | 营造林 | 湿地恢复与保护 | 野生动植物保护及自然保护区 | 防沙治沙 |
| 国家林业局机关服务中心 | 4388 | — | — | — | — | — |
| 国家林业局离退休干部局 | 6435 | — | — | — | — | — |
| 国家林业局招待所 | — | — | — | — | — | — |
| 国家林业局幼儿园 | 991 | — | — | — | — | — |
| 驻内蒙古自治区森林资源监督专员办事处 | 407 | — | — | — | — | — |
| 驻长春森林资源监督专员办事处 | 362 | — | — | — | — | — |
| 驻黑龙江省森林资源监督专员办事处 | 511 | — | — | — | — | — |
| 驻大兴安岭森林资源监督专员办事处 | 540 | — | — | — | — | — |
| 驻福州森林资源监督专员办事处 | 370 | — | — | — | — | — |
| 驻云南省森林资源监督专员办事处 | 167 | — | — | — | — | — |
| 驻成都森林资源监督专员办事处 | 322 | — | — | — | — | — |
| 驻西安森林资源监督专员办事处 | 263 | — | — | — | — | — |
| 驻武汉森林资源监督专员办事处 | 235 | — | — | — | — | — |
| 驻贵阳森林资源监督专员办事处 | 199 | — | — | — | — | — |
| 驻广州森林资源监督专员办事处 | 718 | 39 | — | — | 39 | — |
| 驻合肥森林资源监督专员办事处 | 182 | — | — | — | — | — |
| 驻乌鲁木齐森林资源监督专员办事处 | 206 | — | — | — | — | — |
| 驻上海森林资源监督专员办事处 | 662 | — | — | — | — | — |
| 驻北京森林资源监督专员办事处 | 472 | — | — | — | — | — |
| 国家林业局森林病虫害防治总站 | 2803 | 150 | — | — | 150 | — |
| 国家林业局北方航空护林总站 | 5349 | — | — | — | — | — |
| 国家林业局南方航空护林总站 | 7893 | — | — | — | — | — |
| 南京森林警察学院 | 26535 | — | — | — | — | — |
| 国家林业局华东林业调查规划设计院 | 3195 | — | — | — | — | — |
| 国家林业局中南林业调查规划设计院 | 3476 | — | — | — | — | — |
| 国家林业局西北林业调查规划设计院 | 1595 | — | — | — | — | — |
| 国家林业局昆明勘察设计院 | 2781 | — | — | — | — | — |
| 陕西佛坪国家级自然保护区管理局 | 1137 | 250 | 50 | — | 200 | — |
| 甘肃白水江国家级自然保护区管理局 | 3106 | 1706 | — | — | 1706 | — |
| 国家林业局卧龙自然保护区管理局 | 31513 | 26885 | — | — | — | — |
| 国家林业局北戴河培训中心 | — | — | — | — | — | — |
| 大兴安岭林业集团公司 | 336650 | 308401 | 55869 | 144 | 613 | — |

# 林业投资完成情况(二)

单位:万元

| 累计完成投资 | | | | | | | | | |
|---|---|---|---|---|---|---|---|---|---|
| | 林业支撑与保障 | | | | | | | 林业产业发展 | 财政事业费 |
| 其他 | 合计 | 林木种苗 | 森林防火与森林公安 | 林业有害生物防治 | 科技教育 | 林业信息化 | 其他 | | |
| — | 1497 | — | — | — | — | — | 1497 | — | 2891 |
| — | — | — | — | — | — | — | — | — | 6435 |
| — | — | — | — | — | — | — | — | — | — |
| — | — | — | — | — | — | — | — | — | 991 |
| — | — | — | — | — | — | — | — | — | 407 |
| — | — | — | — | — | — | — | — | — | 362 |
| — | — | — | — | — | — | — | — | — | 511 |
| — | — | — | — | — | — | — | — | — | 540 |
| — | — | — | — | — | — | — | — | — | 370 |
| — | — | — | — | — | — | — | — | — | 167 |
| — | — | — | — | — | — | — | — | — | 322 |
| — | — | — | — | — | — | — | — | — | 263 |
| — | — | — | — | — | — | — | — | — | 235 |
| — | — | — | — | — | — | — | — | — | 199 |
| — | 149 | — | — | — | — | — | 149 | — | 530 |
| — | — | — | — | — | — | — | — | — | 182 |
| — | — | — | — | — | — | — | — | — | 206 |
| — | — | — | — | — | — | — | — | — | 662 |
| — | 120 | — | — | — | — | — | 120 | — | 352 |
| — | 724 | — | — | 579 | — | 145 | — | — | 1929 |
| — | 3337 | — | 3337 | — | — | — | — | — | 2012 |
| — | 5525 | — | 5123 | — | — | — | 402 | — | 2368 |
| — | — | — | — | — | — | — | — | — | 26535 |
| — | 812 | — | — | — | — | — | 812 | — | 2383 |
| — | 2079 | — | — | — | — | — | 2079 | — | 1397 |
| — | — | — | — | — | — | — | — | — | 1595 |
| — | — | — | — | — | — | — | — | — | 2781 |
| — | — | — | — | — | — | — | — | — | 887 |
| — | — | — | — | — | — | — | — | — | 1400 |
| 26885 | 1600 | — | 1600 | — | — | — | — | — | 3028 |
| — | — | — | — | — | — | — | — | — | — |
| 251775 | 28249 | 130 | 4069 | 507 | — | — | 23543 | — | — |

# 6

# 林业教育

## FORESTRY EDUCATION

# 2016～2017 学年初普通高、中等林业院校和其他高、中等院校林科基本情况

单位:人

| 名　　称 | 学校单位数(所、个) | 毕业生数 | 招生数 | 在校学生数 | 毕业班学生数 | 教职工数 | |
|---|---|---|---|---|---|---|---|
| | | | | | | 计 | 其中:专任教师 |
| **总　计** | **—** | **148577** | **142210** | **494008** | **152177** | **29745** | **15373** |
| **一、研究生教育** | **92** | **7085** | **8814** | **24722** | **9888** | **—** | **—** |
| 1. 普通高等林业院校 | 6 | 5161 | 6267 | 18179 | 7469 | 18357 | 7379 |
| 2. 其他高等院校(林科) | 85 | 1641 | 2186 | 5478 | 1981 | — | — |
| 3. 林业科研单位 | 1 | 283 | 361 | 1065 | 438 | — | — |
| **二、本科教育** | **228** | **50087** | **51150** | **210227** | **51530** | **—** | **—** |
| 1. 普通高等林业院校 | 7 | 25484 | 27035 | 109563 | 27866 | 19094 | 7659 |
| 2. 其他普通高等院校(林科) | 221 | 24603 | 24115 | 100664 | 23664 | — | — |
| **三、高职(专科)教育** | **231** | **44065** | **42634** | **140461** | **47123** | **—** | **—** |
| 1. 高等林业(园林)职业学校 | 16 | 32431 | 32916 | 106830 | 35454 | 7280 | 5345 |
| 2. 其他高等职业学校(林科) | 214 | 11058 | 9127 | 31901 | 11088 | — | — |
| 3. 普通高等林业院校专科 | 1 | 576 | 591 | 1730 | 581 | 3814 | 1541 |
| **四、中职教育** | **285** | **47340** | **39612** | **118598** | **43636** | **—** | **—** |
| 1. 中等林业(园林)职业学校 | 19 | 16004 | 10527 | 34982 | 13293 | 3371 | 2369 |
| 2. 其他中等职业学校(林科) | 266 | 31336 | 29085 | 83616 | 30343 | — | — |

注:本表研究生教育、本科教育、高职(专科)教育中普通林业高等院校教职工数有重叠,均采用本科教育教职工数。

# 2016～2017学年初普通高等林业院校和其他高等院校、科研院所林科研究生分学科情况(一)

单位：人

| 学科名称 | 毕业生数 | 招生数 | 在校学生数 | 毕业班学生数 |
|---|---|---|---|---|
| **总　计** | **7085** | **8814** | **24722** | **9888** |
| **一、博士生** | **580** | **998** | **4929** | **2940** |
| 1. 林业学科小计 | 501 | 896 | 4398 | 2643 |
| 森林工程 | 15 | 22 | 161 | 120 |
| 木材科学与技术 | 35 | 63 | 310 | 180 |
| 林产化学加工工程 | 18 | 61 | 223 | 106 |
| 林业工程学科 | 21 | 57 | 321 | 205 |
| 林木遗传育种 | 43 | 66 | 276 | 152 |
| 森林培育 | 50 | 77 | 392 | 241 |
| 森林保护学 | 32 | 44 | 217 | 125 |
| 森林经理学 | 37 | 27 | 190 | 126 |
| 野生动植物保护与利用 | 36 | 30 | 153 | 92 |
| 园林植物与观赏园艺 | 15 | 40 | 219 | 142 |
| 水土保持与荒漠化防治 | 37 | 84 | 371 | 213 |
| 林学学科 | 10 | 42 | 169 | 76 |
| 林业经济管理 | 32 | 52 | 350 | 246 |
| 风景园林学学科 | 17 | 49 | 198 | 102 |
| 土壤学(森林土壤学) | 31 | 25 | 112 | 65 |
| 植物学(森林植物学) | 26 | 40 | 216 | 137 |
| 生态学(森林生态学) | 46 | 117 | 520 | 315 |
| 2. 林业院校和科研单位其他学科 | 79 | 102 | 531 | 297 |
| **二、硕士** | **6505** | **7816** | **19793** | **6948** |
| 1. 林业学科小计 | 4140 | 5047 | 13140 | 4504 |
| 森林工程 | 60 | 43 | 158 | 62 |
| 木材科学与技术 | 259 | 299 | 893 | 278 |
| 林产化学加工工程 | 73 | 104 | 282 | 84 |
| 林业工程学科 | 87 | 124 | 297 | 86 |
| 林木遗传育种 | 151 | 154 | 453 | 149 |
| 森林培育 | 264 | 256 | 779 | 276 |
| 森林保护学 | 182 | 214 | 594 | 188 |
| 森林经理学 | 187 | 162 | 505 | 163 |
| 野生动植物保护与利用 | 118 | 108 | 345 | 138 |
| 园林植物与观赏园艺 | 333 | 327 | 1016 | 378 |
| 水土保持与荒漠化防治 | 317 | 420 | 1142 | 338 |
| 林学学科 | 102 | 198 | 490 | 130 |
| 风景园林 | 1019 | 1546 | 3460 | 1247 |
| 林业 | 441 | 551 | 1088 | 426 |
| 林业经济管理 | 70 | 42 | 134 | 50 |
| 其他林业学科 | 477 | 499 | 1504 | 511 |
| 2. 林业院校和科研单位其他学科 | 2365 | 2769 | 6653 | 2444 |
| 材料加工工程 | 9 | 5 | 18 | 7 |

# 2016～2017学年初普通高等林业院校和其他高等院校、科研院所林科研究生分单位情况(二)

单位:人

| 学科名称 | 毕业生数 | 招生数 | 在校学生数 | 毕业班学生数 |
|---|---|---|---|---|
| 材料物理与化学 | 6 | 7 | 22 | 7 |
| 材料学 | 11 | 13 | 33 | 10 |
| 草学学科 | 13 | 12 | 37 | 12 |
| 测试计量技术及仪器 | — | 6 | 14 | 4 |
| 茶学 | 1 | 1 | 2 | 1 |
| 车辆工程 | 21 | 10 | 37 | 13 |
| 城乡规划学学科 | 41 | 44 | 145 | 53 |
| 道路与铁道工程 | 22 | 25 | 66 | 19 |
| 地理学学科 | — | 10 | 20 | 5 |
| 地图学与地理信息系统 | 45 | 42 | 130 | 45 |
| 动物学 | 23 | 30 | 80 | 27 |
| 动物遗传育种与繁殖 | 4 | 5 | 14 | 4 |
| 俄语语言文学 | 8 | 4 | 13 | 5 |
| 发酵工程 | 2 | 4 | 12 | 5 |
| 发育生物学 | 18 | 20 | 47 | 11 |
| 法律 | — | 24 | 42 | 18 |
| 法学理论 | 9 | 13 | 30 | 11 |
| 法学学科 | 29 | 26 | 77 | 24 |
| 翻译 | 60 | 110 | 206 | 72 |
| 防灾减灾工程及防护工程 | — | — | 1 | 1 |
| 概率论与数理统计 | 5 | 6 | 14 | 5 |
| 高分子化学与物理 | 11 | 10 | 32 | 11 |
| 工程 | 687 | 874 | 1741 | 753 |
| 工程管理 | — | 7 | 13 | 6 |
| 工商管理 | 94 | 123 | 341 | 181 |
| 工商管理学科 | 38 | 32 | 107 | 37 |
| 公共管理 | — | 40 | 69 | 29 |
| 管理科学与工程学科 | 44 | 34 | 92 | 24 |
| 国际贸易学 | 14 | 15 | 44 | 14 |
| 国际商务 | 7 | 14 | 23 | 9 |
| 果树学 | 6 | 4 | 13 | 5 |
| 汉语言文字学 | 6 | 5 | 14 | 4 |
| 行政管理 | 30 | 28 | 81 | 29 |
| 化学工程 | — | 6 | 12 | — |
| 化学工程与技术学科 | 10 | 9 | 27 | 4 |
| 化学工艺 | 13 | 8 | 26 | 8 |
| 环境工程 | 19 | 15 | 48 | 15 |
| 环境科学 | 20 | 17 | 55 | 19 |
| 环境科学与工程学科 | 39 | 43 | 126 | 42 |
| 环境与资源保护法学 | 23 | 21 | 68 | 25 |

# 2016～2017 学年初普通高等林业院校和其他高等院校、科研院所林科研究生分单位情况(三)

单位:人

| 学科名称 | 毕业生数 | 招生数 | 在校学生数 | 毕业班学生数 |
|---|---|---|---|---|
| 会计 | 53 | 56 | 114 | 58 |
| 会计学 | 31 | 28 | 78 | 21 |
| 机械电子工程 | 19 | 21 | 60 | 19 |
| 机械工程学科 | 11 | 11 | 37 | 14 |
| 机械设计及理论 | 22 | 18 | 65 | 25 |
| 机械制造及其自动化 | 20 | 21 | 61 | 21 |
| 计算机科学与技术学科 | — | 4 | 17 | 7 |
| 计算机软件与理论 | 17 | 11 | 38 | 15 |
| 计算机系统结构 | 4 | 4 | 13 | 4 |
| 计算机应用技术 | 29 | 23 | 85 | 32 |
| 技术经济及管理 | 5 | 5 | 9 | 1 |
| 检测技术与自动化装置 | 9 | 5 | 21 | 9 |
| 建筑学学科 | 16 | 16 | 51 | 19 |
| 交通信息工程及控制 | 5 | 4 | 13 | 5 |
| 交通运输规划与管理 | 6 | 12 | 35 | 9 |
| 结构工程 | 23 | 21 | 63 | 16 |
| 金融 | — | 12 | 23 | 11 |
| 金融学(含:保险学) | 5 | 4 | 13 | 5 |
| 精密仪器及机械 | — | 2 | 8 | 4 |
| 科学技术哲学 | — | 2 | 3 | — |
| 控制理论与控制工程 | 20 | 23 | 63 | 20 |
| 伦理学 | 11 | 8 | 27 | 9 |
| 旅游管理 | 20 | 23 | 65 | 27 |
| 马克思主义发展史 | 2 | 3 | 12 | 6 |
| 马克思主义基本原理 | 7 | 5 | 20 | 10 |
| 马克思主义哲学 | — | 4 | 9 | 3 |
| 马克思主义中国化研究 | 25 | 18 | 55 | 21 |
| 美学 | 4 | 5 | 16 | 6 |
| 民商法学(含:劳动法学、社会保障法学) | 13 | 7 | 30 | 14 |
| 模式识别与智能系统 | 5 | 5 | 15 | 5 |
| 农产品加工及贮藏工程 | 15 | 12 | 39 | 12 |
| 农业电气化与自动化 | 4 | 3 | 13 | 6 |
| 农业机械化工程 | 8 | 5 | 25 | 10 |
| 农业经济管理 | 29 | 27 | 74 | 22 |
| 农业生物环境与能源工程 | 4 | — | 2 | 2 |
| 农业推广 | 526 | 597 | 1341 | 396 |
| 农业资源与环境学科 | 9 | 22 | 48 | 6 |

# 2016～2017学年初普通高等林业院校和其他高等院校林科本科学生分专业情况(一)

单位:人

| 专业名称 | 毕业生数 | 招生数 | 在校学生数 | 毕业班学生数 |
|---|---|---|---|---|
| **总　计** | **50087** | **51150** | **210227** | **51530** |
| **一、林科专业** | **28972** | **28338** | **118183** | **28320** |
| 1. 林业工程类 | 2691 | 2202 | 9976 | 2765 |
| 森林工程 | 349 | 310 | 1275 | 319 |
| 木材科学与工程 | 1860 | 1511 | 6825 | 1901 |
| 林产化工 | 482 | 381 | 1876 | 545 |
| 2. 森林资源类 | 3745 | 3960 | 15544 | 3977 |
| 林学 | 2720 | 2874 | 11332 | 2962 |
| 森林保护 | 718 | 716 | 2897 | 693 |
| 野生动物与自然保护区管理 | 307 | 370 | 1315 | 322 |
| 3. 环境生态类 | 17660 | 18251 | 75600 | 17023 |
| 园林 | 12586 | 10607 | 46697 | 12704 |
| 水土保持与荒漠化防治 | 1108 | 917 | 4130 | 1050 |
| 风景园林 | 3966 | 6727 | 24773 | 3269 |
| 4. 农林经济管理类 | 4876 | 3925 | 17063 | 4555 |
| 农林经济管理 | 4876 | 3925 | 17063 | 4555 |
| **二、林业院校非林科专业** | **21115** | **22812** | **92044** | **23210** |
| 包装工程 | 178 | 149 | 677 | 185 |
| 保险学 | 39 | 68 | 247 | 58 |
| 材料成型及控制工程 | 60 | 64 | 284 | 88 |
| 材料化学 | 160 | 176 | 654 | 161 |
| 材料科学与工程 | — | 117 | 262 | — |
| 财务管理 | 150 | 57 | 440 | 161 |
| 草业科学 | 64 | 30 | 133 | 49 |
| 测绘工程 | 175 | 190 | 740 | 207 |
| 测控技术与仪器 | 44 | 30 | 162 | 51 |
| 茶学 | — | 27 | 107 | 29 |
| 产品设计 | 42 | 267 | 1184 | 270 |
| 朝鲜语 | 27 | 41 | 135 | 28 |
| 车辆工程 | 231 | 208 | 1091 | 336 |
| 城市地下空间工程 | — | 53 | 236 | 62 |
| 城市管理 | 40 | 75 | 237 | 30 |
| 城乡规划 | 199 | 243 | 1209 | 275 |
| 地理科学 | — | 41 | 165 | 43 |
| 地理科学类专业 | 48 | — | — | — |
| 地理信息科学 | 223 | 269 | 1012 | 243 |
| 电气工程及其自动化 | 206 | 123 | 696 | 210 |
| 电气类专业 | — | 338 | 712 | — |
| 电子科学与技术 | 88 | 117 | 488 | 121 |
| 电子商务 | 101 | 61 | 425 | 111 |
| 电子信息工程 | 342 | 193 | 1278 | 380 |
| 电子信息科学与技术 | 36 | 39 | 195 | 57 |
| 电子信息类专业 | — | 179 | 179 | — |
| 动画 | 137 | 62 | 315 | 90 |
| 动物科学 | 98 | 122 | 486 | 129 |

# 2016～2017 学年初普通高等林业院校和其他高等院校林科本科学生分专业情况(二)

单位:人

| 专业名称 | 毕业生数 | 招生数 | 在校学生数 | 毕业班学生数 |
|---|---|---|---|---|
| 动物医学 | 89 | 122 | 475 | 104 |
| 俄语 | 77 | 100 | 344 | 69 |
| 法学 | 426 | 460 | 1793 | 406 |
| 法语 | 79 | 91 | 355 | 80 |
| 翻译 | — | 58 | 58 | — |
| 服装与服饰设计 | 41 | — | 138 | 43 |
| 高分子材料与工程 | 251 | 307 | 1039 | 245 |
| 给排水科学与工程 | 117 | 123 | 441 | 137 |
| 工程管理 | 262 | 250 | 1082 | 282 |
| 工程力学 | 42 | 32 | 157 | 48 |
| 工商管理 | 392 | 285 | 1153 | 332 |
| 工商管理类专业 | — | 769 | 1239 | — |
| 工业工程 | 72 | 91 | 347 | 84 |
| 工业设计 | 457 | 395 | 1529 | 338 |
| 公安管理学 | — | 156 | 593 | 156 |
| 公安情报学 | — | 295 | 151 | — |
| 公共事业管理 | 179 | 53 | 374 | 161 |
| 公共艺术 | — | 49 | 160 | 19 |
| 管理科学与工程类专业 | — | 55 | 55 | — |
| 广播电视学 | 39 | 31 | 137 | 42 |
| 广告学 | 284 | 213 | 818 | 197 |
| 国际经济与贸易 | 590 | 400 | 1897 | 620 |
| 国际商务 | 72 | 79 | 334 | 87 |
| 过程装备与控制工程 | 39 | — | 141 | 41 |
| 汉语国际教育 | — | 63 | 218 | 41 |
| 汉语言 | 36 | — | — | — |
| 汉语言文学 | 156 | 198 | 753 | 182 |
| 行政管理 | 43 | 84 | 263 | 47 |
| 化学 | 46 | — | 95 | 54 |
| 化学工程与工艺 | 190 | 236 | 855 | 208 |
| 化学类专业 | — | 119 | 211 | — |
| 化学生物学 | 31 | 39 | 150 | 34 |
| 环境工程 | 246 | 381 | 1299 | 284 |
| 环境科学 | 216 | 227 | 987 | 286 |
| 环境设计 | 765 | 642 | 3115 | 809 |
| 会计学 | 1082 | 605 | 3809 | 1134 |
| 会展经济与管理 | — | 47 | 121 | — |
| 机械电子工程 | 193 | 51 | 595 | 212 |
| 机械类专业 | — | 668 | 1080 | — |
| 机械设计制造及其自动化 | 676 | 446 | 2647 | 805 |
| 计算机科学与技术 | 570 | 486 | 2329 | 703 |
| 计算机类专业 | — | 181 | 353 | — |
| 建筑环境与能源应用工程 | — | 57 | 241 | 61 |
| 建筑学 | 164 | 131 | 716 | 213 |
| 交通工程 | 82 | 58 | 335 | 101 |

# 2016～2017学年初普通高等林业院校和其他高等院校林科本科学生分专业情况(三)

单位:人

| 专业名称 | 毕业生数 | 招生数 | 在校学生数 | 毕业班学生数 |
|---|---|---|---|---|
| 交通运输 | 394 | 141 | 1075 | 425 |
| 交通运输类专业 | — | 120 | 230 | — |
| 金融工程 | — | 151 | 480 | 74 |
| 金融学 | 305 | 325 | 1448 | 332 |
| 经济统计学 | — | — | 118 | 62 |
| 经济学 | 62 | 70 | 301 | 78 |
| 经济学类专业 | — | 129 | 276 | — |
| 警务指挥与战术 | — | 151 | 526 | 71 |
| 酒店管理 | — | 92 | 302 | 58 |
| 粮食工程 | — | 17 | 106 | 34 |
| 旅游管理 | 509 | 363 | 1770 | 526 |
| 能源与动力工程 | 202 | 161 | 677 | 193 |
| 农村区域发展 | 35 | 34 | 118 | 40 |
| 农学 | 131 | 110 | 434 | 102 |
| 农业机械化及其自动化 | 30 | — | — | — |
| 农业资源与环境 | 61 | 60 | 255 | 64 |
| 汽车服务工程 | 84 | 78 | 486 | 154 |
| 轻化工程 | 161 | 178 | 635 | 162 |
| 人力资源管理 | 154 | 70 | 408 | 114 |
| 人文地理与城乡规划 | 102 | 113 | 451 | 106 |
| 日语 | 196 | 147 | 693 | 169 |
| 软件工程 | 123 | 291 | 902 | 138 |
| 商务英语 | 55 | 85 | 273 | 47 |
| 设计学类专业 | — | 435 | 435 | — |
| 社会工作 | 72 | 88 | 324 | 84 |
| 社会体育指导与管理 | 31 | 30 | 124 | 29 |
| 摄影 | 33 | 24 | 48 | 24 |
| 生态学 | 106 | 128 | 473 | 107 |
| 生物工程 | 138 | 127 | 448 | 111 |
| 生物技术 | 338 | 346 | 1506 | 328 |
| 生物科学 | 127 | 92 | 451 | 126 |
| 生物科学类专业 | — | 94 | 95 | — |
| 生物制药 | — | 30 | 120 | 31 |
| 食品科学与工程 | 364 | 416 | 1587 | 396 |
| 食品质量与安全 | 139 | 163 | 448 | 97 |
| 市场营销 | 299 | 98 | 963 | 353 |
| 视觉传达设计 | 138 | 183 | 1037 | 313 |
| 数学与应用数学 | 99 | 111 | 425 | 107 |
| 数字媒体技术 | 58 | — | 57 | — |
| 数字媒体艺术 | 47 | 25 | 367 | 83 |
| 泰语 | 38 | 33 | 159 | 45 |
| 体育教育 | 39 | 32 | 190 | 57 |
| 通信工程 | 203 | 142 | 693 | 182 |
| 统计学 | 138 | 28 | 118 | 29 |
| 土地资源管理 | 115 | 71 | 387 | 127 |

# 2016～2017 学年初普通高等林业院校和其他高等院校林科本科学生分专业情况(四)

单位:人

| 专业名称 | 毕业生数 | 招生数 | 在校学生数 | 毕业班学生数 |
|---|---|---|---|---|
| 土木工程 | 931 | 754 | 3501 | 991 |
| 土木类专业 | 130 | — | — | — |
| 外国语言文学类专业 | — | 173 | 173 | — |
| 网络安全与执法 | — | 113 | 427 | 114 |
| 网络工程 | 32 | — | 59 | 31 |
| 文化产业管理 | 60 | 69 | 236 | 48 |
| 舞蹈学 | — | 45 | 45 | — |
| 物理学 | 34 | 58 | 207 | 52 |
| 物联网工程 | — | 90 | 210 | — |
| 物流工程 | 187 | 242 | 872 | 216 |
| 物流管理 | 157 | 175 | 690 | 202 |
| 物业管理 | 51 | — | 153 | 53 |
| 消防工程 | 47 | 158 | 552 | 109 |
| 新能源科学与工程 | — | 73 | 132 | — |
| 信息工程 | 42 | 84 | 231 | 45 |
| 信息管理与信息系统 | 298 | 207 | 1320 | 387 |
| 信息与计算科学 | 243 | 320 | 1149 | 271 |
| 刑事科学技术 | 204 | 229 | 927 | 231 |
| 艺术设计学 | 241 | — | — | — |
| 音乐表演 | 50 | 61 | 271 | 51 |
| 印刷工程 | 74 | 27 | 123 | 33 |
| 英语 | 504 | 349 | 1814 | 531 |
| 应用化学 | 138 | 97 | 482 | 152 |
| 应用生物科学 | 100 | 70 | 325 | 106 |
| 应用统计学 | — | 58 | 225 | 55 |
| 应用物理学 | — | 43 | 149 | 38 |
| 应用心理学 | 72 | 69 | 301 | 85 |
| 园艺 | 235 | 258 | 1143 | 302 |
| 越南语 | 32 | 27 | 97 | 40 |
| 侦查学 | 406 | 300 | 1468 | 454 |
| 政治学与行政学 | 47 | 60 | 225 | 51 |
| 植物保护 | 111 | 92 | 376 | 91 |
| 治安学 | 459 | 75 | 1333 | 388 |
| 中药学 | 29 | 63 | 242 | 56 |
| 种子科学与工程 | 29 | — | 26 | 26 |
| 自动化 | 262 | 229 | 1061 | 300 |
| 自然地理与资源环境 | 92 | 90 | 349 | 84 |

# 2016～2017学年高等林业(生态)职业技术学院和其他高等职业学院林科分专业情况(一)

单位:人

| 专业名称 | 毕业生数 | 招生数 | 在校学生数 | 毕业班学生数 |
|---|---|---|---|---|
| **总　计** | **44065** | **42634** | **140461** | **47123** |
| **(一)林科专业** | **17607** | **14950** | **52345** | **18325** |
| 林业技术 | 1702 | 2145 | 6871 | 2199 |
| 园林技术 | 13048 | 10317 | 36822 | 13071 |
| 森林资源保护 | 257 | 289 | 738 | 243 |
| 经济林培育与利用 | 27 | 125 | 230 | 15 |
| 野生植物资源保护与利用 | 69 | 76 | 205 | 42 |
| 野生动物资源保护与利用 | 22 | 43 | 91 | 15 |
| 森林生态旅游 | 220 | 470 | 1310 | 316 |
| 森林防火指挥与通讯 | 57 | 14 | 38 | 10 |
| 自然保护区建设与管理 | 27 | 130 | 355 | 113 |
| 木材加工技术 | 148 | 150 | 475 | 133 |
| 林业调查与信息处理 | 58 | 37 | 153 | 62 |
| 林业信息技术与管理 | 258 | 161 | 441 | 166 |
| 林业类专业 | 502 | 7 | 1224 | 721 |
| 园林工程技术 | 1185 | 861 | 3162 | 1204 |
| 经济林培育与利用 | 27 | 125 | 230 | 15 |
| **(二)非林科专业** | **26458** | **27684** | **88116** | **28798** |
| 包装策划与设计 | 41 | 27 | 99 | 39 |
| 包装工程技术 | 13 | — | 14 | 7 |
| 保险 | — | — | 3 | — |
| 表演艺术类专业 | 28 | 12 | 61 | 34 |
| 财务管理 | 482 | 293 | 1237 | 511 |
| 财务会计类专业 | 317 | — | 335 | 228 |
| 茶艺与茶叶营销 | 42 | 52 | 153 | 49 |
| 城市轨道交通工程技术 | — | 45 | 83 | — |
| 城市轨道交通供配电技术 | — | 9 | 9 | — |
| 城市轨道交通运营管理 | — | 357 | 576 | — |
| 城乡规划 | 236 | 174 | 546 | 225 |
| 宠物养护与驯导 | 153 | 230 | 755 | 171 |
| 畜牧兽医 | 252 | 315 | 830 | 243 |
| 传播与策划 | 43 | — | 327 | 46 |
| 导游 | 35 | 42 | 107 | 22 |
| 道路桥梁工程技术 | 435 | 211 | 1057 | 449 |
| 道路运输类专业 | 40 | 71 | 230 | 77 |
| 地图制图与数字传播技术 | 111 | 94 | 287 | 101 |
| 电气自动化技术 | 174 | 97 | 469 | 196 |
| 电子商务 | 314 | 1112 | 2847 | 556 |
| 电子商务技术 | — | 231 | 231 | — |

# 2016～2017学年高等林业（生态）职业技术学院和其他高等职业学院林科分专业情况（二）

单位：人

| 专业名称 | 毕业生数 | 招生数 | 在校学生数 | 毕业班学生数 |
| --- | --- | --- | --- | --- |
| 电子信息工程技术 | 100 | 75 | 303 | 119 |
| 雕刻艺术设计 | 34 | — | 37 | 26 |
| 动漫设计 | — | 12 | 12 | — |
| 动漫制作技术 | 147 | 125 | 533 | 172 |
| 动物防疫与检疫 | 20 | 38 | 96 | 30 |
| 动物医学 | 229 | 182 | 566 | 227 |
| 房地产检测与估价 | 15 | — | 10 | 10 |
| 服装与服饰设计 | 26 | 22 | 123 | 36 |
| 高尔夫球运动与管理 | 66 | 86 | 208 | 65 |
| 高速铁路客运乘务 | — | 100 | 100 | — |
| 给排水工程技术 | 32 | 32 | 131 | 53 |
| 工程测量技术 | 485 | 354 | 1445 | 525 |
| 工程造价 | 1227 | 905 | 3848 | 1457 |
| 工商企业管理 | 36 | 38 | 104 | 23 |
| 工业分析技术 | 21 | — | — | — |
| 工业机器人技术 | — | 18 | 18 | — |
| 工业设计 | 12 | — | 7 | 6 |
| 供用电技术 | — | 26 | 68 | — |
| 广告设计与制作 | 171 | 190 | 607 | 183 |
| 国际商务 | 44 | — | — | — |
| 国际邮轮乘务管理 | — | 189 | 189 | — |
| 国土资源调查与管理 | — | 15 | 15 | — |
| 焊接技术与自动化 | 19 | — | 15 | 11 |
| 互联网金融 | — | 18 | 18 | — |
| 护理 | 1971 | 1424 | 6130 | 2391 |
| 环境保护类专业 | 101 | — | 163 | 97 |
| 环境工程技术 | 220 | 345 | 879 | 253 |
| 环境监测与控制技术 | 313 | 299 | 1085 | 389 |
| 环境评价与咨询服务 | 92 | 57 | 249 | 108 |
| 环境艺术设计 | 928 | 526 | 2118 | 859 |
| 会计 | 2472 | 2196 | 7199 | 2459 |
| 会计信息管理 | — | 63 | 63 | — |
| 会展策划与管理 | 76 | 110 | 301 | 96 |
| 婚庆服务与管理 | — | 82 | 82 | — |
| 机电设备类专业 | — | — | 3 | — |
| 机电设备维修与管理 | — | 13 | 30 | 5 |
| 机电一体化技术 | 617 | 520 | 2124 | 858 |
| 机械设计与制造 | 58 | 70 | 234 | 90 |
| 机械设计制造类专业 | 205 | 339 | 750 | 163 |

# 2016～2017学年高等林业(生态)职业技术学院和其他高等职业学院林科分专业情况(三)

单位:人

| 专业名称 | 毕业生数 | 招生数 | 在校学生数 | 毕业班学生数 |
|---|---|---|---|---|
| 机械制造与自动化 | 82 | 74 | 155 | 49 |
| 计算机网络技术 | 287 | 858 | 2104 | 470 |
| 计算机系统与维护 | 5 | — | — | — |
| 计算机信息管理 | 119 | 90 | 257 | 112 |
| 计算机应用技术 | 396 | 934 | 2083 | 511 |
| 家具设计与制造 | 122 | 176 | 454 | 134 |
| 家具艺术设计 | 181 | 235 | 553 | 187 |
| 家政服务与管理 | 36 | 51 | 136 | 48 |
| 建设工程管理 | 74 | 104 | 353 | 114 |
| 建设工程管理类专业 | — | 20 | 52 | 32 |
| 建设工程监理 | 276 | 80 | 472 | 212 |
| 建筑工程技术 | 2164 | 1122 | 3915 | 1727 |
| 建筑设备工程技术 | — | 24 | 24 | — |
| 建筑设备类专业 | 23 | — | 29 | 18 |
| 建筑设计类专业 | 200 | 145 | 612 | 174 |
| 建筑室内设计 | 789 | 911 | 2799 | 871 |
| 建筑智能化工程技术 | — | 26 | 26 | — |
| 建筑装饰工程技术 | 77 | 107 | 306 | 121 |
| 金融管理 | 80 | 131 | 312 | 95 |
| 金融类专业 | 141 | 13 | 335 | 140 |
| 经济信息管理 | 42 | 20 | 67 | 29 |
| 精密机械技术 | 477 | — | 655 | 372 |
| 景区开发与管理 | 19 | 39 | 116 | 32 |
| 酒店管理 | 529 | 558 | 1832 | 554 |
| 康复治疗技术 | — | 81 | 135 | 25 |
| 空中乘务 | — | 186 | 314 | 2 |
| 口腔医学技术 | 46 | 65 | 208 | 67 |
| 连锁经营管理 | 20 | 54 | 90 | — |
| 旅游管理 | 258 | 367 | 1241 | 382 |
| 旅游英语 | 22 | 22 | 82 | 38 |
| 绿色食品生产与检验 | 40 | 58 | 158 | 49 |
| 民航安全技术管理 | — | 36 | 36 | — |
| 模具设计与制造 | 67 | 37 | 178 | 73 |
| 酿酒技术 | 74 | 135 | 342 | 98 |
| 农产品加工与质量检测 | 48 | 108 | 280 | 60 |
| 农业经济管理 | 56 | 74 | 233 | 68 |
| 农业生物技术 | — | 56 | 56 | — |
| 农业装备应用技术 | 91 | 31 | 235 | 88 |
| 烹调工艺与营养 | — | 126 | 163 | — |

# 2016～2017 学年高等林业(生态)职业技术学院和其他高等职业学院林科分专业情况(四)

单位:人

| 专业名称 | 毕业生数 | 招生数 | 在校学生数 | 毕业班学生数 |
|---|---|---|---|---|
| 汽车电子技术 | 75 | 135 | 330 | 79 |
| 汽车检测与维修技术 | 256 | 641 | 1627 | 420 |
| 汽车营销与服务 | 329 | 194 | 878 | 272 |
| 汽车运用与维修技术 | 153 | 111 | 641 | 293 |
| 汽车制造类专业 | 25 | 17 | 111 | 41 |
| 汽车制造与装配技术 | 40 | 58 | 187 | 47 |
| 嵌入式技术与应用 | 1 | — | 95 | 30 |
| 青少年工作与管理 | — | 17 | 17 | — |
| 软件技术 | 125 | 396 | 868 | 152 |
| 商务管理 | 54 | 78 | 200 | 40 |
| 商务日语 | 47 | 76 | 180 | 50 |
| 商务英语 | 85 | 73 | 318 | 76 |
| 设施农业与装备 | 71 | 72 | 227 | 52 |
| 社区管理与服务 | 48 | 34 | 114 | 46 |
| 摄影测量与遥感技术 | — | 69 | 69 | — |
| 生物技术类专业 | 149 | 4 | 297 | 132 |
| 食品加工技术 | 52 | 51 | 132 | 45 |
| 食品检测技术 | 32 | — | 22 | 22 |
| 食品生物技术 | 101 | 79 | 372 | 168 |
| 食品药品管理类专业 | 35 | — | 121 | 55 |
| 食品营养与检测 | 259 | 265 | 763 | 230 |
| 食品质量与安全 | — | 2 | 2 | — |
| 市场营销 | 549 | 821 | 2169 | 657 |
| 市场营销类专业 | 103 | 61 | 323 | 121 |
| 市政工程技术 | 152 | 109 | 383 | 109 |
| 视觉传播设计与制作 | 120 | 62 | 350 | 127 |
| 室内环境检测与控制技术 | — | 6 | 11 | — |
| 室内艺术设计 | — | 34 | 73 | 27 |
| 兽药制药技术 | 12 | — | 64 | 37 |
| 数控技术 | 138 | 147 | 473 | 137 |
| 数控设备应用与维护 | 29 | 24 | 57 | 11 |
| 数字媒体艺术设计 | 50 | 36 | 239 | 81 |
| 数字媒体应用技术 | 232 | 155 | 648 | 246 |
| 水产养殖技术 | 18 | 70 | 215 | 73 |
| 水利工程 | 70 | — | 210 | 73 |
| 水土保持技术 | 71 | 91 | 243 | 76 |
| 水文与工程地质 | — | 30 | 104 | 46 |
| 铁道机车 | 33 | — | 55 | 22 |
| 通信技术 | 107 | 206 | 706 | 192 |

# 2016～2017 学年高等林业(生态)职业技术学院和其他高等职业学院林科分专业情况(五)

单位:人

| 专业名称 | 毕业生数 | 招生数 | 在校学生数 | 毕业班学生数 |
|---|---|---|---|---|
| 投资与理财 | 45 | 42 | 114 | 28 |
| 微电子技术 | 18 | — | — | — |
| 文秘 | 92 | 76 | 246 | 97 |
| 污染修复与生态工程技术 | — | 19 | 19 | — |
| 物联网应用技术 | 107 | 122 | 409 | 112 |
| 物流管理 | 565 | 602 | 1726 | 551 |
| 物业管理 | — | — | 28 | 28 |
| 西餐工艺 | 40 | 69 | 173 | 41 |
| 现代农业技术 | 86 | 90 | 386 | 150 |
| 新闻采编与制作 | 15 | — | 15 | 15 |
| 信息安全与管理 | — | 64 | 68 | — |
| 休闲服务与管理 | 18 | 45 | 97 | 28 |
| 休闲农业 | 86 | 120 | 294 | 84 |
| 学前教育 | 216 | 273 | 734 | 206 |
| 药品经营与管理 | 17 | 40 | 77 | 5 |
| 药品生产技术 | 44 | 353 | 648 | 71 |
| 药品生物技术 | 96 | 154 | 402 | 129 |
| 药品制造类专业 | 42 | — | 117 | 45 |
| 药品质量与安全 | — | 68 | 68 | — |
| 药学 | 211 | 206 | 673 | 207 |
| 医学检验技术 | 120 | 197 | 547 | 170 |
| 移动互联应用技术 | — | 59 | 69 | — |
| 艺术设计 | 192 | 121 | 493 | 255 |
| 艺术设计类专业 | 18 | — | 109 | 48 |
| 英语教育 | 25 | — | 1 | 1 |
| 影视动画 | 33 | 17 | 57 | 14 |
| 应用电子技术 | 84 | 109 | 366 | 117 |
| 应用俄语 | 6 | — | — | — |
| 应用韩语 | 15 | — | 18 | 18 |
| 应用化工技术 | 16 | 42 | 115 | 38 |
| 园艺技术 | 927 | 833 | 2745 | 897 |
| 展示艺术设计 | — | 21 | 21 | — |
| 证券与期货 | — | 35 | 35 | — |
| 智能产品开发 | — | 6 | 6 | — |
| 中草药栽培技术 | 21 | 53 | 137 | 37 |
| 中药学 | 54 | 130 | 266 | 65 |
| 种子生产与经营 | 21 | 33 | 98 | 20 |
| 助产 | 177 | 192 | 614 | 207 |
| 资产评估与管理 | 65 | 117 | 348 | 105 |
| 资源综合利用与管理技术 | — | 2 | 2 | — |
| 作物生产技术 | 71 | 155 | 364 | 107 |

# 2016～2017 学年初普通中等林业(园林)职业学校和其他中等职业学校林科分专业学生情况(一)

单位:人

| 专业名称 | 毕业生数 | 招生数 | 在校学生数 | 毕业班学生数 |
|---|---|---|---|---|
| **总　计** | **47340** | **39612** | **118598** | **43636** |
| **(一)林科专业** | **36150** | **32191** | **94723** | **35118** |
| 现代林业技术 | 4585 | 3080 | 10855 | 4729 |
| 森林资源保护与管理 | 597 | 547 | 1947 | 955 |
| 园林技术 | 22126 | 20178 | 60545 | 22498 |
| 园林绿化 | 5516 | 6186 | 14940 | 4993 |
| 木材加工 | 3184 | 2004 | 6000 | 1764 |
| 生态环境保护 | 112 | 101 | 341 | 179 |
| 林产化工 | 30 | — | — | — |
| 其他林业专业 | — | 95 | 95 | — |
| **(二)非林科专业** | **11190** | **7421** | **23875** | **8518** |
| 城市轨道交通运营管理 | 59 | 65 | 203 | 69 |
| 宠物养护与经营 | 15 | 10 | 42 | 16 |
| 畜牧兽医 | 307 | 84 | 258 | 109 |
| 道路与桥梁工程施工 | 16 | 5 | 19 | 9 |
| 电气运行与控制 | 65 | 14 | 57 | 11 |
| 电子技术应用 | 51 | — | — | — |
| 电子商务 | 228 | 157 | 659 | 256 |
| 电子与信息技术 | 52 | 3 | 90 | 45 |
| 服装设计与工艺 | 70 | 33 | 133 | 47 |
| 给排水工程施工与运行 | 29 | — | 54 | 31 |
| 工程测量 | 57 | 94 | 245 | 77 |
| 工程机械运用与维修 | 87 | 13 | 227 | 77 |
| 工程造价 | 199 | 110 | 302 | 132 |
| 工艺美术 | 66 | 2 | 14 | 12 |
| 古建筑修缮与仿建 | — | 6 | 6 | — |
| 果蔬花卉生产技术 | 1 | 138 | 185 | 47 |
| 焊接技术应用 | — | — | 2 | 2 |
| 护理 | 3988 | 2365 | 10195 | 3308 |
| 会计 | 528 | 357 | 1020 | 615 |
| 会计电算化 | 397 | 167 | 696 | 322 |
| 机电技术应用 | 137 | 55 | 265 | 140 |
| 机电设备安装与维修 | 57 | 23 | 56 | 21 |
| 机械加工技术 | 9 | 5 | 16 | — |
| 计算机动漫与游戏制作 | 27 | 35 | 176 | 124 |
| 计算机平面设计 | 132 | 296 | 481 | 118 |
| 计算机网络技术 | 181 | 246 | 562 | 192 |

# 2016～2017学年初普通中等林业(园林)职业学校和其他中等职业学校林科分专业学生情况(二)

单位:人

| 专业名称 | 毕业生数 | 招生数 | 在校学生数 | 毕业班学生数 |
|---|---|---|---|---|
| 计算机应用 | 726 | 609 | 1416 | 601 |
| 家具设计与制作 | 372 | 301 | 323 | 8 |
| 建筑工程施工 | 136 | 71 | 322 | 139 |
| 建筑装饰 | — | — | 30 | 29 |
| 景区服务与管理 | 10 | 14 | 25 | 11 |
| 康复技术 | 22 | 51 | 86 | 11 |
| 客户信息服务 | — | 79 | 157 | — |
| 口腔修复工艺 | 61 | 191 | 441 | 92 |
| 旅游服务类专业 | 17 | 12 | 29 | 7 |
| 旅游服务与管理 | 101 | 285 | 451 | 69 |
| 美发与形象设计 | 30 | 1 | 26 | 18 |
| 美术设计与制作 | 45 | 29 | 97 | 34 |
| 民族民居装饰 | 39 | 98 | 136 | — |
| 模具制造技术 | 182 | 2 | 104 | 71 |
| 农村经济综合管理 | 51 | 88 | 271 | 135 |
| 农村医学 | 722 | 52 | 123 | 30 |
| 农业机械使用与维护 | 14 | 42 | 46 | 2 |
| 汽车电子技术应用 | 1 | — | — | — |
| 汽车美容与装潢 | — | 47 | 47 | — |
| 汽车运用与维修 | 841 | 441 | 1521 | 641 |
| 市政工程施工 | 234 | 91 | 366 | 116 |
| 数控技术应用 | 206 | 53 | 223 | 94 |
| 水利水电工程施工 | — | 150 | 244 | 38 |
| 太阳能与沼气技术利用 | — | — | 120 | 120 |
| 土建工程检测 | 1 | — | 12 | — |
| 土木水利类专业 | — | 79 | 109 | — |
| 文化艺术类专业 | 18 | 34 | 56 | 22 |
| 文秘 | 8 | — | — | — |
| 物流服务与管理 | 9 | 2 | 52 | 30 |
| 现代农艺技术 | 81 | 7 | 108 | 65 |
| 橡胶工艺 | 12 | — | 4 | 4 |
| 学前教育 | 217 | 146 | 450 | 148 |
| 眼视光与配镜 | 43 | 77 | 261 | 66 |
| 药剂 | 50 | — | — | — |
| 药品食品检验 | 24 | — | — | — |
| 植物保护 | 42 | — | 12 | — |
| 中草药种植 | 14 | — | 158 | 137 |
| 中药制药 | 63 | — | — | — |
| 助产 | — | 60 | 60 | — |
| 其他类专业 | 40 | 26 | 26 | — |

# 附录一

# 东北、内蒙古重点国有林区森工企业主要统计指标

ANNEX Ⅰ

# 东北、内蒙古重点国有林区森工企业营林生产情况(一)

单位:公顷

| 指标名称 | 企业合计 |
|---|---|
| **一、营造林面积** | **122954** |
| 1．人工造林面积 | 16780 |
| 其中：新造混交林面积 | 2339 |
| 其中：新造灌木林面积 | 409 |
| 其中：新造竹林面积 | — |
| 2．飞播造林面积 | — |
| ①荒山飞播面积 | — |
| ②飞播营林面积 | — |
| 3．当年新封山(沙)育林面积 | — |
| ①无林地和疏林地新封山育林面积 | — |
| ②有林地和灌木林地新封山育林面积 | — |
| 4．退化林修复面积 | 102549 |
| 其中：纯林改造混交林面积 | 2535 |
| ①低效林改造面积 | 100547 |
| ②退化林防护林改造面积 | 2002 |

# 东北、内蒙古重点国有林区森工企业营林生产情况(二)

单位:公顷

| 指标名称 | 企业合计 |
|---|---|
| 5. 人工更新面积 | 3625 |
| 其中：新造混交林面积 | 440 |
| 其中：人工促进天然更新面积 | 132 |
| **二、森林抚育面积** | **1235419** |
| **三、年末实有封山(沙)育林面积** | **637408** |
| **四、森林管护面积** | **28538875** |
| **五、年末实有育苗面积** | **867** |
| 其中：国有育苗面积 | 859 |

注：东北、内蒙古重点国有林区 87 个森工企业包括：内蒙古森工集团：阿尔山、绰尔、绰源、乌尔旗汉、库都尔、图里河、伊图里河、克一河、甘河、吉文、阿里河、根河、金河、阿龙山、满归、得耳布尔、莫尔道嘎、大杨树、毕拉河。吉林森工集团：临江、三岔子、湾沟、松江河、泉阳、露水河、白石山、红石。长白山森工集团：黄泥河、敦化、大石头、八家子、和龙、汪清、大兴沟、天桥岭、白河、珲春。龙江森工集团：大海林、柴河、东京城、穆棱、绥阳、海林、林口、八面通、桦南、双鸭山、鹤立、鹤北、东方红、迎春、清河、双丰、铁力、桃山、朗乡、南岔、金山屯、美溪、乌马河、翠峦、友好、上甘岭、五营、红星、新青、汤旺河、乌伊岭、山河屯、苇河、亚布力、方正、兴隆、绥棱、通北、沾河、带岭。大兴安岭林业集团：松岭、新林、塔河、呼中、阿木尔、图强、西林吉、十八站、韩家园、加格达奇。

# 东北、内蒙古重点国有林区87个

| 企业名称 | 营造林面积 | | | | | | | | | | |
|---|---|---|---|---|---|---|---|---|---|---|---|
| | 总计 | 人工造林面积 | | | | 飞播造林面积 | | | 当年新封山(沙)育林面积 | | |
| | | 合计 | 其中:新造混交林面积 | 其中:新造灌木林面积 | 其中:新造竹林面积 | 合计 | 荒山飞播面积 | 飞播营林面积 | 合计 | 无林地和疏林地新封山育林面积 | 有林地和灌木林地新封山育林面积 |
| **重点森工企业合计** | **122954** | **16780** | **2339** | **409** | **—** | **—** | **—** | **—** | **—** | **—** | **—** |
| **内蒙古森工集团** | **21267** | **3247** | **1472** | **402** | **—** | **—** | **—** | **—** | **—** | **—** | **—** |
| 阿尔山 | 866 | 199 | 133 | — | — | — | — | — | — | — | — |
| 绰尔 | 1422 | 222 | 133 | — | — | — | — | — | — | — | — |
| 绰源 | 761 | 93 | 67 | — | — | — | — | — | — | — | — |
| 乌尔旗汉 | 1956 | 622 | 333 | — | — | — | — | — | — | — | — |
| 库都尔 | 1594 | 261 | — | — | — | — | — | — | — | — | — |
| 图里河 | 1201 | 201 | 134 | — | — | — | — | — | — | — | — |
| 伊图里河 | 1116 | 116 | 67 | — | — | — | — | — | — | — | — |
| 克一河 | 734 | 67 | 67 | — | — | — | — | — | — | — | — |
| 甘河 | 877 | 206 | 134 | — | — | — | — | — | — | — | — |
| 吉文 | 826 | 158 | 134 | — | — | — | — | — | — | — | — |
| 阿里河 | 1775 | 440 | — | 402 | — | — | — | — | — | — | — |
| 根河 | 1493 | 159 | 134 | — | — | — | — | — | — | — | — |
| 金河 | 1387 | 52 | — | — | — | — | — | — | — | — | — |
| 阿龙山 | 1400 | 65 | — | — | — | — | — | — | — | — | — |
| 满归 | 1379 | 45 | — | — | — | — | — | — | — | — | — |
| 得耳布尔 | 1024 | 24 | — | — | — | — | — | — | — | — | — |
| 莫尔道嘎 | 962 | 91 | 68 | — | — | — | — | — | — | — | — |
| 大杨树 | 259 | 124 | 68 | — | — | — | — | — | — | — | — |
| 毕拉河 | 235 | 102 | — | — | — | — | — | — | — | — | — |
| **吉林森工集团** | **25855** | **3196** | **95** | **—** | **—** | **—** | **—** | **—** | **—** | **—** | **—** |
| 临江 | 2471 | 134 | — | — | — | — | — | — | — | — | — |
| 三岔子 | 3114 | 201 | — | — | — | — | — | — | — | — | — |
| 湾沟 | 3067 | — | — | — | — | — | — | — | — | — | — |
| 松江河 | 1880 | 80 | — | — | — | — | — | — | — | — | — |
| 泉阳 | 2966 | 500 | — | — | — | — | — | — | — | — | — |
| 露水河 | 2691 | 60 | 60 | — | — | — | — | — | — | — | — |
| 白石山 | 1976 | 35 | 35 | — | — | — | — | — | — | — | — |
| 红石 | 7690 | 2186 | — | — | — | — | — | — | — | — | — |
| **长白山森工集团** | **24331** | **1475** | **107** | **7** | **—** | **—** | **—** | **—** | **—** | **—** | **—** |
| 黄泥河 | 2297 | 295 | — | — | — | — | — | — | — | — | — |
| 敦化 | 2542 | 207 | — | — | — | — | — | — | — | — | — |
| 大石头 | 1772 | 38 | — | — | — | — | — | — | — | — | — |
| 八家子 | 1672 | 114 | 107 | 7 | — | — | — | — | — | — | — |
| 和龙 | 3601 | 62 | — | — | — | — | — | — | — | — | — |
| 汪清 | 2000 | — | — | — | — | — | — | — | — | — | — |
| 大兴沟 | 1760 | 67 | — | — | — | — | — | — | — | — | — |
| 天桥岭 | 1857 | 205 | — | — | — | — | — | — | — | — | — |
| 白河 | 3804 | 4 | — | — | — | — | — | — | — | — | — |
| 珲春 | 3026 | 483 | — | — | — | — | — | — | — | — | — |
| **龙江森工集团** | **14975** | **3069** | **665** | **—** | **—** | **—** | **—** | **—** | **—** | **—** | **—** |
| 大海林 | 340 | 7 | 7 | — | — | — | — | — | — | — | — |
| 柴河 | 134 | 67 | 67 | — | — | — | — | — | — | — | — |
| 东京城 | 282 | 68 | 68 | — | — | — | — | — | — | — | — |
| 穆棱 | 509 | — | — | — | — | — | — | — | — | — | — |

# 森工企业营林生产情况(一)

单位:公顷

| 退化林修复面积 | | | | 人工更新面积 | | | 森林抚育面积 | 年末实有封山(沙)育林面积 | 森林管护面积 | 年末实有育苗面积 | |
|---|---|---|---|---|---|---|---|---|---|---|---|
| 合计 | 其中:纯林改造混交林面积 | 低效林改造面积 | 退休林防护林改造面积 | 合计 | 其中:新造混交林面积 | 其中:人工促进天然林更新面积 | | | | 合计 | 其中:国有育苗面积 |
| **102549** | **2535** | **100547** | **2002** | **3625** | **440** | **132** | **1235419** | **637408** | **28538875** | **867** | **859** |
| **18020** | **2535** | **18020** | — | — | — | — | **367426** | — | **8506004** | **137** | **137** |
| 667 | — | 667 | — | — | — | — | 6000 | — | 482676 | 2 | 2 |
| 1200 | 1200 | 1200 | — | — | — | — | 24003 | — | 422014 | 26 | 26 |
| 668 | — | 668 | — | — | — | — | 20667 | — | 299786 | 3 | 3 |
| 1334 | — | 1334 | — | — | — | — | 24000 | — | 577020 | 4 | 4 |
| 1333 | — | 1333 | — | — | — | — | 14000 | — | 483600 | 5 | 5 |
| 1000 | — | 1000 | — | — | — | — | 24334 | — | 356233 | 2 | 2 |
| 1000 | — | 1000 | — | — | — | — | 20000 | — | 410549 | 11 | 11 |
| 667 | — | 667 | — | — | — | — | 20003 | — | 363301 | 2 | 2 |
| 671 | — | 671 | — | — | — | — | 24022 | — | 357258 | — | — |
| 668 | — | 668 | — | — | — | — | 21340 | — | 362438 | 10 | 10 |
| 1335 | — | 1335 | — | — | — | — | 26673 | — | 451958 | 13 | 13 |
| 1334 | — | 1334 | — | — | — | — | 28000 | — | 628824 | 45 | 45 |
| 1335 | — | 1335 | — | — | — | — | 23003 | — | 516319 | 1 | 1 |
| 1335 | 1335 | 1335 | — | — | — | — | 23039 | — | 357427 | 2 | 2 |
| 1334 | — | 1334 | — | — | — | — | 21333 | — | 390295 | 1 | 1 |
| 1000 | — | 1000 | — | — | — | — | 19000 | — | 254367 | 5 | 5 |
| 871 | — | 871 | — | — | — | — | 24668 | — | 455225 | 2 | 2 |
| 135 | — | 135 | — | — | — | — | 2003 | — | 793033 | 2 | 2 |
| 133 | — | 133 | — | — | — | — | 1338 | — | 543681 | 1 | 1 |
| **19154** | — | **19154** | — | **3505** | **440** | **109** | **51194** | **215647** | **1344596** | **93** | **90** |
| 2284 | — | 2284 | — | 53 | — | 53 | 8001 | 22270 | 174773 | 8 | 8 |
| — | — | — | — | 2913 | — | — | 8000 | 22966 | 239157 | 17 | 17 |
| 3067 | — | 3067 | — | — | — | — | 5333 | 47429 | 101474 | 3 | 3 |
| 1800 | — | 1800 | — | — | — | — | 8004 | — | 161000 | 11 | 11 |
| 2410 | — | 2410 | — | 56 | | 56 | 6669 | | 106786 | 3 | — |
| 2631 | — | 2631 | — | — | — | — | 7347 | 1929 | 124178 | 9 | 9 |
| 1501 | — | 1501 | — | 440 | 440 | — | 6667 | — | 137538 | 27 | 27 |
| 5461 | — | 5461 | — | 43 | — | — | 1173 | 121053 | 299690 | 15 | 15 |
| **22736** | — | **20734** | **2002** | **120** | — | **23** | **70444** | **150127** | **2223888** | **114** | **109** |
| 2002 | — | — | 2002 | — | — | — | 7334 | 19234 | 209111 | 31 | 28 |
| 2335 | — | 2335 | — | — | — | — | 7797 | 21850 | 236683 | 12 | 12 |
| 1734 | — | 1734 | — | — | — | — | 7808 | — | 264206 | 8 | 6 |
| 1535 | — | 1535 | — | 23 | — | 23 | 6667 | 15399 | 154718 | 12 | 12 |
| 3493 | — | 3493 | — | 46 | — | — | 6667 | — | 174435 | 3 | 3 |
| 2000 | — | 2000 | — | — | — | — | 6667 | 17932 | 313833 | 22 | 22 |
| 1693 | — | 1693 | — | — | — | — | 5501 | 12473 | 122604 | — | — |
| 1601 | — | 1601 | — | 51 | — | — | 7333 | — | 193506 | 12 | 12 |
| 3800 | — | 3800 | — | — | — | — | 6667 | 63239 | 189663 | 7 | 7 |
| 2543 | — | 2543 | — | — | — | — | 8003 | — | 365129 | 7 | 7 |
| **11906** | **—** | **11906** | **—** | **—** | **—** | **—** | **515755** | **271634** | **9381301** | **471** | **471** |
| 333 | — | 333 | — | — | — | — | 15633 | 18451 | 259775 | 11 | 11 |
| 67 | — | 67 | — | — | — | — | 17300 | 18218 | 327308 | 11 | 11 |
| 214 | — | 214 | — | — | — | — | 16967 | 36173 | 374175 | 22 | 22 |
| 509 | — | 509 | — | — | — | — | 16967 | 24833 | 253245 | 22 | 22 |

# 东北、内蒙古重点国有林区87个

| 企业名称 | 营造林面积 | | | | | | | | | | |
|---|---|---|---|---|---|---|---|---|---|---|---|
| | 总计 | 人工造林面积 | | | | 飞播造林面积 | | | 当年新封山(沙)育林面积 | | |
| | | 合计 | 其中:新造混交林面积 | 其中:新造灌木林面积 | 其中:新造竹林面积 | 合计 | 荒山飞播面积 | 飞播营林面积 | 合计 | 无林地和疏林地新封山育林面积 | 有林地和灌木林地新封山育林面积 |
| 绥阳 | 343 | 173 | 173 | — | — | — | — | — | — | — | — |
| 海林 | 333 | — | — | — | — | — | — | — | — | — | — |
| 林口 | 1529 | 423 | — | — | — | — | — | — | — | — | — |
| 八面通 | 334 | 334 | — | — | — | — | — | — | — | — | — |
| 桦南 | 333 | — | — | — | — | — | — | — | — | — | — |
| 双鸭山 | 333 | — | — | — | — | — | — | — | — | — | — |
| 鹤立 | — | — | — | — | — | — | — | — | — | — | — |
| 鹤北 | — | — | — | — | — | — | — | — | — | — | — |
| 东方红 | 333 | — | — | — | — | — | — | — | — | — | — |
| 迎春 | — | — | — | — | — | — | — | — | — | — | — |
| 清河 | 200 | — | — | — | — | — | — | — | — | — | — |
| 双丰 | 466 | 133 | 133 | — | — | — | — | — | — | — | — |
| 铁力 | 67 | — | — | — | — | — | — | — | — | — | — |
| 桃山 | 479 | 146 | — | — | — | — | — | — | — | — | — |
| 朗乡 | 1339 | — | — | — | — | — | — | — | — | — | — |
| 南岔 | 733 | 200 | 17 | — | — | — | — | — | — | — | — |
| 金山屯 | 1066 | 333 | — | — | — | — | — | — | — | — | — |
| 美溪 | 333 | — | — | — | — | — | — | — | — | — | — |
| 乌马河 | 333 | — | — | — | — | — | — | — | — | — | — |
| 翠峦 | 200 | — | — | — | — | — | — | — | — | — | — |
| 友好 | — | — | — | — | — | — | — | — | — | — | — |
| 上甘岭 | — | — | — | — | — | — | — | — | — | — | — |
| 五营 | — | — | — | — | — | — | — | — | — | — | — |
| 红星 | 568 | — | — | — | — | — | — | — | — | — | — |
| 新青 | 401 | 333 | — | — | — | — | — | — | — | — | — |
| 汤旺河 | 1481 | 81 | — | — | — | — | — | — | — | — | — |
| 乌伊岭 | 466 | 333 | — | — | — | — | — | — | — | — | — |
| 山河屯 | 38 | 38 | — | — | — | — | — | — | — | — | — |
| 苇河 | 400 | — | — | — | — | — | — | — | — | — | — |
| 亚布力 | 133 | 133 | — | — | — | — | — | — | — | — | — |
| 方正 | 67 | 67 | — | — | — | — | — | — | — | — | — |
| 兴隆 | 333 | 200 | 200 | — | — | — | — | — | — | — | — |
| 绥棱 | 333 | — | — | — | — | — | — | — | — | — | — |
| 通北 | — | — | — | — | — | — | — | — | — | — | — |
| 沾河 | 336 | — | — | — | — | — | — | — | — | — | — |
| 带岭 | 400 | — | — | — | — | — | — | — | — | — | — |
| **大兴安岭林业集团** | **36526** | **5793** | **—** | **—** | **—** | **—** | **—** | **—** | **—** | **—** | **—** |
| 松岭 | 4600 | 600 | — | — | — | — | — | — | — | — | — |
| 新林 | 3400 | 733 | — | — | — | — | — | — | — | — | — |
| 塔河 | 4034 | 600 | — | — | — | — | — | — | — | — | — |
| 呼中 | 4986 | 653 | — | — | — | — | — | — | — | — | — |
| 阿木尔 | 4400 | 400 | — | — | — | — | — | — | — | — | — |
| 图强 | 1466 | 133 | — | — | — | — | — | — | — | — | — |
| 西林吉 | 4087 | 867 | — | — | — | — | — | — | — | — | — |
| 十八站 | 2933 | 600 | — | — | — | — | — | — | — | — | — |
| 韩家园 | 2820 | 740 | — | — | — | — | — | — | — | — | — |
| 加格达奇 | 3800 | 467 | — | — | — | — | — | — | — | — | — |

# 森工企业营林生产情况(二)

单位:公顷

| 退化林修复面积 | | | | 人工更新面积 | | | 森林抚育面积 | 年末实有封山(沙)育林面积 | 森林管护面积 | 年末实有育苗面积 | |
|---|---|---|---|---|---|---|---|---|---|---|---|
| 合计 | 其中:纯林改造混交林面积 | 低效林改造面积 | 退休林防护林改造面积 | 合计 | 其中:新造混交林面积 | 其中:人工促进天然林更新面积 | | | | 合计 | 其中:国有育苗面积 |
| 170 | — | 170 | — | — | — | — | 17633 | 64197 | 487352 | 6 | 6 |
| 333 | — | 333 | — | — | — | — | 10300 | 14452 | 150200 | 12 | 12 |
| 1106 | — | 1106 | — | — | — | — | 14967 | 26608 | 271544 | 9 | 9 |
| — | — | — | — | — | — | — | 8967 | 18166 | 151043 | 11 | 11 |
| 333 | — | 333 | — | — | — | — | 16900 | — | 225475 | 11 | 11 |
| 333 | — | 333 | — | — | — | — | 9000 | — | 134311 | 19 | 19 |
| — | — | — | — | — | — | — | 5967 | — | 70827 | 21 | 21 |
| — | — | — | — | — | — | — | 18333 | — | 381427 | 18 | 18 |
| 333 | — | 333 | — | — | — | — | 16967 | — | 353666 | 15 | 15 |
| — | — | — | — | — | — | — | 10300 | — | 153347 | 7 | 7 |
| 200 | — | 200 | — | — | — | — | 6300 | — | 142930 | 28 | 28 |
| 333 | — | 333 | — | — | — | — | 6300 | 17446 | 115124 | 17 | 17 |
| 67 | — | 67 | — | — | — | — | 14633 | — | 183952 | 14 | 14 |
| 333 | — | 333 | — | — | — | — | 8967 | — | 140139 | 2 | 2 |
| 1339 | — | 1339 | — | — | — | — | 13722 | — | 264696 | 22 | 22 |
| 533 | — | 533 | — | — | — | — | 15015 | — | 270589 | 6 | 6 |
| 733 | — | 733 | — | — | — | — | 11371 | — | 173862 | 6 | 6 |
| 333 | — | 333 | — | — | — | — | 11989 | — | 214573 | 8 | 8 |
| 333 | — | 333 | — | — | — | — | 8989 | — | 117154 | 6 | 6 |
| 200 | — | 200 | — | — | — | — | 9647 | — | 149379 | 7 | 7 |
| — | — | — | — | — | — | — | 12967 | — | 269533 | 7 | 7 |
| — | — | — | — | — | — | — | 7633 | — | 121772 | 5 | 5 |
| — | — | — | — | — | — | — | 7300 | 15964 | 117068 | 5 | 5 |
| 568 | — | 568 | — | — | — | — | 15005 | — | 215561 | 10 | 10 |
| 68 | — | 68 | — | — | — | — | 16327 | 1884 | 271852 | 16 | 16 |
| 1400 | — | 1400 | — | — | — | — | 11332 | 15242 | 200206 | 8 | 8 |
| 133 | — | 133 | — | — | — | — | 16998 | | 276734 | 20 | 20 |
| — | — | — | — | — | — | — | 11633 | — | 202706 | 13 | 13 |
| 400 | — | 400 | — | — | — | — | 15300 | — | 186290 | 12 | 12 |
| — | — | — | — | — | — | — | 15633 | — | 279662 | 8 | 8 |
| — | — | — | — | — | — | — | 15967 | — | 199502 | 7 | 7 |
| 133 | — | 133 | — | — | — | — | 15633 | — | 304427 | 13 | 13 |
| 333 | — | 333 | — | — | — | — | 11633 | — | 213804 | 7 | 7 |
| — | — | — | — | — | — | — | 11633 | — | 309118 | 8 | 8 |
| 336 | — | 336 | — | — | — | — | 19967 | — | 751283 | 10 | 10 |
| 400 | — | 400 | — | — | — | — | 7660 | — | 95690 | 11 | 11 |
| **30733** | **—** | **30733** | **—** | **—** | **—** | **—** | **230600** | **—** | **7083086** | **52** | **52** |
| 4000 | — | 4000 | — | — | — | — | 21267 | — | 674117 | 11 | 11 |
| 2667 | — | 2667 | — | — | — | — | 29134 | — | 859201 | 4 | 4 |
| 3434 | — | 3434 | — | — | — | — | 29133 | — | 909479 | 8 | 8 |
| 4333 | — | 4333 | — | — | — | — | 26800 | — | 767108 | 3 | 3 |
| 4000 | — | 4000 | — | — | — | — | 17267 | — | 546596 | 5 | 5 |
| 1333 | — | 1333 | — | — | — | — | 16667 | — | 500587 | 8 | 8 |
| 3220 | — | 3220 | — | — | — | — | 18333 | — | 722002 | 3 | 3 |
| 2333 | — | 2333 | — | — | — | — | 21333 | — | 588605 | 2 | 2 |
| 2080 | — | 2080 | — | — | — | — | 24933 | — | 692988 | 4 | 4 |
| 3333 | — | 3333 | — | — | — | — | 25733 | — | 822403 | 4 | 4 |

# 东北、内蒙古重点国有林区森工企业总产值和销售产值(一)

(按现行价格计算)

单位:万元

| 指标名称 | 企业合计 |
| --- | --- |
| 一、企业总产值 | **7237293** |
| 1. 第一产业 | 2923018 |
| (1)涉林产业 | 1681978 |
| ①林木育种和育苗 | 36071 |
| ②营造林 | 602773 |
| ③木材和竹材采运 | 16236 |
| ④经济林产品的种植与采集 | 914047 |
| ⑤花卉及其他观赏植物种植 | 21255 |
| ⑥陆生野生动物繁育与利用 | 91596 |
| (2)非林产业 | 1241040 |
| 2. 第二产业 | 1834816 |
| (1)涉林产业 | 471181 |
| ①木材加工和木、竹、藤、棕、苇制品制造 | 172796 |
| ②木、竹、藤家具制造 | 68395 |
| ③木、竹、苇浆造纸和纸制品 | 4437 |

# 东北、内蒙古重点国有林区森工企业总产值和销售产值(二)

(按现行价格计算)　　　　单位:万元

| 指标名称 | 企业合计 |
|---|---|
| ④林产化学产品制造 | 4822 |
| ⑤木质工艺品和木质文教体育用品制造 | 10543 |
| ⑥非木质林产品加工制造业 | 99027 |
| ⑦其他 | 111161 |
| (2)非林产业 | 1363635 |
| 3. 第三产业 | 2479459 |
| 其中:林业生产服务 | 61316 |
| 林业旅游与休闲服务 | 736015 |
| 林业公共管理及其他组织服务 | 207276 |
| **二、企业销售产值** | **2455241** |
| **三、企业金融债务** | **800440** |
| 其中:与木材停伐相关债务 | 399178 |
| 棚户区改造相关债务 | 281281 |
| 经营性(非木材生产)相关债务 | 105452 |

# 东北、内蒙古重点国有林区 87 个

（按现行价

| 企业名称 | 企 业 总 | | | | | |
|---|---|---|---|---|---|---|
| | 总 计 | 第 一 | | | | |
| | | 合 计 | 涉 林 | | | |
| | | | 小计 | 林木育种和育苗 | 营造林 | 木材和竹材采运 |
| **重点森工企业合计** | **7237293** | **2923018** | **1681978** | **36071** | **602773** | **16236** |
| **内蒙古森工集团** | **546770** | **228764** | **223448** | **3059** | **178197** | **505** |
| 阿尔山 | 25705 | 14644 | 13594 | 162 | 8132 | 60 |
| 绰尔 | 36685 | 16434 | 16434 | 209 | 10830 | 90 |
| 绰源 | 18379 | 8235 | 8235 | 82 | 6636 | — |
| 乌尔旗汉 | 34859 | 16464 | 16069 | 260 | 11259 | — |
| 库都尔 | 31283 | 10814 | 10814 | 109 | 9475 | 53 |
| 图里河 | 25923 | 9138 | 9138 | 100 | 8201 | — |
| 伊图里河 | 25044 | 8889 | 8329 | 20 | 7516 | — |
| 克一河 | 25209 | 11560 | 11371 | 49 | 9017 | — |
| 甘河 | 30023 | 13046 | 13031 | 22 | 11679 | — |
| 吉文 | 20867 | 9482 | 9398 | 223 | 8943 | 84 |
| 阿里河 | 30861 | 11429 | 10986 | 313 | 9893 | 8 |
| 根河 | 44208 | 17993 | 17993 | 230 | 16698 | 10 |
| 金河 | 32210 | 12967 | 12965 | 45 | 11669 | — |
| 阿龙山 | 32170 | 15101 | 15082 | 175 | 10521 | — |
| 满归 | 31704 | 13896 | 13896 | 669 | 6637 | — |
| 得耳布尔 | 30342 | 9860 | 9860 | 134 | 8963 | — |
| 莫尔道嘎 | 40165 | 16237 | 16237 | 179 | 14007 | 86 |
| 大杨树 | 16176 | 7107 | 4548 | 54 | 4398 | 25 |
| 毕拉河 | 14957 | 5468 | 5468 | 24 | 3723 | 89 |
| **吉林森工集团** | **563931** | **238792** | **227995** | **5819** | **92075** | **3289** |
| 临江 | 113958 | 35829 | 35829 | 162 | 14820 | 2016 |
| 三岔子 | 82118 | 53257 | 52167 | 3810 | 21834 | 333 |
| 湾沟 | 67500 | 9153 | 8653 | 40 | 6173 | 940 |
| 松江河 | 63062 | 28944 | 28559 | — | 11569 | — |
| 泉阳 | 66083 | 30223 | 30223 | 300 | 7048 | — |
| 露水河 | 51868 | 26906 | 26906 | 641 | 10688 | — |
| 白石山 | 66602 | 27902 | 27602 | 300 | 12455 | — |
| 红石 | 52740 | 26578 | 18056 | 566 | 7488 | — |
| **长白山森工集团** | **419464** | **118017** | **111676** | **2985** | **44450** | **8792** |
| 黄泥河 | 52865 | 7695 | 3695 | 273 | 2692 | 730 |
| 敦化 | 72930 | 19204 | 19204 | 756 | 6075 | 685 |
| 大石头 | 37236 | 5649 | 5649 | 53 | 5596 | — |
| 八家子 | 18831 | 4179 | 4179 | 247 | 3925 | 7 |
| 和龙 | 25494 | 4971 | 4971 | — | 4971 | — |
| 汪清 | 50944 | 17233 | 15119 | 191 | 5242 | — |
| 大兴沟 | 22628 | 17017 | 17017 | — | 4439 | — |
| 天桥岭 | 21836 | 3205 | 3205 | 834 | 2171 | 200 |
| 白河 | 88547 | 25189 | 24962 | 173 | 2823 | 6293 |
| 珲春 | 28153 | 13675 | 13675 | 458 | 6516 | 877 |
| **龙江森工集团** | **5041468** | **2006338** | **850950** | **19355** | **144123** | **3650** |
| 大海林 | 182600 | 32349 | 18930 | 224 | 4976 | 253 |
| 柴河 | 212108 | 25492 | 14824 | 200 | 6568 | — |
| 东京城 | 230690 | 74815 | 7442 | — | 5483 | 1959 |
| 穆棱 | 181106 | 75698 | 37266 | 2854 | 3274 | — |
| 绥阳 | 166595 | 105309 | 94244 | — | 6500 | — |

# 森工企业总产值和销售产值(一)

格计算)　　单位:万元

| 产　值 | | | | | | | |
|---|---|---|---|---|---|---|---|
| 产　业 | | | | 第二产业 | | | |
| 产　业 | | | | | | 涉林产业 | |
| 经济林产品的种植与采集 | 花卉及其他观赏植物种植 | 陆生野生动物繁育与利用 | 非林产业 | 合计 | 小　计 | 木材加工和木、竹、藤、棕、苇制品制造 | 木、竹、藤家具制造 |
| **914047** | **21255** | **91596** | **1241040** | **1834816** | **471181** | **172796** | **68395** |
| **15064** | **—** | **26623** | **5316** | **119669** | **230** | **—** | **—** |
| 560 | — | 4680 | 1050 | 2211 | — | — | — |
| 25 | — | 5280 | — | 13271 | — | — | — |
| 342 | — | 1175 | — | 3712 | — | — | — |
| — | | 4550 | 395 | 8552 | — | — | — |
| 149 | — | 1028 | — | 6039 | — | — | — |
| 285 | — | 552 | — | 9003 | — | — | — |
| 113 | — | 680 | 560 | 5950 | — | — | — |
| 1170 | — | 1135 | 189 | 2709 | — | — | — |
| 112 | — | 1218 | 15 | 3722 | — | — | — |
| 110 | — | 38 | 84 | 2519 | — | — | — |
| 231 | — | 541 | 443 | 8807 | — | — | — |
| 592 | — | 463 | — | 8567 | — | — | — |
| 90 | — | 1161 | 2 | 8273 | — | — | — |
| 3552 | — | 834 | 19 | 4541 | 230 | — | — |
| 5711 | — | 879 | — | 8333 | — | — | — |
| 90 | — | 673 | — | 10504 | — | — | — |
| 1355 | — | 610 | — | 6656 | — | — | — |
| 71 | — | — | 2559 | 2539 | — | — | — |
| 506 | — | 1126 | — | 3761 | — | — | — |
| **104817** | **239** | **21756** | **10797** | **144944** | **55791** | **10500** | **4108** |
| 11133 | — | 7698 | — | 32966 | 24946 | 4200 | 4108 |
| 23496 | — | 2694 | 1090 | 8385 | 5000 | 5000 | — |
| 1000 | — | 500 | 500 | 50937 | 500 | 500 | — |
| 12955 | 239 | 3796 | 385 | 22340 | 22340 | — | — |
| 20840 | — | 2035 | — | 16280 | — | — | — |
| 15117 | — | 460 | — | 3905 | 2805 | 800 | — |
| 14282 | — | 565 | 300 | 2700 | 200 | — | — |
| 5994 | — | 4008 | 8522 | 7431 | — | — | — |
| **43306** | **—** | **12143** | **6341** | **110118** | **8341** | **5826** | **79** |
| — | — | — | 4000 | 13498 | 201 | 43 | — |
| 7723 | — | 3965 | — | 17645 | 1386 | 1386 | — |
| — | — | — | — | 18117 | 1105 | 1026 | 79 |
| — | — | — | — | 5760 | 640 | — | — |
| — | — | — | — | 8387 | 103 | — | — |
| 8706 | — | 980 | 2114 | 14211 | 2100 | 2100 | — |
| 10152 | — | 2426 | — | 929 | 929 | — | — |
| — | — | — | — | 7583 | 360 | 344 | — |
| 13515 | — | 2158 | 227 | 17788 | 1217 | 927 | — |
| 3210 | — | 2614 | — | 6200 | 300 | — | — |
| **650424** | **20875** | **12523** | **1155388** | **1398413** | **350777** | **154234** | **64208** |
| 13477 | — | — | 13419 | 31463 | 8039 | — | — |
| 8056 | — | — | 10668 | 108254 | 28389 | 17918 | 2923 |
| — | — | — | 67373 | 39524 | 4024 | 4024 | — |
| 31138 | — | — | 38432 | 52668 | 9010 | — | — |
| 87744 | — | — | 11065 | 43093 | 16473 | 16087 | — |

# 东北、内蒙古重点国有林区 87 个

（按现行价

| 企业名称 | 企业总 | | | | | |
|---|---|---|---|---|---|---|
| | 总计 | 第一 | | | | |
| | | 合计 | 涉林 | | | |
| | | | 小计 | 林木育种和育苗 | 营造林 | 木材和竹材采运 |
| 海林 | 117623 | 38501 | 29349 | 360 | 3888 | — |
| 林口 | 68343 | 47932 | 17183 | — | 3049 | 1438 |
| 八面通 | 63054 | 39610 | 9214 | — | 2014 | — |
| 桦南 | 109033 | 48070 | 5630 | 27 | 3455 | — |
| 双鸭山 | 100428 | 31233 | 4658 | 9 | 2081 | — |
| 鹤立 | 50392 | 32959 | 5797 | 107 | 2394 | — |
| 鹤北 | 122116 | 18700 | 7685 | 102 | 4566 | — |
| 东方红 | 142722 | 58625 | 36669 | 540 | 7624 | — |
| 迎春 | 67837 | 35411 | 4923 | 10 | 2737 | — |
| 清河 | 204776 | 91965 | 59329 | 40 | 2287 | — |
| 双丰 | 98020 | 50070 | 1388 | 62 | 1326 | — |
| 铁力 | 187783 | 45555 | 16283 | 98 | 5349 | — |
| 桃山 | 89832 | 63539 | 13047 | 168 | 2260 | — |
| 朗乡 | 123400 | 40705 | 7916 | 170 | 3324 | — |
| 南岔 | 82443 | 36935 | 16196 | 38 | 2952 | — |
| 金山屯 | 80132 | 33991 | 17419 | — | 3280 | — |
| 美溪 | 93518 | 19503 | 6108 | 803 | 5305 | — |
| 乌马河 | 134300 | 37200 | 10954 | 185 | 2612 | — |
| 翠峦 | 112911 | 28507 | 7774 | 36 | 3430 | — |
| 友好 | 199060 | 108156 | 37455 | 44 | 2911 | — |
| 上甘岭 | 59080 | 36126 | 21404 | — | 1374 | — |
| 五营 | 145610 | 26171 | 26171 | 120 | 1544 | — |
| 红星 | 83409 | 41704 | 11384 | 8 | 3523 | — |
| 新青 | 78897 | 43145 | 21492 | 192 | 6042 | — |
| 汤旺河 | 217211 | 98835 | 69183 | 38 | 2365 | — |
| 乌伊岭 | 31372 | 16398 | 14450 | 62 | 3620 | — |
| 山河屯 | 112170 | 21831 | 8443 | — | 2644 | — |
| 苇河 | 134080 | 80258 | 52142 | 100 | 5820 | — |
| 亚布力 | 143480 | 82190 | 33500 | 10862 | 3778 | — |
| 方正 | 129798 | 51106 | 26980 | 136 | 3124 | — |
| 兴隆 | 128810 | 88169 | 17514 | — | 3054 | — |
| 绥棱 | 138999 | 40538 | 7835 | 750 | 2384 | — |
| 通北 | 111642 | 57202 | 5334 | 240 | 5094 | — |
| 沾河 | 120471 | 68276 | 30887 | 130 | 3904 | — |
| 带岭 | 185617 | 33559 | 16548 | 640 | 2208 | — |
| **大兴安岭林业集团** | **665660** | **331107** | **267909** | **4853** | **143928** | **—** |
| 松岭 | 73651 | 26590 | 22537 | 285 | 13631 | — |
| 新林 | 102972 | 49158 | 38500 | 166 | 16770 | — |
| 塔河 | 80640 | 43822 | 31121 | 378 | 17947 | — |
| 呼中 | 76078 | 37202 | 32425 | 541 | 16210 | — |
| 阿木尔 | 44827 | 25357 | 21822 | 851 | 11102 | — |
| 图强 | 38184 | 27024 | 23770 | 823 | 9566 | — |
| 西林吉 | 162492 | 52847 | 37373 | 604 | 14289 | — |
| 十八站 | 26266 | 18152 | 15723 | 133 | 11972 | — |
| 韩家园 | 33955 | 25230 | 22229 | 444 | 17424 | — |
| 加格达奇 | 26595 | 25725 | 22409 | 628 | 15017 | — |

# 森工企业总产值和销售产值(二)

格计算)　　　　单位:万元

| 产　值 | | | | | | | |
|---|---|---|---|---|---|---|---|
| 产　业 | | | | 第二产业 | | | |
| 产　业 | | | 非林产业 | 合计 | 涉林产业 | | |
| 经济林产品的种植与采集 | 花卉及其他观赏植物种植 | 陆生野生动物繁育与利用 | | | 小　计 | 木材加工和木、竹、藤、棕、苇制品制造 | 木、竹、藤家具制造 |
| 25101 | — | — | 9152 | 37046 | 13041 | 13041 | — |
| 12696 | — | — | 30749 | 6125 | 3170 | 3170 | — |
| 7200 | — | — | 30396 | 6390 | 2830 | — | — |
| 2148 | — | — | 42440 | 25654 | 1601 | 1601 | — |
| 2568 | — | — | 26575 | 1538 | 420 | 420 | — |
| 3296 | — | — | 27162 | 8185 | 7049 | 230 | — |
| 3017 | — | — | 11015 | 88432 | 13257 | 3820 | 3000 |
| 16842 | 30 | 11633 | 21956 | 37495 | 4754 | 2822 | 80 |
| 2176 | — | — | 30488 | 11442 | 760 | 760 | — |
| 57002 | — | — | 32636 | 83205 | 47381 | 1678 | 700 |
| — | — | — | 48682 | 36183 | 28948 | — | 28000 |
| 10836 | — | — | 29272 | 100438 | 2229 | 120 | 2109 |
| 10619 | — | — | 50492 | 16517 | 1884 | 1884 | — |
| 4422 | — | — | 32789 | 25525 | 10749 | — | — |
| 13206 | — | — | 20739 | 17580 | 1267 | — | 1267 |
| 14139 | — | — | 16572 | 28141 | 9741 | — | 8943 |
| — | — | — | 13395 | 35943 | 11622 | 10555 | 1067 |
| 8157 | — | — | 26246 | 30246 | 16016 | 1883 | 705 |
| 4308 | — | — | 20733 | 56531 | 4017 | 2455 | 1562 |
| 13655 | 20845 | — | 70701 | 70254 | 2710 | 1971 | 739 |
| 20030 | — | — | 14722 | 10610 | 7964 | 7602 | 362 |
| 24507 | — | — | — | 47792 | 2849 | 1124 | 912 |
| 7853 | — | — | 30320 | 23354 | 5455 | 5455 | — |
| 15258 | — | — | 21653 | 11060 | 6310 | — | 4500 |
| 66780 | — | — | 29652 | 8642 | 7142 | 237 | 2355 |
| 10768 | — | — | 1948 | 6552 | 72 | — | 72 |
| 5799 | — | — | 13388 | 23413 | 3683 | 2083 | — |
| 45332 | — | 890 | 28116 | 25298 | 8050 | 8050 | — |
| 18860 | — | — | 48690 | 12802 | 6354 | 2107 | 197 |
| 23720 | — | — | 24126 | 36386 | 6404 | 6404 | — |
| 14460 | — | — | 70655 | 17037 | 13207 | 8507 | — |
| 4701 | — | — | 32703 | 44405 | 6100 | 2185 | 3815 |
| — | — | — | 51868 | 13845 | 11037 | 11037 | — |
| 26853 | — | — | 37389 | 14495 | 4304 | 4304 | — |
| 13700 | — | — | 17011 | 104850 | 12465 | 10700 | 900 |
| **100436** | **141** | **18551** | **63198** | **61672** | **56042** | **2236** | **—** |
| 6679 | — | 1942 | 4053 | 12398 | 12398 | 85 | — |
| 21564 | — | — | 10658 | 9558 | 9270 | 393 | — |
| 11290 | — | 1506 | 12701 | 13736 | 13341 | 513 | — |
| 15535 | 46 | 93 | 4777 | 3527 | 3439 | 611 | — |
| 8481 | — | 1388 | 3535 | 7973 | 7973 | 70 | — |
| 5085 | — | 8296 | 3254 | 1610 | 1610 | — | — |
| 18354 | 30 | 4096 | 15474 | 5956 | 5906 | 528 | — |
| 3119 | 45 | 454 | 2429 | 5080 | 271 | 36 | — |
| 3565 | 20 | 776 | 3001 | 1294 | 1294 | — | — |
| 6764 | — | — | 3316 | 540 | 540 | — | — |

# 东北、内蒙古重点国有林区 87 个

（按现行价

| 企业名称 | 企业总产值 | | | | | | |
|---|---|---|---|---|---|---|---|
| | 第二产业 | | | | | | |
| | 涉林产业 | | | | | 非林产业 | 合计 |
| | 木、竹、苇浆造纸和纸制品 | 林产化学产品制造 | 木质工艺品和木质文教体育用品制造 | 非木质林产品加工制造业 | 其　他 | | |
| **重点森工企业合计** | **4437** | **4822** | **10543** | **99027** | **111161** | **1363635** | **2479459** |
| **内蒙古森工集团** | **—** | **—** | **—** | **—** | **230** | **119439** | **198337** |
| 阿尔山 | — | — | — | — | — | 2211 | 8850 |
| 绰尔 | — | — | — | — | — | 13271 | 6980 |
| 绰源 | — | — | — | — | — | 3712 | 6432 |
| 乌尔旗汉 | — | — | — | — | — | 8552 | 9843 |
| 库都尔 | — | — | — | — | — | 6039 | 14430 |
| 图里河 | — | — | — | — | — | 9003 | 7782 |
| 伊图里河 | — | — | — | — | — | 5950 | 10205 |
| 克一河 | — | — | — | — | — | 2709 | 10940 |
| 甘河 | — | — | — | — | — | 3722 | 13255 |
| 吉文 | — | — | — | — | — | 2519 | 8866 |
| 阿里河 | — | — | — | — | — | 8807 | 10625 |
| 根河 | — | — | — | — | — | 8567 | 17648 |
| 金河 | — | — | — | — | — | 8273 | 10970 |
| 阿龙山 | — | — | — | — | 230 | 4311 | 12528 |
| 满归 | — | — | — | — | — | 8333 | 9475 |
| 得耳布尔 | — | — | — | — | — | 10504 | 9978 |
| 莫尔道嘎 | — | — | — | — | — | 6656 | 17272 |
| 大杨树 | — | — | — | — | — | 2539 | 6530 |
| 毕拉河 | — | — | — | — | — | 3761 | 5728 |
| **吉林森工集团** | **—** | **—** | **931** | **11549** | **28703** | **89153** | **180195** |
| 临江 | — | — | 931 | 11549 | 4158 | 8020 | 45163 |
| 三岔子 | — | — | — | — | — | 3385 | 20476 |
| 湾沟 | — | — | — | — | — | 50437 | 7410 |
| 松江河 | — | — | — | — | 22340 | — | 11778 |
| 泉阳 | — | — | — | — | — | 16280 | 19580 |
| 露水河 | — | — | — | — | 2005 | 1100 | 21057 |
| 白石山 | — | — | — | — | 200 | 2500 | 36000 |
| 红石 | — | — | — | — | — | 7431 | 18731 |
| **长白山森工集团** | **—** | **—** | **103** | **158** | **2175** | **101777** | **191329** |
| 黄泥河 | — | — | — | 158 | — | 13297 | 31672 |
| 敦化 | — | — | — | — | — | 16259 | 36081 |
| 大石头 | — | — | — | — | — | 17012 | 13470 |
| 八家子 | — | — | — | — | 640 | 5120 | 8892 |
| 和龙 | — | — | 103 | — | — | 8284 | 12136 |
| 汪清 | — | — | — | — | — | 12111 | 19500 |
| 大兴沟 | — | — | — | — | 929 | — | 4682 |
| 天桥岭 | — | — | — | — | 16 | 7223 | 11048 |
| 白河 | — | — | — | — | 290 | 16571 | 45570 |
| 珲春 | — | — | — | — | 300 | 5900 | 8278 |
| **龙江森工集团** | **4437** | **—** | **9509** | **38736** | **79653** | **1047636** | **1636717** |
| 大海林 | — | — | — | — | 8039 | 23424 | 118788 |
| 柴河 | — | — | 178 | 6755 | 615 | 79865 | 78362 |
| 东京城 | — | — | — | — | — | 35500 | 116351 |
| 穆棱 | — | — | — | — | 9010 | 43658 | 52740 |
| 绥阳 | — | — | — | 386 | — | 26620 | 18193 |

# 森工企业总产值和销售产值(三)

格计算)　　　　单位:万元

| 第三产业 | | | 企业销售产值 | 企业金融债务 | | | |
|---|---|---|---|---|---|---|---|
| 其中:林业生产服务 | 林业旅游与休闲服务 | 林业公共管理及其他组织服务 | | 总　计 | 其中:与木材停伐相关债务 | 其中:棚户区改造相关债务 | 其中:经营性(非木材生产)相关债务 |
| **61316** | **736015** | **207276** | **2455241** | **800440** | **399178** | **281281** | **105452** |
| **—** | **4180** | **—** | **17403** | **175178** | **136742** | **19436** | **19000** |
| — | 37 | — | — | 5813 | 5113 | 700 | — |
| — | 8 | — | 2193 | 14128 | 14128 | — | — |
| — | — | — | 348 | 17522 | 16811 | 711 | — |
| — | 80 | — | 418 | 9542 | 9542 | — | — |
| — | — | — | 649 | 732 | 645 | 87 | — |
| — | 3 | — | 717 | 926 | 926 | — | — |
| — | — | — | 394 | 397 | 397 | — | — |
| — | 6 | — | 433 | 1961 | 1057 | 904 | — |
| — | — | — | 1414 | 4055 | 1401 | 2654 | — |
| — | — | — | 258 | 8313 | 7568 | 745 | — |
| — | 28 | — | 1403 | 18753 | 17337 | 1416 | — |
| — | 800 | — | 1863 | 10939 | 2424 | 8515 | — |
| — | 60 | — | 3656 | 8089 | 8089 | — | — |
| — | — | — | 1255 | 10149 | 9839 | 310 | — |
| — | 168 | — | 1080 | 17580 | 17552 | 28 | — |
| — | 20 | — | 266 | 3730 | 2486 | 1244 | — |
| — | 1374 | — | 942 | 23549 | 21427 | 2122 | — |
| — | — | — | 25 | — | — | — | — |
| — | 1596 | — | 89 | 19000 | — | — | 19000 |
| **15289** | **28046** | **19240** | **214281** | **180927** | **137500** | **7657** | **35770** |
| 6055 | 18990 | 3500 | 1701 | 18300 | 18300 | — | — |
| 891 | 326 | 1453 | 28891 | 26970 | 7200 | 4100 | 15670 |
| 2800 | 50 | 4560 | 52940 | 2700 | 2700 | — | — |
| — | 1398 | — | 25606 | 44600 | 29000 | — | 15600 |
| 1500 | 4300 | 2100 | 50024 | 34500 | 30000 | — | 4500 |
| 3373 | 1630 | 3054 | 11294 | 17700 | 17700 | — | — |
| — | 800 | 2200 | 18336 | 22900 | 22900 | — | — |
| 670 | 552 | 2373 | 25489 | 13257 | 9700 | 3557 | — |
| **14330** | **17921** | **28127** | **191206** | **44141** | **23500** | **8641** | **12000** |
| 160 | 220 | 975 | 50750 | — | — | — | — |
| 191 | 210 | 2029 | 70022 | 5000 | — | — | 5000 |
| — | 280 | — | 17962 | 5523 | — | 1523 | 4000 |
| 1023 | — | 729 | 18078 | 10000 | — | 7000 | 3000 |
| 873 | — | 903 | 604 | — | — | — | — |
| — | 11 | 10388 | 5211 | 12500 | 12500 | — | — |
| 156 | — | 4526 | 19456 | — | — | — | — |
| 5065 | — | 5983 | 7498 | 2618 | 2500 | 118 | — |
| 482 | 16900 | 1458 | 1163 | — | — | — | — |
| 6380 | 300 | 1136 | 462 | 8500 | 8500 | — | — |
| **19842** | **532727** | **122441** | **1790518** | **153993** | **45390** | **75507** | **18567** |
| — | 65469 | — | 100657 | — | — | — | — |
| 405 | 25500 | — | 10120 | — | — | — | — |
| — | 5700 | — | 1289 | — | — | — | — |
| — | 3950 | — | 154322 | 8320 | — | 8000 | 320 |
| — | 3500 | — | 92249 | — | — | — | — |

# 东北、内蒙古重点国有林区87个

(按现行价

| 企业名称 | 企业总产值 | | | | | | |
|---|---|---|---|---|---|---|---|
| | 第二产业 | | | | | | |
| | 涉林产业 | | | | | 非林产业 | 合计 |
| | 木、竹、苇浆造纸和纸制品 | 林产化学产品制造 | 木质工艺品和木质文教体育用品制造 | 非木质林产品加工制造业 | 其他 | | |
| 海林 | — | — | — | — | — | 24005 | 42076 |
| 林口 | — | — | — | — | — | 2955 | 14286 |
| 八面通 | — | — | — | — | 2830 | 3560 | 17054 |
| 桦南 | — | — | — | — | — | 24053 | 35309 |
| 双鸭山 | — | — | — | — | — | 1118 | 67657 |
| 鹤立 | — | — | — | 1467 | 5352 | 1136 | 9248 |
| 鹤北 | — | — | — | 22 | 6415 | 75175 | 14984 |
| 东方红 | — | — | 98 | 1754 | — | 32741 | 46602 |
| 迎春 | — | — | — | — | — | 10682 | 20984 |
| 清河 | — | — | 1624 | 19759 | 23620 | 35824 | 29606 |
| 双丰 | — | — | — | — | 948 | 7235 | 11767 |
| 铁力 | — | — | — | — | — | 98209 | 41790 |
| 桃山 | — | — | — | — | — | 14633 | 9776 |
| 朗乡 | — | — | 4728 | — | 6021 | 14776 | 57170 |
| 南岔 | — | — | — | — | — | 16313 | 27928 |
| 金山屯 | — | — | — | — | 798 | 18400 | 18000 |
| 美溪 | — | — | — | — | — | 24321 | 38072 |
| 乌马河 | — | — | 1450 | 6028 | 5950 | 14230 | 66854 |
| 翠峦 | — | — | — | — | — | 52514 | 27873 |
| 友好 | — | — | — | — | — | 67544 | 20650 |
| 上甘岭 | — | — | — | — | — | 2646 | 12344 |
| 五营 | 387 | — | 426 | — | — | 44943 | 71647 |
| 红星 | — | — | — | — | — | 17899 | 18351 |
| 新青 | — | — | 1005 | — | 805 | 4750 | 24692 |
| 汤旺河 | — | — | — | — | 4550 | 1500 | 109734 |
| 乌伊岭 | — | — | — | — | — | 6480 | 8422 |
| 山河屯 | — | — | — | 1600 | — | 19730 | 66926 |
| 苇河 | — | — | — | — | — | 17248 | 28524 |
| 亚布力 | 4050 | — | — | — | — | 6448 | 48488 |
| 方正 | — | — | — | — | — | 29982 | 42306 |
| 兴隆 | — | — | — | — | 4700 | 3830 | 23604 |
| 绥棱 | — | — | — | 100 | — | 38305 | 54056 |
| 通北 | — | — | — | — | — | 2808 | 40595 |
| 沾河 | — | — | — | — | — | 10191 | 37700 |
| 带岭 | — | — | — | 865 | — | 92385 | 47208 |
| **大兴安岭林业集团** | **—** | **4822** | **—** | **48584** | **400** | **5630** | **272881** |
| 松岭 | — | — | — | 12313 | — | — | 34663 |
| 新林 | — | 85 | — | 8792 | — | 288 | 44256 |
| 塔河 | — | 1928 | — | 10500 | 400 | 395 | 23082 |
| 呼中 | — | 32 | — | 2796 | — | 88 | 35349 |
| 阿木尔 | — | 125 | — | 7778 | — | — | 11497 |
| 图强 | — | 800 | — | 810 | — | — | 9550 |
| 西林吉 | — | 1617 | — | 3761 | — | 50 | 103689 |
| 十八站 | — | 235 | — | — | — | 4809 | 3034 |
| 韩家园 | — | — | — | 1294 | — | — | 7431 |
| 加格达奇 | — | — | — | 540 | — | — | 330 |

# 森工企业总产值和销售产值(四)

格计算)　　　　　　单位:万元

| 第三产业 | | | 企业销售产值 | 企业金融债务 | | | |
|---|---|---|---|---|---|---|---|
| 其中:林业生产服务 | 林业旅游与休闲服务 | 林业公共管理及其他组织服务 | | 总计 | 其中:与木材停伐相关债务 | 其中:棚户区改造相关债务 | 其中:经营性(非木材生产)相关债务 |
| — | 6950 | — | 82336 | — | — | — | — |
| — | 2590 | — | 51260 | — | — | — | — |
| — | 2568 | — | 53807 | — | — | — | — |
| — | 4100 | — | 12255 | 7200 | — | 7200 | — |
| — | 6050 | — | 80342 | — | — | — | — |
| 17 | 2853 | — | 30492 | 2290 | — | 600 | 1690 |
| 985 | 4786 | — | 19006 | — | — | — | — |
| 692 | 5503 | 2818 | 73287 | 20118 | 16118 | — | 4000 |
| — | 1930 | — | 12485 | 7118 | — | 4100 | 3018 |
| 280 | 9210 | 3247 | 132262 | 31 | — | — | 31 |
| — | 5307 | — | — | — | — | — | — |
| — | 31360 | — | 140140 | — | — | — | — |
| — | 5770 | — | 75062 | 694 | — | — | — |
| — | 20000 | — | 50736 | — | — | — | — |
| — | 22937 | — | — | — | — | — | — |
| — | 16500 | — | 55085 | — | — | — | — |
| 15199 | 22873 | — | — | — | — | — | — |
| — | 4380 | — | — | 52950 | 16228 | 35420 | 1302 |
| — | 11369 | — | — | — | — | — | — |
| — | 5516 | — | 189107 | — | — | — | — |
| — | 12344 | — | — | — | — | — | — |
| — | 44687 | 26960 | — | — | — | — | — |
| — | 6535 | — | — | — | — | — | — |
| — | 13460 | — | 40508 | 5625 | 1375 | 4250 | — |
| — | 45495 | — | — | 7249 | 7249 | — | — |
| — | 626 | — | 26842 | 24103 | 2616 | 15937 | 5550 |
| — | 40109 | 26817 | — | — | — | — | — |
| — | 7209 | 1820 | 95253 | 7041 | — | — | — |
| — | 20600 | — | — | 6794 | — | — | — |
| — | 7244 | 35062 | — | — | — | — | — |
| — | 3589 | — | 8507 | — | — | — | — |
| 2264 | 5700 | — | 6000 | 2656 | — | — | 2656 |
| — | — | — | 11037 | 1804 | 1804 | — | — |
| — | 5650 | 1317 | 9736 | — | — | — | — |
| — | 22808 | 24400 | 176336 | — | — | — | — |
| **11855** | **153141** | **37468** | **241833** | **246201** | **56046** | **170040** | **20115** |
| 1311 | 20600 | 1605 | 22709 | 27850 | 5200 | 22650 | — |
| 3021 | 9539 | 15880 | 49918 | 30682 | 8239 | 18743 | 3700 |
| 1010 | 7540 | 3697 | 38945 | 34020 | 5894 | 24446 | 3680 |
| 1900 | 18274 | 5580 | 20317 | 40835 | 6270 | 34565 | — |
| 1280 | — | 1531 | 22228 | 16233 | 7956 | 8277 | — |
| 1133 | 3200 | 1672 | 18236 | 10649 | 2000 | 5789 | 2860 |
| — | 90658 | 4173 | 37936 | 41553 | 7780 | 29946 | 3827 |
| — | 900 | 1230 | 11518 | 30575 | 9972 | 18603 | 2000 |
| 2200 | 2300 | 1900 | 8778 | 11746 | 2735 | 7021 | 1990 |
| — | 130 | 200 | 11248 | 2058 | — | — | 2058 |

# 东北、内蒙古重点国有林区森工企业主要产品产量(一)

| 指标名称 | 计量单位 | 企业合计 |
|---|---|---|
| **一、商品材产量** | **立方米** | **145719** |
| 1. 原木 | 立方米 | 134245 |
| 2. 薪材 | 立方米 | 11474 |
| 按来源分： | | |
| 1. 天然林 | 立方米 | 34440 |
| 2. 人工林 | 立方米 | 111279 |
| 按用途分： | | |
| 1. 直接用原木 | 立方米 | 46614 |
| 2. 加工用材 | 立方米 | 57328 |
| 3. 造纸用材 | 立方米 | 773 |
| 4. 其他 | 立方米 | 41004 |
| **二、木材销售量** | **立方米** | **425404** |

# 东北、内蒙古重点国有林区森工企业主要产品产量(二)

| 指标名称 | 计量单位 | 企业合计 |
|---|---|---|
| **三、木材实际库存量** | **立方米** | **233939** |
| **四、锯材产量** | **立方米** | **123469** |
| **五、人造板产量** | **立方米** | **95789** |
| 其中：胶合板 | 立方米 | 31673 |
| 纤维板 | 立方米 | 2870 |
| 刨花板 | 立方米 | 31100 |
| **六、木片、木粒加工产品产量** | **实积立方米** | **23601** |
| **七、木地板** | **平方米** | **627824** |
| **八、卫生筷子** | **标准箱** | **550234** |

# 东北、内蒙古重点国有林区 87 个

| 企业名称 | 商品材产量 | | | | | | | | |
|---|---|---|---|---|---|---|---|---|---|
| | 合计 | 原木 | 薪材 | 按来源分 | | 按用途分 | | | |
| | | | | 天然林 | 人工林 | 直接用原木 | 加工用材 | 造纸用材 | 其他 |
| **重点森工企业合计** | **145719** | **134245** | **11474** | **34440** | **111279** | **46614** | **57328** | **773** | **41004** |
| **内蒙古森工集团** | **8794** | **8021** | **773** | **5529** | **3265** | **1624** | **1355** | **773** | **5042** |
| 阿尔山 | 944 | 944 | — | — | 944 | — | 272 | — | 672 |
| 绰尔 | 1375 | 1375 | — | 1375 | — | 251 | 76 | — | 1048 |
| 绰源 | — | — | — | — | — | — | — | — | — |
| 乌尔旗汉 | — | — | — | — | — | — | — | — | — |
| 库都尔 | 644 | 480 | 164 | 644 | — | 181 | 33 | 164 | 266 |
| 图里河 | — | — | — | — | — | — | — | — | — |
| 伊图里河 | — | — | — | — | — | — | — | — | — |
| 克一河 | — | — | — | — | — | — | — | — | — |
| 甘河 | — | — | — | — | — | — | — | — | — |
| 吉文 | 1398 | 789 | 609 | 1398 | — | — | 426 | 609 | 363 |
| 阿里河 | 88 | 88 | — | 88 | — | — | 12 | — | 76 |
| 根河 | 169 | 169 | — | 169 | — | 81 | 58 | — | 30 |
| 金河 | — | — | — | — | — | — | — | — | — |
| 阿龙山 | — | — | — | — | — | — | — | — | — |
| 满归 | — | — | — | — | — | — | — | — | — |
| 得耳布尔 | — | — | — | — | — | — | — | — | — |
| 莫尔道嘎 | 1461 | 1461 | — | 1285 | 176 | — | 478 | — | 983 |
| 大杨树 | 587 | 587 | — | 570 | 17 | 570 | — | — | 17 |
| 毕拉河 | 2128 | 2128 | — | — | 2128 | 541 | — | — | 1587 |
| **吉林森工集团** | **31258** | **28749** | **2509** | **5217** | **26041** | **14959** | **12163** | **—** | **4136** |
| 临江 | 26030 | 23521 | 2509 | — | 26030 | 14959 | 8562 | — | 2509 |
| 三岔子 | 5228 | 5228 | — | 5217 | 11 | — | 3601 | — | 1627 |
| 湾沟 | — | — | — | — | — | — | — | — | — |
| 松江河 | — | — | — | — | — | — | — | — | — |
| 泉阳 | — | — | — | — | — | — | — | — | — |
| 露水河 | — | — | — | — | — | — | — | — | — |
| 白石山 | — | — | — | — | — | — | — | — | — |
| 红石 | — | — | — | — | — | — | — | — | — |
| **长白山森工集团** | **41488** | **41488** | **—** | **19244** | **22244** | **2745** | **25008** | **—** | **13735** |
| 黄泥河 | 8963 | 8963 | — | 1470 | 7493 | 1475 | 6920 | — | 568 |
| 敦化 | 10729 | 10729 | — | — | 10729 | — | — | — | 10729 |
| 大石头 | — | — | — | — | — | — | — | — | — |
| 八家子 | 73 | 73 | — | 73 | — | — | — | — | 73 |
| 和龙 | — | — | — | — | — | — | — | — | — |
| 汪清 | — | — | — | — | — | — | — | — | — |
| 大兴沟 | — | — | — | — | — | — | — | — | — |
| 天桥岭 | 4022 | 4022 | — | — | 4022 | 1270 | 1449 | — | 1303 |
| 白河 | — | — | — | — | — | — | — | — | — |
| 珲春 | 17701 | 17701 | — | 17701 | — | — | 16639 | — | 1062 |
| **龙江森工集团** | **64179** | **55987** | **8192** | **4450** | **59729** | **27286** | **18802** | **—** | **18091** |
| 大海林 | 6358 | 6358 | — | 4450 | 1908 | 6358 | — | — | — |
| 柴河 | — | — | — | — | — | — | — | — | — |
| 东京城 | 36893 | 28701 | 8192 | — | 36893 | — | 18802 | — | 18091 |
| 穆棱 | — | — | — | — | — | — | — | — | — |
| 绥阳 | — | — | — | — | — | — | — | — | — |

# 森工企业主要产品产量（一）

单位：立方米

| 木材销售量 | 木材实际库存量 | 锯材产量 | 人造板产量 | | | | 木片、木粒加工产品产量（实积立方米） | 木地板（平方米） | 卫生筷子（标准箱） |
|---|---|---|---|---|---|---|---|---|---|
| | | | 合计 | 其中 | | | | | |
| | | | | 胶合板 | 纤维板 | 刨花板 | | | |
| **425404** | **233939** | **123469** | **95789** | **31673** | **2870** | **31100** | **23601** | **627824** | **550234** |
| **276897** | **179348** | **—** | **—** | **—** | **—** | **—** | **—** | **—** | **—** |
| — | 2004 | — | — | — | — | — | — | — | — |
| 33365 | 32888 | — | — | — | — | — | — | — | — |
| 4841 | 10131 | — | — | — | — | — | — | — | — |
| 9357 | 888 | — | — | — | — | — | — | — | — |
| 7853 | 5565 | — | — | — | — | — | — | — | — |
| 11673 | 3782 | — | — | — | — | — | — | — | — |
| 4511 | 184 | — | — | — | — | — | — | — | — |
| 6054 | 7662 | — | — | — | — | — | — | — | — |
| 25945 | 9127 | — | — | — | — | — | — | — | — |
| 4271 | 157 | — | — | — | — | — | — | — | — |
| 15591 | 10903 | — | — | — | — | — | — | — | — |
| 29149 | 405 | — | — | — | — | — | — | — | — |
| 60808 | 29802 | — | — | — | — | — | — | — | — |
| 22875 | 11018 | — | — | — | — | — | — | — | — |
| 17865 | 7649 | — | — | — | — | — | — | — | — |
| 4300 | 7718 | — | — | — | — | — | — | — | — |
| 15960 | 39231 | — | — | — | — | — | — | — | — |
| 587 | — | — | — | — | — | — | — | — | — |
| 1892 | 234 | — | — | — | — | — | — | — | — |
| **34935** | **6166** | **1500** | **—** | **—** | **—** | **—** | **—** | **—** | **—** |
| 21080 | 6166 | — | — | — | — | — | — | — | — |
| 5228 | — | — | — | — | — | — | — | — | — |
| 2370 | — | 1500 | — | — | — | — | — | — | — |
| 757 | — | — | — | — | — | — | — | — | — |
| — | — | — | — | — | — | — | — | — | — |
| — | — | — | — | — | — | — | — | — | — |
| — | — | — | — | — | — | — | — | — | — |
| 5500 | — | — | — | — | — | — | — | — | — |
| **51053** | **29197** | **8703** | **541** | — | — | — | **927** | **500000** | — |
| — | 8963 | — | — | — | — | — | 927 | — | — |
| 10729 | — | 2082 | — | — | — | — | — | — | — |
| — | — | 750 | — | — | — | — | — | — | — |
| 73 | — | — | — | — | — | — | — | — | — |
| — | — | — | — | — | — | — | — | — | — |
| — | — | — | — | — | — | — | — | 500000 | — |
| — | — | — | — | — | — | — | — | — | — |
| — | 4022 | 2005 | — | — | — | — | — | — | — |
| 31337 | — | 3866 | 541 | — | — | — | — | — | — |
| 8914 | 16212 | — | — | — | — | — | — | — | — |
| **62519** | **19228** | **111887** | **95038** | **31673** | **2870** | **31100** | **—** | **127824** | **532582** |
| 6358 | — | 2975 | 884 | 884 | — | — | — | — | — |
| — | — | 7180 | 11194 | 1150 | — | — | — | — | — |
| 24266 | 12627 | 3200 | 260 | 200 | — | — | — | — | 30000 |
| — | — | — | 26900 | — | — | 26900 | — | 77224 | 1200 |
| — | — | 14930 | — | — | — | — | — | — | 390000 |

# 东北、内蒙古重点国有林区 87 个

| 企业名称 | 商品材产量 | | | | | | | | |
|---|---|---|---|---|---|---|---|---|---|
| | 合　计 | 原　木 | 薪　材 | 按来源分 | | 按用途分 | | | |
| | | | | 天然林 | 人工林 | 直接用原木 | 加工用材 | 造纸用材 | 其他 |
| 海林 | — | — | — | — | — | — | — | — | — |
| 林口 | 20928 | 20928 | — | — | 20928 | 20928 | — | — | — |
| 八面通 | — | — | — | — | — | — | — | — | — |
| 桦南 | — | — | — | — | — | — | — | — | — |
| 双鸭山 | — | — | — | — | — | — | — | — | — |
| 鹤立 | — | — | — | — | — | — | — | — | — |
| 鹤北 | — | — | — | — | — | — | — | — | — |
| 东方红 | — | — | — | — | — | — | — | — | — |
| 迎春 | — | — | — | — | — | — | — | — | — |
| 清河 | — | — | — | — | — | — | — | — | — |
| 双丰 | — | — | — | — | — | — | — | — | — |
| 铁力 | — | — | — | — | — | — | — | — | — |
| 桃山 | — | — | — | — | — | — | — | — | — |
| 朗乡 | — | — | — | — | — | — | — | — | — |
| 南岔 | — | — | — | — | — | — | — | — | — |
| 金山屯 | — | — | — | — | — | — | — | — | — |
| 美溪 | — | — | — | — | — | — | — | — | — |
| 乌马河 | — | — | — | — | — | — | — | — | — |
| 翠峦 | — | — | — | — | — | — | — | — | — |
| 友好 | — | — | — | — | — | — | — | — | — |
| 上甘岭 | — | — | — | — | — | — | — | — | — |
| 五营 | — | — | — | — | — | — | — | — | — |
| 红星 | — | — | — | — | — | — | — | — | — |
| 新青 | — | — | — | — | — | — | — | — | — |
| 汤旺河 | — | — | — | — | — | — | — | — | — |
| 乌伊岭 | — | — | — | — | — | — | — | — | — |
| 山河屯 | — | — | — | — | — | — | — | — | — |
| 苇河 | — | — | — | — | — | — | — | — | — |
| 亚布力 | — | — | — | — | — | — | — | — | — |
| 方正 | — | — | — | — | — | — | — | — | — |
| 兴隆 | — | — | — | — | — | — | — | — | — |
| 绥棱 | — | — | — | — | — | — | — | — | — |
| 通北 | — | — | — | — | — | — | — | — | — |
| 沾河 | — | — | — | — | — | — | — | — | — |
| 带岭 | — | — | — | — | — | — | — | — | — |
| **大兴安岭林业集团** | **—** | **—** | **—** | **—** | **—** | **—** | **—** | **—** | **—** |
| 松岭 | — | — | — | — | — | — | — | — | — |
| 新林 | — | — | — | — | — | — | — | — | — |
| 塔河 | — | — | — | — | — | — | — | — | — |
| 呼中 | — | — | — | — | — | — | — | — | — |
| 阿木尔 | — | — | — | — | — | — | — | — | — |
| 图强 | — | — | — | — | — | — | — | — | — |
| 西林吉 | — | — | — | — | — | — | — | — | — |
| 十八站 | — | — | — | — | — | — | — | — | — |
| 韩家园 | — | — | — | — | — | — | — | — | — |
| 加格达奇 | — | — | — | — | — | — | — | — | — |

# 森工企业主要产品产量(二)

单位:立方米

| 木材销售量 | 木材实际库存量 | 锯材产量 | 人造板产量 | | | | 木片、木粒加工产品产量(实积立方米) | 木地板(平方米) | 卫生筷子(标准箱) |
|---|---|---|---|---|---|---|---|---|---|
| | | | 合计 | 其中 | | | | | |
| | | | | 胶合板 | 纤维板 | 刨花板 | | | |
| — | — | — | — | — | — | — | — | — | — |
| 31895 | 6601 | 9000 | — | — | — | — | — | 40000 | — |
| — | — | — | — | — | — | — | — | — | — |
| — | — | — | — | — | — | — | — | — | 32460 |
| — | — | 2100 | — | — | — | — | — | — | — |
| — | — | 1000 | 1000 | 1000 | — | — | — | — | — |
| — | — | 5000 | — | — | — | — | — | — | 60000 |
| — | — | 1483 | — | — | — | — | — | — | — |
| — | — | — | — | — | — | — | — | — | — |
| — | — | 4800 | 700 | 200 | — | — | — | — | — |
| — | — | 13000 | 1280 | 580 | — | — | — | — | — |
| — | — | — | 800 | 800 | — | — | — | — | — |
| — | — | — | 1589 | 554 | — | — | — | 10600 | — |
| — | — | — | 4200 | — | — | 4200 | — | — | — |
| — | — | — | — | — | — | — | — | — | — |
| — | — | — | — | — | — | — | — | — | — |
| — | — | 2358 | 9504 | 9504 | — | — | — | — | — |
| — | — | 8543 | — | — | — | — | — | — | — |
| — | — | — | 1700 | — | — | — | — | — | — |
| — | — | — | 3220 | 350 | 2870 | — | — | — | — |
| — | — | — | 6182 | 2926 | — | — | — | — | — |
| — | — | — | — | — | — | — | — | — | — |
| — | — | — | 785 | — | — | — | — | — | — |
| — | — | — | 4025 | — | — | — | — | — | — |
| — | — | — | 1690 | — | — | — | — | — | — |
| — | — | — | — | — | — | — | — | — | — |
| — | — | 4166 | — | — | — | — | — | — | — |
| — | — | 15615 | 468 | 468 | — | — | — | — | — |
| — | — | 8564 | 756 | 756 | — | — | — | — | 18922 |
| — | — | 933 | — | — | — | — | — | — | — |
| — | — | 5300 | 600 | — | — | — | — | — | — |
| — | — | — | 12301 | 12301 | — | — | — | — | — |
| — | — | 1500 | — | — | — | — | — | — | — |
| — | — | 240 | — | — | — | — | — | — | — |
| — | — | — | 5000 | — | — | — | — | — | — |
| **—** | **—** | **1379** | **210** | **—** | **—** | **—** | **22674** | **—** | **17652** |
| — | — | — | 110 | — | — | — | 606 | — | — |
| — | — | 164 | — | — | — | — | — | — | 13752 |
| — | — | 200 | — | — | — | — | 22068 | — | — |
| — | — | 58 | 100 | — | — | — | — | — | — |
| — | — | — | — | — | — | — | — | — | — |
| — | — | — | — | — | — | — | — | — | — |
| — | — | 957 | — | — | — | — | — | — | — |
| — | — | — | — | — | — | — | — | — | 3900 |
| — | — | — | — | — | — | — | — | — | — |
| — | — | — | — | — | — | — | — | — | — |

## 东北、内蒙古重点国有林区森工企业非木材产品产量

| 指标名称 | 计量单位 | 企业合计 |
| --- | --- | --- |
| 一、各类经济林产品产量合计 | 吨 | 202767 |
| 二、森林药材 | 吨 | 33857 |
| 三、食用菌 | 吨 | 88443 |
| 四、山野菜 | 吨 | 49497 |
| 五、年末大牲畜存栏数 | 万只 | 87.87 |
| 六、年末家禽存栏数 | 万只 | 609.47 |
| 七、森林旅游人数 | 万人次 | 1221.00 |

## 东北、内蒙古重点国有林区 87 个森工企业非木材产品产量(一)

| 企业名称 | 各类经济林产品产量合计(吨) | 森林药材(吨) | 食用菌(吨) | 山野菜(吨) | 年末大牲畜存栏数(万只) | 年末家禽存栏数(万只) | 森林旅游人数(万人次) |
| --- | --- | --- | --- | --- | --- | --- | --- |
| **重点森工企业合计** | **202767** | **33857** | **88443** | **49497** | **87.87** | **609.47** | **1221.00** |
| **内蒙古森工集团** | **519** | **558** | **419** | **1491** | **8.72** | **21.96** | **20.11** |
| 阿尔山 | — | — | 14 | 720 | 2.33 | 7.14 | 0.07 |
| 绰尔 | — | — | 3 | — | 1.17 | — | 0.03 |
| 绰源 | — | 400 | 17 | 14 | 0.26 | 0.38 | — |
| 乌尔旗汉 | — | — | — | — | 1.13 | — | 0.35 |
| 库都尔 | — | — | 40 | — | 0.52 | — | — |
| 图里河 | 14 | 25 | 6 | — | 0.44 | 0.38 | 0.01 |
| 伊图里河 | 1 | — | 8 | 2 | 0.25 | 0.09 | — |
| 克一河 | — | 21 | 126 | — | 0.50 | 1.56 | 0.02 |
| 甘河 | 3 | 23 | 8 | — | 0.61 | 2.10 | — |
| 吉文 | — | — | 15 | 90 | 0.04 | — | — |
| 阿里河 | 9 | — | 53 | — | 0.20 | 1.01 | 0.07 |
| 根河 | 42 | 21 | 10 | 50 | 0.18 | 0.57 | 6.00 |
| 金河 | — | — | 2 | — | 0.18 | 0.20 | 1.50 |
| 阿龙山 | 60 | 30 | 29 | — | 0.09 | 1.71 | — |
| 满归 | 300 | — | 38 | 550 | 0.23 | 5.06 | 0.42 |
| 得耳布尔 | 3 | 14 | 1 | — | 0.19 | 0.39 | 0.02 |
| 莫尔道嘎 | 35 | 24 | 35 | 20 | 0.23 | 0.96 | 8.43 |
| 大杨树 | 36 | — | — | — | — | — | — |
| 毕拉河 | 16 | — | 14 | 45 | 0.16 | 0.41 | 3.19 |

# 东北、内蒙古重点国有林区87个森工企业非木材产品产量(二)

| 企业名称 | 各类经济林产品产量合计(吨) | 森林药材(吨) | 食用菌(吨) | 山野菜(吨) | 年末大牲畜存栏数(万只) | 年末家禽存栏数(万只) | 森林旅游人数(万人次) |
|---|---|---|---|---|---|---|---|
| **吉林森工集团** | **10571** | **2990** | **3143** | **1597** | **2.00** | **19.83** | **21.63** |
| 临江 | 1001 | 372 | 210 | 258 | 1.29 | 3.20 | 6.73 |
| 三岔子 | 500 | 114 | 132 | 91 | 0.15 | 3.63 | 0.40 |
| 湾沟 | 650 | — | — | — | 0.01 | 10.00 | 0.13 |
| 松江河 | 2418 | 1564 | 190 | 380 | 0.21 | 0.30 | 4.20 |
| 泉阳 | 1192 | 590 | 47 | 80 | 0.28 | 2.70 | 0.77 |
| 露水河 | 815 | 271 | 196 | 293 | 0.04 | — | 2.90 |
| 白石山 | 2744 | 3 | 2275 | 38 | — | — | 1.20 |
| 红石 | 1251 | 76 | 93 | 457 | 0.01 | — | 5.31 |
| **长白山森工集团** | **19571** | **1025** | **9825** | **1219** | **2.18** | **13.23** | **34.32** |
| 黄泥河 | 2358 | 74 | 1763 | 362 | 0.19 | 0.70 | 1.08 |
| 敦化 | 1785 | — | 494 | 111 | 0.29 | 3.00 | 1.40 |
| 大石头 | 3845 | 533 | 2367 | 44 | 0.61 | 8.49 | 0.36 |
| 八家子 | 909 | 31 | 165 | 154 | 0.53 | 0.38 | 4.00 |
| 和龙 | 675 | — | 535 | 120 | 0.31 | 0.14 | — |
| 汪清 | 1723 | 72 | 722 | 63 | 0.03 | — | 2.00 |
| 大兴沟 | 1437 | 60 | 1038 | 57 | 0.03 | — | — |
| 天桥岭 | 2299 | 15 | 1964 | 280 | 0.03 | — | — |
| 白河 | 1620 | 240 | 753 | 19 | 0.15 | 0.50 | 23.71 |
| 珲春 | 2920 | — | 24 | 9 | 0.02 | 0.03 | 1.77 |
| **龙江森工集团** | **165095** | **27437** | **70124** | **43467** | **61.69** | **504.10** | **995.49** |
| 大海林 | 2609 | 242 | 1645 | 722 | 1.26 | 12.00 | 66.80 |
| 柴河 | 1606 | 116 | 1370 | 120 | 1.02 | 4.90 | 52.98 |
| 东京城 | 7422 | 144 | 5500 | 420 | 2.15 | 7.05 | 19.00 |
| 穆棱 | 3860 | 405 | 1955 | 800 | 3.95 | 4.37 | 22.00 |
| 绥阳 | 11066 | 16 | 9650 | 1400 | 3.04 | 18.00 | 12.00 |
| 海林 | 1215 | 20 | 80 | 600 | 0.49 | 1.80 | 20.00 |
| 林口 | 3756 | 33 | 1300 | 262 | 0.25 | 0.60 | 8.10 |
| 八面通 | 1271 | — | 931 | 340 | 0.42 | 1.83 | 9.58 |
| 桦南 | 1399 | 62 | 123 | 150 | 5.30 | 35.00 | 13.00 |
| 双鸭山 | 510 | 14 | 40 | 34 | 0.76 | 2.77 | 31.00 |
| 鹤立 | 3140 | 252 | 359 | 190 | 2.01 | 12.70 | 11.15 |
| 鹤北 | 838 | 9 | 571 | 143 | 1.25 | 5.26 | 24.80 |
| 东方红 | 3152 | 640 | 1700 | 300 | 0.75 | 8.50 | 25.00 |
| 迎春 | 466 | 80 | 41 | 315 | 1.39 | 5.00 | 9.00 |
| 清河 | 13085 | 4700 | 2835 | 550 | 0.56 | 22.70 | 30.01 |
| 双丰 | 890 | 350 | 140 | — | 1.65 | 18.90 | 7.21 |
| 铁力 | 8358 | 6596 | 347 | 643 | 0.17 | 3.35 | 38.79 |
| 桃山 | 3797 | 1995 | 562 | 680 | 1.87 | 7.30 | 8.25 |
| 朗乡 | 6276 | 198 | 3843 | 2030 | 1.71 | 13.95 | 25.00 |

# 东北、内蒙古重点国有林区87个森工企业非木材产品产量(三)

| 企业名称 | 各类经济林产品产量合计(吨) | 森林药材(吨) | 食用菌(吨) | 山野菜(吨) | 年末大牲畜存栏数(万只) | 年末家禽存栏数(万只) | 森林旅游人数(万人次) |
|---|---|---|---|---|---|---|---|
| 南岔 | 8331 | 4880 | 2367 | 1009 | 0.80 | 6.55 | 23.40 |
| 金山屯 | 3047 | 227 | 2500 | 280 | 0.88 | 5.60 | 73.00 |
| 美溪 | 5380 | — | — | 1990 | 2.41 | 8.40 | 21.26 |
| 乌马河 | 3911 | 133 | 560 | 2840 | 0.19 | 6.90 | 3.10 |
| 翠峦 | 1544 | 250 | 883 | 242 | 1.70 | 19.06 | 14.02 |
| 友好 | 4375 | — | 1775 | 2600 | 2.76 | 106.69 | 8.50 |
| 上甘岭 | 1100 | 180 | 460 | 419 | 1.29 | 15.50 | 18.20 |
| 五营 | 6862 | 148 | 3246 | 2812 | 0.07 | 10.78 | 68.00 |
| 红星 | 3238 | 1188 | 900 | 925 | 0.09 | 3.40 | 15.38 |
| 新青 | 4537 | 288 | 2020 | 2089 | 0.72 | 5.47 | 28.90 |
| 汤旺河 | 6049 | — | 2713 | 2185 | 0.80 | 14.90 | 52.73 |
| 乌伊岭 | 1845 | 32 | 1015 | 745 | 0.11 | 1.62 | 0.65 |
| 山河屯 | 1287 | 12 | 920 | 355 | 0.21 | 0.30 | 42.13 |
| 苇河 | 6785 | 134 | 6550 | 45 | 0.44 | 1.61 | 25.37 |
| 亚布力 | 6642 | 1550 | 4000 | 1010 | 0.47 | 7.80 | 36.00 |
| 方正 | 5452 | 457 | 4065 | 837 | 3.31 | 7.00 | 29.02 |
| 兴隆 | 1880 | 39 | 1338 | 503 | 8.92 | 20.00 | 17.50 |
| 绥棱 | 807 | 5 | 750 | 32 | 0.74 | 5.52 | 24.00 |
| 通北 | 820 | — | 55 | 750 | 0.58 | 16.50 | 1.16 |
| 沾河 | 13527 | 782 | 745 | 11000 | 2.39 | 0.52 | 20.00 |
| 带岭 | 2960 | 1260 | 270 | 1100 | 2.81 | 54.01 | 39.50 |
| **大兴安岭林业集团** | **7011** | **1847** | **4932** | **1723** | **13.29** | **50.35** | **149.45** |
| 松岭 | 272 | 44 | 663 | 6 | 0.66 | 6.24 | 22.00 |
| 新林 | 1202 | 95 | 898 | 118 | 0.66 | 4.18 | 5.69 |
| 塔河 | 847 | 30 | 525 | 100 | 2.74 | 14.17 | 0.82 |
| 呼中 | 1294 | 61 | 954 | 499 | 1.37 | 7.08 | 19.88 |
| 阿木尔 | 784 | 97 | 170 | 90 | 0.37 | 1.90 | — |
| 图强 | 632 | 9 | 279 | 90 | 1.04 | 1.76 | 3.37 |
| 西林吉 | 1800 | 22 | 785 | 465 | 0.52 | 8.09 | 95.33 |
| 十八站 | 80 | 129 | 239 | 110 | 0.86 | 2.92 | 0.37 |
| 韩家园 | 40 | 80 | 234 | 105 | 1.24 | 2.99 | 1.12 |
| 加格达奇 | 60 | 1280 | 185 | 140 | 3.85 | 1.02 | 0.87 |

# 东北、内蒙古重点国有林区森工企业从业人员和劳动报酬情况

| 指标名称 | 计量单位 | 企业合计 |
|---|---|---|
| **一、年末人数** | **人** | **562840** |
| 其中:混岗职工人数 | 人 | 73916 |
| 1. 在岗职工 | 人 | 335054 |
| 其中:混岗职工人数 | 人 | 8530 |
| 其中:非全日制 | 人 | 1708 |
| 2. 其他从业人员 | 人 | — |
| 3. 离开本单位仍保留劳动关系人员 | 人 | 227786 |
| **二、年末参加基本养老保险人数** | **人** | **465479** |
| 其中:混岗职工人数 | 人 | 10817 |
| **三、年末参加基本医疗保险人数** | **人** | **478288** |
| 其中:混岗职工人数 | 人 | 4837 |
| **四、在岗职工平均人数** | **人** | **308165** |
| **五、在岗职工工资总额** | **千元** | **10240122** |
| **六、年末离退休人员人数** | **人** | **482229** |
| **七、离退休人员年生活费** | **千元** | **13055260** |

# 东北、内蒙古重点国有林区 87 个

| 企业名称 | 年末人数 | | | | | |
|---|---|---|---|---|---|---|
| | 总计 | 其中：混岗职工人数 | 在岗职工 | | | 其他从业人员 |
| | | | 合计 | 其中：混岗职工人数 | 其中：非全日制 | |
| **重点森工企业合计** | **562840** | **73916** | **335054** | **8530** | **1708** | **—** |
| **内蒙古森工集团** | **129656** | **54948** | **44129** | **—** | **—** | **—** |
| 阿尔山 | 9481 | 6058 | 2498 | — | — | — |
| 绰尔 | 4550 | 969 | 2548 | — | — | — |
| 绰源 | 3791 | 1137 | 1646 | — | — | — |
| 乌尔旗汉 | 10760 | 6314 | 2534 | — | — | — |
| 库都尔 | 11616 | 6487 | 2834 | — | — | — |
| 图里河 | 5667 | 2426 | 1872 | — | — | — |
| 伊图里河 | 4866 | 1590 | 1873 | — | — | — |
| 克一河 | 5827 | 1999 | 2143 | — | — | — |
| 甘河 | 9326 | 3764 | 3271 | — | — | — |
| 吉文 | 5290 | 1257 | 2262 | — | — | — |
| 阿里河 | 8427 | 4366 | 2386 | — | — | — |
| 根河 | 13248 | 6898 | 3986 | — | — | — |
| 金河 | 7590 | 3139 | 2554 | — | — | — |
| 阿龙山 | 5842 | 1665 | 2313 | — | — | — |
| 满归 | 5369 | 1747 | 1915 | — | — | — |
| 得耳布尔 | 5543 | 1253 | 2308 | — | — | — |
| 莫尔道嘎 | 7448 | 1738 | 3350 | — | — | — |
| 大杨树 | 3178 | 1767 | 952 | — | — | — |
| 毕拉河 | 1837 | 374 | 884 | — | — | — |
| **吉林森工集团** | **42148** | **157** | **19009** | **—** | **—** | **—** |
| 临江 | 3768 | — | 1811 | — | — | — |
| 三岔子 | 6965 | — | 2727 | — | — | — |
| 湾沟 | 3533 | — | 1273 | — | — | — |
| 松江河 | 5192 | — | 3504 | — | — | — |
| 泉阳 | 2926 | — | 1685 | — | — | — |
| 露水河 | 6458 | 157 | 2606 | — | — | — |
| 白石山 | 6119 | — | 2170 | — | — | — |
| 红石 | 7187 | — | 3233 | — | — | — |
| **长白山森工集团** | **48378** | **1666** | **26544** | **237** | **—** | **—** |
| 黄泥河 | 4699 | — | 2880 | — | — | — |
| 敦化 | 8266 | 944 | 5664 | — | — | — |
| 大石头 | 6220 | — | 2726 | — | — | — |
| 八家子 | 4361 | 485 | 1715 | — | — | — |
| 和龙 | 5727 | 237 | 2124 | 237 | — | — |
| 汪清 | 4826 | — | 3420 | — | — | — |
| 大兴沟 | 2641 | — | 1470 | — | — | — |
| 天桥岭 | 3810 | — | 2688 | — | — | — |
| 白河 | 4892 | — | 2199 | — | — | — |
| 珲春 | 2936 | — | 1658 | — | — | — |
| **龙江森工集团** | **296850** | **14956** | **200094** | **6133** | **1708** | **—** |
| 大海林 | 5440 | — | 5156 | — | — | — |
| 柴河 | 4846 | — | 4386 | — | — | — |
| 东京城 | 7045 | — | 6393 | — | — | — |
| 穆棱 | 4464 | — | 4131 | — | — | — |
| 绥阳 | 5288 | — | 4999 | — | — | — |

# 森工企业从业人员和劳动报酬情况(一)

单位:人

| 离开本单位仍保留劳动关系人员 | 年末参加基本养老保险人数 | | 年末参加基本医疗保险人数 | | 在岗职工平均人数 | 在岗职工工资总额(千元) | 年末离退休人员人数 | 离退休人员年生活费(千元) |
|---|---|---|---|---|---|---|---|---|
| | 合计 | 其中:混岗职工人数 | 合计 | 其中:混岗职工人数 | | | | |
| **227786** | **465479** | **10817** | **478288** | **4837** | **308165** | **10240122** | **482229** | **13055260** |
| **85527** | **74708** | **—** | **74708** | **—** | **43174** | **1885555** | **78488** | **2446036** |
| 6983 | 3423 | — | 3423 | — | 2485 | 108792 | 4337 | 143929 |
| 2002 | 3581 | — | 3581 | — | 2612 | 107379 | 3014 | 100341 |
| 2145 | 2654 | — | 2654 | — | 1621 | 73852 | 1829 | 63565 |
| 8226 | 4446 | — | 4446 | — | 2367 | 102587 | 4671 | 138180 |
| 8782 | 5129 | — | 5129 | — | 2816 | 122261 | 6255 | 200633 |
| 3795 | 3241 | — | 3241 | — | 1895 | 79625 | 4106 | 124017 |
| 2993 | 3276 | — | 3276 | — | 1884 | 82331 | 3541 | 118125 |
| 3684 | 3828 | — | 3828 | — | 1979 | 86308 | 3825 | 121916 |
| 6055 | 5562 | — | 5562 | — | 3205 | 140340 | 6810 | 215292 |
| 3028 | 4033 | — | 4033 | — | 2182 | 88434 | 3746 | 116799 |
| 6041 | 4061 | — | 4061 | — | 2193 | 95806 | 5885 | 174110 |
| 9262 | 6350 | — | 6350 | — | 4138 | 184148 | 8052 | 241398 |
| 5036 | 4451 | — | 4451 | — | 2681 | 117990 | 4924 | 152914 |
| 3529 | 4177 | — | 4177 | — | 2157 | 95415 | 3724 | 112135 |
| 3454 | 3622 | — | 3622 | — | 1981 | 90144 | 4481 | 122082 |
| 3235 | 4290 | — | 4290 | — | 2069 | 89685 | 2823 | 96726 |
| 4098 | 5710 | — | 5710 | — | 3110 | 140242 | 3778 | 119316 |
| 2226 | 1411 | — | 1411 | — | 923 | 40402 | 2117 | 66463 |
| 953 | 1463 | — | 1463 | — | 876 | 39814 | 570 | 18095 |
| **23139** | **42148** | **157** | **42148** | **157** | **18067** | **654841** | **35064** | **776163** |
| 1957 | 3768 | — | 3768 | — | 1540 | 59673 | 7048 | 6110 |
| 4238 | 6965 | — | 6965 | — | 2487 | 99201 | 7209 | 209550 |
| 2260 | 3533 | — | 3533 | — | 1275 | 63886 | 1829 | 53972 |
| 1688 | 5192 | — | 5192 | — | 3436 | 111104 | 6040 | 171377 |
| 1241 | 2926 | — | 2926 | — | 1641 | 67838 | 3325 | 95642 |
| 3852 | 6458 | 157 | 6458 | 157 | 2397 | 84219 | 3690 | 103887 |
| 3949 | 6119 | — | 6119 | — | 2316 | 69246 | 3049 | 73176 |
| 3954 | 7187 | — | 7187 | — | 2975 | 99673 | 2874 | 62449 |
| **21834** | **41576** | **237** | **43814** | **237** | **23490** | **844549** | **38005** | **722905** |
| 1819 | 4699 | — | 4699 | — | 2498 | 84814 | 3835 | 8437 |
| 2602 | 7322 | — | 7322 | — | 3999 | 142927 | 6898 | 188896 |
| 3494 | 3396 | — | 3396 | — | 2829 | 96739 | 5524 | 9801 |
| 2646 | 2169 | — | 2206 | — | 1837 | 64662 | 3071 | 3919 |
| 3603 | 2555 | 237 | 2632 | 237 | 2026 | 74034 | 3120 | 87110 |
| 1406 | 8608 | — | 9372 | — | 3420 | 98660 | 4678 | 136032 |
| 1171 | 2641 | — | 3172 | — | 1360 | 54038 | 1883 | 51312 |
| 1122 | 3810 | — | 4639 | — | 1696 | 60954 | 3095 | 79115 |
| 2693 | 3511 | — | 3511 | — | 2139 | 100628 | 4686 | 126855 |
| 1278 | 2865 | — | 2865 | — | 1686 | 67094 | 1215 | 31427 |
| **96756** | **263015** | **8234** | **272000** | **2254** | **178319** | **5255467** | **273372** | **7581586** |
| 284 | 5285 | — | 5285 | — | 4370 | 153872 | 8716 | 235937 |
| 460 | 4505 | — | 4524 | — | 4096 | 171050 | 10218 | 286331 |
| 652 | 6761 | — | 6747 | — | 4212 | 170253 | 10257 | 279324 |
| 333 | 4142 | — | 4142 | — | 3096 | 111396 | 7426 | 229663 |
| 289 | 4968 | — | 4968 | — | 4694 | 176880 | 6724 | 182980 |

# 东北、内蒙古重点国有林区 87 个

| 企业名称 | 年末人数 | | | | | |
|---|---|---|---|---|---|---|
| | 总计 | 其中：混岗职工人数 | 在岗职工 | | | 其他从业人员 |
| | | | 合计 | 其中:混岗职工人数 | 其中：非全日制 | |
| 海林 | 4206 | — | 3739 | — | — | — |
| 林口 | 4556 | — | 3714 | — | — | — |
| 八面通 | 4863 | — | 3337 | — | — | — |
| 桦南 | 7704 | — | 4296 | — | — | — |
| 双鸭山 | 4096 | 107 | 3707 | — | — | — |
| 鹤立 | 3799 | — | 3320 | — | — | — |
| 鹤北 | 6991 | — | 6406 | — | — | — |
| 东方红 | 6180 | 67 | 4537 | 20 | — | — |
| 迎春 | 3066 | — | 2918 | — | — | — |
| 清河 | 2694 | — | 2456 | — | — | — |
| 双丰 | 14837 | 5830 | 6618 | 5830 | — | — |
| 铁力 | 10027 | 1961 | 5391 | — | — | — |
| 桃山 | 20015 | — | 4416 | — | — | — |
| 朗乡 | 10022 | — | 9249 | — | — | — |
| 南岔 | 10923 | — | 8681 | — | — | — |
| 金山屯 | 8816 | — | 5431 | — | — | — |
| 美溪 | 10445 | 798 | 5566 | — | — | — |
| 乌马河 | 14219 | 4771 | 5261 | — | — | — |
| 翠峦 | 10667 | 643 | 5808 | — | — | — |
| 友好 | 10394 | — | 7520 | — | — | — |
| 上甘岭 | 8446 | 96 | 3926 | 96 | — | — |
| 五营 | 7776 | — | 5528 | — | — | — |
| 红星 | 6359 | — | 5153 | — | — | — |
| 新青 | 9783 | 404 | 5770 | — | 1517 | — |
| 汤旺河 | 7495 | — | 4745 | — | — | — |
| 乌伊岭 | 7060 | — | 4697 | — | — | — |
| 山河屯 | 6146 | 187 | 5133 | 187 | 191 | — |
| 苇河 | 6822 | — | 5267 | — | — | — |
| 亚布力 | 5620 | — | 3844 | — | — | — |
| 方正 | 5704 | — | 3682 | — | — | — |
| 兴隆 | 6696 | 92 | 5721 | — | — | — |
| 绥棱 | 6938 | — | 4967 | — | — | — |
| 通北 | 5395 | — | 4449 | — | — | — |
| 沾河 | 6814 | — | 5620 | — | — | — |
| 带岭 | 4193 | — | 4156 | — | — | — |
| **大兴安岭林业集团** | **45808** | **2189** | **45278** | **2160** | **—** | **—** |
| 松岭 | 4669 | 638 | 4669 | 638 | — | — |
| 新林 | 5629 | — | 5629 | — | — | — |
| 塔河 | 7156 | — | 7156 | — | — | — |
| 呼中 | 5472 | — | 5472 | — | — | — |
| 阿木尔 | 3827 | 532 | 3791 | 503 | — | — |
| 图强 | 4177 | 1019 | 4177 | 1019 | — | — |
| 西林吉 | 6931 | — | 6627 | — | — | — |
| 十八站 | 3057 | — | 3057 | — | — | — |
| 韩家园 | 2760 | — | 2570 | — | — | — |
| 加格达奇 | 2130 | — | 2130 | — | — | — |

# 森工企业从业人员和劳动报酬情况(二)

单位:人

| 离开本单位仍保留劳动关系人员 | 年末参加基本养老保险人数 | | 年末参加基本医疗保险人数 | | 在岗职工平均人数 | 在岗职工工资总额(千元) | 年末离退休人员人数 | 离退休人员年生活费(千元) |
|---|---|---|---|---|---|---|---|---|
| | 合计 | 其中:混岗职工人数 | 合计 | 其中:混岗职工人数 | | | | |
| 467 | 4185 | — | 4185 | — | 2619 | 94138 | 4847 | 145716 |
| 842 | 4521 | — | 4521 | — | 3622 | 93035 | 4217 | 112560 |
| 1526 | 3337 | — | 3157 | — | 3243 | 96716 | 3434 | 96617 |
| 3408 | 7419 | — | 7451 | — | 3563 | 108014 | 4594 | 125887 |
| 389 | 3704 | — | 3986 | — | 3707 | 100986 | 3879 | 104127 |
| 479 | 3409 | — | 3548 | — | 3780 | 71500 | 2426 | 65650 |
| 585 | 6988 | — | 6988 | — | 6431 | 154081 | 4280 | 122424 |
| 1643 | 5364 | 67 | 5290 | 67 | 4046 | 145942 | 8562 | 258478 |
| 148 | 2667 | — | 2918 | — | 2542 | 90245 | 2446 | 80203 |
| 238 | 2202 | — | 2619 | — | 1935 | 80234 | 4348 | 102965 |
| 8219 | 12258 | 5830 | 10866 | — | 5564 | 90845 | 8994 | 223335 |
| 4636 | 6900 | — | 8002 | — | 4163 | 124461 | 10990 | 286127 |
| 15599 | 20015 | — | 20015 | — | 4416 | 105309 | 9381 | 232393 |
| 773 | 8221 | — | 7497 | — | 9298 | 191377 | 11628 | 319691 |
| 2242 | 10019 | — | 10019 | — | 8762 | 181554 | 7996 | 232210 |
| 3385 | 8515 | — | 7400 | — | 5432 | 132834 | 10792 | 286768 |
| 4879 | 9647 | 798 | 9647 | 798 | 5443 | 168145 | 4739 | 147857 |
| 8958 | 7633 | 760 | 13303 | 610 | 5261 | 148675 | 7112 | 194421 |
| 4859 | 9014 | — | 10024 | — | 5805 | 165404 | 13802 | 366942 |
| 2874 | 7644 | — | 9367 | — | 4526 | 164781 | 8213 | 229382 |
| 4520 | 8446 | 96 | 8446 | 96 | 2546 | 85925 | 4847 | 133280 |
| 2248 | 7211 | — | 7776 | — | 5692 | 156330 | 6553 | 170682 |
| 1206 | 6359 | — | 6359 | — | 5153 | 120431 | 8079 | 213017 |
| 4013 | 9783 | 404 | 9783 | 404 | 5001 | 169684 | 8648 | 267608 |
| 2750 | 6859 | — | 7495 | — | 4676 | 146124 | 7165 | 225364 |
| 2363 | 6919 | — | 6919 | — | 4697 | 134881 | 4887 | 136655 |
| 1013 | 5199 | 187 | 5199 | 187 | 4180 | 146727 | 5843 | 166562 |
| 1555 | 5682 | | 5682 | | 5267 | 131030 | 13093 | 317091 |
| 1776 | 5292 | — | 5292 | — | 3648 | 125420 | 5607 | 188138 |
| 2022 | 5568 | — | 5568 | — | 3632 | 139703 | 4546 | 133761 |
| 975 | 6050 | 92 | 6050 | 92 | 3391 | 124485 | 6803 | 190992 |
| 1971 | 5056 | — | 5056 | — | 4298 | 106716 | 6480 | 177276 |
| 946 | 5142 | — | 5142 | — | 3091 | 112552 | 3281 | 97805 |
| 1194 | 6657 | — | 6657 | — | 4265 | 146507 | 3801 | 108507 |
| 37 | 3469 | — | 4107 | — | 4156 | 117224 | 3718 | 106860 |
| **530** | **44032** | **2189** | **45618** | **2189** | **45115** | **1599710** | **57300** | **1528570** |
| — | 4469 | 638 | 4669 | 638 | 4672 | 180480 | 8565 | 204740 |
| — | 5387 | — | 5629 | — | 5818 | 229570 | 11968 | 330170 |
| — | 7016 | — | 7156 | — | 6700 | 233110 | 6257 | 190490 |
| — | 5472 | — | 5472 | — | 5535 | 191050 | 7276 | 189400 |
| 36 | 3686 | 532 | 3827 | 532 | 3884 | 146480 | 3079 | 89950 |
| — | 4035 | 1019 | 4177 | 1019 | 4123 | 152280 | 4946 | 136170 |
| 304 | 6575 | — | 6931 | — | 6627 | 187450 | 7138 | 176250 |
| — | 2902 | — | 3057 | — | 3057 | 99590 | 3724 | 98280 |
| 190 | 2466 | — | 2570 | — | 2577 | 105960 | 1138 | 29110 |
| — | 2024 | — | 2130 | — | 2122 | 73740 | 3209 | 84010 |

# 东北、内蒙古重点国有林区森工企业林业投资完成情况(一)

| 指标名称 | 计量单位 | 企业合计 |
|---|---|---|
| **一、自年初累计完成投资** | **万元** | **1947714** |
| 1. 生态建设与保护 | 万元 | 1606321 |
| (1)营造林 | 万元 | 1333592 |
| (2)湿地保护与恢复 | 万元 | 1112 |
| (3)野生动植物保护及自然保护区 | 万元 | 4103 |
| (4)防沙治沙 | 万元 | — |
| (5)生态保护补偿 | 万元 | 6884 |
| (6)其他 | 万元 | 260630 |
| 2. 林业支撑与保障 | 万元 | 316005 |
| (1)林木种苗 | 万元 | 1453 |
| (2)森林防火与森林公安 | 万元 | 20792 |
| (3)林业有害生物防治 | 万元 | 922 |
| (4)科技教育 | 万元 | 497 |
| (5)林业信息化 | 万元 | 118 |
| (6)棚户区(危旧房)改造 | 万元 | 180233 |
| (7)林区公益性基础设施建设 | 万元 | 79485 |
| (8)其他 | 万元 | 32505 |

# 东北、内蒙古重点国有林区森工企业林业投资完成情况(二)

| 指标名称 | 计量单位 | 企业合计 |
|---|---|---|
| 3.林业产业发展 | 万元 | 25388 |
| (1)工业原料林 | 万元 | — |
| (2)特色经济林(不含木本粮油) | 万元 | 20 |
| (3)木本粮油 | 万元 | — |
| (4)花卉 | 万元 | — |
| (5)林下经济 | 万元 | 10048 |
| (6)木竹制品加工制造 | 万元 | — |
| (7)木竹家具制造 | 万元 | — |
| (8)木竹浆造纸 | 万元 | — |
| (9)非木质林产品加工制造 | 万元 | — |
| (10)林业旅游休闲康养 | 万元 | 9270 |
| (12)其他 | 万元 | 6050 |
| 4.财政事业费 | 万元 | — |
| **二、本年房屋竣工面积** | **平方米** | **1039491** |
| 本年房屋竣工价值 | 万元 | 115875 |
| **三、本年新增公路里程** | **千米** | **163** |

# 东北、内蒙古重点国有林区 87 个

| 企业名称 | 自年初 | | | | |
|---|---|---|---|---|---|
| | 总 计 | 其中:中央财政资金 | 其中:地方财政资金 | | |
| | | | | 合 计 | 营造林 |
| **重点森工企业合计** | **1947714** | **1763849** | **48042** | **1606321** | **1333592** |
| **内蒙古森工集团** | **449194** | **355643** | **34401** | **325063** | **309050** |
| 阿尔山 | 18269 | 16418 | 45 | 16418 | 16418 |
| 绰尔 | 27467 | 19144 | 2639 | 17621 | 16278 |
| 绰源 | 16120 | 12146 | 1155 | 11688 | 11052 |
| 乌尔旗汉 | 27466 | 20274 | 1409 | 18814 | 17613 |
| 库都尔 | 32516 | 21975 | 2826 | 19324 | 17905 |
| 图里河 | 27518 | 20197 | 3774 | 16422 | 15620 |
| 伊图里河 | 24061 | 19330 | 4194 | 14443 | 13402 |
| 克一河 | 20959 | 17402 | 2512 | 14739 | 13978 |
| 甘河 | 26320 | 22716 | 796 | 22334 | 21538 |
| 吉文 | 15268 | 14392 | 634 | 14880 | 14191 |
| 阿里河 | 20941 | 18290 | 1043 | 18221 | 17375 |
| 根河 | 42100 | 32770 | 2644 | 32649 | 31763 |
| 金河 | 25880 | 21091 | 1279 | 19393 | 18443 |
| 阿龙山 | 21862 | 19041 | 1137 | 16554 | 15841 |
| 满归 | 25345 | 19009 | 2074 | 17161 | 15862 |
| 得耳布尔 | 26654 | 20466 | 1880 | 16372 | 15652 |
| 莫尔道嘎 | 30523 | 26240 | 2775 | 23571 | 22546 |
| 大杨树 | 10832 | 8471 | 1120 | 7817 | 7312 |
| 毕拉河 | 9093 | 6271 | 465 | 6642 | 6261 |
| **吉林森工集团** | **149451** | **140022** | **3445** | **130672** | **130225** |
| 临江 | 21780 | 20305 | 322 | 14953 | 14953 |
| 三岔子 | 26353 | 22933 | 171 | 22587 | 22587 |
| 湾沟 | 14758 | 13197 | 230 | 10743 | 10743 |
| 松江河 | 19235 | 17957 | 1038 | 19102 | 18871 |
| 泉阳 | 14509 | 14181 | 328 | 13376 | 13160 |
| 露水河 | 17106 | 17016 | 90 | 16224 | 16224 |
| 白石山 | 17718 | 17657 | 50 | 16692 | 16692 |
| 红石 | 17992 | 16776 | 1216 | 16995 | 16995 |
| **长白山森工集团** | **266471** | **218718** | **10196** | **181965** | **133681** |
| 黄泥河 | 27255 | 21814 | 2005 | 19696 | 19364 |
| 敦化 | 27786 | 26532 | 510 | 22850 | 22827 |
| 大石头 | 36414 | 26406 | 1504 | 20429 | 20250 |
| 八家子 | 20395 | 18353 | — | 15798 | 12560 |
| 和龙 | 28728 | 22713 | 2532 | 19275 | 8735 |
| 汪清 | 32427 | 25417 | 945 | 20939 | 2848 |
| 大兴沟 | 12665 | 11669 | 50 | 10423 | 10413 |
| 天桥岭 | 19034 | 17161 | 260 | 15304 | 9004 |
| 白河 | 38590 | 28878 | 1302 | 20843 | 19893 |
| 珲春 | 23177 | 19775 | 1088 | 16408 | 7787 |
| **龙江森工集团** | **804067** | **775065** | **—** | **713834** | **704767** |
| 大海林 | 25112 | 20779 | — | 19829 | 19829 |
| 柴河 | 22462 | 22275 | — | 20517 | 20517 |
| 东京城 | 24917 | 24411 | — | 23439 | 23439 |
| 穆棱 | 20749 | 20562 | — | 18623 | 18623 |
| 绥阳 | 24795 | 24706 | — | 23546 | 21546 |

# 森工企业林业投资完成情况(一)

单位:万元

| 累计完成情况 | | | | | | |
|---|---|---|---|---|---|---|
| 生态建设与保护 | | | | | 林业支撑与保障 | |
| 湿地保护与恢复 | 野生动植物保护及自然保护区 | 防沙治沙 | 生态保护补偿 | 其　他 | 合　计 | 林木种苗 |
| **1112** | **4103** | **—** | **6884** | **260630** | **316005** | **1453** |
| **500** | **199** | **—** | **—** | **15314** | **121779** | **181** |
| — | — | — | — | — | 1851 | — |
| — | — | — | — | 1343 | 9846 | — |
| — | — | — | — | 636 | 4432 | — |
| — | 108 | — | — | 1093 | 8652 | — |
| — | — | — | — | 1419 | 13192 | — |
| — | — | — | — | 802 | 11096 | — |
| — | 45 | — | — | 996 | 9618 | — |
| — | 1 | — | — | 760 | 6220 | 20 |
| — | — | — | — | 796 | 3986 | — |
| — | 45 | — | — | 644 | 388 | — |
| — | — | — | — | 846 | 2720 | — |
| — | — | — | — | 886 | 9351 | — |
| — | — | — | — | 950 | 6437 | — |
| — | — | — | — | 713 | 5308 | — |
| 500 | — | — | — | 799 | 8184 | — |
| — | — | — | — | 720 | 10282 | 161 |
| — | — | — | — | 1025 | 6852 | — |
| — | — | — | — | 505 | 3015 | — |
| — | — | — | — | 381 | 349 | — |
| **—** | **45** | **—** | **186** | **216** | **18518** | **759** |
| — | — | — | — | — | 6787 | 167 |
| — | — | — | — | — | 3766 | 294 |
| — | — | — | — | — | 3951 | — |
| — | 45 | — | 186 | — | 133 | 98 |
| — | — | — | — | 216 | 1068 | — |
| — | — | — | — | — | 842 | 200 |
| — | — | — | — | — | 1026 | — |
| — | — | — | — | — | 945 | — |
| **558** | **1859** | **—** | **6698** | **39169** | **77787** | **383** |
| — | 284 | — | 48 | — | 5201 | — |
| — | — | — | — | 23 | 4876 | — |
| — | — | — | — | 179 | 14486 | 38 |
| 303 | — | — | — | 2935 | 4597 | — |
| — | 300 | — | — | 10240 | 8150 | 30 |
| — | — | — | — | 18091 | 11358 | 180 |
| — | 10 | — | — | — | 1625 | 18 |
| 255 | 5 | — | — | 6040 | 3402 | 40 |
| — | — | — | 870 | 80 | 17747 | — |
| — | 1260 | — | 5780 | 1581 | 6345 | 77 |
| **—** | **2000** | **—** | **—** | **7067** | **74177** | **—** |
| — | — | — | — | — | 5283 | — |
| — | — | — | — | — | 1945 | — |
| — | — | — | — | — | 1478 | — |
| — | — | — | — | — | 1471 | — |
| — | 2000 | — | — | — | 1249 | — |

# 东北、内蒙古重点国有林区 87 个

| 企业名称 | 总计 | 其中:中央财政资金 | 其中:地方财政资金 | 自年初 合计 | 营造林 |
|---|---|---|---|---|---|
| 海林 | 17748 | 17748 | — | 15917 | 15917 |
| 林口 | 17947 | 17600 | — | 15910 | 15910 |
| 八面通 | 13566 | 13484 | — | 13287 | 13287 |
| 桦南 | 24725 | 24634 | — | 20469 | 20469 |
| 双鸭山 | 15846 | 15700 | — | 13897 | 13897 |
| 鹤立 | 16332 | 13420 | — | 11904 | 11904 |
| 鹤北 | 25800 | 24760 | — | 22582 | 22582 |
| 东方红 | 24086 | 23711 | — | 22347 | 22347 |
| 迎春 | 15050 | 14935 | — | 13611 | 13611 |
| 清河 | 14176 | 13978 | — | 12945 | 12945 |
| 双丰 | 14922 | 14922 | — | 14922 | 14922 |
| 铁力 | 23193 | 21213 | — | 20343 | 20343 |
| 桃山 | 19459 | 19459 | — | 17819 | 17819 |
| 朗乡 | 22524 | 22524 | — | 22524 | 22524 |
| 南岔 | 26652 | 26652 | — | 25032 | 25032 |
| 金山屯 | 21041 | 21041 | — | 18943 | 18943 |
| 美溪 | 20868 | 20843 | — | 19223 | 19223 |
| 乌马河 | 16971 | 16931 | — | 15960 | 15960 |
| 翠峦 | 18437 | 18437 | — | 18437 | 18437 |
| 友好 | 23034 | 22975 | — | 21830 | 21830 |
| 上甘岭 | 10035 | 9035 | — | 8387 | 1320 |
| 五营 | 17107 | 17107 | — | 16589 | 16589 |
| 红星 | — | — | — | — | — |
| 新青 | 26181 | 23631 | — | 21201 | 21201 |
| 汤旺河 | 18806 | 18806 | — | 17186 | 17186 |
| 乌伊岭 | 18022 | 18022 | — | 17714 | 17714 |
| 山河屯 | 20480 | 20480 | — | 17094 | 17094 |
| 苇河 | 23377 | 23331 | — | 19581 | 19581 |
| 亚布力 | 27604 | 22604 | — | 19401 | 19401 |
| 方正 | 23237 | 22181 | — | 19185 | 19185 |
| 兴隆 | 20255 | 20255 | — | 20255 | 20255 |
| 绥棱 | 22088 | 19612 | — | 17182 | 17182 |
| 通北 | 17372 | 17372 | — | 17372 | 17372 |
| 沾河 | 28653 | 27042 | — | 23717 | 23717 |
| 带岭 | 20438 | 17887 | — | 15114 | 15114 |
| **大兴安岭林业集团** | **278531** | **274401** | **—** | **254787** | **55869** |
| 松岭 | 26927 | 26830 | — | 26830 | 5540 |
| 新林 | 32434 | 32106 | — | 30551 | 6460 |
| 塔河 | 35859 | 35218 | — | 34190 | 6630 |
| 呼中 | 36383 | 35114 | — | 34317 | 7009 |
| 阿木尔 | 22331 | 22142 | — | 20870 | 4830 |
| 图强 | 21358 | 21358 | — | 21358 | 3600 |
| 西林吉 | 38564 | 37759 | — | 28620 | 5286 |
| 十八站 | 20795 | 20274 | — | 19846 | 4910 |
| 韩家园 | 21672 | 21672 | — | 19631 | 5656 |
| 加格达奇 | 22208 | 21928 | — | 18574 | 5948 |

# 森工企业林业投资完成情况(二)

单位:万元

| 累计完成情况 | | | | | | |
|---|---|---|---|---|---|---|
| 生态建设与保护 | | | | | 林业支撑与保障 | |
| 湿地保护与恢复 | 野生动植物保护及自然保护区 | 防沙治沙 | 生态保护补偿 | 其 他 | 合 计 | 林木种苗 |
| — | — | — | — | — | 1831 | — |
| — | — | — | — | — | 2037 | — |
| — | — | — | — | — | 279 | — |
| — | — | — | — | — | 1665 | — |
| — | — | — | — | — | 549 | — |
| — | — | — | — | — | 3664 | — |
| — | — | — | — | — | 778 | — |
| — | — | — | — | — | 1739 | — |
| — | — | — | — | — | 1439 | — |
| — | — | — | — | — | 1231 | — |
| — | — | — | — | — | — | — |
| — | — | — | — | — | 2850 | — |
| — | — | — | — | — | 1640 | — |
| — | — | — | — | — | — | — |
| — | — | — | — | — | 1620 | — |
| — | — | — | — | — | 2098 | — |
| — | — | — | — | — | 1645 | — |
| — | — | — | — | — | 1011 | — |
| — | — | — | — | — | — | — |
| — | — | — | — | — | 1204 | — |
| — | — | — | — | 7067 | 1648 | — |
| — | — | — | — | — | 518 | — |
| — | — | — | — | — | — | — |
| — | — | — | — | — | 4980 | — |
| — | — | — | — | — | 1620 | — |
| — | — | — | — | — | 308 | — |
| — | — | — | — | — | 3099 | — |
| — | — | — | — | — | 3250 | — |
| — | — | — | — | — | 3203 | — |
| — | — | — | — | — | 3279 | — |
| — | — | — | — | — | — | — |
| — | — | — | — | — | 3306 | — |
| — | — | — | — | — | — | — |
| — | — | — | — | — | 4936 | — |
| — | — | — | — | — | 5324 | — |
| **54** | **—** | **—** | **—** | **198864** | **23744** | **130** |
| — | — | — | — | 21290 | 97 | — |
| — | — | — | — | 24091 | 1883 | — |
| — | — | — | — | 27560 | 1669 | — |
| — | — | — | — | 27308 | 2066 | — |
| 54 | — | — | — | 15986 | 1461 | — |
| — | — | — | — | 17758 | — | — |
| — | — | — | — | 23334 | 9944 | 130 |
| — | — | — | — | 14936 | 949 | — |
| — | — | — | — | 13975 | 2041 | — |
| — | — | — | — | 12626 | 3634 | — |

# 东北、内蒙古重点国有林区87个

| 企业名称 | 自年初 | | | | |
|---|---|---|---|---|---|
| | 林业支撑与保障 | | | | |
| | 森林防火与森林公安 | 林业有害生物防治 | 科技教育 | 林业信息化 | 棚户区(危旧房)改造 |
| **重点森工企业合计** | **20792** | **922** | **497** | **118** | **180233** |
| **内蒙古森工集团** | **7233** | **—** | **105** | **118** | **60755** |
| 阿尔山 | — | — | — | — | — |
| 绰尔 | — | — | — | — | 5614 |
| 绰源 | 197 | — | — | 8 | 1416 |
| 乌尔旗汉 | 100 | — | — | — | 2553 |
| 库都尔 | — | — | — | — | 5089 |
| 图里河 | — | — | — | 110 | 7400 |
| 伊图里河 | 3293 | — | — | — | 2892 |
| 克一河 | 998 | — | — | — | 4549 |
| 甘河 | — | — | 26 | — | 1635 |
| 吉文 | 89 | — | 37 | — | 20 |
| 阿里河 | — | — | 15 | — | 933 |
| 根河 | — | — | — | — | 5641 |
| 金河 | — | — | — | — | 2598 |
| 阿龙山 | 777 | — | — | — | 2807 |
| 满归 | — | — | — | — | 6055 |
| 得耳布尔 | 1166 | — | — | — | 4063 |
| 莫尔道嘎 | — | — | — | — | 6058 |
| 大杨树 | 372 | — | 27 | — | 1432 |
| 毕拉河 | 241 | — | — | — | — |
| **吉林森工集团** | **2052** | **255** | **100** | **—** | **5178** |
| 临江 | 10 | 68 | — | — | 100 |
| 三岔子 | 42 | 32 | — | — | 3057 |
| 湾沟 | 100 | 10 | — | — | 1083 |
| 松江河 | — | 35 | — | — | — |
| 泉阳 | 100 | 30 | — | — | 938 |
| 露水河 | — | 20 | — | — | — |
| 白石山 | 900 | 15 | 100 | — | — |
| 红石 | 900 | 45 | — | — | — |
| **长白山森工集团** | **3366** | **175** | **292** | **—** | **47177** |
| 黄泥河 | 155 | 20 | — | — | 5026 |
| 敦化 | 127 | 14 | 15 | — | 3351 |
| 大石头 | 196 | 20 | — | — | 14232 |
| 八家子 | 1092 | — | — | — | 813 |
| 和龙 | 196 | 30 | — | — | 4430 |
| 汪清 | 306 | 45 | — | — | 7269 |
| 大兴沟 | 243 | 10 | — | — | 50 |
| 天桥岭 | 219 | 15 | 277 | — | 2074 |
| 白河 | 45 | — | — | — | 5280 |
| 珲春 | 787 | 21 | — | — | 4652 |
| **龙江森工集团** | **4072** | **—** | **—** | **—** | **54574** |
| 大海林 | — | — | — | — | 5273 |
| 柴河 | 1110 | — | — | — | 835 |
| 东京城 | — | — | — | — | 1478 |
| 穆棱 | — | — | — | — | 486 |
| 绥阳 | 660 | — | — | — | — |

# 森工企业林业投资完成情况(三)

单位:万元

| 累计完成情况 | | | | | | |
|---|---|---|---|---|---|---|
| | | 林业产业发展 | | | | |
| 林区公益性基础设施建设 | 其 他 | 合 计 | 工业原料林 | 特色经济林(不含木本粮油) | 木本粮油 | 花 卉 |
| **79485** | **32505** | **25388** | **—** | **20** | **—** | **—** |
| **47818** | **5569** | **2352** | **—** | **—** | **—** | **—** |
| 1537 | 314 | — | — | — | — | — |
| 3900 | 332 | — | — | — | — | — |
| 2755 | 56 | — | — | — | — | — |
| 5999 | — | — | — | — | — | — |
| 7521 | 582 | — | — | — | — | — |
| 3586 | — | — | — | — | — | — |
| 3291 | 142 | — | — | — | — | — |
| 500 | 153 | — | — | — | — | — |
| 2087 | 238 | — | — | — | — | — |
| 101 | 141 | — | — | — | — | — |
| 1675 | 97 | — | — | — | — | — |
| 3616 | 94 | 100 | — | — | — | — |
| 3433 | 406 | 50 | — | — | — | — |
| 1292 | 432 | — | — | — | — | — |
| 1904 | 225 | — | — | — | — | — |
| 3068 | 1824 | — | — | — | — | — |
| 338 | 456 | 100 | — | — | — | — |
| 1107 | 77 | — | — | — | — | — |
| 108 | — | 2102 | — | — | — | — |
| **7897** | **2277** | **261** | **—** | **20** | **—** | **—** |
| 5255 | 1187 | 40 | — | — | — | — |
| — | 341 | — | — | — | — | — |
| 2255 | 503 | 64 | — | 20 | — | — |
| — | — | — | — | — | — | — |
| — | — | 65 | — | — | — | — |
| 387 | 235 | 40 | — | — | — | — |
| — | 11 | — | — | — | — | — |
| — | — | 52 | — | — | — | — |
| **7345** | **19049** | **6719** | **—** | **—** | **—** | **—** |
| — | — | 2358 | — | — | — | — |
| 885 | 484 | 60 | — | — | — | — |
| — | — | 1499 | — | — | — | — |
| 2057 | 635 | — | — | — | — | — |
| 3169 | 295 | 1303 | — | — | — | — |
| — | 3558 | 130 | — | — | — | — |
| 1234 | 70 | 617 | — | — | — | — |
| — | 777 | 328 | — | — | — | — |
| — | 12422 | — | — | — | — | — |
| — | 808 | 424 | — | — | — | — |
| **13192** | **2339** | **16056** | **—** | **—** | **—** | **—** |
| 10 | — | — | — | — | — | — |
| — | — | — | — | — | — | — |
| — | — | — | — | — | — | — |
| 985 | — | 655 | — | — | — | — |
| 589 | — | — | — | — | — | — |

# 东北、内蒙古重点国有林区87个

| 企业名称 | 自年初 | | | | |
|---|---|---|---|---|---|
| | 林业支撑与保障 | | | | |
| | 森林防火与森林公安 | 林业有害生物防治 | 科技教育 | 林业信息化 | 棚户区(危旧房)改造 |
| 海林 | — | — | — | — | 1721 |
| 林口 | — | — | — | — | — |
| 八面通 | 269 | — | — | — | — |
| 桦南 | — | — | — | — | 1655 |
| 双鸭山 | — | — | — | — | — |
| 鹤立 | — | — | — | — | 366 |
| 鹤北 | — | — | — | — | 768 |
| 东方红 | 660 | — | — | — | 519 |
| 迎春 | — | — | — | — | 324 |
| 清河 | — | — | — | — | — |
| 双丰 | — | — | — | — | — |
| 铁力 | 50 | — | — | — | 2790 |
| 桃山 | — | — | — | — | 1620 |
| 朗乡 | — | — | — | — | — |
| 南岔 | — | — | — | — | 1620 |
| 金山屯 | — | — | — | — | 2098 |
| 美溪 | — | — | — | — | 1645 |
| 乌马河 | — | — | — | — | — |
| 翠峦 | — | — | — | — | — |
| 友好 | — | — | — | — | 616 |
| 上甘岭 | — | — | — | — | 1648 |
| 五营 | — | — | — | — | 518 |
| 红星 | — | — | — | — | — |
| 新青 | — | — | — | — | 4980 |
| 汤旺河 | — | — | — | — | 1620 |
| 乌伊岭 | — | — | — | — | 308 |
| 山河屯 | — | — | — | — | 2421 |
| 苇河 | 10 | — | — | — | 3000 |
| 亚布力 | — | — | — | — | 2250 |
| 方正 | — | — | — | — | 3269 |
| 兴隆 | — | — | — | — | — |
| 绥棱 | — | — | — | — | 3306 |
| 通北 | — | — | — | — | — |
| 沾河 | 1313 | — | — | — | 3063 |
| 带岭 | — | — | — | — | 4377 |
| **大兴安岭林业集团** | **4069** | **492** | **—** | **—** | **12549** |
| 松岭 | — | — | — | — | — |
| 新林 | — | — | — | — | 1883 |
| 塔河 | — | — | — | — | — |
| 呼中 | — | — | — | — | 332 |
| 阿木尔 | 1272 | — | — | — | — |
| 图强 | — | — | — | — | — |
| 西林吉 | 599 | — | — | — | 7780 |
| 十八站 | — | — | — | — | 481 |
| 韩家园 | 1336 | — | — | — | 73 |
| 加格达奇 | 862 | 492 | — | — | 2000 |

# 森工企业林业投资完成情况(四)

单位:万元

| 累计完成情况 | | | | | | |
| --- | --- | --- | --- | --- | --- | --- |
| | | 林业产业发展 | | | | |
| 林区公益性基础设施建设 | 其他 | 合计 | 工业原料林 | 特色经济林(不含木本粮油) | 木本粮油 | 花卉 |
| 110 | — | — | — | — | — | — |
| 990 | 1047 | — | — | — | — | — |
| 10 | — | — | — | — | — | — |
| 10 | — | 2591 | — | — | — | — |
| 549 | — | 1400 | — | — | — | — |
| 3298 | — | 764 | — | — | — | — |
| 10 | — | 2440 | — | — | — | — |
| 560 | — | — | — | — | — | — |
| 1115 | — | — | — | — | — | — |
| 1231 | — | — | — | — | — | — |
| — | — | — | — | — | — | — |
| 10 | — | — | — | — | — | — |
| 20 | — | — | — | — | — | — |
| — | — | — | — | — | — | — |
| — | — | — | — | — | — | — |
| — | — | — | — | — | — | — |
| — | — | — | — | — | — | — |
| 971 | 40 | — | — | — | — | — |
| — | — | — | — | — | — | — |
| 529 | 59 | — | — | — | — | — |
| — | — | — | — | — | — | — |
| — | — | — | — | — | — | — |
| — | — | — | — | — | — | — |
| — | — | — | — | — | — | — |
| — | — | — | — | — | — | — |
| — | — | — | — | — | — | — |
| 678 | — | 287 | — | — | — | — |
| — | 240 | 546 | — | — | — | — |
| — | 953 | 5000 | — | — | — | — |
| 10 | — | 773 | — | — | — | — |
| — | — | — | — | — | — | — |
| — | — | 1600 | — | — | — | — |
| — | — | — | — | — | — | — |
| 560 | — | — | — | — | — | — |
| 947 | — | — | — | — | — | — |
| **3233** | **3271** | **—** | **—** | **—** | **—** | **—** |
| — | 97 | — | — | — | — | — |
| — | — | — | — | — | — | — |
| 1240 | 429 | — | — | — | — | — |
| 652 | 1082 | — | — | — | — | — |
| — | 189 | — | — | — | — | — |
| — | — | — | — | — | — | — |
| 709 | 726 | — | — | — | — | — |
| — | 468 | — | — | — | — | — |
| 632 | — | — | — | — | — | — |
| — | 280 | — | — | — | — | — |

# 东北、内蒙古重点国有林区 87 个

| 企业名称 | 自年初累计完成投资 | | | | |
| --- | --- | --- | --- | --- | --- |
| | 林业产业发展 | | | | |
| | 林下经济 | 木竹制品加工制造 | 木竹家具制造 | 木竹浆造纸 | 非木质林产品加工制造 |
| **重点森工企业合计** | **10048** | **—** | **—** | **—** | **—** |
| **内蒙古森工集团** | **—** | **—** | **—** | **—** | **—** |
| 阿尔山 | — | — | — | — | — |
| 绰尔 | — | — | — | — | — |
| 绰源 | — | — | — | — | — |
| 乌尔旗汉 | — | — | — | — | — |
| 库都尔 | — | — | — | — | — |
| 图里河 | — | — | — | — | — |
| 伊图里河 | — | — | — | — | — |
| 克一河 | — | — | — | — | — |
| 甘河 | — | — | — | — | — |
| 吉文 | — | — | — | — | — |
| 阿里河 | — | — | — | — | — |
| 根河 | — | — | — | — | — |
| 金河 | — | — | — | — | — |
| 阿龙山 | — | — | — | — | — |
| 满归 | — | — | — | — | — |
| 得耳布尔 | — | — | — | — | — |
| 莫尔道嘎 | — | — | — | — | — |
| 大杨树 | — | — | — | — | — |
| 毕拉河 | — | — | — | — | — |
| **吉林森工集团** | **—** | **—** | **—** | **—** | **—** |
| 临江 | — | — | — | — | — |
| 三岔子 | — | — | — | — | — |
| 湾沟 | — | — | — | — | — |
| 松江河 | — | — | — | — | — |
| 泉阳 | — | — | — | — | — |
| 露水河 | — | — | — | — | — |
| 白石山 | — | — | — | — | — |
| 红石 | — | — | — | — | — |
| **长白山森工集团** | **592** | **—** | **—** | **—** | **—** |
| 黄泥河 | — | — | — | — | — |
| 敦化 | 40 | — | — | — | — |
| 大石头 | — | — | — | — | — |
| 八家子 | — | — | — | — | — |
| 和龙 | — | — | — | — | — |
| 汪清 | — | — | — | — | — |
| 大兴沟 | 481 | — | — | — | — |
| 天桥岭 | 71 | — | — | — | — |
| 白河 | — | — | — | — | — |
| 珲春 | — | — | — | — | — |
| **龙江森工集团** | **9456** | **—** | **—** | **—** | **—** |
| 大海林 | — | — | — | — | — |
| 柴河 | — | — | — | — | — |
| 东京城 | — | — | — | — | — |
| 穆棱 | 655 | — | — | — | — |
| 绥阳 | — | — | — | — | — |

# 森工企业林业投资完成情况(五)

单位:万元

| 情况 | | | | | |
|---|---|---|---|---|---|
| 林业旅游休闲康养 | 其　他 | 财政事业费 | 本年房屋竣工面积 | 本年房屋竣工价值 | 本年新增公路里程（千米） |
| **9270** | **6050** | **—** | **1039491** | **115875** | **163** |
| **2352** | **—** | **—** | **290744** | **41092** | **136** |
| — | — | — | 900 | 31 | 2 |
| — | — | — | 26229 | 2678 | 26 |
| — | — | — | 9559 | 986 | 12 |
| — | — | — | — | — | 10 |
| — | — | — | 4018 | 540 | — |
| — | — | — | 24580 | 5575 | 7 |
| — | — | — | 3872 | 581 | — |
| — | — | — | 14350 | 1369 | 11 |
| — | — | — | 15693 | 1635 | — |
| — | — | — | — | — | — |
| — | — | — | — | — | 9 |
| 100 | — | — | 72285 | 14457 | — |
| 50 | — | — | 31134 | 1748 | 15 |
| — | — | — | 1292 | 263 | — |
| — | — | — | 17858 | 4873 | 11 |
| — | — | — | 11195 | 1636 | 2 |
| 100 | — | — | 54594 | 4201 | 24 |
| — | — | — | 1983 | 364 | 5 |
| 2102 | — | — | 1202 | 155 | 2 |
| **69** | **172** | **—** | **28999** | **5399** | **—** |
| — | 40 | — | 3363 | 269 | — |
| — | — | — | — | — | — |
| 44 | — | — | — | — | — |
| — | — | — | — | — | — |
| 25 | 40 | — | — | — | — |
| — | 40 | — | — | — | — |
| — | — | — | — | — | — |
| — | 52 | — | 25636 | 5130 | — |
| **349** | **5778** | **—** | **313201** | **38312** | **23** |
| — | 2358 | — | — | — | — |
| — | 20 | — | 60750 | 1691 | — |
| — | 1499 | — | 128339 | 15367 | — |
| — | — | — | — | — | — |
| — | 1303 | — | 43327 | 5535 | — |
| — | 130 | — | 28488 | 7269 | — |
| — | 136 | — | — | — | — |
| — | 257 | — | 12077 | 1742 | — |
| — | — | — | 39271 | 6320 | — |
| 349 | 75 | — | 949 | 388 | 23 |
| **6500** | **100** | **—** | **391324** | **29260** | **4** |
| — | — | — | 9090 | 1363 | — |
| — | — | — | — | — | — |
| — | — | — | — | — | — |
| — | — | — | — | — | — |
| — | — | — | — | — | — |

# 东北、内蒙古重点国有林区 87 个

| 企业名称 | 自年初累计完成投资 | | | | |
|---|---|---|---|---|---|
| | 林业产业发展 | | | | |
| | 林下经济 | 木竹制品加工制造 | 木竹家具制造 | 木竹浆造纸 | 非木质林产品加工制造 |
| 海林 | — | — | — | — | — |
| 林口 | — | — | — | — | — |
| 八面通 | — | — | — | — | — |
| 桦南 | 2591 | — | — | — | — |
| 双鸭山 | 1400 | — | — | — | — |
| 鹤立 | 764 | — | — | — | — |
| 鹤北 | 2440 | — | — | — | — |
| 东方红 | — | — | — | — | — |
| 迎春 | — | — | — | — | — |
| 清河 | — | — | — | — | — |
| 双丰 | — | — | — | — | — |
| 铁力 | — | — | — | — | — |
| 桃山 | — | — | — | — | — |
| 朗乡 | — | — | — | — | — |
| 南岔 | — | — | — | — | — |
| 金山屯 | — | — | — | — | — |
| 美溪 | — | — | — | — | — |
| 乌马河 | — | — | — | — | — |
| 翠峦 | — | — | — | — | — |
| 友好 | — | — | — | — | — |
| 上甘岭 | — | — | — | — | — |
| 五营 | — | — | — | — | — |
| 红星 | — | — | — | — | — |
| 新青 | — | — | — | — | — |
| 汤旺河 | — | — | — | — | — |
| 乌伊岭 | — | — | — | — | — |
| 山河屯 | 287 | — | — | — | — |
| 苇河 | 546 | — | — | — | — |
| 亚布力 | — | — | — | — | — |
| 方正 | 773 | — | — | — | — |
| 兴隆 | — | — | — | — | — |
| 绥棱 | — | — | — | — | — |
| 通北 | — | — | — | — | — |
| 沾河 | — | — | — | — | — |
| 带岭 | — | — | — | — | — |
| **大兴安岭林业集团** | **—** | **—** | **—** | **—** | **—** |
| 松岭 | — | — | — | — | — |
| 新林 | — | — | — | — | — |
| 塔河 | — | — | — | — | — |
| 呼中 | — | — | — | — | — |
| 阿木尔 | — | — | — | — | — |
| 图强 | — | — | — | — | — |
| 西林吉 | — | — | — | — | — |
| 十八站 | — | — | — | — | — |
| 韩家园 | — | — | — | — | — |
| 加格达奇 | — | — | — | — | — |

# 森工企业林业投资完成情况(六)

单位:万元

| 情况 | | | 本年房屋竣工面积 | 本年房屋竣工价值 | 本年新增公路里程(千米) |
| --- | --- | --- | --- | --- | --- |
| 林业旅游休闲康养 | 其　他 | 财政事业费 | | | |
| — | — | — | — | — | — |
| — | — | — | — | — | — |
| — | — | — | — | — | — |
| — | — | — | 53488 | 2597 | — |
| — | — | — | — | — | — |
| — | — | — | 12863 | 2368 | — |
| — | — | — | — | — | — |
| — | — | — | 10153 | 504 | — |
| — | — | — | 13411 | 2711 | — |
| — | — | — | — | — | — |
| — | — | — | — | — | — |
| — | — | — | — | — | — |
| — | — | — | — | — | — |
| — | — | — | — | — | — |
| — | — | — | — | — | — |
| — | — | — | — | — | — |
| — | — | — | — | — | — |
| — | — | — | — | — | — |
| — | — | — | — | — | — |
| — | — | — | — | — | — |
| — | — | — | — | — | — |
| — | — | — | — | — | — |
| — | — | — | — | — | — |
| — | — | — | — | — | — |
| — | — | — | — | — | — |
| — | — | — | — | — | — |
| — | — | — | 76326 | 3439 | — |
| — | — | — | — | — | — |
| 5000 | — | — | 62250 | 3023 | — |
| — | — | — | — | — | — |
| — | — | — | — | — | — |
| 1500 | 100 | — | 69337 | 3126 | 4 |
| — | — | — | — | — | — |
| — | — | — | 84406 | 10129 | — |
| — | — | — | — | — | — |
| **—** | **—** | **—** | **15223** | **1812** | **—** |
| — | — | — | — | — | — |
| — | — | — | — | — | — |
| — | — | — | 1202 | 121 | — |
| — | — | — | — | — | — |
| — | — | — | 3725 | 627 | — |
| — | — | — | — | — | — |
| — | — | — | 6550 | 599 | — |
| — | — | — | 350 | 42 | — |
| — | — | — | 2610 | 265 | — |
| — | — | — | 786 | 158 | — |

# 附录二

## 林业工作站和乡村林场基本情况

ANNEX Ⅱ

# 各地区乡镇林业

| 地　区 | 至本年底实有站数 | | | | | | 本年新建站数 | 已加挂野保站牌子站数 | 已加挂科技推广站牌子站数 |
|---|---|---|---|---|---|---|---|---|---|
| | 总站数 | | | 派出机构 | 双重领导 | 乡镇管理 | | | |
| | 合计 | 片站 | | | | | | | |
| | | 小计 | 管理乡镇数 | | | | | | |
| **全国总计** | **23638** | **2459** | **7737** | **8421** | **3839** | **11378** | **197** | **6806** | **4185** |
| 北　京 | 144 | 2 | 9 | 29 | 64 | 51 | — | 4 | 1 |
| 天　津 | 102 | — | — | 14 | — | 88 | — | 1 | 1 |
| 河　北 | 1039 | 538 | 1545 | 509 | 122 | 408 | 3 | 86 | 170 |
| 山　西 | 1110 | 63 | 143 | 78 | 472 | 560 | — | 139 | 91 |
| 内蒙古 | 710 | 29 | 110 | 500 | 84 | 126 | 5 | — | 127 |
| 辽　宁 | 865 | — | — | 34 | 136 | 695 | — | 410 | 178 |
| 吉　林 | 700 | 3 | 9 | 548 | 120 | 32 | — | 229 | 156 |
| 黑龙江 | 876 | 17 | 43 | 375 | 156 | 345 | 3 | 166 | 138 |
| 上　海 | 103 | — | — | 16 | 26 | 61 | — | — | — |
| 江　苏 | 223 | 5 | 11 | 5 | 8 | 210 | 32 | — | — |
| 浙　江 | 416 | 51 | 205 | 98 | 18 | 300 | — | 7 | 17 |
| 安　徽 | 817 | 131 | 434 | 457 | 256 | 104 | 14 | 248 | 71 |
| 福　建 | 919 | 30 | 91 | 848 | 8 | 63 | 11 | 677 | 357 |
| 江　西 | 929 | 259 | 774 | 794 | 87 | 48 | 4 | 704 | 247 |
| 山　东 | 1195 | — | — | 30 | 97 | 1068 | 1 | 13 | 89 |
| 河　南 | 1914 | 66 | 199 | 112 | 202 | 1600 | 6 | 204 | 186 |
| 湖　北 | 907 | 154 | 412 | 762 | 75 | 70 | 3 | 262 | 155 |
| 湖　南 | 1602 | 125 | 353 | 874 | — | 728 | 27 | 1192 | 1010 |
| 广　东 | 802 | 48 | 129 | 371 | — | 431 | — | 118 | 193 |
| 广　西 | 1088 | 10 | 24 | 513 | 87 | 488 | — | 10 | 15 |
| 海　南 | — | — | — | — | — | — | — | — | — |
| 重　庆 | 297 | 18 | 69 | 18 | 109 | 170 | — | 42 | 17 |
| 四　川 | 1449 | 555 | 2157 | 969 | 256 | 224 | 11 | 532 | 217 |
| 贵　州 | 1300 | 10 | 57 | 1 | 319 | 980 | 11 | 633 | 81 |
| 云　南 | 1339 | — | — | 16 | 419 | 904 | 48 | 448 | 312 |
| 西　藏 | — | — | — | — | — | — | — | — | — |
| 陕　西 | 797 | 146 | 378 | 188 | 151 | 458 | 3 | 300 | 99 |
| 甘　肃 | 714 | 125 | 397 | 158 | 194 | 362 | 1 | 63 | 72 |
| 青　海 | 263 | 18 | 56 | 15 | 91 | 157 | — | 30 | 38 |
| 宁　夏 | 110 | 56 | 132 | 87 | 5 | 18 | — | 30 | 19 |
| 新　疆 | 908 | — | — | 2 | 277 | 629 | 14 | 258 | 128 |
| 新疆兵团 | 146 | — | — | — | — | 146 | — | 9 | 10 |

# 工作站基本情况

单位:个、人

| 已加挂公益林管护站牌子站数 | 已加挂病虫害防治站牌子站数 | 已加挂仲裁委员会牌子站数 | 至本年底已核定编制数 | 年末在岗职工总数 | | 经费渠道 | | | | 至本年底自有办公用房站数 | |
|---|---|---|---|---|---|---|---|---|---|---|---|
| | | | | 合计 | 长期职工 | 财政全额 | 财政差额 | 林业经费 | 自收自支 | 合计 | 本年新建 |
| **5350** | **3638** | **357** | **83970** | **101366** | **99836** | **84197** | **5045** | **6802** | **5322** | **12420** | **444** |
| 3 | 3 | — | 788 | 966 | 950 | 575 | 144 | 36 | 211 | 64 | 12 |
| 1 | 2 | — | 260 | 232 | 232 | 81 | 110 | — | 41 | 48 | 16 |
| 56 | 55 | — | 2925 | 3686 | 3549 | 2426 | 424 | 86 | 750 | 595 | 6 |
| 301 | 119 | 20 | 1836 | 2487 | 2303 | 1954 | 100 | 158 | 275 | 493 | 16 |
| 126 | 36 | — | 2133 | 2714 | 2684 | 2454 | 49 | 211 | — | 230 | 20 |
| 307 | 140 | 28 | 3179 | 3453 | 3430 | 2650 | 366 | 159 | 278 | 204 | 1 |
| 145 | 117 | — | 3555 | 3876 | 3876 | 2881 | 171 | 574 | 250 | 401 | 44 |
| 57 | 151 | 17 | 2568 | 2625 | 2597 | 1822 | 159 | 336 | 308 | 587 | 1 |
| — | — | — | 133 | 340 | 335 | 286 | 16 | 8 | 30 | 71 | — |
| 13 | 1 | — | 329 | 665 | 663 | 586 | 32 | 1 | 46 | 214 | 30 |
| 87 | — | — | 1394 | 1468 | 1446 | 1346 | 110 | 10 | 2 | 110 | — |
| 24 | 112 | — | 3035 | 2958 | 2931 | 2385 | 242 | 80 | 251 | 484 | 30 |
| 100 | 133 | 8 | 3580 | 3461 | 3427 | 2837 | 272 | 290 | 62 | 613 | 5 |
| 458 | 533 | 38 | 3996 | 4587 | 4516 | 3422 | 249 | 487 | 429 | 485 | 21 |
| 16 | 52 | — | 2944 | 4299 | 4279 | 3992 | 213 | 6 | 88 | 591 | 4 |
| 180 | 123 | 21 | 3599 | 5284 | 5105 | 4458 | 115 | 298 | 413 | 1013 | 24 |
| 274 | 103 | 20 | 3733 | 5160 | 5134 | 3155 | 524 | 591 | 890 | 515 | 5 |
| 1336 | 899 | 95 | 8904 | 11056 | 10948 | 9992 | 690 | 75 | 299 | 858 | 13 |
| 107 | 14 | 10 | 3570 | 3816 | 3804 | 3165 | 347 | 179 | 125 | 308 | 9 |
| 13 | 7 | — | 3970 | 4055 | 4043 | 3389 | 71 | 348 | 247 | 912 | 1 |
| — | — | — | — | — | — | — | — | — | — | — | — |
| 8 | 8 | 8 | 651 | 1056 | 1014 | 1047 | 1 | 4 | 4 | 113 | 7 |
| 379 | 200 | 44 | 6207 | 6355 | 6336 | 5569 | 121 | 518 | 147 | 735 | 24 |
| 266 | 125 | 7 | 5245 | 4472 | 4310 | 4192 | 178 | 88 | 14 | 805 | 15 |
| 434 | 250 | 11 | 6696 | 7398 | 7170 | 7301 | 45 | 35 | 17 | 769 | 75 |
| — | — | — | — | — | — | — | — | — | — | — | — |
| 284 | 113 | 10 | 2305 | 3288 | 3267 | 2795 | 90 | 394 | 9 | 276 | 13 |
| 105 | 26 | 1 | 1599 | 2880 | 2880 | 2730 | 25 | 78 | 47 | 297 | 5 |
| 49 | 7 | — | 339 | 557 | 536 | 502 | 41 | 12 | 2 | 59 | 14 |
| 2 | 8 | — | 731 | 612 | 612 | 602 | 1 | 5 | 4 | 14 | 2 |
| 219 | 301 | 19 | 3766 | 7560 | 7459 | 5603 | 139 | 1735 | 83 | 556 | 31 |
| 96 | 35 | 1 | 704 | 4018 | 3943 | 2368 | — | 1650 | — | 56 | 5 |

# 各地区地、县级林业

| 地 区 | 地(市) | | | | | | | | |
|---|---|---|---|---|---|---|---|---|---|
| | 林业站总数 | 管理人员 | | | | | | | |
| | | 文化程度 | | | | 专业技术人员 | | | |
| | | 合计 | 大专以上学历 | 中专学历 | 高中以下文化 | 合计 | 高级 | 中级 | 初级 |
| **全国总计** | **211** | **2162** | **2006** | **100** | **56** | **1524** | **490** | **678** | **356** |
| 北 京 | — | — | — | — | — | — | — | — | — |
| 天 津 | — | — | — | — | — | — | — | — | — |
| 河 北 | 11 | 122 | 108 | 12 | 2 | 100 | 47 | 26 | 27 |
| 山 西 | 11 | 95 | 86 | 9 | — | 77 | 23 | 37 | 17 |
| 内蒙古 | 9 | 184 | 154 | 18 | 12 | 127 | 39 | 58 | 30 |
| 辽 宁 | 14 | 82 | 80 | 1 | 1 | 59 | 12 | 32 | 15 |
| 吉 林 | 11 | 121 | 105 | 11 | 5 | 54 | 13 | 25 | 16 |
| 黑龙江 | 6 | 53 | 48 | 5 | — | 40 | 8 | 25 | 7 |
| 上 海 | — | — | — | — | — | — | — | — | — |
| 江 苏 | 13 | 167 | 159 | 2 | 6 | 136 | 61 | 54 | 21 |
| 浙 江 | 1 | 15 | 15 | — | — | 8 | 1 | 7 | — |
| 安 徽 | 9 | 60 | 59 | 1 | — | 45 | 16 | 24 | 5 |
| 福 建 | — | 19 | 19 | — | — | 18 | 9 | 9 | — |
| 江 西 | 9 | 53 | 50 | — | 3 | 26 | 7 | 12 | 7 |
| 山 东 | 15 | 122 | 118 | 2 | 2 | 94 | 39 | 43 | 12 |
| 河 南 | 18 | 293 | 279 | 6 | 8 | 221 | 69 | 97 | 55 |
| 湖 北 | 4 | 27 | 21 | 6 | — | 4 | — | 2 | 2 |
| 湖 南 | 8 | 40 | 40 | — | — | 33 | 9 | 24 | — |
| 广 东 | — | 49 | 44 | 2 | 3 | 9 | 1 | 6 | 2 |
| 广 西 | 12 | 90 | 84 | 4 | 2 | 54 | 5 | 30 | 19 |
| 海 南 | — | — | — | — | — | — | — | — | — |
| 重 庆 | — | — | — | — | — | — | — | — | — |
| 四 川 | 7 | 63 | 62 | 1 | — | 34 | 14 | 17 | 3 |
| 贵 州 | 1 | 10 | 10 | — | — | 10 | 3 | 5 | 2 |
| 云 南 | — | 50 | 50 | — | — | 8 | 3 | 5 | — |
| 西 藏 | — | — | — | — | — | — | — | — | — |
| 陕 西 | 12 | 85 | 80 | 4 | 1 | 67 | 24 | 28 | 15 |
| 甘 肃 | 9 | 49 | 43 | 3 | 3 | 38 | 10 | 13 | 15 |
| 青 海 | 8 | 85 | 77 | 2 | 6 | 68 | 28 | 25 | 15 |
| 宁 夏 | 5 | 57 | 54 | 2 | 1 | 45 | 21 | 15 | 9 |
| 新 疆 | 18 | 171 | 161 | 9 | 1 | 149 | 28 | 59 | 62 |
| 新疆兵团 | 13 | 82 | 77 | 5 | — | 76 | 14 | 28 | 34 |

# 工作站及管理人员情况

单位：个、人

| 县(市、区) | | | | | | | | |
|---|---|---|---|---|---|---|---|---|
| 林业站总数 | 管理人员 | | | | | | | |
| | 文化程度 | | | | 专业技术人员 | | | |
| | 合计 | 大专以上学历 | 中专学历 | 高中以下文化 | 合计 | 高级 | 中级 | 初级 |
| **2024** | **22505** | **17228** | **3479** | **1798** | **16704** | **2733** | **7611** | **6360** |
| 13 | 259 | 222 | 19 | 18 | 103 | 30 | 39 | 34 |
| 11 | 130 | 118 | 9 | 3 | 108 | 24 | 42 | 42 |
| 152 | 1343 | 1029 | 207 | 107 | 1060 | 221 | 498 | 341 |
| 114 | 1292 | 861 | 313 | 118 | 967 | 93 | 441 | 433 |
| 100 | 1207 | 985 | 146 | 76 | 861 | 208 | 306 | 347 |
| 74 | 397 | 347 | 37 | 13 | 300 | 37 | 179 | 84 |
| 60 | 582 | 433 | 108 | 41 | 456 | 113 | 194 | 149 |
| 94 | 691 | 562 | 126 | 3 | 609 | 123 | 289 | 197 |
| 9 | 230 | 198 | 13 | 19 | 187 | 38 | 79 | 70 |
| 77 | 1006 | 827 | 144 | 35 | 901 | 281 | 378 | 242 |
| 78 | 468 | 414 | 38 | 16 | 402 | 70 | 237 | 95 |
| 57 | 475 | 398 | 70 | 7 | 401 | 90 | 189 | 122 |
| 5 | 244 | 208 | 24 | 12 | 227 | 52 | 110 | 65 |
| 88 | 636 | 415 | 117 | 104 | 420 | 34 | 166 | 220 |
| 132 | 1089 | 963 | 98 | 28 | 948 | 181 | 443 | 324 |
| 156 | 2367 | 1476 | 541 | 350 | 1463 | 143 | 634 | 686 |
| 106 | 473 | 367 | 71 | 35 | 324 | 19 | 191 | 114 |
| 108 | 427 | 333 | 73 | 21 | 316 | 34 | 195 | 87 |
| 3 | 205 | 176 | 16 | 13 | 124 | 5 | 56 | 63 |
| 61 | 472 | 387 | 70 | 15 | 341 | 8 | 177 | 156 |
| — | — | — | — | — | — | — | — | — |
| 38 | 99 | 77 | 10 | 12 | 35 | 4 | 22 | 9 |
| 80 | 1056 | 766 | 126 | 164 | 590 | 97 | 257 | 236 |
| 61 | 411 | 352 | 38 | 21 | 303 | 12 | 162 | 129 |
| — | 2517 | 2012 | 317 | 188 | 1999 | 304 | 916 | 779 |
| — | — | — | — | — | — | — | — | — |
| 100 | 1108 | 792 | 255 | 61 | 864 | 162 | 410 | 292 |
| 74 | 1161 | 812 | 162 | 187 | 773 | 96 | 355 | 322 |
| 45 | 535 | 424 | 68 | 43 | 422 | 59 | 209 | 154 |
| 22 | 399 | 360 | 21 | 18 | 332 | 102 | 139 | 91 |
| 106 | 1226 | 914 | 242 | 70 | 868 | 93 | 298 | 477 |
| — | — | — | — | — | — | — | — | — |

# 各地区乡镇林业工作站

| 地区 | 林业站长期职工总数 | 文化程度情况 | | | | 专业技术人员 | | | 本(专)科班 | | |
|---|---|---|---|---|---|---|---|---|---|---|---|
| | | 大专以上学历人数 | 中专学历人数 | 高中文化人数 | 初中以下文化人数 | 高级 | 中级 | 初级 | 本年毕业生数 | 在校生总数 | 本年入学人数 |
| **全国总计** | **99836** | **58193** | **22264** | **14892** | **4487** | **3927** | **22804** | **30576** | **695** | **913** | **288** |
| 北京 | 950 | 710 | 89 | 76 | 75 | 57 | 97 | 111 | 51 | 31 | — |
| 天津 | 232 | 160 | 42 | 23 | 7 | 45 | 29 | 49 | 1 | — | 2 |
| 河北 | 3549 | 2236 | 787 | 441 | 85 | 254 | 1059 | 947 | 23 | 11 | 4 |
| 山西 | 2303 | 857 | 682 | 641 | 123 | 143 | 373 | 656 | 1 | 3 | 1 |
| 内蒙古 | 2684 | 1965 | 469 | 236 | 14 | 291 | 713 | 689 | 4 | 10 | 2 |
| 辽宁 | 3430 | 2559 | 566 | 178 | 127 | 89 | 1153 | 1066 | 17 | 49 | 8 |
| 吉林 | 3876 | 1775 | 1304 | 548 | 249 | 148 | 962 | 1282 | 11 | 27 | 9 |
| 黑龙江 | 2597 | 1647 | 783 | 139 | 28 | 243 | 913 | 879 | 1 | 1 | 2 |
| 上海 | 335 | 251 | 40 | 26 | 18 | 24 | 77 | 93 | — | — | — |
| 江苏 | 663 | 376 | 163 | 102 | 22 | 38 | 279 | 207 | 8 | 1 | 1 |
| 浙江 | 1446 | 967 | 250 | 206 | 23 | 9 | 840 | 409 | 45 | 8 | 7 |
| 安徽 | 2931 | 2005 | 713 | 175 | 38 | 241 | 1151 | 1020 | 5 | 28 | 5 |
| 福建 | 3427 | 2155 | 668 | 498 | 106 | 230 | 1039 | 1112 | 45 | 91 | 32 |
| 江西 | 4516 | 1834 | 1040 | 1216 | 426 | 198 | 662 | 1363 | 50 | 79 | 12 |
| 山东 | 4279 | 2658 | 1220 | 344 | 57 | 199 | 1138 | 1968 | 62 | 32 | 23 |
| 河南 | 5105 | 2446 | 1524 | 1031 | 104 | 70 | 799 | 1393 | 9 | 19 | 7 |
| 湖北 | 5134 | 2590 | 1254 | 890 | 400 | 73 | 1537 | 1838 | 26 | 43 | 2 |
| 湖南 | 10948 | 4548 | 2687 | 3067 | 646 | 95 | 1705 | 2468 | 101 | 129 | 53 |
| 广东 | 3804 | 1750 | 918 | 869 | 267 | 20 | 341 | 1163 | 9 | 5 | 1 |
| 广西 | 4043 | 2667 | 751 | 483 | 142 | 11 | 684 | 1448 | 11 | 24 | 4 |
| 海南 | — | — | — | — | — | — | — | — | — | — | — |
| 重庆 | 1014 | 817 | 87 | 65 | 45 | 21 | 150 | 198 | 4 | 4 | 1 |
| 四川 | 6336 | 3875 | 1023 | 901 | 537 | 182 | 1409 | 1766 | 17 | 23 | 9 |
| 贵州 | 4310 | 3269 | 646 | 278 | 117 | 132 | 886 | 1600 | 40 | 28 | 8 |
| 云南 | 7170 | 5585 | 975 | 397 | 213 | 766 | 2404 | 2374 | 53 | 129 | 34 |
| 西藏 | — | — | — | — | — | — | — | — | — | — | — |
| 陕西 | 3267 | 1792 | 1027 | 390 | 58 | 124 | 721 | 989 | 60 | 73 | 26 |
| 甘肃 | 2880 | 1742 | 526 | 445 | 167 | 39 | 483 | 929 | 31 | 34 | 21 |
| 青海 | 536 | 372 | 55 | 82 | 27 | 17 | 169 | 161 | 1 | 1 | — |
| 宁夏 | 612 | 463 | 108 | 31 | 10 | 69 | 196 | 212 | — | 14 | 13 |
| 新疆 | 7459 | 4122 | 1867 | 1114 | 356 | 99 | 835 | 2186 | 9 | 16 | 1 |
| 新疆兵团 | 3943 | 1975 | 852 | 828 | 288 | 44 | 248 | 394 | 9 | 16 | 1 |

# 人员素质和培训情况

单位:人

| 学历教育情况 | | | 年龄结构情况 | | | 年度培训情况 | | | |
|---|---|---|---|---|---|---|---|---|---|
| 中专班 | | | | | | 站长 | | | 站员 |
| 本年毕业生数 | 在校生总数 | 本年入学人数 | 35岁以下 | 36~50岁 | 51岁以上 | 合计 | 初任培训人数 | 能力提升培训人次 | |
| **98** | **114** | **32** | **21126** | **61339** | **17371** | **29138** | **5561** | **23577** | **53170** |
| 6 | 7 | 7 | 285 | 371 | 294 | 42 | 5 | 37 | 52 |
| — | — | — | 47 | 123 | 62 | 149 | 59 | 90 | 32 |
| 9 | — | — | 1077 | 2011 | 461 | 951 | 161 | 790 | 1459 |
| — | — | — | 410 | 1058 | 835 | 894 | 174 | 720 | 474 |
| — | 1 | — | 553 | 1723 | 408 | 1194 | 207 | 987 | 2068 |
| — | — | — | 692 | 2069 | 669 | 1020 | 170 | 850 | 1476 |
| — | — | — | 654 | 2209 | 1013 | 534 | 142 | 392 | 2659 |
| — | — | — | 386 | 1645 | 566 | 797 | 120 | 677 | 653 |
| — | — | — | 119 | 123 | 93 | 106 | 13 | 93 | 156 |
| — | — | 1 | 119 | 352 | 192 | 54 | 15 | 39 | 40 |
| — | — | — | 268 | 526 | 652 | 319 | 36 | 283 | 468 |
| — | — | — | 338 | 2163 | 430 | 869 | 84 | 785 | 2189 |
| 5 | 2 | 1 | 661 | 1960 | 806 | 622 | 141 | 481 | 1879 |
| — | — | — | 642 | 3077 | 797 | 1389 | 173 | 1216 | 2943 |
| 10 | 11 | 11 | 863 | 2942 | 474 | 1327 | 237 | 1090 | 1351 |
| 5 | 5 | — | 1405 | 3074 | 626 | 2032 | 445 | 1587 | 1647 |
| 5 | 60 | — | 615 | 3623 | 896 | 1162 | 178 | 984 | 2648 |
| 39 | — | — | 2086 | 6958 | 1904 | 2499 | 631 | 1868 | 7153 |
| — | — | — | 630 | 2333 | 841 | 819 | 86 | 733 | 1620 |
| 1 | — | — | 666 | 2596 | 781 | 1519 | 161 | 1358 | 3237 |
| — | — | — | — | — | — | — | — | — | — |
| — | 2 | — | 268 | 586 | 160 | 494 | 160 | 334 | 644 |
| 4 | 4 | 5 | 1091 | 4122 | 1123 | 1287 | 153 | 1134 | 2367 |
| 3 | 8 | 5 | 1076 | 2760 | 474 | 1417 | 373 | 1044 | 1513 |
| 4 | 3 | 1 | 2116 | 4143 | 911 | 3547 | 373 | 3174 | 5913 |
| — | — | — | — | — | — | — | — | — | — |
| 5 | 7 | — | 852 | 1923 | 492 | 657 | 162 | 495 | 1368 |
| 2 | 4 | 1 | 1157 | 1436 | 287 | 740 | 182 | 558 | 1733 |
| — | — | — | 88 | 406 | 42 | 150 | 16 | 134 | 115 |
| — | — | — | 71 | 450 | 91 | 775 | 11 | 764 | 2789 |
| — | — | — | 1891 | 4577 | 991 | 1773 | 893 | 880 | 2524 |
| — | — | — | 809 | 2372 | 762 | 321 | 79 | 242 | 1513 |

# 各地区乡镇林业工作

| 地　区 | 本年累计完成投资 | | | | | | |
|---|---|---|---|---|---|---|---|
| | 合计 | 国家投资 | | | 地方投资 | | |
| | | 小计 | 局投资 | 其他 | 小计 | 省(区、市) | 地(市)、县、乡 |
| **全国总计** | **46034** | **10032** | **8450** | **1582** | **36002** | **9335** | **26667** |
| 北　京 | 311 | 165 | 160 | 5 | 146 | 5 | 141 |
| 天　津 | 30 | — | — | — | 30 | — | 30 |
| 河　北 | 474 | 310 | 300 | 10 | 164 | 38 | 126 |
| 山　西 | 448 | 295 | 280 | 15 | 153 | 13 | 140 |
| 内蒙古 | 1546 | 1026 | 771 | 255 | 520 | 166 | 355 |
| 辽　宁 | 771 | 480 | 460 | 20 | 291 | 2 | 289 |
| 吉　林 | 1994 | 520 | 520 | — | 1474 | 948 | 526 |
| 黑龙江 | 517 | 350 | 340 | 10 | 167 | — | 167 |
| 上　海 | 258 | 40 | 40 | — | 218 | 130 | 88 |
| 江　苏 | 515 | 201 | 201 | — | 314 | 120 | 194 |
| 浙　江 | 2605 | 60 | — | 60 | 2545 | 385 | 2160 |
| 安　徽 | 2524 | 688 | 360 | 328 | 1836 | 66 | 1770 |
| 福　建 | 3200 | 440 | 380 | 60 | 2760 | 762 | 1998 |
| 江　西 | 4639 | 502 | 422 | 80 | 4138 | 1453 | 2685 |
| 山　东 | 911 | 215 | 215 | — | 696 | — | 696 |
| 河　南 | 1536 | 340 | 340 | — | 1196 | 33 | 1163 |
| 湖　北 | 770 | 380 | 380 | — | 390 | 90 | 300 |
| 湖　南 | 4080 | 625 | 460 | 165 | 3455 | 462 | 2993 |
| 广　东 | 929 | 140 | 140 | — | 789 | 2 | 787 |
| 广　西 | 1311 | 360 | 360 | — | 951 | 216 | 735 |
| 海　南 | — | — | — | — | — | — | — |
| 重　庆 | 336 | 193 | 60 | 133 | 143 | 120 | 23 |
| 四　川 | 2347 | 600 | 340 | 260 | 1747 | 1027 | 720 |
| 贵　州 | 2071 | 293 | 161 | 132 | 1779 | 527 | 1251 |
| 云　南 | 7175 | 320 | 320 | — | 6855 | 2280 | 4575 |
| 西　藏 | — | — | — | — | — | — | — |
| 陕　西 | 2777 | 200 | 200 | — | 2577 | 135 | 2442 |
| 甘　肃 | 411 | 300 | 300 | — | 111 | 58 | 53 |
| 青　海 | 210 | 210 | 160 | 50 | — | — | — |
| 宁　夏 | 209 | 160 | 160 | — | 49 | — | 49 |
| 新　疆 | 1129 | 620 | 620 | — | 509 | 297 | 212 |
| 新疆兵团 | 290 | 160 | 160 | — | 130 | — | 130 |

# 站建设完成投资情况

单位：万元、个、台、套

| 至本年底工作器械和办公设备配置情况 | | | | | |
|---|---|---|---|---|---|
| 有交通工具站数 | | 有通讯设备站数 | | 有计算机站数 | |
| 小计 | 本年新增 | 小计 | 本年新增 | 小计 | 本年新增 |
| **8384** | **409** | **14151** | **644** | **17036** | **1103** |
| 48 | — | 139 | — | 141 | — |
| 57 | — | 51 | 2 | 55 | 1 |
| 303 | 17 | 595 | 10 | 744 | 40 |
| 424 | 28 | 535 | 6 | 688 | 71 |
| 292 | 27 | 358 | 24 | 490 | 55 |
| 362 | 30 | 555 | 73 | 559 | 7 |
| 308 | 29 | 410 | 11 | 619 | 19 |
| 203 | 12 | 434 | 18 | 659 | 28 |
| 2 | 2 | 96 | 2 | 98 | 5 |
| 25 | 3 | 135 | 33 | 135 | 32 |
| 79 | — | 248 | — | 250 | — |
| 355 | 4 | 625 | 18 | 712 | 31 |
| 516 | 15 | 735 | 16 | 758 | 50 |
| 370 | 21 | 596 | 28 | 780 | 82 |
| 407 | 26 | 831 | 18 | 762 | 14 |
| 503 | 13 | 924 | 61 | 903 | 64 |
| 383 | — | 650 | 4 | 702 | 12 |
| 434 | 16 | 1026 | 22 | 1378 | 66 |
| 381 | 11 | 643 | 106 | 652 | 56 |
| 444 | 26 | 623 | 36 | 889 | 57 |
| — | — | — | — | — | — |
| 146 | 9 | 225 | 7 | 255 | 61 |
| 315 | 20 | 918 | 19 | 1036 | 29 |
| 606 | 13 | 753 | 7 | 1098 | 62 |
| 659 | 61 | 992 | 68 | 1094 | 151 |
| — | — | — | — | — | — |
| 132 | 4 | 250 | 12 | 378 | 28 |
| 116 | 4 | 221 | 5 | 257 | 16 |
| 76 | 4 | 51 | 7 | 85 | 21 |
| 67 | 2 | 32 | 10 | 109 | — |
| 371 | 12 | 500 | 21 | 750 | 45 |
| 55 | 5 | 146 | — | 146 | — |

# 各地区乡镇林业工作站

| 地区 | 营林情况 | | | | | | 森林病虫鼠害防治面积 | 受委托行使林业行政执法权站数 |
|---|---|---|---|---|---|---|---|---|
| | 本年新造林面积 | | 本年新封山育林面积 | 本年育苗面积 | 本年抚育作业面积 | 四旁植树株数（万株） | | |
| | 合计 | 林业重点工程造林面积 | | | | | | |
| **全国总计** | **3871968** | **1788526** | **1475895** | **366666** | **4710134** | **140546** | **6270286** | **10397** |
| 北京 | 4142 | 4142 | 3991 | 3616 | 56900 | 89 | 36948 | 25 |
| 天津 | 8027 | 3344 | — | 4995 | 36226 | 190 | 43047 | 30 |
| 河北 | 281649 | 118927 | 60719 | 39575 | 387509 | 7580 | 420391 | 199 |
| 山西 | 131391 | 110466 | 29778 | 26913 | 39163 | 6351 | 143736 | 144 |
| 内蒙古 | 418189 | 351587 | 111864 | 10037 | 110048 | 2152 | 316137 | 250 |
| 辽宁 | 108785 | 79201 | 53753 | 11093 | 60074 | 3661 | 425554 | 480 |
| 吉林 | 60721 | 32377 | 1270 | 9685 | 82602 | 886 | 124709 | 572 |
| 黑龙江 | 21058 | 18541 | 20919 | 3817 | 75396 | 1054 | 60995 | 421 |
| 上海 | 3071 | — | — | 857 | 15510 | 65 | 6444 | — |
| 江苏 | 4560 | 1193 | 239 | 5223 | 13444 | 1028 | 60649 | 20 |
| 浙江 | 33667 | 1817 | 4486 | 13276 | 120424 | 1070 | 121283 | 126 |
| 安徽 | 84305 | 49765 | 28014 | 11895 | 308076 | 10729 | 339602 | 261 |
| 福建 | 103170 | 13608 | 140387 | 741 | 275080 | 1784 | 182782 | 468 |
| 江西 | 166596 | 63142 | 76698 | 13272 | 326656 | 3219 | 147196 | 799 |
| 山东 | 140550 | 33213 | — | 45064 | 297758 | 14241 | 334855 | 56 |
| 河南 | 128193 | 23691 | 16182 | 52253 | 196961 | 11212 | 466634 | 162 |
| 湖北 | 208663 | 83080 | 63739 | 30982 | 205042 | 11194 | 349258 | 615 |
| 湖南 | 166958 | 61175 | 158630 | 1381 | 319967 | 8570 | 252440 | 1177 |
| 广东 | 87007 | 46508 | 91520 | 4926 | 394321 | 7013 | 133249 | 244 |
| 广西 | 131356 | 42878 | 27974 | 2463 | 352957 | 5001 | 65945 | 255 |
| 海南 | — | — | — | — | — | — | — | — |
| 重庆 | 176219 | 80859 | 20701 | 536 | 41108 | 1278 | 103558 | 260 |
| 四川 | 119409 | 52831 | 30729 | 6171 | 100169 | 11216 | 359131 | 982 |
| 贵州 | 347412 | 72439 | 230527 | 3650 | 94890 | 5475 | 125672 | 893 |
| 云南 | 454104 | 108726 | 96816 | 2325 | 156518 | 7853 | 403077 | 1133 |
| 西藏 | — | — | — | — | — | — | — | — |
| 陕西 | 103267 | 73455 | 32232 | 13632 | 50831 | 6558 | 122179 | 290 |
| 甘肃 | 158548 | 98795 | 17114 | 19972 | 36609 | 6847 | 184616 | 177 |
| 青海 | 48856 | 40271 | 46900 | 1499 | 14865 | 1118 | 120155 | 32 |
| 宁夏 | 30720 | 25196 | 13967 | 9406 | 39529 | 693 | 80692 | — |
| 新疆 | 141375 | 97300 | 96746 | 17411 | 501502 | 2420 | 739355 | 326 |
| 新疆兵团 | 19323 | 13071 | 45533 | 2605 | 125684 | 240 | 150227 | 146 |

# 职能作用主要指标情况

单位:公顷、个

| 具有林业行政执法证人数 | 受理林政案件(件) | 受理林政案件(件) | 参与调处林权纠纷(件) | 受理林业承包合同纠纷(件) | 指导、扶持的林业经济合作组织个数 | | 培训林农(人次) | 科技推广 | |
|---|---|---|---|---|---|---|---|---|---|
| | | | | | 合计 | 带动农户(户) | | 站办示范基地面积 | 本年推广面积 |
| **41825** | **39709** | **544** | **38906** | **8338** | **98233** | **2824815** | **8413337** | **352190** | **964439** |
| 135 | — | — | 1 | — | 261 | 29017 | — | 325 | 9897 |
| 126 | 56 | — | 21 | 4 | 7234 | 13901 | 30265 | 4940 | 4277 |
| 607 | 634 | — | 856 | 268 | 3046 | 210911 | 723905 | 24687 | 100816 |
| 374 | 122 | — | 267 | 72 | 3597 | 49219 | 118944 | 2754 | 9935 |
| 796 | 439 | 27 | 883 | 352 | 1257 | 19215 | 128645 | 3932 | 40280 |
| 1139 | 1451 | 11 | 1743 | 706 | 1135 | 88415 | 94201 | 1185 | 17810 |
| 2383 | 3043 | — | 846 | 302 | 763 | 10553 | 73972 | 5989 | 3027 |
| 977 | 476 | — | 480 | 272 | 200 | 3375 | 24932 | 179 | 5795 |
| — | — | — | — | 4 | 769 | 9954 | 8212 | 250 | 8614 |
| 136 | 24 | — | 99 | 34 | 185 | 15310 | 17298 | 2036 | 3580 |
| 558 | 434 | — | 236 | 35 | 1414 | 97099 | 127255 | 5591 | 33251 |
| 1617 | 1629 | — | 2313 | 486 | 3580 | 152766 | 187471 | 16710 | 34999 |
| 2080 | 2372 | — | 1283 | 381 | 3787 | 84623 | 74625 | 9815 | 15825 |
| 3342 | 2840 | — | 2613 | 505 | 1390 | 83026 | 139392 | 12145 | 57470 |
| 626 | 584 | — | 181 | 146 | 26025 | 344308 | 927641 | 6852 | 88340 |
| 488 | 934 | 125 | 860 | 455 | 2944 | 128226 | 309144 | 15247 | 42276 |
| 3410 | 3928 | 28 | 3136 | 505 | 2508 | 160677 | 420820 | 26593 | 69391 |
| 5664 | 3213 | 255 | 5823 | 1383 | 3770 | 222030 | 310951 | 46505 | 60310 |
| 1356 | 830 | 11 | 1360 | 288 | 1035 | 24884 | 62522 | 5511 | 6660 |
| 1644 | 1243 | — | 4619 | 378 | 1692 | 49286 | 217547 | 319 | 470 |
| — | — | — | — | — | — | — | — | — | — |
| 684 | 489 | — | 678 | 154 | 3799 | 70917 | 94280 | 4687 | 28483 |
| 4209 | 2476 | 18 | 1702 | 270 | 1787 | 427366 | 820523 | 17234 | 55177 |
| 2148 | 1842 | 41 | 3261 | 466 | 9231 | 92568 | 215159 | 10130 | 18133 |
| 4798 | 8137 | — | 4307 | 499 | 6752 | 161452 | 1389560 | 36068 | 53437 |
| — | — | — | — | — | — | — | — | — | — |
| 1045 | 812 | — | 874 | 253 | 3259 | 94927 | 312947 | 18763 | 45553 |
| 521 | 245 | — | 235 | 26 | 2690 | 80189 | 553744 | 18442 | 56115 |
| 116 | 12 | — | 8 | 1 | 1675 | 5931 | 10511 | 27 | 127 |
| 82 | 216 | — | 71 | 15 | 491 | 12233 | 106911 | 2220 | 19376 |
| 764 | 1228 | 28 | 150 | 78 | 1957 | 82437 | 911960 | 53053 | 75015 |
| 226 | 154 | — | 33 | 8 | 322 | 17061 | 167346 | 3165 | 21617 |

# 各地区乡村

| 地区 | 合计 | 人员类别 | | 文化程度 | | |
|---|---|---|---|---|---|---|
| | | 专职 | 兼职 | 大专以上 | 中专高中 | 初中以下 |
| **全国总计** | **679872** | **308819** | **371053** | **21848** | **159404** | **498620** |
| 北　京 | 49381 | 46886 | 2495 | 3829 | 6054 | 39498 |
| 天　津 | 1923 | 287 | 1636 | 104 | 379 | 1440 |
| 河　北 | 56669 | 26429 | 30240 | 613 | 12258 | 43798 |
| 山　西 | 29831 | 12081 | 17750 | 738 | 7792 | 21301 |
| 内蒙古 | 28604 | 14967 | 13637 | 4130 | 10034 | 14440 |
| 辽　宁 | 14587 | 13394 | 1193 | 669 | 3771 | 10147 |
| 吉　林 | 3861 | 1976 | 1885 | 305 | 1277 | 2279 |
| 黑龙江 | 3459 | 718 | 2741 | 86 | 1192 | 2181 |
| 上　海 | 11350 | 11007 | 343 | 286 | 2382 | 8682 |
| 江　苏 | 3486 | 2682 | 804 | 194 | 460 | 2832 |
| 浙　江 | 13003 | 8237 | 4766 | 282 | 2563 | 10158 |
| 安　徽 | 24097 | 5027 | 19070 | 370 | 2645 | 21082 |
| 福　建 | 16197 | 7605 | 8592 | 499 | 4806 | 10892 |
| 江　西 | 21721 | 10824 | 10897 | 317 | 6504 | 14900 |
| 山　东 | 47403 | 21982 | 25421 | 577 | 11609 | 35217 |
| 河　南 | 38476 | 7101 | 31375 | 1095 | 11762 | 25619 |
| 湖　北 | 45833 | 8687 | 37146 | 1430 | 11252 | 33151 |
| 湖　南 | 40524 | 18365 | 22159 | 803 | 10531 | 29190 |
| 广　东 | 16455 | 12578 | 3877 | 440 | 5872 | 10143 |
| 广　西 | 11886 | 3905 | 7981 | 186 | 3384 | 8316 |
| 海　南 | — | — | — | — | — | — |
| 重　庆 | 14376 | 2891 | 11485 | 894 | 4696 | 8786 |
| 四　川 | 30941 | 4024 | 26917 | 826 | 4680 | 25435 |
| 贵　州 | 51380 | 14353 | 37027 | 878 | 15052 | 35450 |
| 云　南 | 52603 | 33212 | 19391 | 686 | 6378 | 45539 |
| 西　藏 | — | — | — | — | — | — |
| 陕　西 | 12384 | 1983 | 10401 | 560 | 4420 | 7404 |
| 甘　肃 | 14007 | 8388 | 5619 | 453 | 3796 | 9758 |
| 青　海 | 17143 | 5204 | 11939 | 115 | 815 | 16213 |
| 宁　夏 | 3125 | 538 | 2587 | 16 | 374 | 2735 |
| 新　疆 | 5167 | 3488 | 1679 | 467 | 2666 | 2034 |
| 新疆兵团 | 3684 | 2627 | 1057 | 322 | 1864 | 1498 |

# 护林员情况

单位:人

| 年龄结构 | | | 报酬来源 | | |
|---|---|---|---|---|---|
| 45 岁以下 | 46~60 岁 | 61 岁以上 | 财政补助 | 林业经费 | 村组自筹 |
| **227036** | **376061** | **76775** | **325597** | **209329** | **144946** |
| 11929 | 28817 | 8635 | 42059 | 6210 | 1112 |
| 514 | 1214 | 195 | 288 | 70 | 1565 |
| 13928 | 34897 | 7844 | 32255 | 6989 | 17425 |
| 7454 | 17080 | 5297 | 12211 | 13361 | 4259 |
| 9890 | 15714 | 3000 | 11988 | 15701 | 915 |
| 9370 | 5164 | 53 | 7870 | 6521 | 196 |
| 1644 | 2012 | 205 | 1359 | 884 | 1618 |
| 1953 | 1367 | 139 | 282 | 51 | 3126 |
| 2662 | 8670 | 18 | 11231 | 20 | 99 |
| 345 | 1155 | 1986 | 2224 | 537 | 725 |
| 2203 | 9073 | 1727 | 9814 | 2497 | 692 |
| 3366 | 15600 | 5131 | 6205 | 1664 | 16228 |
| 5337 | 10142 | 718 | 9838 | 4467 | 1892 |
| 7247 | 12669 | 1805 | 11287 | 6107 | 4327 |
| 10911 | 28444 | 8048 | 23361 | 8873 | 15169 |
| 10407 | 20408 | 7661 | 11908 | 8113 | 18455 |
| 8279 | 30420 | 7134 | 4588 | 8688 | 32557 |
| 9892 | 24608 | 6024 | 22040 | 9416 | 9068 |
| 8867 | 7312 | 276 | 13510 | 2126 | 819 |
| 3075 | 7890 | 921 | 1460 | 8903 | 1523 |
| — | — | — | — | — | — |
| 3531 | 9054 | 1791 | 3898 | 9551 | 927 |
| 14730 | 14575 | 1636 | 17490 | 6669 | 6782 |
| 26701 | 21144 | 3535 | 31083 | 19018 | 1279 |
| 28460 | 22930 | 1213 | 20091 | 31256 | 1256 |
| — | — | — | — | — | — |
| 4439 | 7128 | 817 | 5044 | 6737 | 603 |
| 6217 | 7313 | 477 | 6656 | 6479 | 872 |
| 9656 | 7211 | 276 | 5182 | 11881 | 80 |
| 1053 | 1872 | 200 | 63 | 3062 | — |
| 2976 | 2178 | 13 | 312 | 3478 | 1377 |
| 1687 | 1986 | 11 | — | 2621 | 1063 |

# 各地区乡村

| 地 区 | 林场个数 | | | | 经营 | |
|---|---|---|---|---|---|---|
| | 合计 | 按经营形式分 | | | 合计 | 公益林 |
| | | 集体林场 | 联办林场 | 户办林场 | | |
| **全国总计** | **40794** | **18307** | **6166** | **16321** | **9832903** | **4460606** |
| 北 京 | 35 | 30 | 1 | 4 | 58552 | 40172 |
| 天 津 | 87 | 14 | 6 | 67 | 3156 | 2701 |
| 河 北 | 557 | 90 | 56 | 411 | 49929 | 22463 |
| 山 西 | 272 | 90 | 44 | 138 | 68354 | 55260 |
| 内蒙古 | 55 | 20 | 31 | 4 | 228264 | 219090 |
| 辽 宁 | 458 | 10 | 138 | 310 | 180167 | 73880 |
| 吉 林 | 81 | 28 | 6 | 47 | 84140 | 19913 |
| 黑龙江 | 10 | 6 | — | 4 | 7566 | 1716 |
| 上 海 | 1 | 1 | — | — | 100 | — |
| 江 苏 | 84 | 80 | — | 4 | 57603 | 25044 |
| 浙 江 | 492 | 137 | 19 | 336 | 61757 | 22268 |
| 安 徽 | 5789 | 2477 | 1391 | 1921 | 442799 | 122611 |
| 福 建 | 828 | 438 | 205 | 185 | 778119 | 213699 |
| 江 西 | 2192 | 1068 | 406 | 718 | 534423 | 112949 |
| 山 东 | 1163 | 845 | 47 | 271 | 392753 | 317139 |
| 河 南 | 3611 | 676 | 695 | 2240 | 268429 | 153334 |
| 湖 北 | 8307 | 2392 | 488 | 5427 | 2137604 | 200267 |
| 湖 南 | 8811 | 5365 | 1627 | 1819 | 764077 | 332870 |
| 广 东 | 696 | 393 | 115 | 188 | 205406 | 53835 |
| 广 西 | 597 | 437 | 58 | 102 | 203097 | 31925 |
| 海 南 | — | — | — | — | — | — |
| 重 庆 | 189 | 145 | 14 | 30 | 89684 | 56034 |
| 四 川 | 1199 | 1018 | 100 | 81 | 814463 | 710472 |
| 贵 州 | 2420 | 1443 | 447 | 530 | 1512556 | 904781 |
| 云 南 | 677 | 277 | 93 | 307 | 306004 | 232648 |
| 西 藏 | — | — | — | — | — | — |
| 陕 西 | 403 | 235 | 7 | 161 | 55184 | 43959 |
| 甘 肃 | 757 | 363 | 88 | 306 | 57956 | 36137 |
| 青 海 | 213 | 212 | — | 1 | 438104 | 435679 |
| 宁 夏 | 805 | 12 | 84 | 709 | 17628 | 5573 |
| 新 疆 | 5 | 5 | — | — | 15031 | 14186 |
| 新疆兵团 | — | — | — | — | — | — |

# 林场基本情况

单位：公顷、百立方米、百根、万元

| 面积 | | 本年林业生产 | | | | 年末实有从业人员 | 年经营收入 |
|---|---|---|---|---|---|---|---|
| 商品林 | 其他 | 造林面积 | 育苗面积 | 木材产量 | 毛竹产量 | | |
| **4481984** | **890313** | **498480** | **40442** | **259681** | **695596** | **353305** | **647316** |
| 5901 | 12479 | 123 | 7 | 18 | — | 676 | 2665 |
| 377 | 78 | 1816 | 1206 | 305 | — | 4133 | 1950 |
| 20999 | 6467 | 12949 | 2782 | 13570 | — | 11248 | 10809 |
| 5463 | 7631 | 1898 | 757 | 41 | — | 2784 | 10198 |
| 3601 | 5574 | 897 | 151 | — | — | 161 | 3255 |
| 101009 | 5279 | 3372 | 7133 | 2660 | — | 1453 | 5983 |
| 61131 | 3097 | 1767 | 101 | 270 | — | 387 | 1617 |
| 5850 | — | 1202 | 101 | 3 | — | 29 | 266 |
| 100 | — | — | — | — | — | — | — |
| 32052 | 507 | 1503 | 823 | 121 | 119 | 18409 | 69624 |
| 34248 | 5241 | 377 | 1125 | 2570 | 26068 | 2993 | 16464 |
| 309098 | 11090 | 8650 | 1546 | 4467 | 23188 | 29254 | 73503 |
| 559972 | 4448 | 6647 | 106 | 9980 | 98490 | 40118 | 18902 |
| 399807 | 21667 | 26380 | 2081 | 13920 | 71334 | 13277 | 30550 |
| 53973 | 21641 | 9263 | 2019 | 25324 | — | 34725 | 54691 |
| 95591 | 19504 | 36773 | 4968 | 3973 | 1993 | 39649 | 39375 |
| 1248856 | 688481 | 114619 | 4494 | 41493 | 48026 | 59724 | 53658 |
| 419839 | 11368 | 37414 | 433 | 6575 | 102372 | 63894 | 91779 |
| 150081 | 1491 | 15437 | 164 | 19737 | 1762 | 3550 | 10651 |
| 166593 | 4579 | 3306 | 12 | 7937 | 50 | 3144 | 6200 |
| — | — | — | — | — | — | — | — |
| 25159 | 8490 | 8849 | 2068 | 3310 | 329 | 631 | 4680 |
| 103739 | 251 | 7358 | 132 | 20987 | 1503 | 1766 | 4041 |
| 592415 | 15359 | 161134 | 1106 | 24768 | 14988 | 11486 | 103211 |
| 72935 | 420 | 7918 | 41 | 41273 | 302150 | 2962 | 5559 |
| — | — | — | — | — | — | — | — |
| 5029 | 6195 | 3588 | 640 | 16200 | 25 | 888 | 718 |
| 2826 | 18993 | 12220 | 3287 | 179 | 3200 | 1699 | 12581 |
| 1867 | 558 | 6601 | 30 | — | — | 71 | — |
| 3475 | 8581 | 895 | 3129 | — | — | 4176 | 14388 |
| — | 845 | 5527 | — | — | — | 18 | — |
| — | — | — | — | — | — | — | — |

# 附录三

# 森林主要灾害情况

ANNEX Ⅲ

# 全国森林主要灾害情况(一)

| 指标名称 | 单位 | 2016年 | 2015年 | 2016年比2015年增减% |
|---|---|---|---|---|
| 一、森林火灾 | | | | |
| 1. 火灾次数 | 次 | 2034 | 2936 | -30.72 |
| 其中:重大火灾 | 次 | 1 | 6 | -83.33 |
| 特大火灾 | 次 | — | — | — |
| 2. 火场总面积 | 公顷 | 18161 | 33077 | -45.09 |
| 其中:受害森林面积 | 公顷 | 6224 | 12940 | -51.90 |
| 3. 扑火经费 | 万元 | 12017.39 | 4793.44 | 150.71 |
| 4. 出动扑火人工数 | 工日 | 254592 | 363265 | -29.92 |
| 5. 伤亡人数 | | | | |
| (1)受伤人数 | 人 | 16 | 3 | 433.33 |
| (2)死亡人数 | 人 | 20 | 23 | -13.04 |
| 二、林业有害生物 | | | | |
| 1. 发生面积 | 千公顷 | 12113 | 12184 | -0.58 |
| 2. 防治面积 | 千公顷 | 8338 | 8778 | -5.01 |
| 3. 防治率 | % | 68.83 | 72.05 | -3.21 |

# 全国森林主要灾害情况(二)

| 指标名称 | 单位 | 2016年 | 2015年 | 2016年比2015年增减% |
|---|---|---|---|---|
| (一)森林病害 | | | | |
| 1. 发生面积 | 千公顷 | 1389 | 1391 | -0.11 |
| 2. 防治面积 | 千公顷 | 959 | 977 | -1.86 |
| 3. 防治率 | % | 69.05 | 70.27 | -1.22 |
| (二)森林虫害 | | | | |
| 1. 发生面积 | 千公顷 | 8570 | 8466 | 1.22 |
| 2. 防治面积 | 千公顷 | 6150 | 6209 | -0.95 |
| 3. 防治率 | % | 71.76 | 73.34 | -1.58 |
| (三)森林鼠害 | | | | |
| 1. 发生面积 | 千公顷 | 1955 | 2148 | -8.99 |
| 2. 防治面积 | 千公顷 | 1121 | 1502 | -25.36 |
| 3. 防治率 | % | 57.35 | 69.91 | -12.56 |
| (四)有害植物 | | | | |
| 1. 发生面积 | 千公顷 | 199 | 178 | 11.57 |
| 2. 防治面积 | 千公顷 | 108 | 89 | 20.75 |
| 3. 防治率 | % | 54.06 | 50.14 | 3.92 |

# 各地区森林

| 地　区 | 森林火灾次数(次) | | | | | 火　场总面积(公顷) | 受害森林面积(公顷) | | |
|---|---|---|---|---|---|---|---|---|---|
| | 合计 | 一般火灾 | 较大火灾 | 重大火灾 | 特大火灾 | | 合计 | 其　中 | |
| | | | | | | | | 天然林 | 人工林 |
| **全国合计** | **2034** | **1340** | **693** | **1** | **—** | **18161** | **6224** | **898** | **3962** |
| 北　京 | 4 | 1 | 3 | — | — | 61 | 52 | — | — |
| 天　津 | 1 | — | 1 | — | — | 13 | 6 | — | 6 |
| 河　北 | 42 | 30 | 12 | — | — | 573 | 134 | 35 | 99 |
| 山　西 | 10 | 5 | 5 | — | — | 272 | 39 | — | 39 |
| 内蒙古 | 78 | 16 | 61 | 1 | — | 1622 | 1478 | 393 | 323 |
| 辽　宁 | 97 | 44 | 53 | — | — | 1706 | 696 | 136 | 274 |
| 吉　林 | 66 | 49 | 17 | — | — | 123 | 57 | 4 | 45 |
| 黑龙江 | 29 | 27 | 2 | — | — | 640 | 43 | 33 | 9 |
| 上　海 | — | — | — | — | — | — | — | — | — |
| 江　苏 | 15 | 15 | — | — | — | 17 | 1.46 | — | 1.46 |
| 浙　江 | 83 | 23 | 60 | — | — | 532 | 261 | — | 148 |
| 安　徽 | 42 | 27 | 15 | — | — | 172 | 76 | 7 | 69 |
| 福　建 | 29 | 8 | 21 | — | — | 367 | 221 | 17 | 205 |
| 江　西 | 43 | 16 | 27 | — | — | 674 | 190 | 63 | 127 |
| 山　东 | 13 | 8 | 5 | — | — | 96 | 56 | — | 56 |
| 河　南 | 191 | 179 | 12 | — | — | 382 | 69 | — | 69 |
| 湖　北 | 213 | 192 | 21 | — | — | 876 | 117 | 32 | 85 |
| 湖　南 | 65 | 30 | 35 | — | — | 524 | 316 | 1 | 315 |
| 广　东 | 64 | 21 | 43 | — | — | 947 | 287 | 12 | 256 |
| 广　西 | 401 | 245 | 156 | — | — | 4788 | 1090 | 29 | 1061 |
| 海　南 | 57 | 20 | 37 | — | — | 201 | 117 | — | 117 |
| 重　庆 | 14 | 11 | 3 | — | — | 47 | 9 | 7 | 2 |
| 四　川 | 263 | 230 | 33 | — | — | 1208 | 217 | 67 | 148 |
| 贵　州 | 37 | 28 | 9 | — | — | 176 | 37 | — | 36 |
| 云　南 | 73 | 27 | 46 | — | — | 1171 | 394 | 10 | 374 |
| 西　藏 | — | — | — | — | — | — | — | — | — |
| 陕　西 | 52 | 40 | 12 | — | — | 306 | 87 | 31 | 56 |
| 甘　肃 | 9 | 7 | 2 | — | — | 264 | 101 | — | 5 |
| 青　海 | 11 | 11 | — | — | — | 100 | 52 | 14 | 34 |
| 宁　夏 | 20 | 19 | 1 | — | — | 296 | 12 | — | 3 |
| 新　疆 | 12 | 11 | 1 | — | — | 9 | 7 | 7 | — |

# 火灾情况(一)

| 损失林木 | | 人员伤亡(人) | | | | 其他损失折款(万元) | 出动扑火人工(工日) | 出动车辆(台) | | 出动飞机(架次) | 扑火经费(万元) |
|---|---|---|---|---|---|---|---|---|---|---|---|
| 成林蓄积量(立方米) | 幼林株数(万株) | 合计 | 轻伤 | 重伤 | 死亡 | | | 合计 | 其中:汽车 | | |
| **60846** | **13765** | **36** | **9** | **7** | **20** | **4136** | **254592** | **24332** | **19558** | **438** | **12017.39** |
| — | 12526 | — | — | — | — | — | 1680 | 127 | 127 | — | 2.50 |
| — | — | — | — | — | — | — | 300 | 20 | 20 | — | — |
| 56 | 4 | — | — | — | — | 10.14 | 13178 | 1280 | 1253 | — | 237.50 |
| 570 | 2 | 2 | — | — | 2 | 62.78 | 8870 | 719 | 719 | — | 42.74 |
| — | 38 | — | — | — | — | 1964.79 | 1395 | 1163 | 744 | 29 | 575.42 |
| 4360 | 18 | 1 | — | — | 1 | 12.00 | 16392 | 2431 | 2282 | 1 | 150.74 |
| 391 | 12 | — | — | — | — | 44.90 | 4239 | 426 | 426 | 2 | 33.27 |
| — | — | — | — | — | — | — | 20440 | 911 | 817 | 17 | 386.01 |
| — | — | — | — | — | — | — | — | — | — | — | — |
| — | — | — | — | — | — | 0.20 | 1862 | 141 | 141 | — | 12.90 |
| 6417 | 22 | 2 | — | 1 | 1 | — | 8976 | 916 | 830 | 6 | 342.91 |
| 3006 | 4 | — | — | — | — | 9.92 | 4191 | 430 | 356 | — | 32.00 |
| 4921 | 25 | 4 | 2 | — | 2 | 15.50 | 3230 | 383 | 267 | — | 57.10 |
| 1856 | 23 | 4 | 1 | 1 | 2 | 233.89 | 4334 | 390 | 282 | 2 | 93.99 |
| 718 | 1 | 3 | — | 1 | 2 | 6.00 | 8108 | 340 | 293 | 164 | 176.40 |
| 35 | 4 | — | — | — | — | 16.20 | 7153 | 899 | 852 | — | 65.98 |
| 696 | 379 | — | — | — | — | 15.16 | 10723 | 861 | 853 | 2 | 163.79 |
| 3654 | 17 | 1 | — | — | 1 | 96.28 | 5650 | 439 | 392 | — | 75.48 |
| 3908 | 8 | 2 | 1 | — | 1 | 107.70 | 6262 | 623 | 400 | 8 | 105.12 |
| 12038 | 560 | 4 | — | 1 | 3 | 726.16 | 18035 | 2359 | 1517 | 5 | 8462.06 |
| 656 | 4 | 1 | — | 1 | — | 17.75 | 4760 | 894 | 345 | — | 106.88 |
| 370 | 1 | 1 | 1 | — | — | 6.79 | 2787 | 292 | 234 | 30 | 37.86 |
| 2550 | 20 | 3 | — | — | 3 | 313.80 | 40234 | 3441 | 2271 | 86 | 414.03 |
| 492 | 6 | — | — | — | — | 8.90 | 3005 | 393 | 333 | — | 8.82 |
| 12086 | 50 | 7 | 4 | 2 | 1 | 10.92 | 15613 | 2059 | 1640 | 5 | 167.11 |
| — | — | — | — | — | — | — | — | — | — | — | — |
| 2036 | 5 | 1 | — | — | 1 | 44.29 | 5623 | 384 | 305 | 48 | 83.98 |
| — | 32 | — | — | — | — | 395.43 | 33211 | 1567 | 1527 | 23 | 108.00 |
| — | 4 | — | — | — | — | 9.40 | 803 | 148 | 142 | — | 4.70 |
| 3 | — | — | — | — | — | 5.52 | 3043 | 211 | 130 | — | — |
| 27 | — | — | — | — | — | 1.26 | 495 | 85 | 60 | 10 | 70.12 |

# 各地区森林

| 地区 | 已查明火 | | | | | | | | | | | | | |
|---|---|---|---|---|---|---|---|---|---|---|---|---|---|---|
| | 合计 | 生产性火源 | | | | | | | | | | | | |
| | | 合计 | 烧荒烧炭 | 炼山造林 | 烧牧场 | 烧窑 | 烧隔离带 | 火车喷漏 | 火车甩瓦 | 机车喷火 | 其他 | 合计 | 野外吸烟 | 取暖做饭 |
| **全国合计** | **1646** | **547** | **376** | **36** | **6** | **1** | **3** | **—** | **—** | **1** | **124** | **1006** | **92** | **12** |
| 北　京 | 2 | 2 | 2 | — | — | — | — | — | — | — | — | — | — | — |
| 天　津 | 1 | — | — | — | — | — | — | — | — | — | — | 1 | — | — |
| 河　北 | 27 | 4 | 4 | — | — | — | — | — | — | — | — | 21 | 4 | — |
| 山　西 | 10 | — | — | — | — | — | — | — | — | — | — | 10 | — | 1 |
| 内蒙古 | 58 | 6 | 2 | — | — | — | — | — | — | 1 | 3 | 39 | 8 | 1 |
| 辽　宁 | 87 | 39 | 39 | — | — | — | — | — | — | — | — | 45 | 5 | — |
| 吉　林 | 63 | 36 | 36 | — | — | — | — | — | — | — | — | 25 | 3 | — |
| 黑龙江 | 27 | 3 | 3 | — | — | — | — | — | — | — | — | 5 | 1 | — |
| 上　海 | — | — | — | — | — | — | — | — | — | — | — | — | — | — |
| 江　苏 | 15 | — | — | — | — | — | — | — | — | — | — | 15 | 6 | — |
| 浙　江 | 81 | 29 | 28 | 1 | — | — | — | — | — | — | — | 49 | 14 | 1 |
| 安　徽 | 37 | 4 | 1 | — | — | — | — | — | — | — | 3 | 33 | 2 | — |
| 福　建 | 25 | 13 | 7 | 1 | — | — | — | — | — | — | 5 | 9 | 2 | — |
| 江　西 | 43 | 6 | 5 | 1 | — | — | — | — | — | — | — | 32 | 6 | — |
| 山　东 | 10 | — | — | — | — | — | — | — | — | — | — | 10 | — | — |
| 河　南 | 113 | 33 | 18 | — | 1 | — | — | — | — | — | 14 | 77 | 1 | 2 |
| 湖　北 | 206 | 24 | 11 | 4 | — | 1 | — | — | — | — | 8 | 174 | 8 | — |
| 湖　南 | 63 | 22 | 9 | 4 | — | — | — | — | — | — | 9 | 39 | 1 | — |
| 广　东 | 41 | 17 | 10 | 4 | — | — | — | — | — | — | 3 | 22 | 2 | — |
| 广　西 | 339 | 174 | 112 | 6 | 4 | — | 3 | — | — | — | 49 | 156 | 10 | 3 |
| 海　南 | 28 | 14 | 4 | 4 | — | — | — | — | — | — | 6 | 14 | 1 | — |
| 重　庆 | 10 | 2 | 1 | — | — | — | — | — | — | — | 1 | 7 | — | — |
| 四　川 | 191 | 56 | 36 | 10 | — | — | — | — | — | — | 10 | 127 | 8 | — |
| 贵　州 | 32 | 21 | 12 | 1 | — | — | — | — | — | — | 8 | 11 | — | — |
| 云　南 | 52 | 31 | 28 | — | 1 | — | — | — | — | — | 2 | 17 | 5 | 1 |
| 西　藏 | — | — | — | — | — | — | — | — | — | — | — | — | — | — |
| 陕　西 | 39 | 6 | 4 | — | — | — | — | — | — | — | 2 | 32 | 1 | — |
| 甘　肃 | 9 | 1 | 1 | — | — | — | — | — | — | — | — | 8 | 1 | 2 |
| 青　海 | 10 | — | — | — | — | — | — | — | — | — | — | 10 | — | — |
| 宁　夏 | 16 | 1 | — | — | — | — | — | — | — | — | 1 | 15 | — | 1 |
| 新　疆 | 11 | 3 | 3 | — | — | — | — | — | — | — | — | 3 | 3 | — |

# 火灾情况(二)

| 源次数(次) | | | | | | | | | | | | 未查明火源次数(次) | 火案处理情况(人) | | |
|---|---|---|---|---|---|---|---|---|---|---|---|---|---|---|---|
| 非生产性用火 | | | | | | | 故意放火 | 外省(区)烧入 | 外国烧入 | 雷击火 | 其他自然火 | | 已处理起数(起) | 已处理人数 | 其中刑事处罚人数 |
| 上坟烧纸 | 烧山驱兽 | 小孩玩火 | 痴呆弄火 | 家火上山 | 电线引起 | 其他 | | | | | | | | | |
| **576** | **9** | **29** | **36** | **8** | **30** | **214** | **17** | **24** | **—** | **45** | **7** | **388** | **1123** | **1202** | **241** |
| — | — | — | — | — | — | — | — | — | — | — | — | 2 | 2 | 2 | 2 |
| 1 | — | — | — | — | — | — | — | — | — | — | — | — | 1 | 1 | — |
| 5 | — | — | 1 | — | — | 11 | 1 | 1 | — | — | — | 15 | 22 | 23 | 8 |
| 3 | — | — | — | — | — | 6 | — | — | — | — | — | — | 10 | 74 | 9 |
| 17 | — | — | — | 1 | 6 | 6 | — | — | — | 12 | 1 | 20 | 50 | 6 | 3 |
| 30 | — | — | — | — | 1 | 9 | 1 | 2 | — | — | — | 10 | 57 | 48 | 23 |
| 20 | — | — | 2 | — | — | — | 2 | — | — | — | — | 3 | 66 | 184 | 17 |
| 1 | — | — | — | 2 | 1 | — | — | — | — | 19 | — | 2 | 29 | 10 | — |
| — | — | — | — | — | — | — | — | — | — | — | — | — | — | — | — |
| 8 | — | — | — | — | — | 1 | — | — | — | — | — | — | 5 | 6 | 2 |
| 20 | 1 | 3 | 3 | 1 | — | 6 | 1 | — | — | 2 | — | 2 | 44 | 48 | 17 |
| 30 | — | — | — | — | — | 1 | — | — | — | — | — | 5 | 29 | 32 | 12 |
| 2 | — | 1 | 1 | 1 | 1 | 1 | 1 | — | — | — | 2 | 4 | 8 | 11 | 9 |
| 18 | — | 2 | 1 | — | — | 5 | — | 5 | — | — | — | — | 42 | 44 | 8 |
| 3 | — | 1 | — | — | 1 | 5 | — | — | — | — | — | 3 | 6 | 6 | 3 |
| 48 | — | 1 | 2 | — | 3 | 20 | — | 2 | — | — | 1 | 78 | 64 | 58 | 2 |
| 121 | — | — | — | — | — | 45 | — | 8 | — | — | — | 7 | 116 | 99 | 11 |
| 30 | 1 | — | 1 | — | — | 6 | — | 2 | — | — | — | 2 | 47 | 43 | 27 |
| 12 | — | 1 | — | — | — | 7 | 2 | — | — | — | — | 23 | 17 | 14 | 8 |
| 88 | 5 | 3 | 10 | 2 | 4 | 31 | 6 | 1 | — | 1 | 1 | 62 | 221 | 216 | 14 |
| 7 | — | — | — | — | — | 6 | — | — | — | — | — | 29 | 8 | 8 | 3 |
| 3 | — | — | — | — | 1 | 3 | — | — | — | 1 | — | 4 | 5 | 3 | 2 |
| 70 | — | 9 | 8 | — | 6 | 26 | 2 | — | — | 5 | 1 | 72 | 175 | 144 | 19 |
| 2 | — | — | — | 1 | — | 8 | — | — | — | — | — | 5 | 19 | 17 | 7 |
| 1 | 2 | 2 | 3 | — | 1 | 2 | — | 3 | — | 1 | — | 21 | 46 | 48 | 12 |
| — | — | — | — | — | — | — | — | — | — | — | — | — | — | — | — |
| 22 | — | 2 | 3 | — | 4 | — | 1 | — | — | — | — | 13 | 19 | 46 | 18 |
| 3 | — | 1 | 1 | — | — | — | — | — | — | — | — | — | 6 | 2 | — |
| 5 | — | 3 | — | — | — | 2 | — | — | — | — | — | 1 | 8 | 8 | 5 |
| 6 | — | — | — | — | 1 | 7 | — | — | — | — | — | 4 | — | — | — |
| — | — | — | — | — | — | — | — | — | — | 4 | 1 | 1 | 1 | 1 | — |

# 各地区林业有害

| 地　区 | 发生面积 | | | | 寄主树种面积 | 发生率（%） |
|---|---|---|---|---|---|---|
| | 总计 | 轻度 | 中度 | 重度 | | |
| **全国合计** | **12113429** | **9127361** | **2299246** | **686823** | **273704934** | **4.43** |
| 北　京 | 37534 | 37462 | 52 | 20 | 1640675 | 2.29 |
| 天　津 | 47045 | 41438 | 3467 | 2140 | 1274855 | 3.69 |
| 河　北 | 472581 | 405218 | 50784 | 16579 | 4933333 | 9.58 |
| 山　西 | 230552 | 194742 | 34628 | 1182 | 4618000 | 4.99 |
| 内蒙古 | 1082500 | 548883 | 376907 | 156710 | 33116028 | 3.27 |
| 辽　宁 | 610980 | 488378 | 100582 | 22020 | 5796000 | 10.54 |
| 吉　林 | 220921 | 152572 | 53250 | 15099 | 8257000 | 2.68 |
| 黑龙江 | 379409 | 165041 | 198611 | 15757 | 16665619 | 2.28 |
| 上　海 | 7603 | 7221 | 342 | 40 | 93333 | 8.15 |
| 江　苏 | 106780 | 95965 | 7560 | 3255 | 1815333 | 5.88 |
| 浙　江 | 140025 | 129455 | 6419 | 4151 | 6590248 | 2.12 |
| 安　徽 | 498133 | 451000 | 35133 | 12000 | 3616640 | 13.77 |
| 福　建 | 206001 | 177135 | 15544 | 13321 | 8012700 | 2.57 |
| 江　西 | 224781 | 200969 | 18903 | 4909 | 9533333 | 2.36 |
| 山　东 | 454478 | 432554 | 19253 | 2671 | 4115434 | 11.04 |
| 河　南 | 589396 | 511356 | 64874 | 13167 | 5254032 | 11.22 |
| 湖　北 | 496142 | 332159 | 91287 | 72696 | 8498500 | 5.84 |
| 湖　南 | 382458 | 328374 | 25434 | 28650 | 9734031 | 3.93 |
| 广　东 | 311782 | 277911 | 33426 | 445 | 9989350 | 3.12 |
| 广　西 | 387752 | 310662 | 58955 | 18135 | 12527838 | 3.10 |
| 海　南 | 25962 | 18947 | 5366 | 1649 | 1821532 | 1.43 |
| 重　庆 | 296231 | 256619 | 32567 | 7045 | 3823333 | 7.75 |
| 四　川 | 699260 | 482930 | 155982 | 60347 | 22747609 | 3.07 |
| 贵　州 | 209033 | 184657 | 18426 | 5950 | 8839778 | 2.36 |
| 云　南 | 467522 | 364496 | 75932 | 27094 | 21613227 | 2.16 |
| 西　藏 | 291033 | 122820 | 121807 | 46407 | 14910000 | 1.95 |
| 陕　西 | 413992 | 280730 | 107023 | 26239 | 10680663 | 3.88 |
| 甘　肃 | 402595 | 315028 | 73734 | 13833 | 7477737 | 5.38 |
| 宁　夏 | 262590 | 169988 | 75129 | 17473 | 4440747 | 5.91 |
| 青　海 | 255014 | 195123 | 53068 | 6823 | 1575333 | 16.19 |
| 新　疆 | 1765022 | 1387987 | 306258 | 70778 | 12497033 | 14.12 |
| 大兴安岭 | 138322 | 59540 | 78546 | 237 | 7195660 | 1.92 |

# 生物发生防治情况

单位:公顷

| 防治面积 | | | | | | | 防治率(%) | 无公害防治率(%) |
|---|---|---|---|---|---|---|---|---|
| 总计 | 化学药剂防治 | 无公害防治 | | | | | | |
| | | 生物化学农药防治 | 人工物理防治 | 生物防治 | 营造林措施防治 | 其　他 | | |
| **8338173** | **981670** | **2076625** | **1906707** | **1598157** | **49335** | **1725679** | **68.83** | **88.23** |
| 37534 | — | 19876 | 1796 | 3393 | — | 12468 | 100.00 | 100.00 |
| 47019 | 2127 | 35393 | 333 | 3 | — | 9163 | 99.95 | 95.48 |
| 428668 | 88492 | 225769 | 38847 | 13746 | — | 61814 | 90.71 | 79.36 |
| 153854 | 49612 | 16365 | 34192 | 10727 | — | 42958 | 66.73 | 67.75 |
| 583598 | 40692 | 180703 | 72441 | 71551 | — | 218210 | 53.91 | 93.03 |
| 511423 | 9439 | 49854 | 78450 | 309070 | — | 64610 | 83.71 | 98.15 |
| 181378 | 102202 | 10527 | 38916 | 9511 | — | 20222 | 82.10 | 43.65 |
| 295831 | 10231 | 23195 | 103740 | 32995 | 14013 | 111658 | 77.97 | 96.54 |
| 7403 | 939 | 4042 | 691 | 233 | — | 1498 | 97.38 | 87.32 |
| 98255 | 12144 | 54548 | 4938 | 2271 | — | 24354 | 92.02 | 87.64 |
| 127033 | 20424 | 9548 | 61240 | 30503 | — | 5319 | 90.72 | 83.92 |
| 373945 | 37358 | 143276 | 65242 | 98080 | 366 | 29624 | 75.07 | 90.01 |
| 196457 | 4992 | 3994 | 38463 | 118588 | 10963 | 19457 | 95.37 | 97.46 |
| 154527 | 16240 | 11473 | 80593 | 28773 | — | 17448 | 68.75 | 89.49 |
| 441835 | 12279 | 184492 | 41554 | 18707 | — | 184803 | 97.22 | 97.22 |
| 488869 | 75367 | 314948 | 40220 | 4840 | — | 53494 | 82.94 | 84.58 |
| 358555 | 20949 | 114135 | 113410 | 82439 | — | 27622 | 72.27 | 94.16 |
| 268134 | 9117 | 15480 | 50824 | 152300 | 20096 | 20317 | 70.11 | 96.60 |
| 172514 | 37053 | 54376 | 34912 | 28292 | — | 17881 | 55.33 | 78.52 |
| 66372 | 118 | 4337 | 12101 | 48955 | — | 861 | 17.12 | 99.82 |
| 8054 | 746 | 436 | 660 | 3368 | — | 2844 | 31.02 | 90.74 |
| 112413 | — | 36970 | 23030 | 6387 | — | 46026 | 37.95 | 100.00 |
| 499055 | 78837 | 84863 | 193617 | 43406 | — | 98332 | 71.37 | 84.20 |
| 130151 | 10627 | 2331 | 62750 | 18044 | 3897 | 32503 | 62.26 | 91.83 |
| 423180 | 100606 | 19304 | 136165 | 95112 | — | 71993 | 90.52 | 76.23 |
| 174787 | 24470 | 92235 | 10190 | 47892 | — | — | 60.06 | 86.00 |
| 284575 | 40480 | 19896 | 208589 | 15610 | — | — | 68.74 | 85.78 |
| 219763 | 50251 | 13667 | 88166 | 9493 | — | 58187 | 54.59 | 77.13 |
| 196032 | 2984 | 13884 | 92014 | 30127 | — | 57024 | 74.65 | 98.48 |
| 87245 | 11898 | 3682 | 64976 | 2688 | — | 4001 | 34.21 | 86.36 |
| 1181583 | 110998 | 284899 | 113646 | 261053 | — | 410987 | 66.94 | 90.61 |
| 28129 | — | 28129 | — | — | — | — | 20.34 | 100.00 |

# 各地区森林病害

| 地　区 | 发生面积 | | | | 寄主树种面积 | 发生率（%） |
|---|---|---|---|---|---|---|
| | 总计 | 轻度 | 中度 | 重度 | | |
| **全国合计** | **1388871** | **1020700** | **270984** | **97188** | **260762080** | **0.53** |
| 北　京 | 2077 | 2077 | — | — | 1640675 | 0.13 |
| 天　津 | 6906 | 6096 | 610 | 200 | 232544 | 2.97 |
| 河　北 | 23999 | 21812 | 1767 | 420 | 4933333 | 0.49 |
| 山　西 | 4128 | 3842 | 244 | 42 | 4618000 | 0.09 |
| 内蒙古 | 161714 | 74617 | 55518 | 31579 | 33116028 | 0.49 |
| 辽　宁 | 64011 | 42861 | 17316 | 3834 | 5796000 | 1.10 |
| 吉　林 | 22657 | 20267 | 1926 | 464 | 8257000 | 0.27 |
| 黑龙江 | 33196 | 18041 | 12968 | 2187 | 12756413 | 0.26 |
| 上　海 | 707 | 642 | 49 | 16 | 93333 | 0.76 |
| 江　苏 | 7970 | 5052 | 2 | 2916 | 1815333 | 0.44 |
| 浙　江 | 14294 | 12525 | 302 | 1467 | 6590248 | 0.22 |
| 安　徽 | 39667 | 33103 | 4789 | 1774 | 2475347 | 1.60 |
| 福　建 | 17987 | 16488 | 752 | 746 | 8012700 | 0.22 |
| 江　西 | 52807 | 49281 | 1917 | 1610 | 9533333 | 0.55 |
| 山　东 | 80367 | 77578 | 2075 | 714 | 4115434 | 1.95 |
| 河　南 | 112287 | 95320 | 13867 | 3100 | 5254032 | 2.14 |
| 湖　北 | 45061 | 35655 | 4490 | 4916 | 8498500 | 0.53 |
| 湖　南 | 79191 | 76304 | 1374 | 1513 | 8712732 | 0.91 |
| 广　东 | 23251 | 21674 | 1428 | 149 | 9989350 | 0.23 |
| 广　西 | 45423 | 30817 | 11102 | 3504 | 12527838 | 0.36 |
| 海　南 | 1508 | 1487 | 17 | 4 | 403113 | 0.37 |
| 重　庆 | 23369 | 18329 | 4473 | 567 | 1468013 | 1.59 |
| 四　川 | 88042 | 68715 | 15162 | 4164 | 22747609 | 0.39 |
| 贵　州 | 14182 | 12573 | 1255 | 354 | 8839778 | 0.16 |
| 云　南 | 83693 | 70038 | 10465 | 3190 | 21613227 | 0.39 |
| 西　藏 | 76673 | 32356 | 32126 | 12191 | 14910000 | 0.51 |
| 陕　西 | 33376 | 23258 | 7114 | 3003 | 10680663 | 0.31 |
| 甘　肃 | 93427 | 52394 | 34840 | 6193 | 7477737 | 1.25 |
| 宁　夏 | 25703 | 18485 | 6342 | 876 | 4440747 | 0.58 |
| 青　海 | 2867 | 2533 | 333 | — | 1575333 | 0.18 |
| 新　疆 | 89913 | 67016 | 17402 | 5495 | 10442027 | 0.86 |
| 大兴安岭 | 18420 | 9460 | 8960 | — | 7195660 | 0.26 |

## 发生防治情况

单位:公顷

| 防治面积 | | | | | | | 防治率(%) | 无公害防治率(%) |
|---|---|---|---|---|---|---|---|---|
| 总计 | 化学药剂防治 | 无公害防治 | | | | | | |
| | | 生物化学农药防治 | 人工物理防治 | 生物防治 | 营造林措施防治 | 其他 | | |
| **958952** | **198128** | **112929** | **255156** | **107123** | **24399** | **261216** | **69.05** | **79.34** |
| 2077 | — | — | 1560 | — | — | 517 | 100.00 | 100.00 |
| 6884 | — | 882 | — | — | — | 6003 | 99.69 | 100.00 |
| 21748 | 5975 | 6918 | 1922 | 390 | — | 6543 | 90.62 | 72.53 |
| 2183 | 533 | — | 707 | 943 | — | — | 52.88 | 75.58 |
| 82034 | 16616 | 15600 | 3399 | 11597 | — | 34823 | 50.73 | 79.75 |
| 56709 | 1998 | 873 | 19909 | 18895 | — | 15034 | 88.59 | 96.48 |
| 21088 | 14427 | — | 3820 | 685 | — | 2156 | 93.07 | 31.59 |
| 21158 | 1814 | 3767 | 1984 | 967 | 400 | 12226 | 63.74 | 91.43 |
| 682 | 433 | — | 1 | — | — | 248 | 96.49 | 36.51 |
| 7936 | 5 | 4 | 4242 | 71 | — | 3614 | 99.57 | 99.94 |
| 8806 | 655 | 128 | 7531 | 473 | — | 20 | 61.61 | 92.57 |
| 29809 | 1418 | 11108 | 8776 | 1933 | 66 | 6507 | 75.15 | 95.24 |
| 17166 | 2754 | — | 3392 | 469 | 10461 | 90 | 95.44 | 83.95 |
| 35027 | 7087 | 607 | 18067 | 2219 | — | 7048 | 66.33 | 79.77 |
| 75022 | 10405 | 1520 | 13081 | 893 | — | 49123 | 93.35 | 86.13 |
| 99727 | 39847 | 940 | 22040 | 653 | — | 36247 | 88.81 | 60.04 |
| 32690 | 6483 | 6110 | 9499 | 5068 | — | 5530 | 72.55 | 80.17 |
| 33314 | 954 | 13136 | 7294 | — | 11233 | 697 | 42.07 | 97.14 |
| 19920 | 4452 | 2532 | 10109 | — | — | 2828 | 85.68 | 77.65 |
| 7633 | 37 | 883 | 4668 | 1594 | — | 451 | 16.80 | 99.52 |
| 697 | — | — | 28 | — | — | 669 | 46.22 | 100 |
| 17956 | — | 2333 | 2356 | — | — | 13267 | 76.84 | 100.00 |
| 38913 | 6961 | 4377 | 14776 | 1833 | — | 10966 | 44.20 | 82.11 |
| 10005 | 226 | 100 | 5453 | 908 | 2239 | 1079 | 70.55 | 97.74 |
| 75099 | 23255 | 7025 | 27029 | 8398 | — | 9392 | 89.73 | 69.03 |
| 46511 | 9088 | — | 3537 | 33886 | — | — | 60.66 | 80.46 |
| 21173 | 8761 | 698 | 10806 | 909 | — | — | 63.44 | 58.62 |
| 70694 | 25300 | 1047 | 33000 | 1833 | — | 9513 | 75.67 | 64.21 |
| 19015 | 1577 | 712 | 1132 | 4850 | — | 10744 | 73.98 | 92 |
| 1 | 1 | — | — | — | — | — | 0.03 | — |
| 75732 | 7067 | 30088 | 15039 | 7657 | — | 15881 | 84.23 | 90.67 |
| 1543 | — | 1543 | — | — | — | — | 8.38 | 100.00 |

# 各地区森林虫害

| 地　　区 | 发生面积 | | | | 寄主树种面积 | 发生率（%） |
|---|---|---|---|---|---|---|
| | 总计 | 轻度 | 中度 | 重度 | | |
| **全国合计** | **8570234** | **6564342** | **1515871** | **490020** | **269407240** | **3.18** |
| 北　京 | 35457 | 35385 | 52 | 20 | 1640675 | 2.16 |
| 天　津 | 40139 | 35342 | 2857 | 1940 | 1042311 | 3.85 |
| 河　北 | 417291 | 365669 | 39201 | 12421 | 4933333 | 8.46 |
| 山　西 | 177316 | 149268 | 27548 | 500 | 4618000 | 3.84 |
| 内蒙古 | 697370 | 360735 | 245394 | 91242 | 33116028 | 2.11 |
| 辽　宁 | 535612 | 436876 | 80588 | 18148 | 5796000 | 9.24 |
| 吉　林 | 157220 | 93802 | 49084 | 14334 | 8257000 | 1.90 |
| 黑龙江 | 170026 | 84768 | 75713 | 9544 | 13069605 | 1.30 |
| 上　海 | 6896 | 6579 | 293 | 24 | 93333 | 7.39 |
| 江　苏 | 98042 | 90145 | 7558 | 339 | 1815333 | 5.40 |
| 浙　江 | 125732 | 116930 | 6117 | 2685 | 6590248 | 1.91 |
| 安　徽 | 458467 | 417897 | 30344 | 10226 | 3342387 | 13.72 |
| 福　建 | 188014 | 160647 | 14792 | 12575 | 8012700 | 2.35 |
| 江　西 | 171825 | 151557 | 16969 | 3298 | 9533333 | 1.80 |
| 山　东 | 374111 | 354976 | 17178 | 1957 | 4115434 | 9.09 |
| 河　南 | 477109 | 416035 | 51007 | 10067 | 5254032 | 9.08 |
| 湖　北 | 335260 | 202178 | 70543 | 62539 | 8498500 | 3.94 |
| 湖　南 | 303267 | 252070 | 24060 | 27137 | 9734031 | 3.12 |
| 广　东 | 256020 | 228634 | 27310 | 75 | 9989350 | 2.56 |
| 广　西 | 338235 | 277065 | 47027 | 14143 | 12527838 | 2.70 |
| 海　南 | 10204 | 8563 | 1351 | 290 | 1821532 | 0.56 |
| 重　庆 | 212083 | 179851 | 25840 | 6391 | 3823333 | 5.55 |
| 四　川 | 556611 | 375304 | 129268 | 52039 | 22747609 | 2.45 |
| 贵　州 | 185769 | 165267 | 15572 | 4930 | 8839778 | 2.10 |
| 云　南 | 357825 | 272004 | 62893 | 22928 | 21613227 | 1.66 |
| 西　藏 | 154593 | 65238 | 64675 | 24680 | 14910000 | 1.04 |
| 陕　西 | 293258 | 193916 | 81497 | 17845 | 10680663 | 2.75 |
| 甘　肃 | 155941 | 129274 | 22673 | 3993 | 7477737 | 2.09 |
| 宁　夏 | 107249 | 76833 | 26317 | 4099 | 4440747 | 2.42 |
| 青　海 | 81146 | 61264 | 16616 | 3266 | 1575333 | 5.15 |
| 新　疆 | 1052006 | 778295 | 217366 | 56345 | 12302150 | 8.55 |
| 大兴安岭 | 40142 | 21974 | 18168 | — | 7195660 | 0.56 |

## 发生防治情况

单位：公顷

| 防治面积 | | | | | | | 防治率（%） | 无公害防治率（%） |
|---|---|---|---|---|---|---|---|---|
| 总 计 | 化学药剂防治 | 无公害防治 | | | | | | |
| | | 生物化学农药防治 | 人工物理防治 | 生物防治 | 营造林措施防治 | 其 他 | | |
| **6150262** | **721790** | **1809039** | **1121778** | **1322955** | **12480** | **1162221** | **71.76** | **88.26** |
| 35457 | — | 19876 | 236 | 3393 | — | 11951 | 100.00 | 100.00 |
| 40135 | 2127 | 34511 | 333 | 3 | — | 3161 | 99.99 | 94.70 |
| 378734 | 81638 | 217604 | 26099 | 8063 | — | 45330 | 90.76 | 78.44 |
| 126283 | 48062 | 14852 | 19267 | 9651 | — | 34451 | 71.22 | 61.94 |
| 353033 | 13858 | 134414 | 36344 | 42830 | — | 125588 | 50.62 | 96.07 |
| 449196 | 6528 | 48981 | 55816 | 289842 | — | 48029 | 83.87 | 98.55 |
| 127507 | 73584 | 6795 | 32436 | 7126 | — | 7566 | 81.10 | 42.29 |
| 113000 | 7121 | 8840 | 31458 | 14092 | 1613 | 49876 | 66.46 | 93.70 |
| 6721 | 506 | 4042 | 690 | 233 | — | 1250 | 97.47 | 92.47 |
| 90026 | 11927 | 54544 | 675 | 2200 | — | 20680 | 91.82 | 86.75 |
| 118227 | 19770 | 9420 | 53709 | 30030 | — | 5299 | 94.03 | 83.28 |
| 344136 | 35940 | 132167 | 56465 | 96147 | 300 | 23117 | 75.06 | 89.56 |
| 179291 | 2238 | 3994 | 35071 | 118119 | 502 | 19367 | 95.36 | 98.75 |
| 119500 | 9153 | 10867 | 62527 | 26553 | — | 10400 | 69.55 | 92.34 |
| 366813 | 1874 | 182972 | 28473 | 17814 | — | 135680 | 98.05 | 99.49 |
| 389142 | 35520 | 314008 | 18180 | 4187 | — | 17247 | 81.56 | 90.87 |
| 258851 | 14406 | 107475 | 37714 | 77371 | — | 21885 | 77.21 | 94.43 |
| 234820 | 8163 | 2344 | 43530 | 152300 | 8863 | 19620 | 77.43 | 96.52 |
| 125116 | 21999 | 46303 | 19592 | 28224 | — | 8997 | 48.87 | 82.42 |
| 57897 | 78 | 3454 | 6594 | 47361 | — | 410 | 17.12 | 99.87 |
| 6378 | 663 | 436 | 24 | 3368 | — | 1887 | 62.50 | 89.60 |
| 80204 | — | 31704 | 12587 | 6387 | — | 29526 | 37.82 | 100.00 |
| 421937 | 69824 | 80166 | 152727 | 41446 | — | 77774 | 75.80 | 83.45 |
| 116835 | 10397 | 2218 | 54520 | 17080 | 1202 | 31418 | 62.89 | 91.10 |
| 331312 | 74491 | 12279 | 95832 | 86641 | — | 62068 | 92.59 | 77.52 |
| 101201 | 9086 | 74970 | 4232 | 12913 | — | — | 65.46 | 91.02 |
| 193120 | 30100 | 18045 | 130559 | 14416 | — | — | 65.85 | 84.41 |
| 77629 | 21857 | 10947 | 16505 | 7119 | — | 21200 | 49.78 | 71.84 |
| 82186 | 1406 | 12832 | 21348 | 11568 | — | 35032 | 76.63 | 98.29 |
| 15234 | 7801 | 3682 | 879 | 2068 | — | 804 | 18.77 | 48.79 |
| 805747 | 101673 | 199703 | 67354 | 144409 | — | 292608 | 76.59 | 87.38 |
| 4593 | — | 4593 | — | — | — | — | 11.44 | 100.00 |

# 各地区森林鼠害

| 地　区 | 发生面积 | | | | 寄主树种面积 | 发生率（%） |
|---|---|---|---|---|---|---|
| | 总计 | 轻度 | 中度 | 重度 | | |
| **全国合计** | **1955135** | **1381758** | **482366** | **91010** | **149242138** | **1.31** |
| 北　京 | — | — | — | — | — | — |
| 天　津 | — | — | — | — | — | — |
| 河　北 | 31291 | 17737 | 9816 | 3738 | 4933333 | 0.63 |
| 山　西 | 47865 | 40522 | 6703 | 640 | 4618000 | 1.04 |
| 内蒙古 | 223416 | 113531 | 75995 | 33889 | 5781790 | 3.86 |
| 辽　宁 | 11357 | 8641 | 2678 | 38 | 170077 | 6.68 |
| 吉　林 | 41044 | 38503 | 2240 | 301 | 8257000 | 0.50 |
| 黑龙江 | 176187 | 62231 | 109929 | 4026 | 14274407 | 1.23 |
| 上　海 | — | — | — | — | — | — |
| 江　苏 | — | — | — | — | — | — |
| 浙　江 | — | — | — | — | — | — |
| 安　徽 | — | — | — | — | — | — |
| 福　建 | — | — | — | — | — | — |
| 江　西 | — | — | — | — | — | — |
| 山　东 | — | — | — | — | — | — |
| 河　南 | — | — | — | — | — | — |
| 湖　北 | 3793 | 3075 | 391 | 327 | 8498500 | 0.04 |
| 湖　南 | — | — | — | — | — | — |
| 广　东 | — | — | — | — | — | — |
| 广　西 | 276 | 276 | — | — | 67947 | 0.41 |
| 海　南 | — | — | — | — | — | — |
| 重　庆 | 60779 | 58439 | 2253 | 87 | 589633 | 10.31 |
| 四　川 | 54607 | 38911 | 11552 | 4144 | 22747609 | 0.24 |
| 贵　州 | 3333 | 2967 | 359 | 7 | 8839778 | 0.04 |
| 云　南 | 4629 | 2209 | 1770 | 650 | 21613227 | 0.02 |
| 西　藏 | 59653 | 25190 | 24966 | 9497 | 14910000 | 0.40 |
| 陕　西 | 87358 | 63555 | 18412 | 5390 | 3333330 | 2.62 |
| 甘　肃 | 153227 | 133361 | 16220 | 3647 | 7477737 | 2.05 |
| 宁　夏 | 122455 | 70502 | 40056 | 11897 | 4440747 | 2.76 |
| 青　海 | 171001 | 131326 | 36119 | 3556 | 1033589 | 16.54 |
| 新　疆 | 623104 | 542675 | 71490 | 8939 | 10459774 | 5.96 |
| 大兴安岭 | 79760 | 28106 | 51417 | 237 | 7195660 | 1.11 |

# 发生防治情况

单位:公顷

| 防治面积 | | | | | | | 防治率（%） | 无公害防治率（%） |
|---|---|---|---|---|---|---|---|---|
| 总　计 | 化学药剂防治 | 无公害防治 | | | | | | |
| | | 生物化学农药防治 | 人工物理防治 | 生物防治 | 营造林措施防治 | 其　他 | | |
| **1121270** | **48246** | **148735** | **448057** | **167938** | **12456** | **295838** | **57.35** | **95.70** |
| — | — | — | — | — | — | — | — | — |
| — | — | — | — | — | — | — | — | — |
| 28186 | 879 | 1247 | 10826 | 5293 | — | 9941 | 90.08 | 96.88 |
| 24191 | 907 | 1513 | 13131 | 133 | — | 8507 | 50.54 | 96.25 |
| 148530 | 10219 | 30689 | 32699 | 17124 | — | 57800 | 66.48 | 93.12 |
| 5518 | 913 | — | 2725 | 333 | — | 1547 | 48.59 | 83.45 |
| 32783 | 14191 | 3732 | 2660 | 1700 | — | 10500 | 79.87 | 56.71 |
| 161674 | 1296 | 10588 | 70298 | 17936 | 12000 | 49555 | 91.76 | 99.20 |
| — | — | — | — | — | — | — | — | — |
| — | — | — | — | — | — | — | — | — |
| — | — | — | — | — | — | — | — | — |
| — | — | — | — | — | — | — | — | — |
| — | — | — | — | — | — | — | — | — |
| — | — | — | — | — | — | — | — | — |
| — | — | — | — | — | — | — | — | — |
| — | — | — | — | — | — | — | — | — |
| 2922 | 30 | 184 | 2502 | — | — | 207 | 77.04 | 98.99 |
| — | — | — | — | — | — | — | — | — |
| — | — | — | — | — | — | — | — | — |
| 276 | — | — | 276 | — | — | — | 100.00 | 100.00 |
| — | — | — | — | — | — | — | — | — |
| 14253 | — | 2933 | 8087 | — | — | 3233 | 23.45 | 100.00 |
| 38205 | 2052 | 320 | 26114 | 127 | — | 9592 | 69.96 | 94.63 |
| 3124 | 4 | 13 | 2589 | 56 | 456 | 6 | 93.75 | 99.88 |
| 4275 | 393 | — | 3348 | — | — | 533 | 92.35 | 90.80 |
| 27039 | 6296 | 17250 | 2400 | 1093 | — | — | 45.33 | 76.71 |
| 70282 | 1619 | 1153 | 67224 | 286 | — | — | 80.45 | 97.70 |
| 71440 | 3093 | 1673 | 38660 | 540 | — | 27473 | 46.62 | 95.67 |
| 94465 | — | 340 | 69167 | 13709 | — | 11248 | 77.14 | 100.00 |
| 72010 | 4096 | — | 64097 | 620 | — | 3197 | 42.11 | 94.31 |
| 300105 | 2258 | 55108 | 31253 | 108987 | — | 102499 | 48.16 | 99.25 |
| 21992 | — | 21992 | — | — | — | — | 27.57 | 100.00 |

# 各地区林业有害植物

| 地　区 | 发生面积 | | | | 寄主树种面积 | 发生率（%） |
|---|---|---|---|---|---|---|
| | 总计 | 轻度 | 中度 | 重度 | | |
| **全国合计** | **199189** | **160561** | **30024** | **8605** | **94324224** | **0.21** |
| 北　京 | — | — | — | — | — | — |
| 天　津 | — | — | — | — | — | — |
| 河　北 | — | — | — | — | — | — |
| 山　西 | 1243 | 1110 | 133 | — | 4618000 | 0.03 |
| 内蒙古 | — | — | — | — | — | — |
| 辽　宁 | — | — | — | — | — | — |
| 吉　林 | — | — | — | — | — | — |
| 黑龙江 | — | — | — | — | — | — |
| 上　海 | — | — | — | — | — | — |
| 江　苏 | 768 | 768 | — | — | 1815333 | 0.04 |
| 浙　江 | — | — | — | — | — | — |
| 安　徽 | — | — | — | — | — | — |
| 福　建 | — | — | — | — | — | — |
| 江　西 | 148 | 131 | 17 | 1 | 9533333 | 0.00 |
| 山　东 | — | — | — | — | — | — |
| 河　南 | — | — | — | — | — | — |
| 湖　北 | 112029 | 91251 | 15863 | 4915 | 8498500 | 1.32 |
| 湖　南 | — | — | — | — | — | — |
| 广　东 | 32511 | 27603 | 4687 | 221 | 9989350 | 0.33 |
| 广　西 | 3818 | 2504 | 826 | 488 | 12527838 | 0.03 |
| 海　南 | 14250 | 8897 | 3998 | 1355 | 1821532 | 0.78 |
| 重　庆 | — | — | — | — | — | — |
| 四　川 | — | — | — | — | — | — |
| 贵　州 | 5750 | 3850 | 1240 | 660 | 8839778 | 0.07 |
| 云　南 | 21376 | 20244 | 805 | 327 | 21613227 | 0.10 |
| 西　藏 | 113 | 35 | 40 | 38 | 14910000 | 0.00 |
| 陕　西 | — | — | — | — | — | — |
| 甘　肃 | — | — | — | — | — | — |
| 宁　夏 | 7183 | 4167 | 2415 | 601 | 157333 | 4.57 |
| 青　海 | — | — | — | — | — | — |
| 新　疆 | — | — | — | — | — | — |
| 大兴安岭 | — | — | — | — | — | — |

# 发生防治情况

单位:公顷

| 防治面积 | | | | | | | 防治率（%） | 无公害防治率（%） |
|---|---|---|---|---|---|---|---|---|
| 总　计 | 化学药剂防治 | 无公害防治 | | | | | | |
| | | 生物化学农药防治 | 人工物理防治 | 生物防治 | 营造林措施防治 | 其　他 | | |
| **107689** | **13506** | **5922** | **81716** | **141** | **—** | **6404** | **54.06** | **87.46** |
| — | — | — | — | — | — | — | — | — |
| — | — | — | — | — | — | — | — | — |
| — | — | — | — | — | — | — | — | — |
| 1197 | 110 | — | 1087 | — | — | — | 96.30 | 90.81 |
| — | — | — | — | — | — | — | — | — |
| — | — | — | — | — | — | — | — | — |
| — | — | — | — | — | — | — | — | — |
| — | — | — | — | — | — | — | — | — |
| — | — | — | — | — | — | — | — | — |
| 293 | 212 | — | 21 | — | — | 60 | 38.16 | 27.65 |
| — | — | — | — | — | — | — | — | — |
| — | — | — | — | — | — | — | — | — |
| — | — | — | — | — | — | — | — | — |
| — | — | — | — | — | — | — | — | — |
| — | — | — | — | — | — | — | — | — |
| — | — | — | — | — | — | — | — | — |
| 64092 | 30 | 367 | 63695 | — | — | — | 57.21 | 99.95 |
| — | — | — | — | — | — | — | — | — |
| 27478 | 10602 | 5541 | 5211 | 68 | — | 6056 | 84.52 | 61.42 |
| 566 | 3 | — | 563 | — | — | — | 14.82 | 99.47 |
| 979 | 83 | — | 608 | — | — | 288 | 6.87 | 91.52 |
| — | — | — | — | — | — | — | — | — |
| — | — | — | — | — | — | — | — | — |
| 188 | — | — | 188 | — | — | — | 3.26 | 100.00 |
| 12495 | 2466 | — | 9956 | 73 | — | — | 58.45 | 80.27 |
| 35 | — | 14 | 21 | — | — | — | 30.85 | 100.00 |
| — | — | — | — | — | — | — | — | — |
| — | — | — | — | — | — | — | — | — |
| 367 | — | — | 367 | — | — | — | 5.10 | 100.00 |
| — | — | — | — | — | — | — | — | — |
| — | — | — | — | — | — | — | — | — |
| — | — | — | — | — | — | — | — | — |

# 各地区林业有害生物

| 地　区 | 林业有害生物防治检疫机构 | | | | | | 林业植物检疫检查站 | | |
|---|---|---|---|---|---|---|---|---|---|
| | 省级 | | 地级 | | 县级 | | 检疫检查站 | | |
| | 站数 | 人数 | 站数 | 人数 | 站数 | 人数 | 合计 | 固定 | 临时 |
| **全国合计** | **35** | **680** | **391** | **2962** | **2692** | **17069** | **1334** | **858** | **476** |
| 北　京 | 1 | 31 | — | — | 16 | 194 | 9 | 9 | — |
| 天　津 | 1 | 9 | — | — | 12 | 145 | 6 | 6 | — |
| 河　北 | 1 | 17 | 15 | 125 | 162 | 871 | 29 | 26 | 3 |
| 山　西 | 1 | 19 | 20 | 145 | 115 | 575 | — | — | — |
| 内蒙古 | 2 | 32 | 12 | 213 | 129 | 1562 | 127 | 99 | 28 |
| 辽　宁 | 1 | 33 | 14 | 94 | 68 | 438 | 35 | — | 35 |
| 吉　林 | 1 | 15 | 9 | 75 | 79 | 516 | — | — | — |
| 黑龙江 | 2 | 12 | 17 | 95 | 123 | 576 | 57 | 36 | 21 |
| 上　海 | 1 | 18 | — | — | 9 | 204 | — | — | — |
| 江　苏 | 1 | 16 | 13 | 134 | 79 | 702 | 19 | 17 | 2 |
| 浙　江 | 1 | 18 | 11 | 79 | 83 | 445 | 7 | — | 7 |
| 安　徽 | 1 | 33 | 16 | 120 | 89 | 425 | 140 | 117 | 23 |
| 福　建 | 1 | 19 | 9 | 45 | 77 | 278 | 32 | 19 | 13 |
| 江　西 | 1 | 41 | 11 | 79 | 105 | 421 | 8 | — | 8 |
| 山　东 | 1 | 24 | 17 | 125 | 156 | 817 | 58 | 41 | 17 |
| 河　南 | 1 | 19 | 28 | 264 | 144 | 1215 | — | — | — |
| 湖　北 | 1 | 23 | 17 | 136 | 82 | 546 | 59 | 29 | 30 |
| 湖　南 | 1 | 7 | 14 | 60 | 110 | 612 | 84 | 79 | 5 |
| 广　东 | 1 | 25 | 20 | 138 | 88 | 398 | 1 | — | 1 |
| 广　西 | 1 | 15 | 14 | 97 | 95 | 477 | 22 | 20 | 2 |
| 海　南 | 1 | 18 | 3 | 36 | 15 | 52 | 12 | 12 | — |
| 重　庆 | 1 | 48 | — | — | 39 | 277 | 163 | 39 | 124 |
| 四　川 | 1 | 18 | 21 | 94 | 194 | 950 | 3 | 3 | — |
| 贵　州 | 1 | 12 | 9 | 53 | 88 | 429 | 107 | 57 | 50 |
| 云　南 | 1 | 22 | 17 | 137 | 134 | 640 | 70 | 34 | 36 |
| 西　藏 | 1 | 8 | 6 | 27 | — | — | 8 | 8 | — |
| 陕　西 | 1 | 25 | 11 | 95 | 113 | 1359 | 110 | 97 | 13 |
| 甘　肃 | 1 | 28 | 24 | 213 | 83 | 822 | 62 | 62 | — |
| 宁　夏 | 1 | 8 | 8 | 49 | 30 | 182 | 14 | 14 | — |
| 青　海 | 1 | 21 | 5 | 53 | 20 | 193 | 18 | 11 | 7 |
| 新　疆 | 2 | 30 | 30 | 181 | 138 | 612 | 42 | 2 | 40 |
| 大兴安岭 | 1 | 16 | — | — | 17 | 136 | 32 | 21 | 11 |

# 防治检疫机构情况

单位:个、人

| | | | 林业有害生物基层测报站点 | | | | | | |
|---|---|---|---|---|---|---|---|---|---|
| 检疫员 | | | 基层测报站、点 | | | | 测报员 | | |
| 合计 | 专职 | 兼职 | 合计 | 国家级 | 省级 | 市(县)级 | 合计 | 专职 | 兼职 |
| **34614** | **17992** | **16622** | **24695** | **1000** | **2164** | **21531** | **63463** | **11446** | **52017** |
| 422 | 199 | 223 | 3895 | 11 | 968 | 2916 | 1340 | 132 | 1208 |
| 140 | 78 | 62 | 126 | 9 | — | 117 | 202 | 65 | 137 |
| 1207 | 830 | 377 | 677 | 37 | 41 | 599 | 4317 | 851 | 3466 |
| — | — | — | 294 | 34 | 23 | 237 | 1081 | 246 | 835 |
| 1964 | 1135 | 829 | 427 | 44 | 22 | 361 | 3502 | 725 | 2777 |
| 1058 | 415 | 643 | 612 | 44 | 37 | 531 | 3168 | 224 | 2944 |
| 1663 | 374 | 1289 | 981 | 33 | 10 | 938 | 1132 | 265 | 867 |
| 1206 | 365 | 841 | 940 | 48 | 35 | 857 | 1922 | 448 | 1474 |
| 311 | 147 | 164 | 90 | 7 | 23 | 60 | 126 | 57 | 69 |
| 1900 | 800 | 1100 | 491 | 31 | 13 | 447 | 1047 | 289 | 758 |
| 2642 | 1786 | 856 | 726 | 42 | 18 | 666 | 3099 | 380 | 2719 |
| 1336 | 906 | 430 | 801 | 37 | 9 | 755 | 1900 | 169 | 1731 |
| 1069 | 524 | 545 | 922 | 40 | 51 | 831 | 2490 | 403 | 2087 |
| 1280 | 627 | 653 | 1961 | 36 | 70 | 1855 | 2452 | 472 | 1980 |
| 1872 | 1242 | 630 | 1874 | 43 | 37 | 1794 | 4277 | 801 | 3476 |
| 1377 | 903 | 474 | 1170 | 38 | 12 | 1120 | 3349 | 966 | 2383 |
| 1097 | 560 | 537 | 548 | 36 | 33 | 479 | 1426 | 332 | 1094 |
| 1510 | 597 | 913 | 1389 | 40 | — | 1349 | 2790 | 430 | 2360 |
| 1135 | 897 | 238 | 644 | 43 | 32 | 569 | 1899 | 316 | 1583 |
| 688 | 372 | 316 | 435 | 39 | 18 | 378 | 2636 | 413 | 2223 |
| 314 | 150 | 164 | 195 | 10 | — | 185 | 601 | 51 | 550 |
| 1131 | 715 | 416 | 286 | 24 | 14 | 248 | 1231 | 157 | 1074 |
| 1167 | 699 | 468 | 839 | 40 | 50 | 749 | 7096 | 648 | 6448 |
| 906 | 275 | 631 | 485 | 35 | 53 | 397 | 1549 | 299 | 1250 |
| 1875 | 587 | 1288 | 1282 | 35 | 1 | 1246 | 4177 | 453 | 3724 |
| 103 | 103 | — | 27 | 3 | 24 | — | 64 | 28 | 36 |
| 898 | 638 | 260 | 932 | 35 | 38 | 859 | 1764 | 407 | 1357 |
| 2413 | 911 | 1502 | 693 | 35 | 42 | 616 | 532 | 509 | 23 |
| 576 | 385 | 191 | 58 | 29 | — | 29 | 409 | 112 | 297 |
| 222 | 146 | 76 | 36 | 16 | 12 | 8 | 282 | 55 | 227 |
| 968 | 560 | 408 | 841 | 38 | 477 | 326 | 1371 | 636 | 735 |
| 164 | 66 | 98 | 18 | 8 | 1 | 9 | 232 | 107 | 125 |

# 各地区林业有害生物

| 地　　区 | 全国合计 | | | |
| --- | --- | --- | --- | --- |
| | 合　计 | 地方财政资金 | 中央财政拨付资金 | 社会投入 |
| **全国合计** | **378894** | **236330** | **24512** | **118052** |
| 北　京 | 10542 | 9308 | 494 | 740 |
| 天　津 | 6965 | 3189 | 336 | 3440 |
| 河　北 | 19165 | 7084 | 1048 | 11033 |
| 山　西 | 3979 | 2039 | 736 | 1204 |
| 内蒙古 | 8675 | 2607 | 1170 | 4898 |
| 辽　宁 | 8238 | 2474 | 1076 | 4688 |
| 吉　林 | 4110 | 2412 | 832 | 866 |
| 黑龙江 | 4637 | 2079 | 1253 | 1305 |
| 上　海 | 12740 | 12219 | 28 | 492 |
| 江　苏 | 20225 | 11310 | 624 | 8291 |
| 浙　江 | 19928 | 16201 | 668 | 3059 |
| 安　徽 | 24273 | 16975 | 848 | 6450 |
| 福　建 | 15946 | 11811 | 910 | 3225 |
| 江　西 | 6777 | 4981 | 994 | 802 |
| 山　东 | 49784 | 32292 | 1172 | 16321 |
| 河　南 | 21547 | 11858 | 840 | 8849 |
| 湖　北 | 11962 | 6752 | 930 | 4280 |
| 湖　南 | 9400 | 4550 | 950 | 3900 |
| 广　东 | 16087 | 12469 | 772 | 2846 |
| 广　西 | 5330 | 2272 | 695 | 2364 |
| 海　南 | 2873 | 2178 | 350 | 345 |
| 重　庆 | 25318 | 22635 | 620 | 2063 |
| 四　川 | 15563 | 9469 | 1050 | 5044 |
| 贵　州 | 11340 | 3704 | 875 | 6761 |
| 云　南 | 7507 | 2362 | 925 | 4220 |
| 西　藏 | 1493 | 1126 | 365 | 2 |
| 陕　西 | 10205 | 6424 | 925 | 2856 |
| 甘　肃 | 2981 | 2256 | 725 | — |
| 宁　夏 | 1873 | 1228 | 645 | — |
| 青　海 | 1291 | 661 | 380 | 250 |
| 新　疆 | 17771 | 9072 | 1240 | 7459 |
| 大兴安岭 | 370 | 334 | 36 | — |

# 防治资金投入情况

单位:万元

| 省级 | | 地(市)级 | | 县(市、区)级 | |
|---|---|---|---|---|---|
| 本级财政资金投入 | 社会投入 | 本级财政资金投入 | 社会投入 | 本级财政资金投入 | 社会投入 |
| **59588** | **400** | **33978** | **3844** | **142764** | **113808** |
| 3564 | — | — | — | 5744 | 740 |
| 1499 | — | — | — | 1691 | 3440 |
| 800 | — | 1923 | — | 4361 | 11033 |
| 1470 | — | 391 | — | 178 | 1204 |
| 757 | — | 528 | 728 | 1322 | 4170 |
| 400 | — | 1145 | 70 | 929 | 4618 |
| 1000 | — | 198 | 55 | 1214 | 811 |
| 15 | — | 221 | 184 | 1843 | 1121 |
| 11107 | — | — | — | 1112 | 492 |
| 4000 | — | 1228 | 150 | 6082 | 8141 |
| 2413 | — | 1746 | — | 12042 | 3059 |
| 542 | — | 3004 | 122 | 13430 | 6328 |
| 1800 | — | 1419 | — | 8592 | 3225 |
| 2000 | — | 122 | 296 | 2859 | 506 |
| 3630 | — | 7545 | — | 21116 | 16321 |
| 1600 | — | 3601 | 454 | 6657 | 8396 |
| 1966 | — | 919 | 853 | 3867 | 3427 |
| 1310 | — | 670 | 100 | 2570 | 3800 |
| 2500 | — | 3701 | 65 | 6268 | 2781 |
| 1115 | — | 351 | 2 | 806 | 2362 |
| 311 | — | 699 | 180 | 1168 | 165 |
| 4000 | — | — | — | 18635 | 2063 |
| 2554 | — | 1185 | 100 | 5730 | 4944 |
| 2058 | — | 666 | 44 | 980 | 6717 |
| 700 | — | 595 | — | 1067 | 4220 |
| 935 | — | 40 | 2 | 150 | — |
| 1300 | 200 | 291 | 350 | 4833 | 2306 |
| 500 | — | 366 | — | 1390 | — |
| 1000 | — | 20 | — | 208 | — |
| 400 | 200 | 71 | 30 | 190 | 20 |
| 2007 | — | 1334 | 60 | 5730 | 7399 |
| 334 | — | — | — | — | — |

# 附录四

# 全国分县造林情况

ANNEX Ⅳ

# 分县造林完成情况

单位:公顷

| 地　区 | 人工造林 | 飞播造林 | 新封山育林 | 退化林修复 | 人工更新 |
|---|---|---|---|---|---|
| **全国合计** | **3823656** | **162322** | **1953638** | **991088** | **272805** |
| **北京市** | **10012** | **—** | **4000** | **3999** | **1053** |
| 朝阳区 | 116 | — | — | — | — |
| 丰台区 | 67 | — | — | — | — |
| 海淀区 | 299 | — | — | — | — |
| 门头沟区 | 546 | — | — | 467 | 947 |
| 房山区 | 2993 | — | 4000 | 466 | — |
| 通州区 | 667 | — | — | — | 7 |
| 顺义区 | 549 | — | — | — | — |
| 昌平区 | 612 | — | — | 333 | — |
| 大兴区 | 1354 | — | — | — | 35 |
| 怀柔区 | 503 | — | — | 333 | — |
| 平谷区 | 200 | — | — | 400 | 63 |
| 密云区 | 1493 | — | — | 1000 | — |
| 延庆区 | 613 | — | — | 333 | 1 |
| 西山试验林场 | — | — | — | 200 | — |
| 十三陵林场 | — | — | — | 200 | — |
| 八达岭林场 | — | — | — | 200 | — |
| 松山国家级自然保护区 | — | — | — | 67 | — |
| **天津市** | **9291** | **—** | **—** | **—** | **—** |
| 东丽区 | 118 | — | — | — | — |
| 西青区 | 333 | — | — | — | — |
| 津南区 | 240 | — | — | — | — |
| 北辰区 | 148 | — | — | — | — |
| 武清区 | 2684 | — | — | — | — |
| 宝坻区 | 2382 | — | — | — | — |
| 宁河区 | 1322 | — | — | — | — |
| 静海县 | 1333 | — | — | — | — |
| 蓟州区 | 528 | — | — | — | — |
| 滨海新区 | 203 | — | — | — | — |
| **河北省** | **345625** | **33333** | **135107** | **65653** | **3643** |
| **石家庄市** | **49655** | **—** | **82405** | **—** | **129** |
| 井陉矿区 | 667 | — | 1333 | — | — |
| 藁城区 | 927 | — | — | — | — |
| 鹿泉区 | 2490 | — | 5333 | — | — |
| 栾城区 | 513 | — | — | — | — |
| 井陉县 | 6846 | — | 13333 | — | — |
| 正定县 | 267 | — | — | — | — |
| 行唐县 | 7000 | — | 11533 | — | — |
| 灵寿县 | 7533 | — | 13333 | — | — |
| 高邑县 | 479 | — | — | — | — |
| 深泽县 | 500 | — | — | — | — |
| 赞皇县 | 7133 | — | 13333 | — | — |
| 无极县 | 467 | — | — | — | — |
| 平山县 | 7000 | — | 14007 | — | 129 |
| 元氏县 | 5783 | — | 10200 | — | — |
| 赵县 | 885 | — | — | — | — |

# 分县造林完成情况

单位:公顷

| 地　区 | 人工造林 | 飞播造林 | 新封山育林 | 退化林修复 | 人工更新 |
|---|---|---|---|---|---|
| 晋州市 | 438 | — | — | — | — |
| 新乐市 | 727 | — | — | — | — |
| **辛集市** | **469** | **—** | **—** | **—** | **—** |
| **唐山市** | **16553** | **—** | **5867** | **—** | **1248** |
| 路南区 | 60 | — | — | — | 9 |
| 路北区 | 43 | — | — | — | — |
| 古冶区 | 667 | — | — | — | — |
| 开平区 | 400 | — | — | — | — |
| 丰南区 | 2033 | — | — | — | 469 |
| 丰润区 | 1367 | — | 1000 | — | — |
| 曹妃甸区 | 1334 | — | — | — | — |
| 滦县 | 1267 | — | 667 | — | — |
| 滦南县 | 1920 | — | — | — | — |
| 乐亭县 | 2013 | — | — | — | — |
| 迁西县 | 1120 | — | 1333 | — | — |
| 玉田县 | 560 | — | 1200 | — | — |
| 汉沽管理区 | 82 | — | — | — | 10 |
| 高新技术产业开发区 | 67 | — | — | — | — |
| 海港开发区 | 80 | — | — | — | — |
| 唐山湾国际旅游岛 | 133 | — | — | — | — |
| 遵化市 | 1674 | — | 1000 | — | 473 |
| 迁安市 | 1733 | — | 667 | — | 287 |
| **秦皇岛市** | **16459** | **—** | **4832** | **598** | **—** |
| 海港区 | 1867 | — | 333 | — | — |
| 山海关区 | 520 | — | — | — | — |
| 北戴河区 | 347 | — | — | 331 | — |
| 抚宁区 | 2310 | — | 1000 | — | — |
| 青龙满族自治县 | 5130 | — | 2166 | — | — |
| 昌黎县 | 2493 | — | 333 | — | — |
| 卢龙县 | 2433 | — | 1000 | — | — |
| 经济技术开发区 | 228 | — | — | — | — |
| 北戴河新区 | 1131 | — | — | 267 | — |
| **邯郸市** | **25067** | **33333** | **12268** | **—** | **—** |
| 邯山区 | 698 | — | — | — | — |
| 丛台区 | 500 | — | 66 | — | — |
| 复兴区 | 370 | — | 67 | — | — |
| 峰峰矿区 | 1067 | 2000 | 1467 | — | — |
| 肥乡区 | 832 | — | — | — | — |
| 永年区 | 2278 | — | 1334 | — | — |
| 临漳县 | 1116 | — | — | — | — |
| 成安县 | 226 | — | — | — | — |
| 大名县 | 1200 | — | — | — | — |
| 涉县 | 6000 | 13333 | 3667 | — | — |
| 磁县 | 2000 | 4667 | 2333 | — | — |
| 邱县 | 915 | — | — | — | — |
| 鸡泽县 | 490 | — | — | — | — |
| 广平县 | 337 | — | — | — | — |

# 分县造林完成情况

单位:公顷

| 地　区 | 人工造林 | 飞播造林 | 新封山育林 | 退化林修复 | 人工更新 |
|---|---|---|---|---|---|
| 馆陶县 | 600 | — | — | — | — |
| 魏县 | 950 | — | — | — | — |
| 曲周县 | 1165 | — | — | — | — |
| 邯郸经济技术开发区 | 486 | — | — | — | — |
| 邯郸冀南新区 | 470 | — | — | — | — |
| 武安市 | 3334 | 13333 | 3334 | — | — |
| 漳河林场 | 33 | — | — | — | — |
| **邢台市** | **25695** | **—** | **1066** | **200** | **—** |
| 桥东区 | 7 | — | — | — | — |
| 桥西区 | 178 | — | — | — | — |
| 邢台县 | 2400 | — | 666 | — | — |
| 临城县 | 1200 | — | 400 | — | — |
| 内丘县 | 2667 | — | — | — | — |
| 柏乡县 | 430 | — | — | — | — |
| 隆尧县 | 2999 | — | — | 200 | — |
| 任县 | 870 | — | — | — | — |
| 南和县 | 775 | — | — | — | — |
| 宁晋县 | 933 | — | — | — | — |
| 巨鹿县 | 800 | — | — | — | — |
| 新河县 | 616 | — | — | — | — |
| 广宗县 | 650 | — | — | — | — |
| 平乡县 | 1933 | — | — | — | — |
| 威县 | 2400 | — | — | — | — |
| 清河县 | 2735 | — | — | — | — |
| 临西县 | 1225 | — | — | — | — |
| 南宫市 | 1633 | — | — | — | — |
| 沙河市 | 866 | — | — | — | — |
| 高开区 | 258 | — | — | — | — |
| 大曹庄 | 120 | — | — | — | — |
| **保定市** | **35879** | **—** | **14202** | **467** | **90** |
| 竞秀区 | 112 | — | — | — | — |
| 莲池区 | 137 | — | — | — | — |
| 满城区 | 1333 | — | 1000 | — | — |
| 清苑区 | 1333 | — | — | — | — |
| 徐水区 | 1333 | — | — | — | — |
| 涞水县 | 4000 | — | 1667 | — | — |
| 阜平县 | 4133 | — | 2667 | — | — |
| 定兴县 | 1067 | — | — | — | 10 |
| 唐县 | 2823 | — | 1667 | — | — |
| 高阳县 | 733 | — | — | — | — |
| 容城县 | 596 | — | — | — | — |
| 涞源县 | 3867 | — | 2667 | — | — |
| 望都县 | 567 | — | — | — | — |
| 安新县 | 735 | — | — | — | 33 |
| 易县 | 3867 | — | 2000 | 267 | — |
| 曲阳县 | 2341 | — | 1867 | — | — |
| 蠡县 | 778 | — | — | — | — |

# 分县造林完成情况

单位:公顷

| 地 区 | 人工造林 | 飞播造林 | 新封山育林 | 退化林修复 | 人工更新 |
|---|---|---|---|---|---|
| 顺平县 | 1700 | — | 667 | — | — |
| 博野县 | 660 | — | — | — | — |
| 雄县 | 901 | — | — | — | 5 |
| 涿州市 | 1211 | — | — | — | 42 |
| 安国市 | 733 | — | — | — | — |
| 高碑店市 | 667 | — | — | 200 | — |
| 高新区 | 86 | — | — | — | — |
| 白沟新城 | 166 | — | — | — | — |
| **定州市** | **1400** | **—** | **—** | **—** | **—** |
| **张家口市** | **81075** | **—** | **5333** | **64379** | **—** |
| 桥东区 | 57 | — | — | — | — |
| 桥西区 | 976 | — | — | — | — |
| 宣化区 | 8007 | — | 667 | — | — |
| 下花园区 | 1382 | — | — | — | — |
| 张北县 | 4299 | — | — | 24713 | — |
| 康保县 | 6540 | — | — | 9666 | — |
| 沽源县 | 4247 | — | — | 15367 | — |
| 尚义县 | 5200 | — | — | 14633 | — |
| 蔚县 | 7373 | — | 333 | — | — |
| 阳原县 | 7617 | — | 333 | — | — |
| 怀安县 | 5346 | — | 333 | — | — |
| 万全县 | 5870 | — | 333 | — | — |
| 怀来县 | 3973 | — | 1000 | — | — |
| 涿鹿县 | 5826 | — | 1000 | — | — |
| 赤城县 | 5360 | — | 667 | — | — |
| 崇礼区 | 8887 | — | 667 | — | — |
| 高新技术产业开发区 | 115 | — | — | — | — |
| **承德市** | **43474** | **—** | **8668** | **9** | **1420** |
| 双桥区 | 560 | — | 333 | — | — |
| 双滦区 | 1067 | — | 667 | — | — |
| 鹰手营子矿区 | 514 | — | — | — | — |
| 承德县 | 1867 | — | 667 | 9 | 222 |
| 兴隆县 | 2327 | — | 1000 | — | — |
| 平泉县 | 2867 | — | 667 | — | 380 |
| 滦平县 | 4915 | — | 667 | — | — |
| 隆化县 | 6241 | — | 1333 | — | 83 |
| 丰宁满族自治县 | 8429 | — | 1334 | — | 70 |
| 宽城满族自治县 | 3766 | — | 667 | — | — |
| 围场满族蒙古族自治县 | 10788 | — | 1333 | — | 665 |
| 高新区 | 133 | — | — | — | — |
| **沧州市** | **8495** | **—** | **—** | **—** | **—** |
| 新华区 | 100 | — | — | — | — |
| 运河区 | 67 | — | — | — | — |
| 沧县 | 480 | — | — | — | — |
| 青县 | 467 | — | — | — | — |
| 东光县 | 267 | — | — | — | — |
| 海兴县 | 200 | — | — | — | — |

# 分县造林完成情况

单位:公顷

| 地　区 | 人工造林 | 飞播造林 | 新封山育林 | 退化林修复 | 人工更新 |
|---|---|---|---|---|---|
| 盐山县 | 811 | — | — | — | — |
| 肃宁县 | 633 | — | — | — | — |
| 南皮县 | 1105 | — | — | — | — |
| 吴桥县 | 300 | — | — | — | — |
| 献县 | 867 | — | — | — | — |
| 孟村回族自治县 | 953 | — | — | — | — |
| 中捷农场 | 200 | — | — | — | — |
| 南大港农场 | 400 | — | — | — | — |
| 泊头市 | 267 | — | — | — | — |
| 任丘市 | 533 | — | — | — | — |
| 黄骅市 | 267 | — | — | — | — |
| 河间市 | 578 | — | — | — | — |
| **廊坊市** | **20196** | **—** | **333** | **—** | **—** |
| 安次区 | 2472 | — | — | — | — |
| 广阳区 | 460 | — | — | — | — |
| 固安县 | 1620 | — | — | — | — |
| 永清县 | 2178 | — | — | — | — |
| 香河县 | 1330 | — | — | — | — |
| 大城县 | 2950 | — | — | — | — |
| 文安县 | 2341 | — | — | — | — |
| 大厂回族自治县 | 420 | — | — | — | — |
| 霸州市 | 2789 | — | — | — | — |
| 三河市 | 3530 | — | 333 | — | — |
| 开发区 | 106 | — | — | — | — |
| **衡水市** | **17879** | **—** | **—** | **—** | **244** |
| 桃城区 | 682 | — | — | — | — |
| 枣强县 | 1147 | — | — | — | 45 |
| 武邑县 | 2709 | — | — | — | — |
| 武强县 | 1200 | — | — | — | 50 |
| 饶阳县 | 1774 | — | — | — | — |
| 安平县 | 1008 | — | — | — | — |
| 故城县 | 1843 | — | — | — | — |
| 景县 | 1040 | — | — | — | 80 |
| 阜城县 | 2100 | — | — | — | 40 |
| 冀州区 | 1547 | — | — | — | — |
| 深州市 | 2267 | — | — | — | — |
| 经济开发区 | 355 | — | — | — | 15 |
| 滨湖新区 | 207 | — | — | — | 14 |
| **木兰林管局** | **2434** | **—** | **—** | **—** | **—** |
| **塞罕坝机械林场** | **828** | **—** | **—** | **—** | **512** |
| **洪崖山国有林场** | **67** | **—** | **133** | **—** | **—** |
| **山西省** | **199696** | **—** | **59998** | **7000** | **—** |
| **太原市** | **5960** | **—** | **4333** | **—** | **—** |
| 杏花岭区 | 270 | — | — | — | — |
| 晋源区 | 86 | — | — | — | — |
| 清徐县 | 212 | — | 400 | — | — |
| 阳曲县 | 726 | — | 1467 | — | — |

# 分县造林完成情况

单位:公顷

| 地　区 | 人工造林 | 飞播造林 | 新封山育林 | 退化林修复 | 人工更新 |
|---|---|---|---|---|---|
| 娄烦县 | 2421 | — | 1000 | — | — |
| 古交市 | 2245 | — | 1333 | — | — |
| 市直单位 | — | — | 133 | — | — |
| **大同市** | **18667** | **—** | **3000** | **—** | **—** |
| 南郊区 | 514 | — | — | — | — |
| 新荣区 | 733 | — | — | — | — |
| 阳高县 | 3200 | — | 333 | — | — |
| 天镇县 | 2907 | — | 667 | — | — |
| 广灵县 | 3023 | — | 333 | — | — |
| 灵丘县 | 2754 | — | 333 | — | — |
| 浑源县 | 1381 | — | 1000 | — | — |
| 左云县 | 1860 | — | — | — | — |
| 大同县 | 2148 | — | 334 | — | — |
| 市直单位 | 147 | — | — | — | — |
| **阳泉市** | **2762** | **—** | **333** | **—** | **—** |
| 郊区 | 640 | — | — | — | — |
| 平定县 | 1629 | — | 333 | — | — |
| 盂县 | 493 | — | — | — | — |
| **长治市** | **9886** | **—** | **666** | **—** | **—** |
| 长治县 | 3 | — | — | — | — |
| 襄垣县 | 1014 | — | — | — | — |
| 屯留县 | 708 | — | — | — | — |
| 平顺县 | 2743 | — | 333 | — | — |
| 黎城县 | 1132 | — | — | — | — |
| 壶关县 | 449 | — | — | — | — |
| 长子县 | 573 | — | — | — | — |
| 武乡县 | 1082 | — | — | — | — |
| 沁县 | 1036 | — | — | — | — |
| 沁源县 | 786 | — | 333 | — | — |
| 潞城市 | 360 | — | — | — | — |
| **晋城市** | **1640** | **—** | **133** | **—** | **—** |
| 沁水县 | 586 | — | 133 | — | — |
| 阳城县 | 425 | — | — | — | — |
| 陵川县 | 287 | — | — | — | — |
| 泽州县 | 181 | — | — | — | — |
| 高平市 | 161 | — | — | — | — |
| **朔州市** | **8887** | **—** | **2067** | **667** | **—** |
| 朔城区 | 2940 | — | 667 | — | — |
| 平鲁区 | 1060 | — | 667 | 667 | — |
| 山阴县 | 487 | — | — | — | — |
| 应县 | 2327 | — | 333 | — | — |
| 右玉县 | 1940 | — | 400 | — | — |
| 怀仁县 | 133 | — | — | — | — |
| **晋中市** | **7756** | **—** | **2267** | **—** | **—** |
| 榆次区 | 467 | — | 633 | — | — |
| 榆社县 | 2167 | — | 334 | — | — |
| 左权县 | 445 | — | — | — | — |

# 分县造林完成情况

单位:公顷

| 地区 | 人工造林 | 飞播造林 | 新封山育林 | 退化林修复 | 人工更新 |
|---|---|---|---|---|---|
| 和顺县 | 417 | — | — | — | — |
| 昔阳县 | 1228 | — | — | — | — |
| 寿阳县 | 784 | — | 133 | — | — |
| 太谷县 | 133 | — | 433 | — | — |
| 祁县 | 333 | — | 334 | — | — |
| 平遥县 | 362 | — | 133 | — | — |
| 灵石县 | 1030 | — | 267 | — | — |
| 介休市 | 390 | — | — | — | — |
| **运城市** | **9760** | **—** | **3366** | **—** | **—** |
| 盐湖区 | 1383 | — | 200 | — | — |
| 临猗县 | 402 | — | 267 | — | — |
| 万荣县 | 491 | — | 466 | — | — |
| 闻喜县 | 627 | — | 233 | — | — |
| 稷山县 | 802 | — | 333 | — | — |
| 新绛县 | 400 | — | 400 | — | — |
| 绛县 | 766 | — | 200 | — | — |
| 垣曲县 | 429 | — | 266 | — | — |
| 夏县 | 1021 | — | — | — | — |
| 平陆县 | 1926 | — | 334 | — | — |
| 芮城县 | 734 | — | 200 | — | — |
| 永济市 | 366 | — | 67 | — | — |
| 河津市 | 413 | — | 400 | — | — |
| **忻州市** | **37447** | **—** | **8733** | **867** | **—** |
| 忻府区 | 1400 | — | 1000 | — | — |
| 定襄县 | 335 | — | — | — | — |
| 五台县 | 861 | — | — | — | — |
| 代县 | 2371 | — | — | — | — |
| 繁峙县 | 3873 | — | — | — | — |
| 宁武县 | 808 | — | 667 | — | — |
| 静乐县 | 3192 | — | 1333 | — | — |
| 神池县 | 2791 | — | 800 | — | — |
| 五寨县 | 5077 | — | 667 | — | — |
| 岢岚县 | 3875 | — | 800 | — | — |
| 河曲县 | 4907 | — | 1000 | — | — |
| 保德县 | 2039 | — | — | — | — |
| 偏关县 | 3377 | — | 1466 | 867 | — |
| 原平市 | 2541 | — | 1000 | — | — |
| **临汾市** | **20320** | **—** | **9334** | **867** | **—** |
| 尧都区 | 515 | — | 733 | — | — |
| 曲沃县 | 120 | — | — | — | — |
| 翼城县 | 213 | — | — | — | — |
| 襄汾县 | 1137 | — | 467 | — | — |
| 洪洞县 | 269 | — | 467 | — | — |
| 古县 | 113 | — | — | — | — |
| 安泽县 | 373 | — | — | — | — |
| 浮山县 | 113 | — | — | — | — |
| 吉县 | 2206 | — | 333 | — | — |

# 分县造林完成情况

单位:公顷

| 地　区 | 人工造林 | 飞播造林 | 新封山育林 | 退化林修复 | 人工更新 |
|---|---|---|---|---|---|
| 乡宁县 | 2103 | — | 1067 | — | — |
| 大宁县 | 2447 | — | 1467 | — | — |
| 隰县 | 3824 | — | 1267 | — | — |
| 永和县 | 2112 | — | 800 | 867 | — |
| 蒲县 | 2898 | — | 1600 | — | — |
| 汾西县 | 884 | — | 600 | — | — |
| 侯马市 | 533 | — | — | — | — |
| 霍州市 | 460 | — | 533 | — | — |
| **吕梁市** | **25894** | **—** | **11400** | **933** | **—** |
| 离石区 | 1310 | — | 1934 | — | — |
| 文水县 | 400 | — | 666 | — | — |
| 交城县 | 533 | — | 1000 | — | — |
| 兴县 | 5004 | — | 1133 | — | — |
| 临县 | 4470 | — | 333 | — | — |
| 柳林县 | 2436 | — | 667 | — | — |
| 石楼县 | 3031 | — | 1133 | — | — |
| 岚县 | 3095 | — | 867 | — | — |
| 方山县 | 1720 | — | 1134 | 600 | — |
| 中阳县 | 93 | — | — | 333 | — |
| 交口县 | 1131 | — | 933 | — | — |
| 孝义市 | 1059 | — | 666 | — | — |
| 汾阳市 | 1612 | — | 934 | — | — |
| **管涔山林局** | **4186** | **—** | **1333** | **—** | **—** |
| **五台山林局** | **5807** | **—** | **1333** | **—** | **—** |
| **关帝山林局** | **7782** | **—** | **2834** | **1333** | **—** |
| **太行山林局** | **4653** | **—** | **667** | **—** | **—** |
| **太岳山林局** | **4706** | **—** | **1667** | **—** | **—** |
| **吕梁山林局** | **5067** | **—** | **2133** | **—** | **—** |
| **中条山林局** | **4828** | **—** | **1333** | **—** | **—** |
| **黑茶山林局** | **6347** | **—** | **2933** | **—** | **—** |
| **杨树局** | **7274** | **—** | **—** | **2333** | **—** |
| **省林职院林场** | **67** | **—** | **133** | **—** | **—** |
| **内蒙古自治区** | **311052** | **74094** | **136006** | **90382** | **6950** |
| **呼和浩特市** | **17935** | **—** | **2067** | **6667** | **—** |
| 市直单位 | 1267 | — | — | — | — |
| 新城区 | 433 | — | — | — | — |
| 玉泉区 | 6 | — | — | — | — |
| 赛罕区 | 267 | — | — | — | — |
| 土默特左旗 | 585 | — | — | — | — |
| 托克托县 | 200 | — | — | — | — |
| 和林格尔县 | 1213 | — | — | 2267 | — |
| 武川县 | 6364 | — | 1000 | 2200 | — |
| 清水河县 | 7600 | — | 1067 | 2200 | — |
| **包头市** | **19561** | **—** | **8468** | **6667** | **—** |
| 东河区 | 209 | — | 333 | — | — |
| 青山区 | 373 | — | — | — | — |
| 昆都仑区 | 156 | — | — | — | — |

# 分县造林完成情况

单位:公顷

| 地　区 | 人工造林 | 飞播造林 | 新封山育林 | 退化林修复 | 人工更新 |
|---|---|---|---|---|---|
| 石拐区 | 1895 | — | 801 | 667 | — |
| 九原区 | 353 | — | 333 | 333 | — |
| 土默特右旗 | 2933 | — | 2667 | 667 | — |
| 固阳县 | 10081 | — | 867 | 2000 | — |
| 达尔罕茂明安联合旗 | 3514 | — | 3467 | 3000 | — |
| 稀土高新技术开发区 | 47 | — | — | — | — |
| **乌海市** | **2021** | **—** | **—** | **—** | **—** |
| 海勃湾区 | 33 | — | — | — | — |
| 海南区 | 1988 | — | — | — | — |
| **赤峰市** | **33586** | **6667** | **22286** | **3936** | **3084** |
| 红山区 | 200 | — | — | — | — |
| 元宝山区 | 1537 | — | — | — | 78 |
| 松山区 | 1133 | — | 667 | 580 | 13 |
| 阿鲁科尔沁旗 | 3620 | — | 3573 | 427 | 447 |
| 巴林左旗 | 2933 | — | 6666 | — | — |
| 巴林右旗 | 7200 | — | 3333 | 2447 | — |
| 林西县 | 3293 | — | 667 | — | 513 |
| 克什克腾旗 | 3980 | — | 4047 | — | — |
| 翁牛特旗 | 5640 | 6667 | 2000 | — | 1973 |
| 宁城县 | 1600 | — | — | 253 | 60 |
| 敖汉旗 | 1673 | — | 1333 | 228 | — |
| 喀喇沁旗 | 777 | — | — | 1 | — |
| **满洲里市** | **133** | **—** | **—** | **67** | **—** |
| **呼伦贝尔市** | **14724** | **—** | **6266** | **4759** | **—** |
| 扎兰屯市 | 449 | — | 1600 | — | — |
| 牙克石市 | — | — | 1333 | — | — |
| 额尔古纳市 | 487 | — | — | — | — |
| 莫力达瓦达斡尔族自治旗 | 1291 | — | — | — | — |
| 鄂温克族自治旗 | 1067 | — | — | 1333 | — |
| 新巴尔虎左旗 | 825 | — | 3333 | 3333 | — |
| 陈巴尔虎旗 | 7420 | — | — | — | — |
| 免渡河 | 1358 | — | — | — | — |
| 乌奴耳 | 227 | — | — | — | — |
| 巴林 | 467 | — | — | 93 | — |
| 南木 | 600 | — | — | — | — |
| 柴河 | 533 | — | — | — | — |
| **兴安盟** | **35834** | **3333** | **4333** | **4000** | **—** |
| 乌兰浩特市 | 2133 | — | — | — | — |
| 阿尔山市 | 2800 | — | 667 | — | — |
| 科尔沁右翼前旗 | 5533 | — | 2000 | 2000 | — |
| 科尔沁右翼中旗 | 6501 | 3333 | — | — | — |
| 扎赉特旗 | 8401 | — | — | 1333 | — |
| 突泉县 | 6133 | — | 666 | 667 | — |
| 五岔沟 | 2667 | — | — | — | — |
| 白狼 | 1666 | — | 1000 | — | — |
| **通辽市** | **36247** | **2000** | **25533** | **2066** | **3866** |
| 科尔沁区 | 536 | — | — | — | — |

# 分县造林完成情况

单位:公顷

| 地 区 | 人工造林 | 飞播造林 | 新封山育林 | 退化林修复 | 人工更新 |
|---|---|---|---|---|---|
| 霍林郭勒市 | 152 | — | 667 | 19 | — |
| 科尔沁左翼中旗 | 2467 | — | — | — | 1400 |
| 科尔沁左翼后旗 | 14000 | — | 16000 | 412 | 1733 |
| 开鲁县 | 1133 | — | — | — | — |
| 库伦旗 | 3600 | — | 4866 | 302 | 733 |
| 奈曼旗 | 11867 | 2000 | 2000 | 1333 | — |
| 扎鲁特旗 | 2492 | — | 2000 | — | — |
| **锡林郭勒盟** | **16665** | **13333** | **6668** | **13333** | **—** |
| 锡林浩特市 | 900 | — | 1333 | — | — |
| 阿巴嘎旗 | 153 | 1333 | 1333 | — | — |
| 苏尼特左旗 | 100 | 3333 | — | — | — |
| 苏尼特右旗 | 100 | 2667 | — | — | — |
| 东乌珠穆沁旗 | 2080 | — | 667 | — | — |
| 西乌珠穆沁旗 | 366 | — | 1667 | — | — |
| 太仆寺旗 | 647 | — | — | 7333 | — |
| 镶黄旗 | 147 | — | 667 | — | — |
| 正镶白旗 | 599 | 2667 | 334 | 667 | — |
| 正蓝旗 | 3213 | 3333 | 667 | 1333 | — |
| 多伦县 | 8280 | — | — | 4000 | — |
| 乌拉盖开发区 | 80 | — | — | — | — |
| **乌兰察布市** | **36518** | **—** | **13000** | **13333** | **—** |
| 集宁区 | 2060 | — | — | 333 | — |
| 丰镇市 | 1626 | — | 667 | 1334 | — |
| 卓资县 | 2840 | — | 1000 | 1333 | — |
| 化德县 | 5674 | — | 2333 | 1333 | — |
| 商都县 | 3580 | — | 667 | 1667 | — |
| 兴和县 | 3513 | — | — | 1333 | — |
| 凉城县 | 7360 | — | 2334 | 1333 | |
| 察哈尔右翼前旗 | 2313 | — | 667 | 1000 | — |
| 察哈尔右翼中旗 | 3833 | — | 2666 | 1000 | — |
| 察哈尔右翼后旗 | 2513 | — | 1333 | 1000 | — |
| 四子王旗 | 1206 | — | 1333 | 1667 | — |
| **鄂尔多斯市** | **43165** | **11427** | **5586** | **7600** | **—** |
| 东胜区 | 2465 | — | — | — | — |
| 达拉特旗 | 4202 | — | 333 | — | — |
| 准格尔旗 | 8242 | — | 2000 | — | — |
| 鄂托克前旗 | 2020 | — | 333 | 1333 | — |
| 鄂托克旗 | 13609 | 3333 | 1467 | — | — |
| 杭锦旗 | 5025 | 8094 | 853 | — | — |
| 乌审旗 | 3302 | — | 600 | 2000 | — |
| 伊金霍洛旗 | 3227 | — | — | 4267 | — |
| 造林总场 | 906 | — | — | — | — |
| 康巴什新区 | 167 | — | — | — | — |
| **巴彦淖尔市** | **17487** | **13334** | **19200** | **6666** | **—** |
| 市直单位 | 533 | — | — | — | — |
| 临河区 | 3333 | — | — | 600 | — |
| 五原县 | 3733 | — | — | 333 | — |

# 分县造林完成情况

单位:公顷

| 地　区 | 人工造林 | 飞播造林 | 新封山育林 | 退化林修复 | 人工更新 |
|---|---|---|---|---|---|
| 磴口县 | 3133 | 2000 | 2000 | 1333 | — |
| 乌拉特前旗 | 2134 | 4667 | — | 1000 | — |
| 乌拉特中旗 | 2067 | — | 6000 | 2000 | — |
| 乌拉特后旗 | 1087 | 4667 | 11200 | 1000 | — |
| 杭锦后旗 | 1467 | 2000 | — | 400 | — |
| **阿拉善盟** | **33895** | **24000** | **20266** | **3267** | **—** |
| 阿拉善左旗 | 16461 | 20000 | 6000 | 2000 | — |
| 阿拉善右旗 | 13067 | 4000 | 2666 | 1000 | — |
| 额济纳旗 | 3700 | — | 11333 | 267 | — |
| 经济开发区 | 667 | — | — | — | — |
| 生态示范区 | — | — | 267 | — | — |
| **二连浩特市** | **35** | **—** | **2333** | **—** | **—** |
| **内蒙古森工集团** | **3246** | **—** | **—** | **18021** | **—** |
| **辽宁省** | **55332** | **—** | **55337** | **25069** | **6700** |
| **沈阳市** | **3005** | **—** | **67** | **134** | **533** |
| 苏家屯区 | 33 | — | — | — | — |
| 浑南区 | 133 | — | — | — | — |
| 沈北新区 | 20 | — | — | — | — |
| 辽中区 | 200 | — | — | — | — |
| 康平县 | 1133 | — | 67 | 67 | 200 |
| 法库县 | 333 | — | — | — | — |
| 新民市 | 1153 | — | — | 67 | 333 |
| **大连市** | **2002** | **—** | **—** | **—** | **—** |
| 金州区 | 336 | — | — | — | — |
| 瓦房店市 | 333 | — | — | — | — |
| 普兰店区 | 800 | — | — | — | — |
| 庄河市 | 533 | — | — | — | — |
| **鞍山市** | **400** | **—** | **67** | **400** | **—** |
| 台安县 | 133 | — | — | — | — |
| 岫岩满族自治县 | 267 | — | 67 | 400 | — |
| **抚顺市** | **1840** | **—** | **666** | **3733** | **1240** |
| 新抚区 | 40 | — | — | — | — |
| 东洲区 | 100 | — | — | 333 | 40 |
| 望花区 | 67 | — | — | — | — |
| 抚顺县 | 200 | — | 333 | 867 | 333 |
| 新宾满族自治县 | 433 | — | 333 | 1200 | 400 |
| 清原满族自治县 | 1000 | — | — | 1333 | 467 |
| **本溪市** | **460** | **—** | **667** | **1872** | **213** |
| 市辖区 | 27 | — | — | 367 | 67 |
| 平山区 | 7 | — | — | 13 | — |
| 溪湖区 | 13 | — | — | 13 | — |
| 明山区 | 13 | — | — | 13 | 13 |
| 本溪满族自治县 | 333 | — | — | 133 | 100 |
| 桓仁满族自治县 | 67 | — | 667 | 1333 | 33 |
| **丹东市** | **1386** | **—** | **667** | **733** | **1000** |
| 市辖区 | 53 | — | — | — | — |
| 宽甸满族自治县 | 333 | — | — | 400 | 533 |

# 分县造林完成情况

单位:公顷

| 地　区 | 人工造林 | 飞播造林 | 新封山育林 | 退化林修复 | 人工更新 |
|---|---|---|---|---|---|
| 东港市 | 333 | — | — | — | — |
| 凤城市 | 667 | — | 667 | 333 | 467 |
| **锦州市** | **7546** | **—** | **9066** | **1800** | **733** |
| 市辖区 | 133 | — | 333 | — | — |
| 太和区 | 67 | — | — | — | — |
| 黑山县 | 2000 | — | — | 467 | 333 |
| 义县 | 2346 | — | 3533 | 1333 | — |
| 凌海市 | 2000 | — | 3200 | — | 400 |
| 北镇市 | 1000 | — | 2000 | — | — |
| **营口市** | **213** | **—** | **133** | **32** | **—** |
| 鲅鱼圈区 | 20 | — | — | 6 | — |
| 老边区 | 20 | — | — | — | — |
| 盖州市 | 133 | — | — | 13 | — |
| 大石桥市 | 40 | — | 133 | 13 | — |
| **阜新市** | **7066** | **—** | **1339** | **2066** | **1133** |
| 阜新矿业集团 | 133 | — | — | 67 | — |
| 新邱区 | 67 | — | — | — | — |
| 阜新蒙古族自治县 | 3333 | — | 672 | 333 | 333 |
| 彰武县 | 3533 | — | 667 | 1666 | 800 |
| **辽阳市** | **260** | **—** | **—** | **100** | **106** |
| 文圣区 | 33 | — | — | — | — |
| 宏伟区 | 14 | — | — | — | 106 |
| 弓长岭区 | 67 | — | — | — | — |
| 太子河区 | 13 | — | — | — | — |
| 辽阳县 | — | — | — | 100 | — |
| 灯塔市 | 133 | — | — | — | — |
| **铁岭市** | **2461** | **—** | **6999** | **2760** | **453** |
| 银州区 | — | — | — | 33 | — |
| 清河区 | 67 | — | — | — | — |
| 铁岭县 | 900 | — | 2333 | 667 | 187 |
| 西丰县 | 467 | — | 3333 | 1000 | 133 |
| 昌图县 | 667 | — | — | 233 | — |
| 调兵山市 | 20 | — | — | 140 | — |
| 开原市 | 333 | — | 1333 | 667 | 133 |
| 开发区 | 7 | — | — | 20 | — |
| **朝阳市** | **14653** | **—** | **26000** | **7470** | **780** |
| 双塔区 | 667 | — | 667 | 200 | 7 |
| 龙城区 | 1333 | — | 2000 | 200 | 13 |
| 朝阳县 | 3400 | — | 6000 | 1333 | 47 |
| 建平县 | 1053 | — | 3333 | 1400 | 533 |
| 喀喇沁左翼蒙古族自治县 | 2667 | — | 5333 | 1670 | 47 |
| 北票市 | 2866 | — | 5334 | 1334 | 100 |
| 凌源市 | 2667 | — | 3333 | 1333 | 33 |
| **葫芦岛市** | **14026** | **—** | **9666** | **3734** | **233** |
| 连山区 | 733 | — | 333 | — | — |
| 龙港区 | — | — | — | 67 | — |
| 南票区 | 1333 | — | 2000 | — | — |

# 分县造林完成情况

单位:公顷

| 地　区 | 人工造林 | 飞播造林 | 新封山育林 | 退化林修复 | 人工更新 |
|---|---|---|---|---|---|
| 绥中县 | 1747 | — | 2000 | 667 | 100 |
| 建昌县 | 9413 | — | 3333 | 2333 | — |
| 兴城市 | 800 | — | 2000 | 667 | 133 |
| **省直单位** | **14** | **—** | **—** | **235** | **276** |
| 实验林场 | — | — | — | 67 | 90 |
| 生态实验林场 | 14 | — | — | 34 | 66 |
| 海洋林场 | — | — | — | — | 47 |
| 森林经营研究所实验林场 | — | — | — | 67 | 33 |
| 彰武章古台固沙造林实验林场 | — | — | — | 47 | 40 |
| 干旱地区造林研究所林场 | — | — | — | 20 | — |
| **吉林省** | **88646** | **—** | **2333** | **53291** | **13635** |
| **长春市** | **3483** | **—** | **—** | **110** | **713** |
| 榆树市 | 440 | — | — | — | 240 |
| 农安县 | 2233 | — | — | — | 260 |
| 德惠市 | 572 | — | — | 110 | 95 |
| 九台区 | — | — | — | — | 60 |
| 双阳区 | 200 | — | — | — | 46 |
| 宽城区 | — | — | — | — | 4 |
| 绿园区 | — | — | — | — | 8 |
| 莲花山 | 38 | — | — | — | — |
| **吉林市** | **29706** | **—** | **—** | **267** | **551** |
| 桦甸市 | 6067 | — | — | — | 22 |
| 舒兰市 | 3253 | — | — | — | 5 |
| 蛟河市 | 5756 | — | — | — | 102 |
| 磐石市 | 9191 | — | — | — | 106 |
| 永吉县 | 2309 | — | — | — | 253 |
| 昌邑区 | 666 | — | — | — | 1 |
| 龙潭区 | 892 | — | — | — | — |
| 船营区 | 365 | — | — | — | 10 |
| 丰满区 | 702 | — | — | — | 52 |
| 上营森林经营局 | 500 | — | — | 267 | — |
| 直属林场 | 5 | — | — | — | — |
| **四平市** | **16603** | **—** | **333** | **782** | **560** |
| 公主岭市 | 667 | — | — | 51 | 132 |
| 双辽市 | 1667 | — | — | 633 | — |
| 梨树县 | 4503 | — | — | 98 | 359 |
| 伊通满族自治县 | 7368 | — | 333 | — | 63 |
| 铁东区 | 334 | — | — | — | 6 |
| 铁西区 | 267 | — | — | — | — |
| 辽河农垦区 | 209 | — | — | — | — |
| 直属林场 | 1588 | — | — | — | — |
| **辽源市** | **2372** | **—** | **—** | **46** | **829** |
| 东辽县 | 1575 | — | — | 2 | 401 |
| 东丰县 | 667 | — | — | 44 | 416 |
| 龙山区 | 80 | — | — | — | 12 |
| 经济开发区 | 50 | — | — | — | — |
| **通化市** | **3693** | **—** | **2000** | **159** | **1220** |

# 分县造林完成情况

单位:公顷

| 地　区 | 人工造林 | 飞播造林 | 新封山育林 | 退化林修复 | 人工更新 |
|---|---|---|---|---|---|
| 梅河口市 | 667 | — | — | — | 257 |
| 集安市 | 1451 | — | — | — | 246 |
| 通化县 | — | — | — | 156 | 411 |
| 柳河县 | 773 | — | — | — | 65 |
| 辉南县 | 355 | — | — | — | 181 |
| 东昌区 | 50 | — | — | 3 | 20 |
| 二道江区 | 14 | — | — | — | 40 |
| 市直单位 | 323 | — | 2000 | — | — |
| 经济开发区 | 60 | — | — | — | — |
| **白山市** | **1671** | **—** | **—** | **11** | **1492** |
| 长白朝鲜族自治县 | — | — | — | — | 619 |
| 抚松县 | 1032 | — | — | 11 | 168 |
| 靖宇县 | 355 | — | — | — | 23 |
| 临江市 | — | — | — | — | 22 |
| 江源区 | 258 | — | — | — | 43 |
| 浑江区 | — | — | — | — | 1 |
| 长白森林经营局 | 26 | — | — | — | — |
| 市直单位 | — | — | — | — | 616 |
| **松原市** | **5311** | **—** | **—** | **300** | **388** |
| 长岭县 | 1445 | — | — | — | — |
| 前郭尔罗斯蒙古族自治县 | 2030 | — | — | 300 | — |
| 扶余市 | 503 | — | — | — | 247 |
| 乾安县 | 1150 | — | — | — | 137 |
| 宁江区 | 44 | — | — | — | 4 |
| 市直单位 | 139 | — | — | — | — |
| **白城市** | **13719** | **—** | **—** | **2010** | **3088** |
| 大安市 | 200 | — | — | 10 | 294 |
| 洮南市 | 4433 | — | — | — | 744 |
| 通榆县 | 6500 | — | — | 2000 | 1313 |
| 镇赉县 | 2067 | — | — | — | 533 |
| 洮北区 | 353 | — | — | — | 200 |
| 查干浩特开发区 | 66 | — | — | — | — |
| 经济开发区 | 34 | — | — | — | 4 |
| 其他单位 | 66 | — | — | — | — |
| **延边朝鲜族自治州** | **4775** | **—** | **—** | **4504** | **627** |
| 延吉市 | 188 | — | — | — | 70 |
| 龙井市 | 228 | — | — | — | 364 |
| 和龙市 | 246 | — | — | 45 | 61 |
| 图们市 | 146 | — | — | 454 | 54 |
| 珲春市 | 216 | — | — | 1067 | 17 |
| 敦化市 | 2333 | — | — | 2152 | 11 |
| 安图县 | 1418 | — | — | 783 | 22 |
| 汪清县 | — | — | — | 3 | 28 |
| **长白山森工集团** | **1545** | **—** | **—** | **25270** | **120** |
| 黄泥河 | 295 | — | — | 2002 | — |
| 敦化 | 207 | — | — | 2335 | — |
| 大石头 | 38 | — | — | 1734 | — |

# 分县造林完成情况

单位:公顷

| 地　区 | 人工造林 | 飞播造林 | 新封山育林 | 退化林修复 | 人工更新 |
|---|---|---|---|---|---|
| 八家子 | 114 | — | — | 1535 | 23 |
| 和龙 | 62 | — | — | 3493 | 46 |
| 汪清 | — | — | — | 2000 | — |
| 大兴沟 | 67 | — | — | 1693 | — |
| 天桥岭 | 205 | — | — | 1601 | 51 |
| 白河 | 4 | — | — | 3800 | — |
| 珲春 | 483 | — | — | 2543 | — |
| 安图森林经营局 | 70 | — | — | 2534 | — |
| **吉林森工集团** | **5001** | **—** | **—** | **19154** | **3505** |
| 临江 | 134 | — | — | 2284 | 53 |
| 三岔子 | 201 | — | — | — | 2913 |
| 湾沟 | — | — | — | 3067 | — |
| 松江河 | 80 | — | — | 1800 | — |
| 泉阳 | 500 | — | — | 2410 | 56 |
| 露水河 | 60 | — | — | 2631 | — |
| 白石山 | 35 | — | — | 1501 | 440 |
| 红石 | 2186 | — | — | 5461 | 43 |
| 人造板集团 | 1805 | — | — | — | — |
| **省直单位** | **767** | **—** | **—** | **678** | **542** |
| 三湖保护局 | 767 | — | — | — | — |
| 蛟河实验局 | — | — | — | — | 542 |
| 辉南森林经营局 | — | — | — | 678 | — |
| **黑龙江省** | **41262** | **—** | **36814** | **14923** | **—** |
| **哈尔滨市** | **3948** | **—** | **8934** | **58** | **—** |
| 市直市郊 | 332 | — | 601 | 58 | — |
| 五常市 | 684 | — | 1933 | — | — |
| 双城区 | 481 | — | — | — | — |
| 尚志市 | 333 | — | — | — | — |
| 巴彦县 | 200 | — | 1200 | — | — |
| 宾县 | 200 | — | 200 | — | — |
| 依兰县 | 334 | — | 400 | — | — |
| 延寿县 | 536 | — | 2000 | — | — |
| 木兰县 | 47 | — | 1200 | — | — |
| 通河县 | 667 | — | 1200 | — | — |
| 方正县 | 134 | — | 200 | — | — |
| **齐齐哈尔市** | **9065** | **—** | **1466** | **820** | **—** |
| 市辖区 | 259 | — | 399 | 20 | — |
| 碾子山区 | 73 | — | 667 | — | — |
| 龙江县 | 267 | — | — | — | — |
| 依安县 | 467 | — | — | — | — |
| 泰来县 | 400 | — | — | — | — |
| 甘南县 | 333 | — | 200 | — | — |
| 富裕县 | 533 | — | — | — | — |
| 克山县 | 400 | — | — | — | — |
| 克东县 | 333 | — | 200 | — | — |
| 拜泉县 | 5533 | — | — | 800 | — |
| 讷河市 | 467 | — | — | — | — |

# 分县造林完成情况

单位:公顷

| 地　区 | 人工造林 | 飞播造林 | 新封山育林 | 退化林修复 | 人工更新 |
|---|---|---|---|---|---|
| **牡丹江市** | **2664** | **—** | **2401** | **633** | **—** |
| 市直单位 | 507 | — | 67 | — | — |
| 东宁市 | 957 | — | — | 633 | — |
| 林口县 | 333 | — | 667 | — | — |
| 海林市 | 133 | — | 400 | — | — |
| 宁安市 | 134 | — | 667 | — | — |
| 穆棱市 | 600 | — | 600 | — | — |
| **佳木斯市** | **1366** | **—** | **3634** | **60** | **—** |
| 市直单位 | 266 | — | 1233 | — | — |
| 郊区 | 200 | — | 667 | 47 | — |
| 桦南县 | 200 | — | 667 | 13 | — |
| 桦川县 | 200 | — | 200 | — | — |
| 汤原县 | 200 | — | 467 | — | — |
| 同江市 | 100 | — | — | — | — |
| 富锦市 | 200 | — | 400 | — | — |
| **鸡西市** | **227** | **—** | **600** | **—** | **—** |
| 市直单位 | 147 | — | 600 | — | — |
| 虎林市 | 13 | — | — | — | — |
| 密山市 | 67 | — | — | — | — |
| **鹤岗市** | **787** | **—** | **1734** | **317** | **—** |
| 市直单位 | 267 | — | 600 | — | — |
| 萝北县 | — | — | 467 | — | — |
| 绥滨县 | 520 | — | 667 | 317 | — |
| **双鸭山市** | **500** | **—** | **4868** | **127** | **—** |
| 市直单位 | 133 | — | 401 | — | — |
| 集贤县 | 167 | — | 533 | 127 | — |
| 饶河县 | 200 | — | 2267 | — | — |
| 宝清县 | — | — | 1667 | — | — |
| **伊春市** | **8466** | **—** | **2333** | **—** | **—** |
| 嘉荫县 | 466 | — | 333 | — | — |
| 铁力市 | — | — | 2000 | — | — |
| 市区 | 8000 | — | — | — | — |
| **七台河市** | **115** | **—** | **—** | **—** | **—** |
| 市直单位 | 33 | — | — | — | — |
| 勃利县 | 82 | — | — | — | — |
| **大庆市** | **2794** | **—** | **500** | **—** | **—** |
| 市直单位 | 127 | — | — | — | — |
| 肇州县 | 400 | — | — | — | — |
| 肇源县 | 727 | — | — | — | — |
| 林甸县 | 333 | — | — | — | — |
| 杜尔伯特蒙古族自治县 | 1207 | — | 500 | — | — |
| **绥化市** | **5341** | **—** | **933** | **867** | **—** |
| 宝山经济开发区 | 7 | — | — | — | — |
| 海伦市 | 700 | — | — | — | — |
| 海伦市国有林场管理局 | 267 | — | — | — | — |
| 绥棱县 | 67 | — | — | — | — |
| 绥棱国有林场管理局 | 67 | — | 200 | — | — |

# 分县造林完成情况

单位:公顷

| 地　区 | 人工造林 | 飞播造林 | 新封山育林 | 退化林修复 | 人工更新 |
|---|---|---|---|---|---|
| 庆安县 | 300 | — | 67 | — | — |
| 北林区 | 400 | — | — | — | — |
| 望奎县 | 866 | — | 666 | — | — |
| 兰西县 | 1000 | — | — | — | — |
| 青冈县 | 667 | — | — | 867 | — |
| 明水县 | 667 | — | — | — | — |
| 安达市 | 333 | — | — | — | — |
| **黑河市** | **2019** | **—** | **5399** | **—** | **—** |
| 市直单位 | 133 | — | — | — | — |
| 爱辉区 | 667 | — | 667 | — | — |
| 嫩江县 | 333 | — | 1000 | — | — |
| 逊克县 | 133 | — | 333 | — | — |
| 孙吴县 | 133 | — | 1000 | — | — |
| 北安市 | 467 | — | 666 | — | — |
| 五大连池市 | 153 | — | 1066 | — | — |
| 五大连池市风景区管委会 | — | — | 667 | — | — |
| **大兴安岭行署** | **—** | **—** | **666** | **—** | **—** |
| 呼玛县 | — | — | 333 | — | — |
| 塔河县 | — | — | 333 | — | — |
| **尚志国有林场管理局** | **67** | **—** | **—** | **—** | **—** |
| **抚远县** | **133** | **—** | **1333** | **—** | **—** |
| **新江林场** | **—** | **—** | **333** | **—** | **—** |
| **鸡西绿海** | **134** | **—** | **1346** | **135** | **—** |
| **黑瞎子岛管委会** | **400** | **—** | **—** | **—** | **—** |
| **七煤林业** | **133** | **—** | **—** | **—** | **—** |
| **辰能集团** | **34** | **—** | **334** | **—** | **—** |
| **龙江森工集团** | **3069** | **—** | **—** | **11906** | **—** |
| **上海市** | **3941** | **—** | **—** | **—** | **—** |
| 宝山区 | 9 | — | — | — | — |
| 闵行区 | 71 | — | — | — | — |
| 嘉定区 | 127 | — | — | — | — |
| 浦东新区 | 680 | — | — | — | — |
| 金山区 | 266 | — | — | — | — |
| 青浦区 | 1032 | — | — | — | — |
| 松江区 | 128 | — | — | — | — |
| 奉贤区 | 374 | — | — | — | — |
| 崇明区 | 1254 | — | — | — | — |
| **江苏省** | **27214** | **—** | **333** | **299** | **2779** |
| **南京市** | **1320** | **—** | **—** | **—** | **—** |
| 浦口区 | 149 | — | — | — | — |
| 栖霞区 | 104 | — | — | — | — |
| 雨花台区 | 16 | — | — | — | — |
| 江宁区 | 253 | — | — | — | — |
| 六合区 | 265 | — | — | — | — |
| 溧水区 | 279 | — | — | — | — |
| 高淳区 | 254 | — | — | — | — |
| **无锡市** | **630** | **—** | **—** | **—** | **42** |

# 分县造林完成情况

单位：公顷

| 地　区 | 人工造林 | 飞播造林 | 新封山育林 | 退化林修复 | 人工更新 |
|---|---|---|---|---|---|
| 市直单位 | 20 | — | — | — | — |
| 锡山区 | 136 | — | — | — | — |
| 惠山区 | 73 | — | — | — | — |
| 滨湖区 | 8 | — | — | — | — |
| 江阴市 | 190 | — | — | — | — |
| 宜兴市 | 203 | — | — | — | 42 |
| **徐州市** | **3225** | **—** | **333** | **—** | **177** |
| 贾汪区 | 347 | — | — | — | — |
| 丰县 | 543 | — | — | — | 9 |
| 沛县 | 808 | — | — | — | — |
| 铜山区 | 520 | — | 133 | — | — |
| 睢宁县 | 174 | — | — | — | 41 |
| 新沂市 | 385 | — | — | — | 15 |
| 邳州市 | 448 | — | 200 | — | 112 |
| **常州市** | **1434** | **—** | **—** | **164** | **6** |
| 新北区 | 180 | — | — | — | — |
| 武进区 | 413 | — | — | — | — |
| 溧阳市 | 372 | — | — | 129 | 2 |
| 金坛区 | 469 | — | — | 35 | 4 |
| **苏州市** | **445** | **—** | **—** | **—** | **—** |
| 高新区 | 6 | — | — | — | — |
| 吴中区 | 32 | — | — | — | — |
| 相城区 | 7 | — | — | — | — |
| 常熟市 | 33 | — | — | — | — |
| 张家港市 | 69 | — | — | — | — |
| 昆山市 | 112 | — | — | — | — |
| 吴江区 | 70 | — | — | — | — |
| 太仓市 | 95 | — | — | — | |
| 工业园区 | 21 | — | — | — | — |
| **南通市** | **4307** | **—** | **—** | **—** | **1** |
| 市直单位 | 85 | — | — | — | — |
| 崇川区 | 39 | — | — | — | — |
| 港闸区 | 408 | — | — | — | — |
| 海安县 | 474 | — | — | — | — |
| 如东县 | 883 | — | — | — | — |
| 启东市 | 545 | — | — | — | 1 |
| 如皋市 | 266 | — | — | — | — |
| 通州区 | 366 | — | — | — | — |
| 海门市 | 935 | — | — | — | — |
| 滨海园区 | 306 | — | — | — | — |
| **连云港市** | **3422** | **—** | **—** | **45** | **57** |
| 市直单位 | 200 | — | — | — | 10 |
| 连云区 | 5 | — | — | 32 | — |
| 海州区 | 307 | — | — | — | — |
| 赣榆区 | 1219 | — | — | — | 6 |
| 东海县 | 963 | — | — | — | — |
| 灌云县 | 355 | — | — | 13 | 33 |

# 分县造林完成情况

单位:公顷

| 地　区 | 人工造林 | 飞播造林 | 新封山育林 | 退化林修复 | 人工更新 |
|---|---|---|---|---|---|
| 灌南县 | 373 | — | — | — | 8 |
| **淮安市** | **1403** | **—** | **—** | **5** | **281** |
| 清江浦区 | 8 | — | — | — | 21 |
| 淮安区 | 372 | — | — | — | — |
| 淮阴区 | 99 | — | — | — | 35 |
| 涟水县 | 298 | — | — | — | — |
| 洪泽区 | 236 | — | — | — | 70 |
| 盱眙县 | 285 | — | — | 5 | 69 |
| 金湖县 | 105 | — | — | — | 86 |
| **盐城市** | **5043** | **—** | **—** | **12** | **827** |
| 亭湖区 | 565 | — | — | — | 347 |
| 响水县 | 345 | — | — | — | — |
| 滨海县 | 500 | — | — | — | — |
| 阜宁县 | 741 | — | — | — | 92 |
| 射阳县 | 476 | — | — | — | 50 |
| 建湖县 | 580 | — | — | 12 | 42 |
| 盐都区 | 730 | — | — | — | 4 |
| 东台市 | 621 | — | — | — | 50 |
| 大丰区 | 485 | — | — | — | 242 |
| **扬州市** | **1347** | **—** | **—** | **—** | **357** |
| 市辖区 | 7 | — | — | — | — |
| 广陵区 | 90 | — | — | — | — |
| 邗江区 | 118 | — | — | — | — |
| 宝应县 | 292 | — | — | — | 83 |
| 仪征市 | 250 | — | — | — | 18 |
| 高邮市 | 333 | — | — | — | 84 |
| 江都区 | 257 | — | — | — | 172 |
| **镇江市** | **502** | **—** | **—** | **58** | **130** |
| 市直单位 | 15 | — | — | — | — |
| 京口区 | 5 | — | — | — | 2 |
| 润州区 | 8 | — | — | — | — |
| 丹徒区 | 87 | — | — | — | 14 |
| 丹阳市 | 127 | — | — | 15 | 88 |
| 扬中市 | 34 | — | — | — | — |
| 句容市 | 226 | — | — | 43 | 26 |
| **泰州市** | **2095** | **—** | **—** | **15** | **451** |
| 海陵区 | 95 | — | — | — | — |
| 高港区 | 179 | — | — | — | — |
| 兴化市 | 982 | — | — | — | 272 |
| 靖江市 | 284 | — | — | 15 | 89 |
| 泰兴市 | 273 | — | — | — | — |
| 姜堰区 | 282 | — | — | — | 90 |
| **宿迁市** | **2041** | **—** | **—** | **—** | **450** |
| 宿城区 | 255 | — | — | — | 152 |
| 宿豫区 | 485 | — | — | — | — |
| 沭阳县 | 430 | — | — | — | 49 |
| 泗阳县 | 256 | — | — | — | 137 |

# 分县造林完成情况

单位:公顷

| 地　区 | 人工造林 | 飞播造林 | 新封山育林 | 退化林修复 | 人工更新 |
|---|---|---|---|---|---|
| 泗洪县 | 615 | — | — | — | 112 |
| **浙江省** | **12837** | **—** | **4784** | **27398** | **10629** |
| **杭州市** | **1578** | **—** | **1112** | **1884** | **2495** |
| 江干区 | 33 | — | — | — | 284 |
| 萧山区 | 351 | — | — | — | — |
| 余杭区 | 7 | — | — | — | 27 |
| 桐庐县 | 427 | — | 134 | 1172 | 525 |
| 淳安县 | 91 | — | 345 | 45 | 392 |
| 建德市 | 320 | — | 133 | — | 734 |
| 富阳区 | 257 | — | 267 | 667 | 133 |
| 临安市 | 92 | — | 233 | — | 400 |
| **宁波市** | **1366** | **—** | **262** | **198** | **86** |
| 江北区 | 20 | — | — | — | — |
| 北仑区 | 95 | — | — | 32 | 20 |
| 镇海区 | 163 | — | — | — | — |
| 鄞州区 | 260 | — | — | — | 9 |
| 象山县 | 195 | — | 250 | 150 | 30 |
| 宁海县 | 289 | — | — | — | — |
| 余姚市 | 141 | — | 12 | 16 | 14 |
| 慈溪市 | 95 | — | — | — | — |
| 奉化区 | 108 | — | — | — | 13 |
| **温州市** | **1933** | **—** | **—** | **4386** | **739** |
| 鹿城区 | 26 | — | — | — | 7 |
| 龙湾区 | 46 | — | — | — | — |
| 瓯海区 | 215 | — | — | 1733 | — |
| 洞头区 | — | — | — | 267 | — |
| 永嘉县 | — | — | — | 133 | 341 |
| 平阳县 | 398 | — | — | 2000 | |
| 苍南县 | 671 | — | — | — | 21 |
| 文成县 | 100 | — | — | 253 | 74 |
| 泰顺县 | — | — | — | — | 186 |
| 瑞安市 | 385 | — | — | — | — |
| 乐清市 | 92 | — | — | — | 110 |
| **嘉兴市** | **711** | **—** | **—** | **—** | **16** |
| 南湖区 | 67 | — | — | — | — |
| 秀洲区 | 55 | — | — | — | — |
| 嘉善县 | 54 | — | — | — | — |
| 海盐县 | 52 | — | — | — | 11 |
| 海宁市 | 247 | — | — | — | — |
| 平湖市 | 188 | — | — | — | 5 |
| 桐乡市 | 48 | — | — | — | — |
| **湖州市** | **694** | **—** | **667** | **4379** | **79** |
| 吴兴区 | 33 | — | — | — | 8 |
| 南浔区 | 42 | — | — | — | — |
| 德清县 | 147 | — | — | 775 | 3 |
| 长兴县 | 72 | — | — | 787 | 59 |
| 安吉县 | 400 | — | 667 | 2817 | 9 |

# 分县造林完成情况

单位:公顷

| 地区 | 人工造林 | 飞播造林 | 新封山育林 | 退化林修复 | 人工更新 |
|---|---|---|---|---|---|
| **绍兴市** | **1490** | **—** | **327** | **6150** | **3** |
| 越城区 | 11 | — | — | 686 | — |
| 柯桥区 | 164 | — | 127 | — | — |
| 新昌县 | 180 | — | — | — | 3 |
| 诸暨市 | 684 | — | 200 | 5464 | — |
| 上虞区 | 200 | — | — | — | — |
| 嵊州市 | 251 | — | — | — | — |
| **金华市** | **396** | **—** | **346** | **1128** | **1442** |
| 婺城区 | 71 | — | — | — | 351 |
| 金东区 | — | — | — | — | 57 |
| 经济技术开发区 | — | — | — | — | 5 |
| 武义县 | 22 | — | — | 956 | 502 |
| 浦江县 | 67 | — | 67 | — | 108 |
| 磐安县 | — | — | — | — | 270 |
| 兰溪市 | — | — | — | — | 65 |
| 义乌市 | 167 | — | — | 20 | 54 |
| 东阳市 | 21 | — | 146 | 103 | 21 |
| 永康市 | 48 | — | 133 | 49 | 9 |
| **衢州市** | **1088** | **—** | **333** | **40** | **1792** |
| 柯城区 | 24 | — | — | 40 | 8 |
| 衢江区 | 150 | — | — | — | 39 |
| 常山县 | 69 | — | — | — | 142 |
| 开化县 | 200 | — | — | — | 1133 |
| 龙游县 | 36 | — | 333 | — | 70 |
| 江山市 | 609 | — | — | — | 400 |
| **舟山市** | **119** | **—** | **—** | **—** | **21** |
| 定海区 | 20 | — | — | — | — |
| 普陀区 | 33 | — | — | — | — |
| 岱山县 | 19 | — | — | — | 21 |
| 嵊泗县 | 47 | — | — | — | — |
| **台州市** | **901** | **—** | **171** | **235** | **686** |
| 椒江区 | 51 | — | — | — | 7 |
| 黄岩区 | 29 | — | — | — | 12 |
| 路桥区 | 96 | — | — | — | 2 |
| 玉环县 | 118 | — | — | — | 27 |
| 三门县 | 14 | — | — | — | 14 |
| 天台县 | 173 | — | 66 | — | 87 |
| 仙居县 | 180 | — | 105 | — | 269 |
| 温岭市 | 105 | — | — | — | — |
| 临海市 | 135 | — | — | 235 | 268 |
| **丽水市** | **2561** | **—** | **1566** | **8998** | **3270** |
| 莲都区 | 111 | — | 42 | 417 | 130 |
| 青田县 | 214 | — | 1117 | — | 349 |
| 缙云县 | 67 | — | 133 | 7967 | 351 |
| 遂昌县 | 441 | — | 67 | 148 | 388 |
| 松阳县 | 253 | — | — | 233 | 383 |
| 云和县 | 75 | — | — | 233 | 187 |

# 分县造林完成情况

单位:公顷

| 地 区 | 人工造林 | 飞播造林 | 新封山育林 | 退化林修复 | 人工更新 |
|---|---|---|---|---|---|
| 庆元县 | 165 | — | 47 | — | 524 |
| 景宁畲族自治县 | 246 | — | 160 | — | 537 |
| 龙泉市 | 989 | — | — | — | 421 |
| **安徽省** | **91380** | **—** | **31747** | **3316** | **1599** |
| **合肥市** | **9495** | **—** | **1467** | **—** | **—** |
| 庐阳区 | 89 | — | — | — | — |
| 瑶海区 | 290 | — | — | — | — |
| 包河区 | 67 | — | — | — | — |
| 蜀山区 | 654 | — | — | — | — |
| 长丰县 | 1765 | — | — | — | — |
| 肥东县 | 1909 | — | 400 | — | — |
| 肥西县 | 2165 | — | 400 | — | — |
| 庐江县 | 1186 | — | 333 | — | — |
| 巢湖市 | 1370 | — | 334 | — | — |
| **淮北市** | **1939** | **—** | **667** | **—** | **—** |
| 烈山区 | 214 | — | 667 | — | — |
| 杜集区 | 137 | — | — | — | — |
| 相山区 | 122 | — | — | — | — |
| 濉溪县 | 1466 | — | — | — | — |
| **亳州市** | **6492** | **—** | **—** | **—** | **—** |
| 谯城区 | 1648 | — | — | — | — |
| 涡阳县 | 2067 | — | — | — | — |
| 蒙城县 | 1624 | — | — | — | — |
| 利辛县 | 1153 | — | — | — | — |
| **宿州市** | **9819** | **—** | **2134** | **—** | **—** |
| 埇桥区 | 3670 | — | 533 | — | — |
| 砀山县 | 689 | — | — | — | — |
| 萧县 | 1429 | — | 933 | — | — |
| 灵璧县 | 1832 | — | 334 | — | — |
| 泗县 | 1838 | — | — | — | — |
| 市直单位 | 331 | — | — | — | — |
| 夹沟林场 | 30 | — | 334 | — | — |
| **蚌埠市** | **3888** | **—** | **200** | **407** | **393** |
| 龙子湖区 | 138 | — | — | — | — |
| 蚌山区 | 83 | — | — | — | — |
| 禹会区 | 212 | — | — | — | — |
| 淮上区 | 213 | — | — | — | — |
| 怀远县 | 1193 | — | 200 | 187 | 233 |
| 五河县 | 1182 | — | — | — | — |
| 固镇县 | 867 | — | — | 220 | 160 |
| **阜阳市** | **7920** | **—** | **—** | **25** | **—** |
| 颍州区 | 801 | — | — | — | — |
| 颍东区 | 516 | — | — | 25 | — |
| 颍泉区 | 1097 | — | — | — | — |
| 界首市 | 1073 | — | — | — | — |
| 临泉县 | 773 | — | — | — | — |
| 太和县 | 1045 | — | — | — | — |

# 分县造林完成情况

单位:公顷

| 地　区 | 人工造林 | 飞播造林 | 新封山育林 | 退化林修复 | 人工更新 |
|---|---|---|---|---|---|
| 阜南县 | 1825 | — | — | — | — |
| 颍上县 | 790 | — | — | — | — |
| **淮南市** | **2736** | **—** | **—** | **—** | **—** |
| 大通区 | 216 | — | — | — | — |
| 田家庵区 | 109 | — | — | — | — |
| 谢家集区 | 54 | — | — | — | — |
| 八公山区 | 32 | — | — | — | — |
| 潘集区 | 134 | — | — | — | — |
| 毛集区 | 24 | — | — | — | — |
| 凤台县 | 233 | — | — | — | — |
| 寿县 | 1934 | — | — | — | — |
| **滁州市** | **12202** | **—** | **4135** | **943** | **—** |
| 琅琊区 | 101 | — | — | — | — |
| 南谯区 | 306 | — | 667 | — | — |
| 天长市 | 667 | — | — | — | — |
| 明光市 | 2694 | — | 667 | — | — |
| 来安县 | 1407 | — | 667 | — | — |
| 全椒县 | 895 | — | 734 | 800 | — |
| 定远县 | 3601 | — | 933 | — | — |
| 凤阳县 | 2531 | — | 400 | — | — |
| 管店总场 | — | — | 67 | 134 | — |
| 沙河集总场 | — | — | — | 9 | — |
| **六安市** | **8588** | **—** | **3387** | **126** | **—** |
| 金安区 | 1351 | — | 400 | — | — |
| 裕安区 | 1821 | — | 400 | — | — |
| 叶集区 | 399 | — | 200 | — | — |
| 霍邱县 | 1658 | — | 200 | — | — |
| 舒城县 | 1076 | — | 507 | 53 | — |
| 金寨县 | 1370 | — | 1013 | — | — |
| 霍山县 | 913 | — | 667 | 73 | — |
| **马鞍山市** | **3084** | **—** | **1466** | **—** | **—** |
| 博望区 | 448 | — | — | — | — |
| 花山区 | 205 | — | — | — | — |
| 雨山区 | 89 | — | — | — | — |
| 当涂县 | 483 | — | 400 | — | — |
| 含山县 | 785 | — | 533 | — | — |
| 和县 | 1074 | — | 533 | — | — |
| **芜湖市** | **5027** | **—** | **1289** | **—** | **—** |
| 镜湖区 | 90 | — | — | — | — |
| 鸠江区 | 645 | — | — | — | — |
| 弋江区 | 101 | — | — | — | — |
| 三山区 | 148 | — | — | — | — |
| 芜湖县 | 587 | — | — | — | — |
| 繁昌县 | 412 | — | 261 | — | — |
| 南陵县 | 966 | — | 533 | — | — |
| 无为县 | 1850 | — | 495 | — | — |
| 市直单位 | 228 | — | — | — | — |

# 分县造林完成情况

单位:公顷

| 地　区 | 人工造林 | 飞播造林 | 新封山育林 | 退化林修复 | 人工更新 |
|---|---|---|---|---|---|
| **宣城市** | **3904** | **—** | **4401** | **—** | **333** |
| 宣州区 | 836 | — | 667 | — | — |
| 宁国市 | 667 | — | 667 | — | — |
| 郎溪县 | 637 | — | 533 | — | — |
| 广德县 | 437 | — | 667 | — | — |
| 泾县 | 735 | — | 667 | — | 333 |
| 绩溪县 | 308 | — | 533 | — | — |
| 旌德县 | 284 | — | 667 | — | — |
| **铜陵市** | **1403** | **—** | **600** | **—** | **63** |
| 铜官区 | 58 | — | — | — | — |
| 铜陵郊区 | 267 | — | — | — | 63 |
| 义安区 | 462 | — | — | — | — |
| 铜陵市直 | 14 | — | — | — | — |
| 枞阳县 | 602 | — | 600 | — | — |
| **池州市** | **3616** | **—** | **2667** | **1815** | **600** |
| 贵池区 | 1407 | — | 734 | — | — |
| 九华山区 | 8 | — | — | — | — |
| 东至县 | 1598 | — | 667 | 1815 | 600 |
| 石台县 | 102 | — | 466 | — | — |
| 青阳县 | 501 | — | 800 | — | — |
| **安庆市** | **8597** | **—** | **4734** | **—** | **210** |
| 迎江区 | 181 | — | — | — | — |
| 大观区 | 151 | — | — | — | — |
| 宜秀区 | 249 | — | 667 | — | — |
| 桐城市 | 1242 | — | 667 | — | — |
| 怀宁县 | 1090 | — | 667 | — | — |
| 潜山县 | 625 | — | 667 | — | — |
| 太湖县 | 1067 | — | 733 | — | — |
| 宿松县 | 1734 | — | 533 | — | — |
| 望江县 | 1049 | — | — | — | 210 |
| 岳西县 | 1209 | — | 800 | — | — |
| **黄山市** | **2670** | **—** | **4600** | **—** | **—** |
| 屯溪区 | 8 | — | 400 | — | — |
| 徽州区 | 28 | — | 400 | — | — |
| 黄山区 | 566 | — | 867 | — | — |
| 歙县 | 670 | — | 667 | — | — |
| 休宁县 | 499 | — | 666 | — | — |
| 黟县 | 228 | — | 933 | — | — |
| 祁门县 | 667 | — | 667 | — | — |
| 市直单位 | 4 | — | — | — | — |
| **福建省** | **10300** | **—** | **141936** | **19540** | **56899** |
| **福州市** | **1674** | **—** | **14712** | **4261** | **4015** |
| 市直单位 | 13 | — | — | — | — |
| 马尾区 | — | — | 220 | 86 | 26 |
| 平潭综合实验区 | 490 | — | 1733 | 1170 | — |
| 晋安区 | — | — | 667 | — | 131 |
| 闽侯县 | — | — | 2333 | — | 977 |

# 分县造林完成情况

单位:公顷

| 地 区 | 人工造林 | 飞播造林 | 新封山育林 | 退化林修复 | 人工更新 |
|---|---|---|---|---|---|
| 连江县 | 4 | — | 1160 | 679 | 572 |
| 罗源县 | 294 | — | 1400 | 926 | 371 |
| 闽清县 | 180 | — | 2333 | — | 1221 |
| 永泰县 | 348 | — | 2133 | — | 353 |
| 福清市 | 205 | — | 1400 | 733 | 364 |
| 长乐市 | 140 | — | 1333 | 667 | — |
| **厦门市** | **—** | **—** | **1522** | **524** | **—** |
| **莆田市** | **569** | **—** | **5916** | **986** | **926** |
| 城厢区 | 2 | — | 333 | 258 | 74 |
| 涵江区 | 10 | — | 533 | 100 | 87 |
| 荔城区 | 8 | — | 1031 | 31 | 7 |
| 秀屿区 | 80 | — | 686 | 312 | — |
| 仙游县 | 463 | — | 3333 | 122 | 758 |
| 湄洲岛 | 1 | — | — | 59 | — |
| 北岸管委会 | 5 | — | — | 104 | — |
| **三明市** | **2104** | **—** | **23703** | **1652** | **12904** |
| 梅列区 | 27 | — | 270 | — | 286 |
| 三元区 | 11 | — | 667 | 8 | 312 |
| 明溪县 | 115 | — | 2000 | 146 | 1342 |
| 清流县 | — | — | 2000 | — | 1864 |
| 宁化县 | 501 | — | 1333 | 244 | 149 |
| 大田县 | 503 | — | 4000 | 36 | 1041 |
| 尤溪县 | 177 | — | 2000 | 135 | 2317 |
| 沙县 | 106 | — | 1333 | 40 | 1171 |
| 将乐县 | 264 | — | 2001 | 21 | 1560 |
| 泰宁县 | 228 | — | 3386 | — | 1040 |
| 建宁县 | 137 | — | 2680 | 937 | 408 |
| 永安市 | 35 | — | 2033 | 85 | 1414 |
| **泉州市** | **686** | **—** | **11142** | **1250** | **3203** |
| 鲤城区 | — | — | — | — | 36 |
| 丰泽区 | 42 | — | 27 | — | 3 |
| 洛江区 | 33 | — | 27 | 75 | 83 |
| 泉港区 | 13 | — | 59 | 10 | 34 |
| 惠安县 | 93 | — | 1073 | 341 | — |
| 安溪县 | 143 | — | 3995 | — | 830 |
| 永春县 | 46 | — | 3265 | 236 | 857 |
| 德化县 | 178 | — | 2147 | 136 | 968 |
| 台商投资区 | 30 | — | 100 | 137 | 42 |
| 石狮市 | 1 | — | 28 | 7 | — |
| 南安市 | 70 | — | 320 | 142 | 169 |
| **漳州市** | **1319** | **—** | **13422** | **1704** | **9467** |
| 芗城区 | — | — | — | — | 51 |
| 龙文区 | 42 | — | — | — | 36 |
| 云霄县 | 260 | — | 1359 | 235 | 729 |
| 漳浦县 | 142 | — | 1742 | 450 | 1191 |
| 诏安县 | 86 | — | 1360 | 235 | 1580 |
| 长泰县 | 14 | — | 1828 | 41 | 745 |

# 分县造林完成情况

单位:公顷

| 地　区 | 人工造林 | 飞播造林 | 新封山育林 | 退化林修复 | 人工更新 |
|---|---|---|---|---|---|
| 东山县 | 73 | — | 333 | 279 | 28 |
| 南靖县 | 99 | — | 1929 | 68 | 1710 |
| 平和县 | 230 | — | 1867 | 56 | 1332 |
| 华安县 | 184 | — | 1800 | 107 | 1180 |
| 龙海市 | 189 | — | 1204 | 233 | 885 |
| **南平市** | **662** | **—** | **26867** | **1041** | **13094** |
| 延平区 | 43 | — | 933 | 34 | 1641 |
| 顺昌县 | 92 | — | 4001 | 127 | 977 |
| 浦城县 | 56 | — | 3000 | 69 | 1385 |
| 光泽县 | 36 | — | 4200 | 34 | 637 |
| 松溪县 | 85 | — | 800 | 74 | 532 |
| 政和县 | 54 | — | 4133 | 200 | 769 |
| 邵武市 | 147 | — | 1333 | 148 | 1661 |
| 武夷山市 | 16 | — | 2667 | 102 | 1202 |
| 建瓯市 | 47 | — | 4133 | 122 | 2515 |
| 建阳区 | 86 | — | 1667 | 131 | 1775 |
| **龙岩市** | **1889** | **—** | **25490** | **2420** | **10034** |
| 新罗区 | 515 | — | 1333 | 144 | 363 |
| 长汀县 | 411 | — | 10000 | 1275 | 2025 |
| 永定区 | 276 | — | 2867 | 142 | 909 |
| 上杭县 | 104 | — | 3067 | 336 | 2672 |
| 武平县 | 42 | — | 2890 | 317 | 2075 |
| 连城县 | 475 | — | 4000 | 146 | 723 |
| 漳平市 | 66 | — | 1333 | 60 | 1267 |
| **宁德市** | **1397** | **—** | **19162** | **5702** | **3256** |
| 蕉城区 | 373 | — | 1659 | 1067 | 161 |
| 霞浦县 | 551 | — | 5178 | 1933 | 489 |
| 古田县 | 44 | — | — | — | 505 |
| 屏南县 | 46 | — | 1889 | — | 340 |
| 寿宁县 | 67 | — | 1778 | — | 390 |
| 周宁县 | 64 | — | 1562 | — | 400 |
| 柘荣县 | 115 | — | 1222 | — | 337 |
| 福安市 | — | — | 1658 | 1012 | 231 |
| 福鼎市 | 137 | — | 4216 | 1690 | 403 |
| **江西省** | **94933** | **—** | **78344** | **109669** | **6614** |
| **省直单位** | **100** | **—** | **200** | **—** | **—** |
| **南昌市** | **2468** | **—** | **1074** | **1598** | **—** |
| 市辖区 | 67 | — | — | 133 | — |
| 湾里区 | 53 | — | 80 | 40 | — |
| 南昌县 | 737 | — | 60 | 10 | — |
| 新建区 | 619 | — | 435 | 499 | — |
| 安义县 | 333 | — | 166 | 333 | — |
| 进贤县 | 659 | — | 333 | 583 | — |
| **景德镇市** | **1752** | **—** | **1852** | **1266** | **265** |
| 市辖区 | 466 | — | 133 | 280 | — |
| 昌江区 | 20 | — | 133 | 20 | — |
| 浮梁县 | 446 | — | 1253 | 633 | 265 |

# 分县造林完成情况

单位:公顷

| 地　区 | 人工造林 | 飞播造林 | 新封山育林 | 退化林修复 | 人工更新 |
|---|---|---|---|---|---|
| 乐平市 | 820 | — | 333 | 333 | — |
| **萍乡市** | **3768** | **—** | **3673** | **7382** | **—** |
| 市直单位 | 15 | — | 267 | 200 | — |
| 安源区 | 67 | — | 200 | 433 | — |
| 经济开发区 | 20 | — | — | 213 | — |
| 湘东区 | 733 | — | 533 | 1188 | — |
| 莲花县 | 1667 | — | 1400 | 2574 | — |
| 上栗县 | 733 | — | 340 | 1107 | — |
| 芦溪县 | 533 | — | 933 | 1667 | — |
| **九江市** | **15527** | **—** | **14545** | **11051** | **—** |
| 市辖区 | 340 | — | — | 66 | — |
| 庐山区 | 200 | — | — | — | — |
| 浔阳区 | 26 | — | — | — | — |
| 九江县 | 780 | — | 87 | 280 | — |
| 武宁县 | 2887 | — | 5313 | 2000 | — |
| 修水县 | 3733 | — | 4666 | 2360 | — |
| 永修县 | 1667 | — | 1000 | 280 | — |
| 德安县 | 804 | — | 500 | 833 | — |
| 星子县 | 600 | — | 199 | 413 | — |
| 都昌县 | 1520 | — | 600 | 313 | — |
| 湖口县 | 700 | — | 213 | 533 | — |
| 彭泽县 | 1207 | — | 933 | 2133 | — |
| 瑞昌市 | 1000 | — | 1034 | 1840 | — |
| 共青城市 | 63 | — | — | — | — |
| **新余市** | **2000** | **—** | **970** | **1848** | **—** |
| 渝水区 | 667 | — | 400 | 53 | — |
| 仙女湖 | 233 | — | 67 | 433 | — |
| 高新开发区 | 167 | — | — | 20 | — |
| 分宜县 | 933 | — | 503 | 1342 | — |
| **鹰潭市** | **1716** | **—** | **1426** | **2607** | **107** |
| 月湖区 | 48 | — | — | — | — |
| 龙虎山 | 134 | — | 93 | 500 | 30 |
| 余江县 | 534 | — | 333 | 867 | 30 |
| 贵溪市 | 1000 | — | 1000 | 1240 | 47 |
| **赣州市** | **24517** | **—** | **23953** | **26475** | **1644** |
| 市辖区 | 67 | — | 267 | — | — |
| 章贡区 | 220 | — | — | 47 | — |
| 赣县区 | 1133 | — | 467 | 2253 | — |
| 信丰县 | 1131 | — | 1253 | 1190 | 109 |
| 大余县 | 1667 | — | 1000 | 1067 | 384 |
| 上犹县 | 667 | — | 833 | 1467 | — |
| 崇义县 | 1867 | — | 1667 | 1467 | — |
| 安远县 | 1533 | — | 4000 | 1360 | — |
| 龙南县 | 1915 | — | 1253 | 833 | — |
| 定南县 | 1826 | — | 1333 | 1971 | 671 |
| 全南县 | 1000 | — | 2400 | 2073 | — |
| 宁都县 | 2000 | — | 2533 | 3000 | — |

# 分县造林完成情况

单位:公顷

| 地　区 | 人工造林 | 飞播造林 | 新封山育林 | 退化林修复 | 人工更新 |
|---|---|---|---|---|---|
| 于都县 | 2364 | — | 1333 | 833 | 420 |
| 兴国县 | 2000 | — | 1667 | 1620 | — |
| 会昌县 | 740 | — | 667 | 2067 | — |
| 寻乌县 | 1000 | — | 1333 | 687 | — |
| 石城县 | 720 | — | 747 | 1580 | 60 |
| 瑞金市 | 1667 | — | 867 | 2000 | — |
| 南康区 | 1000 | — | 333 | 960 | — |
| **吉安市** | **14154** | **—** | **8120** | **23967** | **1342** |
| 吉州区 | 80 | — | — | 213 | — |
| 青原区 | 513 | — | 333 | 333 | 60 |
| 吉安县 | 1040 | — | 380 | 3000 | 180 |
| 吉水县 | 1534 | — | 867 | 1160 | 70 |
| 峡江县 | 867 | — | 333 | 2107 | 120 |
| 新干县 | 1334 | — | 233 | 3000 | — |
| 永丰县 | 1067 | — | 200 | 2440 | — |
| 泰和县 | 933 | — | 1000 | 2183 | 333 |
| 遂川县 | 1667 | — | 1000 | 1667 | — |
| 万安县 | 801 | — | 1000 | 1524 | — |
| 安福县 | 2133 | — | 1423 | 2827 | — |
| 永新县 | 1333 | — | 667 | 2700 | 364 |
| 井冈山市 | 852 | — | 684 | 813 | 215 |
| **宜春市** | **11209** | **—** | **9622** | **11952** | **981** |
| 明月山 | 67 | — | 600 | 367 | — |
| 袁州区 | 2484 | — | 1667 | 1987 | — |
| 奉新县 | 1273 | — | 467 | 467 | — |
| 万载县 | 1000 | — | 800 | 2433 | — |
| 上高县 | 1000 | — | 700 | 953 | — |
| 宜丰县 | 1533 | — | 1000 | 1600 | 981 |
| 靖安县 | 354 | — | 467 | 1234 | — |
| 铜鼓县 | 598 | — | 1333 | 1724 | — |
| 丰城市 | 980 | — | 1334 | 820 | — |
| 樟树市 | 1020 | — | 254 | 367 | — |
| 高安市 | 900 | — | 1000 | — | — |
| **抚州市** | **8531** | **—** | **5889** | **7705** | **1898** |
| 临川区 | 580 | — | 427 | 567 | — |
| 南城县 | 527 | — | 400 | 1000 | — |
| 黎川县 | 1173 | — | 435 | 590 | 833 |
| 南丰县 | 553 | — | 1233 | 820 | — |
| 崇仁县 | 1140 | — | 573 | 713 | — |
| 乐安县 | 1157 | — | 420 | 75 | 569 |
| 宜黄县 | 820 | — | 500 | 920 | — |
| 金溪县 | 1186 | — | 500 | 593 | — |
| 资溪县 | 354 | — | 667 | 67 | 496 |
| 东乡区 | 500 | — | 334 | 1593 | — |
| 广昌县 | 541 | — | 400 | 767 | — |
| **上饶市** | **9191** | **—** | **7020** | **13818** | **377** |
| 三清山风景名胜区 | 67 | — | 167 | 107 | — |

# 分县造林完成情况

单位:公顷

| 地　区 | 人工造林 | 飞播造林 | 新封山育林 | 退化林修复 | 人工更新 |
|---|---|---|---|---|---|
| 信州区 | 67 | — | 80 | 67 | — |
| 上饶市 | 1600 | — | 920 | 1607 | — |
| 广丰区 | 933 | — | 600 | 1534 | 197 |
| 玉山县 | 440 | — | 587 | 660 | — |
| 铅山县 | 467 | — | 433 | 770 | 80 |
| 横峰县 | 534 | — | 400 | 867 | — |
| 弋阳县 | 267 | — | 333 | 402 | — |
| 余干县 | 1334 | — | 333 | 1474 | — |
| 鄱阳县 | 1334 | — | 667 | 2230 | 100 |
| 万年县 | 934 | — | 667 | 1426 | — |
| 婺源县 | 667 | — | 1500 | 1207 | — |
| 德兴市 | 547 | — | 333 | 1467 | — |
| **山东省** | **115179** | **—** | **—** | **22282** | **9223** |
| **济南市** | **3504** | **—** | **—** | **669** | **—** |
| 市直单位 | 15 | — | — | 132 | — |
| 市中区 | 34 | — | — | 166 | — |
| 槐荫区 | 333 | — | — | — | — |
| 历城区 | 151 | — | — | 113 | — |
| 长清区 | 467 | — | — | — | — |
| 开发区 | — | — | — | 89 | — |
| 平阴县 | 201 | — | — | — | — |
| 济阳县 | 816 | — | — | 7 | — |
| 商河县 | 402 | — | — | 162 | — |
| 章丘区 | 1085 | — | — | — | — |
| **青岛市** | **3059** | **—** | **—** | **7720** | **322** |
| 黄岛区 | 644 | — | — | 1532 | — |
| 崂山区 | 10 | — | — | 73 | — |
| 城阳区 | 46 | — | — | 87 | — |
| 胶州市 | 468 | — | — | 1420 | 206 |
| 即墨市 | 443 | — | — | 1303 | 33 |
| 平度市 | 971 | — | — | 1707 | — |
| 莱西市 | 477 | — | — | 1598 | 83 |
| **淄博市** | **6769** | **—** | **—** | **—** | **—** |
| 高新区 | 67 | — | — | — | — |
| 文昌湖区 | 200 | — | — | — | — |
| 淄川区 | 1600 | — | — | — | — |
| 张店区 | 267 | — | — | — | — |
| 博山区 | 867 | — | — | — | — |
| 临淄区 | 167 | — | — | — | — |
| 周村区 | 67 | — | — | — | — |
| 桓台县 | 234 | — | — | — | — |
| 高青县 | 700 | — | — | — | — |
| 沂源县 | 2600 | — | — | — | — |
| **枣庄市** | **8574** | **—** | **—** | **1287** | **122** |
| 高新区 | 56 | — | — | — | — |
| 市中区 | 1340 | — | — | 590 | 12 |
| 薛城区 | 878 | — | — | — | — |

# 分县造林完成情况

单位：公顷

| 地　区 | 人工造林 | 飞播造林 | 新封山育林 | 退化林修复 | 人工更新 |
|---|---|---|---|---|---|
| 峄城区 | 1067 | — | — | — | — |
| 台儿庄区 | 1045 | — | — | 363 | — |
| 山亭区 | 1489 | — | — | 334 | — |
| 滕州市 | 2699 | — | — | — | 110 |
| **东营市** | **6000** | **—** | **—** | **—** | **465** |
| 东营区 | 1030 | — | — | — | — |
| 河口区 | 2017 | — | — | — | — |
| 垦利县 | 1127 | — | — | — | 133 |
| 利津县 | 1476 | — | — | — | — |
| 广饶县 | 350 | — | — | — | 332 |
| **烟台市** | **7027** | **—** | **—** | **3409** | **200** |
| 高新区 | — | — | — | 67 | — |
| 芝罘区 | — | — | — | 161 | — |
| 福山区 | 473 | — | — | 67 | — |
| 牟平区 | 534 | — | — | 334 | — |
| 莱山区 | 146 | — | — | 194 | — |
| 长岛国家级自然保护区 | — | — | — | 133 | — |
| 龙口市 | 417 | — | — | 133 | — |
| 莱阳市 | 939 | — | — | 207 | 200 |
| 莱州市 | 938 | — | — | 419 | — |
| 蓬莱市 | 401 | — | — | 202 | — |
| 招远市 | 878 | — | — | 557 | — |
| 栖霞市 | 1003 | — | — | 344 | — |
| 海阳市 | 1295 | — | — | 366 | — |
| 昆嵛山保护区 | — | — | — | 141 | — |
| 开发区 | 3 | — | — | 84 | — |
| **潍坊市** | **4288** | **—** | **—** | **4387** | **118** |
| 高新区 | 29 | — | — | — | — |
| 滨海区 | 47 | — | — | 34 | — |
| 峡山区 | 14 | — | — | 14 | — |
| 经济区 | 20 | — | — | — | — |
| 潍城区 | 34 | — | — | 34 | — |
| 寒亭区 | 67 | — | — | 53 | 36 |
| 坊子区 | 75 | — | — | 49 | — |
| 奎文区 | — | — | — | 12 | — |
| 临朐县 | 567 | — | — | 104 | — |
| 昌乐县 | 480 | — | — | 408 | — |
| 青州市 | 556 | — | — | 664 | 82 |
| 诸城市 | 560 | — | — | 757 | — |
| 寿光市 | 533 | — | — | 342 | — |
| 安丘市 | 856 | — | — | 1136 | — |
| 高密市 | 220 | — | — | 266 | — |
| 昌邑市 | 230 | — | — | 514 | — |
| **济宁市** | **11808** | **—** | **—** | **—** | **766** |
| 任城区 | 220 | — | — | — | — |
| 微山县 | 243 | — | — | — | 361 |
| 鱼台县 | 683 | — | — | — | — |

# 分县造林完成情况

单位:公顷

| 地　区 | 人工造林 | 飞播造林 | 新封山育林 | 退化林修复 | 人工更新 |
|---|---|---|---|---|---|
| 金乡县 | 545 | — | — | — | — |
| 嘉祥县 | 898 | — | — | — | — |
| 汶上县 | 1023 | — | — | — | — |
| 泗水县 | 3168 | — | — | — | — |
| 梁山县 | 1155 | — | — | — | — |
| 曲阜市 | 480 | — | — | — | 405 |
| 兖州区 | 421 | — | — | — | — |
| 邹城市 | 2972 | — | — | — | — |
| **泰安市** | **5801** | **—** | **—** | **2000** | **533** |
| 泰山区 | 35 | — | — | — | — |
| 岱岳区 | 450 | — | — | 293 | — |
| 宁阳县 | 1067 | — | — | 384 | — |
| 东平县 | 545 | — | — | 188 | 533 |
| 新泰市 | 2147 | — | — | 627 | — |
| 肥城市 | 1557 | — | — | 508 | — |
| **威海市** | **4222** | **—** | **—** | **—** | **588** |
| 环翠区 | 366 | — | — | — | 166 |
| 文登区 | 1118 | — | — | — | — |
| 荣成市 | 1071 | — | — | — | 422 |
| 乳山市 | 1333 | — | — | — | — |
| 工业新区 | 166 | — | — | — | — |
| 经济开发区 | 67 | — | — | — | — |
| 高新区 | 101 | — | — | — | — |
| **日照市** | **4568** | **—** | **—** | **—** | **1233** |
| 东港区 | 770 | — | — | — | 273 |
| 岚山区 | 740 | — | — | — | 15 |
| 五莲县 | 1391 | — | — | — | 945 |
| 莒县 | 1667 | — | — | — | — |
| **莱芜市** | **3887** | **—** | **—** | **—** | **—** |
| 雪野旅游区 | 1080 | — | — | — | — |
| 高新区 | 171 | — | — | — | — |
| 经济开发区 | 20 | — | — | — | — |
| 农高区 | 40 | — | — | — | — |
| 莱城区 | 1443 | — | — | — | — |
| 钢城区 | 1133 | — | — | — | — |
| **临沂市** | **9588** | **—** | **—** | **2684** | **1245** |
| 高新区 | 93 | — | — | 27 | — |
| 经济技术开发区 | 93 | — | — | 27 | — |
| 临港经济开发区 | 190 | — | — | 55 | 55 |
| 蒙山旅游度假区 | 187 | — | — | 70 | 133 |
| 兰山区 | 187 | — | — | 53 | — |
| 罗庄区 | 140 | — | — | 40 | 105 |
| 河东区 | 140 | — | — | 40 | — |
| 沂南县 | 1027 | — | — | 293 | 268 |
| 郯城县 | 653 | — | — | 187 | — |
| 沂水县 | 1407 | — | — | 550 | 271 |
| 兰陵县 | 980 | — | — | 257 | — |

# 分县造林完成情况

单位:公顷

| 地　区 | 人工造林 | 飞播造林 | 新封山育林 | 退化林修复 | 人工更新 |
|---|---|---|---|---|---|
| 费县 | 1027 | — | — | 234 | 81 |
| 平邑县 | 1027 | — | — | 293 | — |
| 莒南县 | 887 | — | — | 171 | 332 |
| 蒙阴县 | 1033 | — | — | 267 | — |
| 临沭县 | 517 | — | — | 120 | — |
| **德州市** | **10437** | **—** | **—** | **—** | **—** |
| 经济技术开发区 | 290 | — | — | — | — |
| 德城区 | 153 | — | — | — | — |
| 陵城区 | 1000 | — | — | — | — |
| 宁津县 | 600 | — | — | — | — |
| 庆云县 | 1100 | — | — | — | — |
| 临邑县 | 337 | — | — | — | — |
| 齐河县 | 2106 | — | — | — | — |
| 平原县 | 798 | — | — | — | — |
| 夏津县 | 262 | — | — | — | — |
| 武城县 | 1400 | — | — | — | — |
| 乐陵市 | 1338 | — | — | — | — |
| 禹城市 | 1053 | — | — | — | — |
| **聊城市** | **9691** | **—** | **—** | **—** | **3030** |
| 江北水城旅游度假区 | 413 | — | — | — | 9 |
| 经济技术开发区 | 427 | — | — | — | — |
| 高新区 | 401 | — | — | — | — |
| 东昌府区 | 762 | — | — | — | 646 |
| 阳谷县 | 680 | — | — | — | 40 |
| 莘县 | 1876 | — | — | — | 30 |
| 茌平县 | 1475 | — | — | — | — |
| 东阿县 | 1337 | — | — | — | 105 |
| 冠县 | 1229 | — | — | — | 600 |
| 高唐县 | 758 | — | — | — | — |
| 临清市 | 333 | — | — | — | 1600 |
| **滨州市** | **10105** | **—** | **—** | **—** | **396** |
| 经济技术开发区 | 217 | — | — | — | 130 |
| 滨城区 | 749 | — | — | — | — |
| 惠民县 | 1551 | — | — | — | — |
| 阳信县 | 1015 | — | — | — | — |
| 无棣县 | 2038 | — | — | — | — |
| 沾化区 | 1447 | — | — | — | — |
| 博兴县 | 1360 | — | — | — | 266 |
| 邹平县 | 1103 | — | — | — | — |
| 北海新区 | 267 | — | — | — | — |
| 高新区 | 358 | — | — | — | — |
| **菏泽市** | **5851** | **—** | **—** | **126** | **205** |
| 市直单位 | 206 | — | — | — | — |
| 牡丹区 | 696 | — | — | — | — |
| 曹县 | 863 | — | — | — | 202 |
| 单县 | 834 | — | — | 126 | 3 |
| 成武县 | 478 | — | — | — | — |

# 分县造林完成情况

单位:公顷

| 地　区 | 人工造林 | 飞播造林 | 新封山育林 | 退化林修复 | 人工更新 |
|---|---|---|---|---|---|
| 巨野县 | 580 | — | — | — | — |
| 郓城县 | 780 | — | — | — | — |
| 鄄城县 | 465 | — | — | — | — |
| 定陶区 | 389 | — | — | — | — |
| 东明县 | 560 | — | — | — | — |
| **河南省** | **97647** | **13429** | **22417** | **15376** | **133** |
| **郑州市** | **2481** | **—** | **265** | **962** | **—** |
| 市辖区 | 25 | — | — | 8 | — |
| 中原区 | 6 | — | — | — | — |
| 二七区 | 6 | — | — | — | — |
| 管城回族区 | 6 | — | — | — | — |
| 惠济区 | 45 | — | — | — | — |
| 中牟县 | 477 | — | — | 67 | — |
| 巩义市 | 249 | — | 265 | — | — |
| 荥阳市 | 414 | — | — | 187 | — |
| 新密市 | 578 | — | — | 200 | — |
| 新郑市 | 289 | — | — | 67 | — |
| 登封市 | 386 | — | — | 433 | — |
| **开封市** | **3945** | **—** | **—** | **31** | **—** |
| 龙亭区 | 90 | — | — | — | — |
| 顺河回族区 | 32 | — | — | — | — |
| 鼓楼区 | 14 | — | — | 31 | — |
| 禹王台区 | 20 | — | — | — | — |
| 杞县 | 709 | — | — | — | — |
| 通许县 | 679 | — | — | — | — |
| 尉氏县 | 1059 | — | — | — | — |
| 祥符区 | 744 | — | — | — | — |
| 兰考县 | 598 | — | — | — | — |
| **洛阳市** | **8417** | **2694** | **—** | **1256** | **—** |
| 西工区 | 67 | — | — | — | — |
| 洛龙区 | 67 | — | — | — | — |
| 孟津县 | 734 | — | — | — | — |
| 新安县 | 348 | 668 | — | 325 | — |
| 栾川县 | 830 | 690 | — | 53 | — |
| 嵩县 | 1193 | — | — | — | — |
| 汝阳县 | 1015 | 669 | — | 333 | — |
| 宜阳县 | 928 | 667 | — | — | — |
| 洛宁县 | 1877 | — | — | 545 | — |
| 伊川县 | 715 | — | — | — | — |
| 偃师市 | 643 | — | — | — | — |
| **平顶山市** | **6813** | **—** | **4573** | **340** | **—** |
| 新华区 | 76 | — | — | — | — |
| 卫东区 | 68 | — | — | — | — |
| 石龙区 | 72 | — | — | — | — |
| 湛河区 | 72 | — | — | — | — |
| 新城区 | 64 | — | — | — | — |
| 高新区 | 34 | — | — | — | — |

# 分县造林完成情况

单位：公顷

| 地　区 | 人工造林 | 飞播造林 | 新封山育林 | 退化林修复 | 人工更新 |
|---|---|---|---|---|---|
| 宝丰县 | 1232 | — | 640 | 67 | — |
| 叶县 | 994 | — | 791 | — | — |
| 鲁山县 | 769 | — | 2132 | 273 | — |
| 郏县 | 1190 | — | 560 | — | — |
| 舞钢市 | 626 | — | 450 | — | — |
| 汝州市 | 1616 | — | — | — | — |
| **安阳市** | **4885** | **1336** | **600** | **280** | **—** |
| 文峰区 | 15 | — | — | — | — |
| 殷都区 | 70 | — | — | — | — |
| 示范区 | 34 | — | — | — | — |
| 安阳县 | 533 | — | 133 | — | — |
| 汤阴县 | 808 | — | — | — | — |
| 滑县 | 490 | — | — | 280 | — |
| 内黄县 | 216 | — | — | — | — |
| 林州市 | 2719 | 1336 | 467 | — | — |
| **鹤壁市** | **3940** | **690** | **—** | **708** | **—** |
| 鹤山区 | 253 | — | — | 200 | — |
| 山城区 | 180 | — | — | 149 | — |
| 淇滨区 | 967 | — | — | 247 | — |
| 浚县 | 973 | — | — | — | — |
| 淇县 | 1567 | 690 | — | 112 | — |
| **新乡市** | **6531** | **2006** | **4542** | **83** | **—** |
| 红旗区 | 8 | — | — | — | — |
| 凤泉区 | 106 | — | — | 70 | — |
| 牧野区 | 4 | — | — | — | — |
| 新乡县 | 266 | — | — | — | — |
| 获嘉县 | 140 | — | — | — | — |
| 原阳县 | 313 | — | — | 13 | |
| 延津县 | 524 | — | — | — | — |
| 封丘县 | 474 | — | — | — | — |
| 长垣县 | 153 | — | — | — | — |
| 卫辉市 | 2165 | 667 | 2071 | — | — |
| 辉县市 | 2378 | 1339 | 2471 | — | — |
| **焦作市** | **5299** | **1334** | **334** | **20** | **—** |
| 市辖区 | 86 | — | — | — | — |
| 解放区 | 195 | — | 33 | — | — |
| 中站区 | 224 | — | 67 | — | — |
| 马村区 | 217 | — | 33 | — | — |
| 高新区 | 122 | — | — | — | — |
| 山阳区 | 133 | — | — | — | — |
| 修武县 | 1032 | 667 | 67 | — | — |
| 博爱县 | 1126 | — | 67 | 20 | — |
| 武陟县 | 648 | — | — | — | — |
| 温县 | 588 | — | — | — | — |
| 沁阳市 | 400 | 667 | 67 | — | — |
| 孟州市 | 528 | — | — | — | — |
| **濮阳市** | **3030** | **—** | **—** | **—** | **—** |

# 分县造林完成情况

单位:公顷

| 地　区 | 人工造林 | 飞播造林 | 新封山育林 | 退化林修复 | 人工更新 |
|---|---|---|---|---|---|
| 华龙区 | 49 | — | — | — | — |
| 高新区 | 44 | — | — | — | — |
| 清丰县 | 745 | — | — | — | — |
| 南乐县 | 884 | — | — | — | — |
| 范县 | 340 | — | — | — | — |
| 台前县 | 476 | — | — | — | — |
| 濮阳县 | 492 | — | — | — | — |
| **许昌市** | **3375** | **—** | **—** | **142** | **—** |
| 魏都区 | 93 | — | — | — | — |
| 东城区 | 104 | — | — | — | — |
| 开发区 | 16 | — | — | — | — |
| 建安区 | 867 | — | — | — | — |
| 鄢陵县 | 427 | — | — | — | — |
| 襄城县 | 537 | — | — | 75 | — |
| 禹州市 | 798 | — | — | 67 | — |
| 长葛市 | 533 | — | — | — | — |
| **漯河市** | **1169** | **—** | **—** | **—** | **—** |
| 源汇区 | 111 | — | — | — | — |
| 郾城区 | 138 | — | — | — | — |
| 召陵区 | 201 | — | — | — | — |
| 舞阳县 | 342 | — | — | — | — |
| 临颍县 | 377 | — | — | — | — |
| **三门峡市** | **5095** | **1361** | **—** | **100** | **—** |
| 湖滨区 | 333 | — | — | — | — |
| 渑池县 | 525 | — | — | — | — |
| 陕州区 | 195 | — | — | — | — |
| 卢氏县 | 1803 | 672 | — | 67 | — |
| 义马市 | 323 | — | — | — | — |
| 灵宝市 | 1916 | 689 | — | 33 | — |
| **南阳市** | **14292** | **2675** | **5431** | **5894** | **—** |
| 市辖区 | 213 | — | — | — | — |
| 宛城区 | 295 | — | — | — | — |
| 卧龙区 | 200 | — | — | — | — |
| 南召县 | 1107 | — | — | — | — |
| 方城县 | 533 | — | — | — | — |
| 西峡县 | 4513 | — | 2098 | 3466 | — |
| 镇平县 | 579 | — | — | 361 | — |
| 内乡县 | 705 | — | 333 | 200 | — |
| 淅川县 | 1919 | 2675 | 867 | 467 | — |
| 社旗县 | 333 | — | 133 | — | — |
| 唐河县 | 133 | — | — | 400 | — |
| 新野县 | 467 | — | — | — | — |
| 桐柏县 | 1553 | — | 2000 | 1000 | — |
| 邓州市 | 1742 | — | — | — | — |
| **商丘市** | **4398** | **—** | **—** | **213** | **133** |
| 民权林场 | 43 | — | — | 101 | — |
| 梁园区 | 220 | — | — | — | — |

# 分县造林完成情况

单位:公顷

| 地区 | 人工造林 | 飞播造林 | 新封山育林 | 退化林修复 | 人工更新 |
|---|---|---|---|---|---|
| 睢阳区 | 280 | — | — | 67 | — |
| 民权县 | 331 | — | — | — | — |
| 睢县 | 190 | — | — | — | — |
| 宁陵县 | 593 | — | — | 45 | — |
| 柘城县 | 300 | — | — | — | 133 |
| 虞城县 | 133 | — | — | — | — |
| 夏邑县 | 513 | — | — | — | — |
| 永城市 | 1795 | — | — | — | — |
| **信阳市** | **11548** | **—** | **2010** | **5081** | **—** |
| 市辖区 | — | — | — | 94 | — |
| 浉河区 | 1343 | — | 200 | 1297 | — |
| 平桥区 | 1509 | — | — | 313 | — |
| 罗山县 | 1229 | — | — | 501 | — |
| 光山县 | 1789 | — | 467 | 951 | — |
| 新县 | 1545 | — | 400 | 665 | — |
| 商城县 | 1821 | — | 267 | 344 | — |
| 固始县 | 1209 | — | 676 | 120 | — |
| 潢川县 | 407 | — | — | 187 | — |
| 淮滨县 | 455 | — | — | 399 | — |
| 息县 | 241 | — | — | 210 | — |
| **周口市** | **2358** | **—** | **—** | **70** | **—** |
| 川汇区 | 57 | — | — | — | — |
| 扶沟县 | 267 | — | — | 70 | — |
| 西华县 | 151 | — | — | — | — |
| 商水县 | 309 | — | — | — | — |
| 沈丘县 | 296 | — | — | — | — |
| 郸城县 | 252 | — | — | — | — |
| 淮阳县 | 242 | — | — | — | — |
| 太康县 | 269 | — | — | — | — |
| 鹿邑县 | 214 | — | — | — | — |
| 项城市 | 301 | — | — | — | — |
| **驻马店市** | **7417** | **—** | **4358** | **85** | **—** |
| 驿城区 | 840 | — | 1492 | 54 | — |
| 西平县 | 645 | — | — | — | — |
| 上蔡县 | 203 | — | — | — | — |
| 平舆县 | 223 | — | — | — | — |
| 正阳县 | 780 | — | — | — | — |
| 确山县 | 1159 | — | 1929 | — | — |
| 泌阳县 | 2178 | — | 804 | 31 | — |
| 汝南县 | 517 | — | — | — | — |
| 遂平县 | 495 | — | 133 | — | — |
| 新蔡县 | 377 | — | — | — | — |
| **济源市** | **2654** | **1333** | **304** | **111** | **—** |
| **湖北省** | **171735** | **—** | **66747** | **2763** | **4460** |
| **武汉市** | **3657** | **—** | **—** | **132** | **—** |
| 东西湖区 | 137 | — | — | — | — |
| 汉南区 | 180 | — | — | — | — |

# 分县造林完成情况

单位:公顷

| 地　区 | 人工造林 | 飞播造林 | 新封山育林 | 退化林修复 | 人工更新 |
|---|---|---|---|---|---|
| 蔡甸区 | 653 | — | — | — | — |
| 江夏区 | 428 | — | — | — | — |
| 黄陂区 | 1187 | — | — | 132 | — |
| 新洲区 | 1072 | — | — | — | — |
| **黄石市** | **8936** | **—** | **663** | **—** | **—** |
| 大冶市 | 4642 | — | 333 | — | — |
| 阳新县 | 4294 | — | 330 | — | — |
| **十堰市** | **22525** | **—** | **14022** | **123** | **—** |
| 黄龙林场 | 33 | — | 667 | — | — |
| 茅箭区 | — | — | 933 | — | — |
| 张湾区 | 134 | — | 600 | — | — |
| 郧阳区 | 5403 | — | 2020 | — | — |
| 郧西县 | 3778 | — | 2567 | — | — |
| 竹山县 | 3240 | — | 1800 | — | — |
| 竹溪县 | 4860 | — | 1234 | — | — |
| 房县 | 2693 | — | 2534 | 123 | — |
| 丹江口市 | 2317 | — | 1400 | — | — |
| 武当山特区 | 67 | — | 267 | — | — |
| **宜昌市** | **8353** | **—** | **15589** | **—** | **—** |
| 市直单位 | — | — | 333 | — | — |
| 点军区 | 67 | — | 166 | — | — |
| 猇亭区 | — | — | 167 | — | — |
| 夷陵区 | 267 | — | 1860 | — | — |
| 远安县 | 695 | — | 1822 | — | — |
| 兴山县 | 673 | — | 2540 | — | — |
| 秭归县 | 467 | — | 1887 | — | — |
| 长阳土家族自治县 | 1820 | — | 1887 | — | — |
| 五峰土家族自治县 | 2333 | — | 2133 | — | — |
| 宜都市 | 767 | — | 2634 | — | — |
| 当阳市 | 138 | — | — | — | — |
| 枝江市 | 993 | — | 160 | — | — |
| **襄阳市** | **11488** | **—** | **6854** | **—** | **1035** |
| 市直单位 | 10 | — | — | — | — |
| 高新区 | 20 | — | — | — | — |
| 襄城区 | 889 | — | — | — | — |
| 樊城区 | 944 | — | — | — | — |
| 襄州区 | 1200 | — | 320 | — | — |
| 南漳县 | 2453 | — | 1427 | — | 1035 |
| 谷城县 | 1040 | — | 2640 | — | — |
| 保康县 | 1393 | — | 1620 | — | — |
| 老河口市 | 1013 | — | — | — | — |
| 枣阳市 | 633 | — | 847 | — | — |
| 宜城市 | 1893 | — | — | — | — |
| **鄂州市** | **1660** | **—** | **—** | **—** | **—** |
| **荆门市** | **6556** | **—** | **580** | **—** | **492** |
| 东宝区 | 546 | — | — | — | — |
| 掇刀区 | 301 | — | — | — | 2 |

# 分县造林完成情况

单位:公顷

| 地　区 | 人工造林 | 飞播造林 | 新封山育林 | 退化林修复 | 人工更新 |
|---|---|---|---|---|---|
| 漳河新区 | 222 | — | — | — | — |
| 京山县 | 1333 | — | 580 | — | — |
| 沙洋县 | 1525 | — | — | — | 300 |
| 钟祥市 | 1620 | — | — | — | 190 |
| 屈家岭管理局 | 1009 | — | — | — | — |
| **孝感市** | **8715** | **—** | **773** | **—** | **231** |
| 市直单位 | 97 | — | — | — | — |
| 孝南区 | 1027 | — | — | — | 52 |
| 孝昌县 | 1582 | — | 440 | — | — |
| 大悟县 | 1580 | — | 333 | — | — |
| 云梦县 | 642 | — | — | — | — |
| 应城市 | 1215 | — | — | — | — |
| 安陆市 | 1651 | — | — | — | 124 |
| 汉川市 | 921 | — | — | — | 55 |
| **荆州市** | **14932** | **—** | **280** | **—** | **—** |
| 市直单位 | 2018 | — | — | — | — |
| 沙市区 | 1242 | — | — | — | — |
| 荆州区 | 1063 | — | — | — | — |
| 公安县 | 2453 | — | — | — | — |
| 监利县 | 2379 | — | — | — | — |
| 江陵县 | 797 | — | — | — | — |
| 石首市 | 2116 | — | — | — | — |
| 洪湖市 | 1485 | — | — | — | — |
| 松滋市 | 1379 | — | 280 | — | — |
| **黄冈市** | **20637** | **—** | **4686** | **—** | **1513** |
| 黄州区 | 1120 | — | — | — | — |
| 团风县 | 3878 | — | 267 | — | — |
| 红安县 | 2040 | — | 753 | — | — |
| 罗田县 | 1014 | — | 333 | — | — |
| 英山县 | 1373 | — | 733 | — | — |
| 浠水县 | 2433 | — | 473 | — | 113 |
| 蕲春县 | 1800 | — | 400 | — | 1400 |
| 黄梅县 | 1812 | — | 267 | — | — |
| 麻城市 | 3967 | — | 1460 | — | — |
| 武穴市 | 533 | — | — | — | — |
| 龙感湖管理区 | 667 | — | — | — | — |
| **咸宁市** | **18003** | **—** | **6286** | **2508** | **407** |
| 市直单位 | 400 | — | — | 267 | 67 |
| 咸安区 | 1488 | — | 127 | — | 340 |
| 嘉鱼县 | 1486 | — | 133 | 1041 | — |
| 通城县 | 2613 | — | 1007 | — | — |
| 崇阳县 | 4020 | — | 1706 | 1200 | — |
| 通山县 | 6013 | — | 2640 | — | — |
| 赤壁市 | 1983 | — | 673 | — | — |
| **随州市** | **15277** | **—** | **—** | **—** | **—** |
| 曾都区 | 1048 | — | — | — | — |
| 广水市 | 5946 | — | — | — | — |

# 分县造林完成情况

单位:公顷

| 地　区 | 人工造林 | 飞播造林 | 新封山育林 | 退化林修复 | 人工更新 |
|---|---|---|---|---|---|
| 随县 | 7114 | — | — | — | — |
| 淅河林业管理站 | 1169 | — | — | — | — |
| **恩施土家族苗族自治州** | **27332** | **—** | **15348** | **—** | **563** |
| 恩施市 | 2687 | — | 1267 | — | — |
| 利川市 | 6786 | — | 2116 | — | 23 |
| 建始县 | 2893 | — | 2853 | — | — |
| 巴东县 | 4627 | — | 1907 | — | — |
| 宣恩县 | 2313 | — | 933 | — | — |
| 咸丰县 | 2547 | — | 2600 | — | — |
| 来凤县 | 3124 | — | 1432 | — | — |
| 鹤峰县 | 2355 | — | 2240 | — | 540 |
| **仙桃市** | **580** | **—** | **—** | **—** | **—** |
| **潜江市** | **1696** | **—** | **—** | **—** | **—** |
| **天门市** | **1102** | **—** | **—** | **—** | **219** |
| **神农架林区** | **133** | **—** | **1666** | **—** | **—** |
| **省直单位** | **153** | **—** | **—** | **—** | **—** |
| 太子山林管局 | 153 | — | — | — | — |
| **湖南省** | **197453** | **—** | **167464** | **124874** | **13444** |
| **长沙市** | **4466** | **—** | **3300** | **5899** | **1433** |
| 雨花区 | 80 | — | 20 | — | — |
| 长沙县 | 262 | — | 180 | — | — |
| 望城区 | 573 | — | 133 | — | — |
| 宁乡县 | 1864 | — | 1400 | 1433 | 1433 |
| 浏阳市 | 1687 | — | 1567 | 4466 | — |
| **株洲市** | **11513** | **—** | **6713** | **10599** | **201** |
| 天元区 | 100 | — | 47 | — | — |
| 株洲县 | 1413 | — | 467 | 1200 | 67 |
| 攸县 | 2933 | — | 1933 | 2333 | — |
| 茶陵县 | 3000 | — | 1933 | 3600 | 134 |
| 炎陵县 | 1467 | — | 333 | 1800 | — |
| 醴陵市 | 2600 | — | 2000 | 1666 | — |
| **湘潭市** | **3446** | **—** | **5020** | **2333** | **—** |
| 雨湖区 | 120 | — | 333 | 27 | — |
| 湘潭县 | 1553 | — | 2000 | 1133 | — |
| 湘乡市 | 1440 | — | 2000 | 1133 | — |
| 韶山市 | 300 | — | 687 | 27 | — |
| 昭山示范区 | 33 | — | — | 13 | — |
| **衡阳市** | **19474** | **—** | **14180** | **19067** | **620** |
| 珠晖区 | 167 | — | 200 | — | — |
| 雁峰区 | 66 | — | — | — | — |
| 石鼓区 | 100 | — | — | — | — |
| 蒸湘区 | 101 | — | — | — | — |
| 南岳区 | 67 | — | — | — | — |
| 衡阳县 | 3067 | — | 2333 | 2666 | 133 |
| 衡南县 | 3533 | — | 3133 | 734 | 87 |
| 衡山县 | 533 | — | 2266 | 1800 | — |
| 衡东县 | 3267 | — | 2533 | 3267 | 333 |

# 分县造林完成情况

单位:公顷

| 地　区 | 人工造林 | 飞播造林 | 新封山育林 | 退化林修复 | 人工更新 |
|---|---|---|---|---|---|
| 祁东县 | 733 | — | 191 | — | — |
| 耒阳市 | 4707 | — | 3333 | 5400 | — |
| 常宁市 | 3133 | — | 191 | 5200 | 67 |
| **邵阳市** | **23548** | **—** | **21303** | **11181** | **2660** |
| 双清区 | 200 | — | — | — | — |
| 大祥区 | 713 | — | 182 | — | — |
| 北塔区 | 200 | — | — | — | — |
| 邵东县 | 2467 | — | 1474 | 500 | — |
| 新邵县 | 2261 | — | 2127 | — | — |
| 邵阳县 | 3287 | — | 549 | 1133 | — |
| 隆回县 | 2800 | — | 2333 | — | — |
| 洞口县 | 2253 | — | 3000 | 1892 | 813 |
| 绥宁县 | 1820 | — | 3105 | 2491 | 1094 |
| 新宁县 | 2867 | — | 3066 | 2206 | — |
| 城步苗族自治县 | 1980 | — | 2800 | 2613 | 753 |
| 武冈市 | 2700 | — | 2667 | 346 | — |
| **岳阳市** | **14046** | **—** | **6080** | **578** | **535** |
| 岳阳楼区 | 47 | — | — | — | — |
| 云溪区 | 385 | — | — | — | — |
| 君山区 | 867 | — | — | — | — |
| 岳阳县 | 2040 | — | 1333 | — | 137 |
| 华容县 | 1333 | — | — | — | — |
| 湘阴县 | 1400 | — | 333 | — | — |
| 平江县 | 4606 | — | 2000 | — | 333 |
| 汨罗市 | 1281 | — | 1081 | 578 | 65 |
| 临湘市 | 1667 | — | 1333 | — | — |
| 市直辖区 | 420 | — | — | — | — |
| **常德市** | **15613** | **—** | **10000** | **11333** | **—** |
| 武陵区 | 27 | — | — | — | — |
| 鼎城区 | 2706 | — | 1334 | 2333 | — |
| 安乡县 | 2580 | — | — | — | — |
| 汉寿县 | 3600 | — | 1333 | 2667 | — |
| 澧县 | 2100 | — | 2000 | — | — |
| 临澧县 | 600 | — | 1333 | 333 | — |
| 桃源县 | 2666 | — | 2000 | 6000 | — |
| 石门县 | 620 | — | 2000 | — | — |
| 津市市 | 714 | — | — | — | — |
| **张家界市** | **6913** | **—** | **9666** | **1433** | **—** |
| 永定区 | 2173 | — | 2333 | 333 | — |
| 武陵源区 | 193 | — | 667 | 100 | — |
| 慈利县 | 2027 | — | 3333 | 1000 | — |
| 桑植县 | 2520 | — | 3333 | — | — |
| **益阳市** | **13755** | **—** | **5634** | **9187** | **566** |
| 资阳区 | 1227 | — | 667 | — | 133 |
| 高新区 | 27 | — | — | — | — |
| 赫山区 | 1134 | — | 1000 | 4160 | 100 |
| 南县 | 2067 | — | — | — | — |

# 分县造林完成情况

单位:公顷

| 地 区 | 人工造林 | 飞播造林 | 新封山育林 | 退化林修复 | 人工更新 |
|---|---|---|---|---|---|
| 安化县 | 4000 | — | 3967 | 5000 | 333 |
| 沅江市 | 4100 | — | — | — | — |
| 大通湖 | 1200 | — | — | 27 | — |
| **郴州市** | **21244** | **—** | **34996** | **15400** | **2663** |
| 北湖区 | 1267 | — | 1000 | 467 | — |
| 苏仙区 | 1907 | — | 1067 | 2333 | — |
| 桂阳县 | 4193 | — | 2867 | 2000 | — |
| 宜章县 | 2620 | — | 2667 | 1000 | 60 |
| 永兴县 | 3013 | — | 2190 | 2200 | — |
| 嘉禾县 | 1547 | — | 1333 | 467 | — |
| 临武县 | 2534 | — | 2667 | 1200 | 133 |
| 汝城县 | 971 | — | 3745 | 1333 | 789 |
| 桂东县 | 892 | — | 13260 | 600 | 481 |
| 安仁县 | 1388 | — | 2000 | 1800 | 145 |
| 资兴市 | 912 | — | 2200 | 2000 | 1055 |
| **永州市** | **23427** | **—** | **16860** | **17254** | **2427** |
| 零陵区 | 1333 | — | 1000 | 2267 | 40 |
| 冷水滩区 | 867 | — | 1000 | 800 | — |
| 祁阳县 | 2133 | — | 1333 | 3000 | 67 |
| 东安县 | 1867 | — | 1485 | 2000 | 100 |
| 双牌县 | 1873 | — | 1667 | 2200 | — |
| 道县 | 2333 | — | 1667 | 1600 | — |
| 江永县 | 1200 | — | 1467 | 200 | — |
| 宁远县 | 3040 | — | 1667 | 2847 | 733 |
| 蓝山县 | 2347 | — | 1667 | 1667 | — |
| 新田县 | 2333 | — | 1667 | 400 | 100 |
| 江华瑶族自治县 | 2700 | — | 1333 | 133 | 667 |
| 经济技术开发区 | 134 | — | — | 67 | — |
| 回龙圩管理区 | 267 | — | 240 | 33 | 200 |
| 金洞管理区 | 1000 | — | 667 | 40 | 520 |
| **怀化市** | **21367** | **—** | **14299** | **14000** | **2179** |
| 鹤城区 | 867 | — | 333 | — | — |
| 中方县 | 1467 | — | 1100 | 1533 | — |
| 沅陵县 | 2667 | — | 1200 | 1200 | 1000 |
| 辰溪县 | 1747 | — | 1533 | 1467 | 333 |
| 溆浦县 | 3000 | — | 2466 | 2067 | 200 |
| 会同县 | 2020 | — | 1200 | 2733 | 200 |
| 麻阳苗族自治县 | 1600 | — | 1000 | 333 | — |
| 新晃侗族自治县 | 1000 | — | 1000 | — | — |
| 芷江侗族自治县 | 1667 | — | 933 | 267 | — |
| 靖州苗族侗族自治县 | 1533 | — | 1000 | 933 | 200 |
| 通道侗族自治县 | 2066 | — | 1000 | 1000 | 246 |
| 洪江市 | 1533 | — | 1200 | 2134 | — |
| 洪江区 | 200 | — | 334 | 333 | — |
| **娄底市** | **9346** | **—** | **6666** | **4327** | **133** |
| 娄星区 | 793 | — | 500 | 660 | — |
| 双峰县 | 1486 | — | 1333 | — | — |

# 分县造林完成情况

单位:公顷

| 地　区 | 人工造林 | 飞播造林 | 新封山育林 | 退化林修复 | 人工更新 |
|---|---|---|---|---|---|
| 新化县 | 2947 | — | 2667 | 2467 | 133 |
| 冷水江市 | 1513 | — | 833 | — | — |
| 涟源市 | 2607 | — | 1333 | 1200 | — |
| **湘西土家族苗族自治州** | **9295** | **—** | **12747** | **2283** | **27** |
| 吉首市 | 448 | — | 1396 | — | — |
| 泸溪县 | 1504 | — | 1250 | — | — |
| 凤凰县 | 940 | — | 1183 | 200 | — |
| 花垣县 | 760 | — | 1333 | 667 | — |
| 保靖县 | 1129 | — | 1865 | 150 | — |
| 古丈县 | 1091 | — | 1763 | 133 | 27 |
| 永顺县 | 2143 | — | 1977 | 1000 | — |
| 龙山县 | 1280 | — | 1980 | 133 | — |
| **广东省** | **100658** | **—** | **97347** | **59791** | **47608** |
| **广州市** | **—** | **—** | **1433** | **127** | **1333** |
| 增城区 | — | — | 333 | — | 1000 |
| 从化区 | — | — | 1100 | 127 | 333 |
| **深圳市** | **123** | **—** | **—** | **—** | **—** |
| **珠海市** | **83** | **—** | **435** | **57** | **269** |
| 斗门区 | 40 | — | 40 | 40 | 253 |
| 金湾区 | 19 | — | — | — | — |
| 万山海洋开发实验区 | — | — | 282 | — | — |
| 高新技术产业开发区 | — | — | — | 17 | — |
| 高栏港经济区 | 24 | — | 86 | — | 16 |
| 横琴新区 | — | — | 27 | — | — |
| **汕头市** | **2205** | **—** | **2667** | **1759** | **—** |
| 濠江区 | — | — | — | 137 | — |
| 潮阳区 | 767 | — | 1467 | 513 | — |
| 潮南区 | 1105 | — | 1067 | 985 | — |
| 南澳县 | 333 | — | 133 | 124 | — |
| **佛山市** | **—** | **—** | **133** | **522** | **—** |
| 南海区 | — | — | — | 42 | — |
| 顺德区 | — | — | — | 13 | — |
| 三水区 | — | — | — | 67 | — |
| 高明区 | — | — | — | 400 | — |
| 云勇林场 | — | — | 133 | — | — |
| **韶关市** | **9961** | **—** | **9632** | **9060** | **6491** |
| 武江区 | 133 | — | 220 | 27 | 940 |
| 浈江区 | — | — | 133 | 17 | 1089 |
| 曲江区 | 333 | — | 300 | — | 167 |
| 始兴县 | 400 | — | 1400 | 763 | 333 |
| 仁化县 | 346 | — | 133 | 355 | 302 |
| 翁源县 | 1986 | — | 1433 | 1276 | 800 |
| 乳源瑶族自治县 | 1492 | — | 1893 | 1720 | 493 |
| 新丰县 | 1364 | — | 200 | 859 | 290 |
| 乐昌市 | 1907 | — | 1920 | 2067 | 365 |
| 南雄市 | 2000 | — | — | 1915 | 1000 |
| 韶关林场 | — | — | 2000 | 61 | 22 |

# 分县造林完成情况

单位:公顷

| 地　区 | 人工造林 | 飞播造林 | 新封山育林 | 退化林修复 | 人工更新 |
|---|---|---|---|---|---|
| 曲江林场 | — | — | — | — | 258 |
| 仁化林场 | — | — | — | — | 241 |
| 河口林场 | — | — | — | — | 70 |
| 九曲水林场 | — | — | — | — | 83 |
| 华溪林场 | — | — | — | — | 38 |
| **河源市** | **19602** | **—** | **13307** | **1288** | **858** |
| 紫金县 | 2803 | — | 5333 | — | — |
| 龙川县 | 1420 | — | 467 | — | — |
| 连平县 | 2443 | — | 1500 | 867 | 839 |
| 和平县 | 2903 | — | 1007 | — | — |
| 东源县 | — | — | — | 310 | — |
| 新丰江 | — | — | 5000 | 92 | — |
| 牛岭水林场 | 19 | — | — | 19 | 19 |
| 黎明林场 | 10014 | — | — | — | — |
| **梅州市** | **18684** | **—** | **7957** | **8233** | **2460** |
| 梅江区 | 333 | — | — | 600 | 372 |
| 梅县区 | 333 | — | 166 | — | 623 |
| 大埔县 | 800 | — | — | 750 | 150 |
| 丰顺县 | 5667 | — | 1960 | 1333 | 391 |
| 五华县 | 5000 | — | 2333 | 2899 | 378 |
| 平远县 | 2017 | — | 533 | — | — |
| 蕉岭县 | — | — | — | 651 | 533 |
| 兴宁市 | 4534 | — | 2965 | 2000 | 13 |
| **惠州市** | **820** | **—** | **3116** | **3005** | **1432** |
| 惠城区 | 33 | — | — | 91 | 33 |
| 惠阳区 | — | — | 600 | 800 | 178 |
| 大亚湾区 | 580 | — | — | — | — |
| 博罗县 | — | — | 1500 | 1667 | 1031 |
| 惠东县 | 148 | — | 216 | 154 | — |
| 龙门县 | 33 | — | — | 293 | 43 |
| 九龙峰林场 | — | — | 133 | — | — |
| 平安林场 | — | — | — | — | 25 |
| 鸡笼山林场 | — | — | — | — | 87 |
| 水东陂林场 | — | — | — | — | 35 |
| 油田林场 | 26 | — | — | — | — |
| 龙门南昆山省级自然保护区 | — | — | 667 | — | — |
| **汕尾市** | **12907** | **—** | **10438** | **892** | **540** |
| 城区 | 629 | — | 1066 | — | 25 |
| 红海湾经济开发区 | 279 | — | — | — | — |
| 海丰县 | 1964 | — | 3333 | 613 | 152 |
| 陆河县 | 2932 | — | 333 | 279 | 363 |
| 陆丰市 | 5555 | — | 5000 | — | — |
| 黄羌林场 | 467 | — | — | — | — |
| 吉溪林场 | 267 | — | 406 | — | — |
| 红岭林场 | 266 | — | 133 | — | — |
| 罗经嶂林场 | 67 | — | 167 | — | — |
| 东海岸林场 | 281 | — | — | — | — |

# 分县造林完成情况

单位:公顷

| 地　区 | 人工造林 | 飞播造林 | 新封山育林 | 退化林修复 | 人工更新 |
|---|---|---|---|---|---|
| 湖东林场 | 200 | — | — | — | — |
| **东莞市** | **—** | **—** | **—** | **—** | **199** |
| 市直单位 | — | — | — | — | 199 |
| **中山市** | **—** | **—** | **—** | **66** | **—** |
| **江门市** | **103** | **—** | **2950** | **2167** | **11230** |
| 蓬江区 | 20 | — | — | — | 1 |
| 新会区 | — | — | 300 | — | 1333 |
| 台山市 | 27 | — | 413 | 1167 | 1467 |
| 开平市 | 10 | — | 333 | 867 | 1766 |
| 鹤山市 | — | — | 504 | — | 2923 |
| 恩平市 | 43 | — | 892 | 133 | 1757 |
| 大沙林场 | — | — | — | — | 835 |
| 狮山林场 | — | — | — | — | 129 |
| 河排林场 | — | — | — | — | 538 |
| 西坑林场 | — | — | — | — | 211 |
| 古斗林场 | 3 | — | — | — | 9 |
| 四堡林场 | — | — | 508 | — | 261 |
| **阳江市** | **3834** | **—** | **1716** | **2534** | **734** |
| 阳西县 | 667 | — | 333 | 1067 | — |
| 阳东区 | 1000 | — | 1000 | 467 | — |
| 阳春市 | 2067 | — | 333 | 1000 | 667 |
| 阳江林场 | 100 | — | 27 | — | — |
| 花滩林场 | — | — | 23 | — | 67 |
| **湛江市** | **1214** | **—** | **1128** | **2837** | **1799** |
| 坡头区 | — | — | — | 100 | 33 |
| 麻章区 | — | — | — | — | 133 |
| 开发区 | — | — | — | — | 100 |
| 遂溪县 | — | — | 327 | 118 | 266 |
| 徐闻县 | 200 | — | — | 1067 | 133 |
| 廉江市 | 666 | — | 267 | 1133 | 200 |
| 雷州市 | 261 | — | 467 | 133 | 67 |
| 吴川市 | — | — | — | 233 | 367 |
| 防护林场 | 40 | — | — | 53 | 200 |
| 东海林场 | 47 | — | — | — | — |
| 吴川林场 | — | — | — | — | 200 |
| 市直单位 | — | — | 67 | — | 100 |
| **茂名市** | **4776** | **—** | **4599** | **3713** | **3482** |
| 茂南区 | — | — | — | — | 103 |
| 高州市 | 2667 | — | 2213 | 220 | 667 |
| 化州市 | 333 | — | 333 | 135 | 697 |
| 信宜市 | 1377 | — | 1667 | 2667 | 667 |
| 电白区 | 399 | — | 333 | 667 | 667 |
| 八一林场 | — | — | — | — | 8 |
| 厚元林场 | — | — | — | — | 20 |
| 东镇林场 | — | — | — | 24 | — |
| 新田林场 | — | — | — | — | 47 |
| 文楼林场 | — | — | — | — | 220 |

# 分县造林完成情况

单位:公顷

| 地　区 | 人工造林 | 飞播造林 | 新封山育林 | 退化林修复 | 人工更新 |
|---|---|---|---|---|---|
| 播扬林场 | — | — | — | — | 280 |
| 平定林场 | — | — | 53 | — | 37 |
| 电白林场 | — | — | — | — | 36 |
| 市直单位 | — | — | — | — | 33 |
| **肇庆市** | **4666** | **—** | **1900** | **5037** | **4280** |
| 鼎湖区 | — | — | — | 100 | — |
| 广宁县 | 1000 | — | 200 | 1062 | 667 |
| 怀集县 | 1333 | — | 967 | 1060 | 1000 |
| 封开县 | 2333 | — | 233 | 1400 | 1060 |
| 德庆县 | — | — | 500 | 395 | 333 |
| 高要区 | — | — | — | 833 | 167 |
| 四会市 | — | — | — | — | 333 |
| 清桂林场 | — | — | — | 7 | 80 |
| 葵洞林场 | — | — | — | 13 | 20 |
| 大水口林场 | — | — | — | 33 | 227 |
| 大坑山林场 | — | — | — | 47 | 160 |
| 新岗林场 | — | — | — | — | 193 |
| **清远市** | **6140** | **—** | **18481** | **5699** | **1440** |
| 清城区 | — | — | 53 | 333 | 53 |
| 佛冈县 | 53 | — | 373 | 687 | 27 |
| 阳山县 | 1487 | — | 6387 | 340 | 47 |
| 连山壮族瑶族自治县 | 334 | — | 334 | — | 334 |
| 连南瑶族自治县 | 333 | — | 600 | 333 | — |
| 清远市清新区 | 1400 | — | 2500 | 1800 | 314 |
| 英德市 | 1700 | — | 7134 | 1700 | 26 |
| 连州市 | 833 | — | 933 | 400 | 127 |
| 银盏林场 | — | — | — | — | 106 |
| 天堂山林场 | — | — | — | — | 80 |
| 金鸡林场 | — | — | — | — | 68 |
| 铁溪林场 | — | — | — | — | 87 |
| 羊角山林场 | — | — | — | — | 40 |
| 小龙林场 | — | — | — | — | 131 |
| 龙坪林场 | — | — | 100 | — | — |
| 杨梅林场 | — | — | 67 | — | — |
| 市直单位 | — | — | — | 106 | — |
| **潮州市** | **3582** | **—** | **5599** | **1399** | **696** |
| 湘桥区 | 200 | — | 333 | 13 | 24 |
| 潮安区 | 933 | — | 2213 | 519 | 267 |
| 饶平县 | 2433 | — | 3053 | 867 | 405 |
| 凤凰山自然保护区 | 16 | — | — | — | — |
| **揭阳市** | **5519** | **—** | **6761** | **2013** | **1075** |
| 揭东区 | — | — | 667 | 186 | — |
| 揭西县 | 3141 | — | 3367 | 884 | 525 |
| 惠来县 | 1100 | — | 1400 | 525 | 397 |
| 普宁市 | 1067 | — | 1020 | 400 | 153 |
| 蓝城区 | 11 | — | — | 18 | — |
| 后溪林场 | 200 | — | 307 | — | — |

# 分县造林完成情况

单位:公顷

| 地　区 | 人工造林 | 飞播造林 | 新封山育林 | 退化林修复 | 人工更新 |
|---|---|---|---|---|---|
| **云浮市** | **5699** | **—** | **2629** | **4646** | **491** |
| 云城区 | 605 | — | 167 | 140 | 34 |
| 新兴县 | 999 | — | 67 | 415 | — |
| 郁南县 | 1114 | — | 967 | 1578 | 243 |
| 云安区 | 1471 | — | 695 | 1180 | — |
| 罗定市 | 1388 | — | 733 | 1333 | — |
| 大云雾林场 | — | — | — | — | 43 |
| 龙埇林场 | 87 | — | — | — | 130 |
| 飞马林场 | 35 | — | — | — | 16 |
| 同乐林场 | — | — | — | — | 25 |
| **雷州林业局** | **—** | **—** | **—** | **3973** | **7441** |
| **省直林场** | **740** | **—** | **2466** | **764** | **1358** |
| 西江林业局 | 433 | — | 694 | — | 345 |
| 乳阳林业局 | 200 | — | 306 | 423 | — |
| 天井山林场 | — | — | 1333 | — | 333 |
| 樟木头林场 | — | — | — | — | 92 |
| 乐昌林场 | — | — | 133 | — | 130 |
| 连山林场 | 107 | — | — | 333 | 140 |
| 东江林场 | — | — | — | 8 | 178 |
| 九连山林场 | — | — | — | — | 140 |
| **广西壮族自治区** | **82410** | **—** | **28135** | **8180** | **74616** |
| **南宁市** | **2162** | **—** | **3801** | **—** | **3808** |
| 兴宁区 | 34 | — | — | — | 35 |
| 青秀区 | 35 | — | — | — | 348 |
| 江南区 | 23 | — | — | — | 67 |
| 西乡塘区 | 60 | — | — | — | 15 |
| 良庆区 | 133 | — | — | — | 127 |
| 邕宁区 | 333 | — | — | — | 67 |
| 武鸣区 | 153 | — | — | — | 1154 |
| 隆安县 | 133 | — | 1667 | — | 133 |
| 马山县 | 363 | — | 1019 | — | 67 |
| 上林县 | 471 | — | — | — | 67 |
| 宾阳县 | 67 | — | 665 | — | 368 |
| 横县 | 267 | — | 450 | — | 1167 |
| 高新开发区 | — | — | — | — | 75 |
| 经济开发区 | 90 | — | — | — | 85 |
| 东盟开发区 | — | — | — | — | 33 |
| **柳州市** | **4490** | **—** | **329** | **983** | **3620** |
| 城中区 | — | — | — | — | 16 |
| 鱼峰区 | — | — | — | — | 71 |
| 柳北区 | — | — | — | — | 50 |
| 柳江区 | 284 | — | — | — | 113 |
| 柳城县 | 418 | — | 14 | — | 64 |
| 鹿寨县 | 1578 | — | — | — | 201 |
| 融安县 | 920 | — | 315 | — | 1241 |
| 融水苗族自治县 | 1276 | — | — | 114 | 1028 |
| 三江侗族自治县 | 14 | — | — | 869 | 836 |

# 分县造林完成情况

单位:公顷

| 地　区 | 人工造林 | 飞播造林 | 新封山育林 | 退化林修复 | 人工更新 |
|---|---|---|---|---|---|
| **桂林市** | **9885** | **—** | **7610** | **338** | **4806** |
| 雁山区 | 18 | — | 700 | — | — |
| 阳朔县 | — | — | 1164 | — | — |
| 临桂区 | 358 | — | — | — | 297 |
| 灵川县 | 642 | — | 487 | — | 188 |
| 全州县 | 5771 | — | 802 | — | 1000 |
| 兴安县 | — | — | — | — | 200 |
| 永福县 | 388 | — | 947 | — | 241 |
| 灌阳县 | 410 | — | 504 | — | 224 |
| 龙胜各族自治县 | 989 | — | — | 203 | 1098 |
| 资源县 | 667 | — | — | — | 334 |
| 平乐县 | 208 | — | 726 | 135 | 848 |
| 荔浦县 | 267 | — | 1253 | — | 266 |
| 恭城瑶族自治县 | 167 | — | 1027 | — | 110 |
| **梧州市** | **4205** | **—** | **—** | **—** | **10419** |
| 万秀区 | 323 | — | — | — | 215 |
| 长洲区 | 181 | — | — | — | 205 |
| 苍梧县 | 1287 | — | — | — | 1900 |
| 藤县 | 1164 | — | — | — | 2835 |
| 蒙山县 | 547 | — | — | — | 1100 |
| 岑溪市 | 232 | — | — | — | 3453 |
| 龙圩区 | 471 | — | — | — | 711 |
| **北海市** | **—** | **—** | **—** | **—** | **2556** |
| 银海区 | — | — | — | — | 139 |
| 铁山港区 | — | — | — | — | 117 |
| 合浦县 | — | — | — | — | 2300 |
| **防城港市** | **1066** | **—** | **—** | **142** | **1452** |
| 港口区 | — | — | — | — | 1 |
| 防城区 | 731 | — | — | — | 764 |
| 上思县 | 335 | — | — | 142 | 601 |
| 东兴市 | — | — | — | — | 86 |
| **钦州市** | **1202** | **—** | **—** | **—** | **1866** |
| 钦南区 | 232 | — | — | — | 734 |
| 钦北区 | 234 | — | — | — | 364 |
| 灵山县 | 579 | — | — | — | 704 |
| 浦北县 | 157 | — | — | — | 64 |
| **贵港市** | **2287** | **—** | **—** | **—** | **910** |
| 港北区 | 240 | — | — | — | 98 |
| 港南区 | — | — | — | — | 252 |
| 覃塘区 | 378 | — | — | — | — |
| 平南县 | 269 | — | — | — | 227 |
| 桂平市 | 1400 | — | — | — | 333 |
| **玉林市** | **976** | **—** | **—** | **—** | **3021** |
| 玉州区 | — | — | — | — | 26 |
| 福绵区 | — | — | — | — | 134 |
| 容县 | 409 | — | — | — | 876 |
| 陆川县 | 170 | — | — | — | 308 |

# 分县造林完成情况

单位：公顷

| 地区 | 人工造林 | 飞播造林 | 新封山育林 | 退化林修复 | 人工更新 |
|---|---|---|---|---|---|
| 博白县 | 41 | — | — | — | 464 |
| 兴业县 | 114 | — | — | — | 410 |
| 北流市 | 242 | — | — | — | 803 |
| **百色市** | **21809** | **—** | **9200** | **5935** | **6913** |
| 右江区 | 5580 | — | — | 800 | — |
| 田阳县 | 1622 | — | 2579 | 667 | 67 |
| 田东县 | 880 | — | 55 | 667 | — |
| 平果县 | 1064 | — | 1422 | — | 103 |
| 德保县 | 333 | — | 1109 | 267 | — |
| 靖西市 | 867 | — | 1760 | — | 67 |
| 那坡县 | 1435 | — | 320 | 200 | 167 |
| 凌云县 | 1467 | — | 1032 | — | 467 |
| 乐业县 | 2340 | — | 700 | — | 595 |
| 田林县 | 2717 | — | 223 | 2667 | 3267 |
| 西林县 | 837 | — | — | — | 2180 |
| 隆林各族自治县 | 2667 | — | — | 667 | — |
| **贺州市** | **8419** | **—** | **94** | **71** | **7938** |
| 八步区 | 3496 | — | — | — | 4014 |
| 平桂区 | 2133 | — | — | — | 2187 |
| 昭平县 | 1000 | — | — | — | 454 |
| 钟山县 | 723 | — | — | — | 1283 |
| 富川瑶族自治县 | 1067 | — | 94 | 71 | — |
| **河池市** | **16153** | **—** | **998** | **677** | **4078** |
| 金城江区 | 967 | — | — | — | 249 |
| 南丹县 | 1223 | — | — | — | 400 |
| 天峨县 | 1231 | — | — | — | 990 |
| 凤山县 | 4001 | — | — | 466 | 202 |
| 东兰县 | 3007 | — | 7 | — | 400 |
| 罗城仫佬族自治县 | 1267 | — | 94 | — | 573 |
| 环江毛南族自治县 | 1000 | — | 143 | 133 | 467 |
| 巴马瑶族自治县 | 1187 | — | 87 | — | 165 |
| 都安瑶族自治县 | 467 | — | — | — | 156 |
| 大化瑶族自治县 | 367 | — | 667 | — | 113 |
| 宜州区 | 1436 | — | — | 78 | 363 |
| **来宾市** | **2689** | **—** | **2243** | **34** | **2437** |
| 兴宾区 | 146 | — | 491 | — | 46 |
| 忻城县 | 777 | — | 1081 | — | 142 |
| 象州县 | 772 | — | — | — | 541 |
| 武宣县 | 877 | — | — | 34 | 607 |
| 金秀瑶族自治县 | 76 | — | — | — | 1076 |
| 合山市 | 41 | — | 671 | — | 25 |
| **崇左市** | **5784** | **—** | **3860** | **—** | **5834** |
| 江州区 | 514 | — | — | — | 1535 |
| 扶绥县 | 819 | — | 660 | — | 1604 |
| 宁明县 | 1727 | — | 1000 | — | 1652 |
| 龙州县 | 1200 | — | 680 | — | — |
| 大新县 | 587 | — | 848 | — | 440 |

# 分县造林完成情况

单位:公顷

| 地　区 | 人工造林 | 飞播造林 | 新封山育林 | 退化林修复 | 人工更新 |
|---|---|---|---|---|---|
| 天等县 | 334 | — | 672 | — | 400 |
| 凭祥市 | 603 | — | — | — | 203 |
| **高峰林场** | **—** | **—** | **—** | **—** | **220** |
| **七坡林场** | **—** | **—** | **—** | **—** | **909** |
| **派阳山林场** | **399** | **—** | **—** | **—** | **399** |
| **钦廉林场** | **507** | **—** | **—** | **—** | **3647** |
| **六万林场** | **—** | **—** | **—** | **—** | **3346** |
| **博白林场** | **16** | **—** | **—** | **—** | **3440** |
| **维都林场** | **—** | **—** | **—** | **—** | **342** |
| **三门江林场** | **—** | **—** | **—** | **—** | **278** |
| **黄冕林场** | **—** | **—** | **—** | **—** | **952** |
| **大桂山林场** | **340** | **—** | **—** | **—** | **1200** |
| **雅长林场** | **—** | **—** | **—** | **—** | **67** |
| **南宁树木园** | **21** | **—** | **—** | **—** | **158** |
| **海南省** | **8325** | **—** | **—** | **133** | **6063** |
| 海口市 | 856 | — | — | — | 374 |
| 三亚市 | 20 | — | — | — | — |
| 五指山市 | — | — | — | — | 47 |
| 文昌市 | 3231 | — | — | — | 182 |
| 琼海市 | 126 | — | — | — | 212 |
| 万宁市 | 207 | — | — | — | 271 |
| 定安县 | 233 | — | — | — | 140 |
| 屯昌县 | 173 | — | — | — | 575 |
| 澄迈县 | 309 | — | — | — | 627 |
| 临高县 | 157 | — | — | — | 435 |
| 儋州市 | 22 | — | — | — | 844 |
| 白沙黎族自治县 | — | — | — | — | 461 |
| 昌江黎族自治县 | 507 | — | — | — | 94 |
| 东方市 | 687 | — | — | — | 96 |
| 乐东黎族自治县 | 304 | — | — | — | 369 |
| 陵水黎族自治县 | 129 | — | — | — | 59 |
| 保亭黎族苗族自治县 | 3 | — | — | — | 284 |
| 琼中黎族苗族自治县 | 22 | — | — | — | 949 |
| 南高岭林场 | — | — | — | 133 | — |
| 岛东林场 | 1186 | — | — | — | — |
| 澄迈林场 | — | — | — | — | 24 |
| 儋州林场 | 8 | — | — | — | 20 |
| 东寨港国家级自然保护区 | 12 | — | — | — | — |
| 佳西省级自然保护区 | 133 | — | — | — | — |
| **重庆市** | **100600** | **—** | **62400** | **63333** | **—** |
| 万州区 | 2667 | — | 2667 | 2000 | — |
| 涪陵区 | 2433 | — | 2667 | 1333 | — |
| 北碚区 | 40 | — | — | — | — |
| 綦江区 | 1333 | — | 1333 | 1333 | — |
| 大足区 | 667 | — | 1333 | 1333 | — |
| 渝北区 | 667 | — | — | 667 | — |
| 巴南区 | 667 | — | — | 667 | — |

# 分县造林完成情况

单位:公顷

| 地 区 | 人工造林 | 飞播造林 | 新封山育林 | 退化林修复 | 人工更新 |
|---|---|---|---|---|---|
| 黔江区 | 2667 | — | 2667 | 1333 | — |
| 长寿区 | 1333 | — | 667 | 1333 | — |
| 江津区 | 1467 | — | 1333 | 1333 | — |
| 合川区 | 667 | — | — | 1333 | — |
| 永川区 | 667 | — | 1333 | 1333 | — |
| 南川区 | 2667 | — | 1334 | 1334 | — |
| 潼南区 | 2667 | — | 1333 | 1333 | — |
| 铜梁区 | 667 | — | 1333 | 1333 | — |
| 荣昌区 | 667 | — | 1333 | 1333 | — |
| 璧山区 | 667 | — | 1333 | 1333 | — |
| 梁平县 | 4000 | — | — | 2000 | — |
| 城口县 | 6555 | — | 3733 | 3336 | — |
| 丰都县 | 4767 | — | 2667 | 2000 | — |
| 垫江县 | 667 | — | 1333 | 2000 | — |
| 武隆县 | 2000 | — | 2667 | 2667 | — |
| 忠县 | 3334 | — | 1333 | 2667 | — |
| 开州区 | 5333 | — | 2667 | 2667 | — |
| 云阳县 | 13333 | — | 3333 | 3333 | — |
| 奉节县 | 6667 | — | 3333 | 3333 | — |
| 巫山县 | 5333 | — | 4000 | 3333 | — |
| 巫溪县 | 6000 | — | 5333 | 3333 | — |
| 石柱土家族自治县 | 4000 | — | 2667 | 2667 | — |
| 秀山土家族苗族自治县 | 2667 | — | 2667 | 2667 | — |
| 酉阳土家族苗族自治县 | 6667 | — | 2667 | 3333 | — |
| 彭水苗族土家族自治县 | 6000 | — | 2667 | 3333 | — |
| 万盛经济开发区 | 667 | — | 667 | — | — |
| **四川省** | **425550** | **1600** | **31519** | **106629** | **3234** |
| **成都市** | **5529** | **—** | **—** | **3598** | **248** |
| 龙泉驿区 | 267 | — | — | — | — |
| 青白江区 | 87 | — | — | — | — |
| 金堂县 | 1233 | — | — | 933 | — |
| 双流区 | 113 | — | — | — | — |
| 大邑县 | 60 | — | — | — | — |
| 蒲江县 | 133 | — | — | — | — |
| 新津县 | 33 | — | — | — | — |
| 都江堰市 | 560 | — | — | — | — |
| 彭州市 | 291 | — | — | — | 181 |
| 邛崃市 | — | — | — | 1599 | 67 |
| 崇州市 | 619 | — | — | — | — |
| 简阳市 | 2133 | — | — | 1066 | — |
| **自贡市** | **4090** | **—** | **—** | **1731** | **—** |
| 自流井区 | 133 | — | — | — | — |
| 贡井区 | 433 | — | — | — | — |
| 大安区 | 441 | — | — | 125 | — |
| 沿滩区 | 340 | — | — | 73 | — |
| 荣县 | 2067 | — | — | 1000 | — |
| 富顺县 | 676 | — | — | 533 | — |

# 分县造林完成情况

单位:公顷

| 地　区 | 人工造林 | 飞播造林 | 新封山育林 | 退化林修复 | 人工更新 |
|---|---|---|---|---|---|
| **攀枝花市** | **4302** | **—** | **666** | **920** | **—** |
| 市辖区 | 200 | — | 333 | — | — |
| 东区 | 102 | — | — | — | — |
| 西区 | 80 | — | — | 13 | — |
| 仁和区 | 1013 | — | — | 767 | — |
| 米易县 | 1394 | — | 333 | 140 | — |
| 盐边县 | 1513 | — | — | — | — |
| **泸州市** | **12710** | **—** | **1267** | **5386** | **267** |
| 江阳区 | 257 | — | — | — | — |
| 纳溪区 | 887 | — | — | 3313 | — |
| 龙马潭区 | 73 | — | — | — | — |
| 泸县 | 333 | — | — | — | — |
| 合江县 | 3300 | — | — | 2073 | — |
| 叙永县 | 5547 | — | 1267 | — | 267 |
| 古蔺县 | 2313 | — | — | — | — |
| **德阳市** | **2727** | **—** | **—** | **2213** | **213** |
| 旌阳区 | 133 | — | — | 400 | — |
| 中江县 | 1200 | — | — | 1000 | — |
| 罗江县 | 467 | — | — | — | — |
| 广汉市 | 400 | — | — | — | — |
| 什邡市 | 327 | — | — | 280 | 213 |
| 绵竹市 | 200 | — | — | 533 | — |
| **绵阳市** | **6567** | **—** | **1760** | **494** | **—** |
| 涪城区 | 300 | — | 907 | 187 | — |
| 游仙区 | 67 | — | — | 67 | — |
| 三台县 | 1400 | — | — | — | — |
| 盐亭县 | 467 | — | — | — | — |
| 安州区 | 667 | — | — | — | — |
| 梓潼县 | 1360 | — | — | 240 | — |
| 北川羌族自治县 | 1000 | — | — | — | — |
| 平武县 | 366 | — | — | — | — |
| 江油市 | 940 | — | 853 | — | — |
| **广元市** | **10599** | **—** | **999** | **6999** | **—** |
| 利州区 | 207 | — | — | 733 | — |
| 元坝区 | 800 | — | — | 66 | — |
| 朝天区 | 1000 | — | 333 | 1000 | — |
| 旺苍县 | 1200 | — | 333 | 2000 | — |
| 青川县 | 2906 | — | — | 1533 | — |
| 剑阁县 | 2086 | — | 333 | 667 | — |
| 苍溪县 | 2400 | — | — | 1000 | — |
| **遂宁市** | **5628** | **—** | **—** | **1467** | **—** |
| 船山区 | 633 | — | — | — | — |
| 安居区 | 847 | — | — | 267 | — |
| 蓬溪县 | 1547 | — | — | 333 | — |
| 射洪县 | 1667 | — | — | 467 | — |
| 大英县 | 934 | — | — | 400 | — |
| **内江市** | **6914** | **—** | **—** | **—** | **—** |

# 分县造林完成情况

单位:公顷

| 地　区 | 人工造林 | 飞播造林 | 新封山育林 | 退化林修复 | 人工更新 |
|---|---|---|---|---|---|
| 市中区 | 627 | — | — | — | — |
| 东兴区 | 5287 | — | — | — | — |
| 威远县 | 867 | — | — | — | — |
| 隆昌县 | 133 | — | — | — | — |
| **乐山市** | **9467** | **—** | **4000** | **3866** | **1866** |
| 市中区 | 667 | — | — | — | — |
| 沙湾区 | — | — | — | — | 400 |
| 金口河区 | 333 | — | — | 333 | — |
| 犍为县 | 967 | — | — | 2000 | — |
| 井研县 | 333 | — | — | 267 | — |
| 夹江县 | 700 | — | — | 1000 | — |
| 沐川县 | 1600 | — | — | — | 1333 |
| 川南林业局 | — | — | 4000 | — | — |
| 峨边彝族自治县 | 733 | — | — | — | 133 |
| 马边彝族自治县 | 3467 | — | — | — | — |
| 峨眉山市 | 667 | — | — | 266 | — |
| **南充市** | **9553** | **—** | **667** | **2907** | **—** |
| 顺庆区 | 500 | — | — | 333 | — |
| 高坪区 | 1333 | — | — | 667 | — |
| 嘉陵区 | 200 | — | — | — | — |
| 南部县 | 2667 | — | — | 707 | — |
| 营山县 | 933 | — | — | — | — |
| 蓬安县 | 987 | — | — | 667 | — |
| 仪陇县 | 1500 | — | — | 533 | — |
| 西充县 | 1100 | — | 667 | — | — |
| 阆中市 | 333 | — | — | — | — |
| **眉山市** | **8940** | **—** | **—** | **147** | **—** |
| 东坡区 | 1407 | — | — | — | — |
| 仁寿县 | 2066 | — | — | — | — |
| 彭山县 | 800 | — | — | — | — |
| 洪雅县 | 2667 | — | — | — | — |
| 丹棱县 | 800 | — | — | — | — |
| 青神县 | 1200 | — | — | 147 | — |
| **宜宾市** | **18527** | **—** | **400** | **11353** | **—** |
| 翠屏区 | 1800 | — | — | 667 | — |
| 宜宾县 | 2367 | — | — | 933 | — |
| 南溪区 | 1333 | — | — | 800 | — |
| 江安县 | 1667 | — | — | 667 | — |
| 长宁县 | 1667 | — | 400 | 1333 | — |
| 高县 | 1533 | — | — | 1487 | — |
| 珙县 | 1600 | — | — | 1200 | — |
| 筠连县 | 2533 | — | — | 1400 | — |
| 兴文县 | 2000 | — | — | 1333 | — |
| 屏山县 | 2027 | — | — | 1533 | — |
| **广安市** | **7326** | **—** | **1000** | **5280** | **—** |
| 前锋区 | 906 | — | — | 1000 | — |
| 广安区 | 1933 | — | — | 1333 | — |

# 分县造林完成情况

单位:公顷

| 地　区 | 人工造林 | 飞播造林 | 新封山育林 | 退化林修复 | 人工更新 |
|---|---|---|---|---|---|
| 岳池县 | 1360 | — | — | 440 | — |
| 武胜县 | 1140 | — | — | 367 | — |
| 邻水县 | 1320 | — | 333 | 1607 | — |
| 华蓥市 | 667 | — | 667 | 533 | — |
| **达州市** | **11426** | **—** | **333** | **466** | **—** |
| 通川区 | 780 | — | — | 133 | — |
| 达川区 | 1133 | — | — | — | — |
| 宣汉县 | 1333 | — | — | — | — |
| 开江县 | 1733 | — | — | — | — |
| 大竹县 | 960 | — | — | 333 | — |
| 渠县 | 4400 | — | — | — | — |
| 万源市 | 1087 | — | 333 | — | — |
| **雅安市** | **13539** | **—** | **2552** | **3380** | **640** |
| 夹金山 | — | — | 533 | — | — |
| 雨城区 | 333 | — | — | — | — |
| 名山区 | 980 | — | — | 380 | — |
| 荥经县 | 1100 | — | 333 | 3000 | — |
| 汉源县 | 2640 | — | 1153 | — | — |
| 石棉县 | 3333 | — | — | — | — |
| 天全县 | 1740 | — | — | — | — |
| 芦山县 | 2673 | — | — | — | 53 |
| 宝兴县 | 740 | — | 533 | — | 587 |
| **巴中市** | **23121** | **—** | **333** | **3133** | **—** |
| 巴州区 | 2287 | — | 333 | — | — |
| 恩阳区 | 2000 | — | — | 333 | — |
| 通江县 | 10400 | — | — | 1000 | — |
| 南江县 | 2387 | — | — | 800 | — |
| 平昌县 | 6047 | — | — | 1000 | — |
| **资阳市** | **2613** | **—** | **—** | **3266** | **—** |
| 雁江区 | 1733 | — | — | 533 | — |
| 安岳县 | 800 | — | — | 1400 | — |
| 乐至县 | 80 | — | — | 1333 | — |
| **阿坝藏族羌族自治州** | **4785** | **—** | **6196** | **380** | **—** |
| 汶川县 | 1187 | — | 333 | — | — |
| 理县 | — | — | 333 | — | — |
| 茂县 | 20 | — | — | — | — |
| 九寨沟县 | 134 | — | — | — | — |
| 金川县 | 2214 | — | — | — | — |
| 小金县 | 173 | — | — | 327 | — |
| 黑水林业局 | — | — | 533 | — | — |
| 黑水县 | 557 | — | — | 53 | — |
| 马尔康市 | — | — | 333 | — | — |
| 壤塘县 | — | — | 333 | — | — |
| 阿坝县 | — | — | 333 | — | — |
| 若尔盖县 | 360 | — | 333 | — | — |
| 红原县 | 7 | — | — | — | — |
| 川西林业局 | — | — | 533 | — | — |

# 分县造林完成情况

单位:公顷

| 地　区 | 人工造林 | 飞播造林 | 新封山育林 | 退化林修复 | 人工更新 |
|---|---|---|---|---|---|
| 林业筑路工程处 | — | — | 533 | — | — |
| 马尔康林业局 | — | — | 533 | — | — |
| 壤塘林业局 | — | — | 533 | — | — |
| 松潘林业局 | — | — | 533 | — | — |
| 小金林业局 | — | — | 533 | — | — |
| 南坪林业局 | 133 | — | — | — | — |
| 观音桥林业局 | — | — | 467 | — | — |
| **甘孜藏族自治州** | **13006** | **1600** | **5467** | **5369** | **—** |
| 康定市 | 729 | — | — | 313 | — |
| 泸定县 | 821 | — | — | 1300 | — |
| 丹巴县 | 783 | — | — | 120 | — |
| 九龙县 | 1156 | 1600 | — | 567 | — |
| 雅江县 | 634 | — | — | 590 | — |
| 道孚县 | 908 | — | — | 170 | — |
| 炉霍县 | 335 | — | 334 | 100 | — |
| 甘孜县 | 208 | — | 334 | — | — |
| 新龙县 | 554 | — | 333 | — | — |
| 德格县 | 335 | — | 333 | — | — |
| 白玉县 | 668 | — | 334 | — | — |
| 石渠县 | 323 | — | — | — | — |
| 色达县 | 888 | — | — | — | — |
| 理塘县 | 733 | — | 333 | 400 | — |
| 巴塘县 | 1773 | — | 333 | 933 | — |
| 乡城县 | 169 | — | 333 | 323 | — |
| 稻城县 | 456 | — | 334 | 286 | — |
| 得荣县 | 1400 | — | 333 | 267 | — |
| 白玉局 | — | — | 533 | — | — |
| 炉霍局 | 133 | — | — | — | — |
| 翁达局 | — | — | 533 | — | — |
| 新龙局 | — | — | 533 | — | — |
| 工程处 | — | — | 534 | — | — |
| **凉山彝族自治州** | **242848** | **—** | **2880** | **44274** | **—** |
| 西昌市 | 12033 | — | — | — | — |
| 木里藏族自治县 | 907 | — | 747 | 1000 | — |
| 盐源县 | 32016 | — | — | 12153 | — |
| 德昌县 | 8000 | — | — | 5333 | — |
| 会理县 | 17333 | — | — | — | — |
| 会东县 | 1000 | — | — | — | — |
| 宁南县 | 15687 | — | — | — | — |
| 普格县 | 3333 | — | — | 667 | — |
| 布拖县 | 9573 | — | — | 667 | — |
| 金阳县 | 25333 | — | — | 4667 | — |
| 昭觉县 | 21374 | — | — | 2680 | — |
| 喜德县 | 16613 | — | — | 1667 | — |
| 冕宁县 | 667 | — | — | 667 | — |
| 越西县 | 29987 | — | — | — | — |
| 甘洛县 | 10000 | — | — | 5433 | — |

# 分县造林完成情况

单位:公顷

| 地　区 | 人工造林 | 飞播造林 | 新封山育林 | 退化林修复 | 人工更新 |
|---|---|---|---|---|---|
| 美姑县 | 17120 | — | — | 2667 | — |
| 雷波县 | 19473 | — | — | 5340 | — |
| 木里林业局 | 733 | — | 533 | — | — |
| 雷波林业局 | 800 | — | 533 | — | — |
| 凉北林业局 | 533 | — | 533 | 1333 | — |
| 林业第五筑路工程处 | 333 | — | 534 | — | — |
| **省直单位** | **1333** | **—** | **2999** | **—** | **—** |
| 长江造林局 | 666 | — | 1666 | — | — |
| 大渡河造林局 | 667 | — | 1333 | — | — |
| **贵州省** | **228138** | **—** | **250563** | **—** | **—** |
| **贵阳市** | **3885** | **—** | **4073** | **—** | **—** |
| 市直单位 | — | — | — | — | — |
| 南明区 | 33 | — | — | — | — |
| 云岩区 | 43 | — | — | — | — |
| 花溪区 | 291 | — | — | — | — |
| 经开区 | — | — | — | — | — |
| 乌当区 | 267 | — | — | — | — |
| 白云区 | — | — | — | — | — |
| 观山湖区 | 45 | — | — | — | — |
| 开阳县 | 2084 | — | 1356 | — | — |
| 息烽县 | 303 | — | 1380 | — | — |
| 修文县 | 133 | — | — | — | — |
| 清镇市 | 552 | — | 1337 | — | — |
| 双龙经济区 | 134 | — | — | — | — |
| 贵安新区 | 745 | — | 6 | — | — |
| **六盘水市** | **10992** | **—** | **6720** | **—** | **—** |
| 市直单位 | 59 | — | — | — | — |
| 钟山区 | 1245 | — | — | — | — |
| 六枝特区 | 2374 | — | 3422 | — | — |
| 水城县 | 3439 | — | 1367 | — | — |
| 盘县 | 3874 | — | 1931 | — | — |
| **遵义市** | **25758** | **—** | **16577** | **—** | **—** |
| 市直单位 | 236 | — | — | — | — |
| 红花岗区 | 388 | — | — | — | — |
| 汇川区 | 727 | — | 537 | — | — |
| 播州区 | 1644 | — | 404 | — | — |
| 桐梓县 | 4504 | — | 4817 | — | — |
| 绥阳县 | 3322 | — | — | — | — |
| 正安县 | 2214 | — | 1206 | — | — |
| 道真仡佬族苗族自治县 | 2195 | — | 1813 | — | — |
| 务川仡佬族苗族自治县 | 1971 | — | 2024 | — | — |
| 凤冈县 | 832 | — | 432 | — | — |
| 湄潭县 | 688 | — | — | — | — |
| 余庆县 | 1121 | — | 1347 | — | — |
| 习水县 | 3951 | — | 20 | — | — |
| 赤水市 | 211 | — | — | — | — |
| 仁怀市 | 1568 | — | 3977 | — | — |

# 分县造林完成情况

单位:公顷

| 地　区 | 人工造林 | 飞播造林 | 新封山育林 | 退化林修复 | 人工更新 |
|---|---|---|---|---|---|
| 新蒲新区 | 545 | — | — | — | — |
| **安顺市** | **21178** | **—** | **29512** | **—** | **—** |
| 市直单位 | 44 | — | — | — | — |
| 西秀区 | 3387 | — | 5093 | — | — |
| 平坝区 | 760 | — | 1729 | — | — |
| 普定县 | 2511 | — | 1691 | — | — |
| 镇宁布依族苗族自治县 | 4857 | — | 5547 | — | — |
| 关岭布依族苗族自治县 | 6391 | — | 2045 | — | — |
| 经济开发区 | 229 | — | 117 | — | — |
| 黄果树 | 669 | — | 1381 | — | — |
| 紫云苗族布依族自治县 | 2331 | — | 11909 | — | — |
| **毕节市** | **45410** | **—** | **69468** | **—** | **—** |
| 市直单位 | 156 | — | — | — | — |
| 七星关区 | 7067 | — | 10046 | — | — |
| 大方县 | 2313 | — | 9287 | — | — |
| 黔西县 | 2225 | — | 3126 | — | — |
| 双山新区 | 867 | — | — | — | — |
| 金沙县 | 2337 | — | 7137 | — | — |
| 织金县 | 6282 | — | 3484 | — | — |
| 纳雍县 | 3207 | — | 9189 | — | — |
| 威宁彝族回族苗族自治县 | 9821 | — | 19537 | — | — |
| 赫章县 | 11135 | — | 7663 | — | — |
| **铜仁市** | **16845** | **—** | **24258** | **—** | **—** |
| 市直单位 | — | — | — | — | — |
| 碧江区 | 781 | — | 639 | — | — |
| 万山区 | 933 | — | 500 | — | — |
| 江口县 | 1819 | — | 169 | — | — |
| 玉屏侗族自治县 | 1166 | — | 426 | — | — |
| 石阡县 | 432 | — | 10102 | — | — |
| 思南县 | 1998 | — | 1575 | — | — |
| 印江土家族苗族自治县 | 2017 | — | 7165 | — | — |
| 德江县 | 1266 | — | 980 | — | — |
| 沿河土家族自治县 | 3814 | — | 1275 | — | — |
| 松桃苗族自治县 | 2618 | — | 1426 | — | — |
| **黔西南布依族苗族自治州** | **56139** | **—** | **31586** | **—** | **—** |
| 市直单位 | — | — | — | — | — |
| 兴义市 | 6154 | — | 825 | — | — |
| 兴仁县 | 5170 | — | 7545 | — | — |
| 普安县 | 4562 | — | 1662 | — | — |
| 晴隆县 | 4915 | — | 707 | — | — |
| 贞丰县 | 6011 | — | 5313 | — | — |
| 望谟县 | 16625 | — | 5077 | — | — |
| 册亨县 | 5035 | — | 7457 | — | — |
| 安龙县 | 6768 | — | 2374 | — | — |
| 义龙试验区 | 807 | — | 626 | — | — |
| 普晴林场 | 92 | — | — | — | — |
| **黔东南苗族侗族自治州** | **15164** | **—** | **28261** | **—** | **—** |

# 分县造林完成情况

单位:公顷

| 地　区 | 人工造林 | 飞播造林 | 新封山育林 | 退化林修复 | 人工更新 |
|---|---|---|---|---|---|
| 州直单位 | 16 | — | — | — | — |
| 凯里市 | 759 | — | 1466 | — | — |
| 黄平县 | 437 | — | 1389 | — | — |
| 施秉县 | 1658 | — | 2534 | — | — |
| 三穗县 | 762 | — | 5388 | — | — |
| 镇远县 | 1843 | — | 3054 | — | — |
| 岑巩县 | 1135 | — | 4578 | — | — |
| 天柱县 | 1690 | — | 1058 | — | — |
| 锦屏县 | 314 | — | — | — | — |
| 剑河县 | 939 | — | 2416 | — | — |
| 台江县 | 51 | — | — | — | — |
| 黎平县 | 1539 | — | 3155 | — | — |
| 榕江县 | 1273 | — | 29 | — | — |
| 从江县 | 1621 | — | 70 | — | — |
| 雷山县 | 420 | — | 3057 | — | — |
| 麻江县 | 32 | — | 30 | — | — |
| 丹寨县 | 677 | — | 38 | — | — |
| **黔南布依族苗族自治州** | **31702** | **—** | **40101** | **—** | **—** |
| 州直单位 | 25 | — | — | — | — |
| 都匀市 | 1342 | — | — | — | — |
| 都匀经济开发区 | — | — | — | — | — |
| 福泉市 | 2187 | — | 2571 | — | — |
| 荔波县 | 1456 | — | 5575 | — | — |
| 贵定县 | 314 | — | 666 | — | — |
| 瓮安县 | 877 | — | 378 | — | — |
| 独山县 | 10215 | — | 5421 | — | — |
| 平塘县 | 2252 | — | 8825 | — | — |
| 罗甸县 | 4568 | — | 5101 | — | — |
| 长顺县 | 1392 | — | 1881 | — | — |
| 龙里县 | 2003 | — | 1700 | — | — |
| 惠水县 | 971 | — | 2174 | — | — |
| 三都水族自治县 | 4102 | — | 5808 | — | — |
| **省直单位** | **322** | **—** | **—** | **—** | **—** |
| 林科院 | 41 | — | — | — | — |
| 龙里林场 | 187 | — | — | — | — |
| 扎佐林场 | 94 | — | — | — | — |
| 大沙河保护区 | — | — | — | — | — |
| **云南省** | **308415** | **—** | **97272** | **90667** | **97** |
| **昆明市** | **9045** | **—** | **16853** | **1200** | **37** |
| 市辖区 | 133 | — | — | — | — |
| 五华区 | 70 | — | 740 | — | — |
| 西山区 | 169 | — | 3933 | — | — |
| 东川区 | 1200 | — | 333 | — | — |
| 呈贡区 | 113 | — | 423 | — | — |
| 晋宁区 | 200 | — | — | — | — |
| 富民县 | 1360 | — | 2000 | — | — |
| 宜良县 | 1726 | — | 267 | 200 | 37 |

# 分县造林完成情况

单位：公顷

| 地　区 | 人工造林 | 飞播造林 | 新封山育林 | 退化林修复 | 人工更新 |
|---|---|---|---|---|---|
| 石林彝族自治县 | 633 | — | 1711 | — | — |
| 嵩明县 | 667 | — | 3000 | — | — |
| 禄劝彝族苗族自治县 | 1807 | — | 1917 | — | — |
| 寻甸回族彝族自治县 | 967 | — | 1862 | 1000 | — |
| 安宁市 | — | — | 667 | — | — |
| **曲靖市** | **21100** | **—** | **11280** | **6332** | **—** |
| 麒麟区 | 1234 | — | 513 | 666 | — |
| 马龙县 | 1190 | — | 800 | — | — |
| 陆良县 | 1200 | — | 333 | 667 | — |
| 师宗县 | 3973 | — | 2720 | — | — |
| 罗平县 | 2418 | — | 1467 | 333 | — |
| 富源县 | 1118 | — | 2000 | 667 | — |
| 会泽县 | 2014 | — | 1167 | 1333 | — |
| 沾益区 | 3160 | — | 1213 | 1333 | — |
| 宣威市 | 4793 | — | 1067 | 1333 | — |
| **玉溪市** | **19042** | **—** | **5127** | **6001** | **—** |
| 红塔区 | 251 | — | 930 | — | — |
| 江川区 | 1740 | — | — | — | — |
| 澄江县 | 3286 | — | — | 667 | — |
| 通海县 | 200 | — | 1531 | — | — |
| 华宁县 | 3520 | — | 1333 | 667 | — |
| 易门县 | 2233 | — | 1333 | 667 | — |
| 峨山彝族自治县 | 1387 | — | — | 667 | — |
| 新平彝族傣族自治县 | 4649 | — | — | 2000 | — |
| 元江哈尼族彝族傣族自治县 | 1776 | — | — | 1333 | — |
| **保山市** | **8740** | **—** | **2867** | **8000** | **—** |
| 隆阳区 | 3073 | — | 1000 | 2000 | — |
| 施甸县 | 1127 | — | 1867 | 1333 | — |
| 腾冲市 | 720 | — | — | 2000 | — |
| 龙陵县 | 1107 | — | — | 1000 | — |
| 昌宁县 | 2713 | — | — | 1667 | — |
| **昭通市** | **37881** | **—** | **10875** | **8133** | **—** |
| 昭阳区 | 1303 | — | 2842 | 1800 | — |
| 鲁甸县 | 713 | — | 867 | — | — |
| 巧家县 | 1333 | — | 1120 | 1333 | — |
| 盐津县 | 3040 | — | 1060 | 667 | — |
| 大关县 | 3213 | — | 1000 | 667 | — |
| 永善县 | 3098 | — | 1200 | 667 | — |
| 绥江县 | 2000 | — | — | — | — |
| 镇雄县 | 9620 | — | 500 | 1333 | — |
| 彝良县 | 7533 | — | 1333 | 1666 | — |
| 威信县 | 5695 | — | 953 | — | — |
| 水富县 | 333 | — | — | — | — |
| **丽江市** | **16151** | **—** | **10209** | **3999** | **—** |
| 古城区 | 1360 | — | 2600 | 333 | — |
| 玉龙纳西族自治县 | 1573 | — | 1527 | 333 | — |
| 永胜县 | 3687 | — | 1933 | 2333 | — |

# 分县造林完成情况

单位:公顷

| 地　区 | 人工造林 | 飞播造林 | 新封山育林 | 退化林修复 | 人工更新 |
|---|---|---|---|---|---|
| 华坪县 | 5758 | — | 2402 | 667 | — |
| 宁蒗彝族自治县 | 3773 | — | 1747 | 333 | — |
| **普洱市** | **19266** | **—** | **1000** | **—** | **60** |
| 思茅区 | 1367 | — | — | — | — |
| 宁洱哈尼族彝族自治县 | 2333 | — | — | — | — |
| 墨江哈尼族自治县 | 5740 | — | 333 | — | — |
| 景东彝族自治县 | 727 | — | — | — | 60 |
| 景谷傣族彝族自治县 | 100 | — | 667 | — | — |
| 镇沅彝族哈尼族拉祜族自治县 | 2893 | — | — | — | — |
| 江城哈尼族彝族自治县 | 2140 | — | — | — | — |
| 孟连傣族拉祜族佤族自治县 | 1093 | — | — | — | — |
| 澜沧拉祜族自治县 | 2493 | — | — | — | — |
| 西盟佤族自治县 | 380 | — | — | — | — |
| **临沧市** | **45546** | **—** | **4334** | **9333** | **—** |
| 临翔区 | 3707 | — | — | 1000 | — |
| 凤庆县 | 7500 | — | — | 1667 | — |
| 云县 | 9153 | — | — | 1333 | — |
| 永德县 | 7953 | — | 667 | 667 | — |
| 镇康县 | 4580 | — | 867 | 1333 | — |
| 双江拉祜族佤族布朗族傣族自治县 | 1453 | — | — | 667 | — |
| 耿马傣族佤族自治县 | 5953 | — | 1000 | 1333 | — |
| 沧源佤族自治县 | 5247 | — | 1800 | 1333 | — |
| **楚雄彝族自治州** | **25779** | **—** | **3333** | **9335** | **—** |
| 楚雄市 | 2273 | — | 333 | 1667 | — |
| 双柏县 | 4093 | — | 667 | 1333 | — |
| 牟定县 | 1026 | — | — | 667 | — |
| 南华县 | 2987 | — | — | 1333 | — |
| 姚安县 | 3427 | — | — | 667 | — |
| 大姚县 | 1707 | — | 667 | 1000 | — |
| 永仁县 | 4413 | — | 333 | 667 | — |
| 元谋县 | 2633 | — | 333 | 667 | — |
| 武定县 | 2193 | — | 667 | 667 | — |
| 禄丰县 | 1027 | — | 333 | 667 | — |
| **红河哈尼族彝族自治州** | **33342** | **—** | **6035** | **15001** | **—** |
| 个旧市 | 1762 | — | 593 | 1000 | — |
| 开远市 | 1911 | — | 733 | 667 | — |
| 蒙自市 | 2209 | — | — | 667 | — |
| 屏边苗族自治县 | 3444 | — | — | 1333 | — |
| 建水县 | 1225 | — | 1696 | 667 | — |
| 石屏县 | 920 | — | — | 2000 | — |
| 弥勒市 | 3867 | — | 1333 | 667 | — |
| 泸西县 | 2673 | — | 1013 | 667 | — |
| 元阳县 | 3253 | — | — | 1000 | — |
| 红河县 | 2333 | — | — | 1333 | — |
| 金平苗族瑶族傣族自治县 | 3885 | — | — | 2333 | — |
| 绿春县 | 5000 | — | — | 2000 | — |
| 河口瑶族自治县 | 860 | — | 667 | 667 | — |

# 分县造林完成情况

单位:公顷

| 地　区 | 人工造林 | 飞播造林 | 新封山育林 | 退化林修复 | 人工更新 |
|---|---|---|---|---|---|
| **文山壮族苗族自治州** | **27823** | **—** | **8292** | **5666** | **—** |
| 文山县 | 2466 | — | 580 | — | — |
| 砚山县 | 6300 | — | 1000 | 333 | — |
| 西畴县 | 3097 | — | 978 | 1333 | — |
| 麻栗坡县 | 952 | — | 1333 | — | — |
| 马关县 | 2227 | — | — | — | — |
| 丘北县 | 4227 | — | 2733 | 667 | — |
| 广南县 | 4307 | — | 1283 | 1333 | — |
| 富宁县 | 4247 | — | 385 | 2000 | — |
| **西双版纳傣族自治州** | **6660** | **—** | **666** | **1333** | **—** |
| 景洪市 | 2927 | — | — | — | — |
| 勐海县 | 2533 | — | 333 | — | — |
| 勐腊县 | 1200 | — | 333 | 1333 | — |
| **大理白族自治州** | **9304** | **—** | **3334** | **10334** | **—** |
| 市直单位 | 147 | — | — | 333 | — |
| 漾濞彝族自治县 | 1747 | — | — | 2333 | — |
| 祥云县 | 1073 | — | — | 667 | — |
| 宾川县 | 409 | — | 667 | 1000 | — |
| 弥渡县 | 1808 | — | — | 1333 | — |
| 南涧彝族自治县 | 333 | — | — | 667 | — |
| 巍山彝族回族自治县 | 533 | — | — | — | — |
| 永平县 | 454 | — | — | 1667 | — |
| 云龙县 | 1401 | — | 667 | 1334 | — |
| 洱源县 | 333 | — | — | — | — |
| 剑川县 | 733 | — | 2000 | 667 | — |
| 鹤庆县 | 333 | — | — | 333 | — |
| **德宏傣族景颇族自治州** | **5630** | **—** | **—** | **667** | **—** |
| 瑞丽市 | 333 | — | — | — | — |
| 芒市 | 313 | — | — | — | — |
| 梁河县 | 666 | — | — | — | — |
| 盈江县 | 3333 | — | — | 667 | — |
| 陇川县 | 985 | — | — | — | — |
| **怒江傈僳族自治州** | **15926** | **—** | **2668** | **4666** | **—** |
| 泸水市 | 3873 | — | 667 | 1333 | — |
| 福贡县 | 2360 | — | 667 | 1333 | — |
| 贡山独龙族怒族自治县 | 2333 | — | 667 | 667 | — |
| 兰坪白族普米族自治县 | 7360 | — | 667 | 1333 | — |
| **迪庆藏族自治州** | **7180** | **—** | **10399** | **667** | **—** |
| 香格里拉市 | 2720 | — | 3133 | 667 | — |
| 德钦县 | 2093 | — | 3933 | — | — |
| 维西傈僳族自治县 | 2367 | — | 3333 | — | — |
| **西藏自治区** | **42864** | **—** | **12413** | **—** | **—** |
| **陕西省** | **184108** | **33602** | **63865** | **16067** | **—** |
| **西安市** | **3007** | **—** | **—** | **—** | **—** |
| 灞桥区 | 33 | — | — | — | — |
| 阎良区 | 143 | — | — | — | — |
| 临潼区 | 458 | — | — | — | — |

# 分县造林完成情况

单位:公顷

| 地　区 | 人工造林 | 飞播造林 | 新封山育林 | 退化林修复 | 人工更新 |
|---|---|---|---|---|---|
| 长安区 | 248 | — | — | — | — |
| 蓝田县 | 759 | — | — | — | — |
| 周至县 | 856 | — | — | — | — |
| 鄠邑区 | 225 | — | — | — | — |
| 高陵区 | 267 | — | — | — | — |
| 西咸新区 | 18 | — | — | — | — |
| **铜川市** | **3851** | **1334** | **2200** | **—** | **—** |
| 市辖区 | 101 | — | — | — | — |
| 王益区 | 160 | — | — | — | — |
| 印台区 | 397 | — | 333 | — | — |
| 耀州区 | 1800 | — | 1200 | — | — |
| 宜君县 | 1393 | 1334 | 667 | — | — |
| **宝鸡市** | **15495** | **4334** | **7466** | **—** | **—** |
| 陈仓区 | 1895 | — | 1133 | — | — |
| 凤翔县 | 1600 | 667 | 1000 | — | — |
| 岐山县 | 1400 | 1334 | 1333 | — | — |
| 扶风县 | 1333 | — | 133 | — | — |
| 眉县 | 1333 | — | 867 | — | — |
| 陇县 | 1667 | — | 667 | — | — |
| 千阳县 | 1400 | — | — | — | — |
| 麟游县 | 2067 | 1000 | 1334 | — | — |
| 凤县 | 2133 | 1333 | 333 | — | — |
| 太白县 | 667 | — | — | — | — |
| 辛家山林业局 | — | — | 333 | — | — |
| 马头滩林业局 | — | — | 333 | — | — |
| **咸阳市** | **11633** | **2800** | **8400** | **800** | **—** |
| 秦都区 | 133 | — | — | — | — |
| 渭城区 | 181 | — | — | — | — |
| 三原县 | 734 | — | 533 | — | — |
| 泾阳县 | 800 | 333 | 333 | 133 | — |
| 乾县 | 600 | — | 1267 | — | — |
| 礼泉县 | 1366 | — | 867 | — | — |
| 永寿县 | 533 | 533 | 2000 | — | — |
| 彬县 | 2067 | 667 | 800 | — | — |
| 长武县 | 1886 | — | 867 | 667 | — |
| 旬邑县 | 1400 | 934 | 866 | — | — |
| 淳化县 | 1333 | 333 | 867 | — | — |
| 武功县 | 380 | — | — | — | — |
| 兴平市 | 220 | — | — | — | — |
| **渭南市** | **18333** | **—** | **10000** | **400** | **—** |
| 临渭区 | 1367 | — | 1467 | — | — |
| 华州区 | 1393 | — | 933 | — | — |
| 潼关县 | 1400 | — | 1133 | — | — |
| 大荔县 | 2753 | — | 133 | 200 | — |
| 合阳县 | 1733 | — | 1267 | — | — |
| 澄城县 | 2000 | — | 467 | 200 | — |
| 蒲城县 | 1600 | — | 867 | — | — |

# 分县造林完成情况

单位:公顷

| 地　区 | 人工造林 | 飞播造林 | 新封山育林 | 退化林修复 | 人工更新 |
|---|---|---|---|---|---|
| 白水县 | 1607 | — | 1200 | — | — |
| 富平县 | 3153 | — | 1400 | — | — |
| 华阴市 | 1327 | — | 1133 | — | — |
| **韩城市** | **2433** | **—** | **1467** | **—** | **—** |
| **延安市** | **39128** | **6000** | **12600** | **1334** | **—** |
| 宝塔区 | 1100 | — | 667 | — | — |
| 延长县 | 4200 | — | 333 | — | — |
| 延川县 | 4000 | — | 333 | — | — |
| 子长县 | 2400 | 667 | 667 | — | — |
| 安塞区 | 1466 | 667 | 667 | — | — |
| 志丹县 | 3900 | 666 | 1333 | 667 | — |
| 吴起县 | 13327 | 666 | 1000 | 667 | — |
| 甘泉县 | 1400 | — | 1333 | — | — |
| 富县 | 1200 | 667 | 1266 | — | — |
| 洛川县 | 533 | 667 | 1200 | — | — |
| 宜川县 | 4101 | 1000 | 200 | — | — |
| 黄龙县 | 967 | 1000 | 801 | — | — |
| 黄陵县 | 401 | — | 1001 | — | — |
| 劳山林业局 | 133 | — | 333 | — | — |
| 桥北林业局 | — | — | 333 | — | — |
| 桥山林业局 | — | — | 333 | — | — |
| 黄龙山林业局 | — | — | 800 | — | — |
| **汉中市** | **7681** | **4334** | **3732** | **—** | **—** |
| 汉台区 | 67 | — | 400 | — | — |
| 南郑县 | 1000 | 667 | — | — | — |
| 城固县 | 67 | — | 333 | — | — |
| 洋县 | 833 | 1000 | 200 | — | — |
| 西乡县 | 1200 | — | — | — | — |
| 勉县 | 133 | 667 | 600 | — | — |
| 宁强县 | 1133 | 1000 | 533 | — | — |
| 略阳县 | 680 | — | 400 | — | — |
| 镇巴县 | 1667 | 1000 | 400 | — | — |
| 留坝县 | 667 | — | 400 | — | — |
| 佛坪县 | 234 | — | 466 | — | — |
| **榆林市** | **35474** | **—** | **6736** | **6667** | **—** |
| 榆阳区 | 6333 | — | 1401 | 667 | — |
| 神木县 | 7734 | — | 667 | 667 | — |
| 府谷县 | 3400 | — | 1333 | 133 | — |
| 横山区 | 2800 | — | 1334 | 667 | — |
| 靖边县 | 3391 | — | 667 | 667 | — |
| 定边县 | 3849 | — | 1334 | 667 | — |
| 绥德县 | 1200 | — | — | 200 | — |
| 米脂县 | 1067 | — | — | — | — |
| 佳县 | 1000 | — | — | 1333 | — |
| 吴堡县 | 667 | — | — | 333 | — |

# 分县造林完成情况

单位:公顷

| 地　区 | 人工造林 | 飞播造林 | 新封山育林 | 退化林修复 | 人工更新 |
|---|---|---|---|---|---|
| 清涧县 | 1200 | — | — | 1333 | — |
| 子洲县 | 2833 | — | — | — | — |
| **安康市** | **32252** | **7000** | **4199** | **1866** | **—** |
| 市直单位 | — | — | 667 | — | — |
| 汉滨区 | 7600 | 1333 | 400 | — | — |
| 汉阴县 | 1767 | 667 | 533 | — | — |
| 石泉县 | 1800 | 1333 | 400 | — | — |
| 宁陕县 | 1733 | — | 200 | — | — |
| 紫阳县 | 2527 | 2000 | 200 | — | — |
| 岚皋县 | 3600 | 1000 | 400 | — | — |
| 平利县 | 3000 | — | 533 | 1333 | — |
| 镇坪县 | 1413 | — | 333 | — | — |
| 旬阳县 | 6072 | 667 | 200 | — | — |
| 白河县 | 2740 | — | 333 | 533 | — |
| **商洛市** | **14488** | **7800** | **2531** | **5000** | **—** |
| 商州区 | 2400 | 1000 | 866 | 2667 | — |
| 洛南县 | 2238 | 1333 | — | — | — |
| 丹凤县 | 2533 | 1000 | 333 | — | — |
| 商南县 | 2657 | 1000 | 333 | 666 | — |
| 山阳县 | 2000 | 1333 | 333 | 1667 | — |
| 镇安县 | 1560 | 1467 | 333 | — | — |
| 柞水县 | 1100 | 667 | 333 | — | — |
| **杨凌区** | **133** | **—** | **—** | **—** | **—** |
| **省森林资源管理局** | **—** | **—** | **4134** | **—** | **—** |
| 宁西林业局 | — | — | 400 | — | — |
| 太白林业局 | — | — | 867 | — | — |
| 宁东林业局 | — | — | 1133 | — | — |
| 汉西林业局 | — | — | 400 | — | — |
| 龙草坪林业局 | — | — | 667 | — | — |
| 长青林业局 | — | — | 667 | — | — |
| **楼观台实验林场** | **200** | **—** | **400** | **—** | **—** |
| **甘肃省** | **260144** | **—** | **57438** | **7998** | **—** |
| **兰州市** | **3714** | **—** | **1000** | **—** | **—** |
| 南北两山环境绿化工程指挥部 | 200 | — | — | — | — |
| 连城国家级自然保护区 | 133 | — | — | — | — |
| 七里河区 | 267 | — | — | — | — |
| 红古区 | 151 | — | — | — | — |
| 永登县 | 867 | — | — | — | — |
| 皋兰县 | 619 | — | 1000 | — | — |
| 榆中县 | 1477 | — | — | — | — |
| **嘉峪关市** | **301** | **—** | **—** | **—** | **—** |
| 市直单位 | 301 | — | — | — | — |
| **金昌市** | **700** | **—** | **2066** | **—** | **—** |
| 市辖区 | 133 | — | 333 | — | — |
| 金川区 | 367 | — | 1200 | — | — |

# 分县造林完成情况

单位:公顷

| 地　区 | 人工造林 | 飞播造林 | 新封山育林 | 退化林修复 | 人工更新 |
|---|---|---|---|---|---|
| 永昌县 | 200 | — | 533 | — | — |
| **白银市** | **14821** | **—** | **5067** | **—** | **—** |
| 白银区 | 667 | — | 3333 | — | — |
| 平川区 | 1413 | — | 333 | — | — |
| 靖远县 | 3368 | — | 1134 | — | — |
| 会宁县 | 5373 | — | — | — | — |
| 景泰县 | 4000 | — | 267 | — | — |
| **天水市** | **9017** | **—** | **3200** | **1333** | **—** |
| 秦州区 | 1745 | — | 667 | — | — |
| 麦积区 | 833 | — | 833 | 1333 | — |
| 清水县 | 1553 | — | 667 | — | — |
| 秦安县 | 1443 | — | — | — | — |
| 甘谷县 | 1533 | — | 200 | — | — |
| 武山县 | 1407 | — | 500 | — | — |
| 张家川回族自治县 | 503 | — | 333 | — | — |
| **武威市** | **23733** | **—** | **24473** | **—** | **—** |
| 国家林业局甘肃濒危动物保护中心 | — | — | 667 | — | — |
| 凉州区 | 7338 | — | 3467 | — | — |
| 民勤县 | 7845 | — | 7000 | — | — |
| 古浪县 | 6305 | — | 7333 | — | — |
| 天祝藏族自治县 | 1445 | — | 3673 | — | — |
| 石羊河林业总场 | 667 | — | 2000 | — | — |
| 苏武山林场 | 133 | — | 333 | — | — |
| **张掖市** | **9213** | **—** | **10966** | **—** | **—** |
| 甘州区 | 1320 | — | 667 | — | — |
| 肃南裕固族自治县 | 354 | — | 1100 | — | — |
| 民乐县 | 2040 | — | 3333 | — | — |
| 临泽县 | 2166 | — | 4400 | — | — |
| 高台县 | 1533 | — | 733 | — | — |
| 山丹县 | 1800 | — | 733 | — | — |
| **平凉市** | **30734** | **—** | **1533** | **2666** | **—** |
| 市直单位 | 733 | — | — | — | — |
| 崆峒区 | 5200 | — | 200 | — | — |
| 泾川县 | 3000 | — | — | 1333 | — |
| 灵台县 | 3800 | — | 333 | — | — |
| 崇信县 | 3600 | — | 333 | — | — |
| 华亭县 | 4067 | — | — | — | — |
| 庄浪县 | 4667 | — | — | — | — |
| 静宁县 | 5467 | — | — | — | — |
| 关山林管局 | 200 | — | 667 | 1333 | — |
| **酒泉市** | **11336** | **—** | **3667** | **—** | **—** |
| 肃州区 | 565 | — | 333 | — | — |
| 金塔县 | 2672 | — | 666 | — | — |
| 瓜州县 | 4463 | — | — | — | — |
| 肃北蒙古族自治县 | 51 | — | 667 | — | — |

# 分县造林完成情况

单位:公顷

| 地区 | 人工造林 | 飞播造林 | 新封山育林 | 退化林修复 | 人工更新 |
| --- | --- | --- | --- | --- | --- |
| 阿克塞哈萨克族自治县 | 200 | — | 667 | — | — |
| 玉门市 | 2139 | — | 667 | — | — |
| 敦煌市 | 1246 | — | 667 | — | — |
| **庆阳市** | **71800** | **—** | **1333** | **2666** | **—** |
| 巴家咀林场 | 67 | — | — | — | — |
| 西峰区 | 3713 | — | — | — | — |
| 庆城县 | 10554 | — | — | 1333 | — |
| 环县 | 10633 | — | 400 | — | — |
| 华池县 | 10020 | — | — | — | — |
| 合水县 | 2753 | — | — | — | — |
| 正宁县 | 4200 | — | 666 | — | — |
| 宁县 | 9293 | — | — | — | — |
| 镇原县 | 10347 | — | 267 | 1333 | — |
| 华池林业总场 | 4273 | — | — | — | — |
| 合水林业总场 | 3440 | — | — | — | — |
| 正宁林业总场 | 267 | — | — | — | — |
| 湘乐林业总场 | 2240 | — | — | — | — |
| **定西市** | **13186** | **—** | **—** | **—** | **—** |
| 市辖区 | 1334 | — | — | — | — |
| 安定区 | 1238 | — | — | — | — |
| 通渭县 | 831 | — | — | — | — |
| 陇西县 | 1265 | — | — | — | — |
| 渭源县 | 704 | — | — | — | — |
| 临洮县 | 2793 | — | — | — | — |
| 漳县 | 1935 | — | — | — | — |
| 岷县 | 3086 | — | — | — | — |
| **陇南市** | **39657** | **—** | **1399** | **—** | **—** |
| 市辖区 | 200 | — | — | — | — |
| 武都区 | 11975 | — | 333 | — | — |
| 成县 | 1760 | — | 267 | — | — |
| 文县 | 2946 | — | — | — | — |
| 宕昌县 | 3600 | — | — | — | — |
| 康县 | 4201 | — | 333 | — | — |
| 西和县 | 2267 | — | 133 | — | — |
| 礼县 | 9200 | — | 333 | — | — |
| 徽县 | 2238 | — | — | — | — |
| 两当县 | 1003 | — | — | — | — |
| 岷江林业总场 | 200 | — | — | — | — |
| 康南林业总场 | 67 | — | — | — | — |
| **临夏回族自治州** | **19353** | **—** | **667** | **1333** | **—** |
| 临夏市 | 266 | — | 67 | — | — |
| 临夏县 | 3767 | — | — | — | — |
| 康乐县 | 1067 | — | — | 1333 | — |
| 永靖县 | 3293 | — | — | — | — |
| 广河县 | 1360 | — | 267 | — | — |

# 分县造林完成情况

单位:公顷

| 地　区 | 人工造林 | 飞播造林 | 新封山育林 | 退化林修复 | 人工更新 |
|---|---|---|---|---|---|
| 和政县 | 2800 | — | — | — | — |
| 东乡族自治县 | 3267 | — | — | — | — |
| 积石山保安族东乡族撒拉族自治县 | 3333 | — | 333 | — | — |
| 州直单位 | 200 | — | — | — | — |
| **甘南藏族自治州** | **7241** | **—** | **—** | **—** | **—** |
| 合作市 | 100 | — | — | — | — |
| 临潭县 | 733 | — | — | — | — |
| 卓尼县 | 374 | — | — | — | — |
| 舟曲县 | 4700 | — | — | — | — |
| 迭部县 | 1067 | — | — | — | — |
| 玛曲县 | 67 | — | — | — | — |
| 碌曲县 | 133 | — | — | — | — |
| 夏河县 | 67 | — | — | — | — |
| **兰州新区** | **600** | **—** | **—** | **—** | **—** |
| **省直单位** | **4738** | **—** | **2067** | **—** | **—** |
| 太统-崆峒山国家级自然保护区 | 578 | — | 67 | — | — |
| 小陇山林业实验局 | 1361 | — | — | — | — |
| 祁连山国家级自然保护区 | 133 | — | 333 | — | — |
| 兴隆山国家级自然保护区 | 133 | — | — | — | — |
| 莲花山国家级自然保护区 | 200 | — | — | — | — |
| 民勤连古城国家级自然保护区 | 133 | — | 667 | — | — |
| 尕海-则岔国家级自然保护区 | 67 | — | — | — | — |
| 太子山自然保护区 | 200 | — | — | — | — |
| 白龙江林业管理局 | 1867 | — | 1000 | — | — |
| 治沙所 | 66 | — | — | — | — |
| **青海省** | **16051** | **—** | **159734** | **2629** | **—** |
| **西宁市** | **3466** | **—** | **10200** | **1296** | **—** |
| 市直单位 | — | — | — | 667 | — |
| 大通回族土族自治县 | 866 | — | 5667 | 629 | — |
| 湟中县 | 1267 | — | 3200 | — | — |
| 湟源县 | 1333 | — | 1333 | — | — |
| **省直单位** | **200** | **—** | **4200** | **—** | **—** |
| 玛可河 | 200 | — | 4200 | — | — |
| **海东市** | **5833** | **—** | **15200** | **1333** | **—** |
| 平安区 | 333 | — | 333 | — | — |
| 民和回族土族自治县 | 967 | — | 2000 | — | — |
| 乐都区 | 1067 | — | 3733 | 667 | — |
| 互助土族自治县 | 1033 | — | 3333 | 667 | — |
| 化隆回族自治县 | 1267 | — | 2800 | — | — |
| 循化撒拉族自治县 | 1167 | — | 3000 | — | — |
| **海北藏族自治州** | **867** | **—** | **13667** | **—** | **—** |
| 州直单位 | 67 | — | — | — | — |
| 门源回族自治县 | 67 | — | 2333 | — | — |
| 祁连县 | 733 | — | 9333 | — | — |
| 海晏县 | — | — | 667 | — | — |

# 分县造林完成情况

单位:公顷

| 地　区 | 人工造林 | 飞播造林 | 新封山育林 | 退化林修复 | 人工更新 |
|---|---|---|---|---|---|
| 刚察县 | — | — | 1333 | — | — |
| **黄南藏族自治州** | **453** | **—** | **19000** | **—** | **—** |
| 同仁县 | 200 | — | 2667 | — | — |
| 尖扎县 | 200 | — | 1333 | — | — |
| 泽库县 | 53 | — | 11333 | — | — |
| 河南蒙古族自治县 | — | — | 3667 | — | — |
| **海南藏族自治州** | **4545** | **—** | **35333** | **—** | **—** |
| 州直单位 | 233 | — | 4000 | — | — |
| 共和县 | 2000 | — | 17333 | — | — |
| 贵德县 | 233 | — | 1667 | — | — |
| 同德县 | 33 | — | 667 | — | — |
| 兴海县 | 92 | — | 9000 | — | — |
| 贵南县 | 1953 | — | 2667 | — | — |
| **果洛藏族自治州** | **100** | **—** | **28667** | **—** | **—** |
| 班玛县 | 33 | — | 2000 | — | — |
| 玛沁县 | 67 | — | 9333 | — | — |
| 久治县 | — | — | 2667 | — | — |
| 玛多县 | — | — | 9333 | — | — |
| 甘德县 | — | — | 3333 | — | — |
| 达日县 | — | — | 2000 | — | — |
| **玉树藏族自治州** | **133** | **—** | **17333** | **—** | **—** |
| 玉树市 | 133 | — | — | — | — |
| 称多县 | — | — | 4000 | — | — |
| 囊谦县 | — | — | 2000 | — | — |
| 杂多县 | — | — | 4000 | — | — |
| 治多县 | — | — | 5333 | — | — |
| 曲麻莱县 | — | — | 2000 | — | — |
| **海西蒙古族藏族自治州** | **253** | **—** | **15333** | **—** | **—** |
| 格尔木市 | — | — | 2000 | — | — |
| 德令哈市 | 80 | — | 3333 | — | — |
| 都兰县 | 33 | — | 3333 | — | — |
| 乌兰县 | — | — | 1333 | — | — |
| 天峻县 | — | — | 1333 | — | — |
| 大柴旦 | — | — | 1333 | — | — |
| 芒崖 | 133 | — | 1333 | — | — |
| 冷湖 | 7 | — | 1333 | — | — |
| **省三江集团** | **200** | **—** | **800** | **—** | **—** |
| 湖东种羊场 | 200 | — | 133 | — | — |
| 门源种马场 | — | — | 667 | — | — |
| **宁夏回族自治区** | **58960** | **—** | **22938** | **8298** | **1335** |
| **银川市** | **2511** | **—** | **1000** | **—** | **—** |
| 市直单位 | 121 | — | — | — | — |
| 兴庆区 | 79 | — | — | — | — |
| 金凤区 | 43 | — | — | — | — |
| 西夏区 | 49 | — | — | — | — |

# 分县造林完成情况

单位:公顷

| 地　区 | 人工造林 | 飞播造林 | 新封山育林 | 退化林修复 | 人工更新 |
|---|---|---|---|---|---|
| 永宁县 | 467 | — | — | — | — |
| 贺兰县 | 286 | — | — | — | — |
| 灵武市 | 133 | — | 333 | — | — |
| 白芨滩保护区 | 1333 | — | 667 | — | — |
| **石嘴山市** | **441** | **—** | **1000** | **—** | **—** |
| 市直单位 | 67 | — | — | — | — |
| 大武口区 | 7 | — | — | — | — |
| 惠农区 | 133 | — | 333 | — | — |
| 平罗县 | 234 | — | 667 | — | — |
| **吴忠市** | **14006** | **—** | **6667** | **1627** | **1335** |
| 利通区 | 533 | — | 667 | 960 | — |
| 红寺堡区 | 4367 | — | 3333 | — | 1335 |
| 青铜峡市 | 370 | — | 667 | — | — |
| 盐池县 | 4308 | — | 1333 | 667 | — |
| 同心县 | 4428 | — | 667 | — | — |
| **固原市** | **20453** | **—** | **6606** | **5867** | **—** |
| 市直单位 | 72 | — | — | — | — |
| 原州区 | 4166 | — | — | 1200 | — |
| 西吉县 | 7149 | — | 1667 | 1333 | — |
| 隆德县 | 3533 | — | 1333 | 1000 | — |
| 泾源县 | 733 | — | 667 | 1667 | — |
| 彭阳县 | 4800 | — | 2000 | 667 | — |
| 六盘山林业局 | — | — | 939 | — | — |
| **中卫市** | **19042** | **—** | **2999** | **804** | **—** |
| 市直单位 | 4667 | — | 1333 | — | — |
| 中宁县 | 1354 | — | 333 | 804 | — |
| 海原县 | 9012 | — | 1333 |  | — |
| 沙坡头区 | 4009 | — | — | — | — |
| **区直单位** | **1833** | **—** | **4666** | **—** | **—** |
| **区农垦集团** | **674** | **—** | **—** | **—** | **—** |
| **新疆维吾尔自治区** | **91384** | **6264** | **109315** | **8356** | **1044** |
| **乌鲁木齐市** | **793** | **—** | **—** | **—** | **101** |
| 沙依巴克区 | 133 | — | — | — | — |
| 经济技术开发区 | — | — | — | — | 1 |
| 达坂城区 | 127 | — | — | — | — |
| 米东区 | — | — | — | — | 100 |
| 乌鲁木齐县 | 533 | — | — | — | — |
| **克拉玛依市** | **935** | **—** | **667** | **615** | **—** |
| **吐鲁番市** | **6073** | **—** | **3333** | **267** | **12** |
| 高昌区 | 2037 | — | 1333 | 200 | 12 |
| 鄯善县 | 1957 | — | 1333 | 67 | — |
| 托克逊县 | 2079 | — | 667 | — | — |
| **哈密市** | **950** | **—** | **1899** | **133** | **—** |
| 伊州区 | 350 | — | 667 | — | — |
| 巴里坤哈萨克自治县 | 565 | — | 565 | 133 | — |

# 分县造林完成情况

单位:公顷

| 地　区 | 人工造林 | 飞播造林 | 新封山育林 | 退化林修复 | 人工更新 |
|---|---|---|---|---|---|
| 伊吾县 | 35 | — | 667 | — | — |
| **昌吉回族自治州** | **6233** | **—** | **16666** | **1333** | **—** |
| 昌吉市 | 667 | — | 2000 | — | — |
| 阜康市 | 1000 | — | 2666 | — | — |
| 阜康林场 | 533 | — | 2000 | — | — |
| 呼图壁县 | 533 | — | 1333 | — | — |
| 玛纳斯县 | 1067 | — | 2000 | — | — |
| 奇台县 | 533 | — | 1333 | 1333 | — |
| 吉木萨尔县 | 1100 | — | 1334 | — | — |
| 木垒哈萨克自治县 | 800 | — | 4000 | — | — |
| **博尔塔拉蒙古自治州** | **3013** | **—** | **4467** | **—** | **78** |
| 博乐市 | 127 | — | 667 | — | 7 |
| 精河县 | 2666 | — | 1667 | — | 53 |
| 温泉县 | 200 | — | 1333 | — | 18 |
| 阿拉山口市 | 20 | — | 800 | — | — |
| **巴音郭楞蒙古自治州** | **10686** | **—** | **14201** | **—** | **26** |
| 库尔勒市 | 1733 | — | — | — | — |
| 尉犁县 | 2934 | — | 4000 | — | — |
| 若羌县 | 667 | — | 2667 | — | — |
| 且末县 | 1381 | — | 4000 | — | 6 |
| 焉耆回族自治县 | 910 | — | 200 | — | 3 |
| 和静县 | 1827 | — | — | — | — |
| 和硕县 | 1051 | — | 2667 | — | — |
| 博湖县 | 183 | — | 667 | — | 17 |
| **阿克苏地区** | **8471** | **—** | **24004** | **—** | **—** |
| 阿克苏市 | 2667 | — | 4667 | — | — |
| 温宿县 | 2001 | — | 2667 | — | — |
| 库车县 | 267 | — | 3334 | — | — |
| 沙雅县 | 467 | — | 2667 | — | — |
| 新和县 | 134 | — | 2667 | — | — |
| 拜城县 | — | — | 667 | — | — |
| 乌什县 | 1334 | — | 2667 | — | — |
| 阿瓦提县 | 267 | — | 667 | — | — |
| 柯坪县 | 1334 | — | 4001 | — | — |
| **克孜勒苏柯尔克孜自治州** | **3096** | **—** | **1580** | **—** | **—** |
| 阿图什市 | 770 | — | 800 | — | — |
| 阿克陶县 | 1459 | — | 333 | — | — |
| 阿合奇县 | 400 | — | — | — | — |
| 乌恰县 | 467 | — | 447 | — | — |
| **喀什地区** | **18100** | **133** | **5333** | **2856** | **113** |
| 喀什市 | — | — | — | 454 | — |
| 喀什昆仑山林场 | — | 133 | — | — | — |
| 疏附县 | 867 | — | — | — | — |
| 疏勒县 | 533 | — | — | — | — |
| 英吉沙县 | 5333 | — | 1000 | 486 | 57 |

# 分县造林完成情况

单位:公顷

| 地　区 | 人工造林 | 飞播造林 | 新封山育林 | 退化林修复 | 人工更新 |
|---|---|---|---|---|---|
| 泽普县 | 667 | — | — | — | 56 |
| 莎车县 | 2933 | — | — | 1333 | — |
| 叶城县 | 533 | — | — | — | — |
| 麦盖提县 | 2667 | — | 1333 | 583 | — |
| 岳普湖县 | 267 | — | — | — | — |
| 伽师县 | 1167 | — | 1000 | — | — |
| 巴楚县 | 2800 | — | 2000 | — | — |
| 塔什库尔干塔吉克自治县 | 333 | — | — | — | — |
| **和田地区** | **12790** | **—** | **4532** | **1999** | **533** |
| 和田市 | 1067 | — | — | 200 | 21 |
| 和田县 | 2267 | — | — | 1333 | 20 |
| 墨玉县 | 2557 | — | — | — | 174 |
| 皮山县 | 1641 | — | — | 466 | 93 |
| 洛浦县 | 2045 | — | 1866 | — | 103 |
| 策勒县 | 1331 | — | 1333 | — | 79 |
| 于田县 | 1444 | — | — | — | 43 |
| 民丰县 | 438 | — | 1333 | — | — |
| **伊犁哈萨克自治州** | **6347** | **200** | **7667** | **200** | **141** |
| 新源林场 | 140 | 200 | — | — | — |
| 伊宁市 | 467 | — | — | — | 10 |
| 奎屯市 | 133 | — | — | — | — |
| 霍尔果斯市 | 667 | — | — | — | — |
| 伊宁县 | 933 | — | 667 | — | 46 |
| 察布查尔锡伯自治县 | 1040 | — | 667 | — | — |
| 霍城县 | 1000 | — | 1667 | — | 8 |
| 巩留县 | 667 | — | 1333 | — | — |
| 新源县 | 267 | — | 1333 | — | 50 |
| 昭苏县 | 70 | — | 666 | — | — |
| 特克斯县 | 360 | — | 667 | — | — |
| 尼勒克县 | 603 | — | 667 | 200 | 27 |
| **塔城地区** | **6754** | **—** | **7999** | **953** | **—** |
| 塔城市 | 400 | — | 667 | 400 | — |
| 乌苏市 | 934 | — | 666 | — | — |
| 额敏县 | 1333 | — | — | 133 | — |
| 沙湾县 | 2487 | — | 2000 | 153 | — |
| 托里县 | — | — | 1333 | 200 | — |
| 裕民县 | 400 | — | 1333 | 67 | — |
| 和布克赛尔蒙古自治县 | 1200 | — | 2000 | — | — |
| **阿勒泰地区** | **6360** | **—** | **10666** | **—** | **8** |
| 阿勒泰市 | 533 | — | 2000 | — | — |
| 布尔津县 | 1093 | — | — | — | — |
| 富蕴县 | 1667 | — | 2333 | — | — |
| 福海县 | 733 | — | 3000 | — | — |
| 哈巴河县 | 1133 | — | 1333 | — | 8 |
| 青河县 | 1134 | — | 2000 | — | — |

# 分县造林完成情况

单位:公顷

| 地　区 | 人工造林 | 飞播造林 | 新封山育林 | 退化林修复 | 人工更新 |
|---|---|---|---|---|---|
| 吉木乃县 | 67 | — | — | — | — |
| **区直单位** | **626** | **5931** | **6301** | **—** | **—** |
| 天山西部国有林管理局 | 200 | 2533 | — | — | — |
| 阿尔泰山国有林管理局 | 113 | 1199 | — | — | — |
| 天山东部国有林管理局 | 313 | 2199 | 6301 | — | — |
| **石河子市** | **157** | **—** | **—** | **—** | **32** |
| **新疆生产建设兵团** | **26721** | **—** | **17332** | **2440** | **1047** |
| **第一师** | **5369** | **—** | **667** | **455** | **36** |
| 1 团 | 287 | — | — | — | — |
| 2 团 | 340 | — | — | — | — |
| 3 团 | 100 | — | — | — | — |
| 4 团 | 73 | — | — | — | — |
| 5 团 | 866 | — | — | — | 23 |
| 6 团 | 133 | — | — | — | — |
| 7 团 | 200 | — | — | — | — |
| 8 团 | 200 | — | — | — | — |
| 阿拉尔农场 | 733 | — | — | — | — |
| 10 团 | 200 | — | 667 | — | — |
| 11 团 | 507 | — | — | — | — |
| 12 团 | 67 | — | — | — | — |
| 13 团 | 896 | — | — | — | — |
| 14 团 | 100 | — | — | — | — |
| 16 团 | — | — | — | 455 | 13 |
| 幸福农场 | 667 | — | — | — | — |
| **第二师** | **4819** | **—** | **2000** | **—** | **—** |
| 21 团 | 33 | — | — | — | — |
| 22 团 | 30 | — | — | — | — |
| 24 团 | 19 | — | — | — | — |
| 25 团 | 46 | — | — | — | — |
| 27 团 | 14 | — | — | — | — |
| 29 团 | 283 | — | — | — | — |
| 30 团 | 208 | — | — | — | — |
| 31 团 | 147 | — | — | — | — |
| 33 团 | 507 | — | — | — | — |
| 34 团 | 474 | — | — | — | — |
| 36 团 | 356 | — | — | — | — |
| 38 团 | 2216 | — | — | — | — |
| 223 团 | 232 | — | 2000 | — | — |
| 37 团 | 254 | — | — | — | — |
| **第三师** | **4264** | **—** | **1333** | **—** | **—** |
| 41 团 | 269 | — | — | — | — |
| 42 团 | 553 | — | — | — | — |
| 44 团 | 357 | — | — | — | — |
| 45 团 | 367 | — | 667 | — | — |
| 46 团 | 67 | — | — | — | — |

# 分县造林完成情况

单位:公顷

| 地　区 | 人工造林 | 飞播造林 | 新封山育林 | 退化林修复 | 人工更新 |
|---|---|---|---|---|---|
| 48 团 | 64 | — | — | — | — |
| 49 团 | 468 | — | — | — | — |
| 50 团 | 486 | — | — | — | — |
| 51 团 | 14 | — | — | — | — |
| 53 团 | 694 | — | — | — | — |
| 伽师总场 | 352 | — | 666 | — | — |
| 叶城二牧场 | 67 | — | — | — | — |
| 莎车农场 | 479 | — | — | — | — |
| 林木种苗管理站 | 27 | — | — | — | — |
| **第四师** | **738** | **—** | **—** | **—** | **—** |
| 61 团 | 180 | — | — | — | — |
| 62 团 | 80 | — | — | — | — |
| 63 团 | 37 | — | — | — | — |
| 64 团 | 47 | — | — | — | — |
| 66 团 | 101 | — | — | — | — |
| 67 团 | 99 | — | — | — | — |
| 68 团 | 14 | — | — | — | — |
| 69 团 | 9 | — | — | — | — |
| 70 团 | 7 | — | — | — | — |
| 71 团 | 7 | — | — | — | — |
| 72 团 | 3 | — | — | — | — |
| 73 团 | 27 | — | — | — | — |
| 74 团 | 7 | — | — | — | — |
| 75 团 | 3 | — | — | — | — |
| 76 团 | 13 | — | — | — | — |
| 77 团 | 9 | — | — | — | — |
| 78 团 | 82 | — | — | — | — |
| 79 团 | 13 | — | — | — | — |
| **第五师** | **793** | **—** | **1333** | **—** | **179** |
| 81 团 | 43 | — | — | — | 27 |
| 83 团 | 60 | — | — | — | 27 |
| 84 团 | 60 | — | — | — | 13 |
| 86 团 | 279 | — | — | — | 9 |
| 87 团 | 2 | — | — | — | 32 |
| 88 团 | 10 | — | — | — | 24 |
| 89 团 | — | — | — | — | 38 |
| 90 团 | 71 | — | — | — | 9 |
| 91 团 | 268 | — | 1333 | — | — |
| **第六师** | **2408** | **—** | **2665** | **5** | **213** |
| 101 团 | 7 | — | — | — | — |
| 102 团 | 80 | — | 333 | — | 33 |
| 103 团 | 267 | — | 333 | — | 20 |
| 105 团 | 333 | — | 667 | — | 20 |
| 106 团 | 13 | — | — | — | 6 |
| 新湖农场 | 560 | — | 333 | — | 30 |

# 分县造林完成情况

单位:公顷

| 地 区 | 人工造林 | 飞播造林 | 新封山育林 | 退化林修复 | 人工更新 |
|---|---|---|---|---|---|
| 芳草湖农场 | 600 | — | 333 | — | 50 |
| 红旗农场 | 353 | — | 333 | 5 | 4 |
| 军户农场 | 67 | — | — | — | — |
| 共青团农场 | 27 | — | — | — | — |
| 六运湖农场 | 7 | — | — | — | 12 |
| 土墩子农场 | 67 | — | — | — | 20 |
| 奇台农场 | 20 | — | 333 | — | 18 |
| 师直单位 | 7 | — | — | — | — |
| **第七师** | **2134** | **—** | **—** | **988** | **63** |
| 123 团 | 184 | — | — | — | — |
| 124 团 | 271 | — | — | 133 | 22 |
| 125 团 | 273 | — | — | — | — |
| 126 团 | 202 | — | — | 640 | — |
| 127 团 | 245 | — | — | — | 5 |
| 128 团 | 158 | — | — | 215 | — |
| 129 团 | 198 | — | — | — | — |
| 130 团 | 412 | — | — | — | — |
| 131 团 | 103 | — | — | — | 36 |
| 137 团 | 80 | — | — | — | — |
| 奎东农场 | 8 | — | — | — | — |
| **第八师** | **1195** | **—** | **—** | **979** | **266** |
| 121 团 | 218 | — | — | 135 | 20 |
| 133 团 | 138 | — | — | 333 | 60 |
| 134 团 | 99 | — | — | 378 | 38 |
| 136 团 | 78 | — | — | — | 11 |
| 141 团 | 28 | — | — | — | — |
| 142 团 | 159 | — | — | — | — |
| 143 团 | 57 | — | — | — | 57 |
| 144 团 | 48 | — | — | — | 33 |
| 石河子总场 | 97 | — | — | — | — |
| 147 团 | 108 | — | — | — | — |
| 148 团 | 56 | — | — | — | — |
| 149 团 | 51 | — | — | 133 | — |
| 150 团 | 48 | — | — | — | 37 |
| 152 团 | 10 | — | — | — | 10 |
| **第九师** | **1621** | **—** | **4000** | **—** | **—** |
| 161 团 | 546 | — | 666 | — | — |
| 162 团 | 30 | — | — | — | — |
| 163 团 | 27 | — | — | — | — |

# 分县造林完成情况

单位:公顷

| 地　区 | 人工造林 | 飞播造林 | 新封山育林 | 退化林修复 | 人工更新 |
|---|---|---|---|---|---|
| 164 团 | 37 | — | 333 | — | — |
| 165 团 | 207 | — | 667 | — | — |
| 166 团 | 80 | — | 333 | — | — |
| 167 团 | 27 | — | 667 | — | — |
| 168 团 | 61 | — | 667 | — | — |
| 169 团 | 83 | — | — | — | — |
| 170 团 | 400 | — | 667 | — | — |
| 团结农场 | 123 | — | — | — | — |
| **第十师** | **275** | **—** | **667** | **13** | **—** |
| 181 团 | 17 | — | — | — | — |
| 182 团 | 34 | — | — | — | — |
| 183 团 | 34 | — | — | — | — |
| 184 团 | 107 | — | — | 13 | — |
| 185 团 | 23 | — | — | — | — |
| 186 团 | 7 | — | — | — | — |
| 187 团 | 20 | — | 667 | — | — |
| 188 团 | 33 | — | — | — | — |
| **第十二师** | **269** | **—** | **—** | **—** | **—** |
| 头屯河农场 | 28 | — | — | — | — |
| 三坪农场 | 36 | — | — | — | — |
| 104 团 | 68 | — | — | — | — |
| 五一农场 | 13 | — | — | — | — |
| 西山农场 | 73 | — | — | — | — |
| 221 团 | 33 | — | — | — | — |
| 222 团 | 18 | — | — | — | — |
| **第十三师** | **98** | **—** | **4667** | **—** | **30** |
| 红星 1 场 | 11 | — | — | — | 3 |
| 红星 2 场 | 4 | — | — | — | 4 |
| 红星 4 场 | 20 | — | 2667 | — | 9 |
| 黄田农场 | 38 | — | — | — | — |
| 火箭农场 | — | — | — | — | 3 |
| 柳树泉农场 | 4 | — | — | — | — |
| 红山农场 | 21 | — | 2000 | — | 11 |
| **第十四师** | **2738** | **—** | **—** | **—** | **260** |
| 47 团 | 239 | — | — | — | 8 |
| 皮山农场 | 247 | — | — | — | 1 |
| 一牧场 | 804 | — | — | — | 1 |
| 224 团 | 1448 | — | — | — | 250 |
| **大兴安岭** | **5793** | **—** | **—** | **30733** | **—** |

# 附录五

## 全国历年主要统计指标完成情况

ANNEX Ⅴ

# 全国历年

| 年 份 | 人工造林 | 飞播造林 | 新封山育林 | 更新造林 | 森林抚育 |
|---|---|---|---|---|---|
| 1949～1952 | 170.73 | | | 2.25 | |
| 1953 | 111.29 | | | 1.65 | |
| 1954 | 116.62 | | | 3.88 | |
| 1955 | 171.05 | | | 3.92 | |
| 1956 | 572.33 | | | 9.41 | |
| 1957 | 435.51 | | | 5.58 | |
| 1958 | 609.87 | | | 39.11 | |
| 1959 | 544.27 | 0.70 | | 56.03 | |
| 1960 | 413.69 | 0.70 | | 48.37 | |
| 1961 | 143.23 | 0.90 | | 15.71 | |
| 1962 | 118.87 | 1.00 | | 10.63 | |
| 1963 | 151.60 | 1.41 | | 18.30 | |
| 1964 | 289.32 | 1.81 | | 20.65 | |
| 1965 | 340.32 | 2.21 | | 23.89 | |
| 1966 | 435.18 | 18.15 | | 32.10 | |
| 1967 | 354.10 | 36.30 | | 30.30 | |
| 1968 | 285.88 | 55.45 | | 24.00 | |
| 1969 | 275.33 | 72.60 | | 23.30 | |
| 1970 | 297.65 | 90.75 | | 32.50 | |
| 1971 | 340.44 | 112.07 | | 30.75 | |
| 1972 | 347.33 | 116.24 | | 31.90 | |
| 1973 | 392.55 | 105.74 | | 35.67 | |
| 1974 | 411.47 | 88.77 | | 36.20 | |
| 1975 | 443.77 | 53.61 | | 42.20 | |
| 1976 | 432.31 | 60.27 | | 42.08 | |
| 1977 | 421.85 | 57.47 | | 41.64 | |
| 1978 | 412.57 | 37.06 | | 45.84 | |
| 1979 | 391.03 | 57.90 | | 40.93 | |
| 1980 | 394.00 | 61.20 | | 42.19 | |
| 1981 | 368.10 | 42.91 | | 44.26 | |
| 1982 | 411.58 | 37.98 | | 43.88 | |
| 1983 | 560.31 | 72.13 | | 50.88 | |
| 1984 | 729.07 | 96.29 | | 55.20 | |
| 1985 | 694.88 | 138.80 | | 63.83 | |
| 1986 | 415.82 | 111.58 | | 57.74 | |
| 1987 | 420.73 | 120.69 | | 70.35 | |
| 1988 | 457.48 | 95.85 | | 63.69 | |
| 1989 | 410.95 | 91.38 | | 71.91 | |
| 1990 | 435.33 | 85.51 | | 67.15 | |

注：1. 1985 年以前，造林成活率达到 40% 即统计造林面积，以后为达到 85% 以上统计。

2. 本表自 2015 年新封山育林面积包含有林地和灌木林地封育，飞播造林面积包含飞播营林。

3. 森林抚育面积特指中、幼龄林抚育。

# 营造林面积

单位:万公顷

| 年　份 | 人工造林 | 飞播造林 | 新封山育林 | 更新造林 | 森林抚育 |
|---|---|---|---|---|---|
| 1991 | 475.18 | 84.27 | | 66.41 | 262.27 |
| 1992 | 508.37 | 94.67 | | 67.36 | 262.68 |
| 1993 | 504.44 | 85.90 | | 73.92 | 297.59 |
| 1994 | 519.02 | 80.24 | | 72.27 | 328.75 |
| 1995 | 462.94 | 58.53 | | 75.10 | 366.60 |
| 1996 | 431.50 | 60.44 | | 79.48 | 418.76 |
| 1997 | 373.78 | 61.72 | | 79.84 | 432.04 |
| 1998 | 408.60 | 72.51 | | 80.63 | 441.30 |
| 1999 | 427.69 | 62.39 | | 104.28 | 612.01 |
| 2000 | 434.50 | 76.01 | | 91.98 | 501.30 |
| 2001 | 397.73 | 97.57 | | 51.53 | 457.44 |
| 2002 | 689.60 | 87.49 | | 37.90 | 481.68 |
| 2003 | 843.25 | 68.64 | | 28.60 | 457.77 |
| 2004 | 501.89 | 57.92 | | 31.93 | 527.15 |
| 2005 | 322.13 | 41.64 | | 40.75 | 501.06 |
| 2006 | 244.61 | 27.18 | 112.09 | 40.82 | 550.96 |
| 2007 | 273.85 | 11.87 | 105.05 | 39.09 | 649.76 |
| 2008 | 368.43 | 15.41 | 151.54 | 42.40 | 623.53 |
| 2009 | 415.63 | 22.63 | 187.97 | 34.43 | 636.26 |
| 2010 | 387.28 | 19.59 | 184.12 | 30.67 | 666.17 |
| 2011 | 406.57 | 19.69 | 173.40 | 32.66 | 733.45 |
| 2012 | 382.07 | 13.64 | 163.87 | 30.51 | 766.17 |
| 2013 | 420.97 | 15.44 | 173.60 | 30.31 | 784.72 |
| 2014 | 405.29 | 10.81 | 138.86 | 29.25 | 901.96 |
| 2015 | 436.18 | 12.84 | 215.29 | 29.96 | 781.26 |
| 2016 | 382.37 | 16.23 | 195.36 | 27.28 | 850.04 |
| 1949~1952 | 170.73 | | | 2.25 | |
| 1953~1957 | 1406.80 | | | 24.45 | |
| 1958~1962 | 1829.93 | 3.30 | | 169.86 | |
| 1963~1965 | 781.25 | 5.43 | | 62.85 | |
| 1966~1970 | 1648.14 | 273.26 | | 142.20 | |
| 1971~1975 | 1935.56 | 476.43 | | 176.73 | |
| 1976~1980 | 2051.76 | 273.90 | | 212.69 | |
| 1981~1985 | 2763.95 | 388.11 | | 258.05 | |
| 1986~1990 | 2140.31 | 505.01 | | 330.84 | |
| 1991~1995 | 2469.95 | 403.61 | | 355.06 | 1517.89 |
| 1996~2000 | 2076.06 | 333.06 | | 436.21 | 2405.41 |
| 2001~2005 | 2754.60 | 353.26 | | 190.71 | 2425.10 |
| 2006~2010 | 1689.80 | 96.68 | 740.77 | 187.41 | 3126.69 |
| 2011~2015 | 2051.08 | 72.42 | 865.02 | 152.68 | 3967.56 |
| 1949~2016 | 26152.29 | 3200.71 | 1801.15 | 2729.25 | 14292.70 |

# 全国历年林业重点

| 年 份 | 合 计 | 天然林资源保护工程 | 退耕还林工程 | | 京津风沙源治理工程 | |
|---|---|---|---|---|---|---|
| | | | 小计 | 其中：退耕地造林 | | 小 计 |
| **1979～1985 年** | **1010.98** | | | | | **1010.98** |
| **“七五”小计** | **589.93** | | | | | **589.93** |
| **“八五”小计** | **1186.04** | | | | **44.12** | **1141.92** |
| 1996 年 | 248.17 | | | | 16.50 | 231.67 |
| 1997 年 | 244.94 | | | | 21.60 | 223.35 |
| 1998 年 | 271.80 | 29.04 | | | 23.16 | 219.60 |
| 1999 年 | 316.95 | 47.76 | 44.79 | 38.15 | 21.16 | 203.25 |
| 2000 年 | 309.90 | 42.64 | 68.36 | 32.84 | 28.03 | 170.88 |
| **“九五”小计** | **1391.76** | **119.43** | **113.15** | **70.99** | **110.43** | **1048.75** |
| 2001 年 | 307.13 | 94.81 | 87.10 | 38.61 | 21.73 | 103.49 |
| 2002 年 | 673.17 | 85.61 | 442.36 | 203.98 | 67.64 | 77.56 |
| 2003 年 | 824.24 | 68.83 | 619.61 | 308.59 | 82.44 | 53.35 |
| 2004 年 | 478.06 | 64.15 | 321.75 | 82.49 | 47.33 | 44.83 |
| 2005 年 | 309.96 | 42.48 | 189.84 | 66.74 | 40.82 | 36.82 |
| **“十五”小计** | **2592.56** | **355.87** | **1660.66** | **700.41** | **259.96** | **316.06** |
| 2006 年 | 280.17 | 77.48 | 105.05 | 21.85 | 40.95 | 56.68 |
| 2007 年 | 267.83 | 73.29 | 105.60 | 5.95 | 31.51 | 57.42 |
| 2008 年 | 343.35 | 100.90 | 118.97 | 0.22 | 46.90 | 76.58 |
| 2009 年 | 457.55 | 136.09 | 88.67 | 0.07 | 43.48 | 189.31 |
| 2010 年 | 366.79 | 88.55 | 98.26 | 0.03 | 43.91 | 136.06 |
| **“十一五”小计** | **1715.68** | **476.31** | **516.55** | **28.12** | **206.77** | **516.05** |
| 2011 年 | 309.30 | 55.36 | 73.02 | 0.01 | 54.52 | 126.40 |
| 2012 年 | 275.39 | 48.52 | 65.53 | | 54.17 | 107.18 |
| 2013 年 | 256.90 | 46.03 | 62.89 | | 62.61 | 85.36 |
| 2014 年 | 192.69 | 41.05 | 37.86 | 0.01 | 23.91 | 89.87 |
| 2015 年 | 284.05 | 64.48 | 63.60 | 44.63 | 22.33 | 133.64 |
| **“十二五”小计** | **1318.32** | **255.44** | **302.90** | **44.64** | **217.53** | **542.46** |
| 2016 年 | 250.55 | 48.73 | 68.33 | 55.85 | 23.00 | 110.50 |
| **总 计** | **10055.82** | **1255.77** | **2661.59** | **900.01** | **861.81** | **5276.65** |

注：1. 京津风沙源治理工程 1993～2000 年数据为原全国防沙治沙工程数据；

2. 自 2006 年起将无林地和疏林地封育面积计入造林总面积，2015 年起将有林地和灌木林地封育计入造林总面积；

3. 2016 年三北及长江流域等重点防护林体系工程造林面积包括林业血防工程 3.67 万公顷造林面积。

# 生态工程完成造林面积

单位:万公顷

| 三北及长江流域等重点防护林体系工程 | | | | | |
|---|---|---|---|---|---|
| 三北防护林工程 | 长江流域防护林工程 | 沿海防护林工程 | 珠江流域防护林工程 | 太行山绿化工程 | 平原绿化工程 |
| **1010.98** | | | | | |
| **517.49** | **36.99** | | | **35.46** | |
| **617.44** | **270.17** | **84.67** | | **151.86** | **17.78** |
| 134.23 | 46.40 | 7.22 | | 40.25 | 3.59 |
| 126.61 | 44.78 | 6.35 | 5.67 | 36.63 | 3.31 |
| 124.40 | 44.86 | 6.03 | 3.99 | 34.37 | 5.96 |
| 124.54 | 36.98 | 4.45 | 3.21 | 29.34 | 4.73 |
| 105.32 | 20.69 | 5.69 | 3.07 | 29.85 | 6.26 |
| **615.09** | **193.71** | **29.73** | **15.93** | **170.44** | **23.84** |
| 54.17 | 16.27 | 9.09 | 2.71 | 14.13 | 7.13 |
| 45.38 | 11.03 | 5.57 | 4.66 | 7.62 | 3.32 |
| 27.53 | 10.88 | 3.86 | 4.47 | 5.00 | 1.62 |
| 23.23 | 11.33 | 3.02 | 3.18 | 3.09 | 0.98 |
| 21.79 | 6.59 | 2.27 | 3.07 | 2.85 | 0.25 |
| **172.10** | **56.10** | **23.80** | **18.07** | **32.69** | **13.29** |
| 32.68 | 7.87 | 1.70 | 2.88 | 11.47 | 0.09 |
| 38.15 | 7.64 | 2.39 | 1.74 | 7.39 | 0.11 |
| 49.79 | 7.23 | 7.42 | 3.70 | 8.03 | 0.41 |
| 125.59 | 22.21 | 21.22 | 8.21 | 11.92 | 0.17 |
| 92.82 | 11.88 | 17.32 | 6.68 | 6.92 | 0.43 |
| **339.04** | **56.83** | **50.05** | **23.21** | **45.73** | **1.20** |
| 73.78 | 20.48 | 20.99 | 7.23 | 3.66 | 0.26 |
| 67.87 | 15.79 | 14.54 | 5.16 | 3.81 | |
| 51.86 | 13.04 | 11.86 | 4.40 | 3.57 | 0.64 |
| 59.63 | 10.74 | 9.69 | 2.69 | 4.92 | 2.19 |
| 76.60 | 23.72 | 18.85 | 9.66 | 4.81 | |
| **329.74** | **83.78** | **75.92** | **29.14** | **20.77** | **3.10** |
| 64.85 | 21.78 | 10.87 | 5.73 | 3.59 | |
| **3666.74** | **719.35** | **275.04** | **92.09** | **460.54** | **59.22** |

# 全国历年林业重点生态工程实际

| 年份 | 指标名称 | 合计 | 天然林资源保护工程 | 退耕还林工程 | 京津风沙源治理工程 | |
|---|---|---|---|---|---|---|
| | | | | | | 小计 |
| **1979~1995年** | **实际完成投资** | **417515** | | | **17432** | **400083** |
| | **其中:国家投资** | **196633** | | | **8501** | **188132** |
| 1996年 | 实际完成投资 | 140461 | | | 15741 | 124720 |
| | 其中:国家投资 | 51939 | | | 4506 | 47433 |
| 1997年 | 实际完成投资 | 186106 | | | 33782 | 152324 |
| | 其中:国家投资 | 64741 | | | 12247 | 52494 |
| 1998年 | 实际完成投资 | 441717 | 227761 | | 37741 | 176215 |
| | 其中:国家投资 | 280338 | 206365 | | 10176 | 63797 |
| 1999年 | 实际完成投资 | 713818 | 409225 | 33595 | 35477 | 235521 |
| | 其中:国家投资 | 501534 | 351309 | 33595 | 8198 | 108432 |
| 2000年 | 实际完成投资 | 1106412 | 608414 | 154075 | 43102 | 300821 |
| | 其中:国家投资 | 881704 | 582886 | 146623 | 15655 | 136540 |
| **“九五”小计** | **实际完成投资** | **2588514** | **1245400** | **187670** | **165843** | **989601** |
| | **其中:国家投资** | **1780256** | **1140560** | **180218** | **50782** | **408696** |
| 2001年 | 实际完成投资 | 1771124 | 949319 | 314547 | 183275 | 303066 |
| | 其中:国家投资 | 1353311 | 887717 | 248459 | 59283 | 145743 |
| 2002年 | 实际完成投资 | 2519018 | 933712 | 1106096 | 123238 | 316711 |
| | 其中:国家投资 | 2249185 | 881617 | 1061504 | 120022 | 157582 |
| 2003年 | 实际完成投资 | 3307863 | 679020 | 2085573 | 258781 | 232083 |
| | 其中:国家投资 | 2977684 | 650304 | 1926019 | 239513 | 136239 |
| 2004年 | 实际完成投资 | 3489682 | 681985 | 2142905 | 267666 | 352661 |
| | 其中:国家投资 | 2981364 | 640983 | 1920609 | 261857 | 135782 |
| 2005年 | 实际完成投资 | 3600892 | 620148 | 2404111 | 332625 | 192556 |
| | 其中:国家投资 | 3211855 | 584777 | 2185928 | 325408 | 91292 |
| **“十五”小计** | **实际完成投资** | **14688579** | **3864184** | **8053232** | **1165585** | **1397077** |
| | **其中:国家投资** | **12773399** | **3645398** | **7342519** | **1006083** | **666638** |
| 2006年 | 实际完成投资 | 3527084 | 643750 | 2321449 | 327666 | 179501 |
| | 其中:国家投资 | 3254930 | 604120 | 2224633 | 310029 | 85398 |
| 2007年 | 实际完成投资 | 3470969 | 820496 | 2084085 | 320929 | 165879 |
| | 其中:国家投资 | 3027545 | 666496 | 1915544 | 298768 | 91273 |

# 完成投资及国家投资情况(一)

单位:万元

| 三北及长江流域等重点防护林体系工程 | | | | | | 野生动植物保护及自然保护区建设工程 |
|---|---|---|---|---|---|---|
| 三北防护林工程 | 长江流域防护林工程 | 沿海防护林工程 | 珠江流域防护林工程 | 太行山绿化工程 | 平原绿化工程 | |
| **231652** | **77939** | **41990** | | **32622** | **15880** | |
| **132779** | **27148** | **10930** | | **8780** | **8495** | |
| 71169 | 23114 | 16548 | | 7371 | 6518 | |
| 30802 | 7455 | 2531 | | 2085 | 4560 | |
| 80567 | 21095 | 12653 | 16430 | 12247 | 9332 | |
| 34704 | 7196 | 2198 | 502 | 2853 | 5041 | |
| 90289 | 27774 | 21029 | 12060 | 11970 | 13093 | |
| 37206 | 11154 | 3340 | 1557 | 5411 | 5129 | |
| 118754 | 31384 | 22897 | 16463 | 24232 | 21791 | |
| 57383 | 16345 | 5717 | 2775 | 14195 | 12017 | |
| 143682 | 31273 | 31551 | 14392 | 23781 | 56142 | |
| 71602 | 18427 | 13768 | 6831 | 13327 | 12585 | |
| **504461** | **134640** | **104678** | **59345** | **79601** | **106876** | |
| **231697** | **60577** | **27554** | **11665** | **37871** | **39332** | |
| 102468 | 53406 | 40026 | 10678 | 16169 | 80319 | 20917 |
| 56163 | 22736 | 14425 | 6499 | 8832 | 37088 | 12109 |
| 139272 | 45837 | 41164 | 17657 | 17151 | 55630 | 39261 |
| 66512 | 27942 | 13839 | 15481 | 10920 | 22888 | 28460 |
| 85437 | 41442 | 29155 | 13136 | 10436 | 52477 | 52406 |
| 49105 | 27758 | 20127 | 11083 | 8097 | 20069 | 25609 |
| 86645 | 109028 | 51946 | 11922 | 13048 | 80072 | 44465 |
| 44014 | 26017 | 29705 | 9797 | 11268 | 14981 | 22133 |
| 85231 | 53607 | 23029 | 9134 | 14620 | 6936 | 51452 |
| 41252 | 12808 | 19704 | 7039 | 10095 | 394 | 24450 |
| **499053** | **303320** | **185320** | **62527** | **71423** | **275434** | **208501** |
| **257046** | **117261** | **97800** | **49899** | **49212** | **95420** | **112761** |
| 84328 | 24386 | 42553 | 6509 | 13949 | 7776 | 54718 |
| 38539 | 8262 | 20637 | 4647 | 13108 | 205 | 30750 |
| 94026 | 13912 | 37819 | 3994 | 13213 | 2915 | 79580 |
| 48202 | 9964 | 23290 | 2811 | 6541 | 465 | 55464 |

# 全国历年林业重点生态工程实际

| 年　份 | 指标名称 | 合计 | 天然林资源保护工程 | 退耕还林工程 | 京津风沙源治理工程 | |
|---|---|---|---|---|---|---|
| | | | | | | 小　计 |
| 2008 年 | 实际完成投资 | 4193747 | 973000 | 2489727 | 323871 | 337349 |
| | 其中:国家投资 | 3625728 | 923500 | 2210195 | 310795 | 139275 |
| 2009 年 | 实际完成投资 | 5075170 | 817253 | 3217569 | 403175 | 557076 |
| | 其中:国家投资 | 4179436 | 688199 | 2886310 | 355377 | 209602 |
| 2010 年 | 实际完成投资 | 4711990 | 731299 | 2927290 | 382406 | 570888 |
| | 其中:国家投资 | 3616315 | 591086 | 2499773 | 329166 | 138550 |
| **“十一五”小计** | **实际完成投资** | **20978960** | **3985798** | **13040120** | **1758047** | **1810693** |
| | **其中:国家投资** | **17703954** | **3473401** | **11736455** | **1604135** | **664098** |
| 2011 年 | 实际完成投资 | 5319584 | 1826744 | 2463373 | 250395 | 664819 |
| | 其中:国家投资 | 4342817 | 1696826 | 1949855 | 223978 | 394431 |
| 2012 年 | 实际完成投资 | 5283825 | 2186318 | 1977649 | 356646 | 630274 |
| | 其中:国家投资 | 4050116 | 1710230 | 1545329 | 321863 | 380467 |
| 2013 年 | 实际完成投资 | 5361512 | 2301529 | 1962668 | 378669 | 569772 |
| | 其中:国家投资 | 4378163 | 2020503 | 1557260 | 357304 | 354732 |
| 2014 年 | 实际完成投资 | 6659502 | 2610936 | 2230905 | 106583 | 1512854 |
| | 其中:国家投资 | 5448154 | 2204105 | 1916113 | 81217 | 1098931 |
| 2015 年 | 实际完成投资 | 7056599 | 2983638 | 2752809 | 111595 | 954103 |
| | 其中:国家投资 | 6299919 | 2838326 | 2520733 | 107268 | 637340 |
| **“十二五”小计** | **实际完成投资** | **29681022** | **11909165** | **11387404** | **1203888** | **4331822** |
| | **其中:国家投资** | **24519169** | **10469990** | **9489290** | **1091630** | **2865901** |
| 2016 年 | 实际完成投资 | 6754068 | 3400322 | 2366719 | 152729 | 678829 |
| | 其中:国家投资 | 6304925 | 3334513 | 2149296 | 141944 | 533251 |
| **总　　计** | **实际完成投资** | **75108658** | **24404869** | **35035145** | **4463524** | **9608105** |
| | **其中:国家投资** | **63278336** | **22063862** | **30897778** | **3903075** | **5326716** |

注:2016 年三北及长江流域等重点防护林体系工程投资包括林业血防工程 17507 万元,其中国家投资 14887 万元。

# 完成投资及国家投资情况(二)

单位:万元

| 三北及长江流域等重点防护林体系工程 | | | | | | 野生动植物保护及自然保护区建设工程 |
|---|---|---|---|---|---|---|
| 三北防护林工程 | 长江流域防护林工程 | 沿海防护林工程 | 珠江流域防护林工程 | 太行山绿化工程 | 平原绿化工程 | |
| 184078 | 34916 | 94009 | 7142 | 16804 | 400 | 69800 |
| 99184 | 13119 | 18429 | 4043 | 4275 | 225 | 41963 |
| 270310 | 101057 | 140019 | 23828 | 21663 | 199 | 80097 |
| 133198 | 27000 | 35953 | 8979 | 4422 | 50 | 39948 |
| 284589 | 49422 | 192579 | 27177 | 16471 | 650 | 100107 |
| 68632 | 19557 | 33802 | 12519 | 4000 | 40 | 57740 |
| **917331** | **223693** | **506979** | **68650** | **82100** | **11940** | **384302** |
| **387755** | **77902** | **132111** | **32999** | **32346** | **985** | **225865** |
| 322215 | 98832 | 200344 | 26204 | 12948 | 4276 | 114253 |
| 208105 | 42627 | 117478 | 14984 | 11167 | 70 | 77727 |
| 325088 | 99667 | 165824 | 25796 | 13899 | | 132938 |
| 210938 | 40869 | 96239 | 19977 | 12444 | | 92227 |
| 274469 | 65806 | 178784 | 21154 | 17539 | 12020 | 148874 |
| 170664 | 33863 | 116389 | 11354 | 10442 | 12020 | 88364 |
| 406704 | 98569 | 278075 | 21229 | 13196 | 695081 | 198224 |
| 253193 | 33154 | 140431 | 14930 | 12664 | 644559 | 147788 |
| 551846 | 103717 | 247150 | 31420 | 19970 | | 254454 |
| 370283 | 85227 | 138168 | 23913 | 19749 | | 196252 |
| **1880322** | **466591** | **1070177** | **125803** | **77552** | **711377** | **848743** |
| **1213183** | **235740** | **608705** | **85158** | **66466** | **656649** | **602358** |
| 355827 | 96009 | 145345 | 38195 | 25946 | | 155469 |
| 322104 | 83955 | 66275 | 20084 | 25946 | | 145921 |
| **4388646** | **1302192** | **2054489** | **354520** | **369245** | **1121507** | **1597015** |
| **2544564** | **602583** | **943375** | **199805** | **220621** | **800881** | **1086905** |

# 全国历年木材、竹材及木材加工、林产化学主要产品产量

| 时期 | 木材（万立方米） | 竹材（万根） | 锯材（万立方米） | 人造板（万立方米） | | | | 木竹地板（万平方米） | 松香（吨） |
|---|---|---|---|---|---|---|---|---|---|
| | | | | 总计 | 其中 | | | | |
| | | | | | 胶合板 | 纤维板 | 刨花板 | | |
| **1949～1977 年** | **90947.00** | **210405** | **26285.10** | **500.06** | **324.28** | **143.10** | **32.68** | | **3884994** |
| 1978 年 | 5162.30 | 11181 | 1105.50 | 62.45 | 25.22 | 32.88 | 4.36 | | 282027 |
| 1979 年 | 5438.93 | 10507 | 1271.40 | 77.46 | 29.24 | 42.93 | 5.29 | | 297034 |
| 1980 年 | 5359.31 | 9621 | 1368.70 | 91.43 | 32.99 | 50.62 | 7.82 | | 327283 |
| 1981 年 | 4942.31 | 8656 | 1301.06 | 99.61 | 35.11 | 56.83 | 7.67 | | 406214 |
| 1982 年 | 5041.25 | 10183 | 1360.85 | 116.67 | 39.41 | 66.99 | 10.27 | | 400784 |
| 1983 年 | 5232.32 | 9601 | 1394.48 | 138.95 | 45.48 | 73.45 | 12.74 | | 246916 |
| 1984 年 | 6384.81 | 9117 | 1508.59 | 151.38 | 48.97 | 73.59 | 16.48 | | 307993 |
| 1985 年 | 6323.44 | 5641 | 1590.76 | 165.93 | 53.87 | 89.50 | 18.21 | | 255736 |
| **“六五”时期** | **27924.13** | **43198** | **7155.74** | **672.54** | **222.84** | **360.36** | **65.37** | | **1617643** |
| 1986 年 | 6502.42 | 7716 | 1505.20 | 189.44 | 61.08 | 102.70 | 21.03 | | 293500 |
| 1987 年 | 6407.86 | 11855 | 1471.91 | 247.66 | 77.63 | 120.65 | 37.78 | | 395692 |
| 1988 年 | 6217.60 | 26211 | 1468.40 | 289.88 | 82.69 | 148.41 | 48.31 | | 376482 |
| 1989 年 | 5801.80 | 15238 | 1393.30 | 270.56 | 72.78 | 144.27 | 44.20 | | 409463 |
| 1990 年 | 5571.00 | 18714 | 1284.90 | 244.60 | 75.87 | 117.24 | 42.80 | | 344003 |
| **“七五”时期** | **30500.68** | **79734** | **7123.71** | **1242.14** | **370.05** | **633.27** | **194.12** | | **1819140** |
| 1991 年 | 5807.30 | 29173 | 1141.50 | 296.01 | 105.40 | 117.43 | 61.38 | | 343300 |
| 1992 年 | 6173.60 | 40430 | 1118.70 | 428.90 | 156.47 | 144.45 | 115.85 | | 419503 |
| 1993 年 | 6392.20 | 43356 | 1401.30 | 579.79 | 212.45 | 180.97 | 157.13 | | 503681 |
| 1994 年 | 6615.10 | 50430 | 1294.30 | 664.72 | 260.62 | 193.03 | 168.20 | | 437269 |
| 1995 年 | 6766.90 | 44792 | 4183.80 | 1684.60 | 759.26 | 216.40 | 435.10 | | 481264 |
| **“八五”时期** | **31755.10** | **208181** | **9139.60** | **3654.02** | **1494.20** | **852.28** | **937.66** | | **2185017** |
| 1996 年 | 6710.27 | 42175 | 2442.40 | 1203.26 | 490.32 | 205.50 | 338.28 | 2293.70 | 501221 |
| 1997 年 | 6394.79 | 44921 | 2012.40 | 1648.48 | 758.45 | 275.92 | 360.44 | 1894.39 | 675758 |
| 1998 年 | 5966.20 | 69253 | 1787.60 | 1056.33 | 446.52 | 219.51 | 266.30 | 2643.17 | 416016 |
| 1999 年 | 5236.80 | 53921 | 1585.94 | 1503.05 | 727.64 | 390.59 | 240.96 | 3204.58 | 434528 |
| 2000 年 | 4723.97 | 56183 | 634.44 | 2001.66 | 992.54 | 514.43 | 286.77 | 3319.25 | 386760 |
| **“九五”时期** | **29032.03** | **266453** | **8462.78** | **7412.78** | **3415.47** | **1605.95** | **1492.75** | **13355.09** | **2414283** |
| 2001 年 | 4552.03 | 58146 | 763.83 | 2111.27 | 904.51 | 570.11 | 344.53 | 4849.06 | 377793 |
| 2002 年 | 4436.07 | 66811 | 851.61 | 2930.18 | 1135.21 | 767.42 | 369.31 | 4976.99 | 395273 |
| 2003 年 | 4758.87 | 96867 | 1126.87 | 4553.36 | 2102.35 | 1128.33 | 547.41 | 8642.46 | 443306 |
| 2004 年 | 5197.33 | 109846 | 1532.54 | 5446.49 | 2098.62 | 1560.46 | 642.92 | 12300.47 | 485863 |
| 2005 年 | 5560.31 | 115174 | 1790.29 | 6392.89 | 2514.97 | 2060.56 | 576.08 | 17322.79 | 606594 |
| **“十五”时期** | **24504.61** | **446844** | **6065.13** | **21434.19** | **8755.66** | **6086.88** | **2480.25** | **48091.77** | **2308829** |
| 2006 年 | 6611.78 | 131176 | 2486.46 | 7428.56 | 2728.78 | 2466.60 | 843.26 | 23398.99 | 915364 |
| 2007 年 | 6976.65 | 139761 | 2829.10 | 8838.58 | 3561.56 | 2729.85 | 829.07 | 34343.25 | 1183556 |
| 2008 年 | 8108.34 | 126220 | 2840.95 | 9409.95 | 3540.86 | 2906.56 | 1142.23 | 37689.43 | 1067293 |
| 2009 年 | 7068.29 | 135650 | 3229.77 | 11546.65 | 4451.24 | 3488.56 | 1431.00 | 37753.20 | 1117030 |
| 2010 年 | 8089.62 | 143008 | 3722.63 | 15360.83 | 7139.66 | 4354.54 | 1264.20 | 47917.15 | 1332798 |
| **“十一五”时期** | **36854.68** | **675814** | **15108.92** | **52584.57** | **21422.11** | **15946.12** | **5509.76** | **181102.03** | **5616041** |
| 2011 年 | 8145.92 | 153929 | 4460.25 | 20919.29 | 9869.63 | 5562.12 | 2559.39 | 62908.25 | 1413041 |
| 2012 年 | 8174.87 | 164412 | 5568.19 | 22335.79 | 10981.17 | 5800.35 | 2349.55 | 60430.54 | 1409995 |
| 2013 年 | 8438.50 | 187685 | 6297.60 | 25559.91 | 13725.19 | 6402.10 | 1884.95 | 68925.68 | 1642308 |
| 2014 年 | 8233.30 | 222440 | 6836.98 | 27371.79 | 14970.03 | 6462.63 | 2087.53 | 76022.40 | 1700727 |
| 2015 年 | 7218.21 | 235466 | 7430.38 | 28679.52 | 16546.25 | 6618.53 | 2030.19 | 77355.85 | 1742521 |
| **“十二五”时期** | **40210.79** | **963932** | **30593.39** | **124866.30** | **66092.26** | **30845.74** | **10911.62** | **345642.72** | **7908592** |
| 2016 年 | 7775.87 | 250630 | 7716.14 | 30042.22 | 17755.62 | 6651.22 | 2650.10 | 83798.66 | 1838691 |
| **总　计** | **335465.43** | **3176500** | **121396.11** | **242640.16** | **119939.93** | **63251.34** | **24291.77** | **671990.27** | **30499574** |

注：自 2006 年起松香产量包括深加工产品。

# 全国历年林业投资完成情况

单位:万元

| 年　份 | 林业投资完成额 | 其中:国家投资 |
|---|---|---|
| **1950～1977年** | **1453357** | **1105740** |
| 1978年 | 108360 | 65604 |
| 1979年 | 141326 | 91364 |
| 1980年 | 144954 | 68481 |
| 1981年 | 140752 | 64928 |
| 1982年 | 168725 | 70986 |
| 1983年 | 164399 | 77364 |
| 1984年 | 180111 | 85604 |
| 1985年 | 183303 | 81277 |
| **“六五”时期** | **837291** | **380159** |
| 1986年 | 231994 | 83613 |
| 1987年 | 247834 | 97348 |
| 1988年 | 261413 | 91504 |
| 1989年 | 237553 | 90604 |
| 1990年 | 246131 | 107246 |
| **“七五”时期** | **1224925** | **470315** |
| 1991年 | 272236 | 134816 |
| 1992年 | 329800 | 138679 |
| 1993年 | 409238 | 142025 |
| 1994年 | 476997 | 141198 |
| 1995年 | 563972 | 198678 |
| **“八五”时期** | **2052243** | **755396** |
| 1996年 | 638626 | 200898 |
| 1997年 | 741802 | 198908 |
| 1998年 | 874648 | 374386 |
| 1999年 | 1084077 | 594921 |
| 2000年 | 1677712 | 1130715 |
| **“九五”时期** | **5016865** | **2499828** |
| 2001年 | 2095636 | 1551602 |
| 2002年 | 3152374 | 2538071 |
| 2003年 | 4072782 | 3137514 |
| 2004年 | 4118669 | 3226063 |
| 2005年 | 4593443 | 3528122 |
| **“十五”时期** | **18032904** | **13981372** |
| 2006年 | 4957918 | 3715114 |
| 2007年 | 6457517 | 4486119 |
| 2008年 | 9872422 | 5083432 |
| 2009年 | 13513349 | 7104764 |
| 2010年 | 15533217 | 7452396 |
| **“十一五”时期** | **50334423** | **27841825** |
| 2011年 | 26326068 | 11065990 |
| 2012年 | 33420880 | 12454012 |
| 2013年 | 37822690 | 13942080 |
| 2014年 | 43255140 | 16314880 |
| 2015年 | 42901420 | 16298683 |
| **“十二五”时期** | **183726198** | **70075645** |
| 2016年 | 45095738 | 21517308 |
| **总　计** | **308168583** | **138853037** |

# 附录六

## 2007～2016年主要林产品进出口情况

ANNEX Ⅵ

# 2007～2016 年主要林产

| 产品 | | | 2007 年 | 2008 年 | 2009 年 | 2010 年 |
|---|---|---|---|---|---|---|
| 总计 | | 出口 | 31930993 | 33488310 | 36316317 | 46316686 |
| | | 进口 | 32360169 | 38439466 | 33902486 | 47506554 |
| 原木 | 针叶原木 | 出口 | 17 | 21 | 274 | 51 |
| | | 进口 | 2404879 | 2414186 | 2234430 | 3240796 |
| | 阔叶原木 | 出口 | 1194 | 965 | 4306 | 10475 |
| | | 进口 | 2950955 | 2769073 | 1852088 | 2830298 |
| | 合计 | 出口 | 1211 | 986 | 4580 | 10526 |
| | | 进口 | 5355834 | 5183259 | 4086518 | 6071094 |
| 锯材 | | 出口 | 392669 | 412265 | 346344 | 342001 |
| | | 进口 | 1774871 | 2039427 | 2327863 | 3878172 |
| 单板 | | 出口 | 200086 | 243925 | 172678 | 210865 |
| | | 进口 | 135718 | 98504 | 63736 | 88064 |
| 特形材 | | 出口 | 519003 | 448662 | 371345 | 433189 |
| | | 进口 | 21636 | 19774 | 15547 | 19708 |
| 刨花板 | | 出口 | 34758 | 45873 | 32712 | 41387 |
| | | 进口 | 106352 | 91859 | 88913 | 114283 |
| 纤维板 | | 出口 | 1085801 | 1094538 | 884401 | 1114253 |
| | | 进口 | 168916 | 140415 | 119570 | 124654 |
| 胶合板 | | 出口 | 3577941 | 3400530 | 2523949 | 3402140 |
| | | 进口 | 170383 | 167469 | 89042 | 116042 |
| 木制品 | | 出口 | 3828644 | 3522246 | 3324597 | 4114612 |
| | | 进口 | 70251 | 75033 | 84081 | 121953 |
| 家具 | | 出口 | 10683050 | 11017339 | 12035202 | 16157214 |
| | | 进口 | 220383 | 311952 | 297671 | 387711 |
| 木片 | | 出口 | 25249 | 9034 | 887 | 558 |
| | | 进口 | 158338 | 182490 | 353802 | 673817 |
| 木浆 | | 出口 | 27487 | 6916 | 22351 | 11344 |
| | | 进口 | 5498741 | 6660933 | 6795615 | 8774104 |
| 废纸 | | 出口 | 18 | 1 | 48 | 119 |
| | | 进口 | 4041970 | 5556926 | 3796054 | 5352897 |
| 纸和纸制品 | | 出口 | 1844016 | 2070567 | 6129326 | 7554688 |
| | | 进口 | 4287379 | 4363240 | 3879784 | 4610590 |
| 木炭 | | 出口 | 20114 | 22979 | 26065 | 35748 |
| | | 进口 | 9914 | 14663 | 17552 | 22952 |
| 松香 | | 出口 | 274265 | 271944 | 181729 | 486750 |
| | | 进口 | 6686 | 4739 | 6104 | 8830 |

## 品进出口金额(一)

单位:千美元

| 2011 年 | 2012 年 | 2013 年 | 2014 年 | 2015 年 | 2016 年 |
|---|---|---|---|---|---|
| 55033714 | 58690787 | 64454614 | 71412007 | 74262543 | 72676670 |
| 65299100 | 61948082 | 64088332 | 67605223 | 63603710 | 62425744 |
| 38 | 1724 | — | 289 | — | — |
| 4864608 | 7250935 | 5114048 | 5440581 | 3657984 | 4111591 |
| 6730 | — | 6656 | 7773 | 4140 | 29793 |
| 3408524 | 3760576 | 4203304 | 6341506 | 4402247 | 3973686 |
| 6768 | 1724 | 6656 | 8062 | 4140 | 29793 |
| 8273132 | 3490359 | 9317352 | 11782087 | 8060231 | 8085277 |
| 360493 | 331346 | 325737 | 298200 | 206795 | 194220 |
| 5721322 | 5524195 | 6829924 | 8088849 | 7506603 | 8137933 |
| 273559 | 234420 | 235983 | 276757 | 283714 | 280009 |
| 118568 | 135155 | 142005 | 183822 | 162113 | 157597 |
| 377244 | 359769 | 334364 | 355706 | 293881 | 234461 |
| 29668 | 30988 | 28193 | 35357 | 41178 | 51055 |
| 56411 | 66454 | 93181 | 136337 | 114107 | 120502 |
| 122232 | 116921 | 127891 | 141666 | 141018 | 184022 |
| 1435693 | 1613657 | 1523620 | 1630949 | 1425474 | 1228476 |
| 107114 | 93740 | 100575 | 110055 | 108396 | 125490 |
| 4339929 | 4795625 | 5033698 | 5813258 | 5487696 | 5275773 |
| 119681 | 119546 | 103104 | 131966 | 121126 | 138484 |
| 4536235 | 4854951 | 5160484 | 5932432 | 6457198 | 6308242 |
| 156709 | 274723 | 500161 | 715093 | 763723 | 771224 |
| 17118709 | 18331201 | 19440770 | 22091885 | 22854641 | 22209363 |
| 546457 | 596047 | 707904 | 888821 | 884025 | 961700 |
| 726 | 30 | 57 | 21 | 102 | 823 |
| 1159600 | 1331814 | 1554275 | 1545100 | 1693669 | 1912019 |
| 34119 | 12694 | 14008 | 12433 | 16818 | 17267 |
| 11852421 | 10904715 | 11316770 | 12004565 | 12701792 | 12196424 |
| 616 | 691 | 418 | 265 | 280 | 495 |
| 6967452 | 6275973 | 5930000 | 5347795 | 5283161 | 4988961 |
| 10454553 | 11800706 | 14232066 | 15859260 | 17097590 | 16403632 |
| 5055272 | 4600238 | 4373700 | 4308915 | 4046869 | 3945233 |
| 39094 | 44428 | 64472 | 89129 | 108964 | 101677 |
| 44877 | 58017 | 62857 | 62022 | 50057 | 46031 |
| 593328 | 268287 | 272145 | 296592 | 194439 | 104297 |
| 8577 | 17549 | 47616 | 25367 | 40434 | 64510 |

# 2007～2016 年主要林产

| 产品 | | | 2007 年 | 2008 年 | 2009 年 | 2010 年 |
|---|---|---|---|---|---|---|
| 水果 | 柑橘属 | 出口 | 257633 | 437373 | 592697 | 615797 |
| | | 进口 | 54670 | 67312 | 74224 | 106072 |
| | 鲜苹果 | 出口 | 512645 | 698398 | 713518 | 831627 |
| | | 进口 | 34674 | 45188 | 54108 | 75932 |
| | 鲜梨 | 出口 | 161765 | 215087 | 220716 | 243263 |
| | | 进口 | 16 | 27 | 23 | 75 |
| | 鲜葡萄 | 出口 | 32944 | 47437 | 85926 | 104943 |
| | | 进口 | 63180 | 95018 | 172077 | 189471 |
| | 鲜猕猴桃 | 出口 | — | 22309 | 33082 | 44719 |
| | | 进口 | — | 1537 | 1900 | 2571 |
| | 山竹果 | 出口 | — | — | — | 1 |
| | | 进口 | 62230 | 69565 | 144383 | 147018 |
| | 鲜榴莲 | 出口 | — | — | — | 1 |
| | | 进口 | 71250 | 92850 | 124373 | 149562 |
| | 鲜龙眼 | 出口 | 2718 | 2770 | 857 | 711 |
| | | 进口 | 98239 | 124192 | 157334 | 193182 |
| | 鲜火龙果 | 出口 | | 121 | 161 | 300 |
| | | 进口 | | 55236 | 94538 | 105305 |
| 坚果 | 核桃 | 出口 | 53887 | 60224 | 19849 | 24536 |
| | | 进口 | 6218 | 12624 | 28502 | 48596 |
| | 板栗 | 出口 | 62244 | 62981 | 68208 | 73434 |
| | | 进口 | 18304 | 18531 | 18108 | 22090 |
| | 松子仁 | 出口 | 81610 | 47675 | 142974 | 159277 |
| | | 进口 | 1091 | 6955 | 7875 | 5619 |
| | 开心果 | 出口 | 5906 | 13098 | 5622 | 7334 |
| | | 进口 | 43178 | 76554 | 77461 | 203136 |
| 干果 | 梅干及李干 | 出口 | 2136 | 1942 | 2311 | 3844 |
| | | 进口 | 1500 | 1783 | 2865 | 4942 |
| | 龙眼干、肉 | 出口 | 1018 | 1005 | 1249 | 1742 |
| | | 进口 | 52849 | 53530 | 88737 | 64630 |
| | 柿饼 | 出口 | 15983 | 10630 | 9098 | 13896 |
| | | 进口 | 18 | — | — | — |
| | 红枣 | 出口 | 10709 | 12187 | 17399 | 17447 |
| | | 进口 | 3 | 14 | 20 | 90 |
| | 葡萄干 | 出口 | 36329 | 47225 | 65311 | 69960 |
| | | 进口 | 17917 | 19686 | 18340 | 23010 |
| 果汁 | 柑橘属果汁 | 出口 | 10525 | 14424 | 14218 | 16064 |
| | | 进口 | 122646 | 97790 | 106311 | 109036 |
| | 苹果汁 | 出口 | 1243994 | 1130079 | 655526 | 747088 |
| | | 进口 | 1224 | 4634 | 718 | 606 |
| 其他 | | 出口 | 6924636 | 8116983 | 7640042 | 9459801 |
| | | 进口 | 7412689 | 9683594 | 7559270 | 6718656 |

注：1. 资料来源：海关总署信息中心；

2. 木浆中未包括从回收纸与纸板中提取的木浆；
3. 纸和纸制品中未包括回收纸和纸板及印刷品等；
4. 2007～2008 年以造纸工业纸浆消耗价值中原生木浆价值的比例将从回收的纸与纸板中提取的纤维桨、回收纸与纸板
2007 年取 0.214；2008 年取 0.221；2009 年取 0.80；2010 年为 0.78；2011 年为 0.8；2012 年为 0.85；2013 年为 0.88；
5. 2007～2008 年以造纸工业纸浆消耗价值中原生木浆价值的比例将纸和纸制品出口额折算为木制林产品价值，2009～
年取 0.81；2010 年取 0.79；2011 年取 0.81；2012 年取 0.86；2013 年取 0.89；2014 年取 0.89；2015 年为 0.91；
6. 将印刷品、手稿、打字稿等的进(出)口额＝进(出)口折算量×纸和纸制品的平均价格。

# 品进出口金额(二)

单位:千美元

| 2011 年 | 2012 年 | 2013 年 | 2014 年 | 2015 年 | 2016 年 |
|---|---|---|---|---|---|
| 726457 | 971902 | 1155959 | 1170064 | 1258434 | 1303841 |
| 148576 | 150776 | 166152 | 229953 | 267179 | 354846 |
| 914326 | 959913 | 1030074 | 1027619 | 1031232 | 1452932 |
| 115830 | 92578 | 67465 | 46278 | 146957 | 123220 |
| 285559 | 325154 | 361737 | 350656 | 442537 | 487011 |
| 1043 | 3793 | 6041 | 10148 | 12935 | 13300 |
| 162273 | 336036 | 268561 | 358756 | 761873 | 663604 |
| 324280 | 425205 | 514608 | 602607 | 586628 | 629772 |
| 2803 | 1592 | 3026 | 4646 | 4463 | — |
| 81910 | 138843 | 121626 | 195481 | 266718 | 145952 |
| 1 | 1 | — | — | — | 12932 |
| 145837 | 196000 | 231455 | 158470 | 238200 | 343079 |
| 4 | — | — | — | — | — |
| 234304 | 399762 | 543165 | 592625 | 567943 | 693302 |
| 2451 | 2813 | 2158 | 3105 | 10187 | 8763 |
| 314287 | 395965 | 448088 | 328267 | 341923 | 270213 |
| 719 | 1093 | 736 | 329 | 345 | 538 |
| 200154 | 326473 | 410163 | 529932 | 662882 | 381121 |
| 47654 | 54660 | 63087 | 71524 | 60735 | 30301 |
| 55204 | 73373 | 61000 | 62120 | 42335 | 31916 |
| 75865 | 85864 | 84255 | 82517 | 77858 | 76939 |
| 17893 | 26937 | 24578 | 18360 | 10504 | 15222 |
| 153902 | 174671 | 212315 | 234068 | 258135 | 272137 |
| 21990 | 22467 | 26953 | 53440 | 64841 | 88809 |
| 10889 | 35959 | 28830 | 13482 | 10306 | 9956 |
| 116623 | 134940 | 80886 | 66195 | 75964 | 118898 |
| 4943 | 6766 | 6479 | 4235 | 2294 | 2405 |
| 8274 | 9718 | 9745 | 4251 | 3267 | 6282 |
| 1674 | 1868 | 1535 | 1657 | 2392 | 1905 |
| 86455 | 82020 | 86062 | 56678 | 26565 | 60613 |
| 11100 | 16040 | 13476 | 14826 | 8830 | 11904 |
| 1 | — | — | — | — | 2 |
| 22611 | 26808 | 24638 | 28535 | 35320 | 37290 |
| 58 | 70 | 8 | 8 | 4 | 16 |
| 102067 | 73901 | 83392 | 74344 | 56891 | 62245 |
| 34943 | 41525 | 37881 | 37952 | 50952 | 55113 |
| 19946 | 11107 | 11209 | 10880 | 10914 | 9353 |
| 172899 | 153505 | 155367 | 153185 | 124160 | 115084 |
| 1081240 | 1142004 | 906622 | 638698 | 561250 | 546813 |
| 1087 | 1383 | 2269 | 3209 | 4454 | 4811 |
| 11782556 | 11746517 | 13455234 | 14525425 | 15122709 | 15176770 |
| 23016281 | 14830100 | 10756768 | 19280066 | 18504906 | 17208212 |

出口额折算为木制林产品价值，2009 ~ 2015 年按木纤维浆(原生木浆和废纸中的木浆)价值比例折算，各年的折算系数为：
2014 年为 0.89；2015 年为 0.90；2016 年为 0.92；
2015 年按木纤维浆(原生木浆和废纸中的木浆)价值比例折算，各年的折算系数为：2007 年取 0.26，2008 年取 0.26，2009
2016 年为 0.93；

# 2007～2016年主要林产

| 产品 | | | 单位 | 2007年 | 2008年 | 2009年 | 20010年 |
|---|---|---|---|---|---|---|---|
| 原木 | 针叶原木 | 出口 | 立方米 | 66 | 100 | 851 | 174 |
| | | 进口 | 立方米 | 23270909 | 18577008 | 20302606 | 24274023 |
| | 阔叶原木 | 出口 | 立方米 | 3655 | 2725 | 11885 | 28208 |
| | | 进口 | 立方米 | 13861696 | 10992626 | 7756655 | 10073466 |
| | 合计 | 出口 | 立方米 | 3721 | 2825 | 12736 | 28382 |
| | | 进口 | 立方米 | 37132605 | 29569634 | 28059261 | 34347489 |
| 锯材 | | 出口 | 立方米 | 763544 | 717475 | 561106 | 539433 |
| | | 进口 | 立方米 | 6557793 | 7181828 | 9935167 | 14812175 |
| 单板 | | 出口 | 立方米 | 152746 | 146283 | 114327 | 158158 |
| | | 进口 | 立方米 | 130215 | 91894 | 72327 | 109517 |
| 特形材 | | 出口 | 吨 | 363790 | 310052 | 251560 | 302159 |
| | | 进口 | 吨 | 13755 | 12333 | 7953 | 10513 |
| 刨花板 | | 出口 | 立方米 | 179824 | 193171 | 124944 | 165527 |
| | | 进口 | 立方米 | 524918 | 374137 | 446543 | 539368 |
| 纤维板 | | 出口 | 立方米 | 3056768 | 2382562 | 2031141 | 2569456 |
| | | 进口 | 立方米 | 702512 | 504505 | 452979 | 400071 |
| 胶合板 | | 出口 | 立方米 | 8715903 | 7185060 | 5634800 | 7546940 |
| | | 进口 | 立方米 | 304098 | 293937 | 179178 | 213672 |
| 木制品 | | 出口 | 吨 | 2207534 | 1750049 | 1563994 | 1858712 |
| | | 进口 | 吨 | 52585 | 60187 | 39734 | 43652 |
| 家具 | | 出口 | 件 | 280364654 | 242633034 | 247470421 | 298327198 |
| | | 进口 | 件 | 2468740 | 3147981 | 3298999 | 4361353 |
| 木片 | | 出口 | 吨 | 214540 | 73014 | 7247 | 5342 |
| | | 进口 | 吨 | 1139607 | 1056387 | 2766012 | 4631704 |
| 木浆 | | 出口 | 吨 | 50781 | 10628 | 35045 | 14433 |
| | | 进口 | 吨 | 8383914 | 9460349 | 13578483 | 11299952 |
| 废纸 | | 出口 | 吨 | 108 | 4 | 220 | 621 |
| | | 进口 | 吨 | 22562110 | 24205826 | 27501707 | 24352214 |
| 纸和纸制品 | | 出口 | 吨 | 1457278 | 1356450 | 4802753 | 5157993 |
| | | 进口 | 吨 | 4208691 | 3735959 | 3495948 | 3536533 |
| 木炭 | | 出口 | 吨 | 42643 | 50976 | 54922 | 63398 |
| | | 进口 | 吨 | 75003 | 136266 | 156678 | 175518 |
| 松香 | | 出口 | 吨 | 329214 | 276517 | 193291 | 249801 |
| | | 进口 | 吨 | 3122 | 1076 | 2927 | 3589 |

## 品进出口数量(一)

| 2011年 | 2012年 | 2013年 | 2014年 | 2015年 | 2016年 |
|---|---|---|---|---|---|
| 41 | — | — | 2042 | — | — |
| 31465280 | 26769151 | 33163602 | 35839252 | 30059122 | 33665605 |
| 14339 | 3569 | 13128 | 9702 | 12070 | 94565 |
| 10860568 | 11123565 | 11995831 | 15355616 | 14509893 | 15059132 |
| 14380 | 3569 | 13128 | 11744 | 12070 | 94565 |
| 42325848 | 37892716 | 45159433 | 51194868 | 44569015 | 48724737 |
| 544194 | 479847 | 458284 | 408970 | 288288 | 262053 |
| 21606705 | 20669661 | 24042966 | 25739161 | 26597691 | 31526379 |
| 246914 | 205644 | 204347 | 255744 | 265447 | 246424 |
| 200231 | 342983 | 599518 | 986173 | 998698 | 880574 |
| 254144 | 247267 | 225281 | 212089 | 176867 | 162298 |
| 13442 | 14108 | 11818 | 16072 | 21624 | 27295 |
| 86786 | 216685 | 271316 | 372733 | 254430 | 288177 |
| 547030 | 540749 | 586779 | 577962 | 638947 | 903089 |
| 3291031 | 3609069 | 3068658 | 3205530 | 3014850 | 2649206 |
| 306210 | 211524 | 226156 | 238661 | 220524 | 241021 |
| 9572461 | 10032149 | 10263412 | 11633086 | 10766786 | 11172980 |
| 188371 | 178781 | 154695 | 177765 | 165884 | 196145 |
| 1876915 | 1865571 | 1935606 | 2175183 | 2269553 | 2302459 |
| 55484 | 198006 | 445186 | 670641 | 760350 | 796138 |
| 289157492 | 286991126 | 287405234 | 316268837 | 327246688 | 332626587 |
| 5497244 | 6368316 | 7384560 | 9845973 | 10191956 | 11101311 |
| 5094 | 69 | 69 | 42 | 85 | 5531 |
| 6565328 | 7580364 | 9157137 | 8850785 | 9818990 | 11569916 |
| 31520 | 19504 | 22759 | 18393 | 25441 | 27790 |
| 14354611 | 16380763 | 16781790 | 17893771 | 19791810 | 21019085 |
| 2853 | 2067 | 923 | 661 | 631 | 2142 |
| 27279353 | 30067145 | 29236781 | 27518476 | 29283876 | 28498407 |
| 5997827 | 6444274 | 7622315 | 8520484 | 8358720 | 9422457 |
| 3477712 | 3254368 | 2971246 | 2945544 | 2986103 | 3091659 |
| 67463 | 64192 | 75550 | 80373 | 74075 | 68170 |
| 188697 | 167655 | 209273 | 219758 | 172780 | 159338 |
| 231148 | 167784 | 133136 | 122469 | 85322 | 58433 |
| 2659 | 9918 | 30413 | 11343 | 23357 | 45857 |

# 2007～2016年主要林产

| 产品 | | | 产品 | 2007年 | 2008年 | 2009年 | 2010年 |
|---|---|---|---|---|---|---|---|
| 水果 | 柑橘属 | 出口 | 吨 | 564471 | 862105 | 1113002 | 933089 |
| | | 进口 | 吨 | 74421 | 79946 | 91652 | 105275 |
| | 鲜苹果 | 出口 | 吨 | 1019840 | 1153326 | 1174191 | 1122953 |
| | | 进口 | 吨 | 36396 | 42395 | 54116 | 66882 |
| | 鲜梨 | 出口 | 吨 | 405189 | 446656 | 463159 | 437804 |
| | | 进口 | 吨 | 14 | 9 | 13 | 13 |
| | 鲜葡萄 | 出口 | 吨 | 55790 | 63303 | 100225 | 89359 |
| | | 进口 | 吨 | 42775 | 51613 | 89775 | 81744 |
| | 鲜猕猴桃 | 出口 | 吨 | — | 18769 | 26835 | 33162 |
| | | 进口 | 吨 | — | 1669 | 1749 | 2041 |
| | 山竹果 | 出口 | 吨 | — | — | — | 1 |
| | | 进口 | 吨 | 40404 | 41084 | 91719 | 90918 |
| | 鲜榴莲 | 出口 | 吨 | — | — | — | 4 |
| | | 进口 | 吨 | 105667 | 138929 | 196147 | 172205 |
| | 鲜龙眼 | 出口 | 吨 | 3560 | 2221 | 945 | 1177 |
| | | 进口 | 吨 | 174625 | 196451 | 256037 | 291336 |
| | 鲜火龙果 | 出口 | 吨 | | 282 | 418 | 440 |
| | | 进口 | 吨 | | 118248 | 195044 | 218355 |
| 坚果 | 核桃 | 出口 | 吨 | 28081 | 26179 | 10582 | 12086 |
| | | 进口 | 吨 | 7813 | 9033 | 21102 | 25918 |
| | 板栗 | 出口 | 吨 | 45409 | 40920 | 46640 | 37002 |
| | | 进口 | 吨 | 11151 | 11890 | 10820 | 11983 |
| | 松子仁 | 出口 | 吨 | 7882 | 4178 | 7862 | 7027 |
| | | 进口 | 吨 | 196 | 882 | 935 | 503 |
| | 开心果 | 出口 | 吨 | 3953 | 7691 | 2469 | 3382 |
| | | 进口 | 吨 | 19290 | 29605 | 21545 | 52781 |
| 干果 | 梅干及李干 | 出口 | 吨 | 736 | 475 | 551 | 954 |
| | | 进口 | 吨 | 1372 | 1552 | 3034 | 5636 |
| | 龙眼干、肉 | 出口 | 吨 | 254 | 222 | 232 | 283 |
| | | 进口 | 吨 | 80996 | 76117 | 133616 | 62036 |
| | 柿饼 | 出口 | 吨 | 8546 | 5660 | 5001 | 6505 |
| | | 进口 | 吨 | 7 | — | — | — |
| | 红枣 | 出口 | 吨 | 9496 | 7884 | 8668 | 7686 |
| | | 进口 | 吨 | — | 17 | 5 | 51 |
| | 葡萄干 | 出口 | 吨 | 25680 | 30620 | 41345 | 39850 |
| | | 进口 | 吨 | 12338 | 12570 | 11743 | 13855 |
| 果汁 | 柑橘属果汁 | 出口 | 吨 | 11941 | 16895 | 20220 | 22563 |
| | | 进口 | 吨 | 65324 | 47566 | 65108 | 71364 |
| | 苹果汁 | 出口 | 吨 | 1042326 | 692574 | 799505 | 788409 |
| | | 进口 | 吨 | 1028 | 2270 | 467 | 464 |

注：1. 资料来源：海关总署信息中心；

2. 表中数据体积与重量按刨花板650千克/立方米，单板750千克/立方米的标准换算，纤维板折算标准：密度>800千
度<500千克/立方米的取425千克/立方米、密度<350千克/立方米的取250千克/立方米；

3. 木浆中未包括从回收纸和纸板中提取的木浆；

4. 纸和纸制品中未包括回收的废纸和纸板、印刷品、手稿等；

5. 2007～2008年废纸、纸和纸制品出口量按纸和纸产品中的原生木浆比例折算，2009～2016年按木纤维浆(原生木浆
为0.221；2009年为0.80；2010年为0.78；2011年为0.80；2012年为0.85；2013年为0.88；2014年为0.89；

6. 核桃进(出)口量包括未去壳核桃和核桃仁的折算量，其中核桃仁的折算量是以40%的出仁率将核桃仁数量折算为
壳板栗数量折算为未去壳板栗数量；开心果进(出)口量包括未去壳开心果和去壳开心果的折算量，其中去壳开心果

7. 柑橘属水果中包括橙、葡萄柚、柚、蕉柑、其他柑橘、柠檬酸橙、其他柑橘属水果。

# 品进出口数量(二)

| 2011 年 | 2012 年 | 2013 年 | 2014 年 | 2015 年 | 2016 年 |
|---|---|---|---|---|---|
| 901557 | 1082217 | 1041421 | 979882 | 920513 | 934320 |
| 131739 | 126154 | 128621 | 161833 | 214890 | 295641 |
| 1034635 | 975878 | 994664 | 865070 | 833017 | 1322042 |
| 77085 | 61505 | 38642 | 28148 | 87563 | 67109 |
| 402778 | 409584 | 381374 | 297260 | 373125 | 452435 |
| 527 | 2479 | 3122 | 7379 | 7930 | 8224 |
| 106477 | 152292 | 105152 | 125879 | 208015 | 254452 |
| 122909 | 168409 | 185228 | 211019 | 215899 | 252396 |
| 1891 | 934 | 1478 | 2175 | 2007 | — |
| 43114 | 51979 | 48243 | 62829 | 90178 | 66247 |
| 4 | 1 | 0 | — | — | 4133 |
| 83573 | 101141 | 112945 | 82798 | 104480 | 125988 |
| 11 | — | — | — | — | — |
| 210938 | 286510 | 321950 | 315509 | 298793 | 292310 |
| 1704 | 1894 | 1892 | 1754 | 3915 | 2760 |
| 338846 | 323328 | 365227 | 326079 | 354149 | 348455 |
| 430 | 607 | 347 | 179 | 146 | 240 |
| 339710 | 469245 | 538542 | 603876 | 813480 | 523373 |
| 17952 | 18024 | 18189 | 17571 | 13660 | 9151 |
| 22837 | 27801 | 28385 | 26409 | 13137 | 12380 |
| 37767 | 35081 | 39046 | 35594 | 34590 | 32884 |
| 9197 | 10666 | 11788 | 9874 | 6694 | 7213 |
| 9633 | 11579 | 10683 | 11428 | 13444 | 13771 |
| 2481 | 2279 | 1948 | 3750 | 4228 | 6638 |
| 5178 | 11008 | 5193 | 3360 | 2596 | 2082 |
| 24952 | 28039 | 13651 | 10779 | 11348 | 18331 |
| 1157 | 1522 | 1504 | 935 | 469 | 497 |
| 9065 | 8269 | 6838 | 1613 | 1171 | 3421 |
| 264 | 248 | 193 | 216 | 297 | 291 |
| 77370 | 58551 | 64471 | 35810 | 16203 | 33729 |
| 4657 | 6080 | 5036 | 5492 | 3113 | 4013 |
| — | — | — | — | — | — |
| 6873 | 8522 | 7784 | 7822 | 9573 | 11027 |
| 37 | 17 | 1 | 1 | — | 4 |
| 47959 | 30633 | 36005 | 30201 | 25500 | 28770 |
| 20624 | 22358 | 20073 | 22592 | 34818 | 37087 |
| 20541 | 6102 | 5661 | 5265 | 5076 | 4323 |
| 78156 | 61904 | 70459 | 69701 | 64356 | 66268 |
| 613912 | 591633 | 601490 | 458590 | 474959 | 507390 |
| 819 | 1034 | 1769 | 2747 | 4770 | 5600 |

克/立方米的取 950 千克/立方米、500 千克/立方米 < 密度 < 800 千克/立方米的取 650 千克/立方米、350 千克/立方米 < 密

和废纸中的木浆)比例折算，纸和纸制品出口量按纸和纸产品中木浆比例折算，出口量的折算系数：2007 年为 0.214；2008 年
2015 年为 0.90；2016 年为 0.92；
未去壳的核桃数量；板栗进(出)口量包括未去壳板栗和去壳板栗的折算量，其中去壳板栗的折算量是以 80% 的出仁率将去
的折算量是以 50% 的出仁率将去壳开心果数量折算为未去壳开心果数量；

# 附录七

# 野生动植物进出口情况

ANNEX Ⅶ

# 全国野生动植物进出口情况(一)

| 指标名称 | | | | 单位 | 2016 年 |
|---|---|---|---|---|---|
| **一、进出口证明书核发数量** | | | | **份** | **53969** |
| 1. 进口 | 小计 | | | 份 | 41761 |
| | 动物 | | | 份 | 16120 |
| | 植物 | | | 份 | 25641 |
| 2. 出口 | 小计 | | | 份 | 9960 |
| | 动物 | | | 份 | 2357 |
| | 植物 | | | 份 | 7603 |
| 3. 再出口 | 小计 | | | 份 | 2248 |
| | 动物 | | | 份 | 1207 |
| | 植物 | | | 份 | 1041 |
| **二、物种证明核发数量** | | | | **份** | **10351** |
| 1. 进口 | 小计 | | | 份 | 6638 |
| | 动物 | | | 份 | 2779 |
| | 植物 | | | 份 | 3859 |
| 2. 出口 | 小计 | | | 份 | 3713 |
| | 动物 | | | 份 | 696 |
| | 植物 | | | 份 | 3017 |
| **四、进出口贸易额** | | | | **万元** | **1422323** |
| (一)进出口证明书贸易额 | 合计 | | | 万元 | 946765 |
| | 1. 进口 | 小计 | | 万元 | 624289 |
| | | 动物 | 计 | 万元 | 145004 |
| | | | 观赏活体类 | 万元 | 44054 |
| | | | 实验类 | 万元 | 1029 |
| | | | 毛皮类 | 万元 | 80510 |
| | | | 食用类 | 万元 | 3262 |
| | | | 药用或中成药类 | 万元 | 1332 |
| | | | 其他 | 万元 | 14818 |
| | | 植物 | 计 | 万元 | 479284 |
| | | | 观赏类 | 万元 | 1147 |
| | | | 食用类 | 万元 | 11125 |
| | | | 用材类 | 万元 | 449388 |
| | | | 药用或中成药类 | 万元 | 15731 |
| | | | 其他 | 万元 | 1894 |

# 全国野生动植物进出口情况(二)

| 指标名称 | | | | 单位 | 2016 年 |
|---|---|---|---|---|---|
| (一)进出口证明书贸易额 | 2. 出口 | 小计 | | 万元 | 237511 |
| | | 动物 | 计 | 万元 | 144517 |
| | | | 观赏活体类 | 万元 | 6356 |
| | | | 实验类 | 万元 | 21117 |
| | | | 毛皮类 | 万元 | 1381 |
| | | | 食用类 | 万元 | 6614 |
| | | | 药用或中成药类 | 万元 | 107469 |
| | | | 其他 | 万元 | 1580 |
| | | 植物 | 计 | 万元 | 92994 |
| | | | 观赏类 | 万元 | 14224 |
| | | | 食用类 | 万元 | 36144 |
| | | | 用材类 | 万元 | 1024 |
| | | | 药用或中成药类 | 万元 | 38454 |
| | | | 其他 | 万元 | 3148 |
| | 3. 再出口 | 小计 | | 万元 | 84966 |
| | | 动物 | 计 | 万元 | 68850 |
| | | | 观赏活体类 | 万元 | — |
| | | | 实验类 | 万元 | — |
| | | | 毛皮类 | 万元 | 2239 |
| | | | 食用类 | 万元 | 63620 |
| | | | 药用或中成药类 | 万元 | 5 |
| | | | 其他 | 万元 | 2986 |
| | | 植物 | 计 | 万元 | 16116 |
| | | | 观赏类 | 万元 | 2 |
| | | | 食用类 | 万元 | 8112 |
| | | | 用材类 | 万元 | 5006 |
| | | | 药用或中成药类 | 万元 | 2925 |
| | | | 其他 | 万元 | 71 |
| (二)物种证明贸易额 | 合计 | | | 万元 | 475558 |
| | 1. 进口 | 小计 | | 万元 | 173813 |
| | | 动物 | | 万元 | 35286 |
| | | 植物 | | 万元 | 138527 |
| | 2. 出口 | 小计 | | 万元 | 301745 |
| | | 动物 | | 万元 | 6889 |
| | | 植物 | | 万元 | 294855 |

# 各办事处野生动植

| 单　位 | 进出口证明书核发数量(份) | | | | | | |
|---|---|---|---|---|---|---|---|
| | 合计 | 进口 | | | 出口 | | |
| | | 小计 | 动物 | 植物 | 小计 | 动物 | 植物 |
| **总计** | **53969** | **41761** | **16120** | **25641** | **9960** | **2357** | **7603** |
| 濒管办北京办事处 | 1789 | 1159 | 1026 | 133 | 542 | 446 | 96 |
| 濒管办内蒙古自治区办事处 | 24 | 1 | 1 | — | 23 | — | 23 |
| 濒管办长春办事处 | 4925 | 2802 | 179 | 2623 | 1859 | 48 | 1811 |
| 濒管办黑龙江省办事处 | 12337 | 11837 | 2 | 11835 | 24 | 8 | 16 |
| 濒管办上海办事处 | 14354 | 13172 | 10786 | 2386 | 735 | 541 | 194 |
| 濒管办福州办事处 | 1897 | 1021 | 488 | 533 | 573 | 63 | 510 |
| 濒管办合肥办事处 | 669 | 518 | 71 | 447 | 118 | 10 | 108 |
| 濒管办武汉办事处 | 42 | 34 | 6 | 28 | 8 | 5 | 3 |
| 濒管办广州办事处 | 13753 | 10954 | 3513 | 7441 | 2167 | 1027 | 1140 |
| 濒管办成都办事处 | 1972 | 18 | 15 | 3 | 1954 | 120 | 1834 |
| 濒管办云南省办事处 | 2080 | 220 | 15 | 205 | 1859 | 67 | 1792 |
| 濒管办西安办事处 | 82 | 11 | 6 | 5 | 67 | 8 | 59 |
| 濒管办乌鲁木齐办事处 | 8 | 6 | 6 | — | 2 | 2 | — |
| 濒管办贵阳办事处 | 37 | 8 | 6 | 2 | 29 | 12 | 17 |

注:北京办事处下辖北京、天津、河北、山西核发点,长春办事处下辖吉林、辽宁核发点,上海办事处下辖上海、浙江、江苏核辖广东、广西、海南核发点,成都办事处下辖四川、重庆、西藏核发点,西安办事处下辖陕西、甘肃、青海、宁夏核发点,乌鲁木齐

## 物进出口情况(一)

| | | | 物种证明核发数量(份) | | | | | | |
|---|---|---|---|---|---|---|---|---|---|
| 再出口 | | | 合计 | 进口 | | | 出口 | | |
| 小计 | 动物 | 植物 | | 小计 | 动物 | 植物 | 小计 | 动物 | 植物 |
| **2248** | **1207** | **1041** | **10351** | **6638** | **2779** | **3859** | **3713** | **696** | **3017** |
| 88 | 85 | 3 | 470 | 145 | 13 | 132 | 325 | 123 | 202 |
| — | — | — | 1 | 1 | 1 | — | — | — | — |
| 264 | — | 264 | 379 | 156 | 114 | 42 | 223 | 2 | 221 |
| 476 | — | 476 | 22 | 6 | 6 | — | 16 | — | 16 |
| 447 | 406 | 41 | 4815 | 3600 | 1459 | 2141 | 1215 | 289 | 926 |
| 303 | 303 | — | 434 | 132 | 79 | 53 | 302 | 1 | 301 |
| 33 | 33 | — | 339 | 80 | 6 | 74 | 259 | — | 259 |
| — | — | — | 92 | 92 | 9 | 83 | — | — | — |
| 632 | 380 | 252 | 2808 | 1940 | 1076 | 864 | 868 | 279 | 589 |
| — | — | — | 211 | 40 | 8 | 32 | 171 | — | 171 |
| 1 | — | 1 | 514 | 414 | — | 414 | 100 | — | 100 |
| 4 | — | 4 | 204 | — | — | — | 204 | 2 | 202 |
| — | — | — | 14 | 11 | 4 | 7 | 3 | — | 3 |
| — | — | — | 48 | 21 | 4 | 17 | 27 | — | 27 |

发点,福州办事处下辖福建、江西核发点,合肥办事处下辖安徽、山东核发点,武汉办事处下辖湖北、河南核发点,广州办事处下
办事处下辖新疆、新疆建设兵团核发点,贵阳办事处下辖贵州、湖南核发点,尚未办理证书。

# 各办事处野生动植

| 单位 | 总计 | 进出口 | | | | | | | | |
|---|---|---|---|---|---|---|---|---|---|---|
| | | 进出口证明书 | | | | | | | | |
| | | 合计 | 进口 | | | | | | | |
| | | | 小计 | 动物 | | | | | | |
| | | | | 计 | 观赏活体类 | 实验类 | 毛皮类 | 食用类 | 药用或中成药类 | 其他 |
| **总计** | **1422323** | **946765** | **624289** | **145004** | **44054** | **1029** | **80510** | **3262** | **1332** | **14818** |
| 濒管办北京办事处 | 249810 | 182588 | 91834 | 11492 | 4615 | — | 2905 | — | 229 | 3743 |
| 濒管办内蒙古自治区办事处 | 959 | 958 | 71 | 71 | 71 | — | — | — | — | — |
| 濒管办长春办事处 | 232897 | 48593 | 42341 | 23918 | 23803 | — | 113 | — | — | 1 |
| 濒管办黑龙江省办事处 | 174996 | 172496 | 166721 | 104 | 103 | — | — | — | — | 1 |
| 濒管办上海办事处 | 255428 | 152497 | 136720 | 78439 | 897 | 329 | 67711 | 775 | — | 8727 |
| 濒管办福州办事处 | 111373 | 104046 | 12053 | 2556 | 1962 | — | 14 | 294 | — | 285 |
| 濒管办合肥办事处 | 47455 | 22845 | 7557 | 631 | 174 | — | 457 | — | — | — |
| 濒管办武汉办事处 | 3087 | 1187 | 881 | 754 | 754 | — | — | — | — | — |
| 濒管办广州办事处 | 245060 | 191130 | 156712 | 23244 | 8748 | — | 9294 | 2192 | 1103 | 1907 |
| 濒管办成都办事处 | 36584 | 27622 | 951 | 796 | 1 | 700 | 15 | — | — | 80 |
| 濒管办云南省办事处 | 48292 | 33977 | 2691 | 658 | 658 | — | — | — | — | — |
| 濒管办西安办事处 | 10453 | 6211 | 3458 | 88 | 16 | — | 1 | — | — | 71 |
| 濒管办乌鲁木齐办事处 | 2172 | 37 | 16 | 16 | 16 | — | — | — | — | — |
| 濒管办贵阳办事处 | 3758 | 2580 | 2285 | 2240 | 2237 | — | — | — | — | 3 |

# 物进出口情况(二)

| 贸易额(万元) | | | | | | | | | | | | | |
|---|---|---|---|---|---|---|---|---|---|---|---|---|---|
| 贸易额 | | | | | | | | | | | | | |
| | | | | | | 出口 | | | | | | | |
| 植物 | | | | | | 小计 | 动物 | | | | | | |
| 计 | 观赏类 | 食用类 | 用材类 | 药用或中成药类 | 其他 | | 计 | 观赏活体类 | 实验类 | 毛皮类 | 食用类 | 药用或中成药类 | 其他 |
| **479284** | **1147** | **11125** | **449388** | **15731** | **1894** | **237511** | **144517** | **6356** | **21117** | **1381** | **6614** | **107469** | **1580** |
| 80342 | 59 | — | 72800 | 7483 | — | 87701 | 83363 | 765 | 26 | 24 | — | 81525 | 1022 |
| — | — | — | — | — | — | 887 | — | — | — | — | — | — | — |
| 18424 | — | — | 18424 | — | — | 6252 | 858 | — | — | 1 | — | 857 | — |
| 166617 | — | — | 166617 | — | — | 976 | 88 | — | — | — | 88 | — | — |
| 58281 | 384 | 4865 | 49272 | 3290 | 470 | 9015 | 3552 | — | 1594 | 93 | 1438 | 427 | — |
| 9497 | — | — | 9101 | 54 | 342 | 28373 | 24617 | — | — | — | 948 | 23669 | — |
| 6926 | 147 | — | 6779 | — | — | 15222 | 336 | — | — | 336 | — | — | — |
| 127 | — | — | — | 127 | — | 306 | 275 | — | — | — | 275 | — | — |
| 133467 | 341 | 6219 | 122638 | 4109 | 160 | 27797 | 21247 | 583 | 17942 | 911 | 1386 | — | 424 |
| 155 | — | — | — | 155 | — | 26671 | 4675 | 1 | 1553 | 15 | 2053 | 920 | 133 |
| 2033 | 215 | — | 1311 | 507 | — | 31284 | 5326 | 5007 | 2 | — | 318 | — | — |
| 3370 | — | 41 | 2402 | 6 | 922 | 2710 | 53 | — | — | — | 3 | 50 | — |
| — | — | — | — | — | — | 21 | 21 | — | — | — | — | 21 | — |
| 45 | — | — | 45 | — | — | 295 | 106 | — | — | 1 | 105 | — | — |

# 各办事处野生动植

| 单位 | 进出口 | | | | | | | | |
|---|---|---|---|---|---|---|---|---|---|
| | 进出口证明书 | | | | | | | | |
| | 出口 | | | | | | | | |
| | 植物 | | | | | | 小计 | | |
| | 计 | 观赏类 | 食用类 | 用材类 | 药用或中成药类 | 其他 | | 计 | 观赏活体类 |
| **总计** | **92994** | **14224** | **36144** | **1024** | **38454** | **3148** | **84966** | **68850** | **—** |
| 濒管办北京办事处 | 4339 | — | — | — | 4335 | 4 | 3053 | 3042 | — |
| 濒管办内蒙古自治区办事处 | 887 | 887 | — | — | — | — | — | — | — |
| 濒管办长春办事处 | 5393 | — | 3553 | 1024 | 817 | — | — | — | — |
| 濒管办黑龙江省办事处 | 888 | — | — | — | 888 | — | 4799 | — | — |
| 濒管办上海办事处 | 5463 | 856 | 7 | — | 4600 | — | 6761 | 1600 | — |
| 濒管办福州办事处 | 3756 | 2711 | — | — | 1046 | — | 63620 | 63620 | — |
| 濒管办合肥办事处 | 14886 | 63 | — | — | 14823 | — | 66 | 66 | — |
| 濒管办武汉办事处 | 32 | — | 32 | — | — | — | — | — | — |
| 濒管办广州办事处 | 6550 | 4386 | 56 | — | 2036 | 72 | 6621 | 522 | — |
| 濒管办成都办事处 | 21996 | 40 | 9975 | — | 8955 | 3026 | — | — | — |
| 濒管办云南省办事处 | 25958 | 5100 | 20019 | — | 840 | — | 2 | — | — |
| 濒管办西安办事处 | 2657 | — | 2496 | — | 115 | 45 | 43 | — | — |
| 濒管办乌鲁木齐办事处 | — | — | — | — | — | — | — | — | — |
| 濒管办贵阳办事处 | 189 | 182 | 7 | — | — | — | — | — | — |

# 物进出口情况(三)

| 贸易额(万元) | | | | | | | | | | |
|---|---|---|---|---|---|---|---|---|---|---|
| 贸易额 | | | | | | | | | | |
| 再出口 | | | | | | | | | | |
| 动物 | | | | | 植物 | | | | | |
| 实验类 | 毛皮类 | 食用类 | 药用或中成药类 | 其他 | 计 | 观赏类 | 食用类 | 用材类 | 药用或中成药类 | 其他 |
| **—** | **2239** | **63620** | **5** | **2986** | **16116** | **2** | **8112** | **5006** | **2925** | **71** |
| — | 73 | — | 5 | 2964 | 11 | — | — | — | 11 | — |
| — | — | — | — | — | — | — | — | — | — | — |
| — | — | — | — | — | — | — | — | — | — | — |
| — | — | — | — | — | 4799 | — | — | 4799 | — | — |
| — | 1577 | — | — | 22 | 5162 | — | 4927 | 207 | — | 28 |
| — | — | 63620 | — | — | — | — | — | — | — | — |
| — | 66 | — | — | — | — | — | — | — | — | — |
| — | — | — | — | — | — | — | — | — | — | — |
| — | 522 | — | — | — | 6099 | — | 3185 | — | 2914 | — |
| — | — | — | — | — | — | — | — | — | — | — |
| — | — | — | — | — | 2 | 2 | — | — | — | — |
| — | — | — | — | — | 43 | — | — | — | — | 43 |
| — | — | — | — | — | — | — | — | — | — | — |
| — | — | — | — | — | — | — | — | — | — | — |

# 各办事处野生动植物进出口情况(四)

| 单位 | 进出口贸易额(万元) | | | | | | |
|---|---|---|---|---|---|---|---|
| | 物种证明贸易额 | | | | | | |
| | 合计 | 进口 | | | 出口 | | |
| | | 小计 | 动物 | 植物 | 小计 | 动物 | 植物 |
| **总计** | **475558** | **173813** | **35286** | **138527** | **301745** | **6889** | **294855** |
| 濒管办北京办事处 | 67222 | 12260 | 418 | 11842 | 54962 | 2937 | 52025 |
| 濒管办内蒙古自治区办事处 | 1 | 1 | 1 | — | — | — | — |
| 濒管办长春办事处 | 184304 | 7747 | 259 | 7488 | 176557 | 23 | 176535 |
| 濒管办黑龙江省办事处 | 2500 | 93 | 93 | — | 2407 | — | 2407 |
| 濒管办上海办事处 | 102931 | 81263 | 9455 | 71808 | 21668 | 1598 | 20070 |
| 濒管办福州办事处 | 7327 | 3581 | 650 | 2931 | 3746 | — | 3745 |
| 濒管办合肥办事处 | 24610 | 3433 | 215 | 3218 | 21177 | — | 21177 |
| 濒管办武汉办事处 | 1899 | 1899 | 216 | 1683 | — | — | — |
| 濒管办广州办事处 | 53930 | 47458 | 23449 | 24009 | 6471 | 2314 | 4158 |
| 濒管办成都办事处 | 8962 | 651 | 251 | 400 | 8311 | — | 8311 |
| 濒管办云南省办事处 | 14315 | 12907 | — | 12907 | 1408 | — | 1408 |
| 濒管办西安办事处 | 4241 | — | — | — | 4241 | 17 | 4224 |
| 濒管办乌鲁木齐办事处 | 2136 | 2064 | 243 | 1821 | 71 | — | 71 |
| 濒管办贵阳办事处 | 1179 | 455 | 36 | 419 | 724 | — | 724 |

# 附录八

# 世界主要国家林业情况

ANNEX Ⅷ

# 2015年世界主要国家森林面积及变化

| 国家(地区) | 土地面积(千公顷) | 2015年森林面积 | | 2010～2015年森林面积变化 | | 2015年森林立木蓄积量 | 2010～2015年森林立木蓄积量变化 | |
|---|---|---|---|---|---|---|---|---|
| | | 森林面积(千公顷) | 占国土面积的百分比(%) | 年变化量(千公顷/年) | 年变化率(%) | | 年变化量(千立方米/年) | 年变化率(%) |
| **非洲** | | | | | | | | |
| 中非 | 62298 | 22170 | 35.6 | -16 | -0.1 | 3751 | -5 | -0.1 |
| 刚果(金) | 226705 | 152578 | 67.3 | -311 | -0.2 | 35115 | -72 | -0.2 |
| 加蓬 | 25767 | 23000 | 89.3 | 200 | 0.9 | 5405 | 47 | 0.9 |
| 苏丹 | 186665 | 19210 | 10.3 | -174 | -0.9 | 1378 | -9 | -0.6 |
| **亚洲** | | | | | | | | |
| 日本 | 36450 | 24958 | 68.5 | -2 | — | — | — | — |
| 蒙古 | 155356 | 12553 | 8.1 | -97 | -0.8 | 1406 | 11 | 0.8 |
| 韩国 | 9710 | 6184 | 63.7 | -8 | -0.1 | 918 | 24 | 2.8 |
| 印度尼西亚 | 171857 | 91010 | 53.0 | -684 | -0.7 | 10227 | -223 | -2.1 |
| 老挝 | 23080 | 18761 | 81.3 | 189 | 1.0 | 920 | -4 | -0.4 |
| 马来西亚 | 32855 | 22195 | 67.6 | 14 | 0.1 | 5034 | 90 | 1.9 |
| 缅甸 | 65755 | 29041 | 44.2 | -546 | -1.8 | 1342 | -18 | -1.3 |
| 泰国 | 51089 | 16399 | 32.1 | 30 | 0.2 | 1506 | -6 | -0.4 |
| 越南 | 31007 | 14773 | 47.6 | 129 | 0.9 | 878 | 7 | 0.8 |
| **欧洲** | | | | | | | | |
| 芬兰 | 30390 | 22218 | 73.1 | — | — | 2320 | — | — |
| 法国 | 54766 | 16989 | 31.0 | 113 | 0.7 | 2935 | 57 | 2.1 |
| 德国 | 34861 | 11419 | 32.8 | 2 | — | 3663 | 9 | 0.3 |
| 意大利 | 29414 | 9297 | 31.6 | 54 | 0.6 | 1385 | 21 | 1.6 |
| 俄罗斯 | 1637687 | 814931 | 49.8 | -41 | — | 81488 | -7 | — |
| 西班牙 | 49880 | 18418 | 36.9 | 34 | 0.2 | 1212 | 19 | 1.6 |
| 瑞典 | 41034 | 28073 | 68.4 | — | — | 2989 | 8 | 0.3 |
| **北美洲和中美洲** | | | | | | | | |
| 加拿大 | 909351 | 347069 | 38.2 | -47 | — | — | — | — |
| 墨西哥 | 194395 | 66040 | 34.0 | -92 | -0.1 | 4727 | -5 | -0.1 |
| 美国 | 916192 | 310095 | 33.8 | 275 | 0.1 | 40699 | 423 | 1.1 |
| **大洋洲** | | | | | | | | |
| 澳大利亚 | 768230 | 124751 | 16.2 | 308 | 0.2 | — | — | — |
| 新西兰 | 26331 | 10152 | 38.6 | — | — | 3975 | 15 | 0.4 |
| 巴布亚新几内亚 | 46312 | 33559 | 72.5 | -3 | — | 5195 | — | — |
| **南美洲** | | | | | | | | |
| 巴西 | 835814 | 493538 | 59.0 | -984 | -0.2 | 96745 | -120 | -0.1 |
| 智利 | 74353 | 17735 | 23.9 | 301 | 1.8 | — | — | — |
| 哥伦比亚 | 110950 | 58502 | 52.7 | -27 | — | — | — | — |
| 苏里南 | 16066 | 15332 | 95.4 | -4 | — | 3816 | -1 | — |
| 委内瑞拉 | 88205 | 46683 | 52.9 | -164 | -0.3 | — | — | — |

说明:资料来源为联合国粮食及农业组织《2015年全球森林资源评估报告》。

# 2014年世界主要国家林产品产量、贸易量和消费量(一)

| 国家(地区) | 工业原木(千立方米) | | | | 锯　材(千立方米) | | | |
|---|---|---|---|---|---|---|---|---|
| | 产　量 | 进口量 | 出口量 | 消费量 | 产　量 | 进口量 | 出口量 | 消费量 |
| **世界总计** | **3700368** | **140432** | **142729** | **3698071** | **438734** | **129514** | **133085** | **435163** |
| **非洲合计** | **728485** | **982** | **5888** | **723579** | **9634** | **10176** | **2340** | **17470** |
| 刚果(金) | 85900 | 7 | 148 | 85758 | 150 | 2 | 45 | 108 |
| 加蓬 | 3270 | — | 33 | 3237 | 650 | 1 | 610 | 41 |
| 乌干达 | 46190 | 9 | 35 | 46163 | 440 | 7 | 1 | 446 |
| 南非 | 26406 | 329 | 307 | 26428 | 1553 | 319 | 73 | 1798 |
| 尼日利亚 | 74865 | 1 | 772 | 74094 | 2002 | 1 | 13 | 1990 |
| **亚洲合计** | **1118695** | **72597** | **8281** | **1183010** | **119542** | **54727** | **7853** | **166416** |
| 日本 | 21130 | 4200 | 521 | 24809 | 10616 | 6809 | 57 | 17368 |
| 韩国 | 6675 | 3775 | 4 | 10447 | 2343 | 1961 | 12 | 4291 |
| 印度 | 356690 | 6531 | 14 | 363206 | 6889 | 552 | 79 | 7361 |
| 印度尼西亚 | 113020 | 128 | 36 | 113112 | 4169 | 235 | 956 | 3448 |
| 马来西亚 | 20405 | 37 | 3498 | 16944 | 4463 | 226 | 1971 | 2718 |
| 泰国 | 33491 | 251 | 44 | 33697 | 2850 | 803 | 1937 | 1716 |
| 越南 | 26654 | 2111 | 176 | 28588 | 6000 | 1889 | 413 | 7476 |
| **欧洲合计** | **722064** | **61099** | **79905** | **703258** | **147242** | **36989** | **78589** | **105642** |
| 芬兰 | 58510 | 6290 | 869 | 63930 | 10940 | 371 | 7469 | 3842 |
| 法国 | 53596 | 1713 | 5053 | 50256 | 7787 | 2491 | 1126 | 9152 |
| 德国 | 54356 | 9050 | 3425 | 59981 | 21783 | 4652 | 7521 | 18914 |
| 意大利 | 7744 | 4158 | 194 | 11709 | 1430 | 4632 | 304 | 5759 |
| 波兰 | 40565 | 2934 | 3155 | 40344 | 4615 | 714 | 736 | 4592 |
| 俄罗斯 | 203000 | 19 | 21051 | 181968 | 33900 | 37 | 22587 | 11350 |
| 瑞典 | 72700 | 8505 | 644 | 80560 | 17760 | 437 | 12141 | 6056 |
| **北美洲合计** | **552952** | **5407** | **21591** | **536768** | **118155** | **23643** | **36447** | **105351** |
| 加拿大 | 154259 | 4345 | 7297 | 151307 | 43351 | 1387 | 29505 | 15234 |
| 美国 | 398693 | 1062 | 14294 | 385460 | 74803 | 22242 | 6942 | 90103 |
| **大洋洲合计** | **74249** | **28** | **25497** | **48780** | **9050** | **839** | **2108** | **7782** |
| 澳大利亚 | 30044 | 2 | 2621 | 27425 | 4807 | 698 | 304 | 5201 |
| 新西兰 | 29956 | 4 | 16564 | 13396 | 3971 | 42 | 1709 | 2304 |
| 巴布亚新几内亚 | 10682 | — | 4010 | 6672 | 82 | 8 | 41 | 49 |
| **拉美和加勒比合计** | **503923** | **319** | **1566** | **502676** | **35110** | **3140** | **5748** | **32502** |
| 巴西 | 267653 | 51 | 196 | 267507 | 15227 | 33 | 1499 | 13762 |
| 智利 | 58712 | — | 28 | 58684 | 7999 | 35 | 2893 | 5140 |
| 墨西哥 | 44204 | 18 | 62 | 44161 | 2471 | 2071 | 20 | 4522 |
| 乌拉圭 | 12424 | 4 | 158 | 12270 | 513 | 10 | 242 | 281 |

说明:资料来源为联合国粮食及农业组织《2014年林产品年鉴》。

# 2014 年世界主要国家林产品产量、贸易量和消费量(二)

| 国家(地区) | 人造板(千立方米) | | | | 纸　浆(千吨) | | | | 纸张和纸板(千吨) | | | |
|---|---|---|---|---|---|---|---|---|---|---|---|---|
| | 产 量 | 进口量 | 出口量 | 消费量 | 产 量 | 进口量 | 出口量 | 消费量 | 产 量 | 进口量 | 出口量 | 消费量 |
| **世界总计** | **387639** | **77812** | **82790** | **382661** | **172926** | **57818** | **58589** | **172155** | **400237** | **109973** | **111756** | **398455** |
| **非洲合计** | **3068** | **2676** | **537** | **5208** | **2657** | **439** | **1115** | **1980** | **3516** | **5224** | **617** | **8124** |
| 刚果(金) | 4 | 2 | 2 | 5 | — | — | — | — | 3 | 15 | 1 | 17 |
| 加蓬 | 365 | 1 | 182 | 183 | — | — | — | — | — | 6 | 2 | 4 |
| 乌干达 | 21 | 6 | 1 | 26 | — | — | — | — | — | 88 | 2 | 85 |
| 南非 | 978 | 228 | 35 | 1171 | 2451 | 148 | 1096 | 1503 | 2257 | 626 | 411 | 2472 |
| 尼日利亚 | 97 | 292 | — | 389 | 23 | 16 | 1 | 37 | 19 | 524 | 1 | 542 |
| **亚洲合计** | **237024** | **25211** | **30850** | **231384** | **31266** | **29365** | **4869** | **55761** | **183513** | **26561** | **19859** | **190215** |
| 日本 | 4905 | 4918 | 24 | 9799 | 9058 | 1754 | 393 | 10419 | 26477 | 1989 | 1367 | 27099 |
| 韩国 | 3561 | 2894 | 61 | 6394 | 553 | 2273 | 5 | 2821 | 11653 | 1004 | 3345 | 9312 |
| 印度 | 3126 | 762 | 83 | 3805 | 2308 | 1159 | 5 | 3462 | 10247 | 2401 | 632 | 12016 |
| 印度尼西亚 | 7119 | 652 | 3608 | 4163 | 6677 | 1601 | 3589 | 4689 | 10247 | 541 | 4014 | 6775 |
| 马来西亚 | 6792 | 861 | 4784 | 2869 | 235 | 174 | 69 | 340 | 1750 | 1571 | 306 | 3016 |
| 泰国 | 5400 | 451 | 4096 | 1755 | 1010 | 550 | 141 | 1419 | 4525 | 1007 | 972 | 4560 |
| 越南 | 1562 | 655 | 1130 | 1088 | 540 | 226 | 45 | 721 | 1742 | 1258 | 99 | 2901 |
| **欧洲合计** | **77706** | **33971** | **36562** | **75116** | **45806** | **19625** | **16766** | **48665** | **104698** | **53927** | **66156** | **92470** |
| 芬兰 | 1365 | 353 | 1113 | 604 | 10471 | 396 | 3010 | 7858 | 10408 | 427 | 9738 | 1097 |
| 法国 | 5309 | 2075 | 2820 | 4564 | 1655 | 1974 | 536 | 3094 | 8191 | 4812 | 4210 | 8793 |
| 德国 | 12266 | 5063 | 5658 | 11672 | 2597 | 4751 | 1314 | 6034 | 22540 | 11419 | 13685 | 20274 |
| 意大利 | 3584 | 2759 | 891 | 5451 | 411 | 3375 | 33 | 3753 | 8648 | 4846 | 3341 | 10153 |
| 波兰 | 9405 | 1986 | 2025 | 9366 | 1075 | 810 | 82 | 1804 | 4200 | 3554 | 2213 | 5540 |
| 俄罗斯联邦 | 13121 | 2679 | 3774 | 12026 | 7503 | 158 | 1990 | 5671 | 8023 | 1611 | 2661 | 6973 |
| 瑞典 | 614 | 1055 | 212 | 1457 | 11531 | 391 | 3454 | 8468 | 10419 | 831 | 9650 | 1600 |
| **北美洲合计** | **46387** | **12393** | **9296** | **49485** | **65489** | **6045** | **17556** | **53978** | **84195** | **12664** | **20473** | **76387** |
| 加拿大 | 12358 | 2781 | 7009 | 8130 | 17686 | 289 | 9680 | 8294 | 11102 | 2641 | 8406 | 5337 |
| 美国 | 34029 | 9609 | 2287 | 41352 | 47803 | 5756 | 7875 | 45684 | 73093 | 10023 | 12066 | 71050 |
| **大洋洲合计** | **3626** | **715** | **1132** | **3210** | **2899** | **336** | **898** | **2337** | **3904** | **2145** | **1664** | **4385** |
| 澳大利亚 | 1665 | 493 | 265 | 1883 | 1431 | 291 | 3 | 1719 | 3171 | 1460 | 1177 | 3455 |
| 新西兰 | 1860 | 180 | 847 | 1193 | 1468 | 42 | 895 | 615 | 733 | 599 | 481 | 851 |
| 巴布亚新几内亚 | 91 | 9 | 13 | 87 | — | — | — | — | — | 24 | 1 | 23 |
| **拉美和加勒比合计** | **19827** | **2844** | **4414** | **18257** | **24809** | **2010** | **17385** | **9434** | **20410** | **9453** | **2988** | **26875** |
| 巴西 | 11841 | 102 | 2167 | 9776 | 16831 | 429 | 11028 | 6232 | 10368 | 1144 | 1718 | 9794 |
| 智利 | 2950 | 242 | 1331 | 1860 | 5209 | 18 | 4670 | 557 | 1231 | 538 | 483 | 1286 |
| 墨西哥 | 1229 | 1160 | 35 | 2354 | 238 | 889 | — | 1127 | 4855 | 3270 | 242 | 7883 |
| 乌拉圭 | 259 | 49 | 222 | 86 | 1500 | 28 | 1497 | 31 | 122 | 65 | 43 | 144 |